# 東京假名書新聞

稲垣滋子
堀千枝子
編著

武蔵野書院

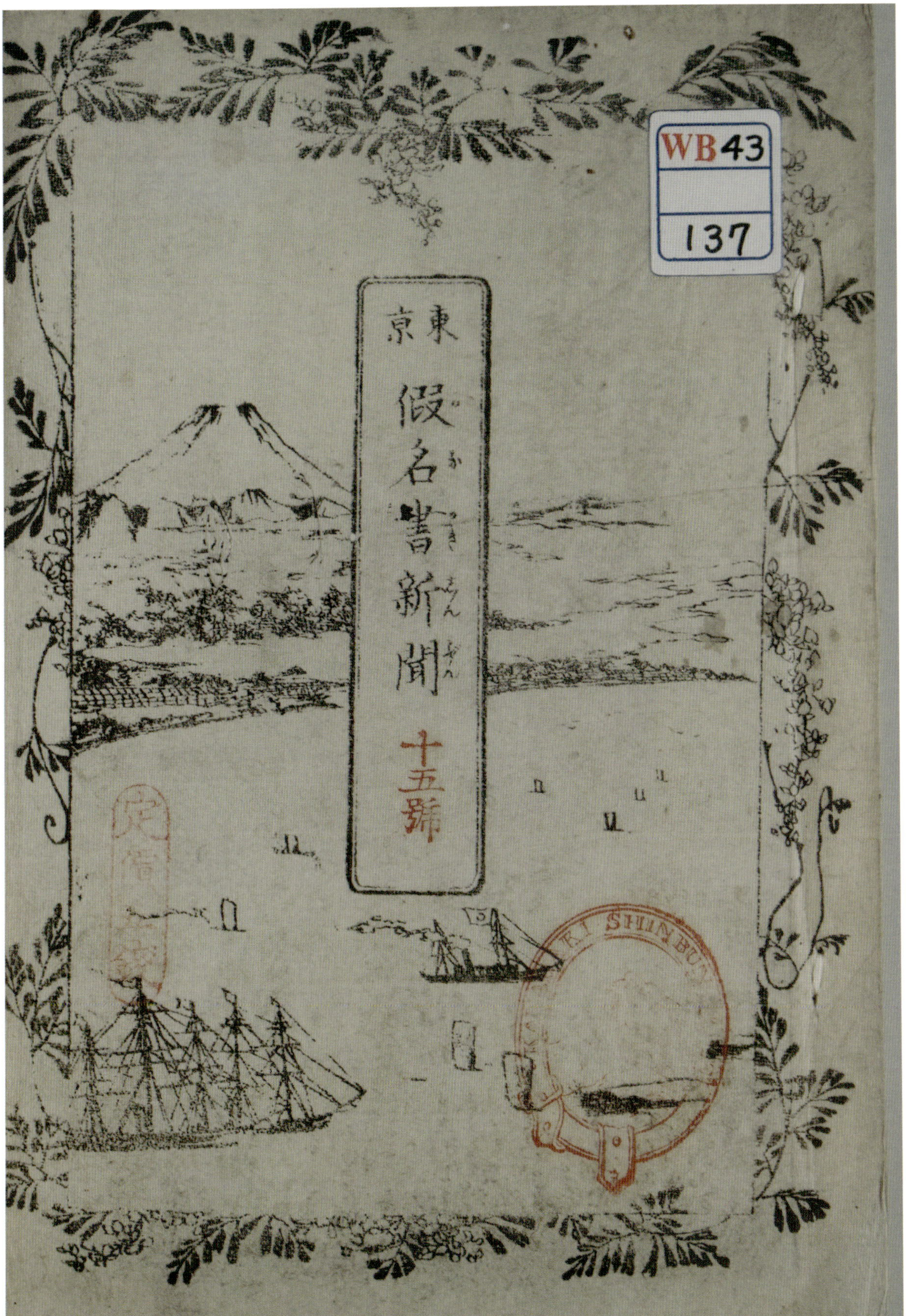


1. 東京假名書新聞 第15号表紙(国立国会図書館蔵)

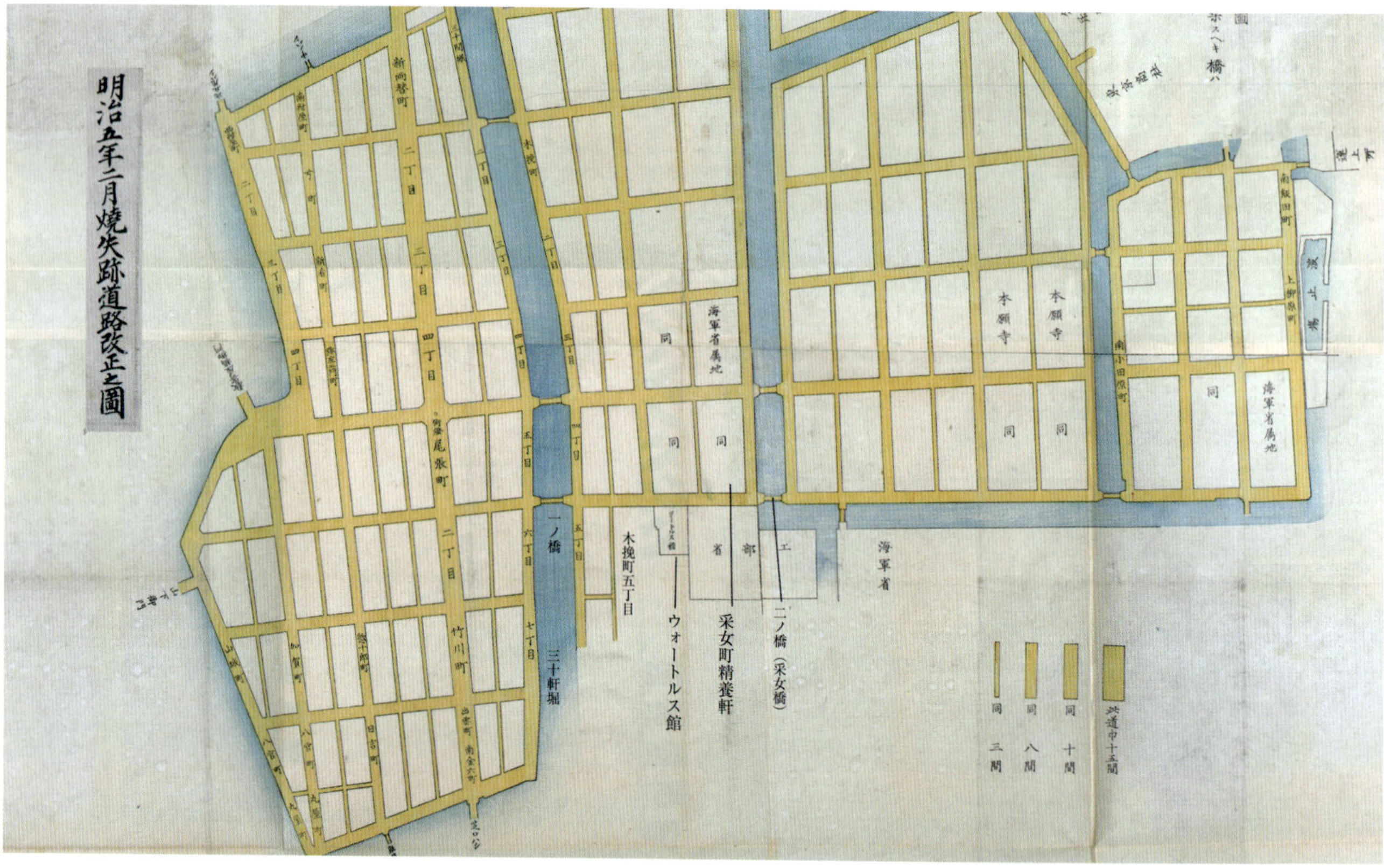


2．明治五年二月焼失跡道路改正之図（国会図書館蔵・編集部にて加工）

『東京假名書新聞』について「銀座の煉瓦街創開の時の技師ウオードルスは、木挽町精養軒の向ふに住み居り、其構内広かりし為め、彦蔵その構内に住み居りしことあり、かな新聞は、そこにて発行せしものなり」と妻の銀子が語ったと、石井研堂『明治事物起源』増補改訂版にある。第5号より、記事の最後には「こびき町　五町め　一のはしと　二のはしの　あいだ　いゐだ　おゐて せゐぞう　すりたて　いたし候」とある。

3．創業期の築地精養軒(采女町)（株式会社精養軒　提供）

明治5年、銀座の大火で開業のその日に焼失した後、すぐに建てられた精養軒仮店舗は木挽町5丁目にあり、明治6年には采女町に完成した。ジョセフ・ヒコとウォートルスは、目の前にある精養軒の洋食で英気を養っていたであろう。ヒコを大蔵省に迎える歓迎会も精養軒で開かれたという。

4. 采女橋と采女町の精養軒（鶏卵紙53×84mm　日本カメラ博物館　所蔵）

采女橋の向こうにある精養軒の斜め向かいにウォートルスの館はあり、『東京假名書新聞』はそこで発行されたという。

5. 同じアングルで撮った2024年5月現在の采女橋

精養軒のあった場所には、時事通信社の社屋が聳える。

6. 銀座煉瓦街　（ギンザのサヱグサ銀座史料室　提供）

銀座大火の後間もなく着工し、明治6年10月にほぼ完成した銀座の煉瓦通り。大通りの商店街は連続したアーケード造りであった。設計はウォートルス。『東京假名書新聞』発行の間、三十間堀の向こうで、煉瓦通りの工事は着々と進められていた。

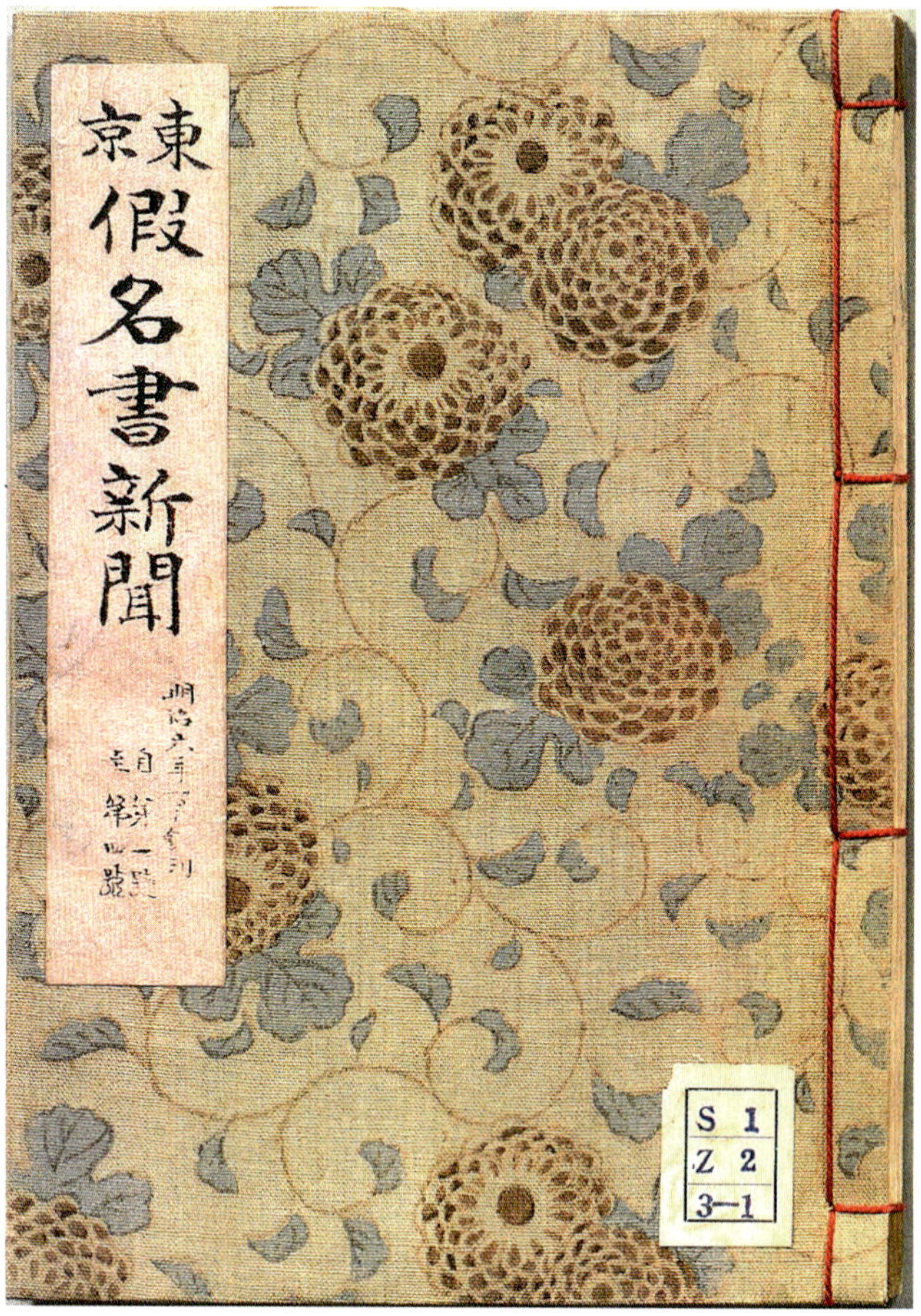

7.『東京假名書新聞』合本表紙と裏表紙　（東京大学明治新聞雑誌文庫 所蔵）

『東京假名書新聞』は、東京大学明治新聞雑誌文庫に初号から20号が収蔵されている。4号ずつ和綴じにされ、5 冊 それぞれに、同じ書きぶりで墨書された題簽が付けられている。

# 目次

# まえがき

明治の初期に『東京假名書新聞』という新聞があったことを知ってから、編著者二人は、『日本初期新聞全集』（文献16）に載っている当新聞を読み始めてみて、「なぜ仮名書きにしなければいけないのか」、「いったいだれが、何のためにこのような新聞を発行したのか」、「なぜ、太陽や磁石のこと、アルキメデス、コロンブス、ナポレオンのこと、アメリカの議会制度のことなどをこれほど詳細に説明しているのか」、「御布告のうち、読者に関係なさそうな狩猟規則を取り上げたのはなぜか」など、次々と疑問が湧いてきた。繰り返して読み、この新聞を取り上げた文献を読むうちに、この新聞の存在を多くの方に知っていただき、共にこれらの疑問を解いていきたいと願うようになった。そこで、本書の刊行を思い立った次第である。

本書では、明治六年の一月から九月まで週刊で発行された『東京假名書新聞』の原文の影印を掲げ、その下に、その仮名書きを漢字仮名交じり文に書き換えたものを示した。仮名ばかりよりは多少意味を取りやすいと思ったからである。

社会制度の変革期であった明治初年には、法令が次々に出され、変更もされたため、それを一般に知らせるための新聞は重要な役割を持ち、明治五年に『東京日日新聞』が日本初の日刊新聞として発刊されたほか、次々と新聞が発行された。

『東京假名書新聞』は、そうした新聞発行の趨勢の中で、だれでもが自分で読んで理解できるようにとの趣旨から、漢字はわずかにして、仮名書きがほとんどの新聞である。

土曜日ごとの週刊で、現在所在が確認されているのは、明治六年一月二十五日の初号から同年六月七日の二十号までと、同年九月十三日の三十四号、併せて二十一号分である。本書では、これらすべての号を漢字仮名交じり文にした。

筆者らは、漂流民であったジョセフ・ヒコを研究している中で、発行者の名前はどこにも書いてないのであるが、新聞の構成や記事の内容から、この新聞はまさに彼が、多くの人に自分自身で読んでもらいたいという願いを込めて発行に関わったものだと考えている。石井研堂（文献5）、小野秀雄（文献11）の記述に教えられたところも多い。

記事の内容は、布告・布達、国内記事、海外記事、一般的な話題、投書、諸色相場、物価表、鉄道時刻表、入港・出航の日程表、広告など広い範囲にわたっている。当新聞には、一般にはもっと遅い時期に「第一号」が現れたとされている国産のミシンや紙巻きたばこ発売の記事が載っているなど、進取の姿勢が感じられる。

仮名文字の新聞はなかなか読みにくいようで、読者は多くなかったと思われるが、発行者の気概は大きく、一般の人には漢文、漢語の多い布告や布達などが届きにくく、また漢字を覚えることに時間を使っていると、世界の情勢や科学技術の進歩について行けないから、仮名文字にしたと言っている。さらに、日本語もやがて、いろは四十八文字で表記するようになるだろうという興味深い記述もある。これを見ると、ジョセフ・ヒコの、自分の経験から出た意向が反映されたものと推測できる。

ジョセフ・ヒコは、彦太郎（のち彦蔵）と言った十三歳のときに漂流し、太平洋上でアメリカの商船に救助されてサンフランシスコに着いた。いったんは帰国に向けて香港に着いたが、再びアメリカに向かった。その後、恩人サンダースに巡り合い、ボルチモアで教育を受け、カトリックの洗礼を受けてジョセフ・ヒコとなり、その後アメリカに帰化した。サンフランシスコでは商社に勤めた。二十一歳のときに帰国した後は、アメリカ領事館通訳、横浜・長崎・神戸で商社経営、『海外新聞』の発行、伊藤博文など明治政府の要人となった人々への海外事情の解説、憲法草案の作成、大阪造幣局開設への尽力、大蔵省勤務など、日本の近代化に大きな貢献をした。米領事館通訳のときも、その他のときも、日本と外国との重要な折衝場面での通訳は評価が高かった。この間に三度目の渡米もしている。

右に自分の経験からと書いたのは、ヒコは英語がほぼ母語並みになった一方で、日本語の読み書きに不自由したことから、日本語の表記への意見を持ったと思われるからである。

この時期に発行された仮名書きの新聞には、同じ明治六年一月創刊の『官許四十八《いろは》字新聞誌《しんぶんし》』（月刊。四月まで発行）と、同年二月創刊の『まいにちひらかなしんぶんし』（日刊。翌年五月まで発行）がある。

仮名書きについて、『まいにちひらかなしんぶんし』は、仮名文字だけで何事をも支障なく記し得るという前島密の漢字廃止論に基づいているが、『東京假名書新聞』は、漢字を覚えるのに時間を使っていると開化に後れを取るから仮名書きにしたという。将来日本語は仮名表記になるだろうと言っているが、漢字は不要だということではない。仮名書き新聞ではあるが、漢字も使っている。

この新聞は明治初期の世情を反映しているだけでなく、仮名書きであるゆえに、当時の日本語の特徴を知ることのできる貴重な資料でもある。例えば、「東京」は「とうきょう」と「とうけい」、「共和」は「きょうわ」と「きょうか」のように二通りの読み方をしていたことがわかる。

本書によって、明治初年の日本における新聞の特色の一つが多くの方に伝わることを願っている。

二〇二四年十二月

編著者識

# 凡　例

1　本書で使用した影印
・初号〜二十号　東京大学明治新聞雑誌文庫蔵刊本の国書データベース
・十五号の一部（第二丁裏から第十四丁裏）　国立国会図書館蔵のマイクロフィルム
・三十四号　京都大学経済学研究科・経済学部図書室蔵のマイクロフィルム
2　各号の表紙ページは、上段に表紙の影印、下段にその号の内容一覧を示す。
3　本文は、ページの上段に影印、下段に漢字仮名交じり文を示す。
4　漢字仮名交じり文は、上段の原文に合わせて行替えするが、多少の調整を行う。
5　漢字仮名交じり文では分かち書きをせず句読点を入れる。原文で文節ごとについている「。」は除く。
6　漢字は新字体とする。
7　前文1、「蒸氣車の出る時刻并里数賃金の大略」、「覚」、及び社告は漢字仮名交じりで振り仮名付きであるが、本文の振り仮名を省く。
8　十五号から後の号の新聞名と大見出しが平仮名の場合は、そのまま平仮名表記とする。
9　布告・布達・詔などの漢字と送り仮名は原典に従う。この場合も漢字は新字体とする。
　二十号の布達は、原典の漢字文に読み方と意味を添えてある。本書では元の漢字を生かして書き下し文にする。語の右側の読み方は省き、意味は（　）の中に入れる。
10　記事の表記は、仮名はなるべく多く漢字にして、当時の新聞に近い形とする。
11　記事の送り仮名は原文の表記に従う。複合語の送り仮名は公用文の書き方に準ずる。
12　変体仮名は現代の仮名と同様に扱う。例「志(し)」「子(ネ)」「江(え)」
13　「ゐ」「ゑ」は「い」「え」とする。
14　助詞「わ」「ハ」は「は」とする。
15　「候」「申」の崩し字は「候」「申」とする。
16　日本の人名は、引用元で漢字のものはそれに従う。わからない場合は記事の表記に従う。
17　外来語、外国の人名・地名の表記が現代表記と大きく異なる語は、原文表記の後に［　］をつけて現代の表記を示す。
　例　ケイプガルド［ケープコッド］　アクチミデヲス［アルキメデス］
　現代と多少異なっても、「ニウヨルカ」「テリグラフ」などわかりやすい語は原文表記のみとする。
18　誤表記　記事の中にはしばしば誤表記が見られる。間違いには、単なる植字ミスもあるが、原典の読み誤りによるものもある。本書では次のように扱う。
①　表記　文字あるいは単語の場合は、〈　〉中に訂正したものを書く。
　例　イナルがわ→イナル〈ナイル〉川、あさゐやごろう→浅井や〈弘〉五郎
②　数字　例　アメリカ各州の馬の頭数一覧表（二号）では、元の新聞記事の数字を一部誤記している。他の記事にもわずかだが誤記がある。この場合は訂正しない。
③　文の書き換え　例　三号の布告にある、原典「故ナク弓箭銃砲ヲ放ツノ刑ヲ受ケシ者」は、当新聞では「わざなく　ゆみ　てつぽうを　はなつの　かたをならいし　もの」となっている。本書ではそれを生かして、「技なく弓鉄砲を放つの方を習いし者」とする。
19　文字の消えている、あるいはほとんど消えていて判読できないところは□とする。
20　大見出しの「海外新聞」は、慶応元年にジョセフ・ヒコが発刊した『海外新聞』と紛らわしいため、本書の解題では「海外記事」と表現する。それに従って、「国内新聞」は「国内記事」とする。

＊なお、当新聞には、今日から見ると不適切な語や表現が見られるが、本書では当時の記述に即してそのまま記載した。

初号の内容　明治6・1・25

前文1　発行の趣旨1　前文2　発行の趣旨2

**御布告**　○元始祭○改暦○天長節○県の統廃合○刀・脇差の禁止○休日○詔の写し（徴兵制）○土地の貸借規則

**海外新聞**　○殺人事件（中国）○ダイヤモンド詐欺（米）○新オランダとカリフォルニアの砂金高○日本茶・日本米の輸出量○アメリカの軍艦数○普仏戦争後のヨーロッパ各国の兵士、軍馬、大砲数○地球の話○横浜寄港の英船より新聞入手○ナポレオン三世死去○イギリスの税収○フランスの法改革○フランスで日本使節団饗応○キューバ内乱○ドイツ王ロシア訪問予定

**国内新聞**　○女性の相撲見物解禁○尊敬される戸長○親孝行に報奨金（東京）○火事二件（東京）

当新聞の製造所と販売所

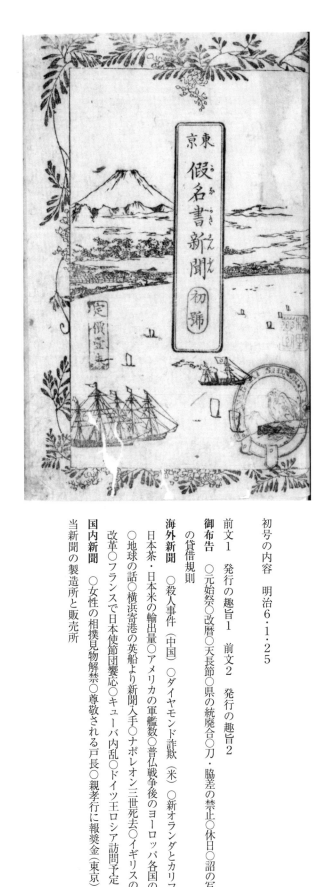

方今文化の御代なれば、新聞紙も日増に盛なり。すでに東京府下に於いて、板を摺出す処、僅の間に六七軒も開けし程なり。其開化を助るの功も亦少からざるべし。只惜らくは、其書漢語交の文体なれば、婦人小児及ひ愚民などに至てはこれを読、これを解すること能はず。これに因てこたび当社より出すところの新聞は都て假名のみを用ひ、文を綴り、日月支干数字などの普く人の耳目に慣し文字の外は、決て漢字を用ひざるなり。尤仮名は読誤り易きもの故、西洋の書法に倣ひ、一と綴りことに欠字をなし、間を明、読きりのところに至りては○印を施なり。官名人名地名、并西洋の言葉などは、皆片仮名を用ゆ。仮名遣ひも古き法に随ときは却て通じ難きこともあるべし。仮へは無礼は「むらい」、舫は「むやひ」と訓ずるときは、婦女子に通じ兼るなり。されは此書には、俗言のまま「ぶれい」「もやひ」と記し、
又仮名を施すに、或は字音により、或は字訓によるも、亦世間普く言習し方に随ふなり。看人この意を得て読たまへかし。

この新聞紙を出だす訳を前に粗々書き記しおけども、分かりかぬる人もあるべしと、ここに再び、仮名のみにてその意味を書き記すなり。
○日本は同じ地球の内にありながら、これまでは、ほかほか国と行き交い交わりを致さず。この故に、我が国限りの事より他に学ぶことなく、殊に唐国の文字を用ひ、学者といへば文字数を多分に覚へるのみにて、その事柄につき技を稽古する学問にあらず。しかるに今日に至りて、外国と交わりを結ぶ時節になり、学ぶ事も沢山になれり。例へば地理学、地質学、機械学、その外色々の学問開けしことなれば、これまでの通り漢学の難しき数千万の文字を学ぶうちには、年月過ぎ去り、外国の学問までには行き届かざるべし。その訳は、人の寿命は十分長く保ちても百年を過ごし難し。世界の人の寿命を均して、凡そ三十年の内外のものなり。これを考へみれば、文字少なくして容易く学ばれる様に致さずば、後々の人のためにならず。しかのみならず、今日の開化次第に進み、電信機もお開きになり、国々に針金にて便りをなすこと始まり、その便りをなすには、いろはの仮名を用ひ、人に会ふて話をす

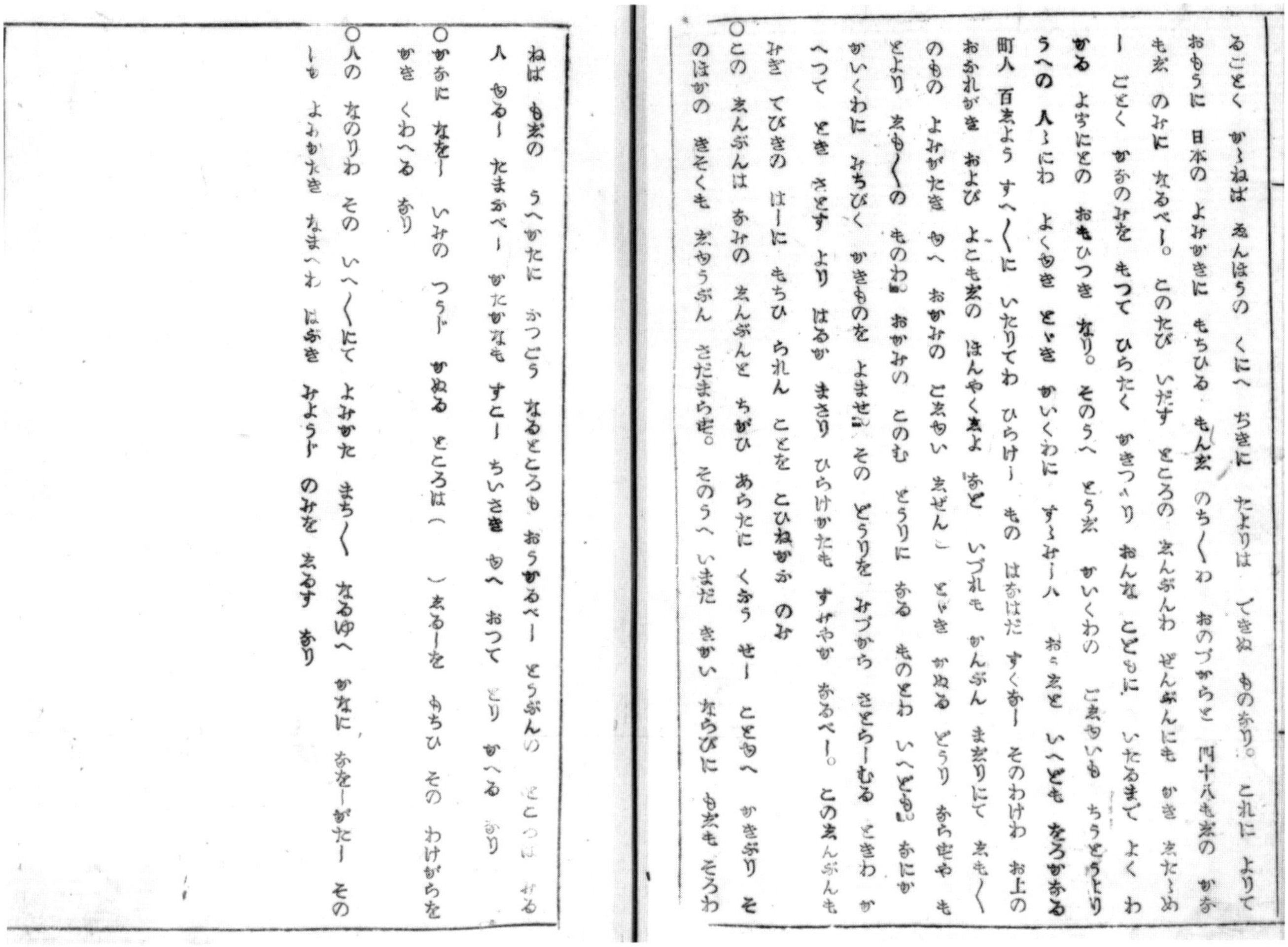
るごとく かゝねば ゑんはうの くにへ ちきに たよりは できぬ ものなり。 これに よりて
おもうに 日本の よみかきに もちひる もんじ のちくわ おのづからと 四十八もじの かな
もじ のみに なるべし。 このたび いだす ところの しんぶんわ ぜんぶんにも かき しるため
し ごとく かなのみを もつて ひらたく かきつゞり おんな こどもに いたるまで よく わ
かる やうにとの おもひつき なり。 そのうへ とうじ かいくわの ごしゆいも ちうとうより
うへの 人ゝにわ よくゆき とゞき かいくわに すゝみし八 おゝしと いへども をろかなる
町人 百しやう すへ／＼に いたりてわ ひらけし もの はなはだ すくなし そのわけわ お上の
おふれがき および よこもじの ほんやくしよ など いづれも かんぶん まじりにて しも／＼
のもの よみがたき ゆへ おかみの ごしゆい しぜんと とゞき かぬる どうり ならずや も
とより しも／＼の ものわ おかみの このむ とうりに なる ものとわ いへども なにか
かいくわに みちびく かきものを よませ その どうりを みづから さとらしむる ときわ か
へつて ときさとす より はるか まさり ひらけかたも すみやか なるべし。 この しんぶんも
みぎ てびきの はしに もちひ られん ことを こひねがふ のみ
○この しんぶんは なみの しんぶんと ちがひ あらたに くふう せし ことゆへ かきぶり そ
のほかの きそくも しやうぶん さだまらず。 そのうへ いまだ きかい ならびに もじも そろわ
ねば もじの うへかたに ふつごう なるところも おほかるべし とうぶんの ところは みる
人 ゆるし たまふべし かたかなも すこし ちいさき ゆへ おつて とり かへる なり
○かなに なをし いみの つうじ かぬる ところは（　）しるしを もちひ その わけがらを
かき くわへる なり
○人の なのりわ その いへ／＼にて よみかた まちまち なるゆへ かなに なをしがたし その
ほか よみがたき なまへわ はぶき みやうじ のみを しるす なり

る如く書かねば、遠方の国へ直に便りは出来ぬものなり。これに因りて思うに、日本の読み書きに用ひる文字、後々はおのずからと四十八文字の仮名文字のみになるべし。この度出だすところの新聞は、前文にも書き認めし如く、仮名のみを以て平たく書き綴り、女子供に至るまで、よく分かるようにとの思ひ付きなり。その上、当時開化のご趣意も　中等より上の人々にはよく行き届き、開化に進みしは多しといへども、愚かなる町人百姓、末々に至りては、開けし者甚だ少なし。その訳は、お上のお触書及び横文字の翻訳書など、何れも漢文交じりにて、下々の者読み難き故、お上のご趣意、自然と届きかぬる道理ならずや。元より、下々の者はお上の好む通りになるものとはいへども、何か開化に導く書き物を読ませ、その道理を自ら悟らしむるときは、却って説き諭すより遥か勝り、開け方も速やかなるべし。この新聞も右手引の端に用ひられんことを冀ふのみ。

○この新聞は並の新聞と違ひ、新たに工夫せしこと故、書き振りその他の規則も十分定まらず。その上、未だ機械並びに文字も揃わねば、文字の植へ方に不都合なるところも多かるべし。当分のところは見る人許し給ふべし。片仮名も少し小さき故、追って取り替へるなり。

○仮名に直し、意味の通じかぬるところは（　）印を用ひ、その訳柄を書き加へるなり。

○人の名乗りは、その家々にて読み方まちまちなる故、仮名に直し難し。その他読み難き名前は省き、苗字のみを記すなり。

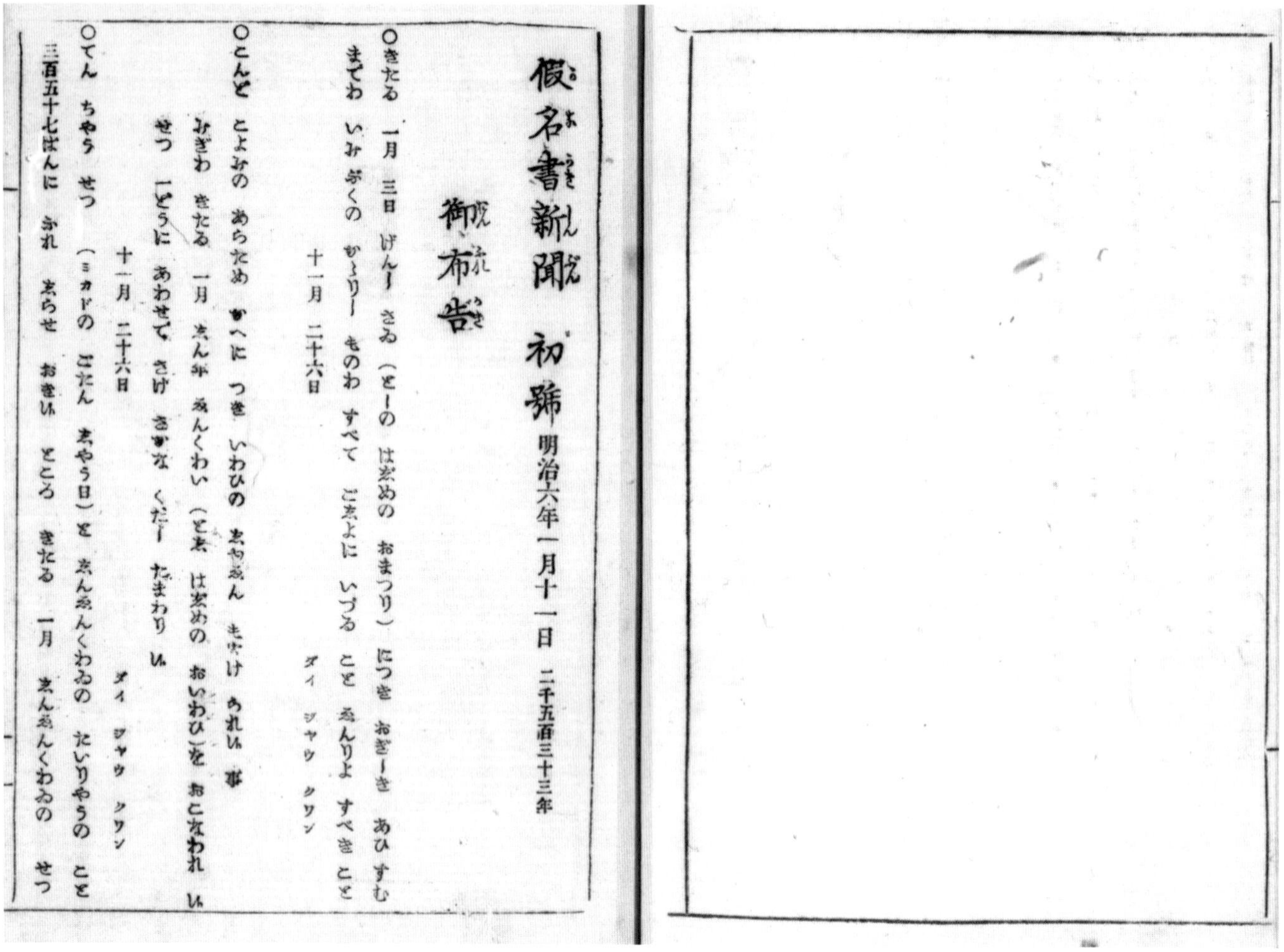
假名書新聞《かなよみしんぶん》 初號 明治六年一月十一日 二千五百三十三年

御布告《おんふれかき》

○きたる 一月 三日 げんしー さゐ（とーの はしめの おまつり）につき おぎーき あひすむ
までわ いみぶくの かゝりー ものわ すべて ごしよに いづる こと ゑんりよ すべき こと

十一月 二十六日 ダイ ジヤウ クワン

○こんど こよみの あらため がへに つき いわひの しゆゑん もうけ られ候 事
みぎわ きたる 一月 しん年 ゑんくわい（とし はしめの おいわひ）を おこなわれ 候
せつ 一どうに あわせて さけ さかな くだし たまわり 候

十一月 二十六日 ダイ ジヤウ クワン

○てん ちやう せつ（ミカドの ごたん しやう日）と しんゑんくわゐの たいりやうの こと
三百五十七ばんに ふれ しらせ おきい ところ きたる 一月 しんゑんくわゐの せつ

假名書新聞《かなかきしんぶん》 初号 明治六年一月十一〈二十五〉日 二千五百三十三年

御布告《おんふれかき》

○来る一月三日、元始祭（年の初めのお祭り）に付き、お儀式相済むまでは、忌服の掛かりし者は全て御所に出ずること遠慮すべき事。

十一月 二十六日 太政官

○今度暦の改め替へにつき、祝ひの酒宴設けられ候事。

右は、来る一月、新年宴会（年初めのお祝ひ）を行われ候節、一堂に併せて酒肴下し賜り候。

十一月 二十六日 太政官

○天長節（帝のご誕生日）と新宴会の代料のこと、三百五十七番に触れ知らせおき候ところ、来る一月、新宴会の節、

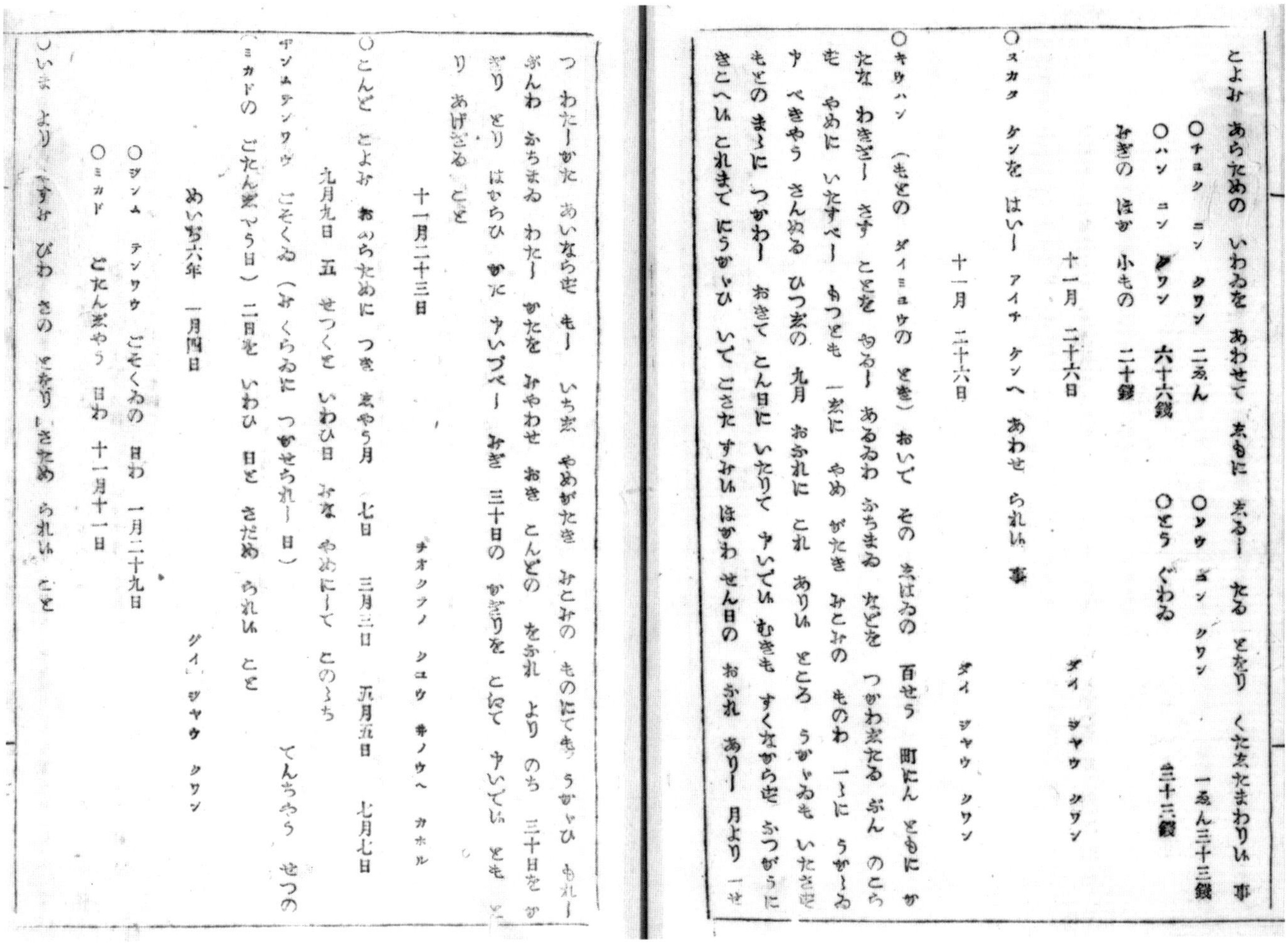
とよみ あらための いわゐを あわせて したに しるし たる とをり くだしたまわりそろ 事
○チヨクニンクワン 二ゑん ○ソウニンクワン 一ゑん三十三銭
○ハンニンクワン 六十六銭 ○とうぐわゐ 三十三銭
みぎの ほか 小もの 二十銭
十一月 二十六日 ダイジヤウクワン
○ヌカタケンを はいし アイチケンへ あわせ られそろ 事
十一月 二十六日 ダイジヤウクワン
○キウハン（もとの ダイミヤウの とき）おいて その しはいの 百せう 町にん ともに かたな わきざし さす ことを ゆるし あるゐわ ふちまゐ などを つかわしたる ぶん のこらず やめに いたすべし もつとも 一じに やめ がたき みこみの ものわ 一〻に うかゞゐ申べきやう さんぬる ひつじの 九月 おふれに これ ありそろ ところ うかゞゐも いたさず もとの まゝに つかわし おきて こん日に いたりて 申いでそろ むきも すくなからず ふつがうに きこへそろ これまで にうかゞひ いでて ごさた すみそろ ほかわ せん日の おふれ ありし 月より 一せつ わたしかた あいならず もし いちじ やめがたき みこみの ものにても うかゞひ もれし ぶんわ ふちまゐ わたし かたを みやわせ おき こんどの おふれ より のち 三十日を かぎり とり はからひ かた 申いづべし みぎ 三十日の かぎりを こえて 申いでそろ とも とり あげざる こと
十一月二十三日 オホクラノ クユウ 井ノウヘ カホル
○こんど こよみ おあらために つき しやう月 七日 三月三日 五月五日 七月七日 九月九日 五 せつくと いわひ日 みな やめにして このゝち ジンムテンワウ ごそくゐ（みくらゐに つかせられし 日） てんちやう せつの（ミカドの ごたんじやう日）二日を いわひ 日と さだめ られそろ こと
めいぢ六年 一月四日 ダイジヤウクワン
○ジンム テンワウ ごそくゐの 日わ 一月二十九日
○ミカド ごたんじやう 日わ 十一月十一日
○いま より やすみ びわ さの とをり さだめ られそろ こと

暦改めの祝いを併せて、下に記したる通り下し賜り候事。
○勅任官　二円　○奏任官　一円三十三銭
○判任官　六十六銭　○等外　三十三銭
右の外小者　二十銭
十一月　二十六日　太政官

○額田県を廃し、愛知県へ併せられ候事。
十一月　二十六日　太政官

○旧藩（元の大名の時）於て、その支配の百姓町人共に、刀、脇差差すことを許し、或いは扶持米などを遣わしたる分残らず止めに致すべし。尤も、一時に止め難き見込みの者は、一々に伺い申べきよう、去んぬる未の九月、お触れにこれあり候ところ、伺いも致さず元のままに遣わしおきて、今日に至りて申出で候向きも少なからず。不都合に聞こへ候。これまでに伺ひ出で、ご沙汰済み候外は、先日のお触れありし月より一切渡し方相ならず。もし一時止め難き見込みの者にても、伺ひ漏れし分は、扶持米渡し方を見合わせ置き、今度のお触れより後、三十日を限り取り計らひ方申出づべし。右三十日の限りを越えて申出で候とも、取り上げざる事。
十一月　二十三日　大蔵のクユウ〈丞〉　井上馨

○今度暦お改めにつき、正月七日、三月三日、五月五日、七月七日、九月九日、五節句と祝ひ日皆止めにして、この後神武天皇ご即位（御位に就かせられし日）、天長節の（帝の御誕生日）二日を、祝ひ日と定められ候事。
明治六年　一月四日　太政官
○神武天皇ご即位の日は一月二十九日
○帝御誕生日は十一月十一日
○今より休み日は左の通り定められ候事。

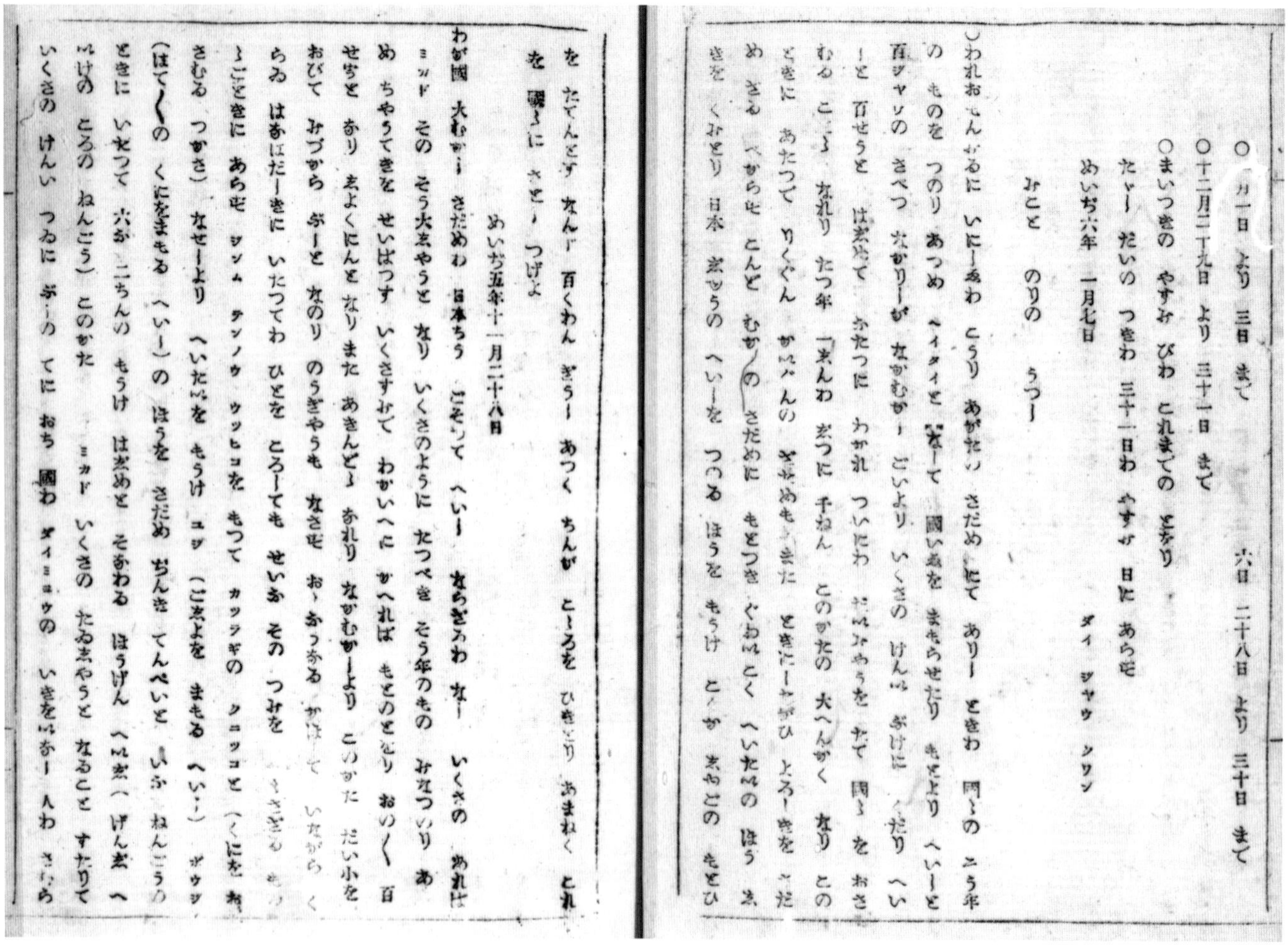

○一月一日より三日まで　　六日［月］二十八日より三十日まで
○十二月二十九日より三十一日まで
○毎月の休み日はこれまでの通り。
但し、大の月は、三十一日は休み日にあらず。
明治六年　一月七日　　太政官

詔の写し

○我惟るに、古は、郡県の定めにてありし時は、国々の壮年の者を募り集め、兵隊となして国家を守らせたり。固より兵士と百姓の差別なかりしが、中昔ごい〈頃〉より、戦の権威武家に下り、兵士と百姓と始て二つに分れ、遂には大名を立て国々を治むることとなれり。辰年一新は実に千年この方の大変革なり。この時に当たって、陸軍海軍の定めも亦時に従ひ、宜しきを定めざるべからず。今度、昔の定めに基き、外国兵隊の方式を汲み取り、日本中の兵士を募る法を設け、国家守護の基を立てんとす。汝百官ぎうし〈有司〉、厚く朕が心を引き取り、普くこれを国々に諭し告げよ。

明治五年十一月二十八日

我が国、大昔定めは日本中こぞって兵士ならざるはなし。戦のあれば、帝、その総大将となり、戦の用に立つべき壮年の者皆募りあ□め、朝敵を征伐す。戦済みて我が家に帰れば、元の通り各々百姓となり職人となり、又商人となれり。中昔よりこの方大小を帯びて自ら武士と名乗り、農業もなさず、大風なる顔していながら食らい、甚だしきに至っては、人を殺しても、政府、その罪を糺さざるものの如きにあらず。神武天皇、珍彦を以て、葛城の国造と〈国を治むる司〉なせしより、兵隊を設け、衛士〈御所を守る兵士〉、防人〈果て果ての国を守る兵士〉の法を定め、神亀天平といふ年号の時に至って、六府二鎮の設け始めと備わる。保元平治〈源氏平家の頃の年号〉この方、帝、戦の大将となること廃りて、戦の権威、遂に武士の手に堕ち、国は大名の勢いなし、人は侍百姓の分かちをなし、後の世となりては、名分（上下の差別を正し、上は敬い下はへりくだる事）全く乱れ、その有様言ふに堪ゆべからず。然るに、太政維新の（ご一新の政）節、諸大名国々を返し奉り、辛未の年に及んで、大昔の郡、郡県の法に戻りて、代々居ながら禄を食らいし侍は、その知行を減らし、刀用ひざるを許して、士農工商の四民自由の権を与へんとす。しかる時は上下平均し、人の権を等しゅうして、侍は元の侍にあらず、民はこれまでの民にあらず、同じく日本一般の民にして、国に報ゆる道に於いてもその差別なかるべし。凡そ天地の間に、一事一物として年貢運上のなきはずはなし。その年貢運上の金を以て国の入用に充つべし。然る時は、人たる者は、各々力を尽して国のご恩を報いずんばあるべからず。外国にこれを血税と言ふ。人々戦に出でてその国のために命を惜しまず、血に染みて働くことなり。国家の災ひを防ぐは己の災ひを防ぐの基なるべし。それ国あれば兵隊の備へあり。兵隊の備へあれば人々その役を務めずんばあるべからず。これに由て、百姓町人も皆戦の役を務むる法は、天然自然の道理にして、俄かに拵へたる法にあらず。殊にその方式は昔と今との宜しきを汲み取り、外国は数百年来実地研究を以て兵隊の方式を定むる故、その法詳しく整へり。然れども、我が国とは政体も土地も異なれば、悉くこれを用ゆべからず。かるが故に今、その宜しきところを取り、古の戦の法を補ひ、海軍陸軍の二つを備へ、日本中残らず男の分二十歳になる者は、四民の差別なく兵隊に組み入れ、戦の用心に備へおくべし。郷長（郡の長）里正（庄屋）厚くこのご趣意を守り、徴兵令（兵士を召し集むるお触れ）に依り、諸々の民に説き諭し、国家守護の大いなる本を知らしむべきものなり。

明治五年　十一月二十八日　　太政官

○今度、日本中兵隊募り方の事、別紙詔の通り仰せ出だされ、徴兵令定められ候。各々御趣意を守り末々に至るまで残りなく触れ知らすべし。総じて大小の事柄は陸軍と海軍の両

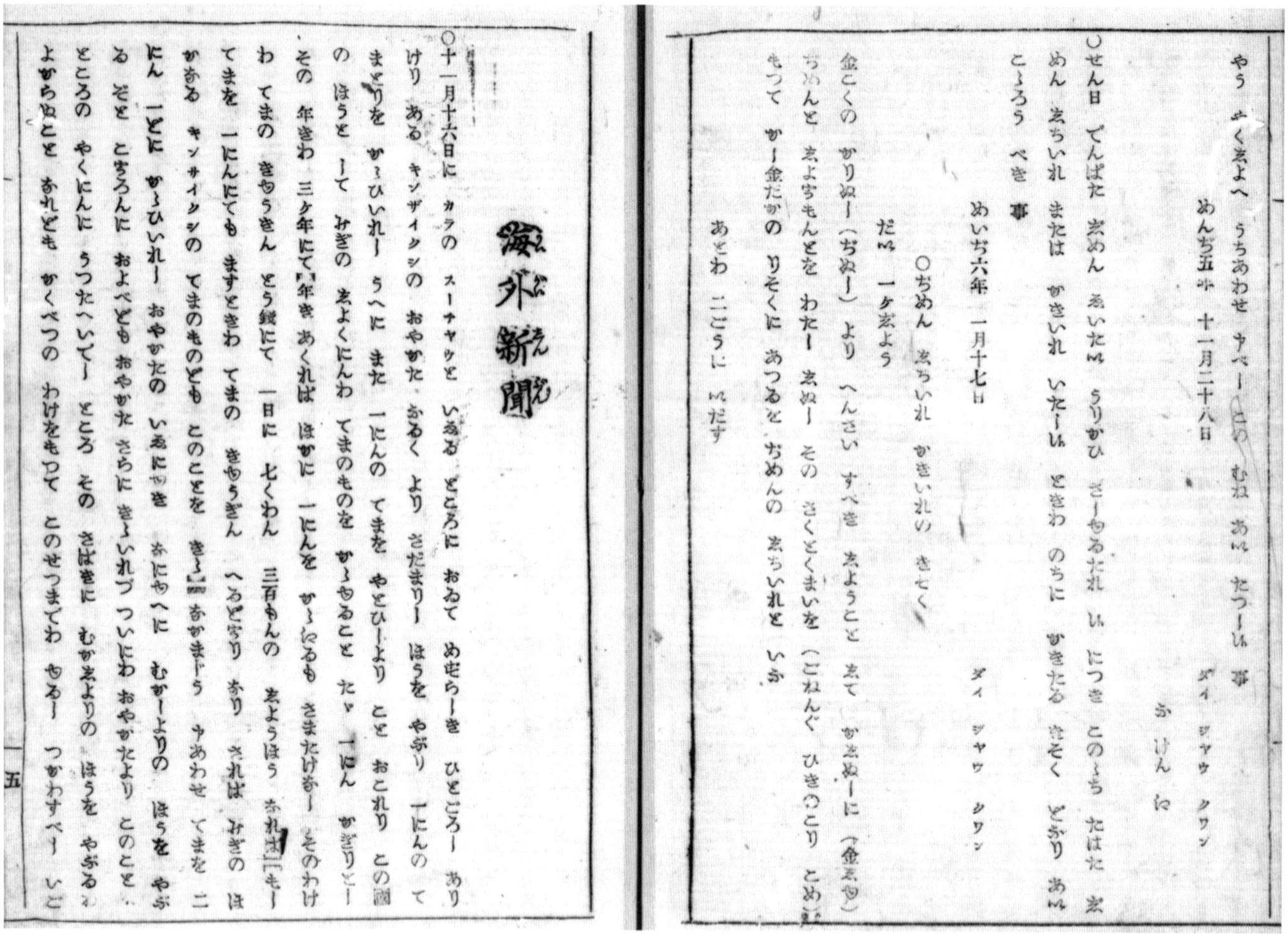

やくしよへ　うちあはせ　すべし　この　むね　あい　たつし候　事
めいぢ五ねん　十一月二十八日　ダイ　ジヤウ　クワン
ふ　けん　に
○せん日　でんぱた　ちめん　えいたい　うりかひ　さしゆるされ　候　につき　このゝち　たはた　ちめん　しちいれ　または　かきいれ　いたし候　ときわ　のちに　かきたる　きそく　どほり　あいこゝろう　べき　事
めいぢ六年　一月十七日　ダイ　ジヤウ　クワン
○ちめん　しちいれ　かきいれの　きそく
だい　一ヶじよう
金こくの　かりぬし（ぢぬし）　より　へんさい　すべき　しようこと　して　かしぬしに（金主）ちめんと　しようもんとを　わたし　ぢぬし　その　さくとくまいを（ごねんぐ　ひきのこり　こめ）もつて　かし金だかの　りそくに　あつるを　ちめんの　しちいれと　いふ
あとわ　二ごうに　いだす

海外新聞《かいぐわいしんぶん》

○十一月十六日に　カラの　スーチヤウと　いへる　ところに　おいて　めづらしき　ひとごろし　ありけり　ある　キンザイクシの　おやかた　ふるく　より　さだまりし　ほうを　やぶり　一にんの　てまどりを　かゝひいれし　うへに　また　一にんの　てまを　やとひしより　こと　おこれり　この國の　ほうと　して　みぎの　しよくにんわ　てまのものを　かゝゆること　たゞ　一にん　かぎりとし　その　年きわ　三ヶ年にて「年き　あくれば　ほかに　一にんを　かゝゆるも　さまたげなし　そのわけわ　てまの　きうきん　とう銭にて　一日に　七くわん　三百もんの　しようほう　なれば「もし　てまを　一にんにても　ますときわ　てまの　きうぎん　へるどうり　なり　されば　みぎの　ほかなる　キンサイクシの　てまのものども　このことを　きゝ　なかまぢう　申あはせ　てまを　二にん　一どに　かゝひいれし　おやかたの　いへにゆき　なにゆへに　むかしよりの　ほうを　やぶるぞと　こうろんに　およべども　おやかた　さらに　きゝいれず　ついにわ　おやかたより　このことを　ところの　やくにんに　うつたへいでし　ところ　その　さばきに　むかしよりの　ほうを　やぶるは　よからぬことと　なれども　かくべつの　わけをもつて　このせつまでわ　ゆるし　つかはすべし　いご

五

役所へ打合せ申べし。この旨、相達し候事。

明治五年　十一月二十八日　太政官

府県へ

○先日、田畑地面永代売買、差し許た〈さ〉れ候につき、この後田畑地面質入又は書入致し候時は、後に書きたる規則通り相心得べき事。

明治六年　一月十七日　太政官

○地面質入書入の規則

第一ヶ条

金穀の借主（地主）より、返済すべき証拠として、貸主に（金主）地面と証文とを渡し、地主その作徳米を（御年貢引き残り米）以て、貸金高の利息に充つるを、地面の質入と云ふ。

あとは二号に出だす

海外新聞《かいがいしんぶん》

○十一月十六日に、唐のスーチヤウ［蘇州］といえる所に於いて、珍しき人殺しありけり。ある金細工師の親方、古くより定まりし法を破り、一人の手間取りを抱ひ入れし上に又一人の手間を雇ひしより、事起これり。この国の法として、右の職人は、手間の者を抱ゆること、ただ一人限りとし、その年季は三ヶ年にて、年季明くれば他に一人を抱えるも妨げなし。その訳は、手間の給金、唐銭にて一日に七貫三百文の商法なれば、もし手間を一人にても増すときは、手間の給金、減る道理なり。されば右の他なる金細工師の手間の者共このことを聞き、仲間中申し合わせ、手間を二人一度に抱ひ入れし親方の家に行き、何故に昔よりの法を破るぞと口論に及べども、親方更に聞き入れず。遂には親方よりこのことを所の役人に訴へ出でしところ、その裁きに昔よりの法を破るは良からぬことなれども、格別の訳を以て、この節までは許し遣わすべし。以後

わ きつと つゝしむべしと ありしかば なかまのもの せんかたなく くみあひの かしらぶんに
たのみいり あいさつに およぶと いへども みぎの おやかたわ くじに かちしことなれば
いよ／＼ ごうじやうをはり いさゝかも きゝいれずして そのみ（・・）ラツツを （まちゆうまわり かた
のやくにん） たのみ つねに おのれの まもりを なさしめたり さて なかまの ものどもわ
ことのほか かれを いかりうらみ いかにもして かれを せつがいせんと おもへども かれのよ
うい げんぢやう なれば てを いだし かねて ゐたりしが おりしも 一ッの はかりごとを お
もひつき しよくぎようの よりあひに ことよせ かれを おびき いだせしが かれ なにごゝろ
なく 四五にんの ラッツを ひきつれ きたれり なかまのものわ 百二十六にんほど あつまり
まちうけ かの おやかたの きたるをみて 一どに どつと よりかゝり ラッツを おしのけ お
やかたのみを うちに ひきづりこみ とぐちを かたく しめきれば おやかた おどろき ひとご
ろしと こゑのかぎりに さけぶにぞ ラッツ しきりに あせれども いること かなわず うちより
なかまのもの よばわるには ところの おブギョウ きたらば ともあれ そのよのものわ 一にんも
いることを ゆるさぜ ラッツ それと きくより いそぎ ブギョウの ところに ゆき ブギョウを
たのみ よびきたれば とぐちを ひらき これをいる ブギョウ うちの ようすを みるに みぎの
おやかたを はだかに なして はしらに しばり かほより てあしに いたるまで そうみ
のこる ところなく はがたを つけ いきわ もはや たえはてゝ あはれなる ていなれば ブギョ
ウ おういに おどろき ひとごろしの にげいでぬ よう とぐちを かたく しめきらせて その
うちに もんばんの こどもの おりければ これを よびよせ ことの しまつを といたゞされし
に こどもの ことゆゑ いさゝかも えんりよなく ありしまゝを こたゆるには そも／＼ みぎの
おやかたを うちに ひきいれ とぐちを しめきり なかまの かしらだちたる もの いゝわたす
よう みな／＼ このもの からだに くらひ つくべし もし くらいつくことを いなむものは この
おやかた どうように すべしと いうにぞ みな／＼ よりかゝり ついに くらひころせりと
いう ブギョウ よく おうぜいの ものを みまわせば みな／＼ くちの あたりわ ちしほに
そみて いたりしかば ブギョウ なかまの かしらだちたる もの 四にんを めしとらへ られた
り この ひとごろしに つき からひとの いうにわ この國の ほうとして はものさへ もちひね
ば くらひころす ことわ くるしから ずと むかし よりの さだめ なれば みぎのものわ つ
みす べからずと ひようばん せり

○ 千八百七十二年 十一月二十九日 サンフランシスコ ブリテン のしんぶん

はきっと慎むべしとありしかば、仲間の者詮方なく、組合の頭分に頼み入り、挨拶に及ぶといへども、右の親方は公事に勝ちしことなればいよいよ強情を張り、いささかも聞き入れずして、その身は邏卒を（市中回り方の役人）頼み、常に己の守護をなさしめたり。さて仲間の者どもは殊の外彼を怒り恨み、如何にもして彼を殺害せんと思えども彼の用意厳重なれば、手を出だしかねていたりしが、折しも一つの謀を思ひ付き、職業の寄合ひにこと寄せ、彼を誘き出だせしが、彼、何心なく、四五人の邏卒を引き連れ来たれり。仲間の者は百二十六人ほど集まり待ち受け、彼の親方の来たるを見て、一度にどっと寄りかかり、邏卒を押し退け、親方のみを内に引きずり込み、戸口を堅く閉め切れば、親方驚き、人殺しと声の限りに叫ぶにぞ。邏卒しきりに焦れども入ること叶わず、内より仲間の者呼ばわるには、所のお奉行来たらばともあれ、その余の者は一人も入ること許さず。邏卒それと聞くより急ぎ奉行の所に行き、奉行を頼み呼び来たれば、戸口を開きこれを入る。奉行、内の様子を見るに、右の親方を裸になして柱に縛り、顔より手足に至るまで総身残る所なく歯形を付け、息は最早絶え果てて哀れなる体なれば、奉行大いに驚き、人殺しの逃げ出でぬよう戸口を堅く閉め切らせて、そのうちに門番の子供のおりければこれを呼び寄せ、事の始末を問い質されしに、子供のこと故いささかも遠慮なく、ありしままを答ゆるには、そもそも右の親方を内に引き入れ戸口を閉め切り、仲間の頭立ちたる者言い渡すよう、皆々この者体に食らひつくべし。もし食らいつくことを否む者は、この親方同様にすべしと言うにぞ、皆々寄り掛かり遂に食らひ殺せりという。奉行よく大勢の者を見回せば、皆々口の辺りは血潮に染みていたりしかば、奉行、仲間の頭立ちたる者四人を召し捕らえられたり。この人殺しにつき、唐人の言うには、この国の法として、刃物さえ用いねば食らひ殺すことは苦しからずと、昔よりの定めなれば、右の者は罪すべからずと評判せり。

○千八百七十二年十一月二十九日　サンフランシスコ　ブリテンの新聞

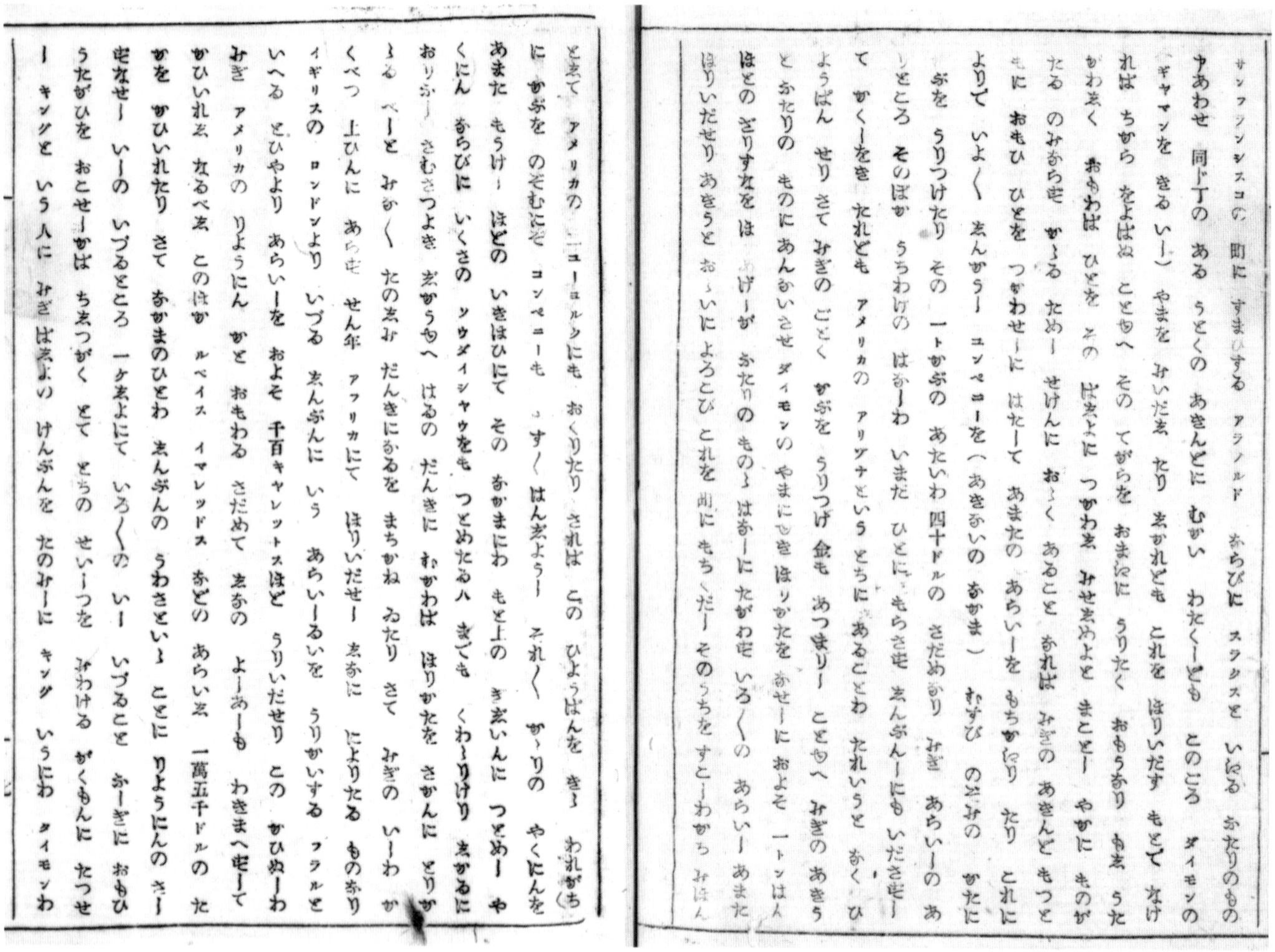

サンフランシスコの町に住まいするアラノルド並びにスラクスといへる二人の者申合わせ、同じ丁のある有徳の商人に向かい、私共この頃ダイモン［ダイヤモンド］の（ギヤマンを切る石）山を見出だしたり。しかれどもこれを掘り出だす元手なければ力及ばぬこと故、その手柄をお前に売りたく思うなり。もし疑がわしく思わば、人をその場所に遣わし見せしめよと、真しやかに物語るのみならず、かかる試し、世間に多くあることなれば、右の商人尤もに思ひ人を遣わせしに、果たして数多の荒石を持ち帰りたり。これによりていよいよ進行し、コンペニーを（商いの仲間）結び、望みの方に株を売り付けたり。その一ト株の価は四十ドルの定めなり。右、荒石のあり所、その外内訳の話は、未だ人に漏らさず。新聞紙にも出ださずして隠しおきたれども、アメリカのアリゾナという土地にあることは誰言うとなく評判せり。さて右の如く株を売り付け、金も集まりしこと故、右の商人二人の者に案内させダイモンの山に行き、掘り方をなせしに、凡そ一トン半ほどの砂利砂を掘り上げしが、二人の者の話に違わず色々の荒石数多掘り出だせり。商人大いに喜び、これを町に持ち下し、その内を少し分かち、見本としてアメリカのニューヨルクにも送りたり。さればこの評判を聞き、我勝ちに株を望むにぞ、コンペニーもますます繁盛し、それぞれ係の役人を数多設けしほどの勢ひにて、その仲間には、元、上の議事院に勤めし役人並びに戦の総大将をも務めたる人までも加わりけり。しかるに折節寒さ強き時候故、春の暖気に向かわば、掘り方を盛んに取りかかるべしと、皆々楽しみ暖気になるを待ちかねいたり。さて右の石は格別上品にあらず。先年アフリカにて掘り出だせし品に似よりたるものなり。イギリスのロンドンより出づる新聞に言う、荒石類を売り買いするフラルといへる問屋より、荒石を凡そ千百キヤレットス［カラット］ほど売り出だせり。この買主は右アメリカの両人かと思わる。定めて品の良し悪しも弁えずして買ひ入れしなるべし。この外ルベイス［ルビー］、イマレッドス［エメラルド］などの荒石一万五千ドルの高を買ひ入れたり。さて、仲間の人は、新聞の噂といい、殊に両人の指図なせし石の出づる所一ヶ所にて色々の石出づること不思議に思ひ、疑ひを起こせしかば、地質学とて土地の性質を見分ける学問に達せしキングという人に右場所の検分を頼みしに、キング言うには、タイモンは

アフリカにて ほりいだせし いしに ことならず インドより いづるいしの しつにも ほゞ に
より たり それわ ともあれ タイモン ルベイス イマレッドス そのほか いろ〳〵の いし 一ッ
ところより 一ドに いづる ためしなし まつたく こしらへこと なるべしと ありければ つ
ひに りよう人の わるだくみ ろけんせり さてわ りようにん いろ〳〵の あらいしを かひいれ
かねて これを みぎの やまに うづめおき 人を いつわり あざむきしなり りよう人に あざ
むかれて かぶ ぬしとなり 金を いだせしもの さのとうり
そも〳〵 はじめわ アルノル 一人にて ハーペン テインギと いへる うとくの ものに
タイモンの やまを みいだしたる その てがらを だい金十萬ドルに うりわたす べき や
くそくを なせり ハーペン テインギ そのうちの かぶを レンドと いふ ものに うりわた
せり さて この かぶ ほうぼうと うりかひ なせしうち レンド三十五萬ドルを いだせり
このほか ぶを すこしづゝ うりいだ せしかば つごう 六十五萬ドル ほどわ アルノル な
どの ふところに いりたり レンド 三十五萬ドルの そんしつ なりしが そのうち また う
りを なし 十九萬ドルわ とりもどせし ゆへ まつたくの そんしつ 十六萬ドルなり みぎ
タイモン あきない なかまの もと金わ さだめわ 千萬ドル なり
しんぶんしや いう アメリカわ なにふそくなく ひらけ がくもんにも わしき國 にて か
かる たいへんを ひきいだすことあり ましして わが國に おゐてわ いまだ じうぶん ひらけ
しとにも あらざれば うちそとに かゝわらず ひとに まじわるにわ こゝろがけ ざるべ からず
○シン ヲランダと アメリカの キヤリフオナイ 二ヶ國 こうざん より いづる すな金の たか
一ちよう 五おくドル なり これわ 千八百五十二年 より とうじ までの しめだか なり
○日本 より サンフランシスコに つみいだしたる ちやの そうだか 百二十め きんにて 二百十
九萬四千二百九十八きん これわ 千八百七十二年 一月一日より 十二月一日までの かんじやう
なり
○日本の こめ サンフランシスコに とうちやくせし たかわ 三百四十六萬六千百五十三ぎん
たゞし 百二十め きんなり
○とうじ アメリカの せいふに もつ ところの ぐんかんの かず 百七十八そう そのうち 六十
八 そうわ じやうきせん この 大ほう 九百二十九ちやう ほまいせん 三十一そう 大ほう 三
百二十ちやう てつばりの ふね 五十一そう 大ほう 百二十七ちやう そのほか 小じようき な
らびに ふぞくせん 二十八そう みぎ 大ほうの かず あわせて 千三百七十ちやう なり

アフリカにて掘り出だせし石に異ならず。インどより出づる石の質にもほぼ似よりたり。それはともあれ、タイモン、ルベイス、イマレッドスその外色々の石一ッ所より一時に出づる試しなし。全く拵へごとなるべしとありければ、遂に両人の悪巧み露見せり。さては両人色々の荒石を買ひ入れ、かねてこれを右の山に埋めおき、人を偽り欺きしなり。両人に欺かれて株主となり、金を出だせし者左の通り。

そもそも初めはアルノル一人にてハーペン、テインギといへる有徳の者にタイモンの山を見出だしたるその手柄を、代金十万ドルに売り渡すべき約束をなせり。ハーペン、テインギ、そのうちの株をレンドといふ者に売り渡せり。さてこの株方々と売り買ひなせしうち、レンド三十五万ドルを出だせり。この他歩を少しずつ売り出だせしかば、都合六十五万ドルほどはアルノルなどの懐に入りたり。レンド三十五万ドルの損失なりしが、そのうち又売りをなし、十九万ドルは取り戻せし故、全くの損失十六万ドルなり。右

タイモン商い仲間の元金の定めは千万ドルなり。

新聞社言う、アメリカは何不足なく開け、学問にも詳しき国にてかかる大変を引き出だすことあり。まして我が国に於いては、未だ十分開けしとにもあらざれば、内外に拘わらず、人に交わるには心掛けざるべからず。

○新ヲランダとアメリカのキャリフオナイ［カリフォルニア］二ヶ国鉱山より出づる砂金の高一兆五億ドルなり。これは千八百五十二年より当時までの締高なり。

○日本よりサンフランシスコに積み出だしたる茶の総高、百二十匁。斤にて二百十九万四千二百九十八斤。これは千八百七十二年一月一日より十二月一日までの勘定なり。

○日本の米、サンフランシスコに到着せし高は、三百四十六万六千百五十三銀。

　但し百二十匁金なり。

○当時アメリカの政府に持つところの軍艦の数百七十八艘。その内六十八艘は蒸気船。この大砲九百二十九丁、帆前船三十一艘、大砲三百二十丁、鉄張りの船五十一艘、大砲百二十七丁。その他小蒸気丼に附属船二十八艘。右大砲の数、併せて千三百七十丁なり。

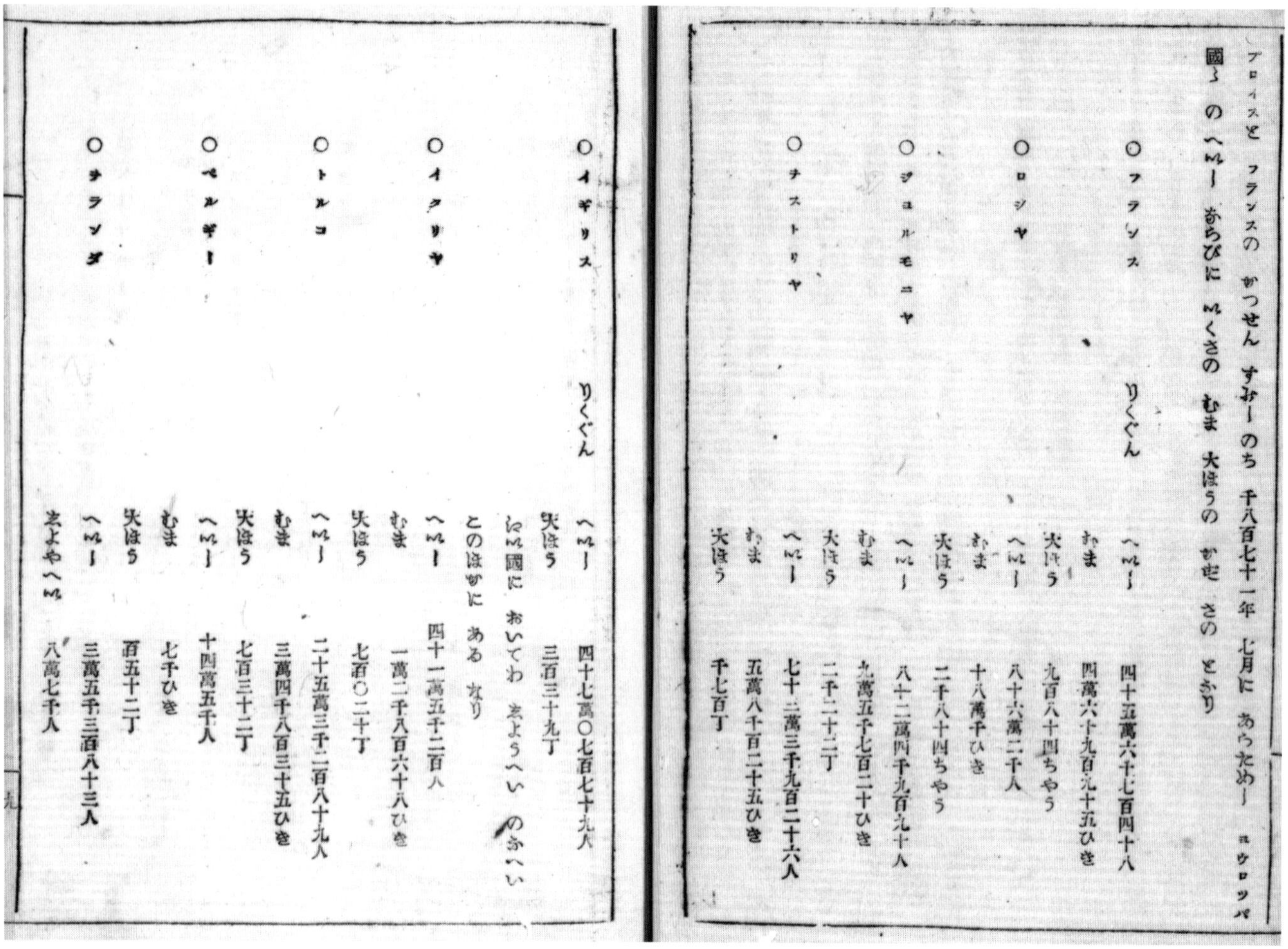

プロイスと フランスの かつせん すみしのち 千八百七十一年 七月に あらためし ヨウロッパ
國〻の へいし ならびに いくさの むま 大ほうの かず さの とほり

○フランス りくぐん
へいし 四十五萬六千七百四十八
むま 四萬六千九百九十五ひき
大ほう 九百八十四ちやう

○ロシヤ
へいし 八十六萬二千人
むま 十八萬千ひき
大ほう 二千八十四ちやう

○ジヨルモニヤ
へいし 八十二萬四千九百九十人
むま 九萬五千七百二十ひき
大ほう 二千二十二丁

○ヲストリヤ
へいし 七十二萬三千九百二十六人
むま 五萬八千百二十五ひき
大ほう 千七百丁

九

○イギリス りくぐん
へいし 四十七萬〇七百七十九人
大ほう 三百三十九丁
いぎ國に おいてわ きようへい のふへい
このほかに ある なり

○イタリヤ
へいし 四十一萬五千二百人
むま 一萬二千八百六十八ひき
大ほう 七百〇二十丁

○トルコ
へいし 二十五萬三千二百八十九人
むま 三萬四千八百三十五ひき
大ほう 七百三十二丁

○ベルギー
へいし 十四萬五千人
むま 七千ひき
大ほう 百五十二丁

○ヲランダ
へいし 三萬五千三百八十三人
きようへい 八萬七千人

プロイスとフランスの合戦済みし後、千八百七十一年七月に改めしヨウロッパ
国々の兵士並びに戦の馬、大砲の数、左の通り。

○フランス　陸軍
兵士　四十五万六千七百四十八人
馬　四万六千九百九十五匹
大砲　九百八十四丁

○ロシヤ
兵士　八十六万二千人
馬　十八万千匹
大砲　二千八十四丁

○ジヨルモニヤ［ジャーマニー］
兵士　八十二万四千九百九十人
馬　九万五千七百二十匹
大砲　二千二十二丁

○ヲストリヤ
兵士　七十二万三千九百二十六人
馬　五万八千百二十五匹
大砲　千七百丁

○イギリス　陸軍
兵士　四十七万〇七百七十九人
大砲　三百三十九丁
英国に於ては将兵の府兵、
この他にあるなり。

○イタリヤ
兵士　四十一万五千二百人
馬　一万二千八百六十八匹
大砲　七百〇二十丁

○トルコ
兵士　二十五万三千二百八十九人
馬　三万四千八百三十五匹
大砲　七百三十二丁

○ベルギー
兵士　十四万五千人
馬　七千匹
大砲　百五十二丁

○ヲランダ
兵士　三万五千三百八十三人
将兵　八万七千人

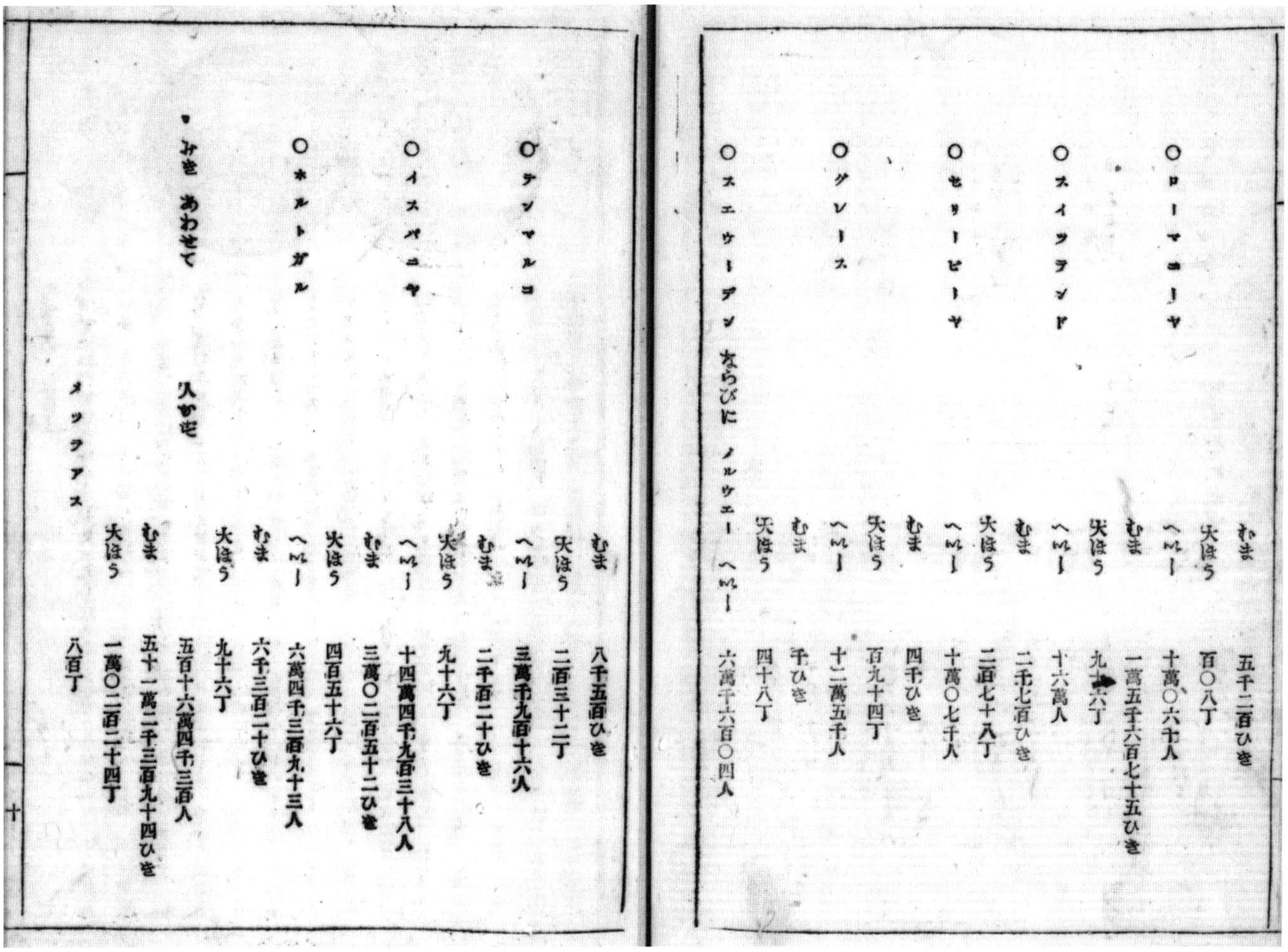

○ローマニーヤ［ルーマニヤ］
馬　五千二百匹
大砲　百〇八丁
兵士　十万〇六十人

○スイツランド
馬　一万五千六百七十五匹
大砲　九十六丁
兵士　十六万人

○セリービーヤ［セルビヤ］
馬　二千七百匹
大砲　二百七十八丁
兵士　十万〇七千人

○グレース［ギリシャ］
馬　四千匹
大砲　百九十四丁
兵士　十二万五千人

○スエウーデン並びにノルウエー
馬　千匹
大砲　四十八丁
兵士　六万千六百〇四人

○テンマルコ［デンマーク］
馬　八千五百匹
大砲　二百三十二丁
兵士　三万千九百十六人

○イスパニヤ
馬　二千百二十匹
大砲　九十六丁
兵士　十四万四千九百三十八人

○ホルトガル
馬　三万〇二百五十二匹
大砲　四百五十六丁
兵士　六万四千三百九十三人
馬　六千三百二十匹
大砲　九十六丁

右併せて　人数　五百十六万四千三百人
馬　五十一万二千三百九十四匹
大砲　一万〇二百二十四丁
メッラアス　八百丁

ちきうの はなし

○せかいの かたちわ まるく たまのよう なり それゆへ チキウと いふ その中に うみと おかと ふたつに わかれ その うみおかも ふたつゞゝに わかれてあり 西の うみを タイセイカイと いふ 東のうみを タイヘイカイと いふ みぎのかたの おか 西のはんぶんを あたらしき くにと いふ ひだりの おか 東のはんぶんを ふるき くにと いふ いま日本へ きたる アメリカと いふ くにわ 西の かためん 北アメリカの うち也 ヨウロッパ アジア アフリカ これを 東のはんぶんと いふ みぎの くにへ ゆくにわ いく萬りの あらうみを こへなくば ゆく事 できぬを いまの人 たちわ しんぱいも なく ゆきかへ するなれど むかしの人わ いかほど つよき 人にても なかゝゝ ゆきかねたり もつとも その ぢぶんわ ふねも ちいさくして ぢやうぶで なきゆへに とほい くにゝへわ ゆきがたし たとへ あらうみを こへるとも とほい やまみちを はなれてわ めあてもなく ふねの ゆきかひ

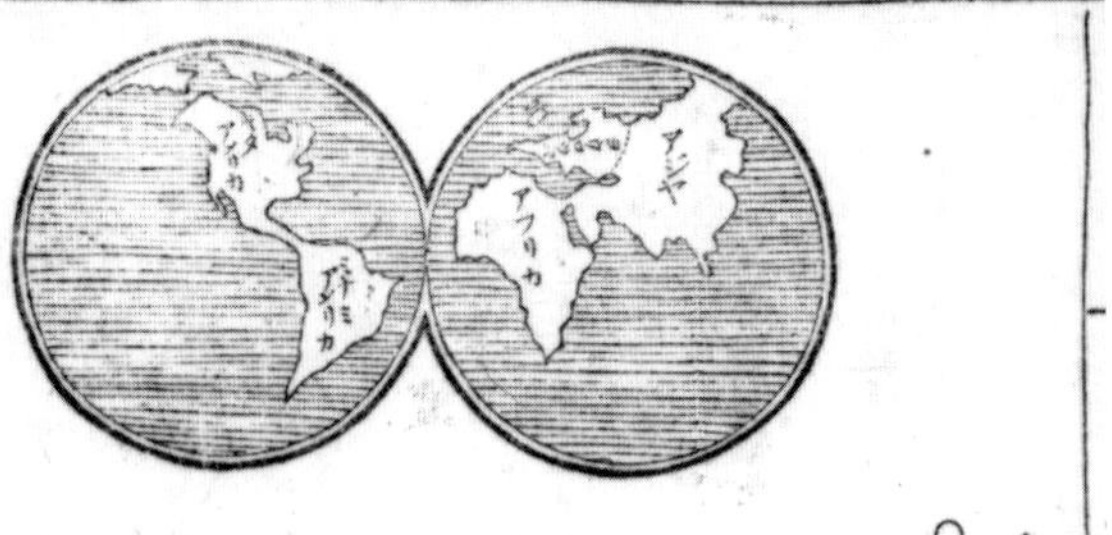


わからぬ わけ也 四百年も むかしわ せかいの事も たしかに わからず まるい ものでわ なく たゞ たいら なる ものと おもひしが 西のはんぶんに ある アメリカを しらずして 百のあらうみに でることわ おうきに をそれし なり その 人たちの かんがへにわ 西のかたへ ふねを いだせば 西のうみへ をちて かへらぬと おもひ また ある人の かんがへにわ きわめて 西のうみの はてにわ あやしきもの ありて わざわひを なすべし 西のうみの はてへ ゆくものわ いのち しらずと いひしゆへ タイセイカイの うみわ 四百年も むかしまでわ うみの へりばかり ふねにて とうり ゆきかよ せしが ホルトガルより 西のかた アゾリースと いふ 小しま あり ようやく この しま まで ゆきしと なり その みちのり 日本の 一りにして およそ 四百りほど なり

○一月二十二日 ヨコハマへ イギリスの ひきやくせん きたるに つき さのしんぶんを えたり

○一月九日 ひるすぎ フランスの ナポレヲン ぼつしたる よし ロンドン より でんしんきを もつて しらせ こしたり

○イギリス國 (ちく年しうの ぜい金 あがりだか 七千三百七十五萬ポンド (一ポンドわ ドル四まいはん) なり

地球の話

○世界の形は円く球の様なり。それ故地球と言ふ。その中に海と陸と二つに分かれ、その海陸も二つずつに分かれてあり。西の海を大西海と言ふ。東の海を太平海と言ふ。右の方の陸、西の半分を新しき国と言ふ。左の陸、東の半分を古き国と言ふ。今日本へ来たるアメリカといふ国は、西の片面、北アメリカの内なり。ヨウロツパ、アジア、アフリカ、これを東の半分と言ふ。右の国へ行くには、幾万里の荒海を越へなくば行くこと出来ぬを、今の人たちは心配もなく行き交へするなれど、昔の人は如何ほど強き人にても、なかなか行きかねたり。尤もその時分は船も小さくして丈夫でなき故に遠い国々へは行き難し。たとへ荒海を越へるとも遠い山道を離れては目当てもなく、船の行き交ひ分からぬ訳也。四百年も昔は世界のことも確かに分からず、円いものではなく、ただ平らなるものと思ひしが、西の半分にあるアメリカを知らずして百の荒海に出ることは大きに恐れしなり。その人たちの考へには、西の方へ船を出だせば、西の海へ落ちて帰らぬと思ひ、又ある人の考へには、極めて西の海の果てには怪しきものありて、災いをなすべし。西の海の果てへ行く者は、命知らずと言ひし故、大西海の海は、四百年も昔までは海の縁ばかり船にて通り行き交ひせしが、ホルトガルより西の方アゾリースといふ小島あり。漸くこの島まで行きしとなり。その道程、日本の一里にして凡そ四百里ほどなり。

○一月二十二日、横浜へイギリスの飛脚船来たるにつき、左の新聞を得たり。

○一月九日昼過ぎ、フランスのナポレヲン没し候由、ロンドンより電信機を以て知らせ来したり。

○イギリス国(ちく[昨]年中の税金上がり高、七千三百七十五万ポンド(一ポンドはドル四枚半)なり。

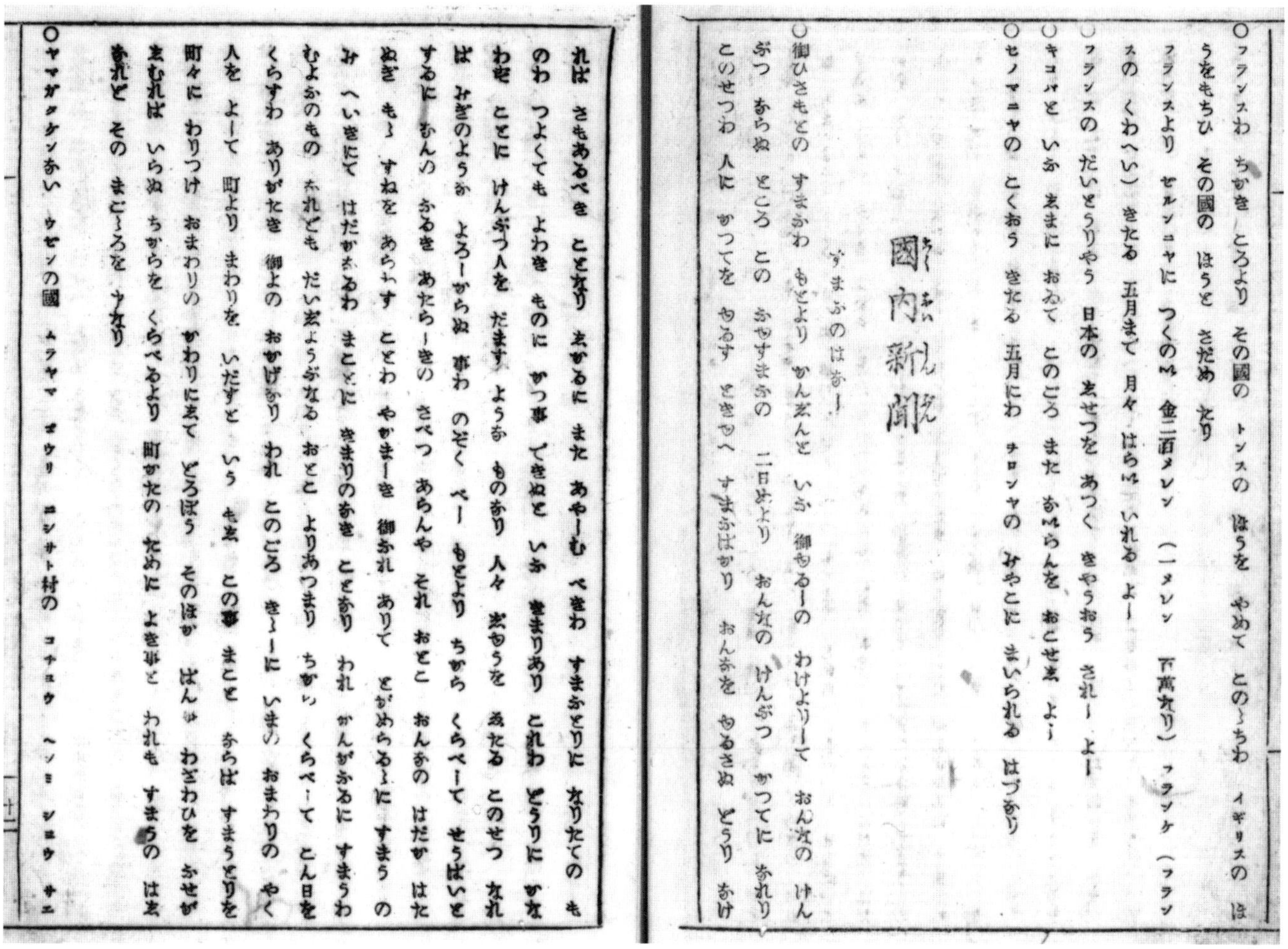

○フランスわ ちかき ころより その國の トンスの ほうを やめて このゝちわ イギリスの ほうをもちひ その國の ほうと さだめ たり
フランスより ゼルンニヤに つくのひ 金二百メレン （一メレン 百萬なり） フランケ （フランスの くわへい） きたる 五月まで 月々 はらひ いれる よし
○フランスの だいとうりやう 日本の しせつを あつく きやうおう されし よし
○キコバと いふ しまに おいて このごろ また ないらんを おこせし よし
○セノマニヤの こくおう きたる 五月にわ ヲロシヤの みやこに まいられる はづなり

國《こく》内《ない》新《しん》聞《ぶん》

すまふのはなし

○御ひざもとの すまふわ もとより かんじんと いふ 御ゆるしの わけよりして おんなの けんぶつ ならぬ ところ この ふゆすまふの 二日めより おんなの けんぶつ かつてに なれり このせつわ 人に かつてを ゆるす ときゆへ すまふばかり おんなを ゆるさぬ どうり なければ さもあるべき ことなり しかるに また あやしむ べきわ すまふとりに なりたての ものわ つよくても よわき ものに かつ事 できぬと いふ きまりあり これわ どうりに かなわず ことに けんぶつ人を だます やうな ものなり 人々 じゆうを えたる このせつ なれば みぎのやうな よろしからぬ 事わ のぞく べし もとより ちから くらべして せうばいと するに なんの ふるき あたらしきの さべつ あらんや それ おとこ おんなの はだか はだぬぎ もゝ すねを あらはす ことわ やかましき 御ふれ ありて とがめらるゝに すまふのみ へいきにて はだかなるわ まことに きまりのなき ことなり われ かんがふるに すまふわ むようのもの なれども だいじやうぶなる おとこ よりあつまり ちから くらべして こん日を くらすわ ありがたき 御よの おかげなり われ このごろ きゝしに いまの おまわりの やく人を よして 町より まわりを いだすと いふ もし この事 まこと ならば すまふとりを 町々に わりつけ おまわりの かわりにして どろぼう そのほか ばんじ わざわひを ふせがしむれば いらぬ ちからを くらべるより 町かたの ために よき事と われも すまふの はなれど その まごゝろを 申なり
○ヤマガタケンない ウゼンの國 ムラヤマ ゴウリ ニシサト村の コチョウ ヘンミ ジョウ サエ

○フランスは近き頃よりその国のトンスの法を止めて、この後は イギリスの法を用ひ、その国の法と定めたり。
フランスよりゼルンニヤ［ジャーマニー］に償い金二百メレン（一メレン百万なり）フランケ（フランスの貨幣）来る五月まで、月々払い入れる由。
○フランスの大統領、日本の使節を厚く饗応されし由。
○キコバ［キューバ］といふ島に於いて、この頃又内乱を起こせし由。
○セノマニヤ［ジャーマニー］の国王、来る五月にはヲロシヤの都に参られるはずなり。

国内新聞《こくないしんぶん》

相撲の話

○お膝元の相撲は、元より勧進といふお許しの訳よりして、女の見物ならぬところ、この冬相撲の二日目より女の見物勝手になれり。この節は、人に勝手を許すとき故、相撲ばかり女を許さぬ道理なければさもあるべきことなり。しかるに又怪しむべきは、相撲取りになりたての者は、強くても弱き者に勝つこと出来ぬといふ決まりあり。これは道理に適わず、殊に見物人を騙すようなものなり。人々自由を得たるこの節なれば、右の様な宜しからぬ事は除くべし。元より力比べして商売とするに、何の古き新しきの差別あらんや。それ男、女の裸、肌脱ぎ、腿、脛を顕すことは、喧しき御触れありて咎めらるるに、相撲のみ平気にて裸なるは、誠に決まりのなきことなり。我考ふるに、相撲は無用のものなれども、大丈夫なる男寄り集まり、力比べして今日を暮らすは、有難き御世のお陰なり。我この頃聞きしに、今のお巡りの役人を止して、町よりお巡りを出だすと言う。もしこの事真ならば、相撲取りを町々に割り付け、お巡りの代わりにして泥棒その他、万事災ひを防がしむれば、要らぬ力を比べるより町方のために良き事と、我も相撲の端なれど、その真心を申なり。
○山形県内羽前の国、村山郡西里村の戸長、ヘンミジヨウサエ

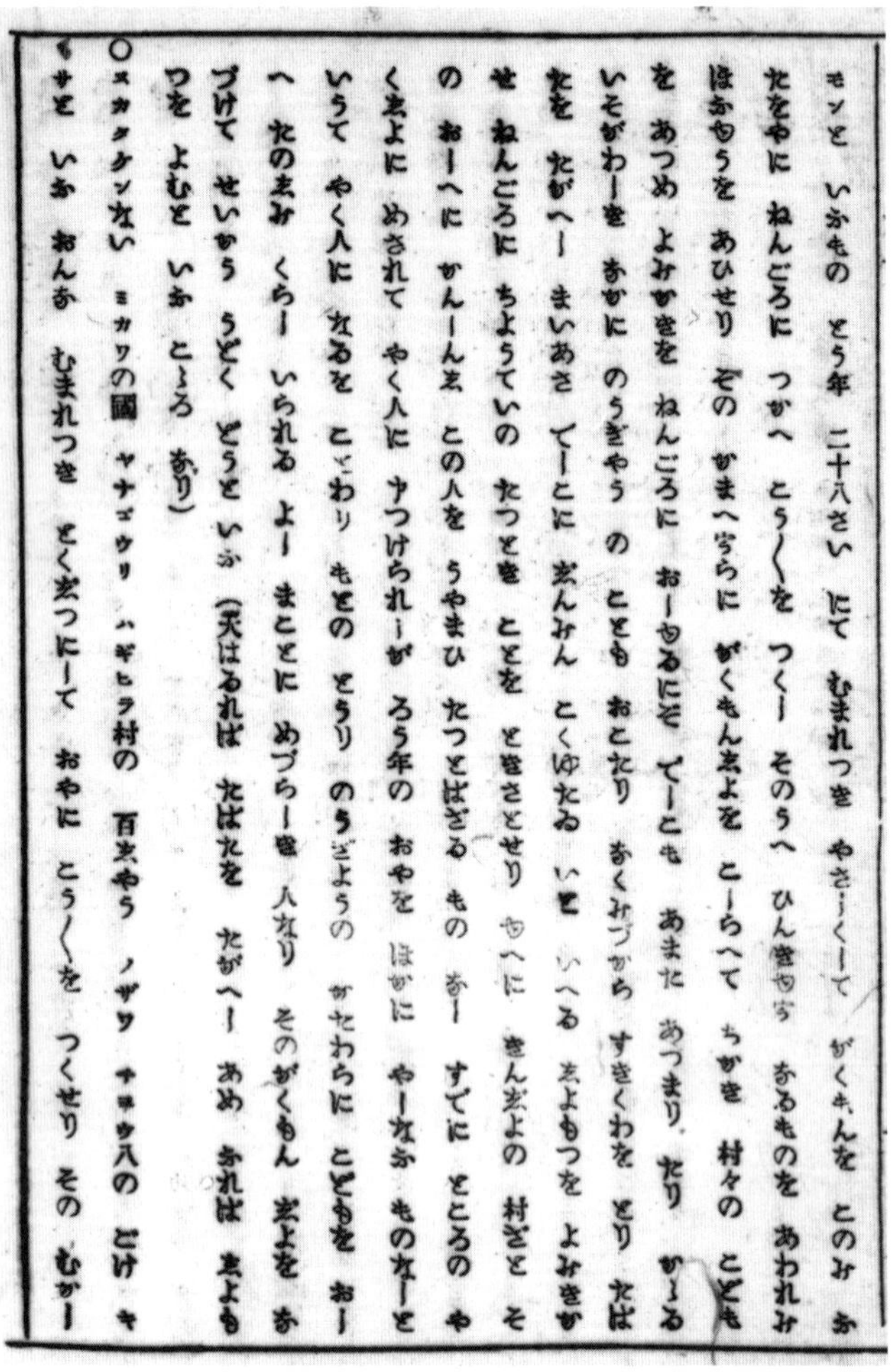

モンと いふもの とう年 二十八さい にて むまれつき やさしくして がくもんを このみ ふ
たおやに ねんごろに つかへ かう〳〵を つくし そのうへ ひんきうなる ものを あわれみ
ほうゆうを あひせり その かまへうらに がくもんじよを こしらへて ちかき 村々の こども
を あつめ よみかきを ねんごろに おしゆるにぞ でしとも あまた あつまり たり かゝる
いそがわしきを なかに のうぎやう の ことも おこたり なく みづから すきくわを とり たは
たを たがへし まいあさ でしとに じんみん こくゆたる いゝ いへる しよもつを よみきか
せ ねんごろに ちようていの たつときことを ときさとせり ゆへに きんじよの 村ざと そ
の おしへに かんしんし この人を うやまひ たつとばざる もの なし すでに ところの や
くしよに めされて やく人に おふせつけられしが ろう年の おやを ほかに やしなふ ものなしと
いうて やく人に なるを ことわり もとの とうり のうぎやうの かたわらに こどもを おし
へ たのしみ くらし いられる よし まことに めづらしき 人なり そのがくもん じよを な
づけて せいかう うどく どうと いふ （天はるれば たはたを たがへし あめ ふれば しよも
つを よむと いふ こゝろ あり）
○ヌカタケンない ミカワの國 ヤナゴウリ ハギヒラ村の 百しやう ノザワ チヨウ八の ごけ キ
サと いふ おんな むまれつき とくじつにして おやに かう〳〵を つくせり その むかし

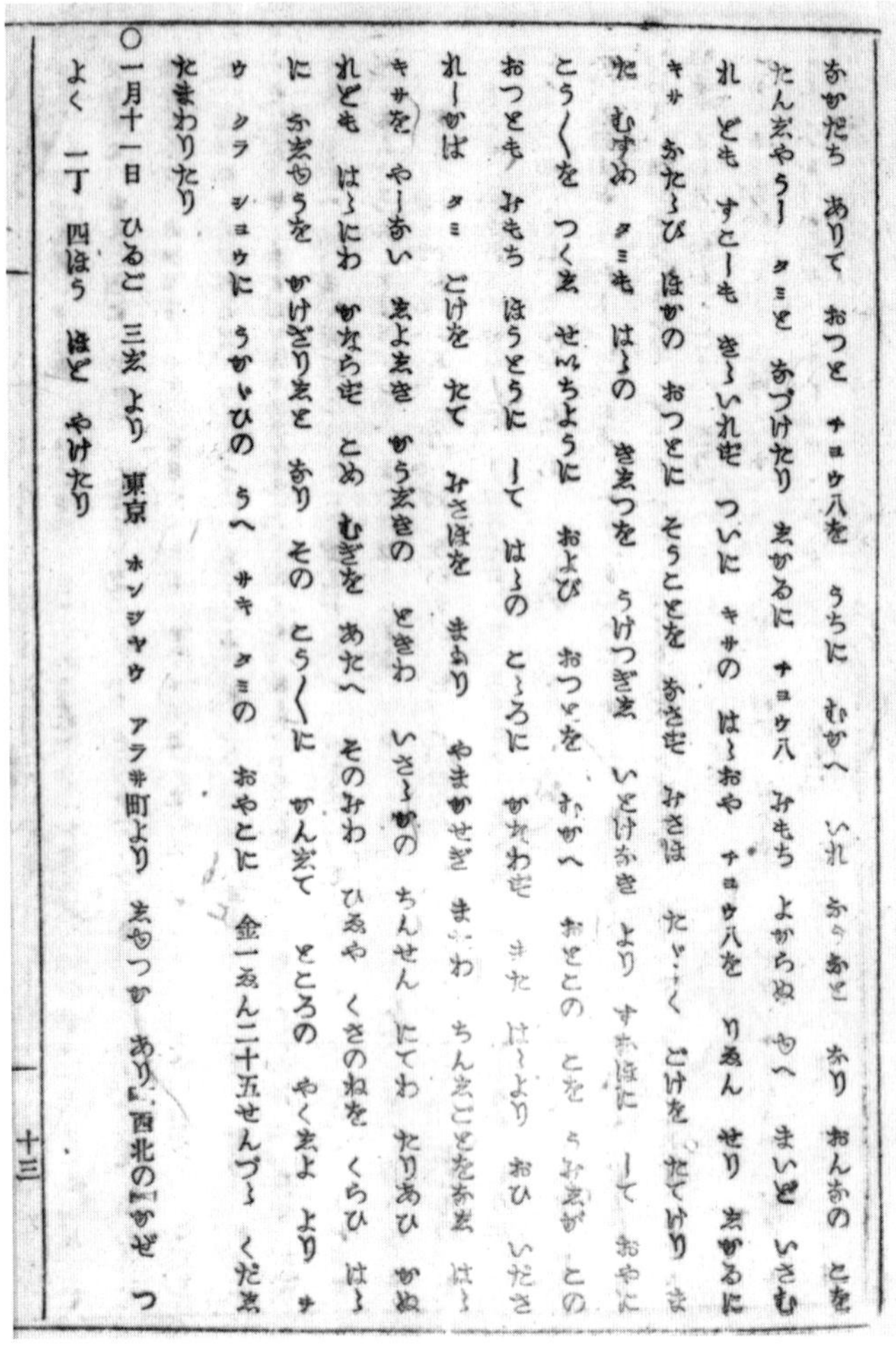

なかだち ありて おつと チヨウ八を うちに むかへ いれ ふうふと なり おんなの こを
たんじやうし タミと なづけたり しかるに チヨウ八 みもち よからぬ ゆへ まいど いさむ
れ ども すこしも きゝいれず ついに キサの はゝおや チヨウ八を りゑん せり しかるに
キサ ふたゝび ほかの おつとに そうことを なさず みさほ たゞしく ごけを たてけり ま
た むすめ タミも はゝの きしつを うけつぎし いとけなき より すなほに して おやに
かう〳〵を つくし せいちように およひ おつとを むかへ おとこの こを うみしが この
おつとも みもち ほうとうに して はゝの こゝろに かなわず また はゝより おひ いださ
れしかば タミ ごけを たて みさほを まもり やまかせぎ または ちんしごとを なし はゝ
キサを やしなひ しよしき かうじきの ときわ いさゝかの ちんせん にては たりあひ かぬ
れども はゝにわ かならず こめ むぎを あたへ そのみわ ひゑや くさのねを くらひ はゝ
に ふじゆうを かけざりしと なり その かう〳〵に かんじて ところの やくしよ より オ
ホクラ シヨウに うかゞひの うへ サキ タミの おやこに 金一ゑん二十五せんづゝ くだし
たまわりたり
○一月十一日 ひるご 三じ より 東京 ホンジヤウ アラヰ町より しゆつくわ あり 西北の かぜ つ
よく 一丁 四ほう ほど やけたり

十三

モンといふ者、当年二十八歳にて、生まれつき優しくして学問を好み、二親に懇ろに仕へ孝行を尽くし、その上貧窮なる者を憐み朋友を愛せり。その構へ裏に学問所を拵へて、近き村々の子供を集め、読み書きを懇ろに教ゆるにぞ、弟子子も数多集まりたり。かかる忙わしき中に農業の事も怠りなく、自ら鋤鍬を取り田畑を耕し、毎朝弟子子に人民告諭大意といへる書物を読み聞かせ、懇ろに朝廷の尊きことを説き諭せり。故に近所の村里その教へに感心し、この人を敬ひ尊ばざる者なし。既に所の役所に召されて役人に申付けられしが、老年の親を他に養ふ者なしと言うて役人になるを断り、元の通り農業の傍らに子供を教へ楽しみ暮らしいられる由、誠に珍しき人なり。その学問所を名付けて晴耕雨読堂と言ふ（天晴るれば田畑を耕し、雨降れば書物を読むといふ心なり）。

○額田県内三河の国八名郡萩平村の百姓ノザワチョウ八の後家キサといふ女、生まれつき篤実にして親に孝行を尽くせり。その昔仲立ちありて夫チヨウ八を家に迎へ入れ夫婦となり、女の子を誕生し、タミと名付けたり。しかるにチョウ八、身持ち良からぬ故、毎度諫むれども少しも聞き入れず、遂にキサの母チヨウ八を離縁せり。しかるにキサ再び他の夫に添うことをなさず、操正しく後家を立てけり。又、娘タミも母の気質を受け継ぎ、いとけなきより素直にして親孝行を尽くし、成長に及び夫を迎へ男の子を産みしが、この夫も身持ち放蕩にして、母の心に適わず。又母より追ひ出だされしかば、タミ後家を立て操を守り、山稼ぎ又は賃仕事をなし、母キサを養い諸色高直の時はいささかの賃銭にては足り合ひかぬれども、母には必ず米麦を与へ、その身は稗や草の根を食らひ母に不自由を掛けざりしとなり。その孝行に感じて所の役所より大蔵省に伺ひの上、サキ、タミの親子に金一円二十五銭ずつ下し賜りたり。

○一月十一日昼後三時より東京本所荒木町より出火あり、西北の風強く、一丁四方ほど焼けたり。

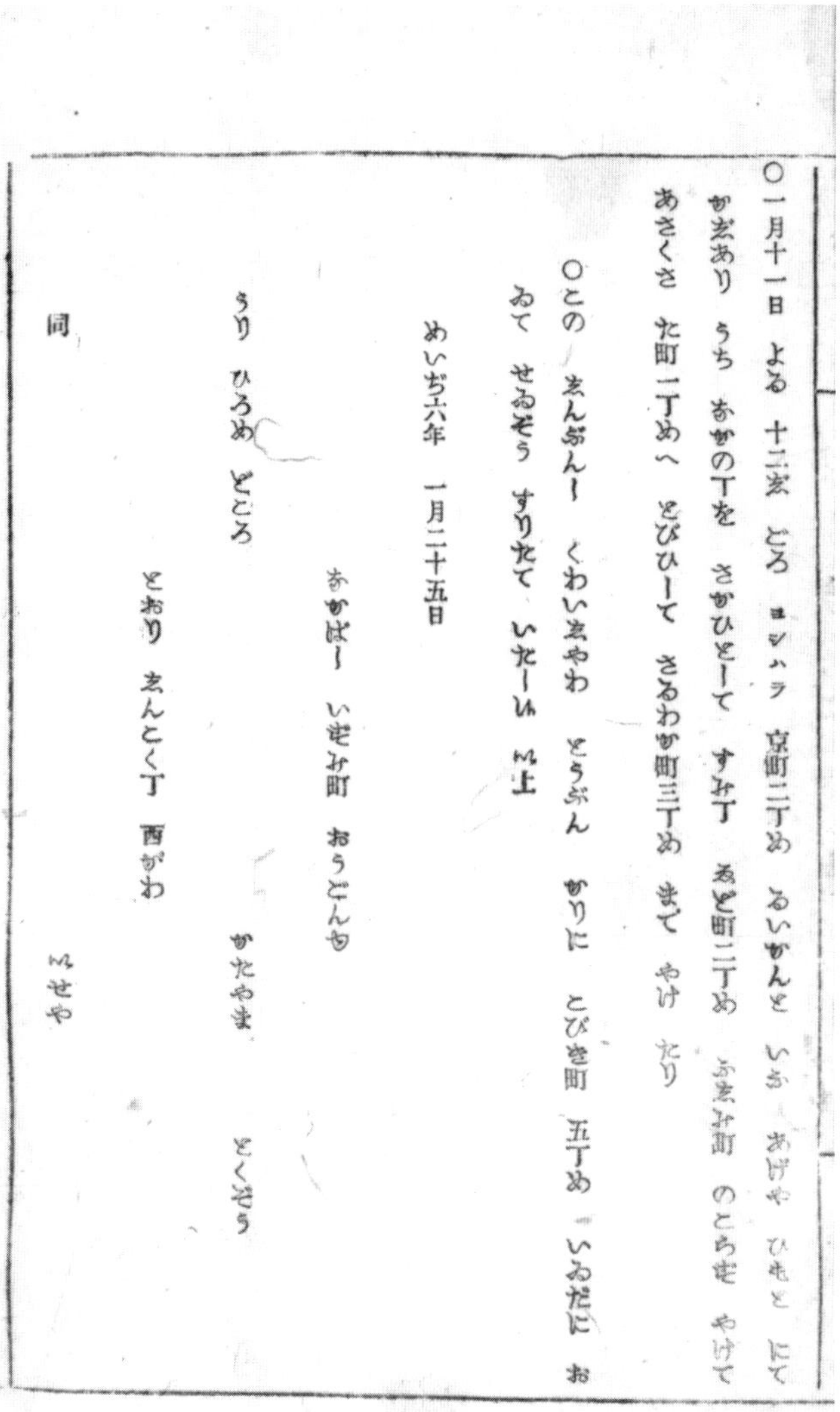

○一月十一日 よる 十二じ ごろ ヨシハラ 京町二丁め るいかんと いふ あげや ひもと にて かじあり うち なかの丁を さかひと―て すみ丁 えど町二丁め ふじみ町 のこらず やけて あさくさ た町一丁めへ とびひ―て さるわか町三丁め まで やけ たり

○この しんぶんし くわいしやわ とうぶん かりに こびき町 五丁め いゐだに おゐて せゐぞう すりたて いた―し 以上

めいぢ六年 一月二十五日

なかばし いずみ町 おうごんゆ

うり ひろめ どころ かたやま とくぞう

とおり しんこく丁 西がわ

同 いせや

○一月十一日夜十二時頃、吉原京町二丁目るいかんといふ揚屋火元にて火事あり。うち、仲野丁を境として、角丁、江戸町二丁目、富士見町残らず焼けて浅草田町一丁目へ飛び火して猿若町三丁目まで焼けたり。

○この新聞紙会社は、当分仮に、木挽町五丁目　飯田に於いて製造摺立て致し候。　以上

明治六年　一月二十五日

中橋　和泉町　黄金湯

売り広め所　片山徳造

通り　新石丁　西側

同　伊勢屋

二号の内容　明治6・2・1

前文1　発行の趣旨1　前文2　発行の趣旨2

**御布告**　○土地の貸借続き○金穀の貸借○罰金の取り立て○税法○病院取立○祈祷師禁止○僧侶の自由○養子縁組○華族・士族の家督相続○鎮台の下げ渡し○県・郡の統廃合

**海外新聞**　○米大統領と副大統領の任期と報酬　○馬の頭数調査（米）○火事（仏）○ヨーロッパの面積○ヨーロッパ各国の人口と人口密度○ヨーロッパの国の格付け○新オランダとカリフォルニアの砂金高○日本茶・日本米の輸出量○中国からアメリカへ留学生○教育のため女性来日○婚約不履行（米）○税収と消費高（米）○ロシア皇帝から娘と英王子の結婚申し入れ○ナポレオンの血統二組に分かれる○岩倉使節団英女王に謁見○長命のロバ（米）○イタリアの洪水にロンドン市民と女王から見舞金

**国内新聞**　○道路の不備（東京）○馬車・人力車の交通規則必要○火事（横浜）○新橋横浜間蒸気車の乗客数と賃銭○孝行への報奨金○当新聞の製造所と販売所

**蒸気車の出る時刻幷里数賃金の大略**　社告

方今文化の御代なれば、新聞紙も日増に盛なり。すでに東京府下に於いて、板を摺出す処、僅の間に六七軒も開けし程なり。其開化を助るの功も亦少からざるべし。只惜らくは、其書漢語交の文体なれば、婦人小児及ひ愚民などに至てはこれを読、これを解すること能はず。これに因て、こたび当社より出すところの新聞は、都て假名のみを用ひ、文を綴り、日月支干数字などの普く人の耳目に慣し文字の外は、決て漢字を用ひざるなり。尤仮名は読誤り易きもの故、西洋の書法に倣ひ、一と綴りことに欠字をなし、間を明、読きりのところに至りては○印を施なり。官名人名地名、幷西洋の言葉などは、皆片仮名を用ゆ。仮名遣ひも古き法に随ときは却て通じ難きこともあるべし。仮へは無礼は「むらい」、舫は「むやひ」と訓ずるときは、婦女子に通じ兼るなり。されは此書には、俗言のまま「ぶれい」「もやひ」と記し、

又仮名を施すに、或は字音により、或は字訓によるも、亦世間普く言習し方に随ふなり。看人この意を得て読たまへかし。

この新聞紙を出だす訳を前に粗々書き記しおけども、分かりかぬる人もあるべしと、ここに再び、仮名のみにてその意味を書き記すなり。

○日本は同じ地球の内にありながら、これまでは、ほかほか国と行き交い交わりを致さず。この故に、我が国限りの事より他に学ぶことなく、殊に唐国の文字を用ひ、学者といへば文字数を多分に覚へるのみにて、その事柄につき技を稽古する学問にあらず。しかるに今日に至りて、外国と交わりを結ぶ時節になり、学ぶ事も沢山になれり。例へば地理学、地質学、機械学、その外色々の学問開けしことなれば、これまでの通り漢学の難しき数千万の文字を学ぶうちには、年月過ぎ去り、外国の学問までには行き届かざるべし。その訳は、人の寿命は十分長く保ちても百年を過ごし難し。世界の人の寿命を均して、凡そ三十年の内外のものなり。これを考へみれば、文字少なくして容易く学ばれる様に致さずば、後々の人のためにならず。しかのみならず、今日の開化次第に進み、電信機もお開きになり、国々に針金にて便りをなすこと始まり、その便りをなすには、いろはの仮名を用ひ、人に会ふて話をする

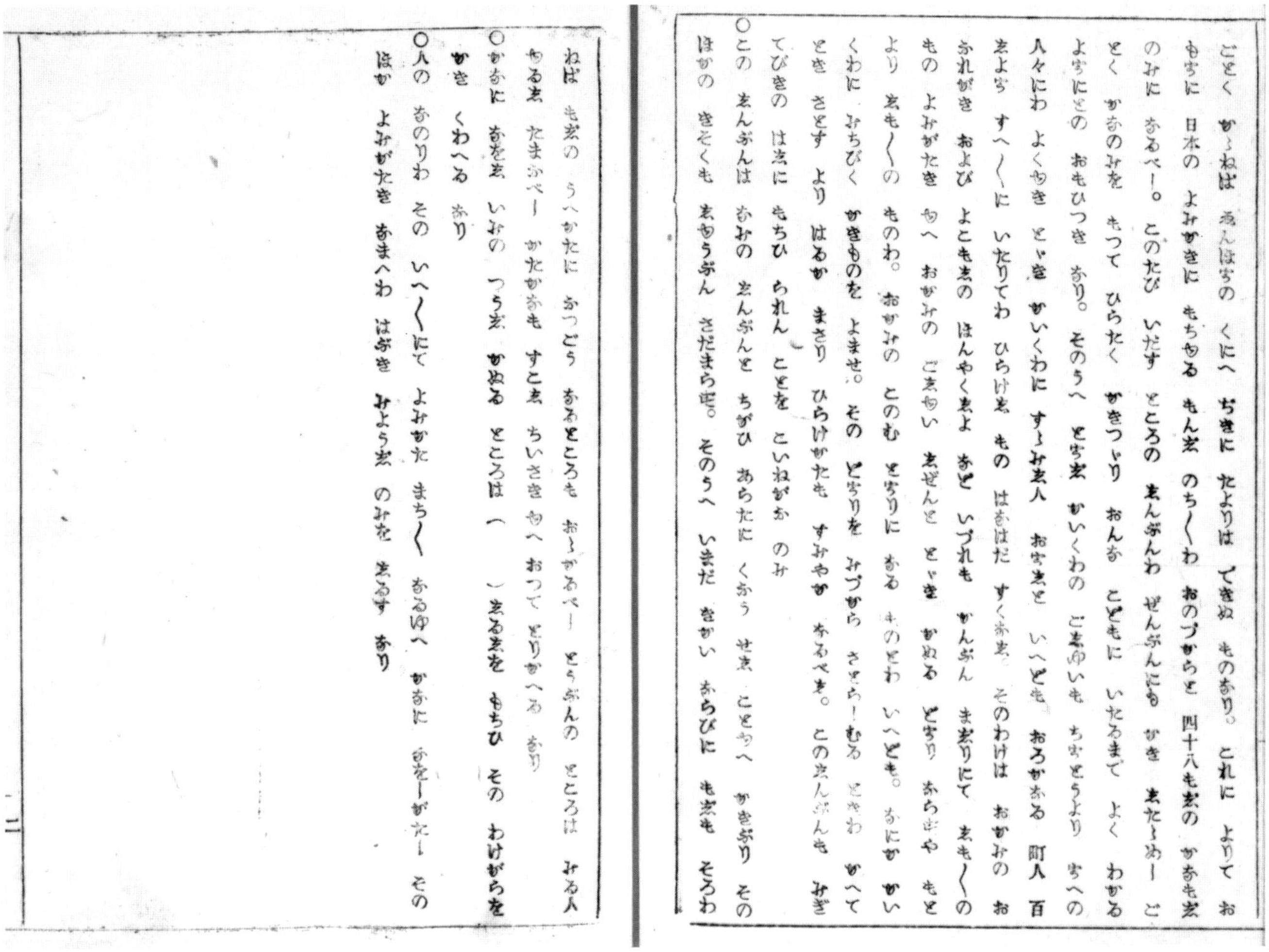
ごとく かゝねば ゑんぽうの くにへ ぢきに たよりは できぬ ものなり。これに よりて お
もうに 日本の よみかきに もちゆる もんじ のちくわ おのづからと 四十八もじの かなもじ
のみに なるべし。このたび いだす ところの しんぶんわ ぜんぶんにも かき したゝめし ご
とく かなのみを もつて ひらたく かきつゞり おんな こどもに いたるまで よく わかる
ようにとの おもひつき なり。そのうへ とうじ かいくわの ごしゆいも ちうとうより うへの
人々にわ よくゆき とゞき かいくわに すゝみし人 おゝしと いへども おろかなる 町人 百
しよう すへ〴〵に いたりてわ ひらけし もの はなはだ すくなし。そのわけは おかみの お
ふれがき および よこもじの ほんやくしよ など いづれも かんぶん まじりにて しも〴〵の
もの よみがたき ゆへ おかみの ごしゆい しぜんと とゞき かぬる どうり ならずや。もと
より しも〴〵の ものわ。おかみの このむ どうりに なる ものとわ いへども。なにか かい
くわに みちびく かきものを よませ。その どうりを みづから さとらしむる ときわ かへて
ときさとす より はるか まさり ひらけかたも すみやか なるべき。この しんぶんも みぎ
てびきの はしに もちひ られん ことを こいねがふ のみ
○この しんぶんは なみの しんぶんと ちがひ あらたに くふう せし ことゆへ かきぶり その
ほかの きそくも しかうぶん さだまらず。そのうへ いまだ きかい ならびに もじも そろわ
ねば もじの うへかたに ふつごう なるところも おゝかるべし とうぶんの ところは みる人
ゆるし たまふべし かたかなも すこし ちいさき ゆへ おつて とりかへる なり
○かなに なをし いみの つうじ かぬる ところは （　）しるしを もちひ その わけがらを
かき くわへる なり
○人の なのりわ その いへ〳〵にて よみかた まち〳〵 なるゆへ かなに なをしがたし その
ほか よみがたき なまへわ はぶき みようじ のみを しるす なり

如く書かねば、遠方の国へ直に便りは出来ぬものなり。これに因りて思うに、日本の読み書きに用ひる文字、後々はおのずからと四十八文字の仮名文字のみになるべし。この度出だすところの新聞は、前文にも書き認めし如く、仮名のみを以て平たく書き綴り、女子供に至るまで、よく分かるようにとの思ひ付きなり。その上、当時開化のご趣意も中等より上の人々にはよく行き届き、開化に進みしは多しといへども、愚かなる町人百姓、末々に至りては、開けし者甚だ少なし。その訳は、お上のお触書及び横文字の翻訳書など、何れも漢文交じりにて、下々の者読み難き故、お上のご趣意、自然と届きかぬる道理ならずや。元より、下々の者はお上の好む通りになるものとはいへども、何か開化に導く書き物を読ませ、その道理を自ら悟らしむるときは、却って説き諭すより遥か勝り、開け方も速やかなるべし。この新聞も右手引の端に用ひられんことを冀ふのみ。

○この新聞は並の新聞と違ひ、新たに工夫せしこと故、書き振りその他の規則も十分定まらず。その上、未だ機械並びに文字も揃わねば、文字の植へ方に不都合なるところも多かるべし。当分のところは見る人許し給ふべし。片仮名も少し小さき故、追って取り替へるなり。

○仮名に直し、意味の通じかぬるところは（　）印を用ひ、その訳柄を書き加へるなり。

○人の名乗りは、その家々にて読み方まちまちなる故、仮名に直し難し。その他読み難き名前は省き、苗字のみを記すなり。

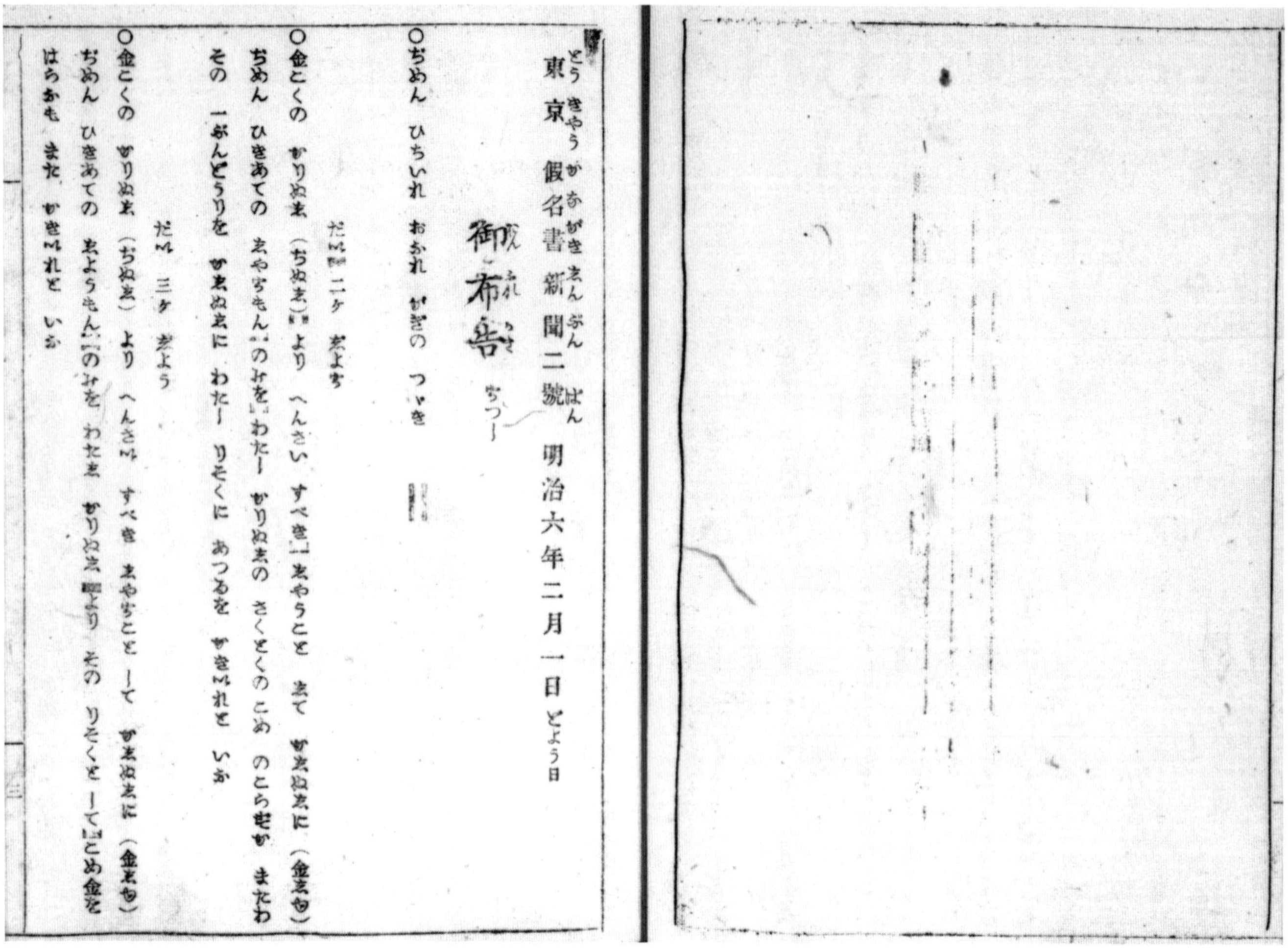

東《とう》京《きやう》假《か》名《な》書《がき》新《しん》聞《ぶん》二號《ばん》　明治六年二月一日　どよう日

御《おん》布《ふれ》告《かき》　うつし

○ぢめん　ひちいれ　おふれ　がきの　つゞき

だい二ヶ　でよう

○金こくの　かりぬし（ぢぬし）より　へんさい　すべき　しようことして　かしぬしに（金ぬし）ぢめん　ひきあての　しようもん　のみを　わたし　かりぬしの　さくとくの　こめ　のこらずか　またわ　その　一ぶんどうりを　かしぬしに　わたし　りそくに　あつるを　かきいれと　いふ

だい　三ヶ　でよう

○金こくの　かりぬし（ぢぬし）より　へんさい　すべき　しようことして　かしぬしに（金ぬし）ぢめん　ひきあての　しようもん　のみを　わたし　かりぬし　より　その　りそくとして　こめ金を　はらふも　また　かきいれと　いふ

東《とう》京《きやう》假《か》名《な》書《がき》新《しん》聞《ぶん》二号《ばん》　明治六年二月一日　土曜日

御《おん》布《ふれ》告《かき》　写し

○地面質入お触書の続き

第二ヶ条

○金穀の借主（地主）より、返済すべき証拠として、貸主に（金主）地面引当の証文のみを渡し、借主の作徳の米残らずか、又はその一部通りを貸主に渡し、利息に充つるを、書入と云ふ。

第三ヶ条

○金穀の借主（地主）より、返済すべき証拠として、貸主に（金主）地面引当の証文のみを渡し、借主よりその利息として、米、金を払ふも亦書入と云ふ。

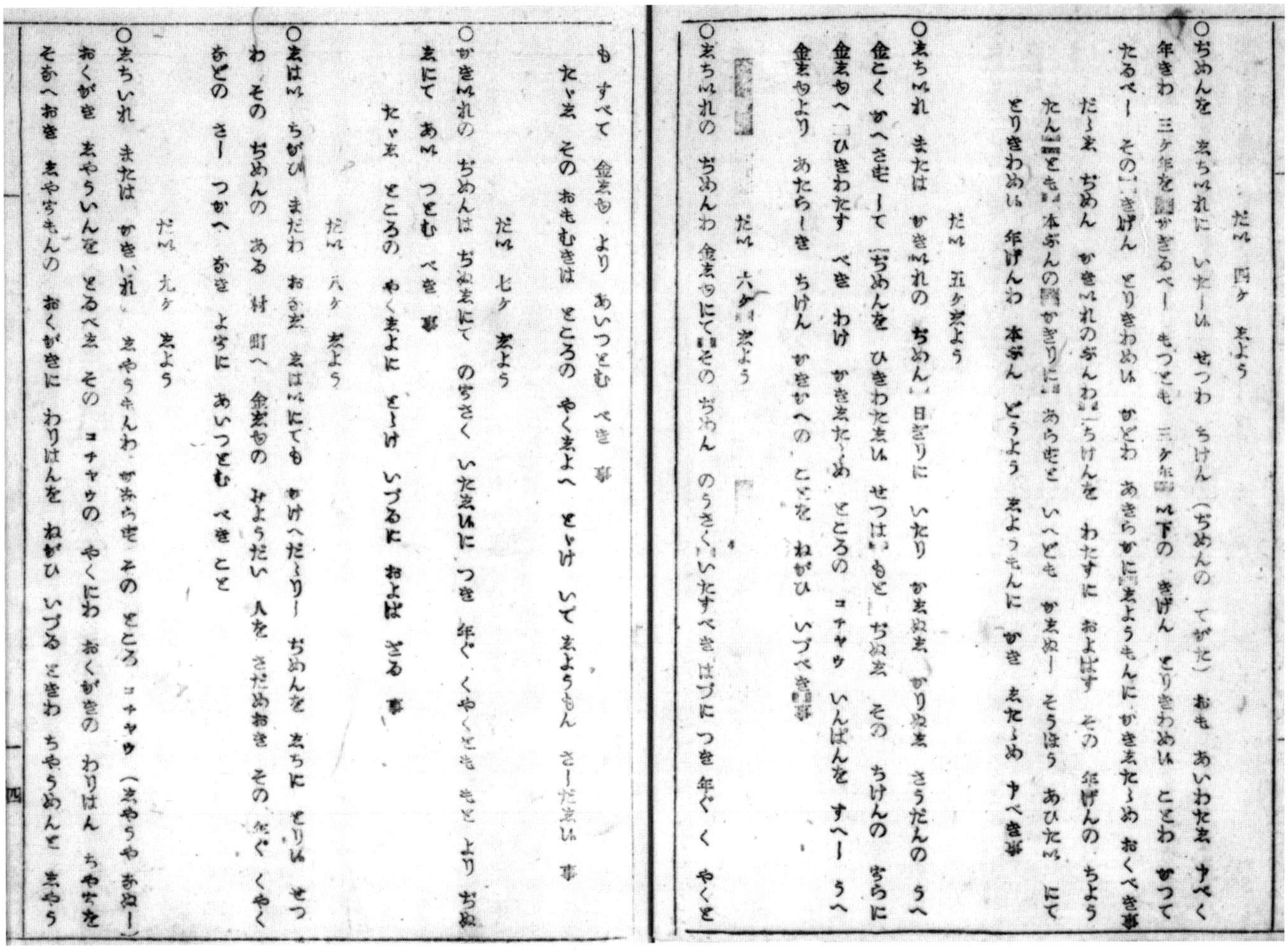
だい 四ヶ じよう
○ちめんを しちいれに いたしそうろう せつわ ちけん（ちめんの てがた）おも あいわたし すべく
年きわ 三ヶ年を かぎるべし もつとも 三ヶ年 い下の きげん とりきわめそうろう ことわ かつて
たるべし その きげん とりきわめそうろう かどわ あきらかに しようもんに かきしたゝめ おくべき事
ただし ちめん かきいれの ぶんわ ちけんを わたすに およばす その 年げんの ちよう
たんとも 本ぶんの かぎりに あらずと いへども かしぬし そうほう あひたいにて
とりきわめそうろう 年げんわ 本ぶん どうよう しようもんに かき したゝめ もうすべき事
だい 五ヶ じよう
○しちいれ または かきいれの ちめん 日ぎりに いたり かしぬし かりぬし そうだんの うへ
金こく かへさずして ちめんを ひきわたしそうろう せつは もと ぢぬし その ちけんの うらに
金しゅへ ひきわたす べき わけ かきしたゝめ ところの コチヤウ いんばんを すへし うへ
金しゅより あたらしき ちけん かきかへの ことを ねがひ いづべき事
だい 六ヶ じよう
○しちいれの ちめんわ 金しゅにて その ちめん のうさく いたすべき はづに つき 年ぐ く やくと
も すべて 金しゅ より あいつとむ べき事
ただし その おもむきは ところの やくしよへ とゞけ いで しようもん さしだしそうろう 事
だい 七ヶ じよう
○かきいれの ちめんは ぢぬしにて のうさく いたしそうろうに つき 年ぐ くやくとも もと より ぢぬ
しにて あい つとむ べき 事
ただし ところの やくしよに とゞけ いづるに およば ざる 事
だい 八ヶ じよう
○しはい ちがひ またわ おなじ しはいにても かけへだたりし ちめんを しちに とりそうろう せつ
わ その ちめんの ある 村町へ 金しゅの みようだい 人を さだめおき その 年ぐ くやく
などの さし つかへ なき ように あいつとむ べき こと
だい 九ヶ じよう
○しちいれ または かきいれ しようもんわ かならず その ところ コチヤウ（しやうや なぬし）
おくがき しやういんを とるべし その コチヤウの やくにわ おくがきの わりはん ちやうを
そなへおき しやうもんの おくがきに わりはんを ねがひ いづる ときわ ちやうめんと しやう

第四ヶ条

○地面を質入に致し候節は、地券（地面の手形）をも相渡し申べく、年期は、三ヶ年を限るべし。尤も三ヶ年以下の期限取り極め候事は、勝手たるべし。その期限取り極め候廉は、明らかに証文に書き認めおくべき事。

但し、地面書入の分は、地券を渡すに及ばず。その年限の長短とも、本文の限りにはあらずと雖も、貸主双方相対にて取り極め候年限は、本文同様、証文に書き認め申べき事。

第五ヶ条

○質入又は書入の地面、日切りに至り、貸主、借主相談の上、金穀返さずして、地面を引き渡し候節は、元地主その地券の裏に、金主へ引き渡すべき訳書き認め、所の戸長印判を据へし上、金主より新しき地券書替の事を願ひ出づべき事。

第六ヶ条

○質入の地面は、金主にてその地面農作致すべきはずにつき、年貢公役とも、総て金主より相勤むべき事。

但し、その趣は所の役所へ届け出で、証文差し出し候事。

第七ヶ条

○書入の地面は、地主にて農作致し候につき、年貢公役とも元より地主にて相勤むべき事。

但し、所の役所に届け出づるに及ばざる事。

第八ヶ条

○支配違ひ、又は同じ支配にても、懸け隔たりし地面を質に取り候節は、その地面のある村町へ、金主の名代人を定めおき、その年貢公役などの差支へなきように相勤むべき事。

第九ヶ条

○質入又は書入証文は、必ずその所戸長（庄屋名主）奥書証印を取るべし。その戸長の役には、奥書の割判帳を備へおき、証文の奥書に割判を願ひ出づるときは、帳面と証

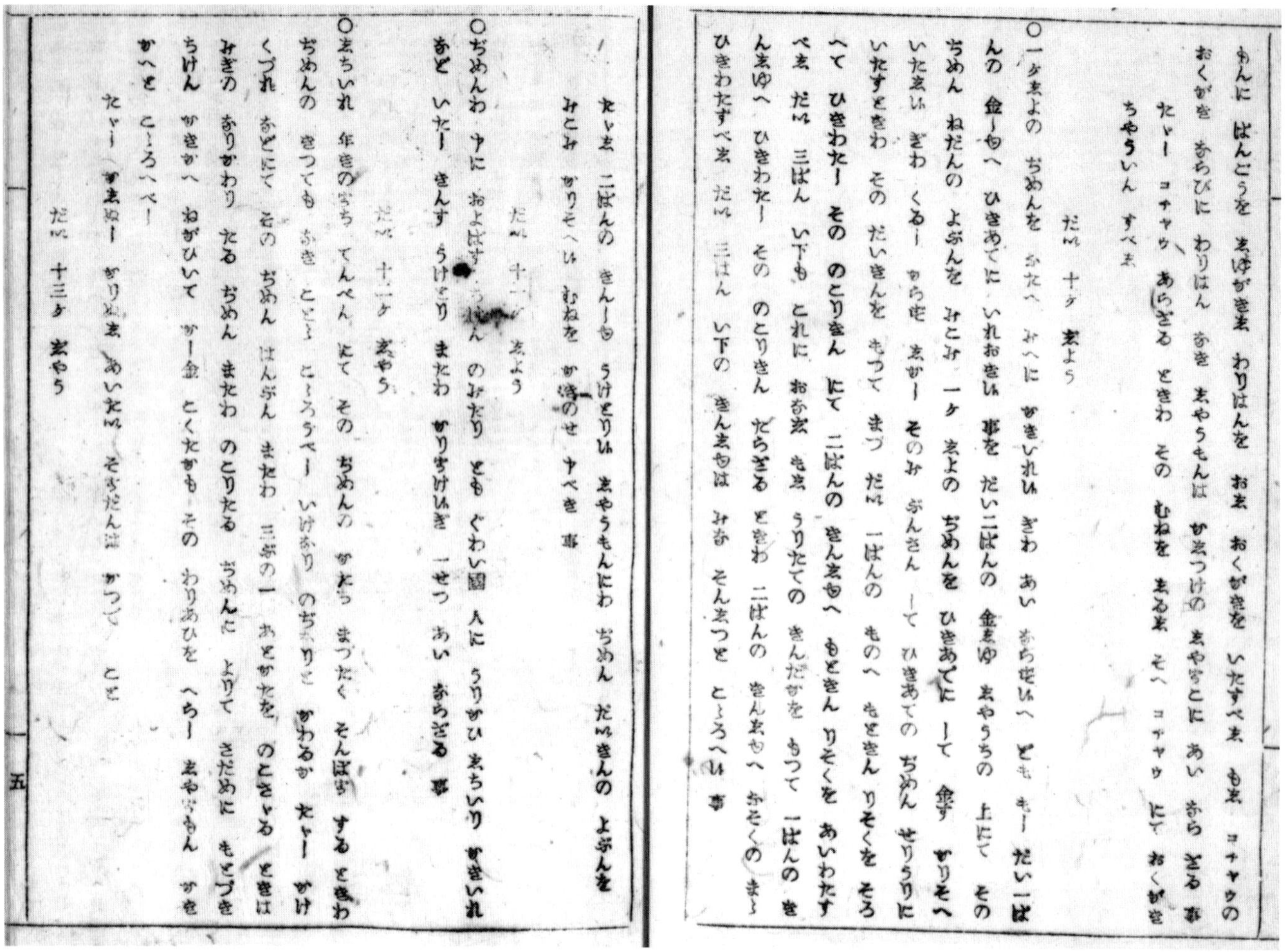
きんに ばんごうを しゆがきし わりはんを おし おくがきを いたすべし もし コチヤウの
おくがき ならびに わりはん なき しやうもんは かしつけの しやうこに あい ならざる事
たゞし コチヤウ あらざる ときわ その むねを しるし そへ コチヤウ にて おくがき
ちやういん すべし
だい 十ヶ しよう
○一ヶしよの ぢめんを ふたへ みへに かきいれひ ぎわ あい ならざひへ ども もし だい一ばんの 金しゆへ ひきあてに いれおきひ 事を だい二ばんの 金しゆ しやうちの 上にて その ぢめん ねだんの よぶんを みこみ 一ヶ しよの ぢめんを ひきあてに して 金す かりそへ いたしひ ぎわ くるし からず しかし そのみ ぶんさん して ひきあての ぢめん せりうりに いたすときわ その だいきんを もつて まづ だい 一ばんの ものへ もときん りそくを そろへて ひきわたし その のこりきん にて 二ばんの きんしゆへ もときん りそくを あいわたすべし だい 三ばん いかも これに おなじ もし うりたての きんだかを もつて 一ばんの きんしゆへ ひきわたし その のこりきん たらざる ときわ 二ばんの きんしゆへ ふそくの まゝ ひきわたすべし だい 三ばん いかの きんしゆは みな そんしつと こゝろへひ 事
五
たゞし 二ばんの きんしゆ うけとりひ しやうもんにわ ぢめん だいきんの よぶんを みこみ かりそへひ むねを かきのせ 申べき事
だい 十一 しよう
○ぢめんわ 申に およばず ちけんの みたりとも ぐわい国 人に うりかひ しちいり かきいれ など いたし きんす うけとり または かりうけひぎ 一せつ あい ならざる事
だい 十二ヶ しやう
○しちいれ 年きのうち てんぺん にて その ぢめんの かたち まつたく そんぼう するときわ ぢめんの きつても なき ことゝ こゝろうべし いけなり のぢなりと かわるか たゞし かけくづれ などにて その ぢめん はんぶん または 三ぶの一 あとかたを のこさざる ときは みぎの なりかわり たる ぢめん または のこりたる ぢめんに よりて さだめに もとづき ちけん かきかへ ねがひいで かし金 こくだかも その わりあひを へらし しやうもん かきかへと こゝろへべし
たゞし かしぬし かりぬし あいたいは そうだん かつて こと
だい 十三ヶ しやう

文に番号を朱書きし、割判を押し、奥書を致すべし。もし戸長の奥書並びに割判なき証文は、貸付の証拠に相ならざる事。
但し、戸長あらざる時は、その旨を記し、副戸長にて奥書調印すべし。

第十ヶ条

○一ヶ所の地面を、二重三重に書入候儀は相ならず候へども、もし第一番の金主へ引当に入れおき候事を、第二番の金主承知の上にて、その地面値段の余分を見込み、一ヶ所の地面を引当にして金子借添へ致し候儀は苦しからず。しかしその身分散して引当の地面競売りに致すときは、その代金を以て先ず第一番の者へ元金利息を揃へて引き渡し、その残り金にて二番の金主へ元金利息を相渡すべし。第三番以下もこれに同じ。もし売立の金高を以て、一番の金主へ引き渡し、その残り金足らざるときは、二番の金主へ不足のまま引き渡すべし。第三番以下の金主は皆損失と心得候事。

但し、二番の金主受け取り候証文には、地面代金の余分を見込み、借添へ候旨を書き載せ申べき事。

第十一ヶ条

○地面は申に及ばず、地券のみたりとも、外国人に売買、質入、書入など致し、金子受け取り、又は借り受け候儀一切相ならざる事。

第十二ヶ条

○質入年季のうち、天変にてその地面の形全く損亡するときは、地面の切手もなきことと心得べし。池成、野地成と変わるか、但し崖崩れなどにてその地面半分又は三分の一跡形を残さざるときは、右のなり変わりたる地面又は残りたる地面に依りて、定めに基づき地券書替願ひ出で、貸金穀高もその割合を減らし、証文書替と心得べし。

但し、貸主、借主、相対相談は勝手□事。

第十三ヶ条

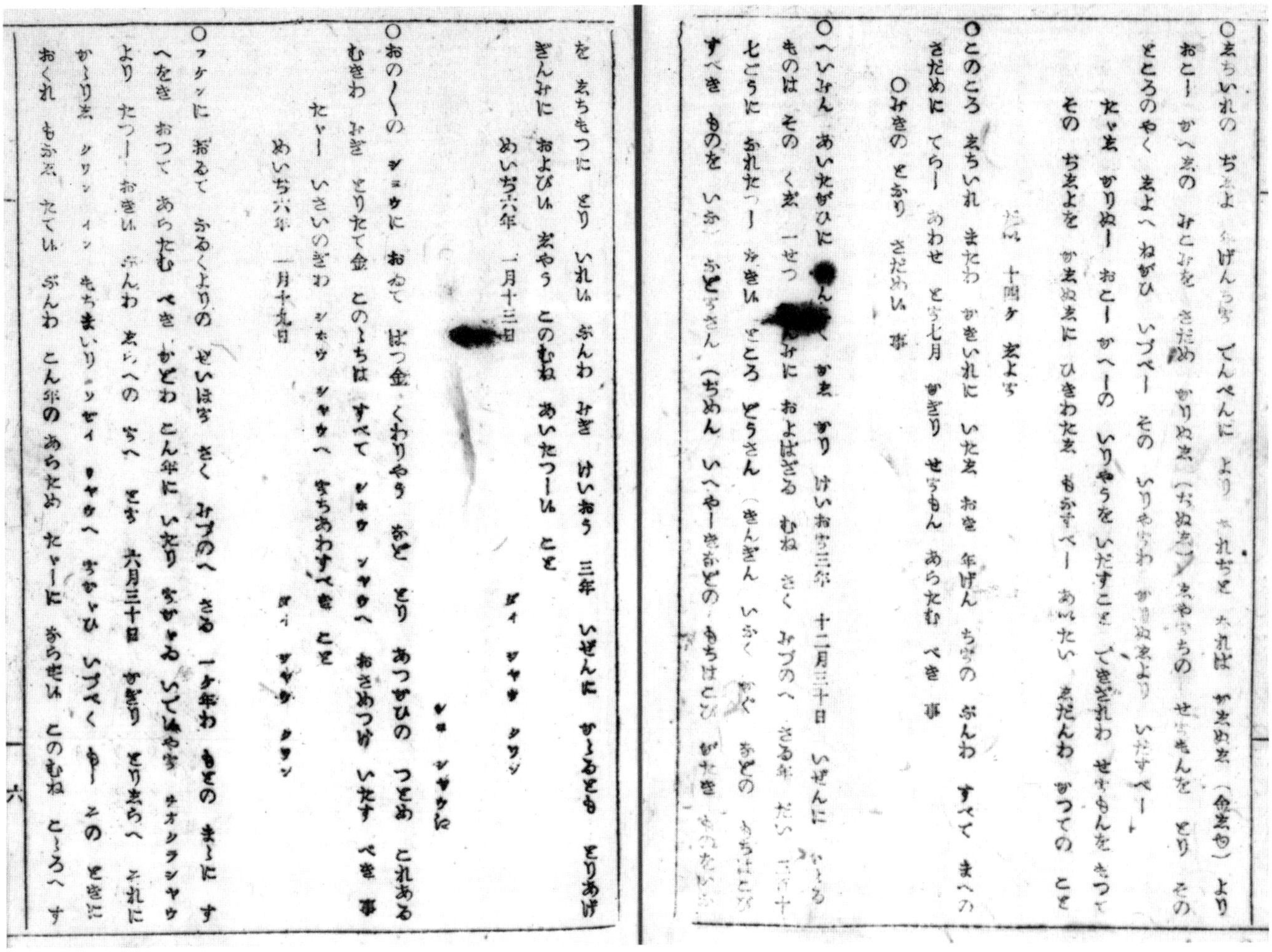

○質入の地所、年限中天変に因り、荒地となれば、貸主（金主）より起し返しの見込みを定め、借主（地主）承知の証文を取り、その所の役所へ願ひ出づべし。その入用は借主より出だすべし。
　但し、借主起し返しの入用を出だすこと出来ざれは、証文を以てその地所を貸主に引き渡し申すべし。相対示談は勝手の事。

第十四ヶ条

○この頃質入又は書入に致しおき、年限中の分は、総て前の定めに照らし合わせ、当七月限り証文改むべき事。
　○右の通り定め候事。

○平民相互ひに金穀貸借、慶応三年十二月三十日以前に係るものは、その公事一切吟味に及ばざる旨、昨壬申年第三百十七号に触れ達しおき候ところ、動産（金銀、衣服、家具などの持ち運びすべきものを言ふ）、不動産（地面、家屋敷などの持ち運び難きものを言ふ）を質物に取り入れ候分は、右慶応三年以前に係るとも、取り上げ吟味に及び候条、この旨相達し候事。

明治六年一月十三日　太政官

○各々の条に於て、罰金科料など取扱ひの勤めこれある向きは、右取立金、この後は総て司法省へ納め付け致すべき事。
　但し、委細の儀は司法省へ打ち合わすべき事。

諸省へ

明治六年一月十九日　太政官

○府県に於て、古くよりの税法、昨壬申、一ヶ年は元のままに据へおき、追って改むべき廉は、今年に至り伺い出で候よう、大蔵省より達しおき候分は、調べの上当六月三十日限り取り調べ、それに係りし官員持ち参り、租税寮へ伺ひ出づべく。もしその時に後れ申し立て候分は、今年の改め正しにならず候。この旨心得、速

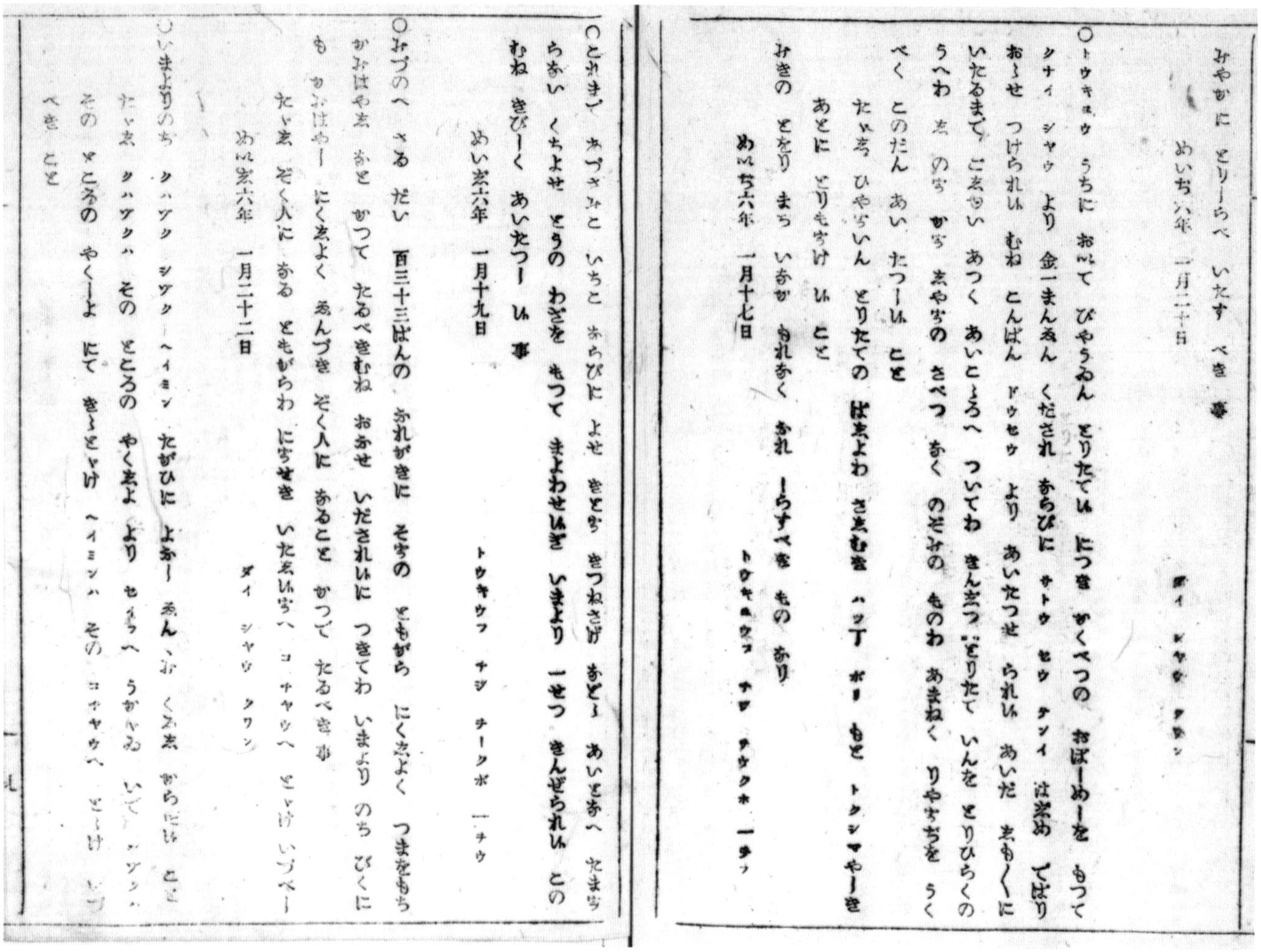

やかに取り調べ致すべき事。

明治六年一月二十日　太政官

○東京内に於いて、病院取立て候につき、格別の思し召しを以て宮内省より金一万円下され、並びに佐藤少典医始め出張り仰せ付けられ候旨、今般同省より相達せられ候間、下々に至るまでご趣意厚く相心得、ついては近日取り立て院を取り開くの上は、士農工商の差別なく、望みの者は普く療治を受くべく、この段相達し候事。

但し、病院取立ての場所は、差向き八丁堀、元徳島屋敷跡に取り設け候事。

右の通り、町田舎漏れなく触れ知らすべきものなり。

明治六年一月十七日　東京府知事　大久保一翁

○これまで、梓巫女、市子、並びに寄せ祈祷、狐下げなどと相唱へ、玉占い、口寄せ等の技を以て迷わせ候儀、今より一切禁ぜられ候。この旨厳しく相達し候事。

明治六年一月十九日　東京府知事　大久保一翁

○壬申第百三十三番の触書に、僧の輩、肉食、妻を持ち、髪生やしなど勝手たるべき旨、仰せ出だされ候につきては、今より後、比丘尼も髪生やし、肉食、縁付き、俗人になること勝手たるべき事。

但し、俗人になる輩は入籍致し候上、戸長へ届け出づべし。

明治六年一月二十二日　太政官

○今より後、華族、士族、平民、互ひに養子縁組苦しからず候事。

但し、華族はその所の役所より政府へ伺い出で、士族はその所の役所にて聞き届け、平民はその戸長へ届け出づべき事。

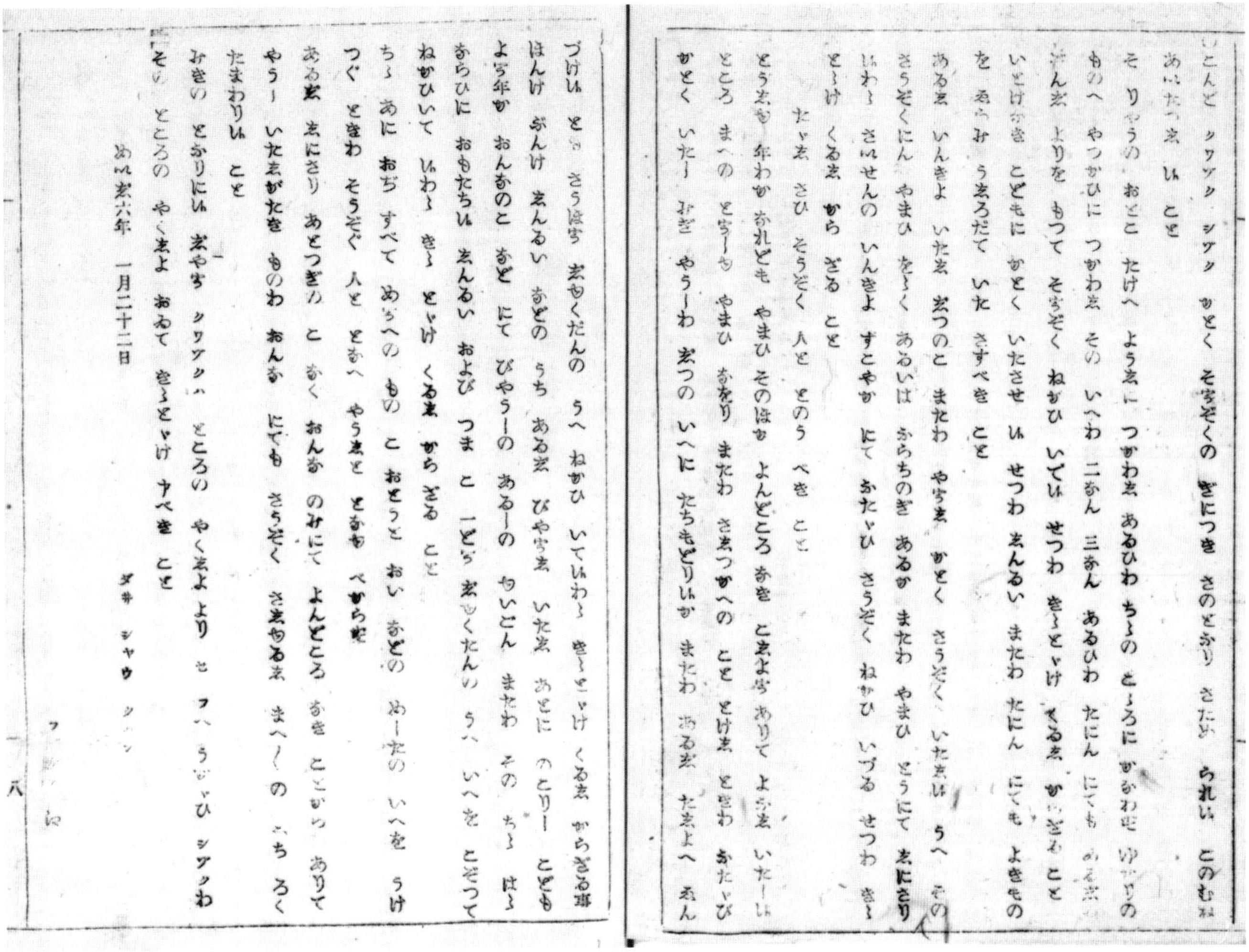
こんど クワヅク・シゾク かとく さうぞくの ぎにつき さのとほり さだめ られ候 このむね
あいたつし 候 こと
そ□りやうの おとこ たけへ やうしに つかわし あるひわ ちゝの こゝろに かなわず ゆかりの
ものへ やつかひに つかわし その いへわ 二なん 三なん あるひわ たにん にても ぬし
ぞんじ よりを もつて さうぞく ねがひ いでゝ せつわ きゝとゞけ くるしからざる こと
いとけなき こどもに かとく いたさせ 候 せつわ しんるい またわ たにん にても よきもの
を えらみ うしろだて いたさすべき こと
しゆいんきよ いたし じつのこ またわ やうし かとく さうぞく いたし候 うへ その
さうぞくにん やまひ おゝく あるいは ふらちの ぎ あるか またわ やまひ とうにて しにさり
候わゞ さいせんの いんきよ すこやか にて ふたゝび さうぞく ねがひ いづる せつわ きゝ
とゞけ くるし から ざる こと
たゞし さひ さうぞく人と しようべき こと
とうしゆ 年わか なれども やまひ そのほか よんどころ なき こしやう ありて やうし いたし候
ところ まへの とうしゆ やまひ なおり またわ さしつかへの こと とけし ときわ ふたゝび
かとく いたし みぎ やうしわ じつの いへに たちもどり候か またわ しゆたしよへ えん
づけ候 とも さうほう じゆくだんの うへ ねがひ いで候わゞ きゝとゞけ くるし からざる事
ほんけ ぶんけ しんるい などの うち しゆ びやうし いたし あとに のこりし こども
よう年か おんなのこ など にて びやうしの しゆの ゆいごん またわ その ちゝ はゝ
ならびに おもたち候 しんるい および つま こ 一どう じゆくだんの うへ いへを こぞつて
ねがひいで 候わゞ きゝ とゞけ くるし からざる こと
ちゝ あに おぢ すべて めうへの もの こ おとうと おい などの めしたの いへを うけ
つぐ ときわ さうぞく人と となへ やうしと となふ べからず
しゆし にさり あとつぎの こ なく おんな のみにて よんどころ なき ことがら ありて
やうし いたしがたき ものわ おんな にても さうぞく さしゆるし まへ／＼の ふち ろく
たまわり候 こと
みぎの とふりに 候じやう クワゾクハ ところの やくしよ より セ□フへ うかゞひ シゾクわ
その ところの やくしよ おゐて きゝとゞけ 申べき こと
めいじ六年 一月二十二日 ダヰ シャウ クワン
八

○今度、華族、士族、家督相続の儀につき、左の通り定められ候。この旨相違し候事。

そ□りやうの男、他家へ養子に遣わし、或ひは父の心に応わず、縁の者へ厄介に遣わし、その家は二男、三男、或ひは他人にても、主□存じ寄りを以て相続願ひ出で候節は、聞き届け苦しからざる事。

いとけなき子供に家督致させ候節は、親類又は他人にても、良き者を撰み、後ろ立て致さすべき事。

主隠居致し、実の子又は養子家督相続致し候上、その相続人病多く、或いは不埒の儀あるか、又は病等にて死に去り候わば、最前の隠居健やかにて再び相続願ひ出づる節は聞き届け苦しからざる事。

但し、再相続人と称うべき事。

当主年若なれども病その拠ん所なき故障ありて養子致し候ところ、前の当主病治り、又は差支への事解けしときは、再び家督致し、右養子は実の家に立ち戻り候か、又は主他所へ縁付け候とも、双方熟談の上願ひ出で候わば、聞き届け苦しからざる事。

本家、分家、親類などの内、主病死致し、後に残りし子供幼年か女の子などにて、病死の主の遺言又はその父母並びに重立ち候親類及び妻、子、一同熟談の上、家をこぞって願い出で候わば、聞き届け苦しからざること。

父、兄、伯父、総て目上の者、子、弟、甥などの目下の家を受け継ぐときは、相続人と称へ、養子と称ふべからず。

主死に去り、跡継ぎの子なく、女のみにて、拠ん所なき事柄ありて、養子致し難き者は、女にても相続差許し、前々の扶持禄給わり候事。

右の通りに候条、華族は所の役所よりセ□フへ伺ひ、士族はその所の役所於て聞き届け申べき事。

明治六年一月二十二日　　太政官

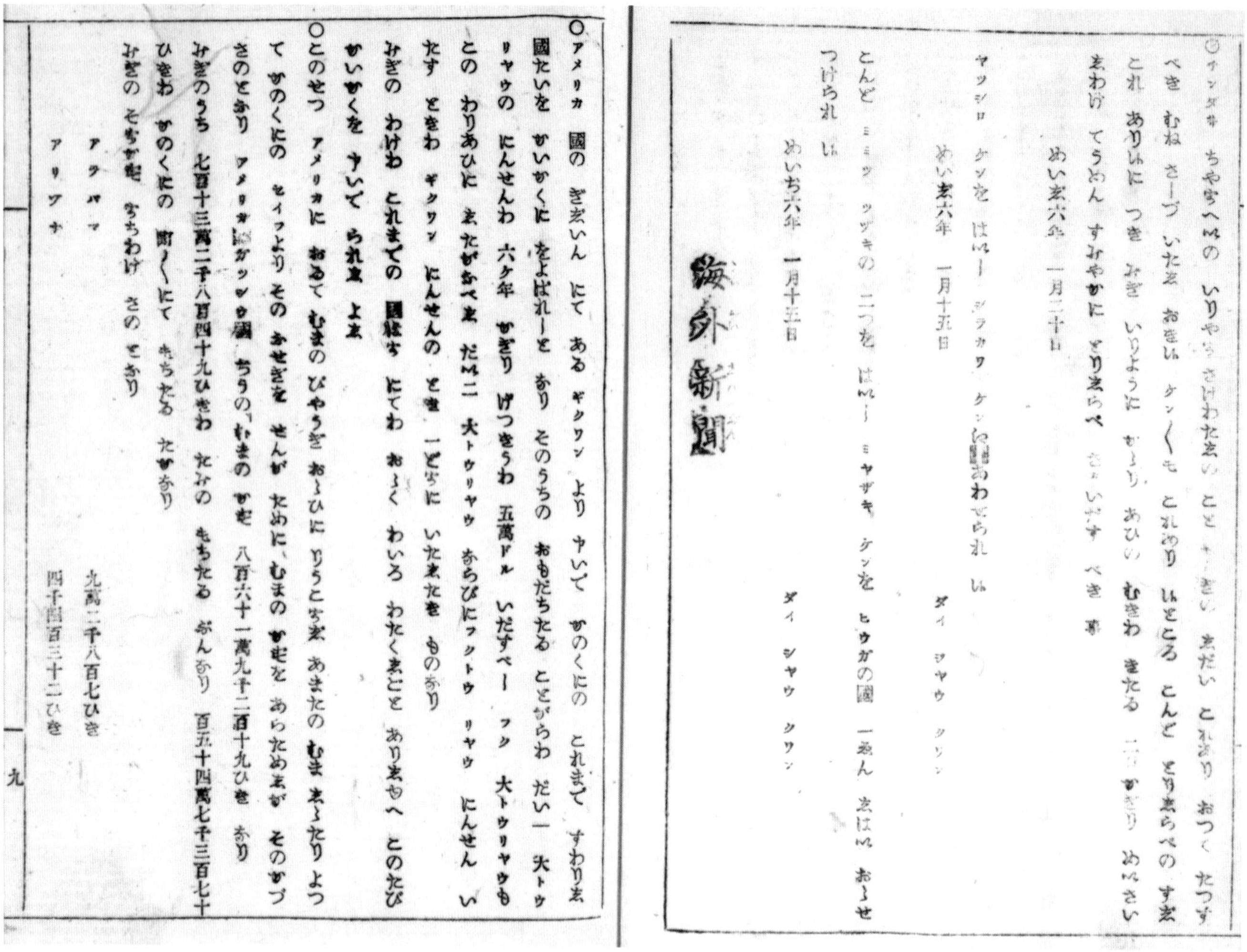

○鎮台徴兵の入用下げ渡しの事、□□ぎの次第これあり。追って達すべき旨指図致しおき候。県々もこれあり候ところ、今度取り調べの筋これあり候につき、右入用に掛り合ひの向きは、来る二月限り明細仕訳帳面速やかに取り調べ差し出だすべき事。

明治六年一月十日

○八代郡を廃し、白川県へ併せられ候。

明治六年一月十五日　太政官

○今度美々津、都城の二つを廃し、宮崎県を日向の国一円支配仰せ付けられ候。

明治六年一月十五日　太政官

海外新聞《かいがいしんぶん》

○アメリカ国の議事院にて、ある議官より申し出で、彼の国のこれまで据わりし国体を改革に及ばれしとなり。その内の主立ちたる事柄は、第一、大統領の人選は、六ヶ年限り、月給は五万ドル出だすべし。副大統領もこの割合に従ふべし。第二、大統領並びに副統領人選致す時は、議官人選の時一同に致したきものなり。

右の訳は、これまでの国法にては、多く賄賂、私事ありし故、この度改革を申し出でられし由。

○この節アメリカに於いて、馬の病気大いに流行し、数多の馬死したり。因って、彼の国の政府より、その防ぎをせんがために馬の数を改めしが、その数左の通り。アメリカ合衆国中の馬の数、八百六十一万九千二百十九匹なり。右の内七百十三万二千八百四十九匹は、民の持ちたる分なり。百五十四万七千三百七十匹は、彼の国の町々にて持ちたる高なり。

右の総数内訳左の通り。

アラバマ　九万二千八百七匹

アリゾナ　四千四百三十二匹

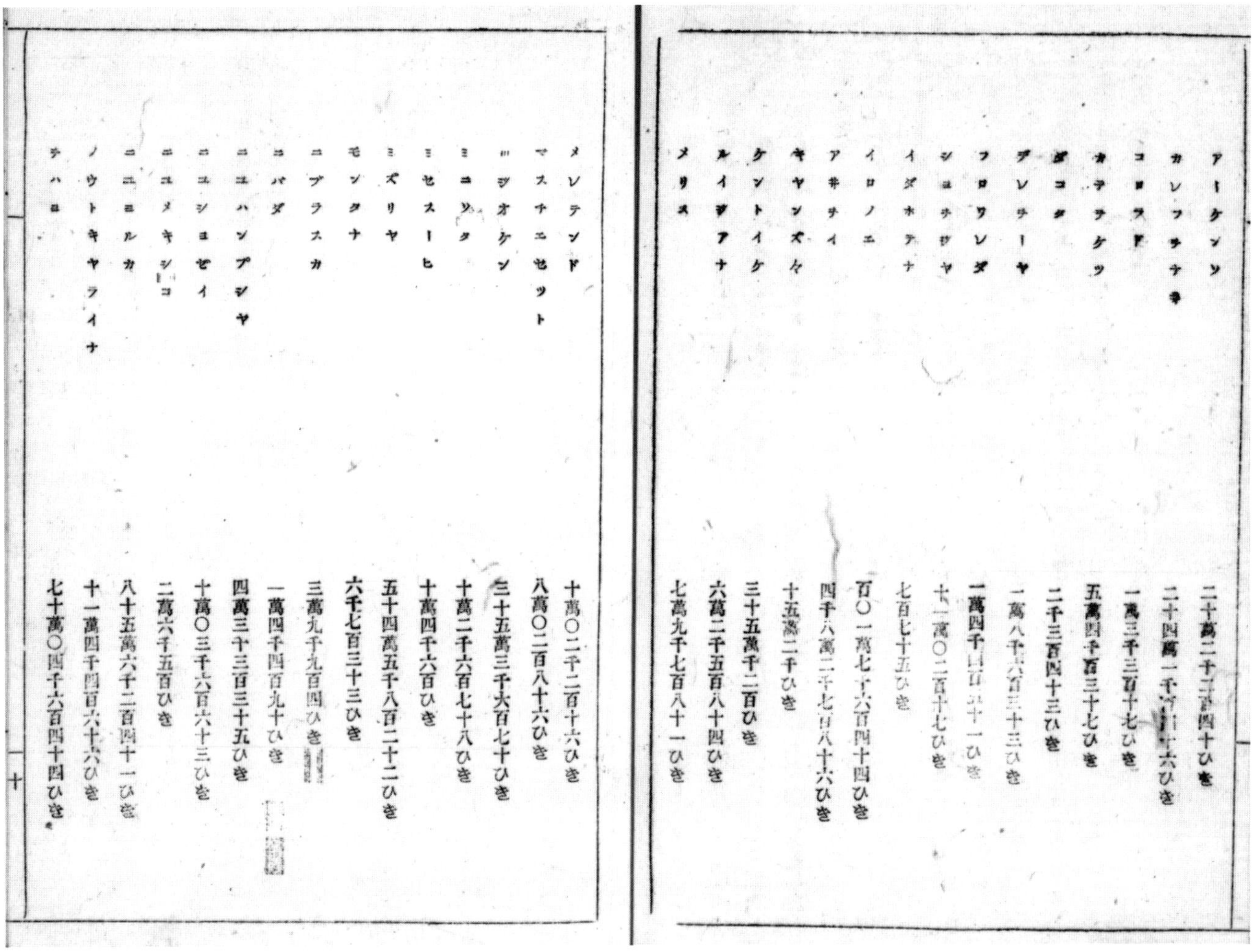

| | | |
|---|---|---|
| アーケンソ | ［アーカンソー］ | 二十万二千二百四十匹 |
| カレフヲナヰ | ［カリフォルニア］ | 二十四万一千百四十六匹 |
| コロラド | | 一万三千三百十七匹 |
| カネヲケツ | ［コネチカット］ | 五万四千百三十七匹 |
| ダコタ | | 二千三百四十三匹 |
| デンヲーヤ | ［インディアナ］ | 一万八千六百三十三匹 |
| フロリンダ | ［フロリダ］ | 一万四千四百五十一匹 |
| ジョーヲジヤ | | 十一万〇二百十七匹 |
| イダホヲナ | ［アイダホ］ | 七百七十五匹 |
| イロノエ | ［イリノイ］ | 百〇一万七千六百四十四匹 |
| アヰヲイ | ［アイオワ］ | 四十八万二千七百八十六匹 |
| キヤンズヾ | ［カンザス］ | 十五万二千匹 |
| ケントイケ | ［ケンタッキー］ | 三十五万千二百匹 |
| ルイジアナ | | 六万二千五百八十四匹 |
| メリヌ | ［メーン］ | 七万九千七百八十一匹 |
| メンランド | ［メリーランド］ | 十万〇二千二百十六匹 |
| マスチエセット | ［マサチューセッツ］ | 八万〇二百八十六匹 |
| ミシオケン | ［ミシガン］ | 三十五万三千六百七十匹 |
| ミニソタ | ［ミネソタ］ | 十万二千六百七十八匹 |
| ミセスーヒ | ［ミシシッピ］ | 十万四千六百匹 |
| ミズリヤ | ［ミズーリ］ | 五十四万五千八百二十二匹 |
| モンタナ | | 六千七百三十三匹 |
| ニブラスカ | ［ネブラスカ］ | 三万九千九百四匹 |
| ニバダ | ［ネバダ］ | 一万四千四百九十匹 |
| ニユハンプシヤ | ［ニューハンプシヤー］ | 四万三千三百三十五匹 |
| ニユショゼイ | ［ニュージャージー］ | 十万〇三千六百六十三匹 |
| ニユメキシコ | ［ニューメキシコ］ | 二万六千五百匹 |
| ニユヨルカ | ［ニューヨーク］ | 八十五万六千二百四十一匹 |
| ノウトキヤライナ | ［ノースカロライナ］ | 十一万四千四百六十六匹 |
| ヲハヨ | ［オハイオ］ | 七十万〇四千六百四十四匹 |

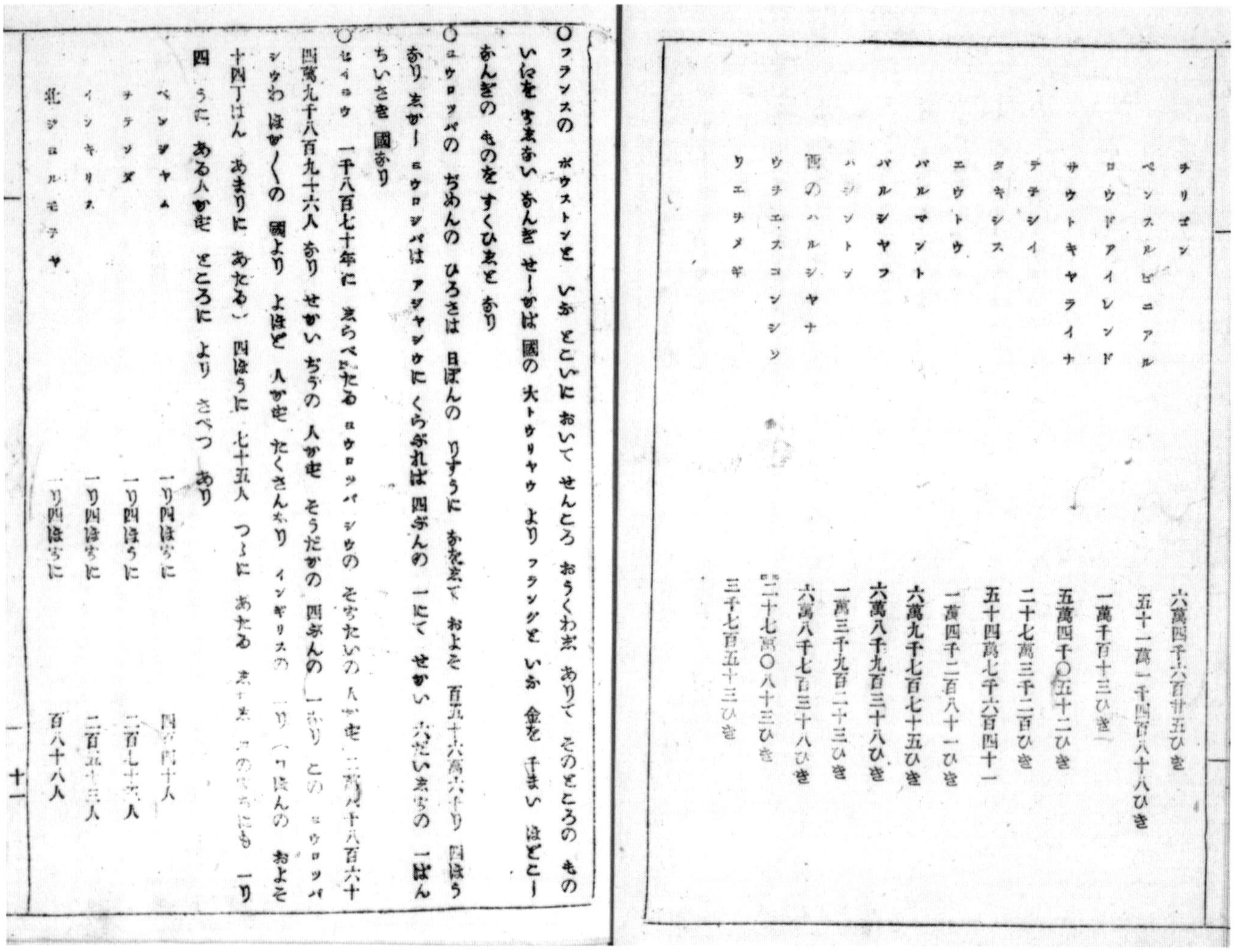

ヲリゴン［オレゴン］　六万四千六百二十五匹
ペンスルビニアル［ペンシルベニア］　五十一万一千四百八十八匹
ロウドアイレンド［ロードアイランド］　一万千百十三匹
サウトキヤライナ［サウスカロライナ］　五万四千〇五十二匹
テネシイ　二十七万三千二百匹
タキシス［テキサス］　五十四万七千六百四十一
エウトウ［ユタ］　一万四千二百八十一匹
バルマント［バーモント］　六万九千七百七十五匹
ハルシヤフ［バージニア］　六万八千九百三十八匹
ハシントン［ワシントン］　一万三千九百二十三匹
西のハルシヤナ［ウェストバージニア］　六万八千七百三十八匹
ウヲエスコンシン［ウィスコンシン］　二千七百〇八十三匹
ワエヲメギ［ワイオミング］　三千七百五十三匹

○フランスのボウストンといふとこい〈所〉に於いて、先頃大火事ありて、その所の者家を失い難儀せしかば、国の大統領よりフラング［フラン］といふ金を千枚施し難儀の者を救ひしとなり。

○ユウロッパの地面の広さは、日本の里数に直して凡そ百五十六万六千里四方なり。しかしヨウロッパはアジヤ州に比ぶれば四分の一にて、世界六大州の一番小さき国なり。

○西洋一千八百七十年に調べたるヨウロッパ州の総体の人数二万八千八百六十四万九千八百九十六人なり。世界中の人数総高の四分の一なり。このヨウロッパ州は、外々の国よりよほど人数沢山なり。インギリス［イギリス］の一里（日本の凡そ十四丁半余りに当たる）四方に七十五人ずつに当たる。しかしその内にも一里四方にある人数、所により差別あり。

ベレジヤム［ベルギー］　一里四方に　四百四十人
ヲランダ　一里四方に　二百七十五人
インギリス　一里四方に　二百五十三人
北ジヨルモネヤ［ジャーマニー］　一里四方に　百八十八人

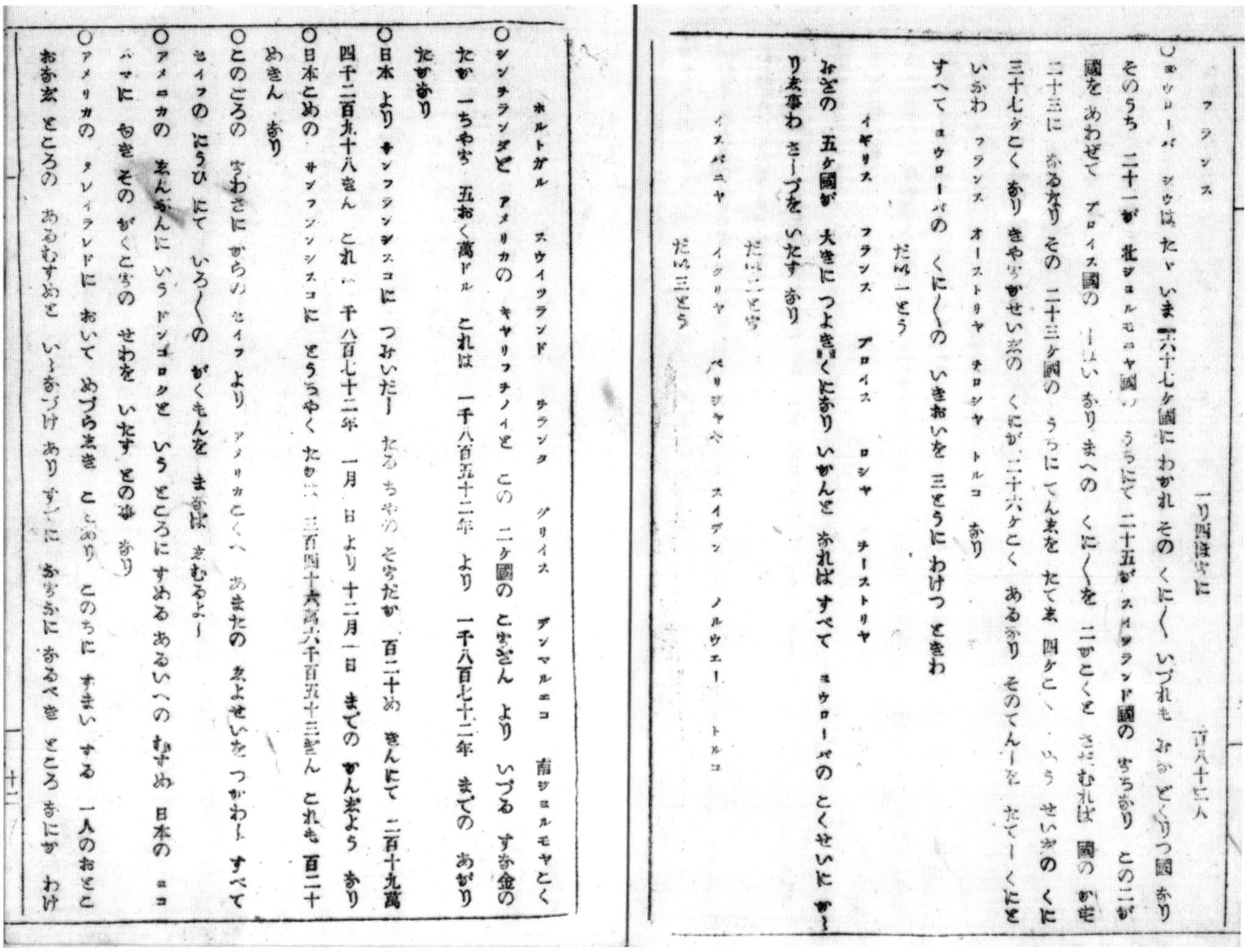

フランス　一里四方に　百八十四人

○ヨウロ―パ州は、ただ今六十七ヶ国に分かれ、その国々何れも皆独立国なり。その内二十一が北ジヨルモニヤ国の内にて、二十五がスイツランド国の内なり。この二か国を併せてプロイス国の支配なり。前の国々を二か国と定むれば、国の数二十三になるなり。その二十三ヶ国の内に天子を立てし四ヶ国、□めう〈大名〉政治の国三十七ヶ国なり。共和政治の国が二十六ヶ国あるなり。その天子を立てし国といふは、フランス、オーストリヤ、ロシヤ、トルコなり。

全てヨウロ―パの国々の勢いを三等に分けつときは、

第一等

イギリス、フランス、プロイス、ロシヤ、ヲーストリヤ

右の五ヶ国が大きに強き国なり。如何となれば、全てヨウロ―パの国政に係りし事は指図を致すなり。

第二等

イスパニヤ、イタリヤ、ペリジャヤ［ペルシャ］、スイデン［スウェーデン］、ノルウエー、トルコ

第三等

ホルトガル、スウイツランド、ヲランダ、グリイス［ギリシャ］、デンマルエコ［デンマーク］、南ジヨルモヤ国

○新ヲランダとアメリカのキヤリフヲノイ［カリフォルニア］と、この二ヶ国の鉱山より出づる砂金の

高、一兆五億万ドル。これは一千八百五十二年より一千八百七十二年までの上がり高なり。

○日本よりサンフランシスコに積み出だしたる茶の総高百二十目斤にて、二百十九万四千二百九十八斤。これは千八百七十二年一月一日より十二月一日までの勘定なり。

○日本米のサンフランシスコに到着高は、三百四十六万六千百五十三斤。これも百二十目斤なり。

○この頃の噂に、唐の政府よりアメリカ国へ数多の書生を遣わし、全て政府の入費にて色々の学問を学ばしむる由。

○アメリカの新聞に言う。ドンゴロク［ダンケルク］という所に住めるある家の娘、日本の横浜に行き、その学校の世話を致すとのことなり。

○アメリカのメレイランド［メリーランド］に於いて珍しき事あり。この地に住まいする一人の男、同じ所のある娘と許嫁あり。既に夫婦になるべきところ、何か訳

ありて おんなの ほうより やくそくを たがへ にようぼうに なる ことを ことわりしかば みぎの をとこ この事を やくしよに ねがいで つくのい金として 三千ドル みぎ ふじんより とりたて たき よし ねがいしと なり

○アメリカの カンジヤウ ブギヨウより もうし いで し このくにの ぜいきん あがりだか ならびに しよにうひの つもりだか さく年 一ケ年 にて ぜいきん 三おく二千三十萬ドル しよにうひ 二おく八千六百六十萬ドル なり みぎ さしひき のこりだか 三千三百七十萬ドル なり

○千八百七十三年一月十三日 イギリス しんぶんに いふ このたび ロシヤ より このくにへ シセツを つかわせし その ことがらは イギリスの テーシを ロシヤテイの むすめに もらい うけたきとの かけあい なり

○ある しんぶんに いわく このせつ フランス こくは ナポレヲンの けつとう ふたくみに わかれ その 一トくみの かしらは ナポレヲンの つま ユジニヤにて いま 一トくみの かしらわ ナポレヲンの いとこ プーレンス ナポレヲン なり

○ある しんぶんに いふ 日本 シセツ イワクラ キヤウ ならびに キドコウ 、チークボ「コウ イトウ コウ そのほか 一どう 十二月 五日 イギリスの ニヨ テイに めんくわい ありしと なり

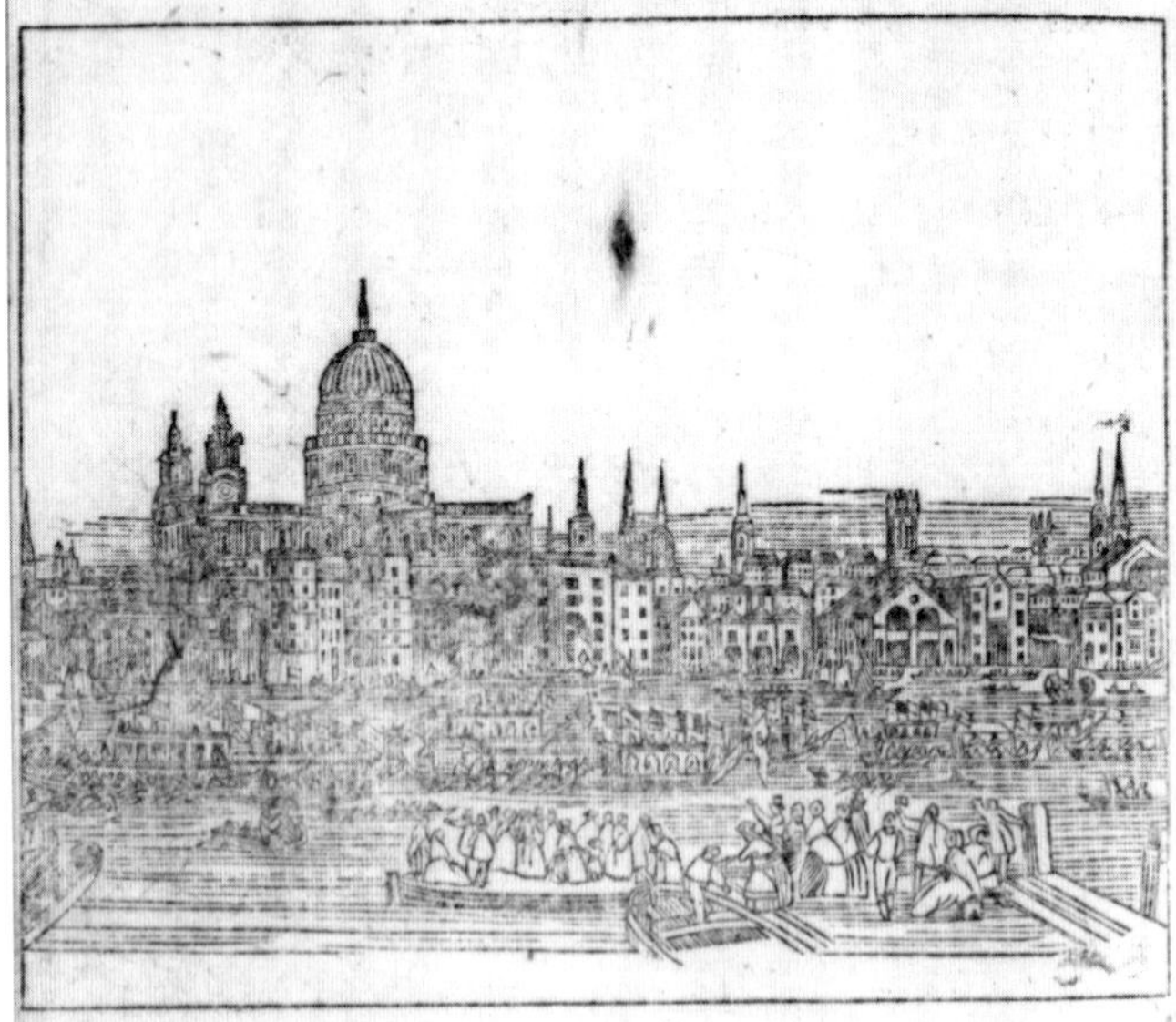

○ジョジヤの アーグスと いふ とこに おいて とんねんで 六十さいに なる アス あり (うさぎ むまの こと)

○せんころ イタリヤに おいて お～みづ ありしとき およそ 八萬人 ほどの ともがら いへを なが し どうぐ など うしない なんじう したり このせつ イギリス ロンドン の 町人 より ほどこしに いだしたる 金だか 二千三百 ポンド (一ポンド 四ドル半 に あたる) そのほか イギリス ニヨウテイ より 四百 ポンド ほどこされし よし

十三

ありて、女の方より約束を違へ、女房になることを断りしかば、右の男、この事を役所に申し出で、償い金として三千ドル右婦人より取り立てたき由願いしとなり。

○アメリカの勘定奉行より申し出でしこの国の税金上がり高、並びに諸入費の積もり高、昨年一ヶ年にて税金三億二千三十万ドル、諸入費二億八千六百六十万ドルなり。右差し引き残り高三千三百七十万ドルなり。

○千八百七十三年一月十三日、イギリス新聞に言ふ。この度ロシヤよりこの国へ使節を遣わせしその事柄は、イギリスの王子をロシヤ帝の娘に貰い受けたきとの掛け合いなり。

○ある新聞に曰く。この節フランス国は、ナポレヲンの血統二組に分かれ、その一ト組の頭はナポレヲンの妻ユジニヤ［ウジェニー］にて、今一トみく〈組〉の頭はナポレヲンの従弟プーレンス［プランス］ナポレヲンなり。

○ある新聞に言う。日本使節岩倉卿並びに木戸公、大久保公、伊藤公、その他一同十二月五日、イギリスの女帝に面会ありしとなり。

○ジョジヤ［ジョージア］のアークスといふ所に於いて、今年で六十歳になるアスあり（兎馬のこと）。

○先頃イタリヤに於いて大水ありしとき、凡そ八万人ほどの輩、家を流し、道具など失い、難渋したり。この節、イギリス　ロンドンの町人より施しに出だしたる金高、二千三百ポンド（一ポンド四ドル半に当たる）。その外イギリス女帝より四百ポンド施されし由。

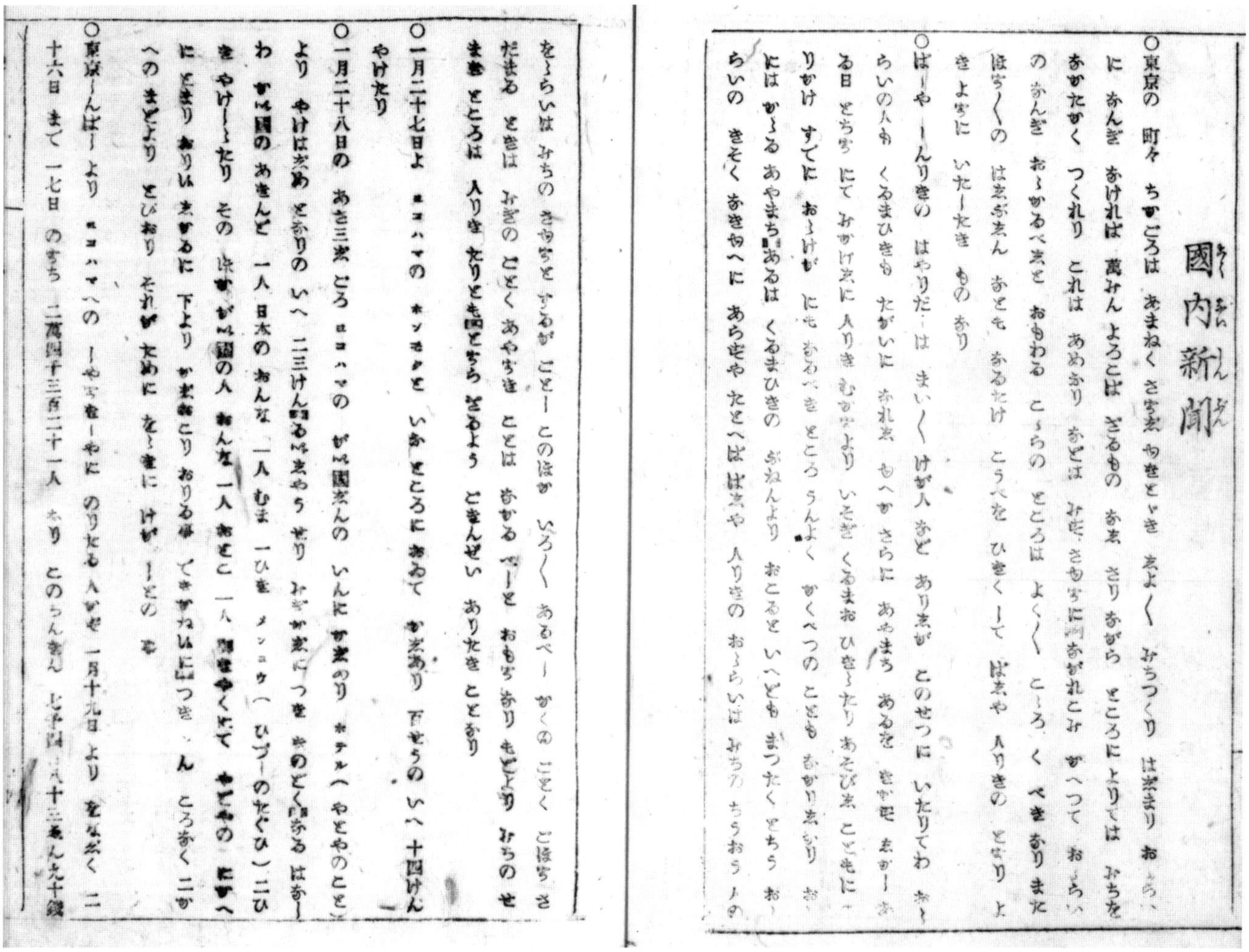


## 国内新聞《こくないしんぶん》

○東京の町々近頃は普く掃除行き届き、諸所に道造り始まり、往来に難儀なければ、万民喜ばざる者なし。さりながら、所に依りては道を中高く造れり。これは、雨降りなどは水左右に流れ込み、却って往来の難儀多かるべしと思わる。ここらのところはよくよく心□くべきなり。又方々の橋普請なども、なるだけ頭を低くして、馬車人力の通り良きように致したきものなり。

○馬車人力の流行り出しは毎々怪我人などありしが、この節に至りては、往来の人も車引きも互いに慣れし故か、更に過ちあるを聞かず。しかしある日、途中にて見掛けしに、人力向かふより急ぎ車を引き来たり、遊びし子供に乗り掛け、既に大怪我にもなるべきところ、運よく格別のこともなかりしなり。お□にはかかる過ちあるは車引きの無念より起こるといへども、全く途中往来の規則なき故にあらずや。例へば、馬車人力の往来は道の中央、人の往来は道の左右とするが如し。この他色々あるべし。かくの如く御法定まるときは、右の如く危うきことはなかるべしと思うなり。元より道の狭き所は人力たりとも通らざるようご禁制ありたきことなり。

○一月二十七日夜、横浜の本牧といふ所に於いて火事あり、百姓の家十四軒焼けたり。

○一月二十八日の朝三時頃、横浜の外国人のいん〈家〉に火事あり。ホテル〈宿屋のこと〉より焼け始め、隣の家二三軒類焼せり。右火事につき気の毒なる話は、外国の商人一人、日本の女一人、馬一匹、綿羊（羊の類）二匹焼け死したり。その他外国の人、女一人、男一人、お客にて宿屋の二階に泊まりおり候。しかるに下より火事起こり、降りること出来かね候につき、拠ん所なく二階の窓より飛び降り、それがために大きに怪我□しとのこと。

○東京新橋より横浜への蒸気車に乗りたる人数、一月十九日より同じく二十六日まで一七日のうち、二万四千三百二十一人なり。この賃金七千四百八十三円九十銭。

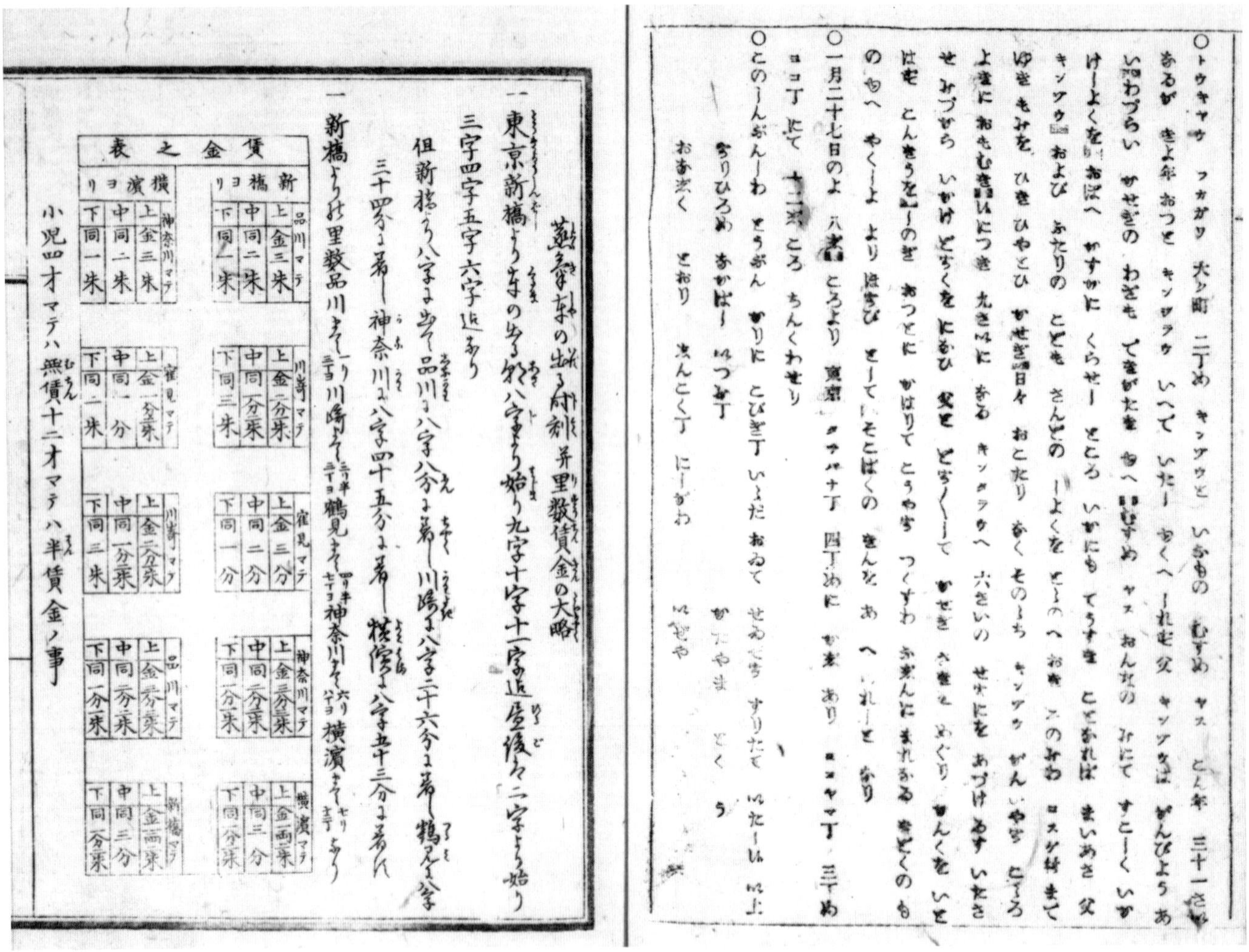

○東京深川大工町二丁目、キンゾウといふ者娘ヤス、今年三十一歳なるが、去年夫キンジラウ家出致し行方知れず。父キンゾウは眼病相患い、稼ぎの技も出来難き故、娘ヤス、女の身にて少しく鋳掛職を覚へ、かすかに暮らせしところ、如何にも手薄なことなれば、毎朝父キンゾウ及び二人の子供、三度の食を調へおき、その身は小菅村まで行き、籾を挽き、日雇ひ稼ぎ日々怠りなく、その後キンゾウ眼病快きに趣き候につき、九歳になるキンタラウへ六歳の小児を預け留守致させ、自ら鋳掛道具を担ひ、父と同道して稼ぎ先を巡り、艱苦を厭はず困窮を凌ぎ、夫に代はりて孝養尽くすは婦人に稀なる奇特の者故、役所より褒美としてそこばくの金を与へられしとなり。

○一月二十七日の夜八時頃より、東京立花丁四丁目に火事あり。横山丁三丁目横丁にて十二時頃鎮火せり。

○この新聞紙は、当分仮に木挽丁飯田於いて製造摺立て致し候。以上

売り広め、中橋和泉丁　片山徳造

同じく　通新石丁　西側　伊勢屋

蒸気車《しやうきしや》の出《いづ》る時刻《じこく》并里数賃金《りすうちんきん》の大略《たいりやく》

一　東京新橋より車の出る朝八字より始り九字十字十一字迄昼後は二字より始り三字四字五字六字迄なり。

但新橋より八字に出て品川に八字八分に着し川崎に八字二十六分に着し鶴見に八字三十四分に着し神奈川に八字四十五分に着し横浜に八字五十三分に着す。

一　新橋よりの里数品川まで一里三丁余、川崎まで三里半三丁余、鶴見まで四里半七丁余、神奈川まで六里八丁余　横浜まで七里十二丁なり。

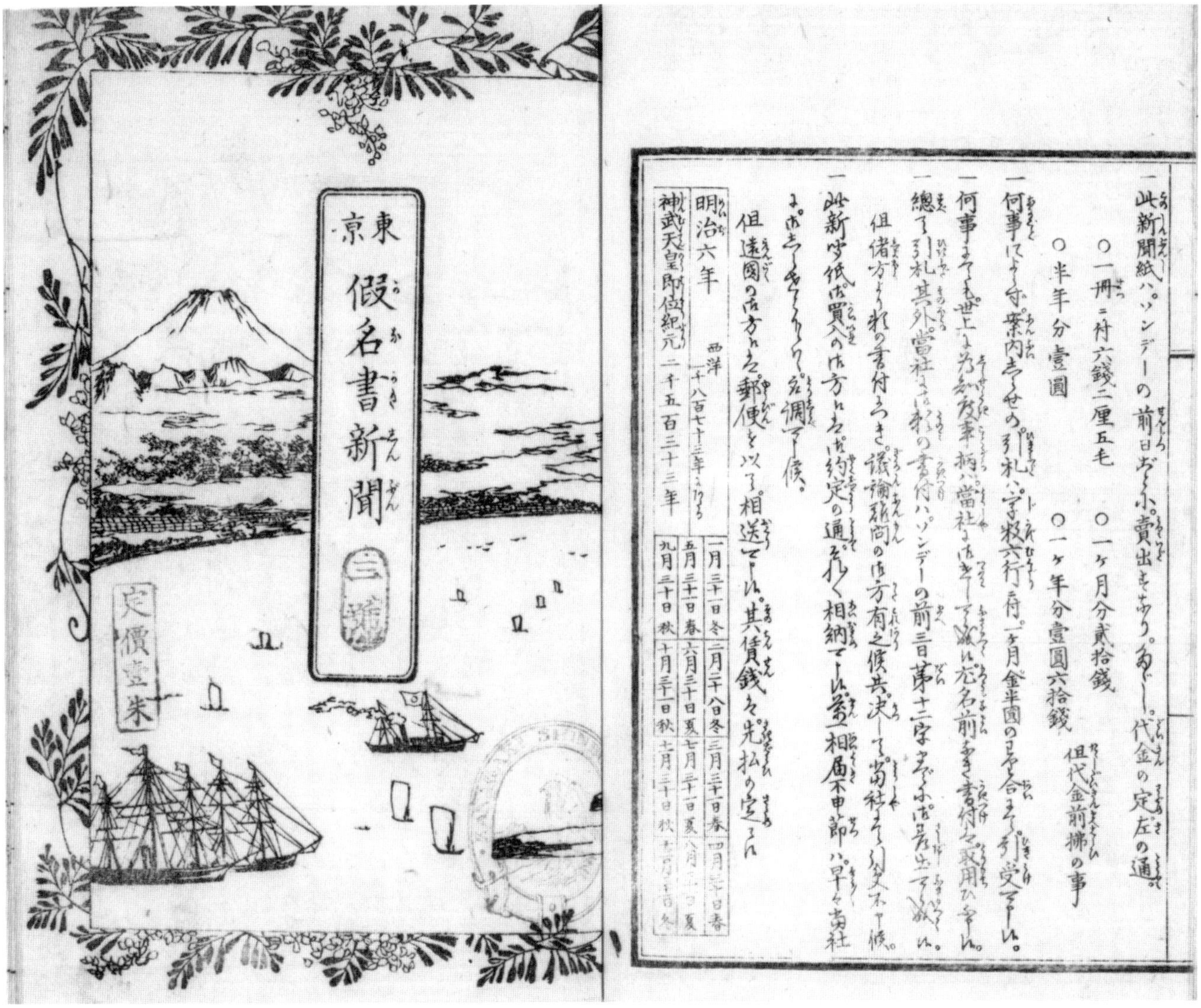


一　此新聞紙は、ソンデーの前日ごとに売出すなり。ただし代金の定左の通。

　○一冊に付六銭二厘五毛　○一ヶ月分二十銭

　○半年分一円　　○一ヶ年分一円六十銭　但代金前払の事。

一　何事によらず、案内知らせの引札は、字数六行に付、一ケ月金半円の割合にて引受申べく候。

一　何事にても、世上に知らせたき事柄は、当社に御遣しなさるべく候。尤名前なき書付は取用ひ申さず候。

一　総て引札其外当社に御頼の書付は、ソンデーの前三日第十二字までに御差出なさるべく候。

　但諸方より頼の書付につき、議論難問の御方これあり候ども、決して当社にて引受申さず候。

一　此新聞紙御買入れの御方へは、御約定の通、それぞれ相納め申べく候。万一相届申ざる節は、早々当社に御知らせられ候ば取調申べく候。

　但遠国の御方へは郵便を以て相送申べく候。其賃銭は先払の定に候。

三号の内容　明治6・2・8

前文1　発行の趣旨1

**御布告**　○狩猟規則

**国内新聞**　○三つ子誕生（和歌山）○深川八幡渡し船○元日の暴徒○偽札（信州）○各地に灯台設置○家具と道具の窃盗団（東京）○ロシア王子の船、東京から長崎、香港へ○新橋横浜間蒸気車の乗客数と賃銭

**海外新聞**　○エジプトのエチオピア攻略○メキシコの大統領選○ペルシャ王ヨーロッパ見物を計画○タッキーニの太陽観測○「アメリカ国の事柄」○ロンドンの生糸商倒産○ウェールズ石炭鉱山で労働拒否○ナポレオンの葬式○仏将軍引退へ○鉄道事故（米）○英女王、岩倉使節団を饗応○洪水より復興（イタリア）○劣悪な環境で死（英）○鉄道による事故死（英）○ガスの新製造法（英）○英、ロシアのヒヴァ問題に介入○ドイツの新王○英の輸出高○ヒヴァ内乱○アメリカ合衆国政府の経費○灯油の種類と注意

**告白**（広告）　覚　○英国公使館建設に付き入札募集　横浜諸色相場　前号の訂正　当新聞の製造所と販売所　蒸気車の出る時刻里数幷賃金の大略　社告

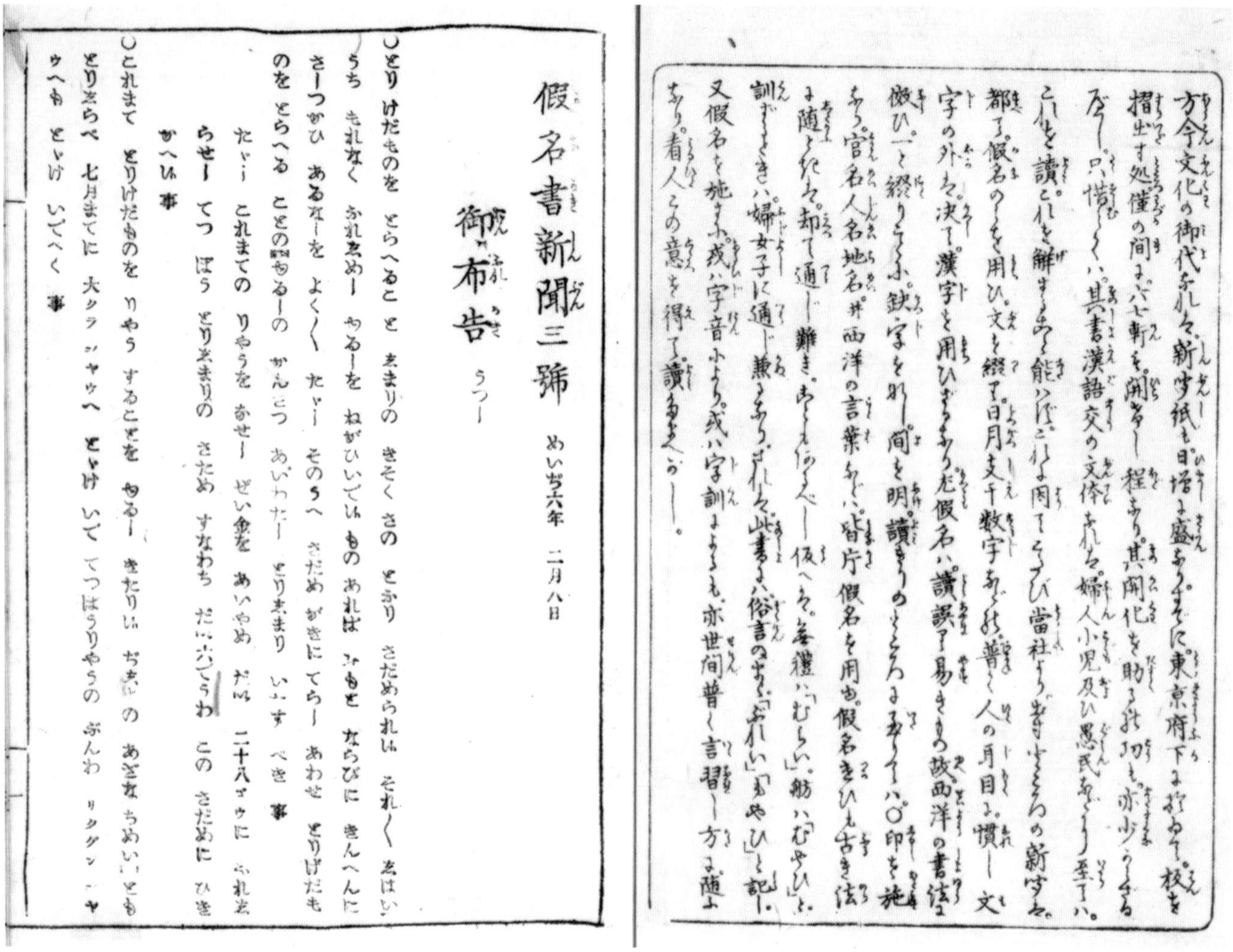

方今文化の御代なれば、新聞紙も日増に盛なり。すでに東京府下に於いて、板を摺出す処、僅の間に六七軒も開けし程なり。其開化を助るの功も亦少からざるべし。只惜らくは、其書漢語交の文体なれば、婦人小児及び愚民などに至てはこれを読、これを解すること能はず。これに因て、こたび当社より出すところの新聞は、都て仮名のみを用ひ、文を綴り、日月支干数字などの普く人の耳目に慣し文字の外は、決て漢字を用ひざるなり。尤仮名は読誤り易きもの故、西洋の書法に倣ひ、一と綴りことに欠字をなし、間を明、読きりのところに至りては○印を施なり。官名人名地名、幷西洋の言葉などは、皆片仮名を用ゆ。仮名遣ひも古き法に随ときは却て通じ難きこともあるべし。仮へは無礼は「むらい」、舫は「むやひ」と訓ずるときは、婦女子に通じ兼るなり。されば此書には、俗言のまま「ぶれい」「もやひ」と記し、

又仮名を施すに、或は字音により、或は字訓によるも、亦世間普く言習し方に随ふなり。看人この意を得て読たまへかし。

假名書新聞《かなかきしんぶん》三号　明治六年二月八日

御布告《おんふれかき》　写し

○鳥獣を捕へること締まりの規則左の通り定められ候。それぞれ支配内漏れなく触れ示し、許しを願ひ出で候者あれば、身元並びに近辺に差し支ひ有る無しをよくよく糾し、その上定め書きに照し合はせ、鳥獣を捕へる事の許しの鑑札相渡し、取締り致すべき事。

但し、これまでの猟をなせし税金を相止め、第二十八条に触れ知らせし鉄砲取締りの定め即ち第六条はこの定めに引き換え候事。

○これまで鳥獣を猟することを許し来たり候地所の字地名とも取り調べ、七月までに大蔵省へ届け出で、鉄砲猟の分は陸軍省へも届け出でべく事。

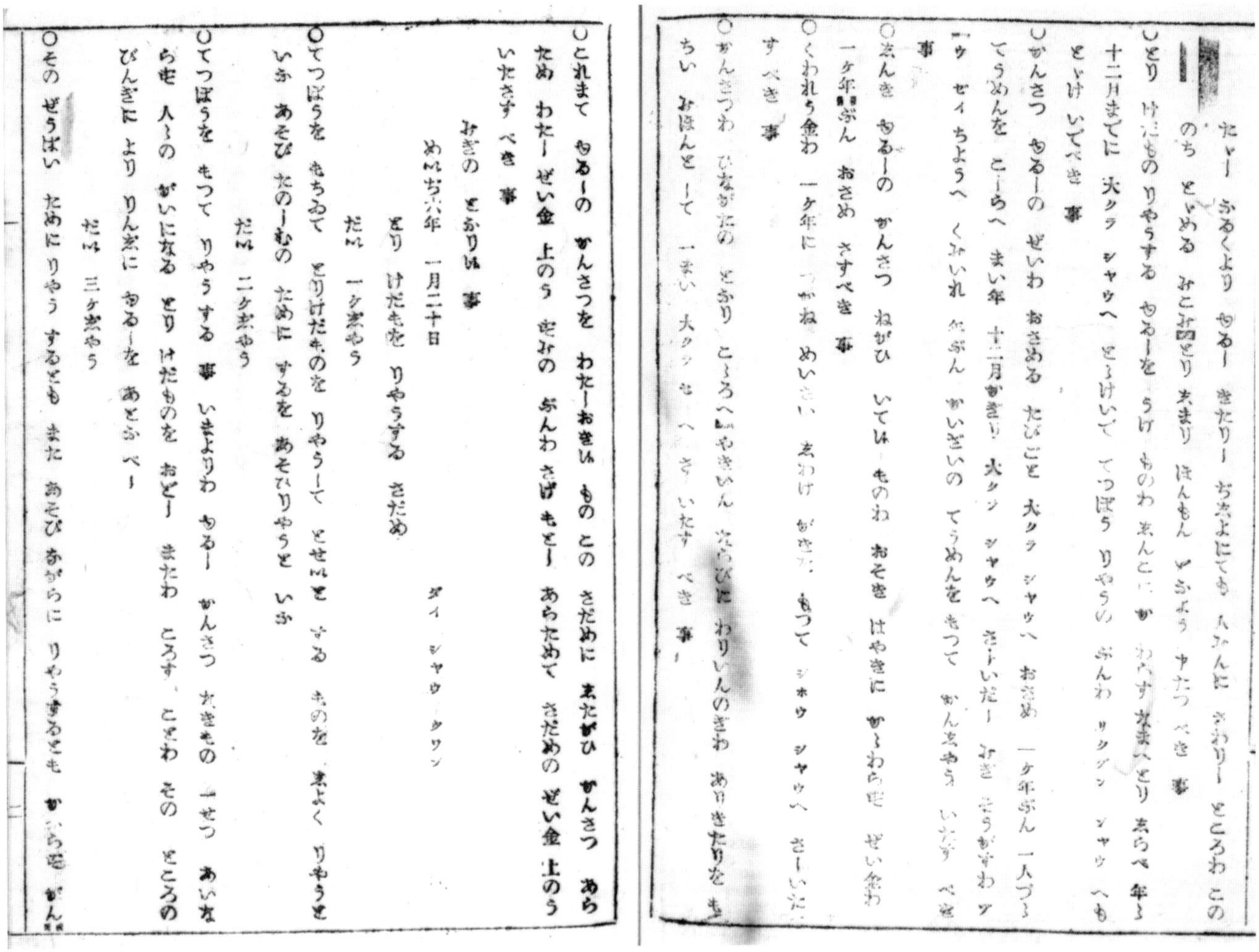

たゞし　ふるくより　ゆるし　きたりし　ちしよにても　じんみんに　さわりし　ところわ　この
のち　とゞめる　みこみ□とりしまり　ほんもん　どうよう　申たつ　べき　事
○とり　けだもの　りやうする　ゆるしを　うけ　ものわ　しんこに　か□わらず　なまへとり　しらべ　年〻
十二月までに　大クラ　シヤウへ　とゞけいで　てつぽう　りやうの　ぶんわ　リクグン　シヤウ　へも
とゞけ　いでべき　事
○かんさつ　ゆるしの　ぜいわ　おさめる　たびごと　大クラ　シヤウへ　おさめ　一ケ年ぶん　一人づゝ
てうめんを　こしらへ　まい年　十二月かぎり　大クラ　シヤウへ　さしいだし　みぎ　そうがずわ　ゾ
ウ　ゼイちようへ　くみいれ　ねんぶん　かいざいの　てうめんを　もつて　かんぢやう　いたす　べき
事
○しんき　ゆるしの　かんさつ　ねがひ　いでては　ものわ　おそき　はやきに　かゝわらず　ぜい金わ
一ケ年ぶん　おさめ　さすべき　事
○くわれう金わ　一ケ年に　つかね　めいさい　しわけ　がきを　もつて　シホウ　シヤウへ　さしいだ
すべき　事
○かんさつわ　ひながたの　とふり　こゝろへ　やきいん　ならびに　わりいんのぎわ　ありきたりを　も
ちい　みほんと　して　一まい　大クラ　セ　へ　さし　いたす　べき　事
○これまで　ゆるしの　かんさつを　わたし　おきし　もの　この　さだめに　したがひ　かんさつ　あら
ため　わたし　ぜい金　上のう　すみの　ぶんわ　さげ　もどし　あらためて　さだめの　ぜい金　上のう
いたさす　べき　事
みぎの　とふりに　候　事
めいぢ六年　一月二十日　ダイ　シヤウ　クワン
とり　けだもの　りやうする　さだめ
だい　一ケぢやう
○てつぽうを　もちゐて　とりけだものを　りやうして　とせいと　する　ものを　しよく　りやうと
いふ　あそび　たのしむの　ために　するを　あそびりやうと　いふ
だい　二ケぢやう
○てつぽうを　もつて　りやうする　事　いまよりわ　ゆるし　かんさつ　なきもの　一せつ　あいな
らず　人〻の　がいになる　とり　けだものを　おどし　またわ　ころす　ことわ　その　ところの
びんぎに　より　りんじに　ゆるしを　あたふ　べし
だい　三ケぢやう
○その　ぜうばい　ためにりやう　するとも　また　あそび　ながらに　りやうするとも　かならず　がん

但し、古くより許し来たりし地所にても、人民に障りし所はこの後留める見込み取締り、本文同様申立つべき事。

○鳥獣の猟する許しを受け者は、新古にか□わらず、名前取り調べ、年々十二月までに大蔵省へ届け出で、鉄砲猟の分は、陸軍省へも届け出でべき事。

○鑑札許しの税は、納める度ごと大蔵省へ納め、一ヶ年分一人ずつ帳面を拵へ、毎年十二月限り大蔵省へ差し出だし、右総数は雑税帖へ組み入れ、年分皆済の帳面を以て勘定致すべき事。

○新規許しの鑑札願出で候者は、遅き早きに拘わらず、税金は一ヶ年分納めさすべき事。

○過料金は、一ヶ年に束ね、明細仕訳書を以て司法省へ差し出だすべき事。

○鑑札は雛形の通り心得、焼印並びに割印の儀は、在り来たりを用い、見本として一枚、大蔵セ□へ差し出だすべき事。

○これまで許しの鑑札を渡しおき候者、この定めに従ひ鑑札改め渡し、税金上納済みの分は下げ戻し、改めて定めの税金上納致さすべき事。

右の通り候事

明治六年一月二十日　　太政官

鳥獣を猟する定め

第一ヶ条

○鉄砲を用いて鳥獣を猟して、渡世とする者を職猟と言ふ。遊び楽しむのためにするを遊び猟と言ふ。

第二ヶ条

○鉄砲を以て猟すること、今よりは許し鑑札なき者一切相ならず。人々の害になる鳥獣を威し、又は殺すことは、その所の便宜により臨時に許しを与ふべし。

第三ヶ条

○その商売ために猟するとも、又遊びながらに猟するとも、必ず願

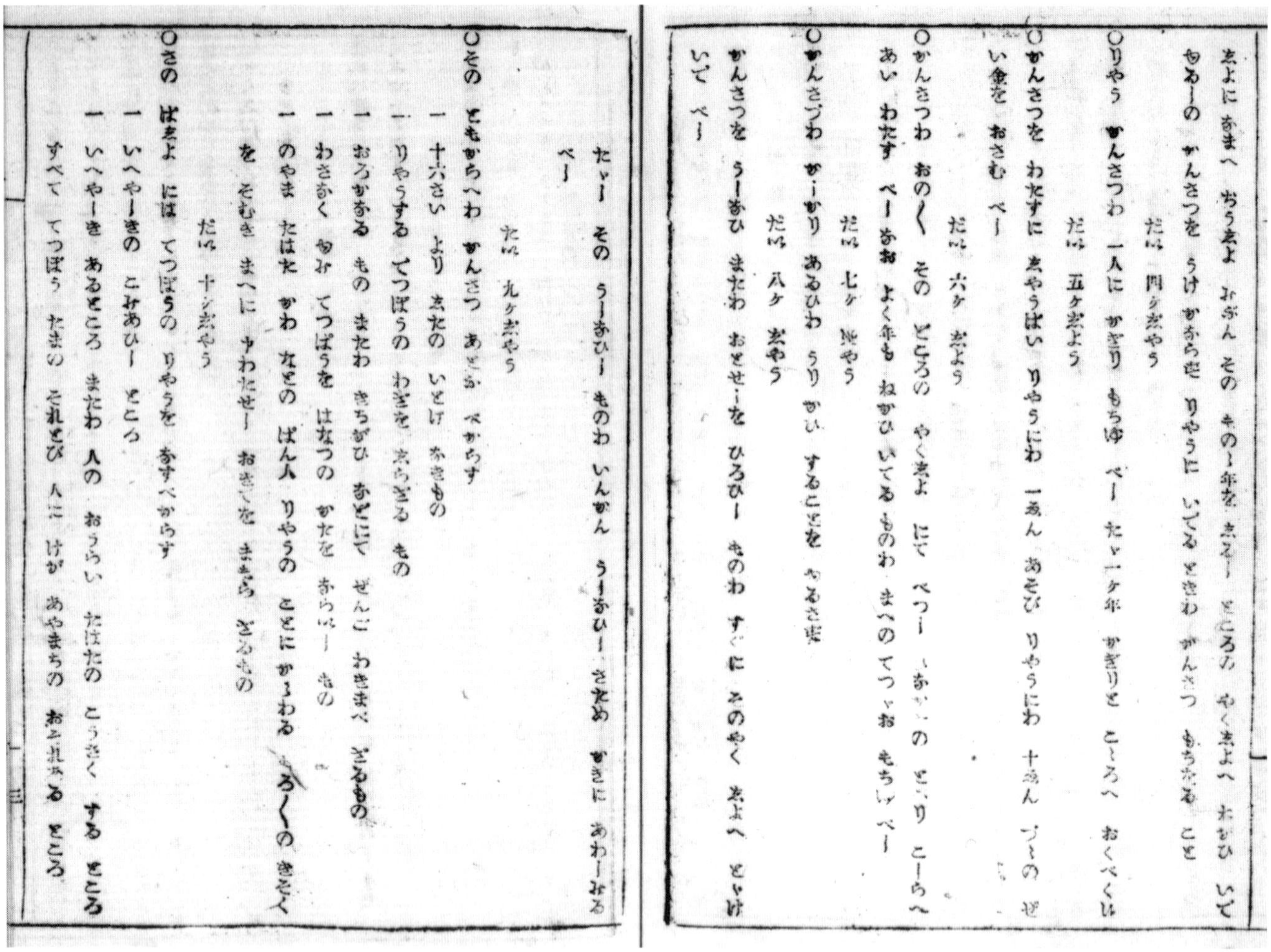

書に名前、住所、身分、その者の年を記し、所の役所へ願ひ出で、許しの鑑札を受け、必ず猟に出でる時は鑑札持ちたる事。

第四ヶ条

○猟鑑札は一人に限り用ゆべし。ただ一ヶ年限りと心得おくべく候。

第五ヶ条

○鑑札を渡すに、商売猟には一円、遊び猟には十円ずつの税金を納むべし。

第六ヶ条

○鑑札は、各々その所の役所にて別紙雛形の通り拵へ相渡すべし。なお翌年も願ひ出でる者は、前のてつづ〈手続き〉を用ゆべし。

第七ヶ条

○鑑札は、貸借或ひは売買することを許さず。

第八ヶ条

○鑑札を失ひ、又は落せしを拾ひし者は、すぐにその役所へ届け出でべし。

但し、その失ひし者は、印鑑失ひし定書に合わしみるべし。

第九ヶ条

○その輩へは鑑札与ふべからず。

一　十六歳より下のいとけなき者

一　猟する鉄砲の技を知らざる者

一　愚かなる者又は気違いなどにて前後弁へざる者

一　技なく弓鉄砲を放つの方を習いし者

一　野山、田畑、川などの万人利用のことに関わる諸々の規則を背き、前に申し渡せし掟を守らざる者

第十ヶ条

○左の場所には鉄砲の猟をなすべからず。

一　家屋敷の込み合ひし所

一　家屋敷ある所又は人の往来、田畑の耕作する所、都て鉄砲弾の逸れ飛び、人に怪我過ちの恐れある所

一　猟禁制の制札ある場所、他人の住まい或いは構へ内

第十一ヶ条

○猟する鉄砲は、日本出来、四匁八分玉以下の小銃並びに西洋型鉄砲など、見合わせ用ゆべし。戦に用□る小さき鉄砲にて鳥獣を猟するを戒む。

但し、猟をする鉄砲所持する者、鉄砲取締りの規則照らし合わすべし。

第十二ヶ条

○猟することを許しある土地にても、田畑の植付け物を踏み荒らし、又植木に傷付けることを厳しく戒む。

第十三ヶ条

○鉄砲にて猟する日□りは、十二月一日より三月までを限りとす。右の外は猟に出づることを許さず。

このお触れの続き四号に出づる。

## 国内新聞《こくないしんぶん》

○和歌山県の内第六大区、四の小区、日高郡江川村の百姓寒川友吉妻小松と申者、一月十六日夜三人の男子を産み、母赤子共に無難にて大丈夫の趣、その役所より大蔵省へおん届けになりし由。

○第六大区内に桐生の竹田何某思ひ立ち、今度深川八幡魚河岸へ渡し船を設けおき、それより冬木丁弁天へ新道を開き、諸人通行心近きようになせしかば、人々喜ばざる者なし。僅かの道すらかくの如くなれば、ましてや蒸気車の道を、西は京大阪、東は南部青森までも開けるときは、日本中残らず便利となり、万民の幸い何ごとかこれに過ぐべけん。

○この頃ヲイダ［大分］県の内騒動の折から、一月一日数千人の一揆起こり、遂には

うちに押し寄せ来たり、難儀に及ぶ者数知れず。その内野中何某は古き家柄にて大なる家構へなり。右の悪者共このがとくち〈門口〉に寄り集まり既に乱暴に及ばんとする折から、大声上げて呼ばわる者あり。この野中氏かねがね下々の者を労り、我が輩のためには命の親同然の恩人なりと言へば、皆々静まりこの所を立ち去れり。この近所の有徳の家は皆乱暴を受けし中に、野中氏のみ大難を逃れしも、平生神を敬ひ下を憐み助けしその報ひなるべしと噂せり。

○去んぬる申の十月に、信州諏訪郡飯島村の副戸長北沢五左衛門、租税納め金百六十両の内、かねてお触れありし贋五円札ほわの番号一枚これありし故、水を指に付け擦りしに、忽ちその模様消へ失せたり。本人取り糾せしところ、筑摩郡松本伊勢町林栄次郎の手より出で候につきさきさき取り調べ候へども、当人は数多金銭の出入りにてその出所分からず、調べ方行き届きかね候趣き、筑摩県より大蔵省へ御届けになりたり。

○上の図は、この度天朝より港の入り口諸所にお拵へになりたる灯明台の図なり。日本は、昔より灯明台の名高きもの、大阪住吉にあり。しかるに今日本開化に進み、外国の規則に倣ひ、工部省の内に灯台寮を設けられ、諸所に灯明台お開きになりしは誠に万民の喜びこれに過ぎず。渡海の船、闇の夜方角を失い、雨風の節港入りの目当てなくしては如何ともなし難き故、まま船を破り人の命を失ふこと少なからず。

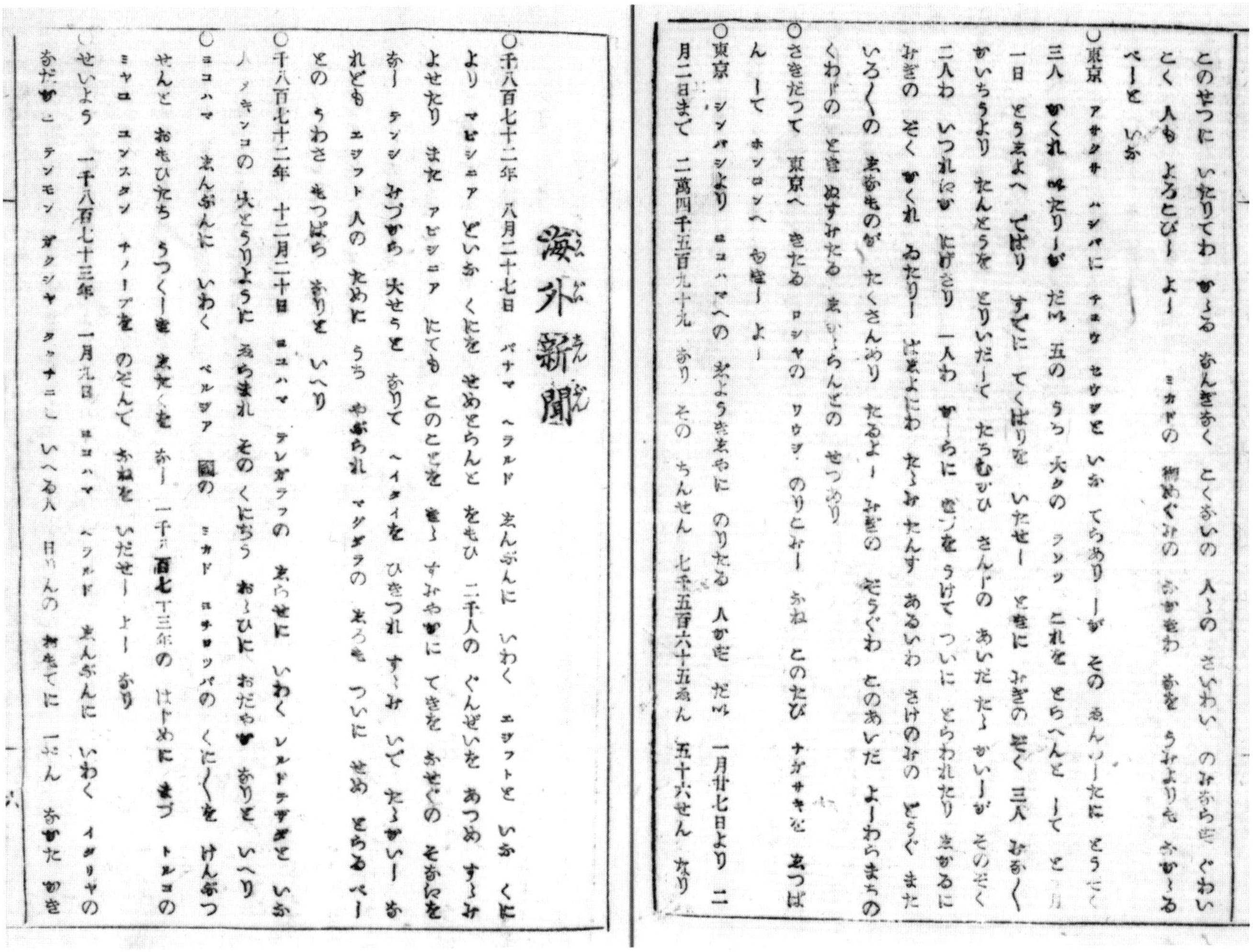
このせつに いたりてわ か〻る なんぎなく こくないの 人〻の さいわい のみならず ぐわい
こく 人も よろこびし よし ミカドの 御めぐみの ふかきわ うみよりも ふか〻る
べしと いふ
○東京 アサクサ ハシバに チヨウ セウジと いふ てらありしが その ゑんのしたに とうぞく
三人 かくれ ゐたりしが だい 五の うち 大クの ラソツ これを とらへんと して とう月
一日 とうしよへ でばり すでに てくばりを いたせし ときに みぎの ぞく 三人 みな〻
かいちうより たんとうを とりいだして たちむかひ さんじの あいだ た〻かいしが そのぞく
二人わ いづれにか にげさり 一人わ かしらに きずを うけて ついに とらわれたり しかるに
みぎの ぞく かくれ ゐたりし ばしよにわ た〻み たんす あるいわ さけのみの どうぐ また
いろ〻の しなものが たくさんあり たるよし みぎの ぞうぐわ このあいだ よしわらまちの
くわじの とき ぬすみたる しなならんとの せつあり
○さきだつて 東京へ きたる ロシヤの ワウジ のりこみし ふね このたび ナガサキを しつぱ
ん して ホンコンへ ゆきし よし
○東京 シンバシより ヨコハマへの じようきしやに のりたる 人かず だい 一月廿七日より 二
月二日まで 二萬四千五百九十九 あり その ちんせん 七千五百六十五ゑん 五十六せん なり

海外《かいがい》新聞《しんぶん》
○千八百七十二年 八月二十七日 パナマ ヘラルド しんぶんに いわく エジプトと いふ くに
より マビシニア といふ くにを せめとらんと おもひ 二千人の ぐんぜいを あつめ す〻み
よせたり また アビシニア にても このことを き〻 すみやかに てきを ふせぐの そなへを
なし テンシ みづから 大せうと なりて ヘイタイを ひきつれ す〻み いで た〻かいし な
れども エジプト人の ために うち やぶられ マグダラの しろも ついに せめ とらる べし
との うわさ もつぱら なりと いへり
○千八百七十二年 十二月二十日 ヨコハマ テレガラフの しらせに いわく レルドテザダと いふ
人 メキシコの 大とうりように ゑらまれ その くにぢう おほひに おだやか なりと いへり
○ヨコハマ しんぶんに いわく ペルシア 國の ミカド ヨウロツパの くに〻を けんぶつ
せんと おもひたち うつくしき したくを なし 一千八百七十三年の はじめに まづ トルコの
ミヤコ コンスタン チノーブを のぞんで ふねを いだせし よし なり
○せいよう 一千八百七十三年 一月九日 ヨコハマ ヘラルド しんぶんに いわく イタリヤの
なだかき テンモン がくしや タッキニし いへる人 日りんの おもてに 一だん なかだかき

この節に至りてはかかる難儀なく、国内の人々の幸いのみならず外国人も喜びし由。帝の御恵みの深きはなお海よりも深かるべしといふ。

○東京浅草橋場にチヨウセウ寺といふ寺ありしが、その縁の下に盗賊三人隠れいたりしが、第五の内大区の邏卒これを捕らへんとして当月一日当所へ出張り、既に手配りを致せしときに、右の賊三人皆々懐中より短刀を取り出だして立ち向かひ、暫時の間戦いしが、その賊二人は何れへか逃げ去り、一人は頭に傷を受けて遂に捕らわれたり。しかるに右の賊隠れいたりし場所には、畳、箪笥、或いは酒飲みの道具又色々の品物が沢山ありたる由。右の雑具はこの間吉原町の火事のとき盗みたる品ならんとの説あり。

○先立って東京へ来たるロシヤの王子乗り込みし船、この度長崎を出帆して香港へ行きし由。

○東京新橋より横浜へ蒸気車に乗りたる人数、大一月二十七日より二月二日まで、二万四千五百九十九なり。その賃銭七千五百六十五円五十六銭なり。

海外新聞《かいがいしんぶん》

○千八百七十二年八月二十七日、パナマヘラルド新聞に曰く。エジプトといふ国よりマビシニア［アビシニア］といふ国を攻め取らんと思ひ、二千人の軍勢を集め進み寄せたり。又アビシニアにてもこの事を聞き、速やかに敵を防ぐの備えをなし、天子自ら大将となりて、兵隊を引き連れ進み出で戦いしなれども、エジプト人のために打ち破られ、マグダラの城を遂に攻め取らるべしとの噂専らなりと言へり。

○千八百七十二年十二月二十日、横浜テレガラフの知らせに曰く。レルドテサダといふ人メキシコの大統領に選まれ、その国中大ひに穏やかなりと言へり。

○横浜新聞に曰く。ペルシア国の帝ヨヲロッパの国々を見物せんと思ひ立ち、美しき支度をなし、一千八百七十三年の初めに先ずトルコの都コンスタンチノープ［コンスタンチノープル］を望んで船を出だせし由なり。

○西洋一千八百七十三年一月九日、横浜ヘラルド新聞に曰く。イタリヤの名高き天文学者タクチニ［タッキーニ］といへる人、日輪の表に一段中高き

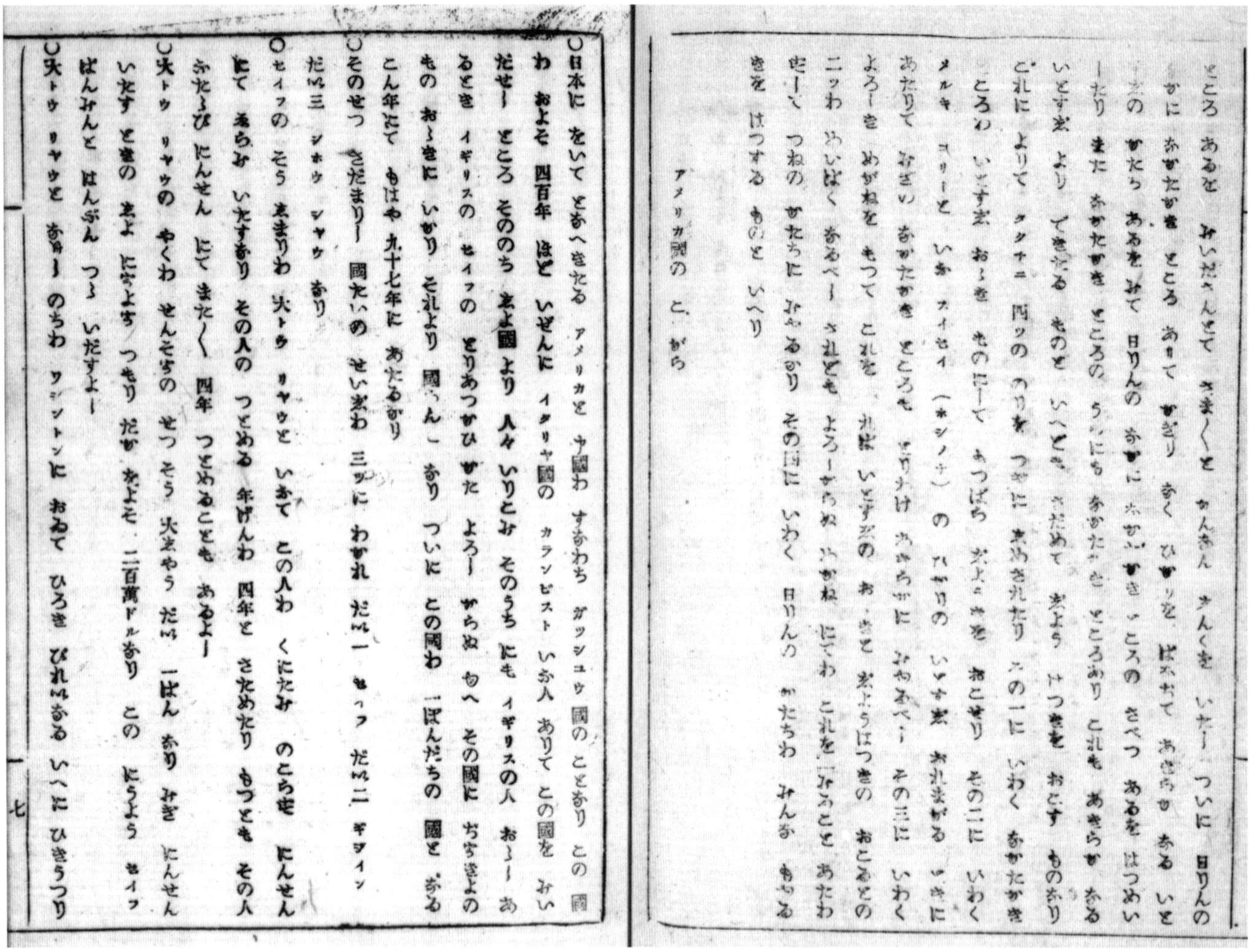
ところ あるを みいださんとて さまざまと かんなん しんくを いたし ついに 日りんの
なかに なかたかき ところ ありて かぎり なく ひかりを はなちて あきらか なる いと
すぢの かたち あるを みて 日りんの なかに なかたかき ところの さべつ あるを はつめい
したり また なかたかき ところの うへにも なかたかき ところあり これも あきらか なる
いとすぢ より できたる ものと いへども さだめて じようきを おこす ものなり
これに よりて タクチニ 四ツの のりを つぎに しめされたり その一に いわく なかたかき
ところわ いとすぢ おゝき ものにして もつぱら じようきを おこせり その二に いわく
メルキ コリーと いふ スイセイ（ホシノナ）の ひかりの いとすぢ をれまがる ときに
あたりて みぎの なかたかき ところも とりわけ あきらかに みゆるべし その三に いわく
よろしき めがねを もつて これを みれば いとすぢの おゝきと じようきの おこるとの
二ツわ めいはく なるべし されども よろしからぬ めがね にてわ これを みること あたわ
ずして つねの かたちに みゆるなり その四に いわく 日りんの かたちわ みんな もゆる
きを はつする ものと いへり

アメリカ國の こと がら

○日本に をいて となへきたる アメリカと 中國わ すなわち ガッシユウ 國の ことなり この 國
わ およそ 四百年 ほど いぜんに イタリヤ 國の カランビスト いふ人 ありて この國を みい
だせし ところ そののち しよ國 より 人々 いりこみ そのうち にも イギリスの 人 おゝし あ
るとき イギリスの セイフの とりあつかひ かた よろしから ぬ ゆへ その國に ぢうきよの
もの おゝきに いかり それより 國らん になり ついに この國わ 一ぽんだちの 國と なる
こん年にて もはや 九十七年に あたるなり
○そのせつ さだまりし 國たいの せいじわ 三ツに わかれ だい一 セイフ だい二 ギヂイン
だい三 シホウ シヤウ なり
○セイフの そう しまりわ 大トウ リヤウと いふて この人わ くにたみ のこらず にんせん
にて えらみ いたすなり その人の つとめる 年げんわ 四年と さだめたり もつとも その人
ふたゝび にんせん にて またまた 四年 つとめることも あるよし
○大トウ リヤウの やくわ せんそうの せつ そう大しやう だい 一ばん なり みぎ にんせん
いたす ときの しよ にうよう つもり だか およそ 二百萬ドル なり この にうよう セイフ
ばんみんと はんぶん づゝ いだすよし
○大トウ リヤウと なりし のちわ ワシントンに おゐて ひろき びれいなる いへに ひきうつり
七

所あるを見出ださんとて様々に艱難辛苦を致し、遂に日輪の中に中高き所ありて、限りなく光を放ちて、明らかなる糸筋の形あるを見て、日輪の中に中高き所の差別あるを発明したり。又中高き所の上にも中高き所あり。これも明らかなる糸筋より出来たるものといへども、定めて蒸発気を起こすものなり。これに依りて、タクチニ四つの則を次に示されたり。その一に曰く。中高き所は糸筋多きものにして専ら蒸気を起こせり。その二に曰く。メルキコリーといふ彗星（星の名）の光の糸筋折れ曲がるときに当たりて、右の中高き所もとりわけ明らかに見ゆるべし。その三に曰く。宜しき眼鏡を以てこれを見れば、糸筋の多きと蒸発気の起こるとの二つは明白なるべし。されども宜しからぬ眼鏡にてはこれを見ること能わずして常の形に見ゆるなり。その四に曰く。日輪の形はみんな燃ゆる気を発するものと言へり。

アメリカ国の事柄

○日本に於いて称へきたるアメリカと中国は、即ち合衆国のことなり。この国は凡そ四百年ほど以前にイタリヤ国のカランビス［コロンブス］といふ人ありて、この国を見出だせしところ、その後諸国より人々入り込み、その内にもイギリスの人多し。あるときイギリスの政府の取り扱ひ方宜しからぬ故、その国に住居の者大きに怒りそれより国乱になり、遂にこの国は一本立ちの国となる。今年にて最早九十七年に当たるなり。

○その節定まりし国体の政治は三つに分かれ、第一　政府、第二　議事院、第三　司法省なり。

○政府の総締まりは大統領と言ふて、この人は国民残らず人選にて選み致すなり。その人の務める年限は四年と定めたり。尤もその人再び人選にて又々四年務めることもある由。

○大統領の役は、戦争の節総大将第一番なり。右人選致すときの諸入用積もり高凡そ二百万ドルなり。この入用、政府万民と半分ずつ出だす由。

○大統領となりし後は、ワシントンに於いて広き美麗なる家に引き移り、

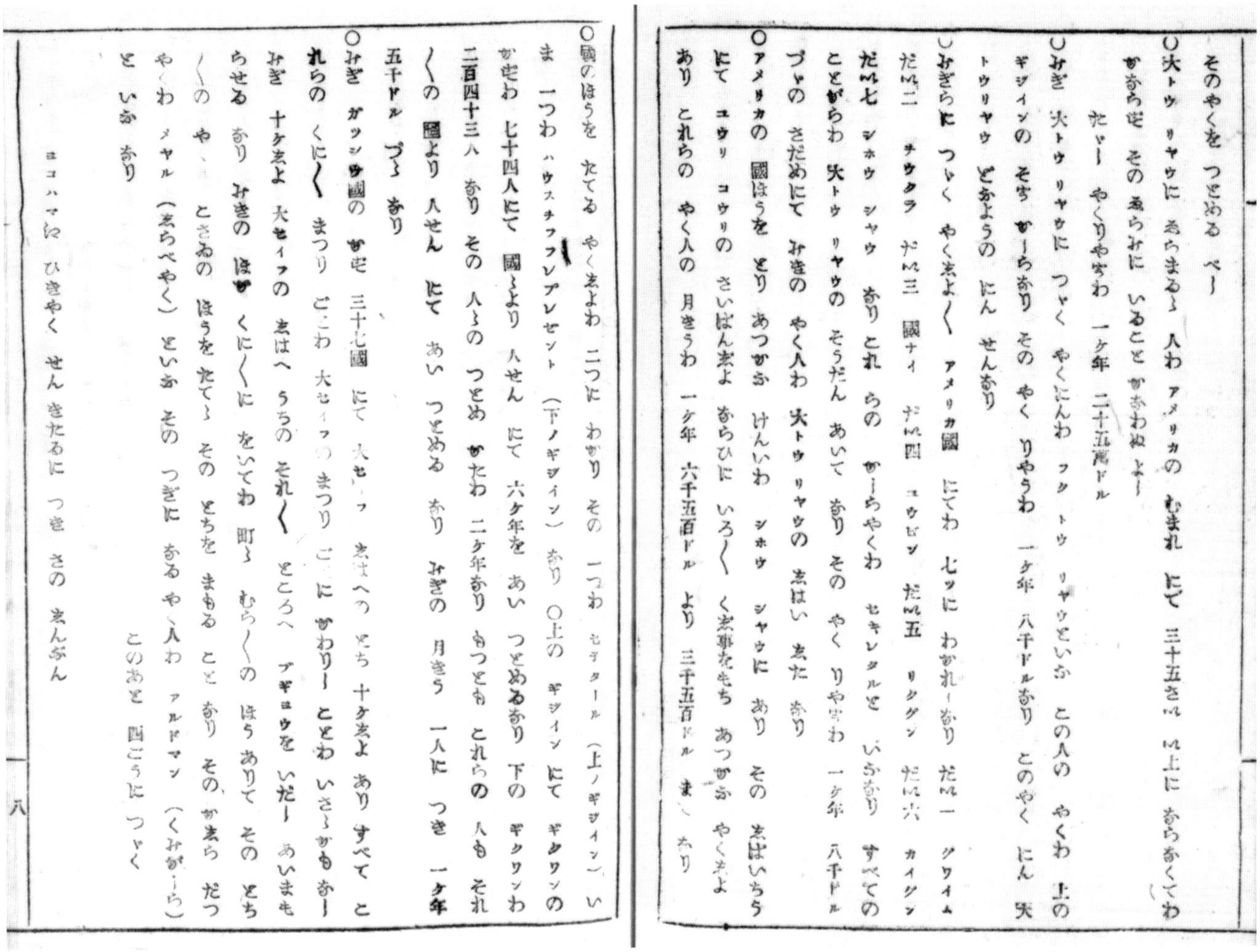
そのやくを つとめる べし
○大トウリヤウに えらまるゝ 人わ アメリカの むまれ にて 三十五さい 以上に ならなくてわ
かならず その えらみに いること かなわぬ よし
但し やくりやうわ 一ヶ年 二十五萬ドル
○みぎ 大トウリヤウに つゞく やくにんわ フクトウリヤウといふ この人の やくわ 上の
ギジインの そうがしらなり その やく りやうわ 一ヶ年 八千ドルなり このやく にん 大
トウリヤウ どうようの にん せんなり
○みぎらに つゞく やくしよ〳〵 アメリカ國 にてわ 七ッに わかれしなり だい一 グワイム
だい二 オウクラ だい三 國ナイ だい四 ユウビン だい五 リクグン だい六 カイグン
だい七 シホウ シヤウ なり これ らの かしらやくわ セキレタルと いふなり すべての
ことがらわ 大トウリヤウの そうだん あいて なり その やく りやうわ 一ヶ年 八千ドル
づゝの さだめにて みぎの やく人わ 大トウリヤウの しはい した なり
○アメリカの 國ほうを とり あつかふ けんいわ シホウ シヤウに あり その しはいちう
にて ユウリ コウリの さいばんしよ ならびに いろ〳〵 くし事をもち あつかふ やくしよ
あり これらの やく人の 月きうわ 一ヶ年 六千五百ドル より 三千五百ドル まで なり
○國のほうを たてる やくしよわ 二つに わかり その 一つわ セネタール (上ノギジイン) い
ま 一つわ ハウスヲフレプレゼント (下ノギジイン) なり ○上の ギジインにて ギクワンの
かずわ 七十四人にて 國〳〵より 人せん にて 六ヶ年を あい つとめるなり 下の ギクワンわ
二百四十三人 なり その 人〳〵の つとめ かたわ 二ヶ年なり もつとも これらの 人も それ
〴〵の 國より 人せん にて あい つとめる なり みぎの 月きう 一人に つき 一ヶ年
五十ドル づゝ なり
○みぎ ガッシウ國の かず 三十七國 にて 大セーフ しはいの とち 十ケしよ あり すべて こ
れらの くに〴〵 まつり ごとわ 大セーフの まつり ごとに かわりし ことわ いさゝかも なし
みぎ 十ケしよ 大セイフの しはへ うちの それ〴〵 ところへ ブギヨウを いだし あいまも
らせる なり みぎの ほか くに〴〵に をいてわ 町〳〵 むら〳〵の ほう ありて その とち
〳〵の やく とさゐの ほうを たてゝ その とちを まもる こと なり その かしら だつ
やくわ メヤル (しらべやく) といふ その つぎに なる やく人わ アルドマン (くみがしら)
と いふ なり
このあと 四ごうに つゞく
ヨコハマへ ひきやく せん きたるに つき さの しんぶん

その役を務めるべし。

○大統領に選まるる人は、アメリカの生まれにて三十五歳以上にならなくては必ずその選みに入ること叶わぬ由。

　但し、役料は一ヶ年二十五万ドル。

○右大統領に続く役人は副統領と言ふ。この人の役は、上の議事院の総頭なり。その役料は一ヶ年八千ドルなり。この役人大統領同様の人選なり。

○右らに続く役所役所、アメリカ国にては七つに分かれしなり。第一　外務、第二　大蔵、第三　国内、第四　郵便、第五　陸軍、第六　海軍、第七　司法省なり。これらの頭役はセキレタル［セクレタリー］と言ふなり。全ての事柄は、大統領の相談相手なり。その役料は一ヶ年八千ドルずつの定めにて、右の役人は大統領の支配下なり。

○アメリカの国法を取り扱ふ権威は司法省にあり。その支配中にて、ユウリコウリ〈郡々〉の裁判所並びに色々公事を持ち、扱ふ役所あり。これらの役人の月給は一ヶ年六千五百ドルより三千五百ドルまでなり。

○国の法を立てる役所は二つに分かり、その一つはセネタール（上の議事院）、今一つはハウスヲフレプレゼント［ハウスオブレプレゼント］（下の議事院）なり。○上の議事院にて議官の数は七十四人にて、国々より人選にて六ヶ年を相務めるなり。下の議官は二百四十三人なり。その人々の務め方は二ヶ年なり。尤もこれらの人もそれぞれの国より人選にて相務めるなり。右の月給一人につき一ヶ年五十ドルずつなり。

○右合衆国の数三十七国にて、大政府支配の土地十ヶ所あり。全てこれらの国々、政は大政府の政に変わりしことはいささかもなし。右十ヶ所大政府の支配内のそれぞれ所へ奉行を出だし相守らせるなり。右の外、国々に於いては、町々村々の法ありて、その土地土地の役、巨細の法を立ててその土地を守ることなり。その頭立つ役はメヤル［メーヤー］（調べ役）と言ふ。その次になる役人はアルトマン（組頭）と言ふなり。この後四号に続く。

横浜へ飛脚船来たるにつき左の新聞

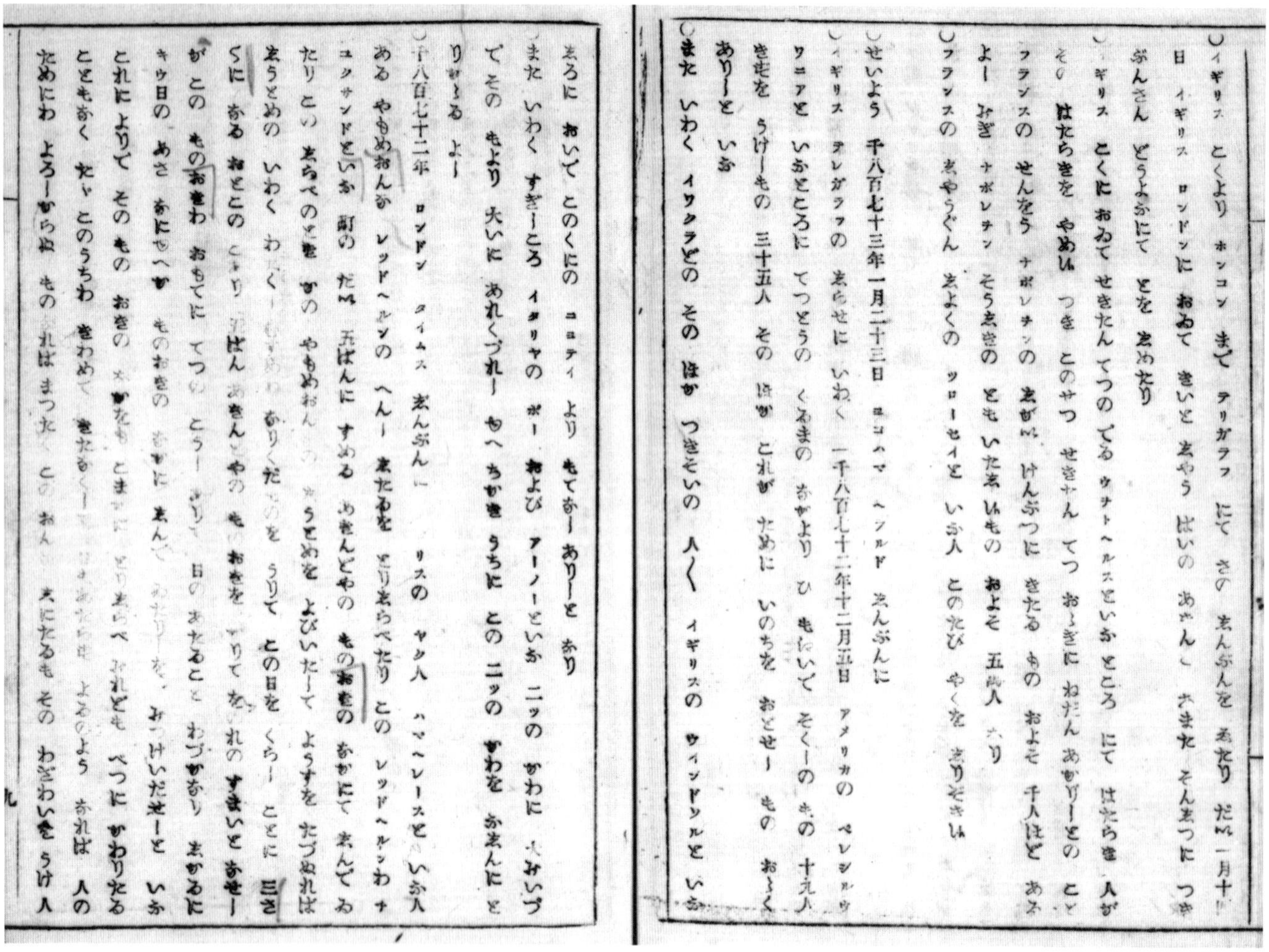
○イギリス とくより ホンコン まで テリガラフ にて さの しんぶんを えたり だい一月十
日 イギリス ロンドンに おいて きいと しやうばいの あきんど あまた そんしつに つき
ぶんさん どうようにて とを しめたり
○イギリス こくに おいて せきたん てつの でる ウヲトヘルスと いふ ところ にて はたらき 人が
その はたらきを やめし つき この せつ せきたん てつ おゝきに ねだん あがりしとの こと
フランスの せんをう ナポレヲンの しがい けんぶつに きたる もの およそ 千人ほど ある
よし みぎ ナポレヲン そうしきの ともいたし しもの およそ 五万人 なり
○フランスの しやうぐん しよくの ツローセイと いふ人 この たび やくを しりぞき し
○せいよう 千八百七十三年一月二十三日 ヨコハマ ヘラルド しんぶんに
○イギリス テレガラフの しらせに いわく 一千八百七十二年十二月五日 アメリカの ペンシルウ
ワニアと いふところに てつどうの くるまの なかより ひ もえいで そくしの もの 十九人
きずを うけしもの 三十五人 その ほか これが ために いのちを おとせし もの おゝく
ありしと いふ
○また いわく イワクラどの その ほか つきそいの 人々 イギリスの ウインドソルと いふ
しろに おいて このくにの ニヨテイ より もてなし ありしと あり
○また いわく すぎしころ イタリヤの ポー および アーノーと いふ 二ツの かわに 大みづ
でて その もより 大いに あれくづれし ゆへ ちかき うちに この 二ツの かわを ふしんに と
りかゝる よし
○千八百七十二年 ロンドン タイムス しんぶんに リスの ヤク人 ハマヘレースと いふ人
ある やもめおんな レッドヘルンの へんし したるを とりしらべたり この レッドヘルンわ チ
ユクサンドと いふ 町の だい 五ばんに すめる あきんどやの ものおきの なかにて しんでゐ
たり この しらべの とき かの やもめおんなの しうとめを よびいだして ようすを たづぬれば
しうとめの いわく わたくし むすめわ なりくだものを うりて この日を くらし ことに 三さ
いに なる おとこの こあり 五ばん あきんどやの ものおきを かりて おのれの すまいと なせし
が この ものおきわ おもてに てつの こうし ありて 日の あたること わづかなり しかるに
キウ日の あさ なにゆへか ものおきの なかに しんで ゐたりしを みつけいだせしと いふ
これに よりて その ものおきの なかを こまかに とりしらべ みれども べつに かわりたる
こともなく たゞ このうちわ きわめて きたなくして 日も あたらず よるの よう なれば 人の
ためにわ よろしからぬ ものなれば まつたく この おんな しにたるも その わざわいを うけ 人
九

○イギリス国より香港までテレガラフにて左の新聞を得たり。大一月十四日。イギリス　ロンドンに於いて、生糸商売の商人数多損失につき、分散動揺にて戸を閉めたり。

○イギリス国に於いて石炭鉄の出るウヲトヘルス［ウェールズ］といふ所にて、働き人がその働きを止め候につき、この節石炭鉄大いに値段上がりしとの事。

○フランスの先王ナポレヲンの死骸見物に来たる者凡そ千人ほどある由。右ナポレヲン葬式の供致し候者凡そ五万人なり。

○フランスの将軍職のツローセイ［ツローシュ］といふ人、この度役を退き候。

○西洋千八百七十三年一月二十三日　横浜ヘラルド新聞より。

○イギリステレガラフの知らせに曰く。一千八百七十二年十二月五日、アメリカのペンシルウワニア［ペンシルベニア］といふ所に、鉄道の車の中より火燃え出で、即死の者十九人、傷を受けし者三十五人、その外これがために命を落とせし者多くありしといふ。

○又曰く。岩倉殿その外付き添いの人々、イギリスのウインドソル［ウィンザー］といふ城に於いて、この国の女帝よりもてなしありしとなり。

○又曰く。過ぎし頃、イタリヤのポー及びアーノー［アルノ］といふ二ツの川に大みいづ〈水〉出、その最寄り大いに荒れ崩れし故、近きうちにこの二ツの川を普請に取り掛かる由。

○千八百七十二年ロンドンタイムス新聞に、□□リスの役人ハマヘレースといふ人、あるやもめ女レッドヘルンの変死したるを取り調べたり。このレッドヘルンはチユクサンドといふ町の第五番に住める商人屋の物置の中にて死んでいたり。この調べのとき、彼の寡女の姑を呼び出だして様子を尋ぬれば、姑の曰く、私娘はなり果物を売りてこの日を暮らし、殊に三歳になる男の子あり、五番商人屋の物置を借りて己の住まいとなせしが、この物置は表に鉄の格子ありて日の当たること僅かなり。しかるに休日の朝何故か物置の中に死んでいたりしを見つけ出だせしと言ふ。これに因りてその物置の中を細かに取り調べみれども、別に変わりたることもなく、ただこの内は極めて汚くして□日も当たらず夜の様なれば、人のためには宜しからぬものなれば、全くこの女死にたるもその災いを受け、人

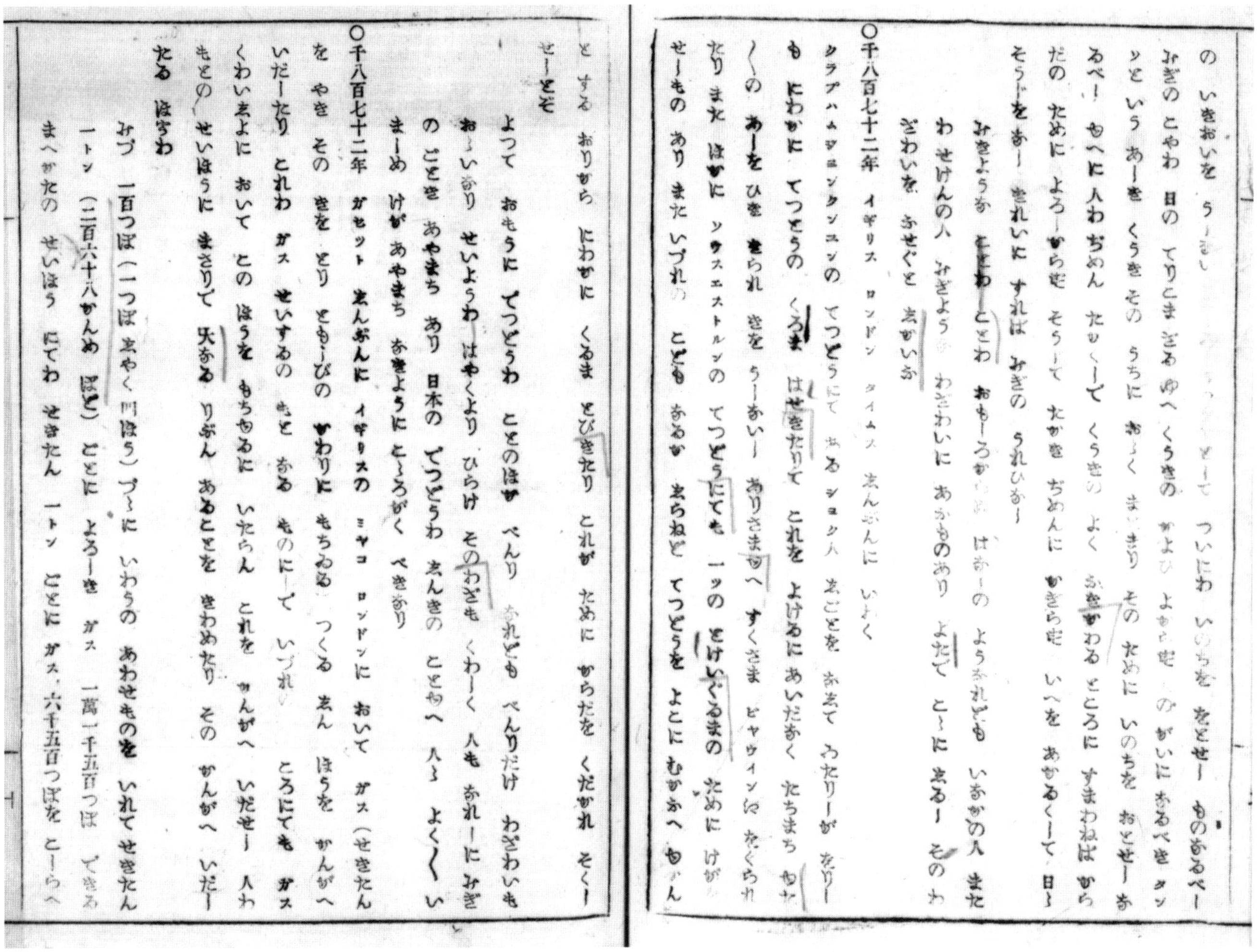

の勢いを失い、□□□□として、遂には命を落とせしものなるべし。右の小屋は日の照り込まざる故空気の通い良からず。人の害になるべき炭素という悪しき空気その内に多くまとまり、そのために命を落とせしなるべし。故に人は地面高くして、空気のよく吹き替わる所に住まわねば、体のために宜しからず。総じて高き地面に限らず、家を明るくして、日々掃除をなし、綺麗にすれば右の憂ひなし。

右様なことは面白からぬ話のようなれども、田舎の人又は世間の人、右様の災いに遭ふ者あり。よたで〈因って〉ここに記し、その災いを防ぐとしか言ふ。

○千八百七十二年、イギリスロンドンタイムス新聞に曰く。クラブハムジユンクンユン［クラファムジャンクション］の鉄道にて、ある職人仕事をなしていたりしが、折しも俄かに鉄道の車馳せ来たりて、これを避けるに間なく、忽ちゆたゆたの足を轢き切られ、気を失いし有様故、すぐさま病院へ送られたり、又他にソウスエストルン［サウスウェスタン］の鉄道にても、一ツの時計車のために怪我せし者あり。又何れの子供なるか知らねど、鉄道を横に向こうへ行かんとする折から、俄かに車飛び来たり、これがために体を砕かれ即死せしとぞ。

因って思うに、鉄道は殊の外便利なれども、便利だけ災いも多いなり。西洋は早くより開け、その技も詳しく人も慣れしに右の如き過ちあり。日本の鉄道は新規のこと故、人々よくよく戒め怪我過ちなきように心掛くべきなり。

○千八百七十二年ガセット新聞に、イギリスの都ロンドンに於いて、ガス〈石炭を焼きその気を取り灯の代わりに用いる〉作る新法を考へ出だしたり。これはガス製するの元なるものにして、何れの□ころにてもガス会所に於いてこの法を用ゆるに至らん。これを考へ出だせし人は、元の製法に優りて大なる利分あることを究めたり。その考え出だしたる法は、

水一百壺（一壺尺四方）ずつに硫黄の合わせ物を入れて、石炭一トン（二百六十八貫目ほど）ごとに宜しきガス一万一千五百壺出来る。前方の製法にては石炭一トンごとにガス六千五百壺を拵へ

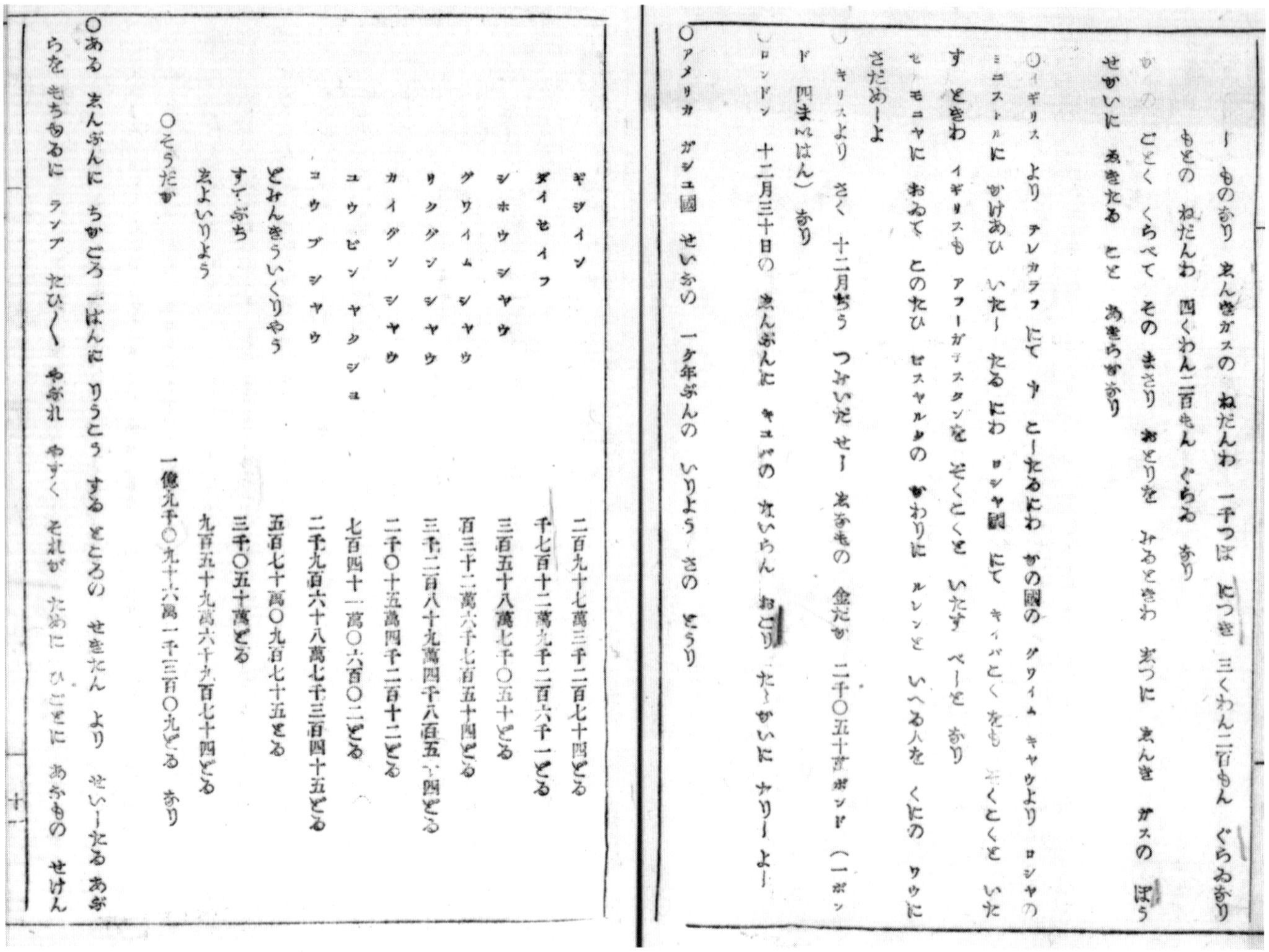
しものあり　しんきガスの　ねだんわ　一千つぼ　につき　三くわん二百もん　ぐらゐあり
もとの　ねだんわ　四くわん二百もん　ぐらゐ　あり
かの　ごとく　くらべて　その　まさり　おとりを　みるときわ　じつに　しんき　ガスの　ぼう
せかいに　ゑきたる　こと　あきらかなり
○イギリス　より　テレガラフ　にて　申　こしたるにわ　かの國の　グワイム　キヤウより　ロシヤの
ミニストルに　かけあひ　いたし　たる　にわ　ロシヤ國　にて　キイバこくをも　ぞくこくと　いた
す　ときわ　イギリスも　アフーガネスタンを　ぞくこくと　いたす　べしと　あり
ゼルモニヤに　おゐて　このたび　ビスマルクの　かわりに　ルレンと　いへる人を　くにの　ワウに
さだめしよし
○イギリスより　さく　十二月ちう　つみいだせし　しなもの　金だか　二千〇五十まポンド　（一ポン
ド　四まいはん）　あり
○ロンドン　十二月三十日の　しんぶんに　キユバの　ないらん　おこり　たゝかいに　ナリしよし
○アメリカ　ガツシユ國　せいふの　一ケ年ぶんの　いりよう　さの　とうり

| | |
|---|---|
| ギジイン | 二百九十七萬三千二百七十四どる |
| ダイセイフ | 千七百十二萬九千二百六千一どる |
| シホウシヤウ | 三百五十八萬七千〇五十どる |
| グワイムシヤウ | 百三十二萬六千七百五十四どる |
| リクグンシヤウ | 三千二百八十九萬四千八百五十四どる |
| カイグンシヤウ | 二千〇十五萬四千二百十二どる |
| ユウビンヤクジユ | 七百四十一萬〇六百〇二どる |
| コウブシヤウ | 二千九百六十八萬七千三百四十五どる |
| どみんきういくりやう | 五百七十萬〇九百七十五どる |
| すてぶち | 三千〇五十萬どる |
| しよいりよう | 九百五十九萬六千九百七十四どる |

○そうだか　一億九千〇九十六萬一千三百〇九どる　あり

○ある　しんぶんに　ちかごろ　一ばんに　りうこう　する　ところの　せきたん　より　せいしたる　あぶ
らを　もちゆるに　ランプ　たびたび　やぶれ　やすく　それが　ために　ひごとに　あふもの　せけん

十一

しものなり。新規ガスの値段は一千壷につき三貫二百文位なり。

元の値段は四貫二百文位なり。

か□□如く比べてその優り劣りを見るときは、実に新規ガスのぼう〈方〉世界に益たること明らかなり。

○イギリスよりテレガラフにて申し越したるには、彼の国の外務卿よりロシヤのミニストルに掛け合ひ致したるには、ロシヤ国にてキイバ［ヒヴァ］国をも属国と致すときは、イギリスもアフーガネスタン［アフガニスタン］を属国と致すべしとなり。

○ゼルモニヤ［ジャーマニー］に於いて、この度ビスヤルク［ビスマルク］の代わりにルレン［ヴィルヘルム］といへる人を国の王に定めし由。

○イギリスより昨十二月中積み出だせし品物、金高二千〇五十万ポンド（一ポンド四枚半）なり。

○ロンドン十二月三十日の新聞に、キユバの内乱起こり戦いになりし由。

○アメリカ合衆国の政府の一ヶ年分の入用左の通り。

| | |
|---|---|
| 議事院 | 二百九十七万三千二百七十四ドル |
| 大政府 | 千七百十二万九千二百六十一ドル |
| 司法省 | 三百五十八万七千〇五十ドル |
| 外務省 | 百三十二万六千七百五十四ドル |
| 陸軍省 | 三千二百八十九万四千八百五十四ドル |
| 海軍省 | 二千〇十五万四千二百十二ドル |
| 郵便役所 | 七百四十一万〇六百〇二ドル |
| 工部省 | 二千九百六十八万七千三百四十五ドル |
| 土民教育寮 | 五百七十万〇九百七十五ドル |
| 捨扶持 | 三千〇五十万ドル |
| 諸入用 | 九百五十九万六千九百七十四ドル |

○総高　　一億九千〇九十六万一千三百〇九ドル　なり。

○ある新聞に、近頃一番に流行するところの石炭より製したる油を用ゆるに、ランプ度々破れ易く、それがために火事に遭ふ者世間

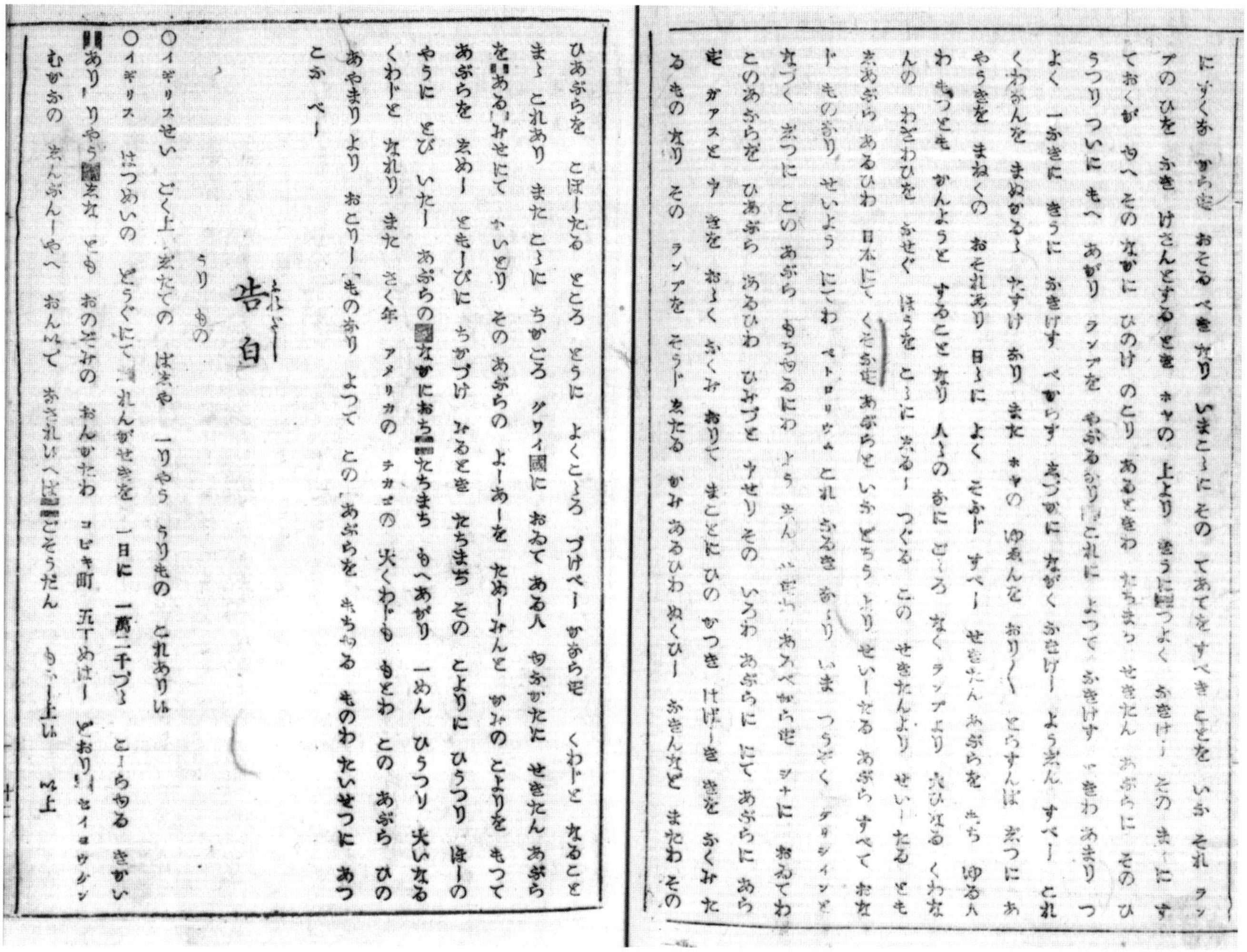

に少なからず。恐るべきなり。今ここにその手当てをすべきことを言ふ。それランプの火を吹き消さんとするとき、火屋の上より急に強く吹き消し、そのままに捨ておくが故、その中に火の気残り、ある時は忽ち石炭油にその火移り、遂に燃へ上がりランプを破るなり。これに因って、吹き消すときはあまり強く一吹きに急に吹き消すべからず。静かに長く吹き消し用心すべし。これ火難を免るる助けなり。又火屋の油煙を折々取らずんば実に危うきを招くの恐れあり。日々によく掃除すべし。石炭油を用ゆる人は最も肝要とすることなり。人々の何心なくランプより大ひなる火難の災ひを防ぐ法をここに記し告ぐる。この石炭より製したる灯し油、或ひは日本にてくそうず油と言ふ、土中より製したる油全て同じものなり。西洋にてはペトロリウム、これ古き名なり。今通俗グリシイン［グリース］と名付く。実にこの油用ゆるには用心せずはあるべからず。シナに於いてはこの油を火油或ひは火水と申せり。その色は油に似て油にあらず。ガアスと中気を多く含みおりて、誠に火の活気激しき気を含みたるものなり。そのランプを掃除したる紙或ひは拭ひし布巾など、又はその火油をこぼしたる所等によく心付けべし。必ず火事となることままこれあり。又ここに近頃外国に於いて、ある人夕方に石炭油をある店にて買い取り、その油の良し悪しを試しみんと、紙のこよりを持って油を湿し、灯に近付けみるとき、忽ちそのこよりに火移り、星の様に飛び出だし、油の中に落ち、忽ち燃へ上がり、一面火移り、大いなる火事となれり。又昨年アメリカのチカゴ［シカゴ］の大火事も元はこの油火の誤りより起こりしものなり。因ってこの油を用いる者は大切に扱ふべし。

告白《ふれだし》

売り物

○イギリス製極上仕立ての馬車一両、売り物これあり候。

○イギリス発明の道具にて、煉瓦石を一日に一万二千ずつ拵ゆる機械あり。両方ともお望みの御方は、木挽町五丁目橋通り精養軒向かふの新聞社へ御出でなされ候へば、御相談申し上げ候。以上

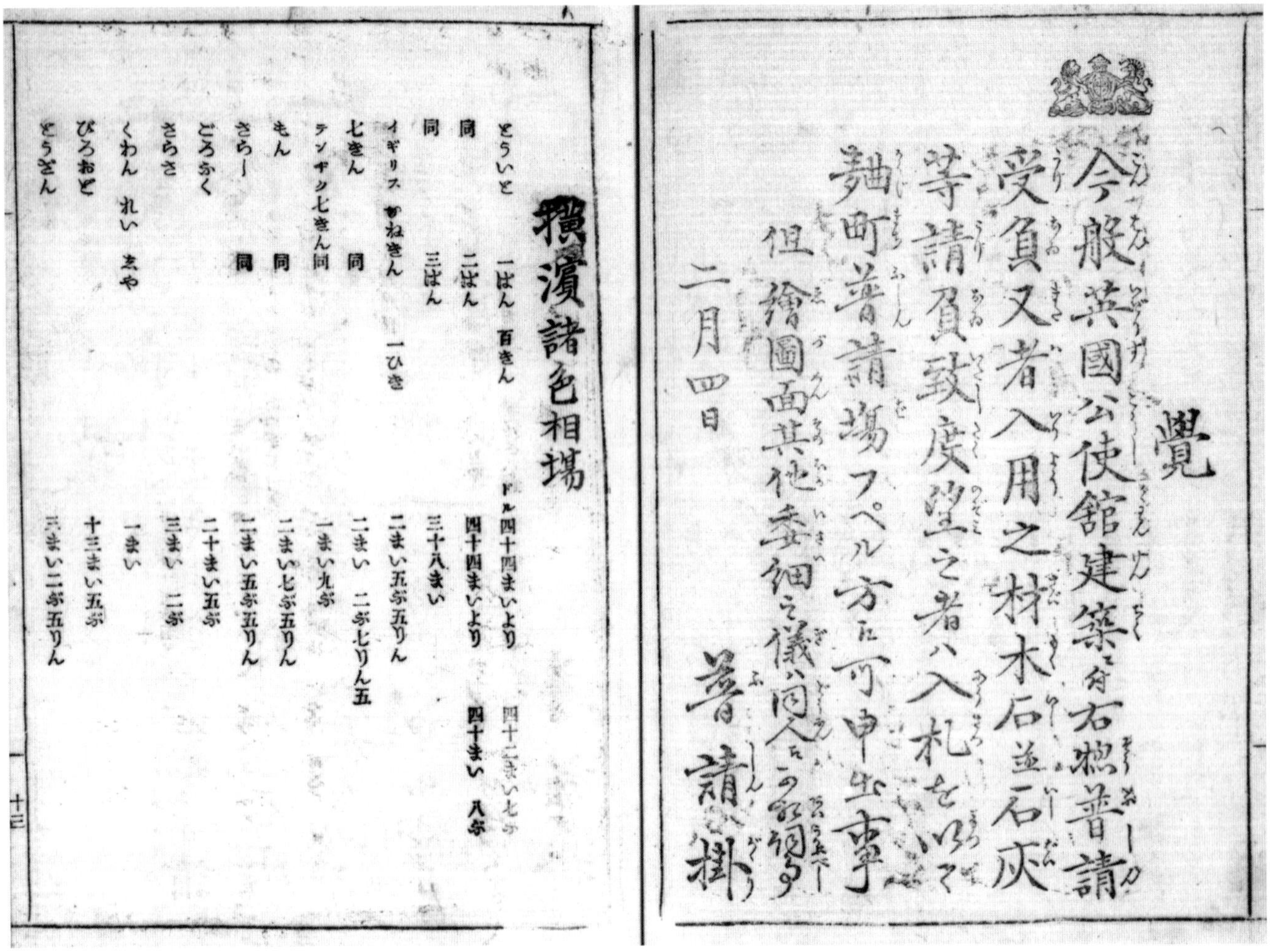


覚

今般英国公使館建築に付、右総普請
受負又は入用の材木石并石灰
等請負致したく、望の者は入札を以て
麹町普請場フペル方に申出べき事。
但絵図面其他委細の儀は同人へ相伺べし。

二月四日　　普請掛

横浜諸色相場

| | | | |
|---|---|---|---|
| 唐糸 | 一番 | 百斤 | ドル四十四枚より四十二枚七分 |
| 同 | 二番 | | 四十四枚より四十枚八分 |
| 同 | 三番 | | 三十八枚 |
| イギリス金巾 | 一疋 | | 二枚五分五厘 |
| 七斤 | 同 | | 二枚二分七厘五 |
| 天竺七斤 | 同 | | 一枚九分 |
| もん | 同 | | 二枚七分五厘 |
| 晒 | 同 | | 二枚五分五厘 |
| ごろふく | | | 二十枚五分 |
| 更紗 | | | 三枚二分 |
| 寒冷紗 | | | 一枚 |
| びろおど | | | 十三枚五分 |
| 唐桟 | | | 三枚二分五厘 |

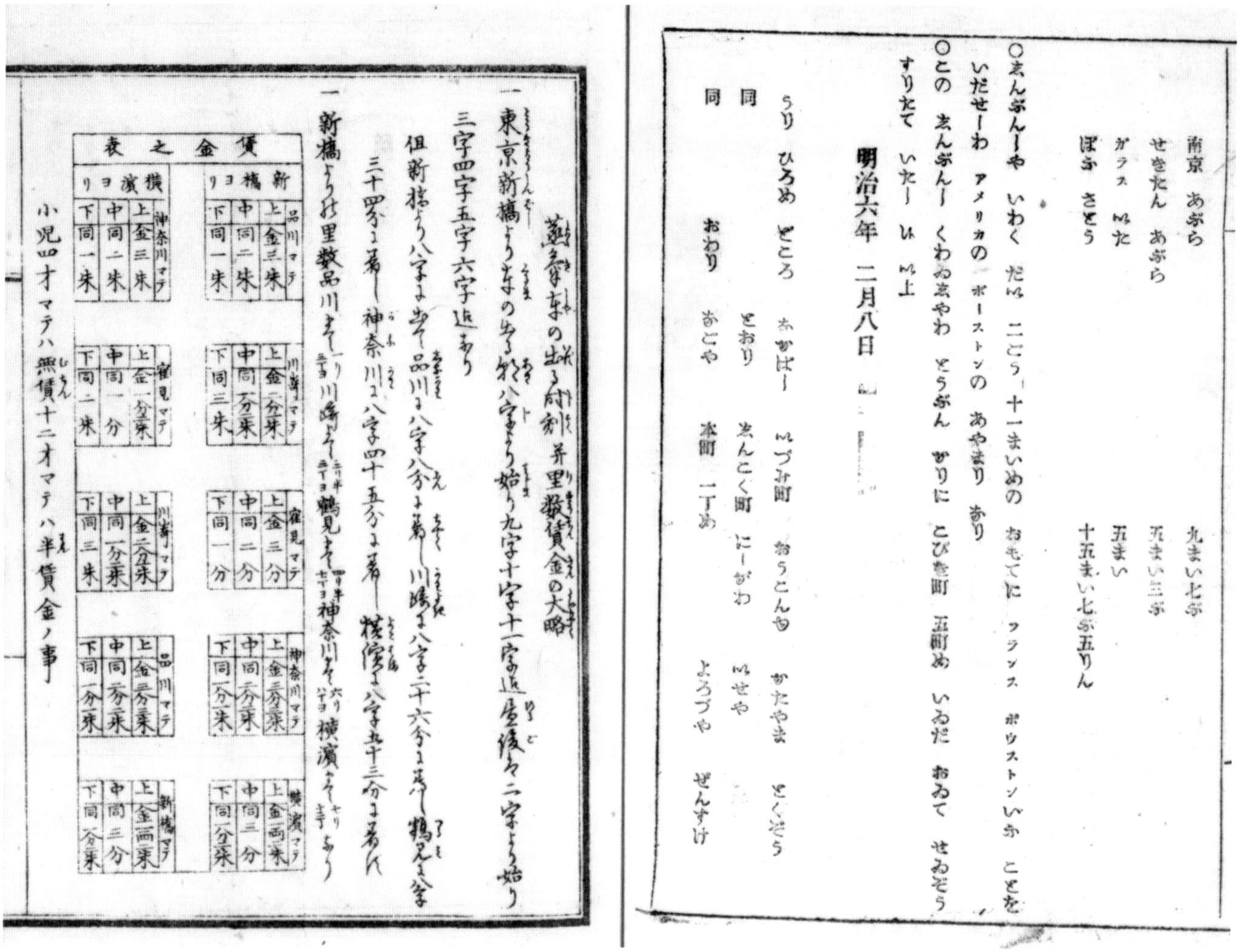

南京　油　　九枚七分
石炭　油　　五枚三分
ガラス　板　　五枚
棒　砂糖　　十五枚七分五厘

○新聞社曰く。第二号十一枚目の表に、フランスボウストンいふことを出だせしは、アメリカのボーストンの誤りなり。
○この新聞紙会社は、当分仮に、木挽町五丁目　飯田於いて製造摺立て致し候。以上

明治六年二月八日

売り広め所　中橋和泉町　黄金湯　片山徳造
同　通新石町西側　伊勢屋
同　尾張名古屋　本町一丁目　万屋ぜん介

蒸《しやう》気《き》車《しや》の出《いづ》る時刻《じこく》幷里数賃金《りすうちんきん》の大略《たいりやく》

一　東京新橋より車の出る朝八字より始り九字十字十一字迄昼後は二字より始り三字四字五字六字迄なり。
但新橋より八字に出て品川に八字八分に着し川崎に八字二十六分に着し鶴見に八字三十四分に着し神奈川に八字四十五分に着し横浜に八字五十三分に着す。

一　新橋よりの里数品川まで一里三丁余、川崎まで三里半三丁余、鶴見まで四里半七丁余、神奈川まで六里八丁余　横浜まで七里十二丁なり。

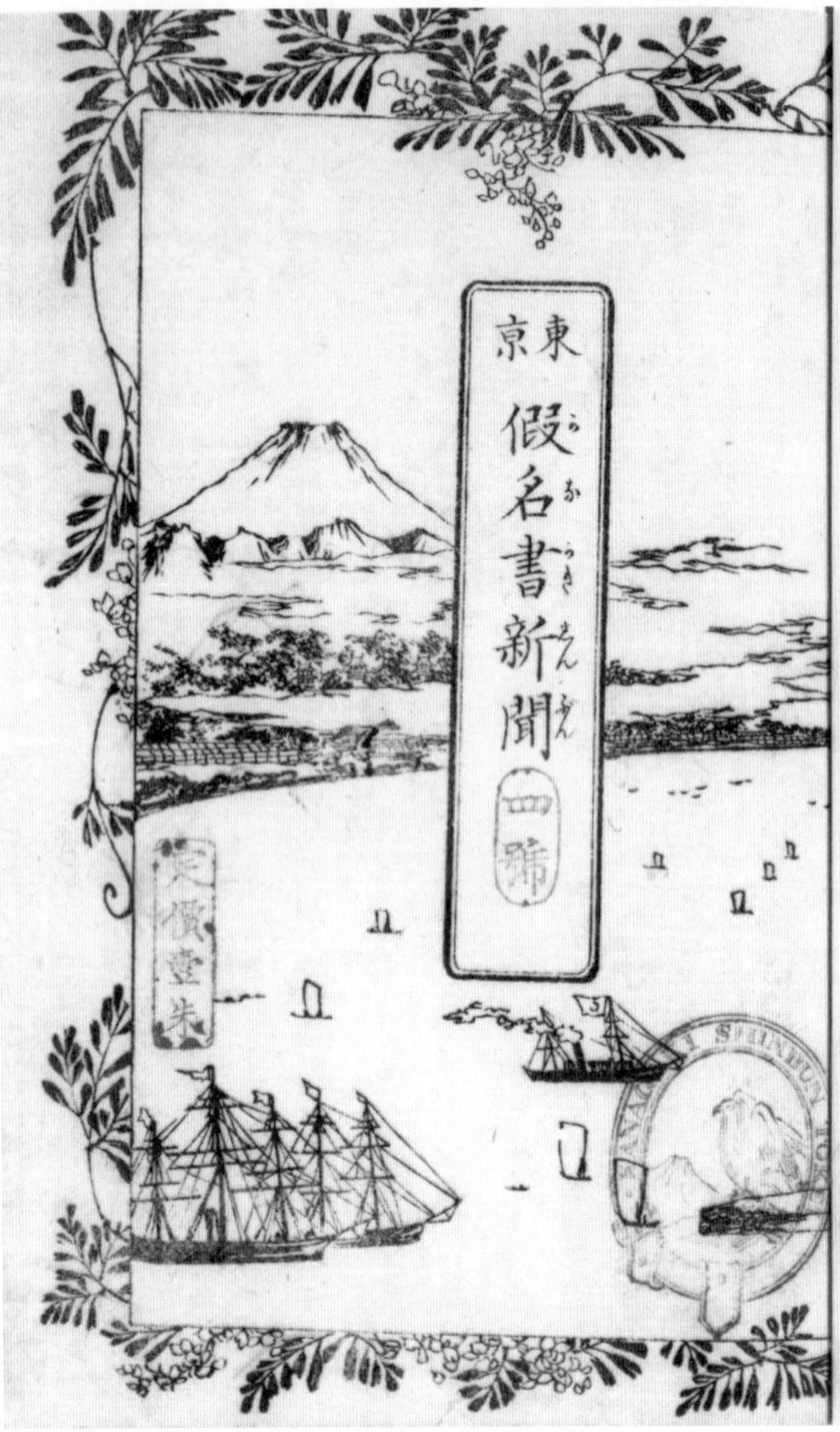


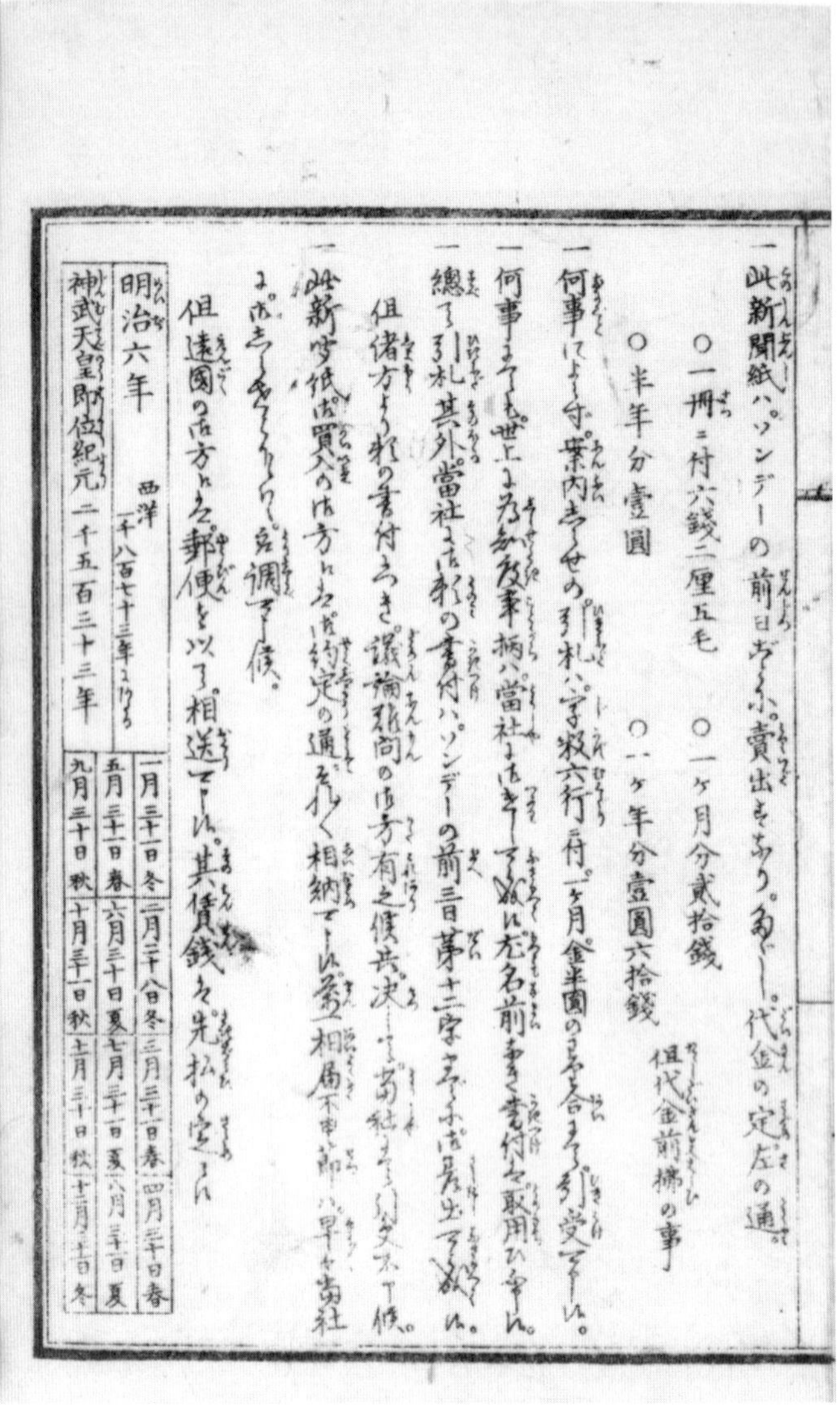
明治六年　西洋一千八百七十三年ニ当ル
神武天皇即位紀元二千五百三十三年

| | | | |
|---|---|---|---|
| 一月三十一日冬 | 二月二十八日冬 | 三月三十一日春 | 四月三十日春 |
| 五月三十一日春 | 六月三十日夏 | 七月三十一日夏 | 八月三十一日夏 |
| 九月三十日秋 | 十月三十一日秋 | 十一月三十日秋 | 十二月三十一日冬 |

一　此新聞紙は、ソンデーの前日ごとに売出すなり。ただし代金の定左の通。

　○一冊に付六銭二厘五毛　○一ヶ月分二十銭

　○半年分一円　○一ヶ年分一円六十銭　但代金前払の事。

一　何事によらず、案内知らせの引札は、字数六行に付、一ヶ月金半円の割合にて引受申べく候。

一　何事にても、世上に知らせたき事柄は、当社に御遣しなさるべく候。尤名前なき書付は取用ひ申さず候。

一　総て引札其外当社に御頼の書付は、ソンデーの前三日第十二字までに御差出なさるべく候。

　但諸方より頼の書付につき、議論難問の御方これあり候ども、決して当社にて引受申さず候。

一　此新聞紙御買入れの御方へは、御約定の通、それぞれ相納め申べく候。万一相届申ざる節は、早々当社に御知らせられ候ば取調申べく候。

　但遠国の御方へは郵便を以て相送申べく候。其賃銭は先払の定に候。

四号の内容　明治6・2・15

前文1　発行の趣旨1　当新聞の表記法

**御布告**　○狩猟規則続き○奉公人と乗り物の税規則

**国内新聞**　○神戸大阪間の鉄道○少女への無謀な検査○米への輸出高増加○郵便箱を川へ投棄○日本各地の灯台○姦通○狐使いの祈祷師○官員の芸者付き合い○司法省日誌○乗合馬車運行（大阪）○新橋横浜間蒸気車の乗客数と賃銭

**海外新聞**　○イギリスの退役軍人、皇太子に謁見○ロシア皇帝のフランスへの恨み○ニューヨーク大雪○英仏間の海峡を乗り切る船発明○アメリカの歴史―コロンブス

**告白**（広告）**覚**　○英国公使館建設につき入札募集

**横浜諸色相場**　当新聞の製造所と販売所　**蒸気車の出る時刻里数并賃金の大略**　社告

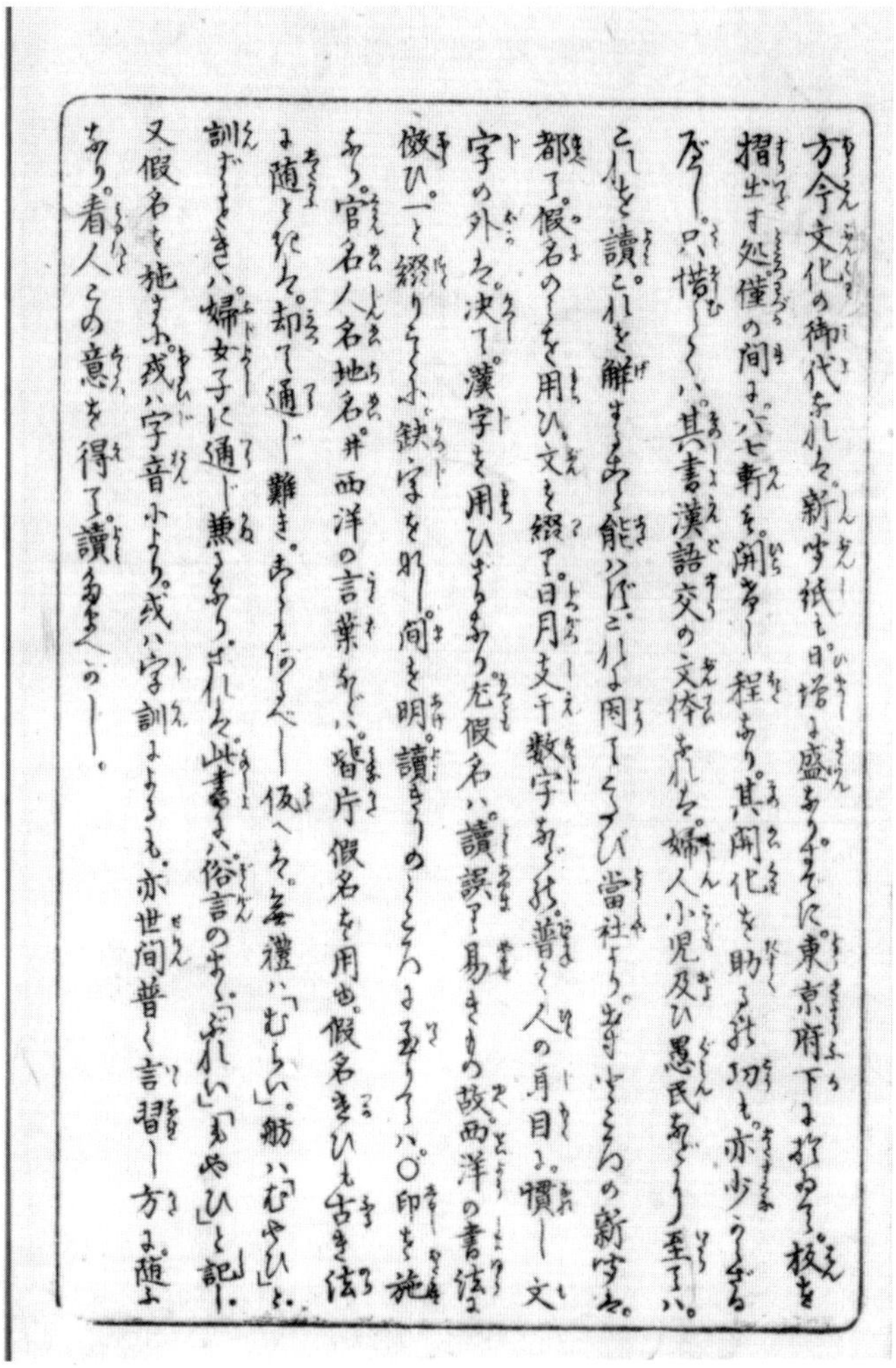

方今文化の御代なれば新聞紙も日増に盛なり。すでに東京府下に於いて板を摺出す処僅の間に六七軒を開けし程なり。其開化を助るの功も亦少からざるべし。只惜しくは其書漢語交の文体なれば婦人小児及ひ愚民などに至てはこれを讀これを解すること能はず。これに因てこたび當社より出すところの新聞は都て假名のみを用ひ文を綴て日月支干数字などの普く人の耳目に慣し文字の外は決て漢字を用ひざるなり。尤假名は讀誤り易きもの故西洋の書法に倣ひ一と綴りごとに欠字をなし間を明讀きりのところに至りては〇印を施なり。官名人名地名并西洋の言葉などは皆片假名を用ゆ。假名遣ひも古き法に随ときは却て通じ難きこともあるべし。仮へは無禮は「むらい」舫は「むやひ」と訓ずるときは婦女子に通じ兼るなり。されば此書には俗言のまゝ「ぶれい」「もやひ」と記し又假名を施すに或は字音により或は字訓によるも亦世間普く言習し方に随ふなり。看人この意を得て讀たまへかし。

方今文化の御代なれば、新聞紙も日増に盛なり。すでに東京府下に於いて、板を摺出す処、僅の間に六七軒も開けし程なり。其開化を助るの功も亦少からざるべし。只惜らくは、其書漢語交の文体なれば、婦人小児及ひ愚民などに至ては、これを読、これを解すること能はず。これに因て、こたび当社より出すところの新聞は、都て仮名のみを用ひ、文を綴り、日月支干数字などの普く人の耳目に慣し文字の外は、決て漢字を用ひざるなり。尤仮名は読誤り易きもの故、西洋の書法に倣ひ、一と綴りごとに欠字をなし、間を明、読きりのところに至りては〇印を施なり。官名人名地名、并西洋の言葉などは、皆片仮名を用ゆ。仮名遣ひも古き法に随ときは却て通じ難きこともあるべし。仮へは無礼は「むらい」、舫は「むやひ」と訓ずるときは、婦女子に通じ兼るなり。されは此書には、俗言のまま「ぶれい」「もやひ」と記し、又仮名を施すに、或は字音により、或は字訓によるも、亦世間普く言習し方に随ふなり。看人この意を得て読たまへかし。

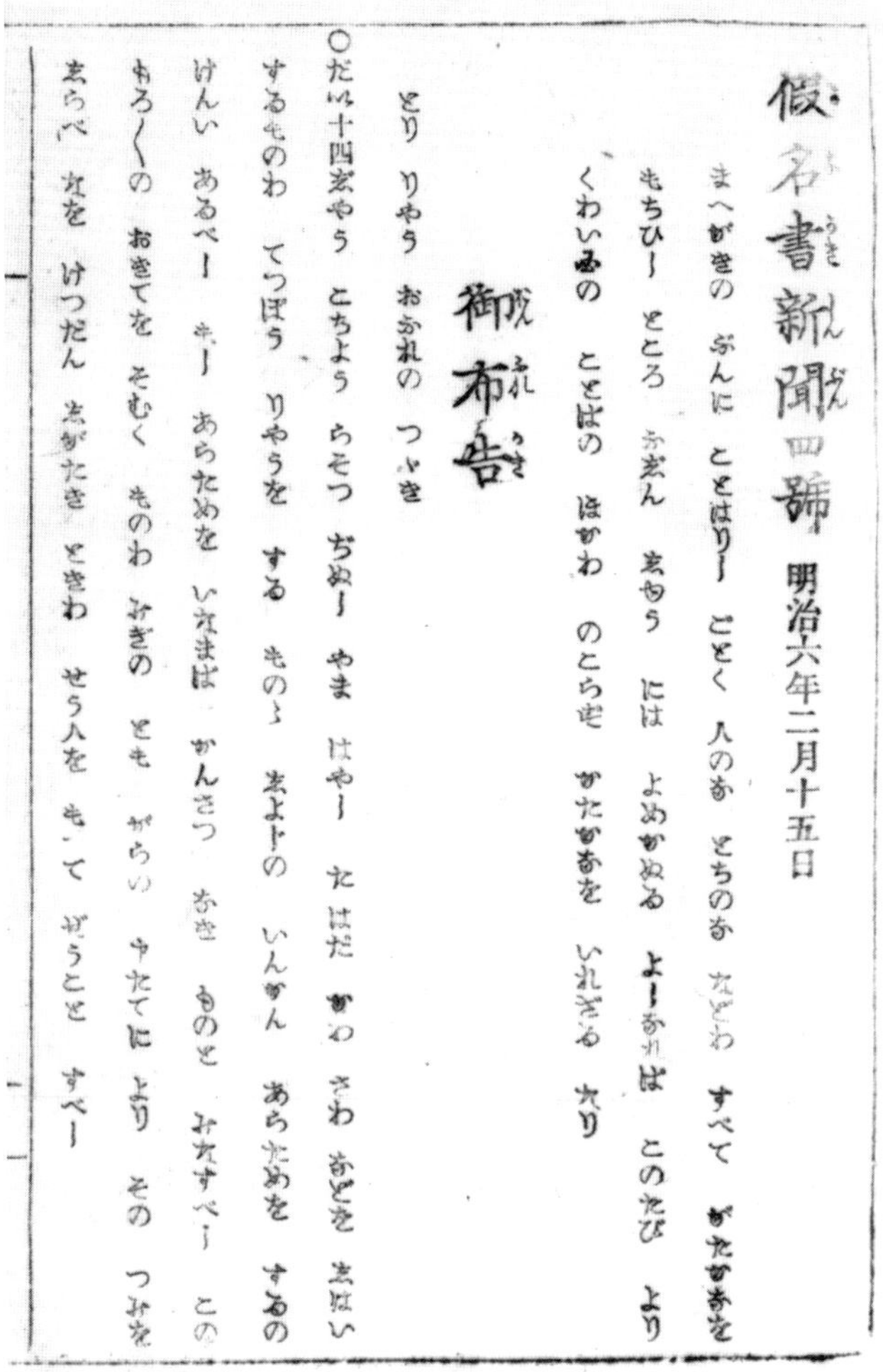

假名書新聞 四號 明治六年二月十五日

まへがきの ぶんに ことはりし ごとく 人のな とちのな などわ すべて かたかなを もちひし ところ ふじんしゆう には よめかぬる よしなれば このたび より ぐわいこくの ことばの ほかわ のこらず かたかなを いれざる なり

御布告

とり りやう おふれの つゞき

○だい十四ぢやう こちやう らそつ ぢぬし やま はやし たはた かわ さわ などを しはい するものわ てつぽう りやうを する ものゝ しよぢの いんかん あらためを するの けんい あるべし もし あらためを いなまば かんさつ なき ものと みなすべし この もろもろの おきてを そむく ものわ みぎの ともがらの なかだてに より その つみを しらべ なを けつだん しがたき ときわ せう人を もつて せうことす べし

假名書新聞《かなかきしんぶん》　四号　明治六年二月十五日

前書きの文に断りし如く、人の名、土地の名などは全て片仮名を用ひしところ、婦人衆には読めかぬる由なれば、この度より外国の言葉の外は残らず片仮名を入れざるなり。

御布告《おんふれがき》

鳥猟お触れの続き

○第十四条　戸長、邏卒、地主、山林、田畑川沢などを支配する者は、鉄砲猟をする者の所持の印鑑改めをするの権威あるべし。もし改めを否まば、鑑札なき者と見なすべし。この諸々の掟を背く者は、右の輩の申立てに拠り、その罪を調べ、なお決断し難きときは、証人を以て証拠とすべし。

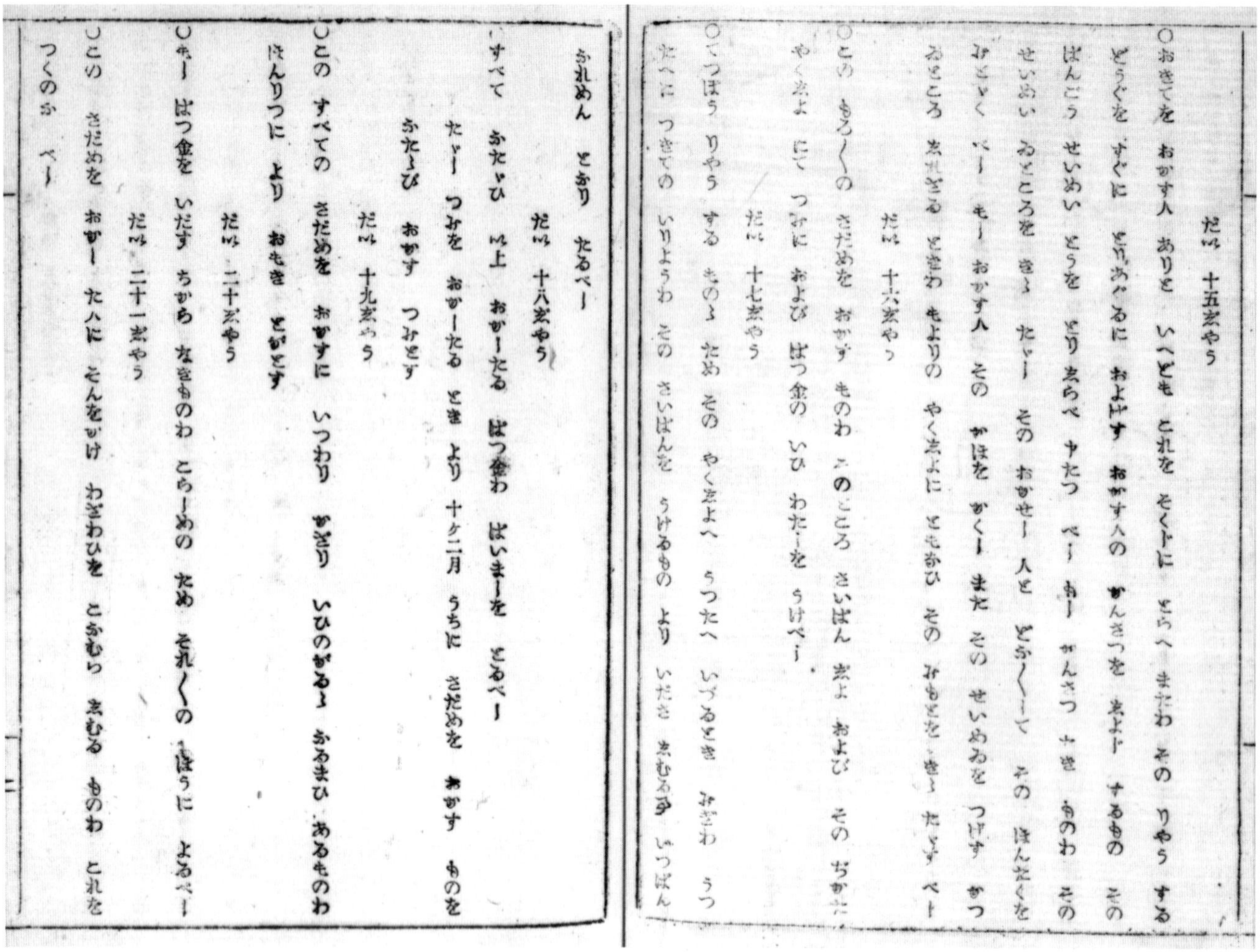

だい　十五じやう

○おきてを　おかす人　ありと　いへども　これを　そくじに　とらへ　またわ　その　りやう　する　どうぐを　すぐに　とりあぐるに　およばず　おかす人の　かんさつを　しよじ　するもの　その　ばんごう　せいめい　とうを　とりしらべ　申たつ　べし　もし　かんさつ　なき　ものわ　その　せいめい　ゐところを　きゝ　たゞし　その　おかせし　人と　どうどうして　その　ほんたくを　みとゞく　べし　もし　おかす人　その　かほを　かくし　また　その　せいめいを　つげず　かつ　ゐところ　しれざる　ときわ　もよりの　やくしよに　ともなひ　その　みもとを　きゝ　たゞす　べし

だい　十六じやう

○この　もろもろの　さだめを　おかす　ものわ　そのところ　さいばん　しよ　および　その　ちかた　やくしよ　にて　つみに　および　ばつ金の　いひ　わたしを　うけべし

だい　十七じやう

○てつぽう　りやう　する　ものゝ　ため　その　やくしよへ　うつたへ　いづるとき　みぎわ　うつたへに　つきての　いりようわ　その　さいばんを　うけるもの　より　いださ　しむる事　いつぱん　ふれめん　どおり　たるべし

だい　十八じやう

○すべて　ふたゝび　以上　おかしたる　ばつ金わ　ばいましを　とるべし　たゞし　つみを　おかしたる　とき　より　十ヶ二月　うちに　さだめを　おかす　ものを　ふたゝび　おかす　つみとす

だい　十九じやう

○この　すべての　さだめを　おかすに　いつわり　かざり　いひのがるゝ　ふるまひ　あるものわ　ほんりつに　より　おもき　とがとす

だい　二十じやう

○もし　ばつ金を　いだす　ちから　なきものわ　こらしめの　ため　それぞれの　ほうに　よるべし

だい　二十一じやう

○この　さだめを　おかし　たにんに　そんをかけ　わざわひを　こふむら　しむる　ものわ　これを　つくのふ　べし

第十五条

○掟を犯す人ありと雖も、これを即時に捕らへ、又はその猟する道具を、すぐに取り上ぐるに及ばず。犯す人の鑑札を所持する者、その番号姓名等を取り調べ申立つべし。もし鑑札なき者は、その姓名居所を聞き糺し、その犯せし人と同道してその本宅を見届くべし。もし犯す人その顔を隠し、又その姓名を告げず、且つ居所知れざる時は、最寄りの役所に伴ひ、その身元を聞き糺すべし。

第十六条

○この諸々の定めを犯す者は、その所裁判所及びその地方役所にて、罪及び罰金の言ひ渡しを受けべし。

第十七条

○鉄砲猟する者のため、その役所へ訴へ出づる時、右は訴へにつきての入用は、その裁判を受ける者より出ださしむる事、一般触れ面通りたるべし。

第十八条

○凡て再び以上犯したる罰金は、倍増しを取るべし。但し、罪を犯したる時より、十二ヶ月内に定めを犯す者を再び犯す罪とす。

第十九条

○この総ての定めを犯すに、偽り飾り言ひ逃るる振舞ある者は、本律に因り、重き咎とす。

第二十条

○もし罰金を出だす力なき者は、懲らしめのためそれぞれの法に依るべし。

第二十一条

○この定めを犯し、他人に損を掛け災ひを蒙らしむる者は、これを償ふべし。

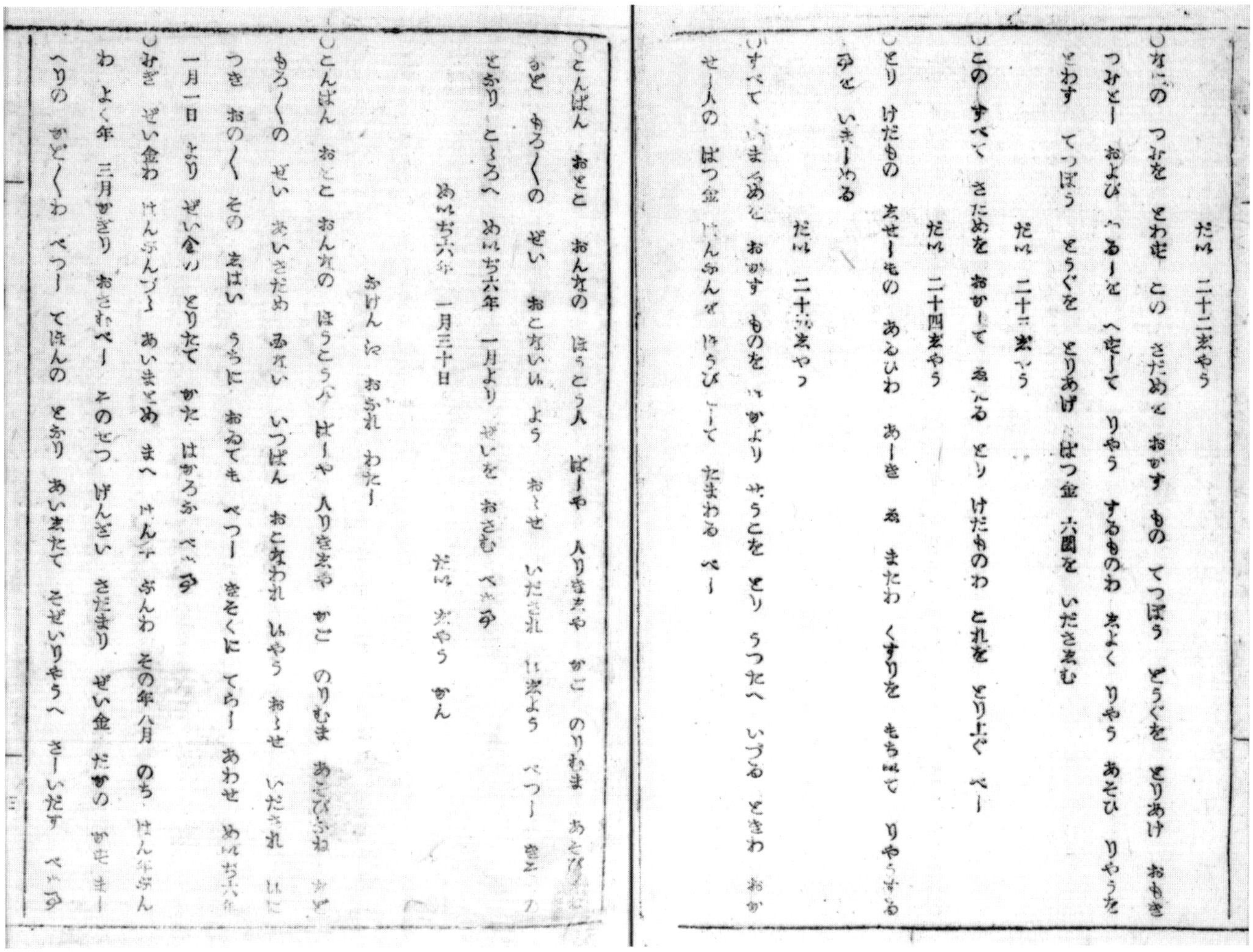
だい　二十二ぢやう
○なにの　つみを　とわず　この　さだめを　おかす　もの　てつぽう　どうぐを　とりあげ　おもき
つみとし　および　ゆるしを　へずして　りやう　するものわ　しよく　りやう　あそび　りやうを
とわす　てつぽう　どうぐを　とりあげ　ばつ金　六圓を　いださしむ
だい　二十三ぢやう
○この　すべて　さだめを　おかして　えたる　とり　けだものわ　これを　とり上ぐ　べし
だい　二十四ぢやう
○とり　けだもの　しせしもの　あるひわ　あしき　ゑ　またわ　くすりを　もちいて　りやうする
ことを　いましめる
だい　二十五ぢやう
○すべて　いましめを　おかす　ものを　ほかより　しようこを　とり　うつたへ　いづる　ときわ　おか
せし人の　ばつ金　はんぶんを　ほうびとして　たまわる　べし
○こんぱん　おとこ　おんなの　ほうこう人　ばしや　人りきしや　かご　のりむま　あそびぶね
など　もろ〳〵の　ぜい　おこないし　よう　おほせ　いだされ　しぢよう　べつし　きそく　の
とおり　こゝろへ　めいぢ六年　一月より　ぜいを　おさむ　べき事
めいぢ六年　一月三十日　　だいぢやう　かん
ふけんへ　おふれ　わたし
○こんぱん　おとこ　おんなの　ほうこう人　ばしや　人りきしや　かご　のりむま　あそびふね　など
もろ〳〵の　ぜい　あいさだめ　こくない　いつぱん　おこなわれ　しやう　おほせ　いだされ　しに
つき　おの〳〵　その　しはい　うちに　おゐても　べつし　きそくに　てらし　あわせ　めいぢ六年
一月一日　より　ぜい金の　とりたて　かた　はかろふ　べき事
○みぎ　ぜい金わ　はんぶんづつ　あいまとめ　まへ　はん年　ぶんわ　その年　八月　のち　はん年ぶん
わ　よく年　三月かぎり　おさむべし　そのせつ　げんざい　さだまり　ぜい金　だかの　かさまし
へりの　かど〳〵わ　べつし　てほんの　とおり　あいしたて　そぜいりやうへ　さしいだす　べき事

第二十二条

○何の罪を問わず、この定めを犯す者、鉄砲道具を取り揚げ、重き罪とし、及び許しを得ずして猟する者は、職猟遊び猟を問わず、鉄砲道具を取り上げ、罰金六円を出ださしむ。

第二十三条

○この総て定めを犯して得たる鳥獣は、これを取り上ぐべし。

第二十四条

○鳥獣死せしもの、或ひは悪しき餌又は薬を用いて、猟する事を戒める。

第二十五条

○総て戒めを犯す者を、他より証拠を取り、訴へ出づる時は、犯せし人の罰金半分を褒美として賜るべし。

○今般男女の奉公人、馬車、人力車、駕籠、乗り馬、遊び□ねなど、諸々の税行い候様仰せ出だされ候条、別紙規則の通り心得、明治六年一月より税を納むべき事。

明治六年一月三十日　　太政官

府県へお触れ渡し

○今般男女の奉公人、馬車、人力車、駕籠、乗り馬、遊び船など諸々の税相定め、国内一般行われ候様仰せ出だされ候につき、各々その支配内に於ても別紙規則に照し合わせ、明治六年一月一日より税金の取り立て方計ろふべき事。

○右税金は半分ずつ相纏め、前半年分はその年八月、後半年分は翌年三月限り納むべし。その節、現在定まり税金高の数増し減りの廉々は、別紙手本の通り相仕立て、租税寮へ差し出だすべき事。

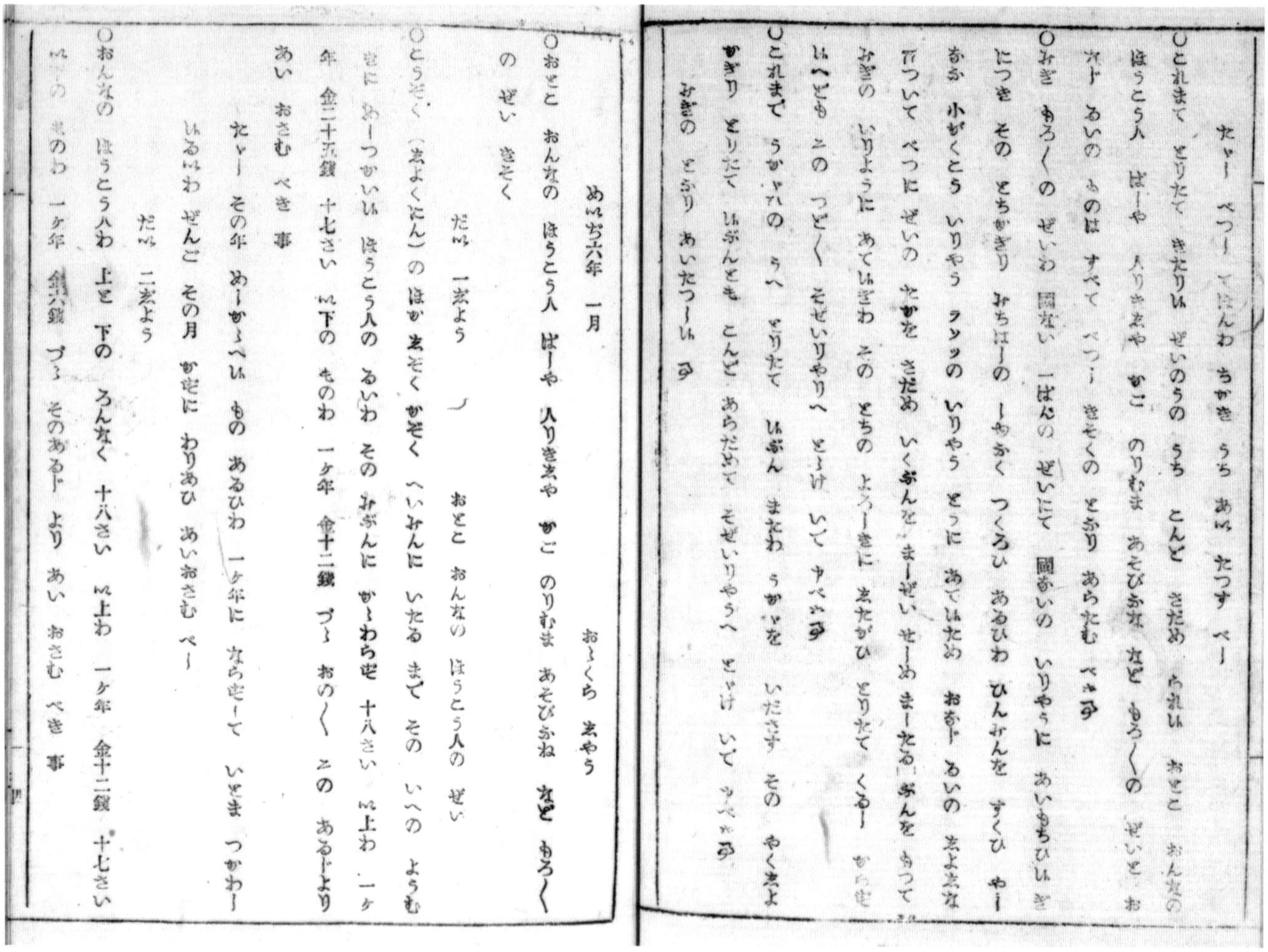
たゞし べつし てほんわ ちかき うち あい たつす べし
○これまで とりたて きたりし ぜいのうの うち こんど さだめ られし おとこ おんなの
ほうこう人 ばしや 人りきしや かご のりむま あそびふね など もろ／＼の ぜいと おな
じ るいの ものは すべて べつし きそくの とふり あらたむ べき事
○みぎ もろ／＼の ぜいわ 國ない 一ぱんの ぜいにて 國ないの いりやうに あいもちひしぎ
につき その とちかぎり みちはしの しゆふく つくろひ あるひわ ひんみんを すくひ やし
なふ 小がくこう いりやう ラソツの いりやう とうに あてしため おなじ るいの しよしな
について べつに ぜいの たかを さだめ いくぶんを まし ぜい せしめ まし たる ぶんを もつて
みぎの いりように あてしぎわ その とちの よろしきに したがひ とりたて くるし からず
しへども この つど／＼ そぜいりやうへ とゞけ いで まをすべき事
○これまで うかゞひの うへ とりたて しぶん また わ うかゞひを いたさず その やくしよ
かぎり とりたて しぶんとも こんど あらためて そぜいりやうへ とゞけ いで まをすべき事
みぎの とふり あいたつし候

おゝくら しやう
めいぢ六年 一月
○おとこ おんなの ほうこう人 ばしや 人りきしや かご のりむま あそびふね など もろ／＼
の ぜい きそく
だい 一しよう　おとこ おんなの ほうこう人の ぜい
○こうぞく（しよくにん）の ほか しぞく くわぞく へいみんに いたる まで その いへの ようむ
きに めしつかひ ほうこう人の るいわ その みぶんに かゝわらず 十八さい 以上わ 一ヶ
年 金二十五錢 十七さい 以下の ものわ 一ヶ年 金十二錢 づゝ おの／＼ その あるじより
あい おさむ べき事
たゞし その年 めしかゝへし もの あるひわ 一ヶ年に ならずして いとま つかはし
しるいわ ぜんご その月 かずに わりあひ あいおさむ べし
だい 二しよう
○おんなの ほうこう人わ 上と 下の ろんなく 十八さい 以上わ 一ヶ年 金十二錢 十七さい
以下の ものわ 一ヶ年 金六錢 づゝ そのあるじ より あい おさむ べき事

但し、別紙手本は近きうち相達すべし。

○これまで取り立て来たり候税納のうち、今度定められ候男女の奉公人、馬車、人力車、駕籠、乗り馬、遊びふな〈船〉など諸々の税と同じ類のものは、総て別紙規則の通り改むべき事。

○右諸々の税は国内一般の税にて、国内の入用に相用ひ候儀につき、その土地限り道橋の修復、繕ひ或ひは貧民を救ひ養ふ。小学校入用、邏卒の入用等に充て候ため、同じ類の諸品について別に税の高を定め、幾分を増し税せしめ、増したる分を以て右の入用に充て候儀は、その土地の宜しきに従ひ取り立て苦しからず候へども、その都度都度租税寮へ届け出で申べき事。

○これまで伺ひの上取り立て候分、又はうかが〈伺い〉を致さずその役所限り取り立て候分とも、今度改めて租税寮へ届け出で申べき事。

右の通り相達し候事。

大蔵省

明治六年一月

○男女の奉公人、馬車、人力車、駕籠、乗り馬、遊び船など諸々の税規則

第一条　男女の奉公人の税

○皇族（しよくにん）の外、士族、華族、平民に至るまでその家の用向きに召し使い候奉公人の類は、その身分に拘わらず十八歳以上は一ヶ年金二十五銭、十七歳以下の者は一ヶ年金十二銭ずつ各々その主より相納むべき事。

但し、その年召し抱へ候者、或ひは一ヶ年にならずして暇遣わし候類は、前後その月数に割り合ひ納むべし。

第二条

○女の奉公人は、上と下の論なく十八歳以上は一ヶ年金十二銭、十七歳以下の者は一ヶ年金六銭ずつその主より相納むべき事。

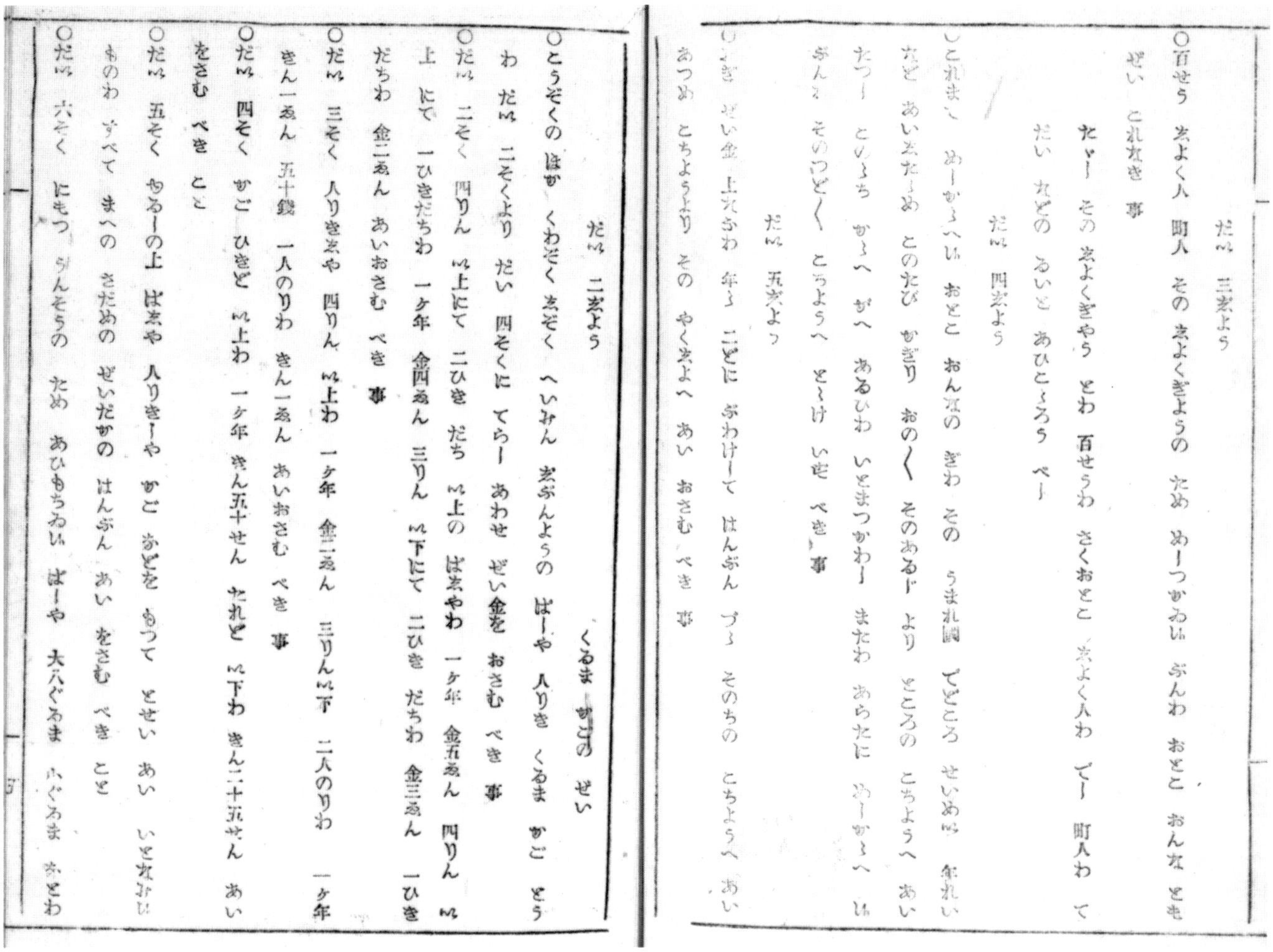

だい 三しよう
○百せう しよく人 町人 その しよくぎようの ため めーつかゐい ぶんわ おとこ おんな とも
ぜい これなき 事
たゞし その しよくぎやう とわ 百せうわ さくおとこ しよく人わ でー 町人わ て
だい などの るいと あひこゝろう べー
だい 四しよう
○これまで めーかゝへい おとこ おんなの ぎわ その うまれ國 でどころ せいめい 年れい
など あいしたゝめ このたび かぎり おの〱 そのあるじ より ところの こちようへ あい
たつー とりかへ かゝへ がへ あるひわ いとまつかわー またわ あらたに めーかゝへ い
ぶんわ そのつど〱 こちようへ とゞけ いづ べき 事
だい 五しよう
○みぎ ぜい金 上のふわ 年〻 二どに ぶわけーて はんぶん づゝ そのちの こちようへ あい
あつめ こちようより その やくしよへ あい おさむ べき 事

だい 二しよう　くるま かごの ぜい
○こうぞくの ほか くわぞく しぞく へいみん しぶんようの ばーや 人りき くるま かご とう
わ だい 二そくより だい 四そくに てらー あわせ ぜい金を おさむ べき 事
○だい 二そく 四りん い上にて 二ひき だち い上の ばしやわ 一ヶ年 金五ゑん 四りん い
上 にて 一ひきだちわ 一ヶ年 金四ゑん 三りん い下にて 二ひき だちわ 金三ゑん 一ひき
だちわ 金二ゑん あいおさむ べき 事
○だい 三そく 人りきしや 四りん い上わ 一ヶ年 金二ゑん 三りんい下 二人のりわ 一ヶ年
きん一ゑん 五十錢 一人のりわ きん一ゑん あいおさむ べき 事
○だい 四そく かご ひきど い上わ 一ヶ年 きん五十せん たれど い下わ きん二十五せん あい
をさむ べき こと
○だい 五そく ゆるーの上 ばしや 人りきーや かご などを もつて とせい あい いとなみ
ものわ すべて まへの さだめの ぜいだかの はんぶん あい をさむ べき こと
○だい 六そく にもつ うんそうの ため あひもちゐい ばーや 大八ぐるま 小ぐるま などわ

第三条
○百姓、職人、町人、その職業のため召し使い候分は男女とも税これなき事。
但し、その職業とは、百姓は作男、職人は弟子、町人は手代などの類と相心得べし。
第四条
○これまで召し抱へ候男女の儀は、その生まれ国、出所、姓名、年齢など相認め、この度限り各々その主より所の戸長へ相達し、この後抱え換え或ひは暇遣わし、又は新たに召し抱へ候分は、その都度都度戸長へ届け出づべき事。
第五条
○右税金上納は年々二度に部分けして、半分ずつその地の戸長へ相集め、戸長よりその役所へ相納むべき事。

第二条　車、駕籠の税
○皇族の外、華族、士族、平民、自分用の馬車、人力車、駕籠等は、第二則より第四則に照らし合わせ税金を納むべき事。
○第二則　四輪以上にて二匹立ち以上の馬車は一ヶ年金五円、四輪以上にて一匹立ちは一ヶ年金四円、三輪以下にて二匹立ちは金三円、一匹立ちは金二円相納むべき事。
○第三則　人力車四輪以上は一ヶ年金二円、三輪以下二人乗りは一ヶ年金一円五十銭、一人乗りは金一円相納むべき事。
○第四則　駕籠、引き戸以上は一ヶ年金五十銭、垂れ戸以下は金二十五銭相納むべき事。
○第五則　許しの上、馬車、人力車、駕籠などを以て渡世相営み候者は、全て前の定めの税高の半分相納むべき事。
○第六則　荷物運送のため相用い候馬車、大八車、小車などは、

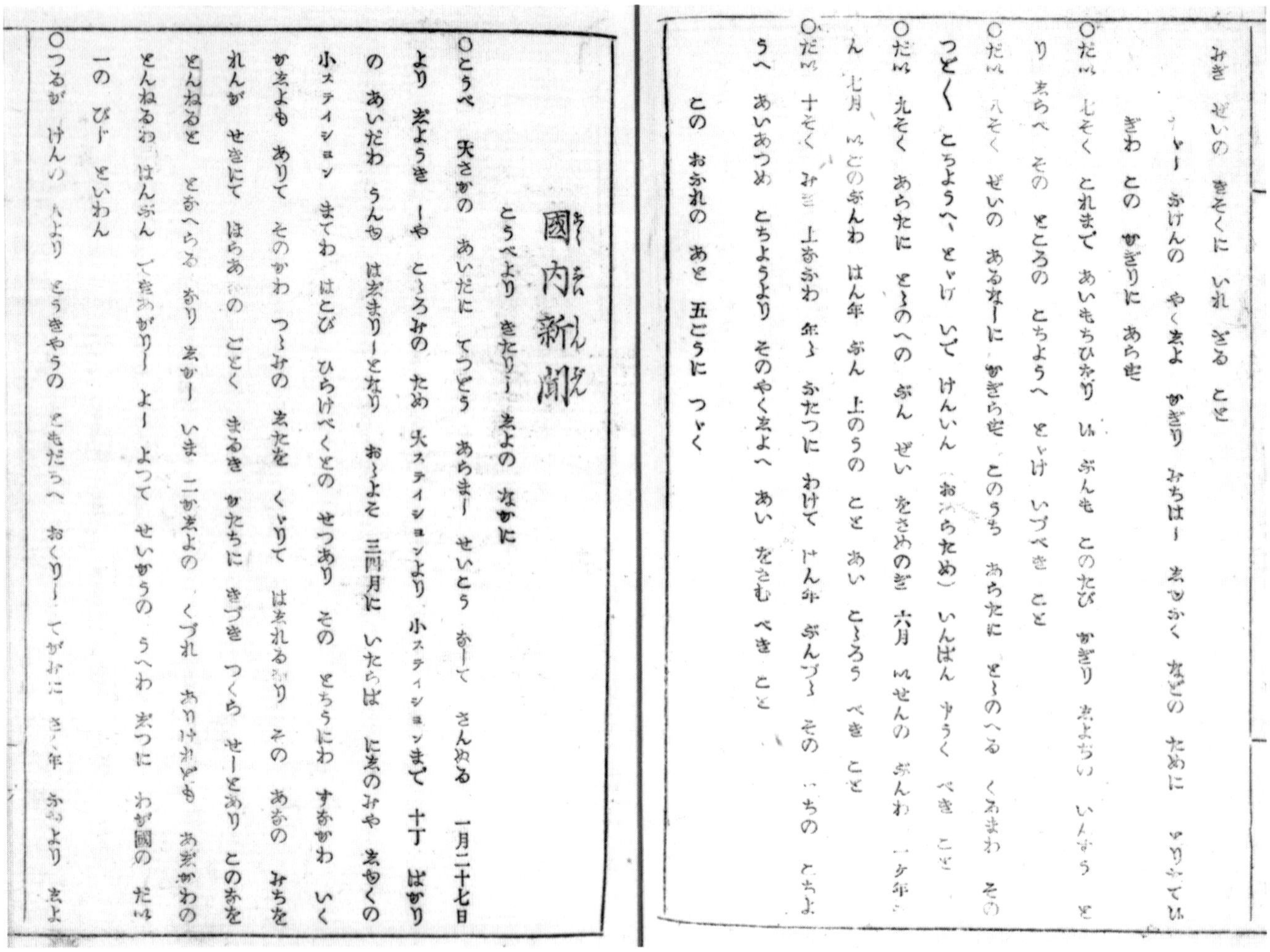
みぎ ぜいの きそくに いれ ざる こと
たゞし ふけんの やくしよ かぎり みちはし しゆふく などの ために とりたて候
ぎわ この かぎりに あらず
○だい 七そく これまで あいもちひおり候ぶんも このたび かぎり しよぢの いんずう と
り しらべ その ところの こちようへ とゞけ いづべき こと
○だい 八そく ぜいの あるなしに かぎらず このうち あらたに しらぶる くるまわ その
つど〳〵 こちようへ とゞけ いで けんいん（おあらため）いんばん うく べき こと
○だい 九そく あらたに しらべの ぶん ぜい をさめの ぎ 六月 いぜんの ぶんわ 一ヶ年ぶ
ん 七月 いごの ぶんわ はん年 ぶん 上のうの こと あい こゝろう べき こと
○だい 十そく みぎ 上のうわ 年〻 ふたつに わけて はん年 ぶんづゝ その とちの こちよ
うへ あいあつめ こちようより そのやくしよへ あい をさむ べき こと
この おふれの あと 五ごうに つゞく

國《こく》内《ない》新《しん》聞《ぶん》

こうべより きたりし しよの なかに
○こうべ 大さかの あいだに てつどう あらまし せいこう なして さんぬる 一月二十七日
より じようき しや こゝろみの ため 大ステイシヨンより 小ステイシヨンまで 十丁 ばかり
の あいだわ うんゆ はじまりしとなり おゝよそ 三四月に いたらば にしのみや しゆくの
小ステイシヨン までわ はこび ひらけべくとの せつあり その とちうにわ すなかわ いく
かしよも ありて そのかわ つゝみの したを くゞりて はしれるなり その あなの みちを
れんが せきにて ほらあなの ごとく まるき かたちに きづき つくら せしとあり このなを
とんねると となへらるゝ なり しかし いま 二かしよの くづれ ありけれども あしかわの
とんねるわ はんぶん できあがりし よし よつて せいこうの うへわ じつに わが國の だい
一の びじ と いわん
○つるが けんの 人より とうきやうの ともだちへ おくりし てがみに さく年 ふゆより しよ

右税の規則に入れざる事。
但し、府県の役所限り、道橋修復などのために取り立て候儀はこの限りにあらず。
○第七則　これまで相用ひおり候分も、この度限り所持の員数取り調べ、その所の戸長へ届け出づべき事。
○第八則　税の有り無しに限らず、このうち新たに調へる車は、その都度都度戸長へ届け出で、検印（お改め）印判申受くべき事。
○第九則　新たに調への分、税納めの儀、六月以前の分は一ヶ年分、七月以後の分は半年分上納の事相心得べき事。
○第十則　右上納は、年々二つに分けて半年分ずつその土地の戸長へ相集め、戸長よりその役所へ相納むべき事。

このお触れの後五号に続く。

国内新聞《こくないしんぶん》

神戸より来たりし書の中に
○神戸大阪の間に鉄道あらまし成功なして、去んぬる一月二十七日より蒸気車試みのため、大ステイシヨンより小ステイシヨンまで十丁ばかりの間は運輸始まりしとなり。おおよそ三四月に至らば、西宮宿の小ステイシヨンまでは運び開けべくとの説あり。その途中には、砂川幾か所もありて、その川堤の下を潜りて走れるなり。その穴の道を煉瓦石にて洞穴の如く円き形に築き造らせしとあり。この名をトンネルと唱へらるるなり。しかし今二か所の崩れありけれども、あじかわ［芦屋川］のトンネルは半分出来上がりし由。因って成功の上は実に我が国の第一の美事と言わん。
○敦賀県の人より東京の友達へ送りし手紙に、昨年冬より諸

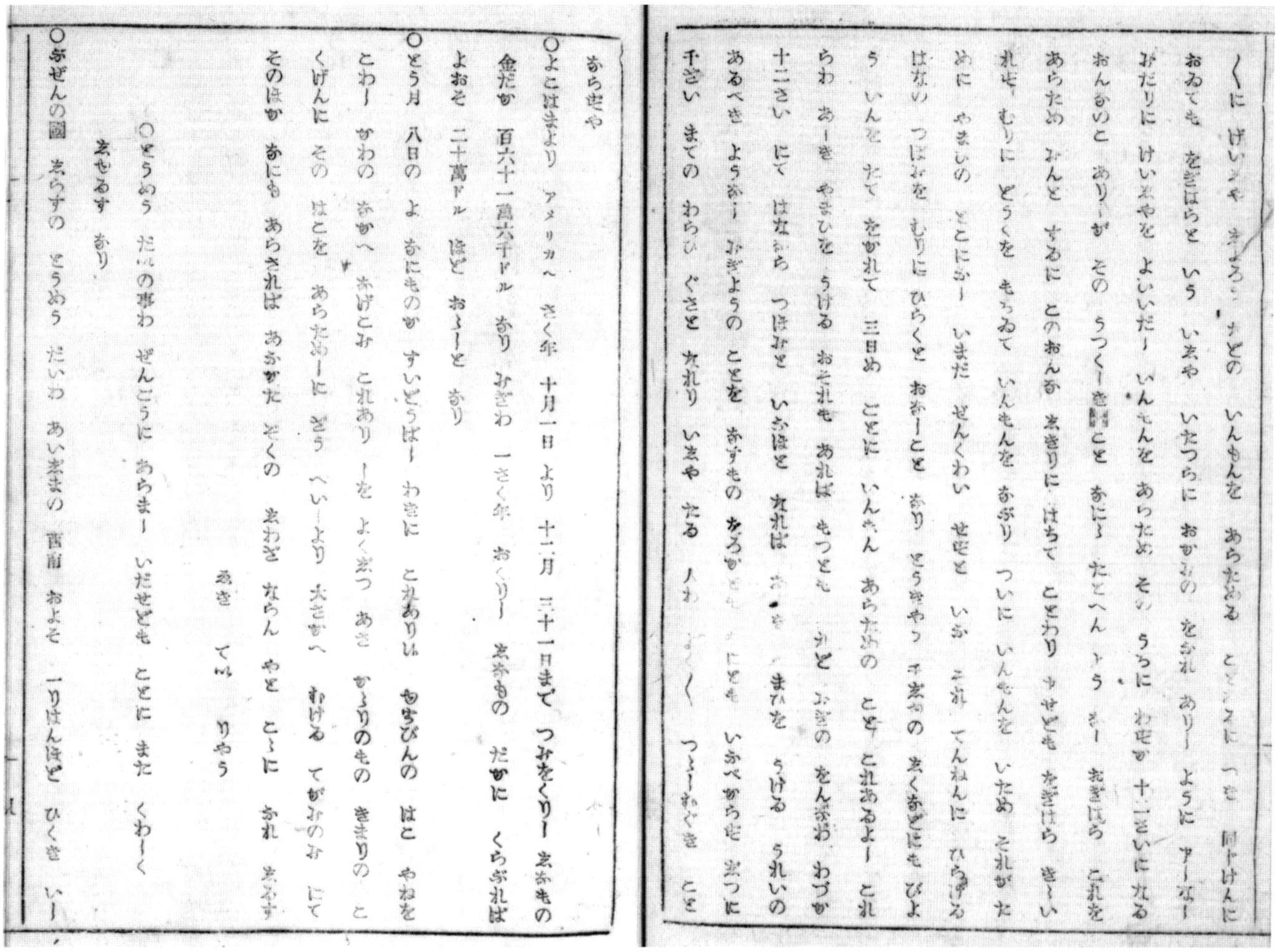

くに げいしや ぢよろう などの いんもんを あらためる ことあるに つき 同じけんに
おいても をぎはらと いう いしや いたづらに おかみの をふれ ありし ように まうしなし
みだりに けいしやを よびいだし いんもんを あらため その うちに わづか 十二さいに なる
をんなのこ ありしが その うつくしき事 なにゝ たとへん やうも なし をぎはら これを
あらため みんと するに このをんな しきりに はぢて ことわり まうせども をぎはら きゝい
れず むりに どうぐを もちゐて いんもんを なぶり ついに いんもんを いため それが た
めに やまひの とこに ふし いまだ ぜんくわい せずと いふ これ てんねんに ひらける
はなの つぼみを むりに ひらくと おなじこと なり とうきやう 千じゆの しゆくなどにも びよ
ういんを たて おかれて 三日め ごとに いんもん あらための こと これあるよし これ
らわ あしき やまひを うける おそれも あれば もつとも なれど みぎの をんなわ わづか
十二さい にて はなならば つぼみと いふほど なれば あしき やまひを うける うれいの
あるべき やうなし みぎやうの ことを なすもの おろかとも なんとも いふべからず じつに
千ざい までの わらひ ぐさと なれり いしや たる 人わ よく〱 つゝしむべき こと
ならずや
○よこはまより アメリカへ さく年 十月一日 より 十二月 三十一日まで つみをくりし しなもの
金だか 百六十一萬六千ドル なり みぎわ 一さく年 おくりし しなもの だかに くらぶれば
およそ 二十萬ドル ほど おゝしと なり
○とう月 八日の よ なにものか すいどうばし わきに これありし いうびんの はこ やねを
こわし かわの なかへ なげこみ これありしを よくあつ あさ かゝりのもの きまりの こ
くげんに その はこを あらためしに ざう へい より 大さかへ むける てがみのみ にて
そのほか なにも あらざれば おゝかた ぞくの しわざ ならん やと こゝに ふれ しるす
えき てい りやう
○とうめう だいの事わ ぜんごうに あらまし いだせども ことに また くわしく
しるす なり
○ぶぜんの國 しらすの とうめう だいわ あいしまの 西南 およそ 一りはんほど ひくき いし

所に芸者女郎などの陰門を改めることあるにつき、同じ県に於いても荻原という医者、徒にお上のお触れありし様に申しなし、みだりに芸者を呼び出だし陰門を改め、その内に僅か十二歳になる女の子ありしが、この美しきこと何に例えんようなし。荻原これを改めみんとするに、この女しきりに恥じて断り申せども、荻原聞き入れず、無理に道具を用いて陰門をなぶり、遂に陰門を傷め、それがために病の床に伏し、未だ全快せずといふ。これ天然に開ける花の蕾を無理に開くと同じことなり。東京千住の宿などにも病院を建ておかれて、三日目ごとに陰門改めのことこれある由。これらは悪しき病を受ける恐れもあれば尤もなれど、右の女は僅か十二歳にて、花なら蕾と言ふほどなれば、悪しき病を受ける憂いのあるべき様なし。右様のことをなす者愚かとも何とも言ふべからず。実に千歳までの笑ひ種となれり。医者たる人はよくよく慎むべきことならずや。

○横浜よりアメリカへ昨年十月一日より十二月三十一日まで積み送りし品物、金高百六十一万六千ドルなり。右は一昨年送りし品物高に比ぶれば凡そ二十万ドル多しとなり。

○当月八日の夜、何者か水道橋脇にこれあり候郵便の箱、屋根を壊し川の中へ投げ込みこれありしを、翌日朝、係の者決まりの刻限にその箱を改めしに、造幣より大阪へ向ける手紙のみにて、その外何もあらざれば、大方賊の仕業ならんやと、ここに触れ記す。

駅逓寮

○灯明台の事は前号にあらまし出だせども、殊に又詳しく記すなり。

○豊前の国白州の灯明台は、藍島の西南凡そ一里半ほど低き石

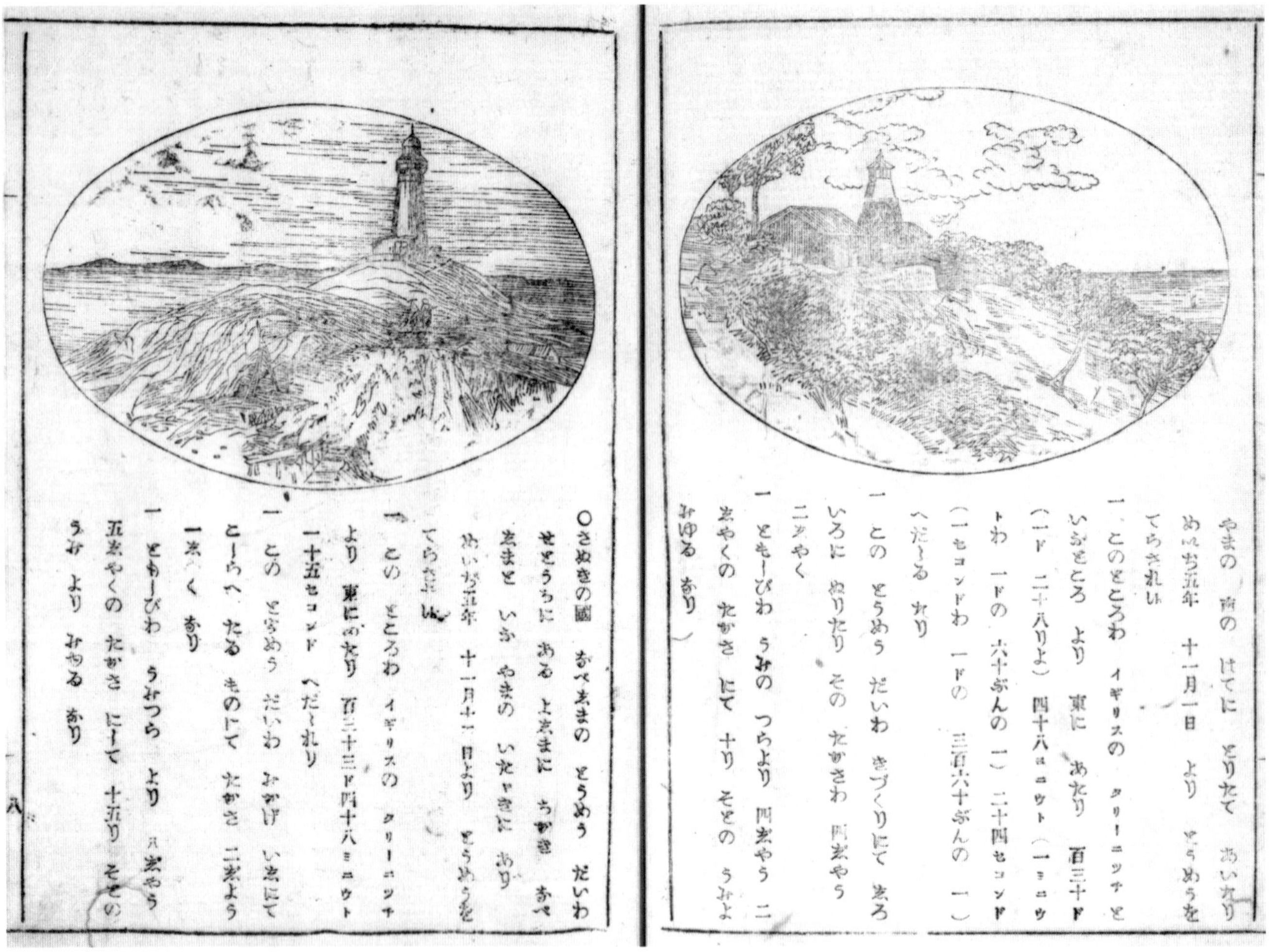


山の南の果てに取り建て相なり、
明治五年十一月一日より灯明を
照らされ候。
一 この所はイギリスのクリーニッチ［グリニッジ］と
いふ所より東に当たり、百三十度
（一度二十八里余）四十八ミニウト［ミニッツ］（一ミニウ
トは一度の六十分の一）二十四セコンド
（一セコンドは一度の三百六十分の一）
隔たるなり。
一 この灯明台は木造りにて白
色に塗りたり。その高さは四丈
二尺。
一 灯は海の面より四丈二
尺の高さにて、十里外の海よ〈海より〉
見ゆるなり。

○讃岐の国鍋島の灯明台は、
瀬戸内にある与島に近き鍋
島といふ山の頂にあり、
明治五年十一月十五日より灯明を
照らされ候。
一 この所はイギリスのクリーニッチ
より東に当たり、百三十三度四十八ミニウト
一十五セコンド隔たれり。
一 この灯明台は御影石にて
拵へたるものにて、高さ二丈
一尺なり。
一 灯は海面より八丈
五尺の高さにして、十五里外の
海より見ゆるなり。

○いばらきけん しはい下 十八大く 町やむら つかもと ほう たろう といふ はたごや とせひ
の ものあり その はゝおや れい ながをか村の しやうや ながをか かんゑもんと いふ も
のと みつつうし おつと きうべいを はかりごとを もつて とうきやうへ おい いだせ
しが みづのへ さるの 四月 れい おんなのこを うむ しかるに その こを まおとこの か
んゑもんの 人べつにも いれず また ほう たろうの 人べつにも いれず はつきりと せず
して ありしに とりしまりの やくにんより とりたゞし ありて その事を はくじやうに およ
べり れいの申くちわ さいしよ おつと きうべい とうきやうへ ゆきしのち あるよ か
んゑもん ひそかに しのび これまで たびたび とせい むきの ことを せわ いたしたるが
この のちも かわらず わが いふことに したがふに おゐてわ みすてまじと ときさと さ
れ わたしも くらし かたに こゝろを くるしむる おりなれば その ことばに したがひ
みつつうに およびしと これによつて れいわ しんるい かんゑもんわ こちようへ あづけ
と なれり やくがらにも にやわぬ ことにて あきらかなる みよの 御しゆいを 人に とき
さとす べき やくを もつて かゝる ふるまひわ あるまじき ことと なり かんゑもんの ごときわ
そのみ ひとり 人の みちに そむく のみならず ところの ふうぞくを やぶる また れいの
ごときわ おんなの みちを まもらず とり けだものにも おとりし おこないを なす ともに
てんの とがめ のがれ ざる ところにて ついに はじを 千ざいに のこす 人たる もの
よく〱 つゝしむ べきこと なり
○つくまけんより きつね つかいを みあらわせし はなしを つげしらせ たるにわ はままつけん
しはい しもとを〱みの國 ひきさごおり いしだに 村の もよりに りんせんいんと いふ
ほつけでらの じうぢ 村ゝの ものに きつねを つけ その 人たちより きとうを たのみ き
たれば すぐさま きつねを おとし くどくを あらわして 金ぎんを むさぼり おのれが くら
しと なせしが こゝろある 人たちわ これを あやしく おもへり おりしも さく年の 五月
ところの やくしよ より これを めしとらへ ろうやに いれて その ゆらいを きびしく ぎ
んみ ありし ゆへ ついに はくじやう いたせしにわ むかし 日れん しやう人 まつば だにの
あんぎを すくいし みやう たろう ほう たろうと いふ 二ひきの きつねを つかいし こと
あり それと おなじ わざ なれども 日れんの おきてに そむき わかき きつねを つかいし

○茨城県支配下十八大区町屋村、つかもとほうたろうといふ旅籠屋渡世の者あり。その母親れい、長岡村の庄屋長岡かんえもんといふ者と密通し、夫きうべいを謀を以て東京へ追い出だせしが、壬申の四月、れい女の子を産む。しかるにその子を間男のかんえもんの人別にも入れず、又ほうたろうの人別にも入れず、はっきりとせずしてありしに、取締りの役人より取り糺しありて、その事を白状に及べり。れいの申口は、最初夫きうべい東京へ行きし後、ある夜かんえもん密かに忍び、これまで度々渡世向きの事を世話致したるが、この後も変わらず我が言ふことに従ふに於いては見棄てまじと説き諭され、私も暮らし方に心を苦しむる折なれば、その言葉に従ひ、密通に及びしと。これに因って、れいは親類、かんえもんは戸長へ預けとなれり。役柄にも似合わぬことにて明らかなる御代の御趣意を人に説き諭すべき役を以てかかる振舞はあるまじきことなり。かんえもんの如きはその身一人人の道に背くのみならず、所の風俗を破る。又れいの如きは女の道を守らず、鳥獣にも劣りし行ひをなす。共に天の咎め逃れざるところにて、遂に恥を千歳に残す。人たる者よくよく慎むべきことなり。

○筑摩県より狐遣いを見顕せし話を告げ知らせたるには、浜松県支配、下遠江の国引佐郡石田に、村の最寄りに、りんせん院といふ法華寺の住持、村々の者に狐を付け、その人たちより祈祷を頼み来たれば、すぐさま狐を落とし功徳を表して金銀を貪り己が暮らしとなせしが、心ある人たちはこれを怪しく思へり。折しも昨年の五月、所の役所よりこれを召し捕らへ、牢屋に入れてその由来を厳しく吟味ありし故、遂に白状致せしには、昔日蓮上人松葉谷の難儀を救いし妙太郎、法太郎といふ二匹の狐を遣いしことあり。それと同じ業なれども、日蓮の掟に背き若き狐を遣いし

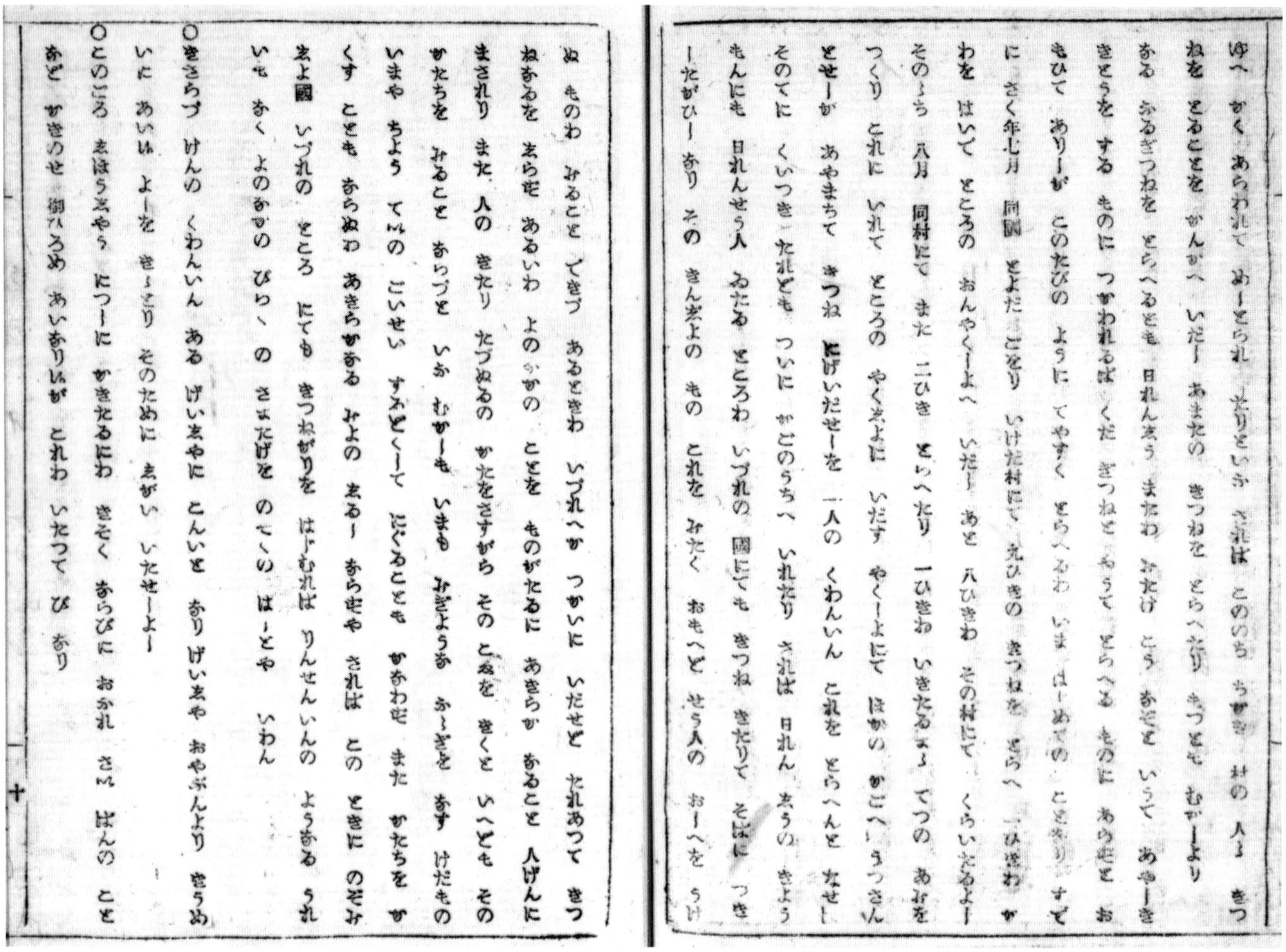

ゆへ かく あらわれて めしとられ たりといふ されば こののち ちかき 村の 人々 きつねを とることを かんがへ いだし あまたの きつねを とらへたり もつとも むかしより なる ふるぎつねを とらへるとも 日れんしう またわ みたけ かう なぞと いうて あやしき きとうを する ものに つかわるれば くだ ぎつねと いうて とらへる ものに あらずと おもひて ありしが このたびの ように てやすく とらへるわ いまはじめての ことなり すでに さく年七月 同國 とよだごおり いけだ村にて 九ひきの きつねを とらへ 一ひきわ かわを はいで ところの おんやくしよへ いだし あと 八ひきわ その村にて くらいたるよし そのうち 八月 同村にて また 二ひき とらへたり 一ひきわ いきたるまゝ てつの あみを つくり これに いれて ところの やくしよに いだす やくしよにて ほかの かごへ うつさんとせしが あやまちて きつね にげいだせしを 一人の くわんいん これを とらへんと なせし そのてに くいつきたれども ついに かごのうちへ いれたり されば 日れん しうの きようもんにも 日れんせう人 ゐたる ところわ いづれの 國にても きつね きたりて そばに つきしたがひし あり その きんじよの もの これを みたく おもへど せう人の おしへを うけぬ ものわ みることできず あるときわ いづれへか つかいに いだせど たれあつて きつねなるを しらず あるいわ よのなかの ことを ものがたるに あきらか なること 人げんに まされり また 人の きたり たづぬるの かたをさすがら その こゑを きくと いへども その かたちを みること ならずと いふ むかしも いまも みぎようなふしぎを なす けだもの いまや ちようていの ごいせい するどくして にぐることも かなわず また かたちを かくす ことも ならぬわ あきらかなる みよの しるし ならずや されば この ときに のぞみ しよ國 いづれの ところ にても きつねがりを はじむれば りんせんいんの ようなる うれいも なく よのなかの びらゝの さまたげを のぞくの はしとや いわん

○きさらづ けんの くわんいん ある げいしやに こんいと なり げいしや おやぶんより きうめいに あいし よしを きゝとり そのために じがい いたせしよし

○このごろ しほうしやう にっしに かきたるにわ きそく ならびに おかれ さいばんの ことなど かきのせ 御ひろめ あいなりしが これわ いたつて び なり

故、かく顕れて召し取られたりと言ふ。さればこの後近き村の人々狐を捕ることを考へ出だし、数多の狐を捕らへたり。尤も昔より□なる古狐を捕らへるとも日蓮宗又は御嶽講なぞと言うて怪しき祈祷をする者に遣わるれば、管狐と言うて捕らへるものにあらずと思ひてありしが、この度の様にて易く捕らへるは今初めてのことなり。既に昨年七月、同国豊田郡池田村にて九匹の狐を捕らへ、一匹は皮を剥いで所の御役所へ出だし、あと八匹はその村にて食らいたる由。その後八月同村にて又二匹捕らへたり。一匹は生きたるまま鉄の網を作り、これに入れて所の役所に出だす。役所にて他の籠へ移さんとせしが、過ちて狐逃げ出だせしを、一人の官員これを捕らへんとなせしその手に食い付きたれども、遂に籠の内へ入れたり。されば日蓮宗の経文にも、日蓮上人至る所は何れの国にても狐来たりて傍に付き従ひしあり。その近所の者これを見たく思へど、上人の教へを受けぬ者は見ることできず。あるときは何れへか使いに出だせど、誰あって狐なるを知らず。或いは世の中のことを物語るに明らかなること人間に優れり。又人の来たり訪ぬるの方をさすがらその声を聞くといへども、その形を見ることならずと言ふ。昔も今も右様な不思議をなす獣、今や朝廷の御威勢鋭くして逃ぐることも叶わず。又形を隠すこともならぬは明らかなる御代の印ならずや。さればこの時に臨み、諸国何れの所にても狐狩りを始むれば、りんせん院の様なる憂いもなく、世の中のびらくの妨げを除くの端とや言わん。

○木更津県の官員、ある芸者に懇意となり、芸者親分より糾明に遭い候由を聞き取り、そのために自害致せし由。

○この頃司法省日誌に書きたるには、規則並びにお触れ、裁判のことなど書き載せ御披露目相なり候が、これは至って美なり。

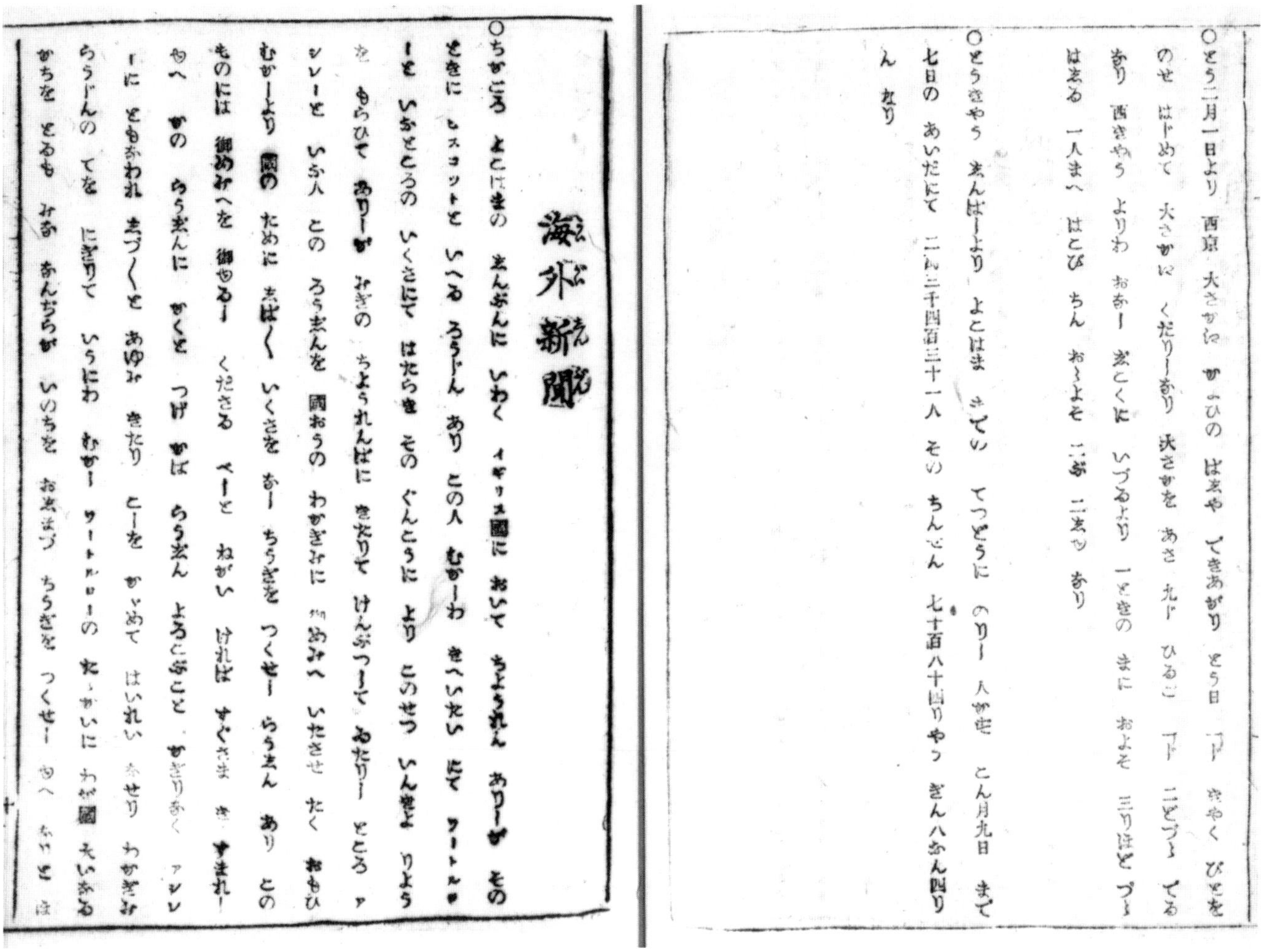

○とう二月一日より 西京 大さかへ かよひの ばしや できあがり とう日 一じ きやく じんを のせ はじめて 大さかへ くだりしなり 大さかを あさ 九じ ひるご 一じ 二どづゝ でる なり 西きやう よりわ おなじ ときに いづるより 一ときの まに およそ 三りほど づゝ はしる 一人まへ はこび ちん およそ 二ぶ 二しゆ なり

○とうきやう しんばしより よこはま までの てつどうに のりし 人かず こん月九日 まで 七日の あいだにて 二まん三千四百三十一人 その ちんせん 七千百八十四りやう ぎん八ぶん四りん なり

海外新聞

○ちかごろ よこはまの しんぶんに いわく イギリス國に おいて ちようれん ありしが その ときに ヒスコットと いへる ろうじん あり この人 むかしわ きへいたい にて ワートルローと いふところの いくさにて はたらき その ぐんこうに より このせつ いんきよ りようを もらひて ありしが みぎの ちようれんばに きたりて けんぶつして ゐたりし ところ アシレーと いふ人 この ろうじんを 國おうの わかぎみに 御めみへ いたさせ たく おもひ むかしより 國の ために しばしば いくさを なし ちうぎを つくせし ろうじん あり この ものには 御めみへを 御ゆるし くださる べしと ねがい ければ すぐさま きゝ すまれし ゆへ かの ろうじんに かくと つげ かば ろうじん よろこぶこと かぎりなく アシレーに ともなわれ しづしづと あゆみ きたり こしを かゞめて はいれい なせり わかぎみ ろうじんの てを にぎりて いうにわ むかし ワートルローの たゝかいに わが國 大いなる かちを とるも みな なんぢらが いのちを おしまず ちうぎを つくせし ゆへ なりと ほ

○当二月一日より西京大阪へ通ひの馬車出来上がり、当日一時客人を乗せ、初めて大阪へ下りしなり。大阪を朝九時、昼後一時、二度ずつ出るなり。西京よりは同じ時刻に出づるより一ときの間に凡そ三里ほどずつ走る。一人前運び賃凡そ二分二朱なり。

○東京新橋より横浜までの鉄道に乗りし人数、今月九日まで七日の間にて二万三千四百三十一人。その賃銭七千百八十四両、銀八分四厘なり。

海外新聞《かいがいしんぶん》

○近頃横浜の新聞に曰く。イギリス国に於いて調練ありしが、その時にヒスコットといへる老人あり。この人昔は騎兵隊にて、ヲートルロー［ワーテルロー］といふ所の戦にて働き、その軍功に因りこの節隠居料を貰ひてありしが、右の調練場に来たりて見物していたりしところ、アシレーといふ人この老人を国王の若君に御目見へ致させたく思ひ、昔より国のためにしばしば戦をなし忠義を尽くせし老人あり、この者には御目見へを御許しくださるべしと願いければ、すぐさま聞き済まれし故、彼の老人にかくと告げ□かば、老人喜ぶこと限りなく、アシレーに伴われ、静々と歩み来たり、腰を屈めて拝礼なせり。若君老人の手を握りて言うには、昔ヲートルローの戦いに我が国大いなる勝ちを取るも、皆汝らが命を惜しまず忠義を尽くせし故なりと褒

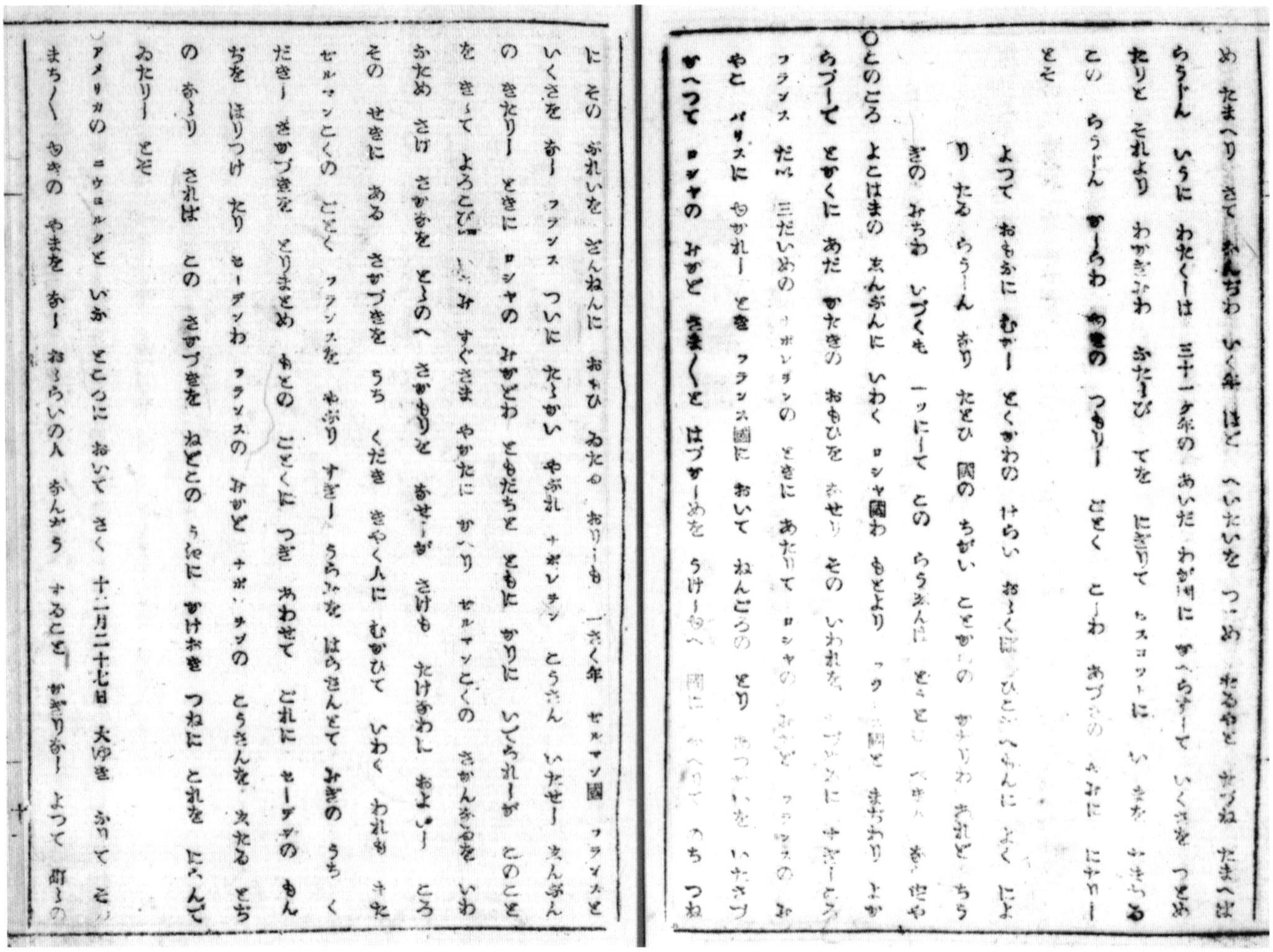

め給へり。さて汝は幾年ほど兵隊を務めたるやと尋ね給へば、老人言うに、私は三十一ヶ年の間我が国に帰らずして戦を務めたりと。それより若君は再び手を握りて、ヒスコットに暇を賜る。この老人、頭は雪の積もりし如く、腰は梓の弓に似たりしとぞ。

因って思ふに、昔徳川の家来大久保彦左衛門によく似よりたる老人なり。たとひ国の違い、事柄の変わりはあれど、忠義の道はいずくも一ツにして、この老人は尊ぶべき人ならずや。

○この頃横浜の新聞に曰く。ロシヤ国は元よりフランス国と交わり良からずして、とかくに仇敵の思ひをなせり。その謂れを尋ぬるに、過ぎし頃フランス第三代目のナポレヲンの時に当たりて、ロシヤの帝フランスの都パリス［パリ］に行かれしとき、フランス国に於いて懇ろの取り扱いを致さず、却ってロシヤの帝、様々と恥ずかしめを受けし故、国に帰りて後常にその無礼を残念に思ひいたる折しも、一昨年ゼルマン［ジャーマン］国フランスと戦をなし、フランス遂に戦い破れ、ナポレヲン降参致せし新聞の来たりしときに、ロシヤの帝は友達と共に狩りに出でられしが、このことを聞きて喜び勇み、すぐさま館に帰り、ゼルマン国の盛んなるを祝ふため、酒肴を調へ酒盛りをなせしが、酒もたけなわに及びし頃、その席にある盃を打ち砕き、客人に向かひて曰く、我も又ゼルマン国の如くフランスを破り、過ぎし恨みを晴らさんとて、右の打ち砕きし盃を取り纏め、元の如くに継ぎ合わせて、これにセーデン［スウェーデン］の文字を貼り付けたり。セーデンはフランスの帝ナポレヲンの降参をしたる土地の名なり。さればこの盃を寝床の上に掛け置き、常にこれを睨んでいたりしとぞ。

○アメリカのニウヨルクといふ所に於いて、昨十二月二十七日大雪降りて、その町々雪の山をなし、往来の人難渋すること限りなし。因って町々の

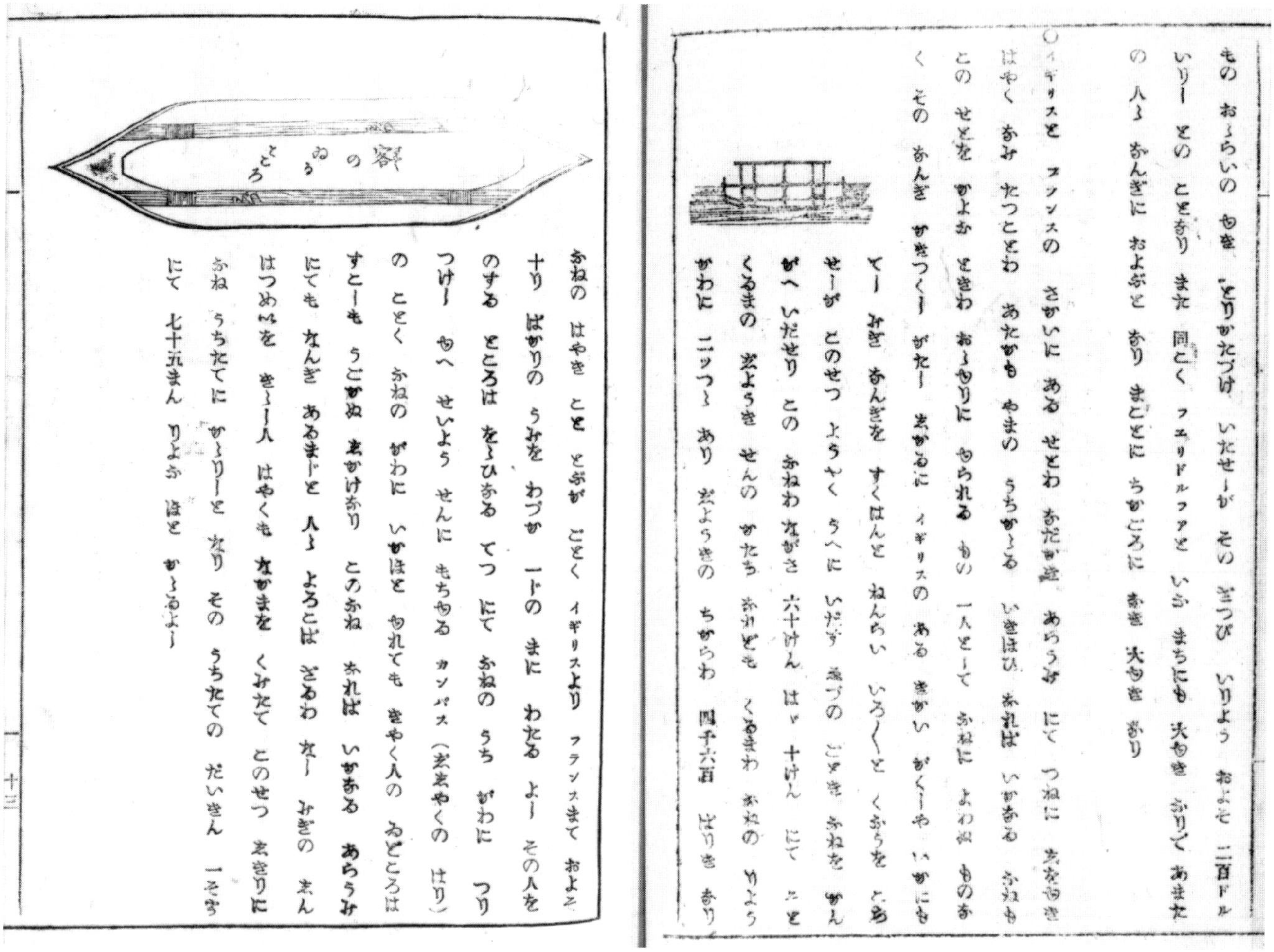


者往来の雪取り片付け致せしが、その雑費入用凡そ二百ドル要りしとのことなり。又同刻フエリドルフア［フィラデルフィア］といふ町にも大雪降りて、数多の人々難儀に及ぶとなり。誠に近頃になき大雪なり。

○イギリスとフランスの境にある瀬戸は名高き荒海にて、常に潮行き速く波立つことは、あたかも山の打ち掛かる勢ひなれば、如何なる船もこの瀬戸を通ふときは大揺りに揺られるもの、一人として船に酔わぬ者なく、その難儀書き尽くし難し。しかるにイギリスのある機械学者、如何にもしてし［して］右難儀を救はんと、年来色々と工夫を凝らせしが、この節ようやく上に出だす絵図の如き船を考へ出だせり。この船は長さ六十間、幅十間にて、外車の蒸気船の形なれども、車は船の両側に二ツずつあり、蒸気の力は四千六百馬力なり。

客のいるところ

船の速きこと飛ぶが如く、イギリスよりフランスまで凡そ十里ばかりの海を僅か一時の間に渡る由。その人を乗する所は大ひなる鉄にて船の内側に釣り付けし故、西洋船に用ゆるカンパス［コンパス］（磁石の針）の如く船の側に如何ほど揺れても客人の居所は少しも動かぬ仕掛けなり。この船なれば如何なる荒海にても難儀あるまじと人々喜ばざるはなし。右の新発明を聞きし人早くも仲間を組み立て、この節しきりに船打ち建てに掛かりしとなり。その打ち建ての代金一艘にて七十五万両ほど掛かる由。

アメリカの歴史（この国代々の記録）より出だす

○そもそもアメリカの歴史を読むには、この国を初めて見出だせし人の成り立ちより書き始めざれば分かりかねる故、ここにその人の事柄を記すなり。

○ヨーロッパ州のイタリヤ国にヂーノア［ジェノヴァ］という所あり。この地に於いて今より四百年前に当たり、コロンビスと言へる豪傑出生せしかば、その二親は貧窮の中より工面をなしてコロンビスに学問を仕込みけり。

コロンビスはいとけなき時より船に乗ることを好き好みしなれば、あなたこなたの国々を船にて乗り回り、艱難苦労をなせり。ある時船火事に出遭い、命も危うきところ海に飛び込み辛くして助かりしとなり。

コロンビス度々渡海をなせしうち、つらつら考へしには、この世界は蹴鞠の如く円きものにて、東の方は唐天竺の国々ありて、自由に行き通ひ出来るなれば、西の海に限り国なくして行き難き道理あらずと思ひつき、これよりコロンビスこれまで人の行き通ひせざる海に乗り出でんと工夫をなせり。

告白《ふれだし》

○イギリス製極上仕立ての馬車一両、売り物これあり候。

○イギリス発明の道具にて、煉瓦石を一日に一万二千ずつ拵ゆる機械売り物あり。

右両品共お望みのおん方は、木挽町五町目橋通り精養軒向かふの新聞社へおん出でなされ候へば、御相談申し上候。以上

○アメリカの事柄の四号に続くとあるところを五号に譲る。

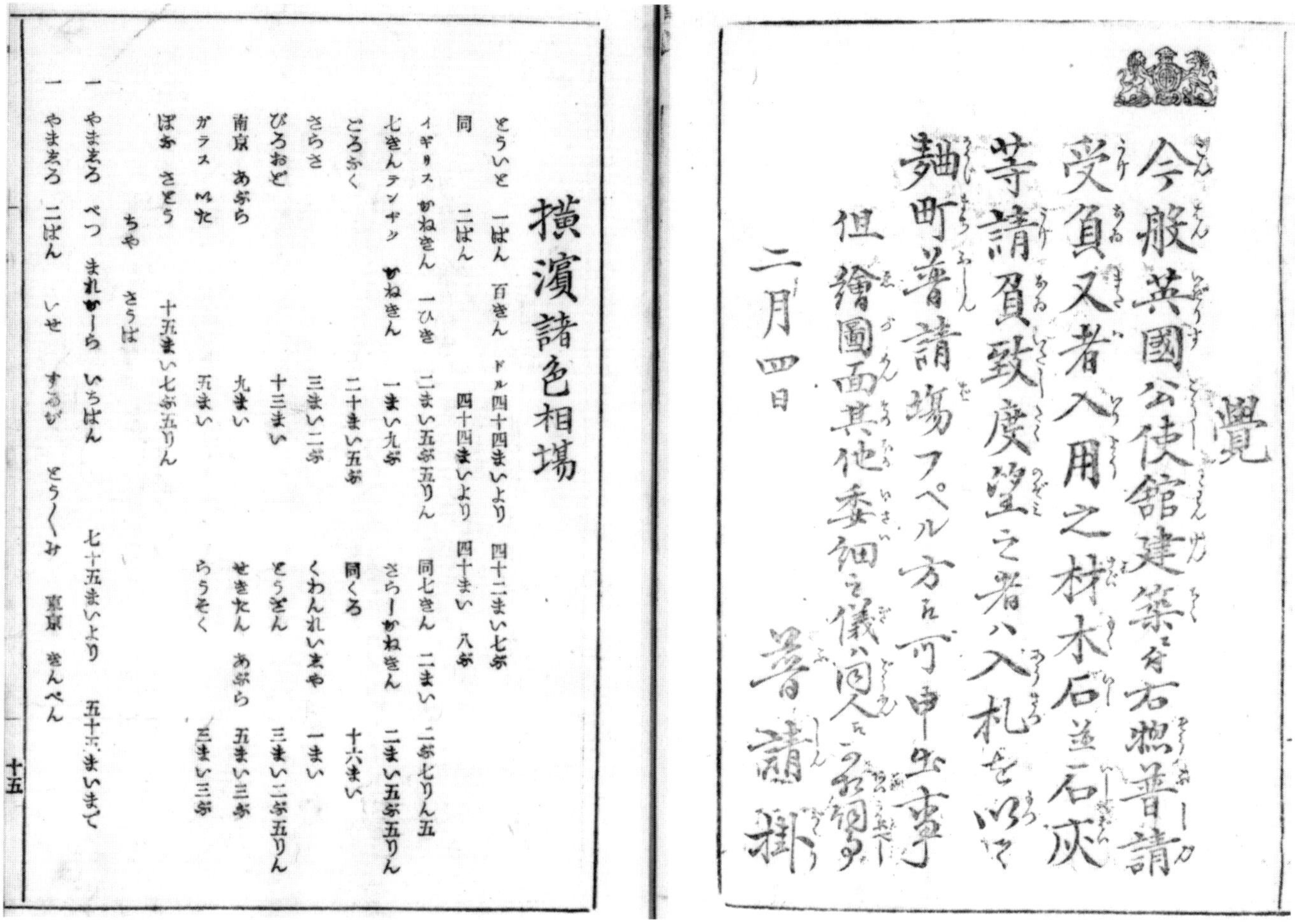

覚

今般英国公使館建築に付、右総普請
受負又は入用の材木石幷石灰
等請負致したく、望の者は入札を以て
麹町普請場フペル方に申出べき事。

但絵図面其他委細の儀は同人へ相伺べし。

二月四日　普請掛

横浜諸色相場

唐糸　一番　百斤　ドル四十四枚より四十二枚七分
同　二番　四十四枚より四十枚八分
イギリス金巾　一匹　二枚五分五厘　同七斤　二枚二分七厘五
七斤天竺金巾　一枚九分　晒金巾　二枚五分五厘
ごろふく　二十枚五分　同黒　十六枚
更紗　三枚二分　寒冷紗　一枚
ビロード　十三枚　唐桟　三枚二分五厘
南京油　九枚　石炭油　五枚三分
ガラス板　五枚　蝋燭　三枚三分
棒砂糖　十五枚七分五厘

茶相場

一　山城別稀頭　一番　七十五枚より　五十五枚まで
一　山城二番、伊勢、駿河、遠江、東京近辺

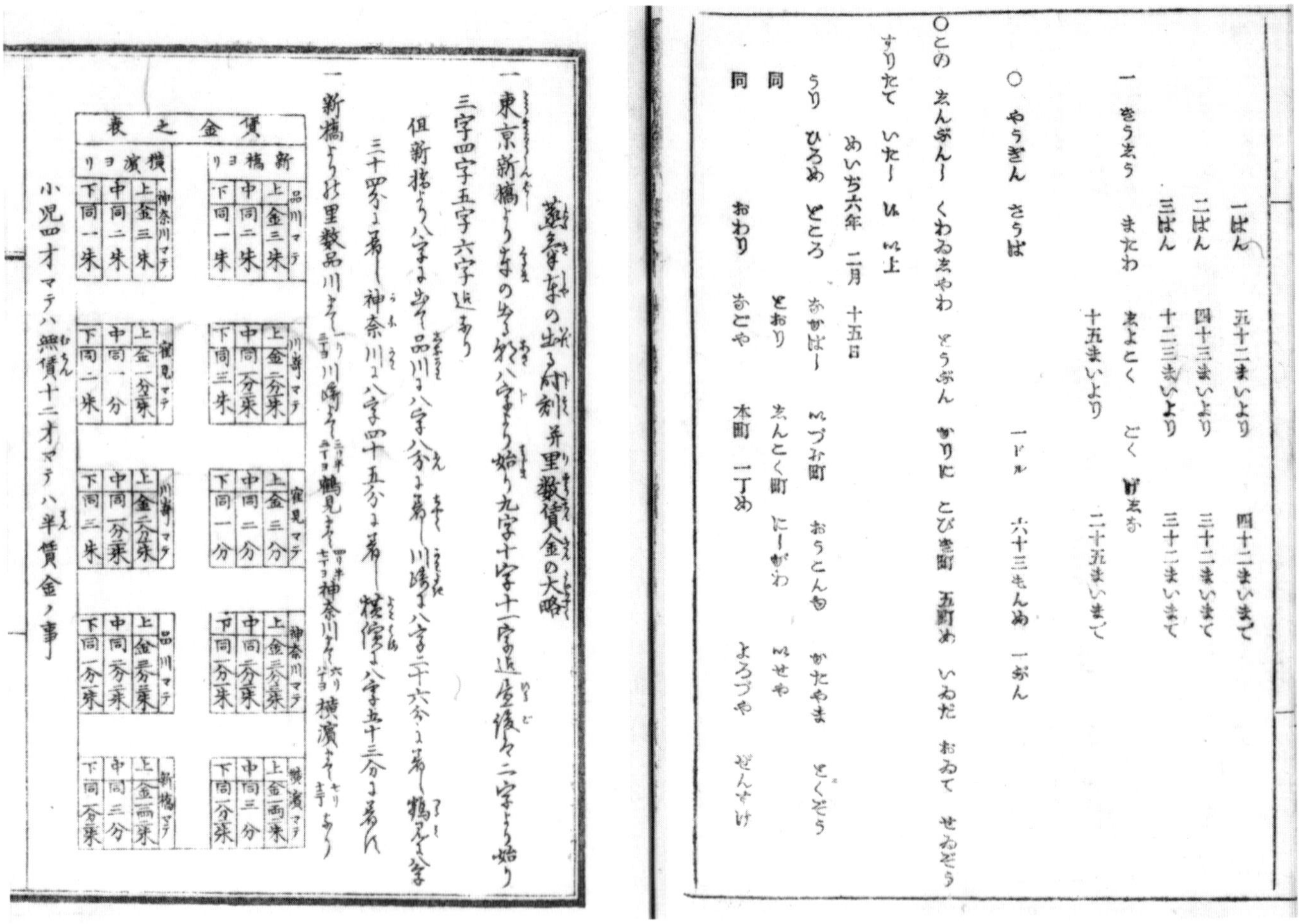

一番　五十二枚より　四十二枚まで
二番　四十三枚より　三十二枚まで
三番　十二三枚より　三十二枚まで

一　九州　又は　諸国　極く下品
十五枚より　二十五枚まで

○洋銀相場　一ドル六十三匁一分

○この新聞紙会社は、当分仮に木挽町五町目　飯田於いて製造摺立て致し候。以上

明治六年二月十五日

売り広め所　中橋和泉町　黄金湯　片山徳造
同　通新石町西側　伊勢屋
同　尾張名古屋　本町一丁目　万屋ぜんすけ

蒸気車《しやうきしや》の出《いづ》る時刻《じこく》并里数賃金《りすうちんきん》の大略《たいりやく》

一　東京新橋より車の出る朝八字より始り九字十字十一字迄昼後は二字より始り三字四字五字六字迄なり。

但新橋より八字に出て品川に八字八分に着し川崎に八字二十六分に着し鶴見に八字三十四分に着し神奈川に八字四十五分に着し横浜に八字五十三分に着す。

一　新橋よりの里数品川まで一里三丁余、川崎まで三里半三丁余、鶴見まで四里半七丁余、神奈川まで六里八丁余　横浜まで七里十二丁なり。

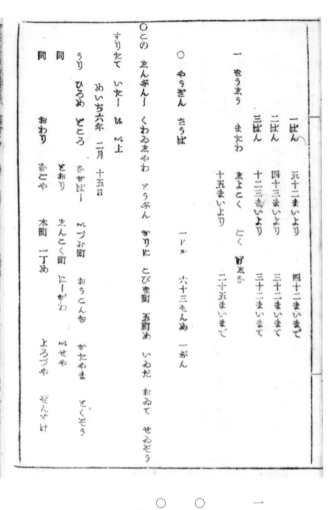

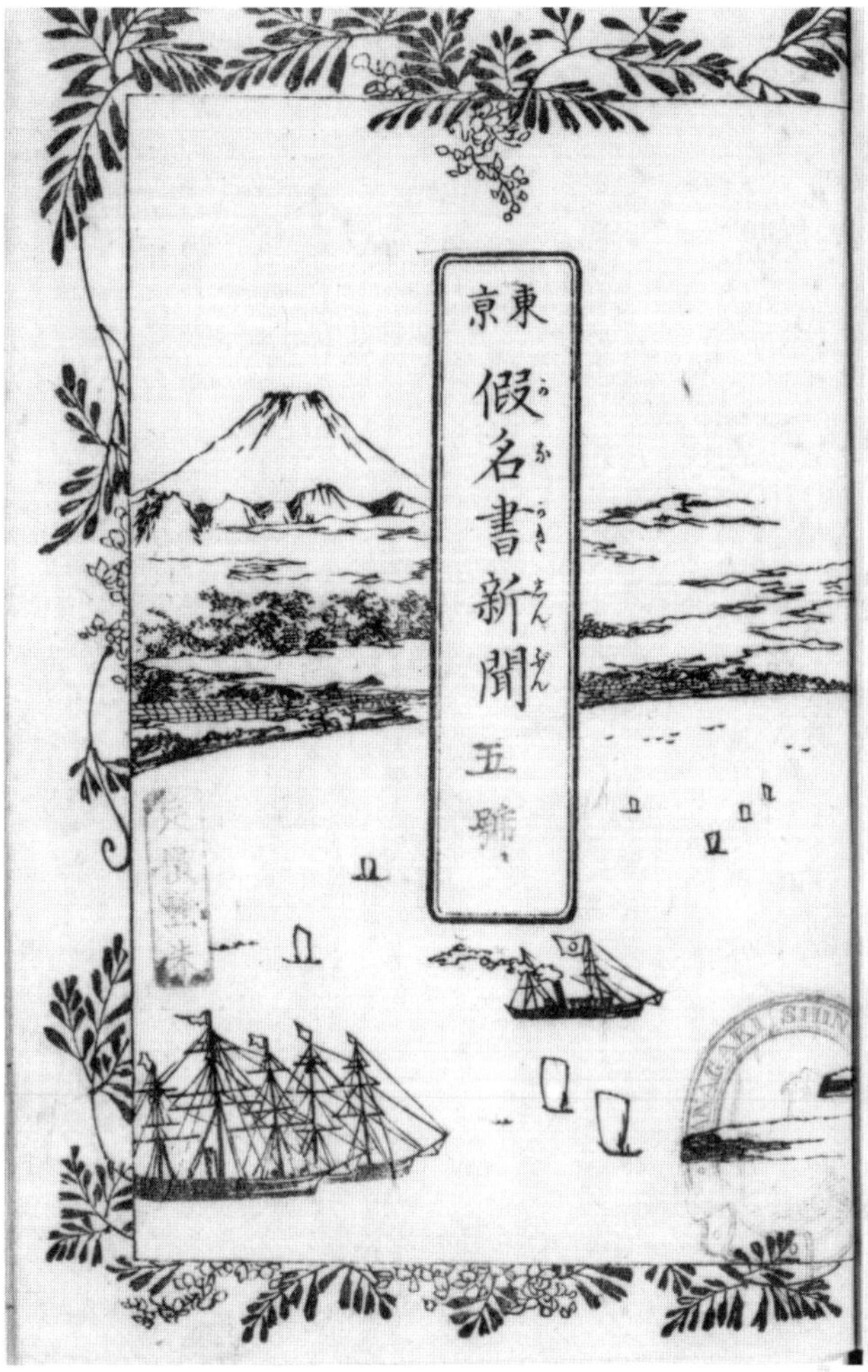


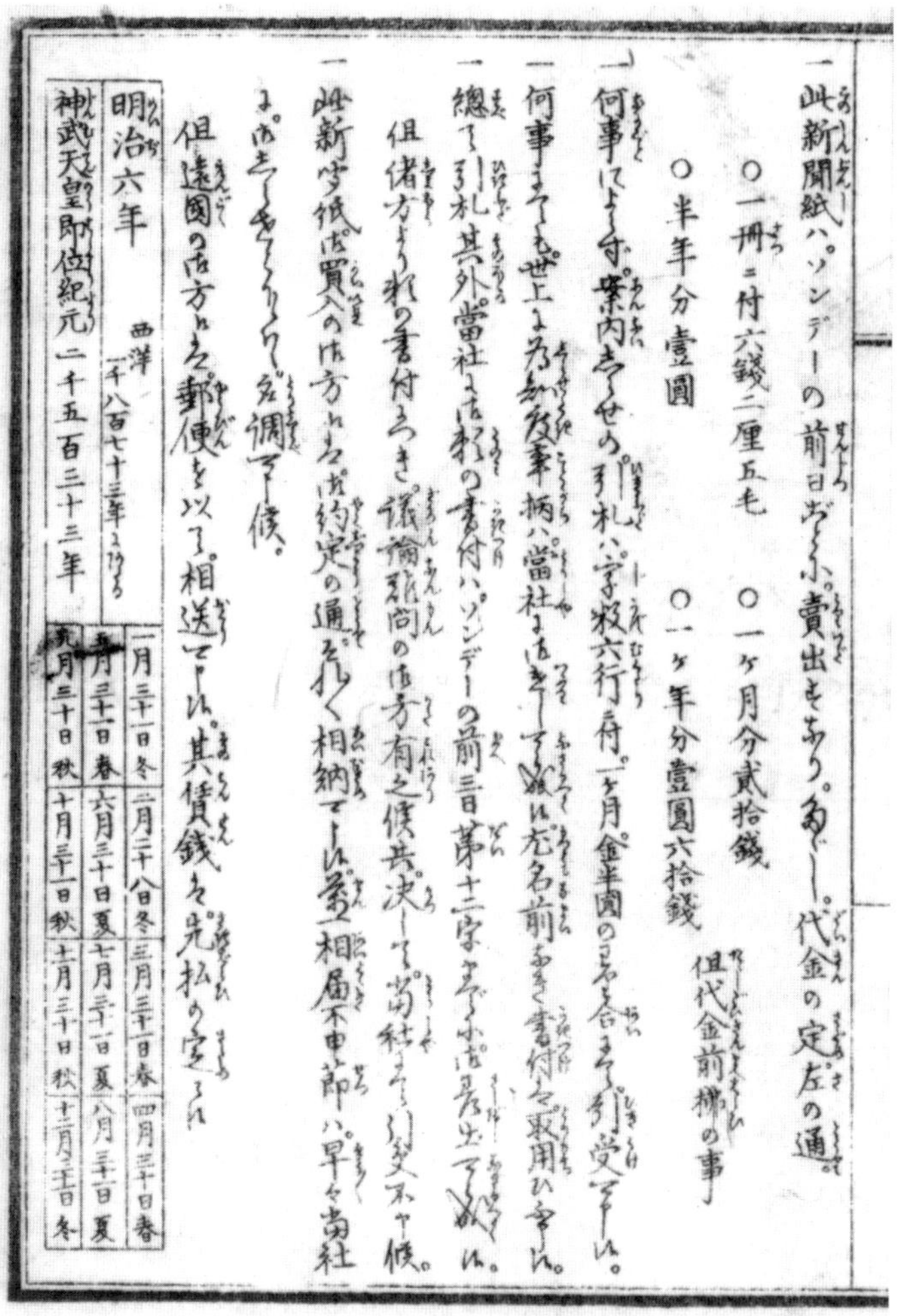


一　此新聞紙は、ソンデーの前日ごとに売出すなり。ただし代金の定左の通。

○一冊に付六銭二厘五毛　○一ヶ月分二十銭

○半年分一円　　○一ヶ年分一円六十銭　但代金前払の事。

一　何事によらず、案内知らせの引札は、字数六行に付、一ヶ月金半円の割合にて引受申べく候。

一　何事にても、世上に知らせたき事柄は、当社に御遣しなさるべく候。尤名前なき書付は取用ひ申さず候。

一　総て引札其外当社に御頼の書付は、ソンデーの前三日第十二字までに御差出なさるべく候。

但諸方より頼の書付につき、議論難問の御方これあり候ども、決して当社にて引受申さず候。

一　此新聞紙御買入れの御方へは、御約定の通、それぞれ相納め申べく候。万一相届申ざる節は、早々当社に御知らせられ候ば取調申べく候。

但遠国の御方へは郵便を以て相送申べく候。其賃銭は先払の定に候。

五号の内容　明治6・2・22

前文1　発行の趣旨1　当新聞の表記法

**御布告**　○税規則の続き○産神の守り札を受けること

**国内新聞**　○三つ子誕生（新川県）○イギリス人の酔っぱらい○女性自殺未遂（東京）○西京から大阪へ馬車開業○巻き煙草、ミシン発売（大阪）○靴屋開業○病院での検査に税（兵庫）○上海から綿羊輸入、販売（長崎、兵庫）○昨年の政府の収支○不道徳な行為○大柄な子供○笑い絵○新橋横浜間鉄道の乗客数と賃銭

**海外新聞**　○ロシア、戦争準備○蒸気船と帆船の事故○ドイツの日本人留学生数○天然痘流行（米）○戦争時の攻撃と撤退○鉱山用のランプ新製品○石炭の消費量（英）○電気鋸発明○インドから来た船が難破（米）○フランス人がドイツに入るときの往来切手不要に○蒸気船の発明と進歩○アルキメデスの実験○アメリカの事柄続き○イタリア大水にフランスから見舞金○露英間にアジアをめぐる争い○西洋の家の造り○ワーテルローの戦いの石碑○ベルリンの大学で優秀な日本人学生

**告白**（広告）　**横浜諸色相場**　**為替手形相場**　当新聞の製造所と販売所　**蒸気車の出る時刻**　**里数幷賃金の大略**　社告

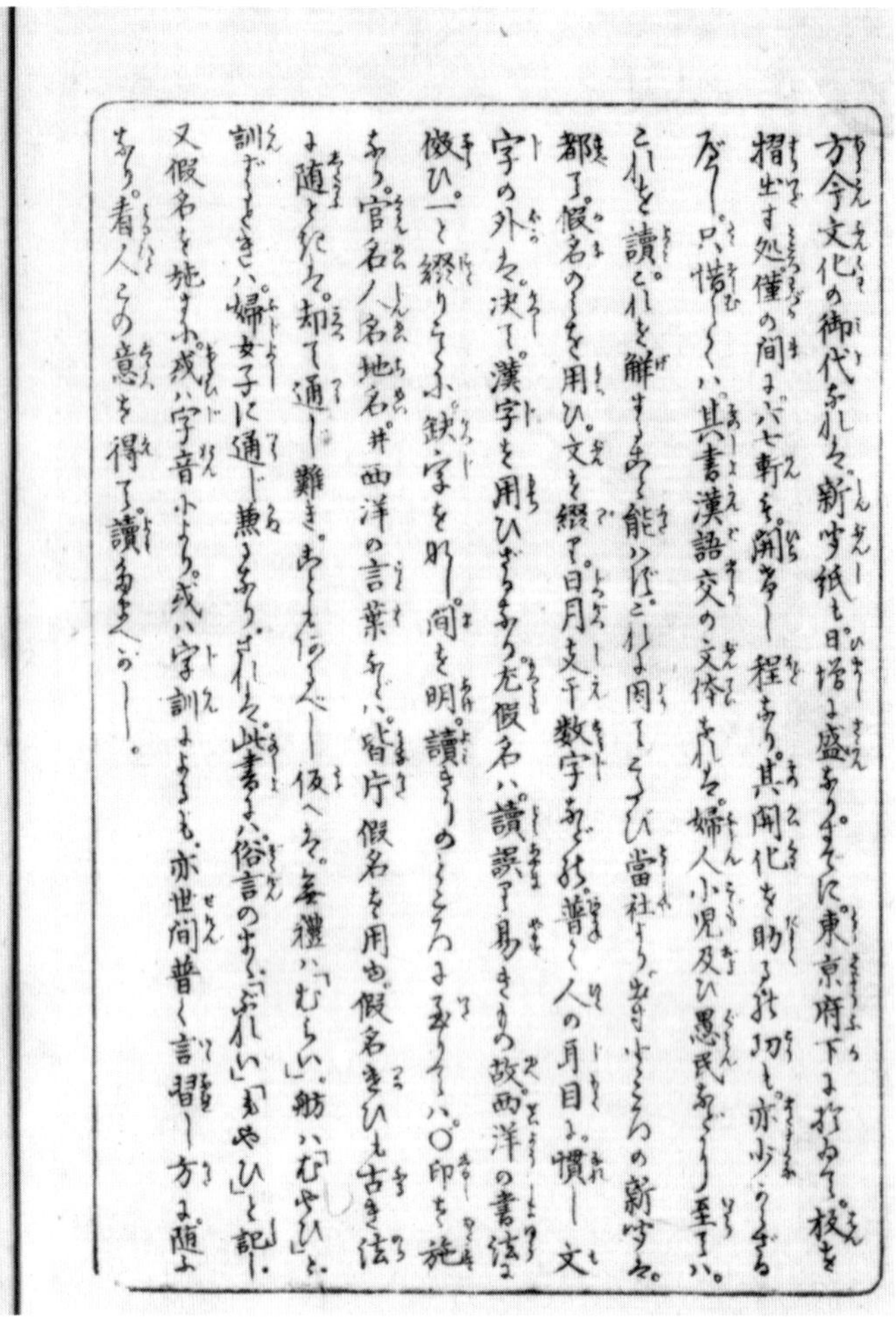

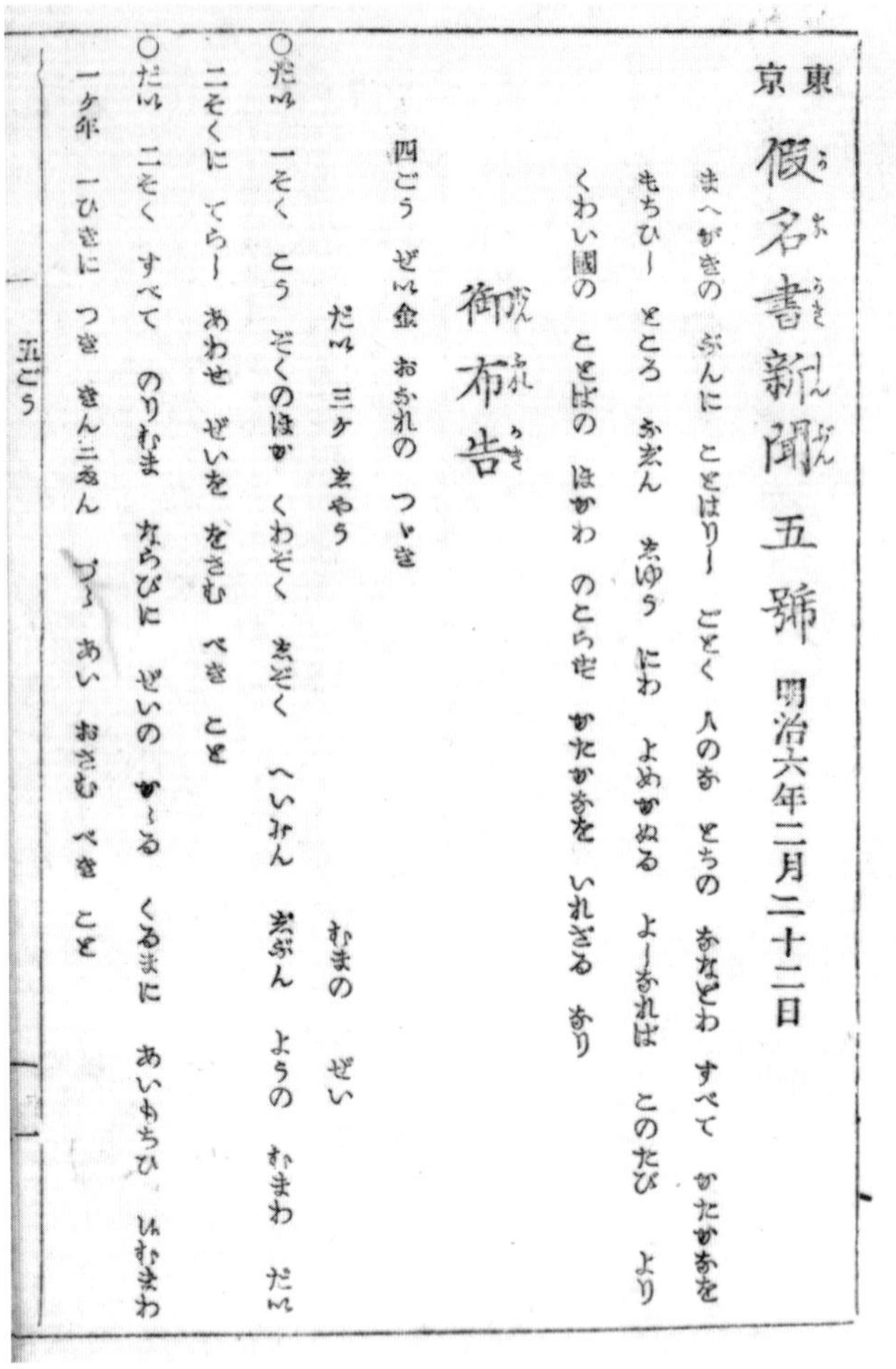

東京
假名書新聞 五號 明治六年二月二十二日
まへがきの ぶんに ことはりし ごとく 人のな ところの なぞわ すべて かたかなを
もちひし ところ おなん なゆう にわ よめかぬる よしなれば このたび より
くわい國の ことばの ほかわ のこらず かたかなを いれざる なり
御布告
四ごう ぜい金 おふれの つゞき
だい 三ケ ぢやう むまの ぜい
○だい 一そく こう ぞくのほか くわぞく しぞく へいみん じぶん ようの むまわ だい
二そくに てらし あわせ ぜいを をさむ べき こと
○だい 二そく すべて のりむま ならびに ぜいの かゝる くるまに あいもちひ ひむまわ
一ケ年 一ひきに つき きん三ゑん づゝ あい おさむ べき こと
五ごう

方今文化の御代なれば、新聞紙も日増に盛なり。すでに東京府下に於いて、板を摺出す処、僅の間に六七軒も開けし程なり。其開化を助るの功も亦少からざるべし。只惜らくは、其書漢語交の文体なれば、婦人小児及ひ愚民などに至ては、これを読、これを解すること能はず。これに因て、こたび当社より出すところの新聞は、都て假名のみを用ひ、文を綴り、日月支干数字などの普く人の耳目に慣し文字の外は、決て漢字を用ひざるなり。尤仮名は読誤り易きもの故、西洋の書法に倣ひ、一と綴りことに欠字をなし、間を明、読きりのところに至りては○印を施なり。官名人名地名、幷西洋の言葉などは、皆片仮名を用ゆ。仮名遣ひも古き法に随ときは却て通じ難きこともあるべし。仮へは無礼は「むらい」、舫は「むやひ」と訓ずるときは、婦女子に通じ兼るなり。されは此書には、俗言のまま「ぶれい」「もやひ」と記し、又仮名を施すに、或は字音により、或は字訓によるも、亦世間普く言習し方に随ふなり。看人この意を得て読たまへかし。

東京假名書新聞《かなかきしんぶん》 五号 明治六年二月二十二日

前書きの文に断りし如く、人の名、土地の名などは全て片仮名を用ひしところ、婦人衆には読めかぬる由なれば、この度より外国の言葉の他は残らず片仮名を入れざるなり。

御布告《おんふれかき》

四号税金お触れの続き

第三ヶ条　馬の税

○第一則　皇族の外華族、士族、平民、自分用の馬は第二則に照らし合わせ税を納むべき事。

○第二則　凡て乗り馬並びに税の掛かる車に相用ひ候馬は、一ヶ年一疋につき金三円ずつ相納むべき事。

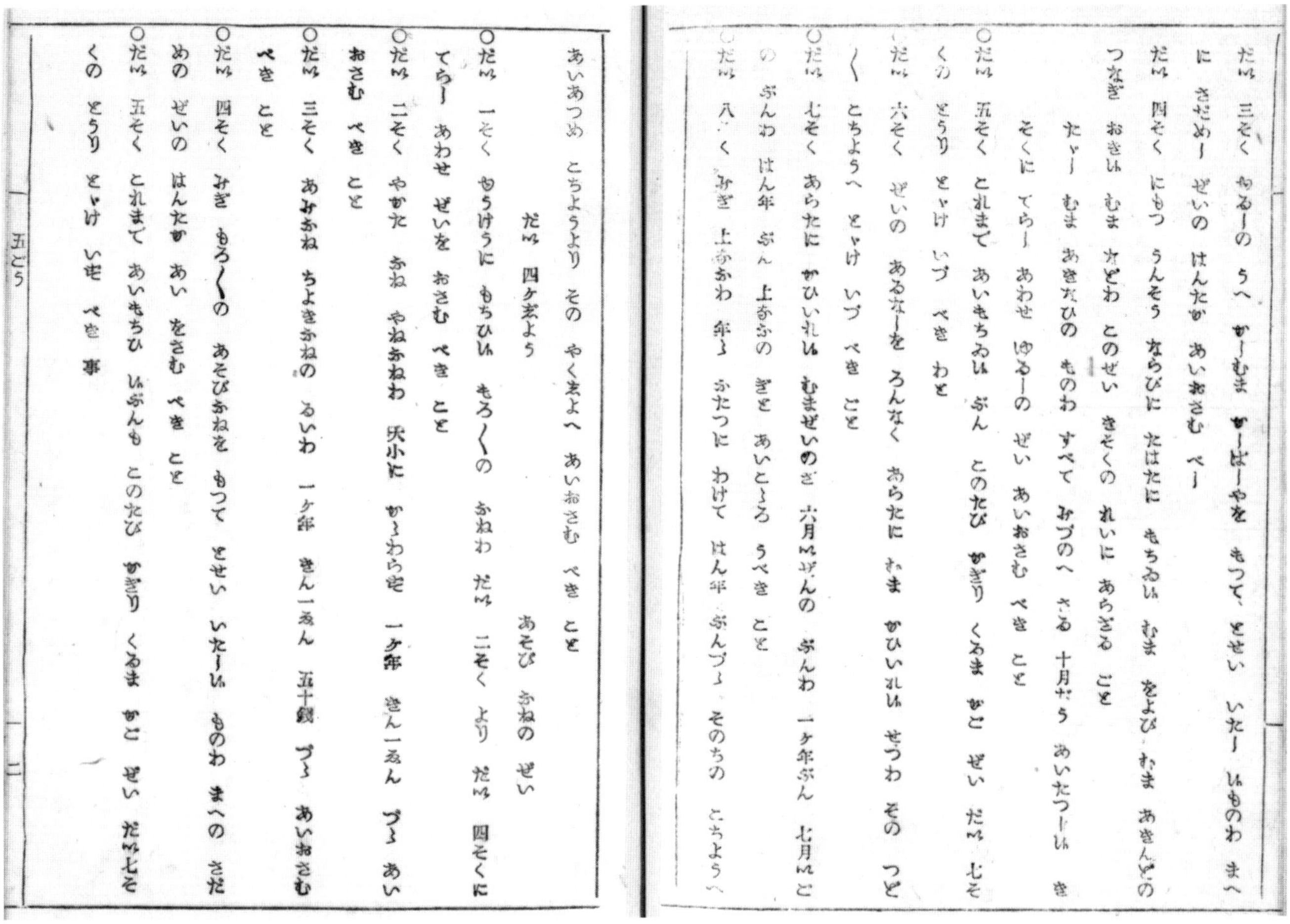

だい 三そく ゆるしの うへ かしむま かしばしやを もつて、とせい いたし そろものわ まへ
に さだめし ぜいの はんたか あいおさむ べし
だい 四そく にもつ うんそう ならびに たはたに もちゐそろ むま をよび むま あきんどの
つなぎ おきそろ むま などわ このぜい きそくの れいに あらざる こと
ただし むま あきなひの ものわ すべて みづのへ さる 十月だう あいたつしそろ き
そくに てらし あわせ ゆるしの ぜい あいおさむ べき こと
○だい 五そく これまで あいもちゐそろ ぶん このたび かぎり くるま かご ぜい だい 七そ
くの とうり とどけ いづ べき こと
○だい 六そく ぜいの あるなしを ろんなく あらたに むま かひいれそろ せつわ その つど
こちようへ とどけ いづ べき こと
○だい 七そく あらたに かひいれそろ むまぜいのぎ 六月いぜんの ぶんわ 一ヶ年ぶん 七月いご
の ぶんわ はん年 ぶん 上おふの ぎと あいこころ うべき こと
○だい 八そく みぎ 上おふわ 年々 ふたつに わけて はん年 ぶんづつ そのちの こちようへ
あいあつめ こちようより その やくしよへ あいおさむ べき こと
だい 四ヶでう あそび ふねの ぜい
○だい 一そく ゆうけうに もちひそろ もろもろの ふねわ だい 二そく より だい 四そくに
てらし あわせ ぜいを おさむ べき こと
○だい 二そく やかた ふね やねふねわ 大小に かかわらず 一ヶ年 きん一ゑん づつ あい
おさむ べき こと
○だい 三そく あみふね ちよきふねの るいわ 一ヶ年 きん一ゑん 五十銭 づつ あいおさむ
べき こと
○だい 四そく みぎ もろもろの あそびふねを もつて とせい いたしそろ ものわ まへの さだ
めの ぜいの はんたか あい をさむ べき こと
○だい 五そく これまで あいもちひ そろぶんも このたび かぎり くるま かご ぜい だい七そ
くの とうり とどけ いづ べき 事

五どう　二

○第三則　許しの上貸し馬貸し馬車を以て渡世致し候者は、前に定めし税の半高相納むべし。

○第四則　荷物運送並びに田畑に用い候馬、及び馬商人の繋ぎおき候馬などは、この税規則の例にあらざる事。
　但し馬商ひの者は、都て壬申十月中相達し候規則に照らし合わせ、許しの税相納むべき事。

○第五則　これまで相用い候分、この度限り車駕籠税第七則の通り届け出づべき事。

○第六則　税の有無を論なく、新たに馬買ひ入れ候節は、その都度戸長へ届け出づべき事。

○第七則　新たに買ひ入れ候馬税の儀、六月以前の分は一ヶ年分、七月以後の分は半年分上納の儀と相心得べき事。

○第八則　右上納は年々二つに分けて半年分ずつその地の戸長へ相集め、戸長よりその役所へ相納むべき事。

第四ヶ条　遊び船の税

○第一則　遊興に用ひ候諸々の船は、第二則より第四則に照らし合わせ税を納むべき事。

○第二則　屋形船、屋根船は大小に拘わらず一ヶ年金一円ずつ相納むべき事。

○第三則　網船、猪牙船の類は一ヶ年金一円五十銭ずつ相納むべき事。

○第四則　右諸々の遊び船を以て渡世致し候者は、前の定めの税の半高相納むべき事。

○第五則　これまで相用ひ候分も、この度限り車駕籠税第七則の通り届け出ずべき事。

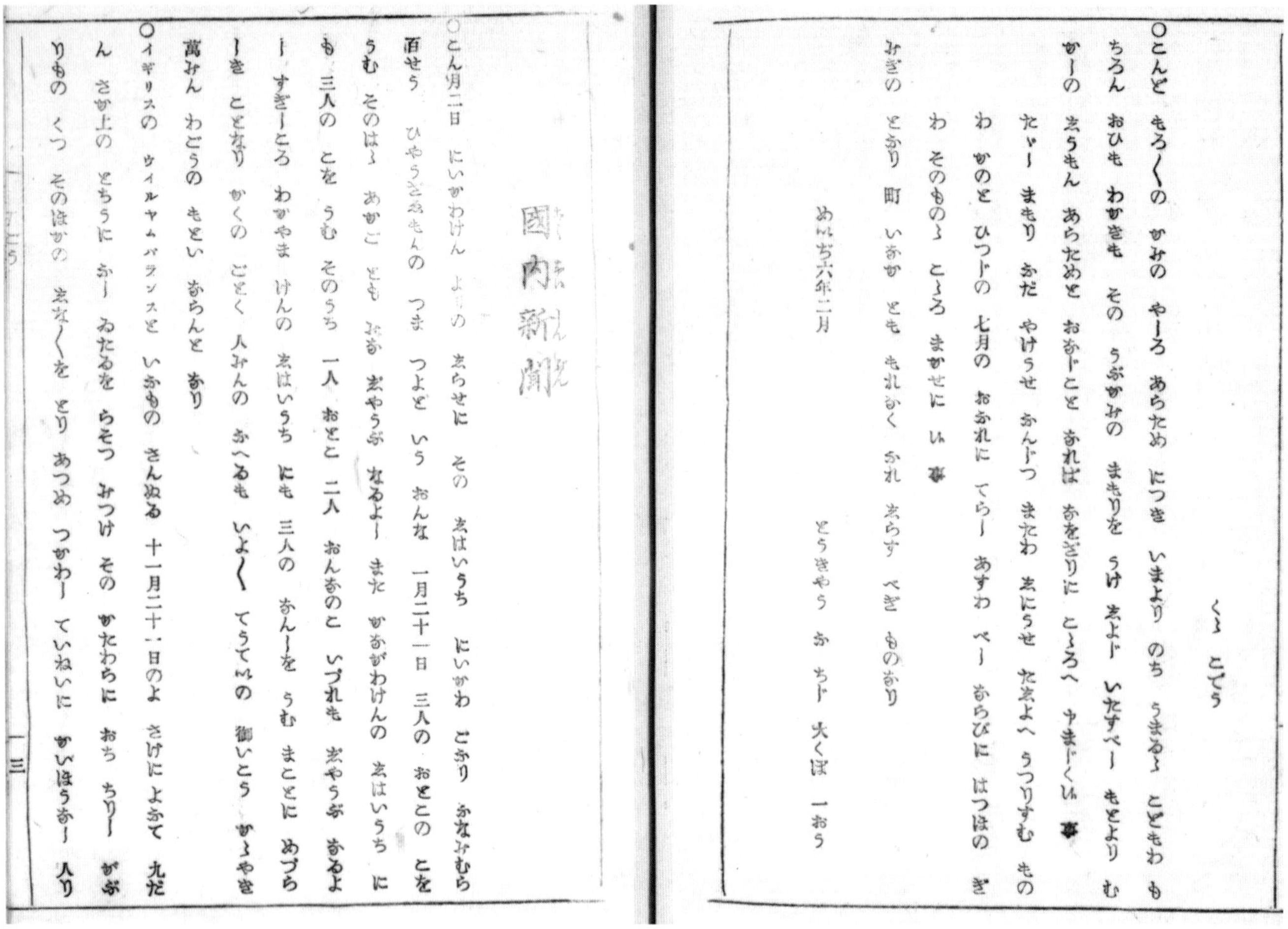

区々戸長

○今度諸々の神の社改めにつき、今より後生まるる子供は勿論、老ひも若きもその産神の守りを受け所持致すべし。元より昔の宗門改めと同じことなれば、なおざりに心得申まじく候事。

但し守り札焼け失せ紛失又は死に失せ他所へ移り住む者は、辛未の七月のお触れに照らし合わすべし。並びに初穂の儀はその者の心任せに候事。

右の通り町田舎とも洩れなく触れ知らすべきものなり。

明治六年二月　　東京府知事　大久保一翁

国内新聞《こくないしんぶん》

○今月二日、新川県よりの知らせに、その支配内新川郡船見村百姓兵左衛門の妻つよという女、一月二十一日三人の男の子を産む。その母赤子とも皆丈夫なる由。又神奈川県の支配内にも三人の子を産む。その内一人男、二人女の子。何れも丈夫なる由。過ぎし頃、和歌山県の支配内にも三人の男子を産む。誠に珍しきことなり。かくの如く人民の増へるもいよいよ朝廷の御威光輝き、万民和合の基ならんとなり。

○イギリスのウイルヤム［ウィリアム］バランスといふ者、去んぬる十一月二十一日の夜、酒に酔ふて九段坂上の途中に伏しいたるを邏卒見つけ、その傍らに落ち散りし被り物、靴、その他の品々を取り集め遣わし、丁寧に介抱なし、人力車を雇ひこれに乗せ、いずくへ送らんと問へば、新橋新橋と答へる故、新橋鉄道館まで送りし途中、車の上に小便を垂れ、布団を汚すのみならず、雇ひ賃も出ださずして、いず方へか逃げ去り、遂に行く所を知らず。その車賃並びに布団損料賃は邏卒より遣わしたりと言ふ。

それウイルヤムはイギリス人なれば文明の国民ならずや。しかるに酒に飲み倒れ、自由に歩くことも叶わず、邏卒の厚き情けにて車を雇ひ介抱を受けしことも顧みずその身を隠し、逃げ隠るるとは、その名を汚すのみならず、誠にその国の恥ならずや。

○東京第六大区深川西大工町十三番、店借りの船乗り渡世をなす、浅野久五郎の妻みつ、今年二十八歳なるが、去んぬる九日昼前七時ごろ、深川佐賀町下の橋より身投げせしを、二小区邏卒、たむじよ［屯所］より聞きつ〈聞きつけ〉

邏卒あつがわといふ人馳せ来たり、すぐに洋服のまま川中へ飛び入り、手軽く引き揚げ、介抱の上事の仔細を尋ねられしに、その申ところ前後揃わず、更に分からざれば、亭主久五郎を呼び出だし、そのまま引き渡されしとなり。

○当春西京より大阪へ馬車始まりたり。当春西京に於いて博覧会相催しの由。その節には大きに客人のためにもなり、その会社に於いても金儲けとも相なるべし。

○近頃大阪に於いて開け方数多ある中に、西洋シガル（巻煙草）が出来る由。右の他仕立て屋の縫い機械、西洋といささかも相違なく、宜しく出来おり申候。代料十三両なり。

○西洋靴拵へたる所が諸所にある。

○兵庫に於いて、その地の知事よりお触れには、陰門改め病院に於いて

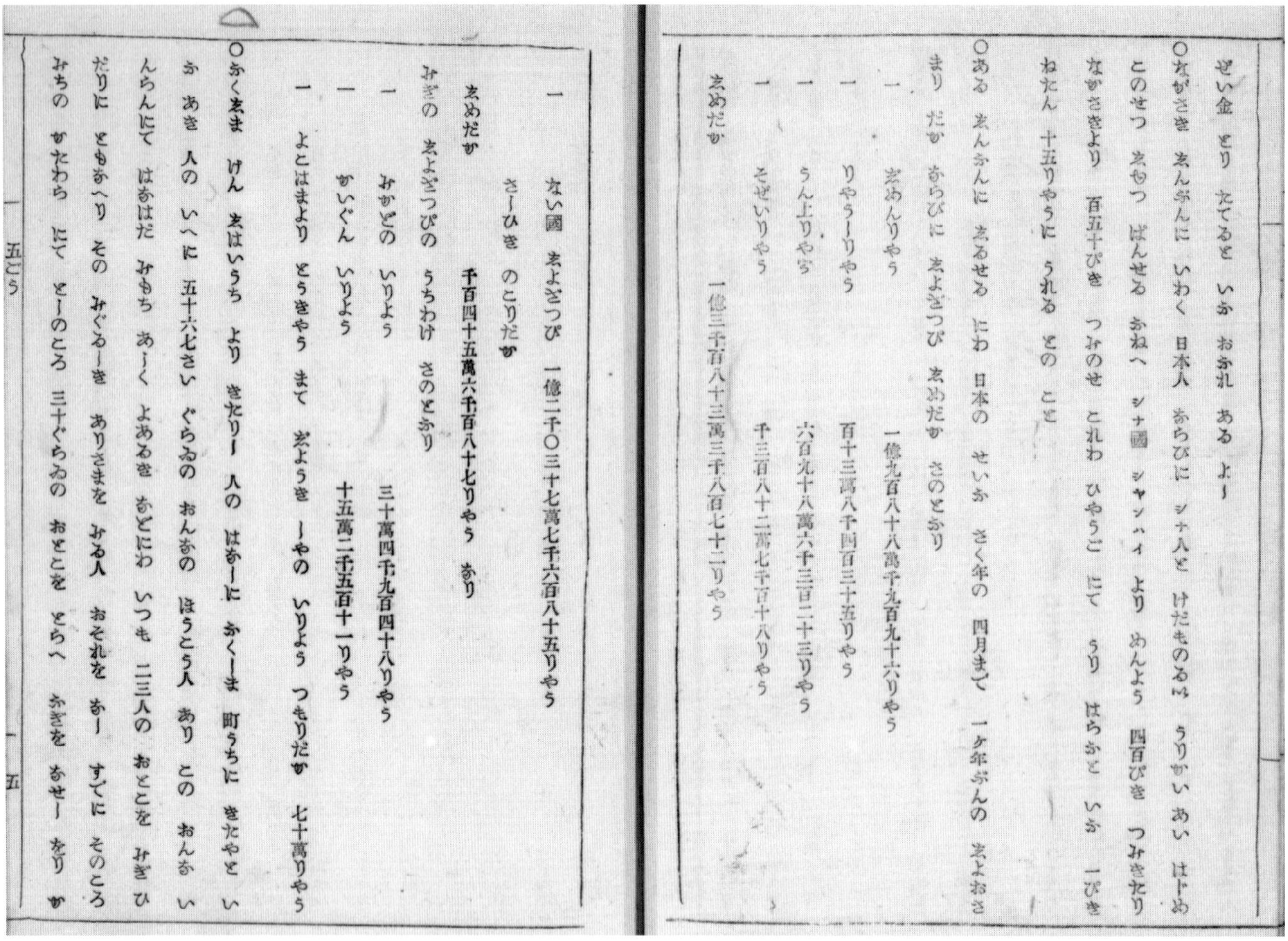
せい金　とり　たてると　いふ　おふれ　ある　よし
○ながさき　しんぶんに　いわく　日本人　ならびに　シナ人と　けだものるい　うりかい　あい　はじめ
このせつ　しゆつ　ぱんせる　ふねへ　シナ國　シヤンハイ　より　めんよう　四百びき　つみきたり
ながさきより　百五十ぴき　つみのせ　これわ　ひやうご　にて　うり　はらふと　いふ　一ぴき
ねだん　十五りやうに　うれる　との　こと
○ある　しんぶんに　しるせる　にわ　日本の　せいふ　さく年の　四月まで　一ヶ年ぶんの　しよおさ
まり　だか　ならびに　しよざつぴ　しめだか　さのとふり
一　ぢめんりやう　一億九百八十八萬千九百九十六りやう
一　りやうしりやう　百十三萬八千四百三十五りやう
一　うん上りやう　六百九十八萬六千三百二十三りやう
一　そぜいりやう　千三百八十二萬七千百十八りやう
しめだか　一億三千百八十三萬三千八百七十二りやう

一　ない國　しよざつぴ　一億二千〇三十七萬七千六百八十五りやう
さしひき　のこりだか
しめだか　千百四十五萬六千百八十七りやう　なり
みぎの　しよざつぴの　うちわけ　さのとふり
一　みかどの　いりよう　三十萬四千九百四十八りやう
一　かいぐん　いりよう　十五萬二千五百十一りやう
一　よこはまより　とうきやう　まで　じようき　しやの　いりよう　つもりだか　七十萬りやう
○ふくしま　けん　しはいうち　より　きたりし　人の　はなしに　ふくしま　町うちに　きたやと　い
ふ　あき人の　いへに　五十六七さい　ぐらゐの　をんなの　ほうこう人　あり　この　をんな　い
んらんにて　はなはだ　みもち　あしく　よあるき　などにわ　いつも　二三人の　おとこを　みぎひ
だりに　ともなへり　その　みぐるしき　ありさまを　みる人　おそれを　なし　すでに　そのころ
みちの　かたわら　にて　としのころ　三十ぐらゐの　おとこを　とらへ　ふぎを　なせし　なりか

税金取り立てるといふお触れある由。
○長崎新聞に曰く。日本人並びにシナ人と獣類売り買い相始め、この節出帆せる船へシナ国上海より綿羊四百匹積み来たり、長崎より百五十匹積み乗せ、これは兵庫にて売り払ふと言ふ。一匹値段十五両に売れるとのこと。
○ある新聞に記せるには、日本の政府昨年の四月まで一ヶ年分の諸納まり高並びに諸雑費締高左の通り。
一　地面料　一億九百八十八万千九百九十六両
一　漁師料　百十三万八千四百三十五両
一　運上料　六百九十八万六千三百二十三両
一　租税料　千三百八十二万七千百十八両
締高　一億三千百八十三万三千八百七十二両
一　内国諸雑費　一億二千〇三十七万七千六百八十五両
差引き　残り高
締高　千百四十五万六千百八十七両なり。
右の諸雑費の内訳左の通り。
一　帝の入用　三十万四千九百四十八両
一　海軍入用　十五万二千五百十一両
一　横浜より東京まで蒸気車の入用積もり高七十万両
○福島県支配内より来たりし人の話に、福島町内に喜多屋といふ商人の家に、五十六七歳位の女の奉公人あり。この女淫乱にて甚だ身持ち悪しく、夜歩きなどにはいつも二三人の男を右左に伴へり。その見苦しき有様を見る人恐れをなし、既にその頃道の傍らにて年の頃三十ぐらいの男を捕らへ、不義をなせし折か

ら　らそつ　とおり　あわせ　すぐに　おとこおんな　ともに　やくしよへ　おくられ　たりとなり
これらを　きくに　つけても　おんなわ　もとより　おとこ　たりとも　つゝしま　ざんば　あるべ
からず
○こうち　けん　しはい　とさの國　かみこおり　ひがし　がわの　うち　はをむら　たるや　かつじの
じなん　げんたろう　とすもの　うまれつき　たけ　たかく　よくふとり　ことし　七さいに　なると
いへども　その　すがた　かたち　ならびに　めかた　さの　とおり
一　はらのまわり　二しやく　七すん　五ぶ
一　たけのたかさ　三しやい　六すん
一　うでくびまわり　六すん
一　うでのつけねまわり　一しやく
一　あしくびまわり　六すん　五ぶ
一　あしのつけねまわり　一しやく　五すん
一　そうしんのめかた　十一くわんめほど
一　ちからわ　こめ　一と　三しようを　さしあげる
一　くひものわ　一日に　こめ　七ごう　五せき
一　へい日　あそひ　たわむれ　にも　てつぽう　などを　このむ
みぎわ　がくもん　てならひ　とうわ　いまだ　はじめずと　いへども　かなの　そらよみ　または　お
はらゐ　とうを　しぜんと　きゝおぼへ　これを　よむに　とゞこおる　ことなしと　いふ
○一月二十八九日の　事なりしが　すじかひ　御もん　うちの　大どうへ　ほんるいを　ならべ　あき
なひ　するもの　あり　みぎ　みせに　へいたいの人　きたり　わらひ　ゑわ　なきやと　たづね
ければ　これある　よしにて　五六さつ　いだし　ければ　そのうち　三さつ　かひとり　たち
さりし　あとに　らそつ　きたり　その　ことを　たゞしの　うへ　たむろしよへ　ひきつれ　おきてを
そむきし　つみを　もつて　ばつ金　一ゑんを　とり　たて　ことすみけり　その　あき人　わがやに
かへりて　大いきを　つき　かなしみ　なげくにわ　この　せかいに　わらひ　ゑを　うるもの　われ
のみに　あらず　ことに　はんこう　するものへ　わらひゑの　ことを　きび　しく　御せいきん　あ
りて　その　いたを　こわし　その　ゑほん　るい　のこらず　やき　すて　なば　かゝる　わざわひわ

ら邏卒通り合わせ、すぐに男女共に役所へ送られたりとなり。
これらを聞くにつけても、女は元より男たりとも慎まずんばあるべからず。
○高知県支配土佐の国香美郡東側の内羽生村たるや勝次の次男源太郎と申者、生まれつき丈高くよく太り、今年七歳になるといへども、その姿形並びに目方左の通り。
一　腹の回り　　二尺七寸五分
一　丈の高さ　　三しやい［尺］六寸
一　腕首回り　　六寸
一　腕の付け根回り　一尺
一　足首回り　　六寸五分
一　足の付け根回り　一尺五寸
一　総身の目方　　十一貫目ほど
一　力は米一斗三升を差し上げる
一　食ひ物は一日に米七合五勺
一　平日遊び戯れにも鉄砲などを好む。
右は学問手習ひ等は未だ始めずといへども、仮名の空読み又はお祓い等を自然と聞き覚へ、これを読むに滞ることなしといふ。
○一月二十八九日の事なりしが、筋交ひ御門内の大道へ本類を並べ商ひする者あり。右店に兵隊の人来たり、笑ひ絵はなきやと尋ねければ、これある由にて五六冊出だしければ、その内三冊買ひ取り立ち去りし後に邏卒来たり、そのことを糺しの上屯所へ引き連れ、掟を背きし罪を以て罰金一円を取り立て、事済みけり。その商人我が家に帰りて大息をつき悲しみ嘆くには、この世界に笑ひ絵を売る者我のみにあらず。殊に版行する者へ笑ひ絵のことを厳しく御制禁ありてその板を壊しその絵本類残らず焼き捨てなば、かかる災ひは

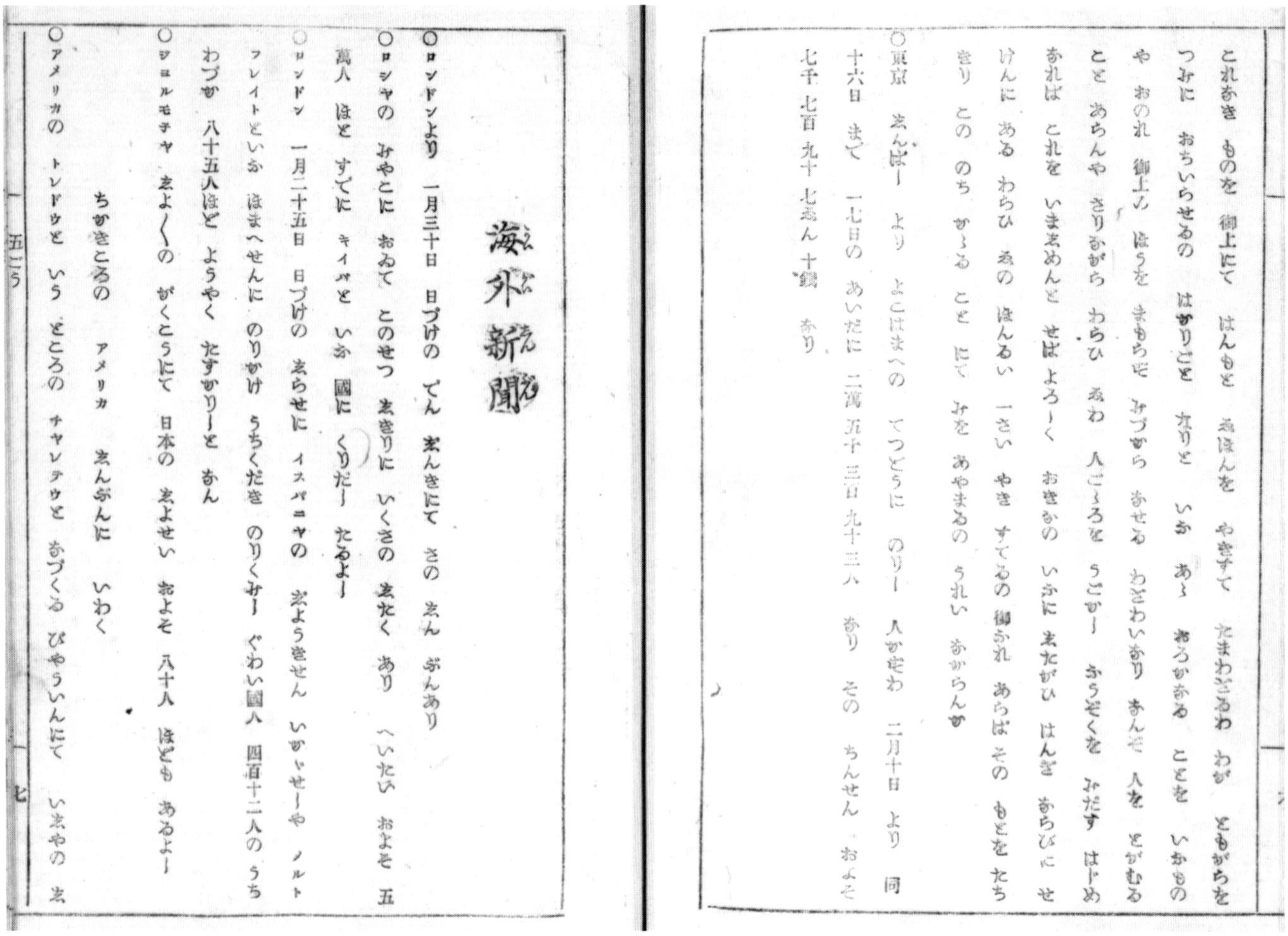
これなき ものを 御上にて はんもと ゑほんを やきすて たまわざるわ わが ともがらを
つみに おちいらせるの はかりごと なりと いふ あゝ おろかなる ことを いふもの
や おのれ 御上の はうを まもらず みづから なせる わざわいなり なんぞ 人を とがむる
こと あらんや さりながら わらひ ゑわ 人ごゝろを うごかし ふうぞくを みだす はじめ
なれば これを いましめんと せば よろしく おきなの いふに したがひ はんぎ ならびに せ
けんに ある わらひ ゑの ほんるい 一さい やき すてるの 御ふれ あらば その もとを たち
きり この のち かゝる こと にて みを あやまるの うれい なからんか
○東京 しんばし より よこはまへの てつどうに のりし 人かずわ 二月十日 より 同
十六日 まで 一七日の あいだに 二萬 五千 三百 九十 三人 なり その ちんせん およそ
七千 七百 九十 七ゑん 十錢 なり

海外《かいがい》新聞《しんぶん》

○ロンドンより 一月三十日 日づけの でん しんきにて さの しん ぶんあり
○ロシヤの みやこに おいて このせつ しきりに いくさの したく あり へいたい およそ 五
萬人 ほど すでに キイバと いふ 國に くりだし たるよし
○ロンドン 一月二十五日 日づけの しらせに イスパニヤの じようきせん いかゞせしや ノルト
フレイトと いふ ほまへせんに のりかけ うちくだき のりくみし ぐわい國人 四百十二人の うち
わづか 八十五人ほど ようやく たすかりしと なん
○ジヨルモチヤ しよくの がくこうにて 日本の しよせい およそ 八十人 ほども あるよし
ちかきころの アメリカ しんぶんに いわく
○アメリカの トレドウと いふ ところの チヤレテウと なづくる びやういんにて いしやの し

これなきものを、御上にて版元絵本を焼き捨て給わざるは、我が輩を罪に陥らせるの謀なりと言ふ。ああ愚かなることを言ふものや。己御上の法を守らず自らなせる災いなり。なんぞ人を咎むることあらんや。さりながら笑ひ絵は人心を動かし風俗を乱す始めなれば、これを戒めんとせば、宜しく翁の言ふに従ひ、版木並びに世間にある笑ひ絵の本類一切焼き捨てるの御触れあらば、その元を断ち切り、この後かかることにて身を誤るの憂いなからんか。

○東京新橋より横浜への鉄道に乗りし人数は、二月十日より同十六日まで一七日の間に二万五千三百九十三人なり。その賃銭凡そ七千七百九十七円十銭なり。

## 海外新聞《かいがいしんぶん》

○ロンドンより一月三十日日付けのでんじんき〈電信機〉にて左の新聞あり。
○ロシヤの都に於いてこの節しきりに戦の支度あり。兵隊凡そ五万人ほど既にキイバ［ヒヴァ］といふ国に繰り出したる由。
○ロンドン一月二十五日日付けの知らせに、イスパニヤの蒸気船如何せしやノルトフレイト［ノースフリート］といふ帆前船に乗り掛け打ち砕き、乗り組みし外国人四百十二人の内僅か八十五人ほどようやく助かりしとなん。
○ジヨルモネヤ［ジャーマニー］諸所の学校にて日本の書生凡そ八十人ほどもある由。

近き頃のアメリカ新聞に曰く。

○アメリカのトレドウ［トレド］という所のチャレテウ［チャリティ］と名付くる病院にて、医者の書

よせい あまたより あつまりて さく年 十二月二十日 ほうそう にて しゝたるもの ありしを なにの びやうきにて しゝたるやを しらせ その しがいを あばき みんことを そうだんし その よ はかばへ いたり しびとを ぬすみ いだし びやういんへ もちきたり かんをけの ふたを あけんと するに・ほうそう なるよし しれしかば みなゝゝ うちをどろき もとへ かへさんと なしたり しかるに その 人ゝゝへ ほうそう うつり それより しだいに 町ゝゝに ほうそう はやり それが ため をゝきに 人ゝゝ しに うせしかば その ところの ぶぎやう より みぎ やうの ことわ きびしく さしとめに なり たるよし
○このごろ せいよう人の ものがたりに かの國に おいて よにも まれなる ゆうし あり いづれの たゝかい なりしか かの ゆうし へいたいに むかつて いわく そうして たゝかひの ばしよ にてわ すみやかに てつぱうを うちいだし ごうやく たまぐすりの あらん かぎりわ いのちを をしまづ たゝかふ べし されば ごうやく たまぐすり つきはてし うへわ こゝに 一ッの はかりごと あり みなゝゝ みづくろひ して にげいだす べし われわ そのばに ふみとゞまり しんがりを いたす こゝろへ なれども このせつ あしに いたみしよ これあるゆへ まづ みなゝゝより 一トあし さきに ぽつゝゝと にぐるなり
○きん年 ヨウロッパに おいて こうざんの あなの なかにて もちゆる ランプを あらたに こしらへ いだせり これわ めづらしき さいく にして その こうのうも すくなからず これまで もちひし ランプよりも ひかり あきらか なる こと かれこれ 二十ばい にして ひの ながく たもつ ことも はるかに まされり たとへば これまでの ランプにて 一トのまに その とうしん 十ぽんを ついやす ときわ その ランプ にてわ わづかに 三ぼんを ついやす べし この ランプの ひを おほう ものわ ガラスを もつて こしらへ その かたち はんぶん まろくして はんぶんわ たいらなり また その かたわらに ひかりの てりかへす どうぐを つけたれば じうぶんの ひかりを はなつなり ことに ひを けす しかけ あり その ふたを ひらく ときわ きかい たちまち ひの うへに おちて きへるなり これに よりて せきたんの たぶんに ある あなにて これを もちいるも はなはだ あんしん なりと いふ

五ごう　八

生数多寄り集まりて、昨年十二月二十日疱瘡にて死したる者ありしを、何の病気にて死したるやを知らず、その死骸を暴きみんことを相談し、その夜墓場へ至り死人を盗み出だし病院へ持ち来たり、棺桶の蓋を開けんとするに、疱瘡なる由知れしかば、皆々うち驚き元へ返さんとなしたり。しかるにその人々へ疱瘡移り、それより次第に町々に疱瘡流行り、それがため大きに人々死に失せしかば、その所のふぎやう〈奉行〉より右様のことは厳しく差し止めになりたる由。

○この頃西洋人の物語に、彼の国に於いて世にも稀なる勇士あり。何れの戦いなりしか、彼の勇士兵隊に向かって曰く。総じて戦ひの場所にては速やかに鉄砲を撃ち出だし、合薬弾薬のあらん限りは命を惜しまず戦ふべし。されば合薬弾薬尽き果てし上はここに一ツの謀あり。皆々身繕ひして逃げ出だすべし。我はその場に踏み止まり殿を致す心得なれども、この節、足に痛み所これある故、先ず皆々より一ト足先にぽつぽつと逃ぐるなり。

○近年ヨウロッパに於いて鉱山の穴の中にて用ゆるランプを新たに拵へ出だせり。これは珍しき細工にして、その効能も少なからず。これまで用ひしランプよりも光明らかなることかれこれ二十倍にして、火の長く保つことも遥かに勝れり。例へばこれまでのランプにて一時の間にその灯心十本を費やすときは、そのランプにては僅かに三本を費やすべし。このランプの火を覆う物はガラスを以て拵へ、その形半分丸くして半分は平らなり。又その傍らに光の照り返す道具を付けたれば、十分の光を放つなり。殊に火を消す仕掛けあり。その蓋を開くときは機械忽ち火の上に落ちて消へるなり。これによりて石炭の多分にある穴にてこれを用いるも甚だ安心なりと言ふ。

○ある イギリスの しんぶんを みるに この國に おいて 千八百七十一年ちう にて もちい つ
いやせし せきたんの そうたか 一億千七百三十五萬二千〇二十トン （一トンわ 日本の 千六百八
十きんなり）
○せいように おいて このせつわ ざいもくを きるに のこぎり せずして エレキテルの しかけ
にて ひききる よし まことに めづらしき はつめい なり
○アメリカの メンフアスと いふ ところの しんぶんに いふ さく年の 十二月二十七日の よ ピ
ルビアンと なづくる ふね インド國 より にもつを つみ アメリカの ボヲストンへ かよう
みち にて ケイプ カルドと いへる ところの せに あたり なんせん いたし ふねわ もちろ
ん のりこみの 人みな しゝたり もつとも にもつ などわ ボヲストンの うけあい しよう
しや にて 四十萬ドル ほどの うけあい ありし よし
○とうねん 一月一日より あらためて フランス國人 ゼルモナヤに いりこむ にわ をうらい き
つて もちひずとも くるしからざる さだめに なりし よし

しようきせん はつたんの はなし
○ちかごろの 人たちわ べつに しんぱいも なく たやすく しようき せんに のられる ゆへ
たゞ その べんり なるを よろこび もとの おこりを しらざる人
おゝければ いま こゝに しようきの ばしまり むかしよりの あ
らましを しるす なり
○しようき とわ ゆげの ことなり この しようきの しかけわ いま
より 百四十年 まへ イギリスの グリーノックと いう ところ にて
うまれし ゼイムス ワットの くふう なり この人 ある日 いゑに
ゐて ちやを せんじ たるに ちやびんの ゆげ わくに したがひ
ちやびんの ふた うへに あがるを みて じやうきの ちから ある
を はつめいし 二十年の あいだ よる ひると なく くふうを
こらし じやうきの きかい とゝのうと いへり また しようき
せんに もちゆる くるまを こしらへし人わ およそ 二千年 むかしの こと なりしが

五どう 九

○あるイギリスの新聞を見るに、この国に於いて千八百七十一年中にて用い費やせし石炭の総高、一億千七百三十五万二千〇二十トン（一トンは日本の千六百八十斤なり）。

○西洋に於いて、この節は、材木を切るに鋸せずしてエレキテルの仕掛けにて挽き切る由、誠に珍しき発明なり。

○アメリカのメンフアス［メンフィス］といふ所の新聞に言ふ。昨年の十二月二十七日の夜、ピルビアン［ペルヴィアン］と名付くる船インド国より荷物を積み、アメリカのボヲストンへ通う道にて、ケイプカルド［ケープコッド］と言へる土地の瀬に当たり難船致し、船は勿論乗り込みの人皆死したり。尤も荷物などはボヲストンの請け合い商社にて四十万ドルほどの請け合いありし由。

○当年一月一日より、改めて、フランス国人ゼルモネヤ［ジャーマニー］に入り込むには、往来切手用ひずとも苦しからざる定めになりし由。

蒸気船発端の話

○近頃の人たちは別に心配もなく容易く蒸気船に乗られる故、ただその便利なるを喜び、元の起こりを知らざる人多ければ、今ここに蒸気のばしまり〈始まり〉し昔よりのあらましを記すなり。

○蒸気とは湯気のことなり。この蒸気の仕掛けは、今より百四十年前イギリスのグリーノックという所にて生まれしゼイムス［ジェームズ］ワットの工夫なり。この人ある日、家にいて茶を煎じたるに、茶瓶の湯気沸くに従ひ茶瓶の蓋上に上がるを見て蒸気の力あるを発明し、二十年の間夜昼となく工夫を凝らし、蒸気の機械整うといへり。又蒸気船に用ゆる車を拵へし人は、凡そ二千年昔のことなりしが、サンキヤス［シチリア］のシスレイ［シラクサ］といへる所にアクチミデヲス［アルキメデス］といふ人あり。この人年若なるときより色々と心を砕き考へ出だしたる物にて、その形は大小の違ひあれども今の蒸気船に用ゆる車は皆この人の発明より起こりしなり。この他、螺子南蛮（船に用ふる車の名）並びに船を下ろす道具などもこの人の工夫なり。右の蒸気機械と車などを用ひて船を拵へしは今より九十年ほど前、アメリカの人発明し、工夫を始めたれども、度々し損じ出来上がらざりしが、六十五年ほど前に至り、アメリカのニウヨルクにフルトンという人、百二十馬力の蒸気船を造りたりしに、初めて全き物出来たれば乗り試しをなせしに、三十時の間に百二十里の波路を走りしとなり。これ蒸気船の始まりにて、それより追々世に広まり、今日の便利となれり。

○右のアクチミデヲスはサンサヤス国王の若君に寵愛せられしとなり。その始まりは、ある日若君己の用ゆる冠を作らんと、金細工屋へ金無垢の地金を渡されしに、やがて拵へ納めけるが、若君その冠を見て、何か外の金を混ぜしものならんと疑われけり。されどもこれを見分くること叶わざる故、アクチミデヲスを呼び出だし、汝この冠を崩さずして金の良し悪しを見分けべしとありければ、アクチミデヲス色々と思案を尽くしけれども、その頃までは金銀の良し悪しを見分ける学問もなく、さすがのアクチミデヲスも思案に余りいたりしが、ある日風呂に入りてはからず考へ付きたり。その訳は、我が体湯に沈むに従ひ中の湯、外にこぼるる。これにて思ひ合わすれば、金は元よりちいちく〈小さく〉して外の金より重きものなれば、右の道理にて分かるべしと、すぐさま試みんため桶に水を一ッぱい入れ、これに金無垢を入れしかば、中の水外にこぼれし故、次に銀無垢を入れしにこれも又中の水こぼれしなり。そのこぼれし水を量り金銀の極めを付け、後に黄金造りの冠を水に沈めしに

みづの こぼれしこと 金むくより おゝく ぎんより すくなし これに よりて おもふに この
かんむりわ 金むくに あらず また ぎんにても あらぜと かんがへ きわめて すぐさま 御し
ろに いで わかぎみに みぎの しまつを もふし あぐれば わかぎみ ことの ほか かんしん
なし このゝちわ いかようなる ことにても アクチミデチス より もふし たてる ことわ
まことゝ おもひ さらに うたがう こと なかりしと なり

二ごう　アメリカの　ことがらの　つゞき

○それ〲の やくにん かくしき とうわ この國の こくたいに しるせし とうり その やくを
つとむべし 大トウリヤウの すべて すみやかに しよちの をこなわるゝ ゆへわ せいふの け
んあるなり そふじて たいていの ざつぴわ せいふにて とゝのへ らるべし 大トウリヤウ
たいめん またわ はなしを する ときわ さまと いふ ことばを もちゆるなり そふじて 人
みん 上下の わかち なく みぎ 大トウリヤウに たいめん できるなり まいねん ふゆわ

萬みんの れいしきで あるなり また まいねん 七月七日と 一月一日わ みぎ どうやう なり
その きやくを うけし ときわ 大トウリヤウの しよどうぐわ すべて へい人 どうやうの
ことなり たゞ アメリカで やくを つとめし人にて へい人と ちがへ あると いふわ ぐんか
んふねの へいたい なり これらの人わ いふくに きんぎんの かざりを つけて いづるなり
○大トウリヤウに おいてわ ほかより ちそうに まねかるゝ こと なし また 人の いゑに
おもてむき ゆく ことわ けつして なし しかれども じぶん かつてにて ない〲 人の う
ちに あそびに ゆくわ かつてに まかすなり 大トウリヤウに おいてわ おりせつ おもてむ
きにて ちそうを する ことが あるなり そのとき まねかれし 人ゝ ことわりし ときわ 大
トウリヤウに たいして はなはだ ぶれいなり
○みぎに しるせし きやくを うけし その ほかの れいぎも 大トウリヤウの きそく どうやう
なり
みぎの やくにんわ つとめ ねんげん かぎり あるゆへに その つとめの はなはだ いそが

水のこぼれしこと金無垢より多く銀より少なし。これによりて思ふに、この冠は金無垢にあらず、又銀にてもあらずと考へ極めて、すぐさま御城に出で、若君に右の始末を申し上ぐれば、若君殊の外感心なし、この後は如何様なる事にてもアクチミデヌスより申し立てる事は真と思ひ、更に疑うことなかりしとなり。

二号　アメリカの事柄の続き

○それぞれの役人格式等はこの国の国体に記せし通りその役を務むべし。大統領の全て速やかに処置の行わるる故は政府の権あるなり。総じて大抵の雑費は政府にて調へらるべし。大統領対面又は話をするときは様といふ言葉を用ゆるなり。総じて人民上下の分かちなく右大統領に対面出来るなり。毎年冬は

万民の礼式あるなり。又毎年七月七日と一月一日は右同様なり。その客を受けし時は大統領の諸道具は全て平人同様のことなり。ただアメリカで役を務めし人にて平人と違へあるといふは、軍艦船の兵隊なり。これらの人は衣服に金銀の飾りを付けて出でるなり。
○大統領に於いて他より馳走に招かるることなし。又人の家に表向き行くことは決してなし。しかれども自分勝手にて内々人の家に遊びに行くは勝手に任すなり。大統領に於いては折節表向きにて馳走をすることがあるなり。その時招かれし人々断りし時は大統領に対して甚だ無礼なり。
○右に記せし客を受けしその他の礼儀も大統領の規則同様なり。

右の役人は務め年限りある故に、その務めの甚だ忙

しく しくて よるのみ 人〻に ちそう いたすか またわ ちそうに よばるゝか いたす なり
その とりあつかい とうわ 國の ならい とて それ〴〵の かないに おいて いたすなり よつ
て ワシントンわ ふゆから はるさきわ はなはだ にぎやか なり

この あと つゞく

○また イタリヤに このごろ 大みづ いで しも〴〵の もの なんじう いたせし ところ フラ
ンスの ぎじいん より みぎの なんぎ いたせし ものどもへ 百萬フランケ（一フランゲわ 日
本の 二十五錢）ほどこさん ことを さだめ たるよし
○このごろ がい國の しんぶんを みるに ロシヤ國と イギリスと アジヤシウの ことにて なにか
あらそひ ごと あり ロシヤ國にてわ もし イギリスに おいて はかりごと とう これあると
も ロシヤ國にてわ まちうけて いたるよし

五ごう

○せいようも むかしの いへつくりわ まことに そまつ にて この ゑせの ごとく いしを つみ たてし のみ にて その かたち みぐるしき もの なり きん年に いたりてわ せい よう いづくも れんぐわ せき な どにて きれいなる こと めを おど ろかす べき よし しかし ゐなか にわ いまに かゝる いへ づくりの ところも まゝ ある べし 日本も せいように ならひ おひ〳〵 れん ぐわせき にて いへを つきたて あいなる こと なれば のちの よに いたりてわ これまでの いへづくり

十二

しくして、夜のみ人々に馳走致すか、又は馳走に呼ばるるか致すなり。その取扱い等は国の習いとてそれぞれの家内に於いて致すなり。因ってワシントンは冬から春先は甚だ賑やかなり。

この後続く

○又イタリヤにこの頃大水出で下々の者難渋致せしところ、フランスの議事院より右の難儀致せし者共へ百万フランケ［フラン］（一フランゲは日本の二十五銭）施さんことを定めたる由。
○このごそ〈頃〉外国の新聞を見るに、ロシヤ国とイギリスとアジヤ州の事にて何か争ひ事あり。ロシヤ国にてはもしイギリスに於いて謀等これあるともロシヤ国にては待ち受けていたる由。

○西洋も昔の家造りは誠に粗末にて、この絵図の如く石を積み立てしのみにて、その形見苦しきものなり。近年に至りては西洋いずくも煉瓦石などにて綺麗なること目を驚かすべき由。しかし田舎には今にかかる家造りの所もままあるべし。日本も西洋に倣ひ、追々煉瓦石にて家をつき建て相なることなれば、後の世に至りては、これまでの家造り

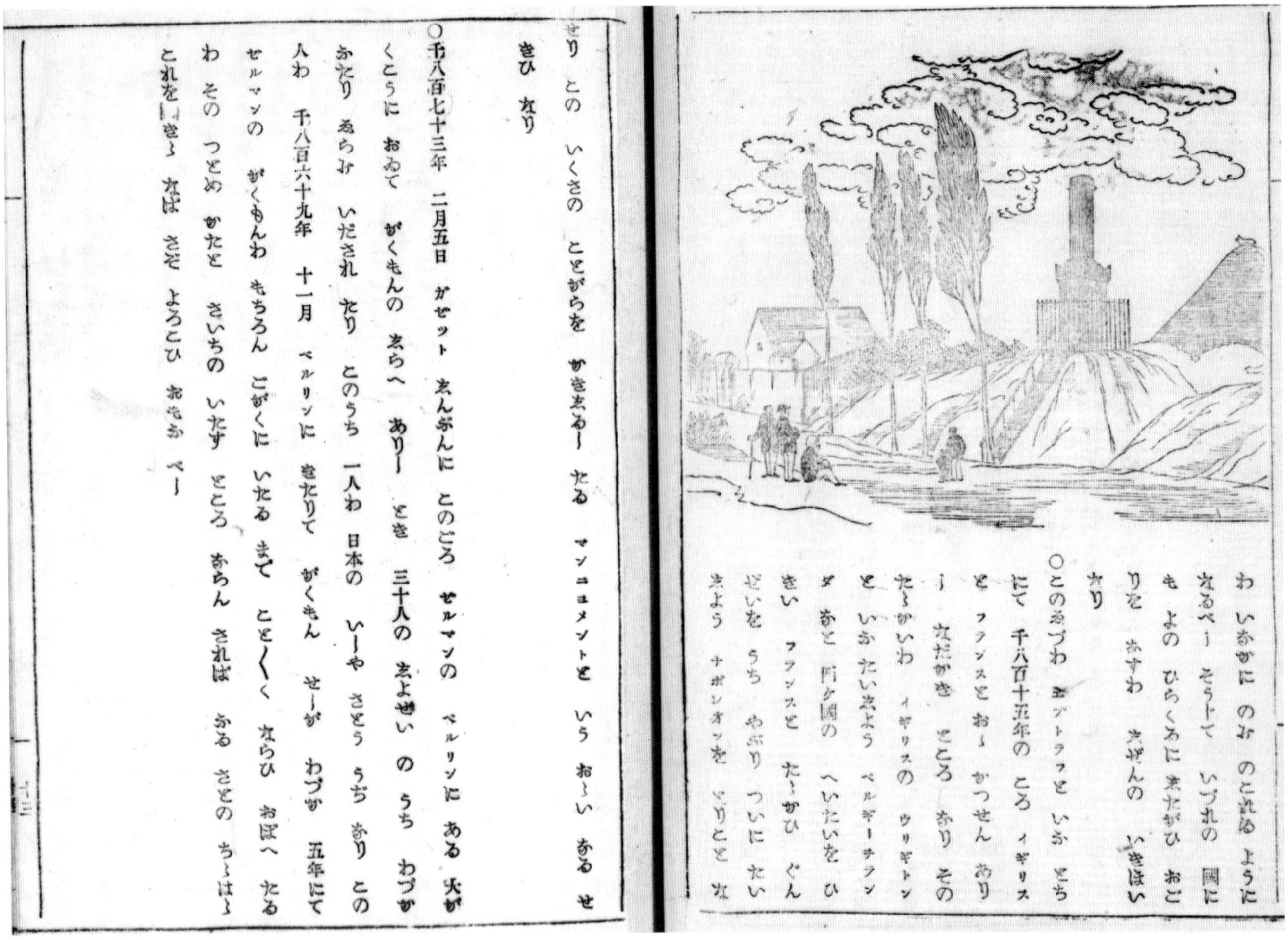
わ いなかに のみ のこれぬ ように
なるべし そうじて いづれの 國に
も よの ひらくるに したがひ おご
りを なすわ しぜんの いきほい
なり
○この ゑづわ エプトラフと いふ とち
にて 千八百十五年の ころ イギリス
と フランスと おゝ かつせん あり
し なだかき ところ なり その
たゝかいわ イギリスの ウリギトン
と いふ たいしよう ベルギー チラン
ダ など 四ヶ國の へいたいを ひ
きい フランスと たゝかひ ぐん
ぜいを うち やぶり ついに たい
しよう ナポレオンを とりこと な

せり この いくさの ことがらを かきしるし たる マンニユメントと いう おゝい なる せ
きひ なり
○千八百七十三年 二月五日 ガゼット しんぶんに このごろ ゼルマンの ベルリンに ある だいが
くこうに おいて がくもんの しらべ ありし とき 三十人の しよせい の うち わづか
ふたり えらみ いだされ たり このうち 一人わ 日本の いしや さとう うぢ なり この
人わ 千八百六十九年 十一月 ベルリンに きたりて がくもん せしが わづか 五年にて
ゼルマンの がくもんわ もちろん ごがくに いたる まで ことごとく ならひ おぼへ たる
わ その つとめ かたと さいちの いたす ところ ならん されば ふる さとの ちゝはゝ
これを 聞きし ならば さぞ よろこび おもふ べし

は田舎にのみ残れるようになるべし。総じて何れの国にも世の開くるに従ひ驕りをなすは自然の勢いなり。

○この絵図はエプトラフ［ワーテルロー］といふ土地にて千八百十五年の頃イギリスとフランスと大合戦ありし名高き所なり。その戦いは、イギリスのウリギトン［ウェリントン］といふ大将、ベルギー、ヲランダなど四ヶ国の兵隊を率いフランスと戦ひ軍勢を打ち破り、遂に大将ナポレオンを虜とな

せり。この戦の事柄を書き記したるマンニヨメント［モニュメント］という大いなる石碑なり。

○千八百七十三年二月五日ガゼット新聞に、この頃ゼルマン［ジャーマン］のベルリンにある大学校に於いて学問の調べありし時、三十人の書生の内僅か二人選み出だされたり。この内一人は日本の医者佐藤氏なり。この人は千八百六十九年十一月ベルリンに来たりて学問せしが、僅か五年にてゼルマンの学問は勿論語学に至るまで悉く習ひ覚へたるは、その努め方と才知の致すところならん。されば故郷の父母これを聞きなばさぞ喜び思ふべし。

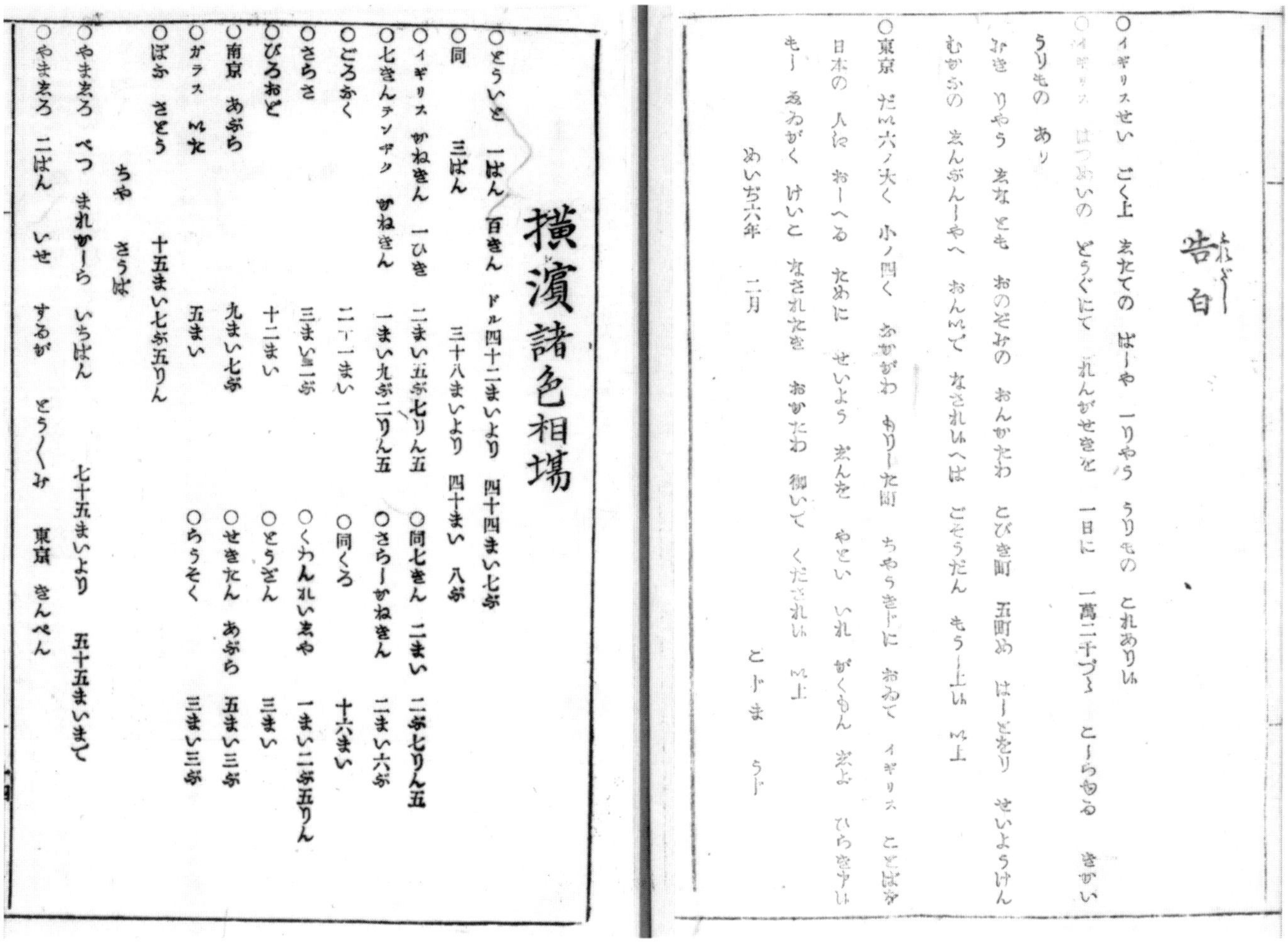

告白《ふれだし》

○イギリスせい　ごく上　したての　ばしや　一りやう　うりもの　これありそろ
○イギリス　はつめいの　どうぐにて　れんがせきを　一日に　一萬二千づゝ　こしらゆる　きかい
うりもの　あり
みぎ　りやう　しな　とも　おのぞみの　おんかたわ　こびき町　五町め　はしどをり　せいやうけん
むかふの　しんぶんしやへ　おんいでなされそろへば　ごそうだん　もうし上そろ　以上
○東京　だい六ノ大く　小ノ四く　ふかがわ　もりした町　ちやうきじに　おゐて　イギリス　ことばを
日本の　人に　おしへる　ために　せいやう　じんを　やとい　いれ　がくもん　じよ　ひらき申そろ
もし　えいがく　けいこ　なされたき　おかたわ　御いで　くだされそろ　以上
めいぢ六年　二月　こじま　うじ

横濱諸色相場

○とういと　一ばん　百きん　ドル四十二まいより　四十四まい七ぶ
○同　三ばん　三十八まいより　四十まい　八ぶ
○イギリス　かねきん　一ひき　二まい五ぶ七りん五　○同七きん　二まい　二ぶ七りん五
○七きんテンヂク　かねきん　一まい九ぶ二りん五　○さらしかねきん　二まい六ぶ
○ごろふく　二十一まい　○同くろ　十六まい
○さらさ　三まい二ぶ　○かんれいしや　一まい二ぶ五りん
○びろうど　十二まい　○とうざん　三まい
○南京　あぶら　九まい七ぶ　○せきたん　あぶら　五まい三ぶ
○ガラス　いた　五まい　○らうそく　三まい三ぶ
○ぼう　さとう　十五まい七ぶ五りん
ちや　さうば
○やましろ　べつ　まれかしら　いちばん　七十五まいより　五十五まいまで
○やましろ　二ばん　いせ　するが　とうとうみ　東京　きんぺん

## 告白《ふれだし》

○イギリス製極上仕立ての馬車一両、売り物これあり候。
○イギリス発明の道具にて、煉瓦石を一日に一万二千ずつ拵ゆる機械売り物あり。
右両品共お望みのおん方は、木挽町五町目橋通り　精養軒向かふの新聞社へおん出でなされ候へば、御相談申し上候。以上
○東京第六の大区深川森下町ちやうき〈長慶〉寺に於いて、イギリス言葉を日本の人に教へるために西洋人を雇い入れ、学問所開き申候。もし英学稽古なされたきお方は御出でくだされ候。以上
明治六年二月　　小島氏

## 横浜諸色相場

○唐糸　一番　百斤　ドル四十二枚より四十四枚七分
○同　三番　三十八枚より四十枚八分
○イギリス金巾　一匹　二枚五分七厘五　○同七斤　二枚二分七厘五
○七斤天竺　金巾　一枚九分二厘五　○晒金巾　二枚六分
○ごろふく　二十一枚　○同黒　十六枚
○更紗　三枚二分　○寒冷紗　一枚二分五厘
○ビロード　十二枚　○唐桟　三枚
○南京油　九枚七分　○石炭油　五枚三分
○ガラス板　五枚　○蝋燭　三枚三分
○棒砂糖　十五枚七分五厘
茶相場
○山城別稀頭　一番　七十五枚より五十五枚まで
○山城　二番、伊勢、駿河、遠江、東京近辺

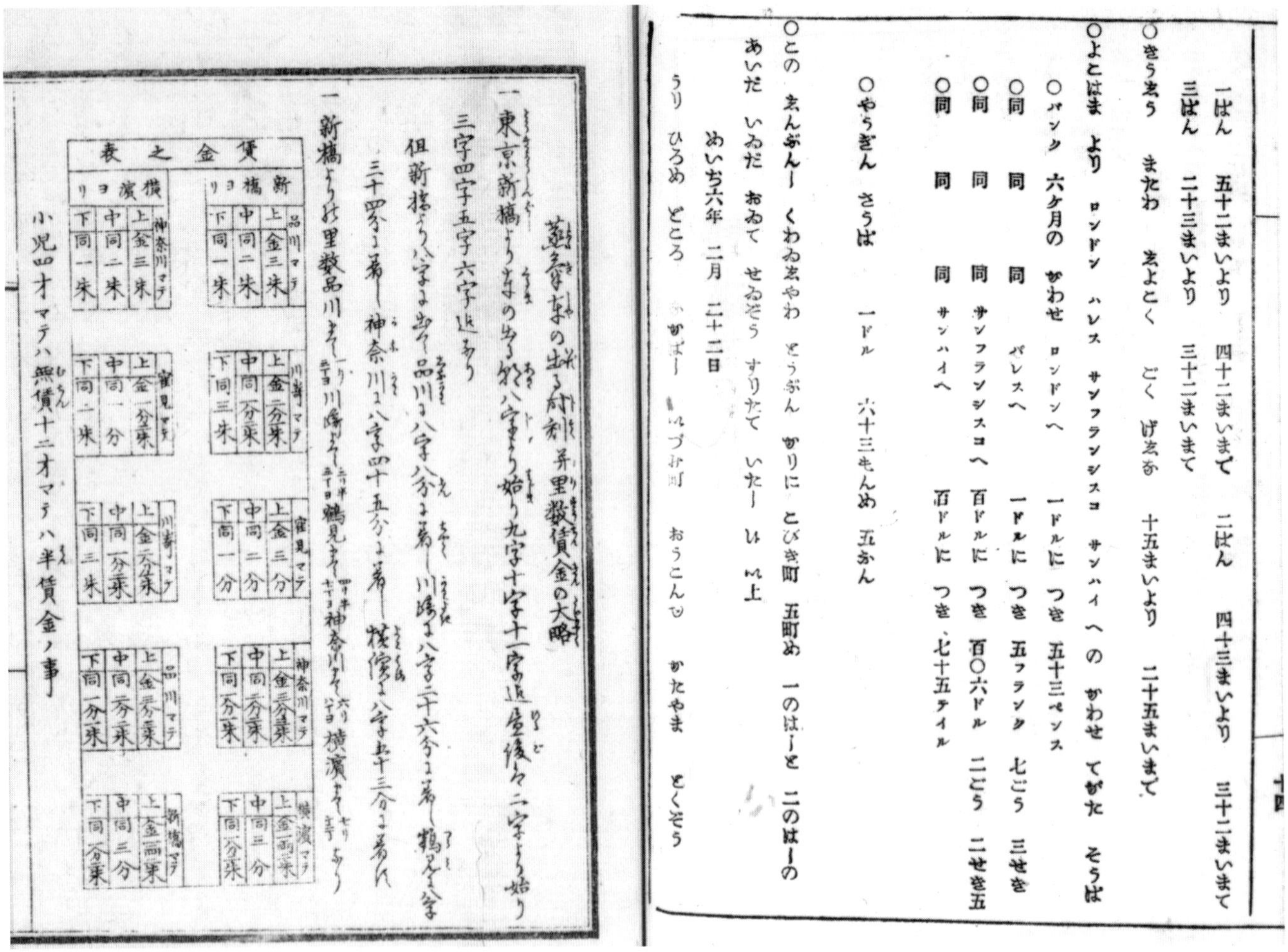

一番　五十二枚より四十二枚まで　　二番　四十三枚より三十二枚まで
三番　二十三枚より三十二枚まで

○九州又は諸国　極く下品　十五枚より二十五枚まで

○横浜よりロンドン、ハレス［パリ］、サンフランシスコ、サンハイ［上海］への為替手形相場

○バンク六ヶ月の為替　ロンドンへ　一ドルにつき五十三ペンス

○同　同　パレスへ　一ドルにつき五フランク［フラン］七合三勺

○同　同　サンフランシスコへ　百ドルにつき百〇六ドル二合二勺五

○同　同　同　サンハイへ　百ドルにつき七十五テイル

○洋銀相場　一ドル六十三匁五分

○この新聞紙会社は当分仮に木挽町五町目　一の橋と二の橋の間、飯田於いて製造摺立て致し候。以上

明治六年二月二十二日

売り広め所　中橋和泉町　黄金湯　片山徳造

蒸気車《しやうきしや》の出《いづ》る時刻《じこく》幷里数賃金《りすうちんきん》の大略《たいりやく》

一　東京新橋より車の出る朝八字より始り九字十字十一字迄昼後は二字より始り三字四字五字六字迄なり。

但新橋より八字に出て品川に八字八分に着し川崎に八字二十六分に着し鶴見に八字三十四分に着し神奈川に八字四十五分に着し横浜に八字五十三分に着す。

一　新橋よりの里数品川まで一里三丁余、川崎まで三里半三丁余　鶴見まで四里半七丁余、神奈川まで六里八丁余　横浜まで七里十二丁なり。

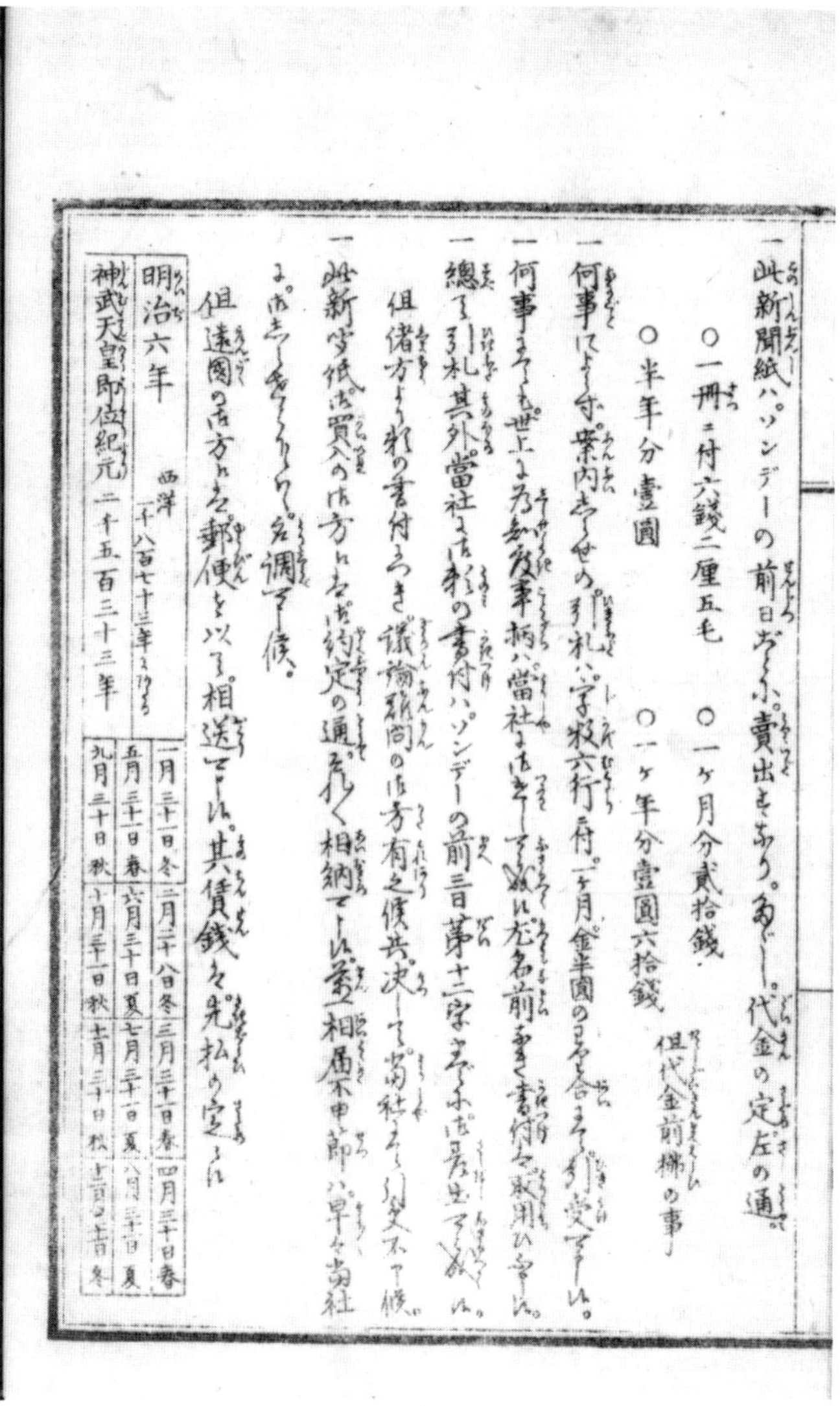

一　此新聞紙は、ソンデーの前日ごとに売出すなり。ただし代金の定左の通。
○一冊に付六銭二厘五毛　○一ヶ月分二十銭
○半年分一円　○一ヶ年分一円六十銭　但代金前払の事。

一　何事によらず、案内知らせの引札は、字数六行に付、一ヶ月金半円の割合にて引受申べく候。

一　何事にても、世上に知らせたき事柄は、当社に御遣しなさるべく候。尤名前なき書付は取用ひ申さず候。

一　総て引札其外当社に御頼の書付は、ソンデーの前三日第十二字までに御差出なさるべく候。

但諸方より頼の書付につき、議論難問の御方これあり候ども、決して当社にて引受申さず候。

一　此新聞紙御買入れの御方へは、御約定の通、それぞれ相納め申べく候。万一相届申ざる節は、早々当社に御知らせられ候ば取調申べく候。

但遠国の御方へは郵便を以て相送申べく候。其賃銭は先払の定に候。

六号の内容　明治6・3・1

前文1　発行の趣旨1　当新聞の表記法

**御布告**　○敵討ち禁止○県の統廃合二件

**国内新聞**　○雷と風雨により五十艘難船（三河沖）○西洋型の船も難船○在露大使赴任○天皇、皇太后をお見舞い○ポンプで鎮火（横浜）○通い船転覆（横浜）○諸国への手紙の数○解剖・火葬の良否○四座の櫓建設許可○軍艦の試運航○松の油による火事（東京）○軍隊の調練（大阪）○神奈川県令病気○郵便の数○新橋横浜間蒸気車の乗客数と賃銭○蒸気車運行時間延長

**海外新聞**　○牛革の綱・紐の生産○自殺（仏）○アメリカの馬、煙草を食べ死亡（シナ）○ストラスブールの婦人、仏国旗の色の衣服○馬車の事故の罰金○露英不和○マリアルース号事件関連でペルー艦来航○洪水（アイルランド）○軍艦建造（英）○サンドウィッチ島、米に併合の噂○元英総督の妻死去○ロシア軍侵攻○アジア州の戦い○ペルシャ王英訪問○ペルー大統領暗殺未遂○ナポレオン死去によりドイツ王服喪○米東部豪雨○イスパニア内乱○アメリカ国事柄の続き—コロンブス

**雑説**　○新律綱領の発売　告白（広告）　**横浜諸色相場**　**為替手形相場**　当新聞の製造所と販売所　**蒸気車の出る時刻里数幷賃金の大略**　社告

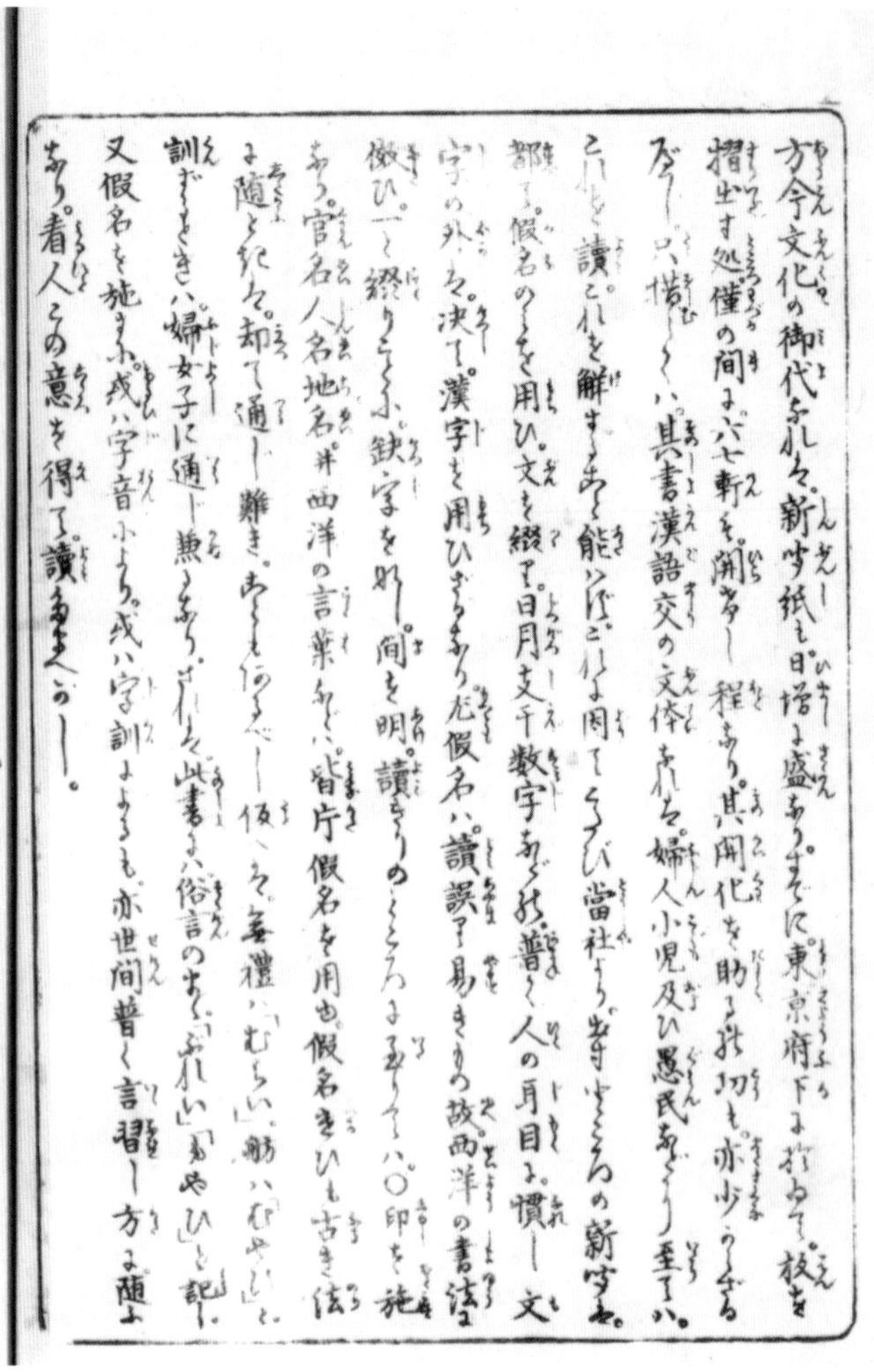

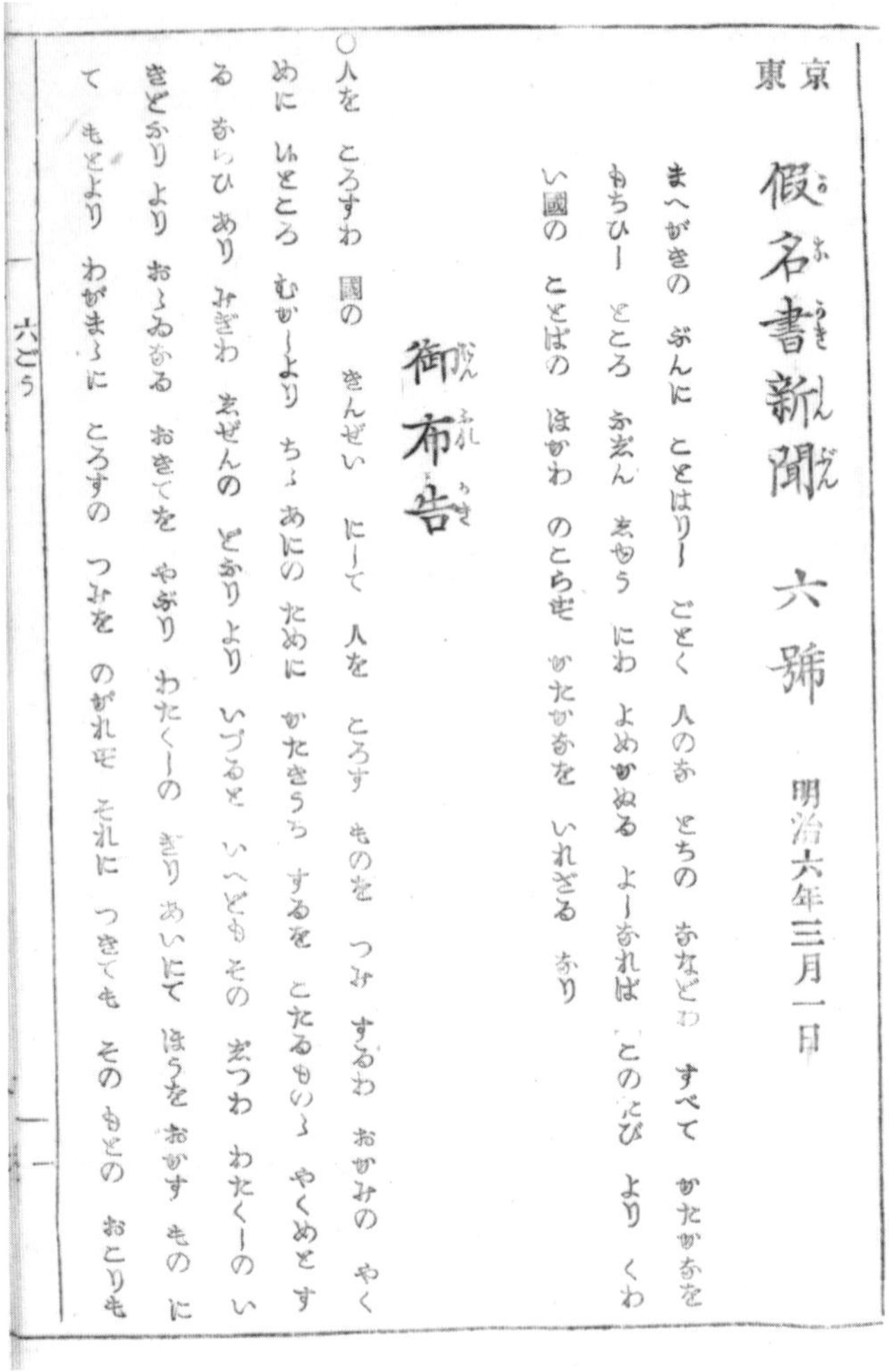

方今文化の御代なれば、新聞紙も日増に盛なり。すでに東京府下に於いて、板を摺出す処、僅の間に六七軒も開けし程なり。其開化を助るの功も亦少からざるべし。只惜らくは、其書漢語交の文体なれば、婦人小児及ひ愚民などに至てはこれを読、これを解すること能はず。これに因て、こたび当社より出すところの新聞は、都て仮名のみを用ひ、文を綴り、日月支干数字などの普く人の耳目に慣し文字の外は、決て漢字を用ひざるなり。尤仮名は読誤り易きもの故、西洋の書法に倣ひ、一と綴りことに欠字をなし、間を明、読きりのところに至りては○印を施なり。官名人名地名、并西洋の言葉などは、皆片仮名を用ゆ。仮名遣ひも古き法に随ときは却て通じ難きこともあるべし。仮へは無礼は「むらい」、舫は「むやひ」と訓ずるときは、婦女子に通じ兼るなり。されは此書には、俗言のまま「ぶれい」「もやひ」と記し、

又仮名を施すに、或は字音により、或は字訓によるも、亦世間普く言習し方に随ふなり。看人この意を得て読たまへかし。

東京假名書新聞《かなかきしんぶん》　六号　明治六年三月一日

前書きの文に断はりし如く、人の名土地の名などは全て片仮名を用ひしところ、婦人衆には読めかぬる由なれば、この度より外国の言葉の他は残らず片仮名を入れざるなり。

御布告《おんふれかき》

○人を殺すは国の禁制にして、人を殺す者を罪するはお上の役目に候ところ、昔より父兄のために敵討ちするを子たる者の役目とする習ひあり。右は自然の道理より出づると雖も、その実は私の憤りより大いなる掟を破り、私の義理合いにて法を犯すものにて、固より我儘に殺すの罪を逃れず。それにつきてもその元の起こりも

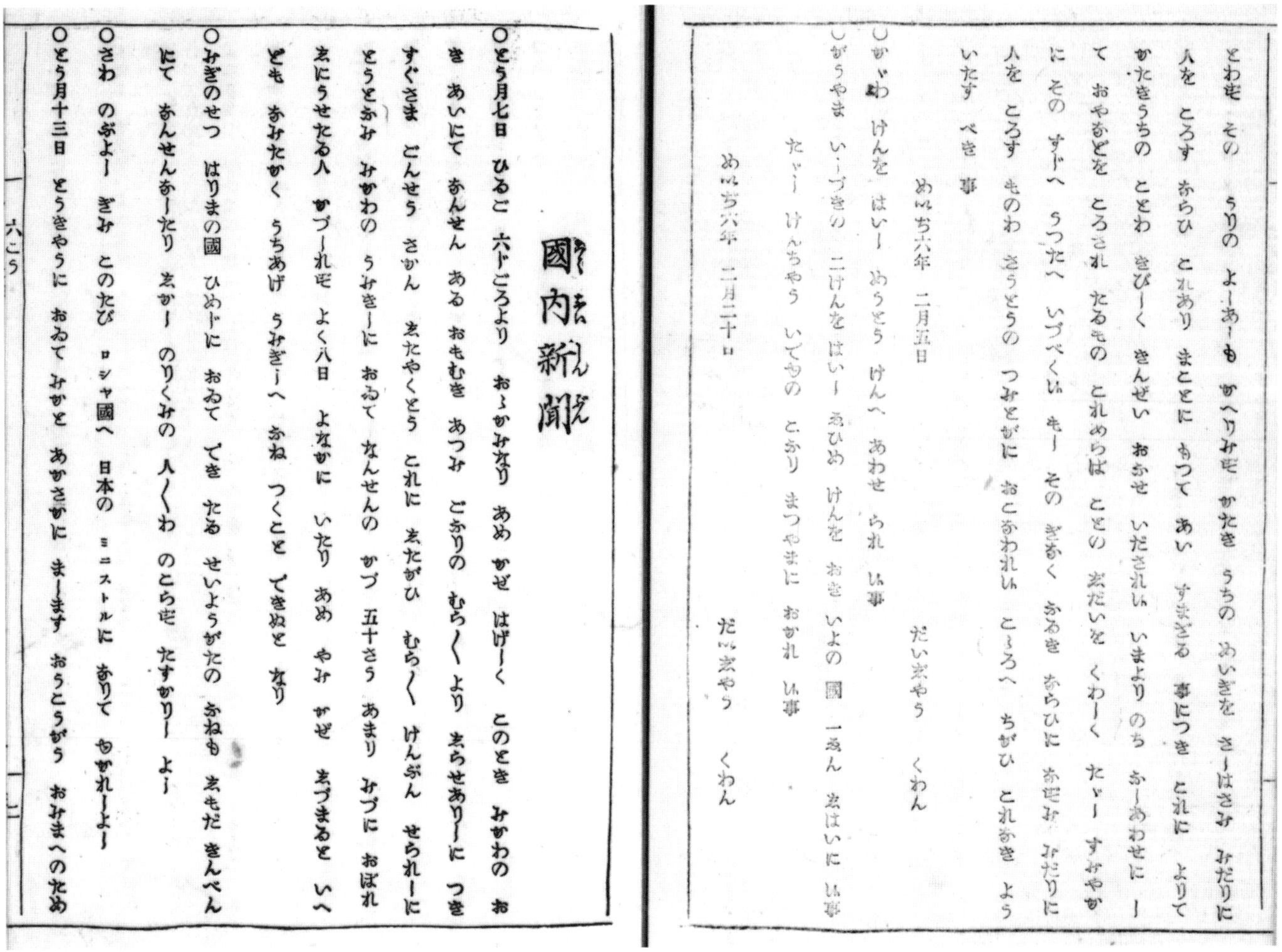
とわず その　うりの よしあしも かへりみず かたき うちの めいぎを さしはさみ みだりに
人を ころす ならひ これあり まことに もつて あい すまざる 事につき これに よりて
かたきうちの ことわ きびしく きんぜい おほせ いだされ候 いまより のち ふしあわせに し
て おやなどを ころされ たるもの これあらば ことの しだいを くわしく たゞし すみやか
に その すぢへ うつたへ いづべく候 もし その ぎなく ふるき ならひに なずみ みだりに
人を ころす ものわ さうとうの つみとがに おこなわれ候 こゝろへ ちがひ これなき よう
いたす べき 事

めいぢ六年 二月五日　だいじやう くわん

○かゞわ けんを はいし めうとう けんへ あわせ られ 候事

○がうやま いしづきの 二けんを はいし ゑひめ けんを おき いよの 國 一ゑん しはいに 候事

たゞし けんちやう いでゆの こほり まつやまに おかれ 候事

めいぢ六年 二月二十日　だいじやう くわん

國《こく》内《ない》新《しん》聞《ぶん》

○とう月七日 ひるご 六ドごろより おゝかみなり あめ かぜ はげしく このとき みかわの おき あいにて なんせん ある おもむき あつみ ごほりの むら〳〵より しらせありしに つき すぐさま ごんせう さかん したやくとう これに したがひ むら〳〵 けんぶん せられしに とうとふみ みかわの うみぎしに おゐて なんせんの かず 五十さう あまり みずに おぼれ しにうせたる人 かずしれず よく八日 よなかに いたり あめ やみ かぜ しづまると いへども なみたかく うちあげ うみぎしへ ふね つくこと できぬと なり

○みぎのせつ はりまの國 ひめドに おゐて でき たる せいようがたの ふねも しもだ きんぺんにて なんせんなしたり しかし のりくみの 人〴〵わ のこらず たすかりし よし

○さわ のぶよし ぎみ このたび ロシヤ國へ 日本の ミニストルに なりて ゆかれしよし

○とう月十三日 とうきやうに おゐて みかど あかさかに まします おうこうがう おみまへのため

問わず、その□うり〈道理〉の良し悪しも顧みず敵討ちの名義を差し挟み、みだりに人を殺す習ひこれあり。誠に以て相済まざる事につき、これに依りて敵討ちの事は厳しく禁制仰せ出だされ候。今より後不幸せにして親などを殺されたる者これあらば、事の次第を詳しく糺し、速やかにその筋へ訴へ出づべく候。もしその義なく古き習ひになずみ、みだりに人を殺す者は、相当の罪科に行われ候。心得違ひこれなきよう致すべき事。

明治六年二月五日　太政官

○香川県を廃し、名東県へ併せられ候事。

○ごうやま・いしづきの二県を廃し、愛媛県を置き、伊予の国一円支配に候事。

但し、県庁温泉の郡松山に置かれ候事。

明治六年二月二十日　太政官

国内新聞《こくないしんぶん》

○当月七日昼後六時頃より大雷雨風激しく、この時三河の沖合にて難船ある趣き、渥美郡の村々より知らせありしにつき、すぐさま権正、佐官、下役等これに従ひ、村々検分せられしに、遠江三河の海岸に於いて難船の数五十艘余り、水に溺れ死に失せたる人数知れず、翌八日夜中に至り雨止み風静まるといへども波高く打ち上げ、海岸へ船着くこと出来ぬとなり。

○右の節、播磨の国姫路に於いて出来たる西洋型の船も下田近辺にて難船なしたり。しかし乗組みの人々は残らず助かりし由。

○澤宣嘉君この度ロシヤ国へ日本のミニストルになりて行かれし由。

○当月十三日、東京に於いて帝、赤坂にまします大皇后お見舞へのため

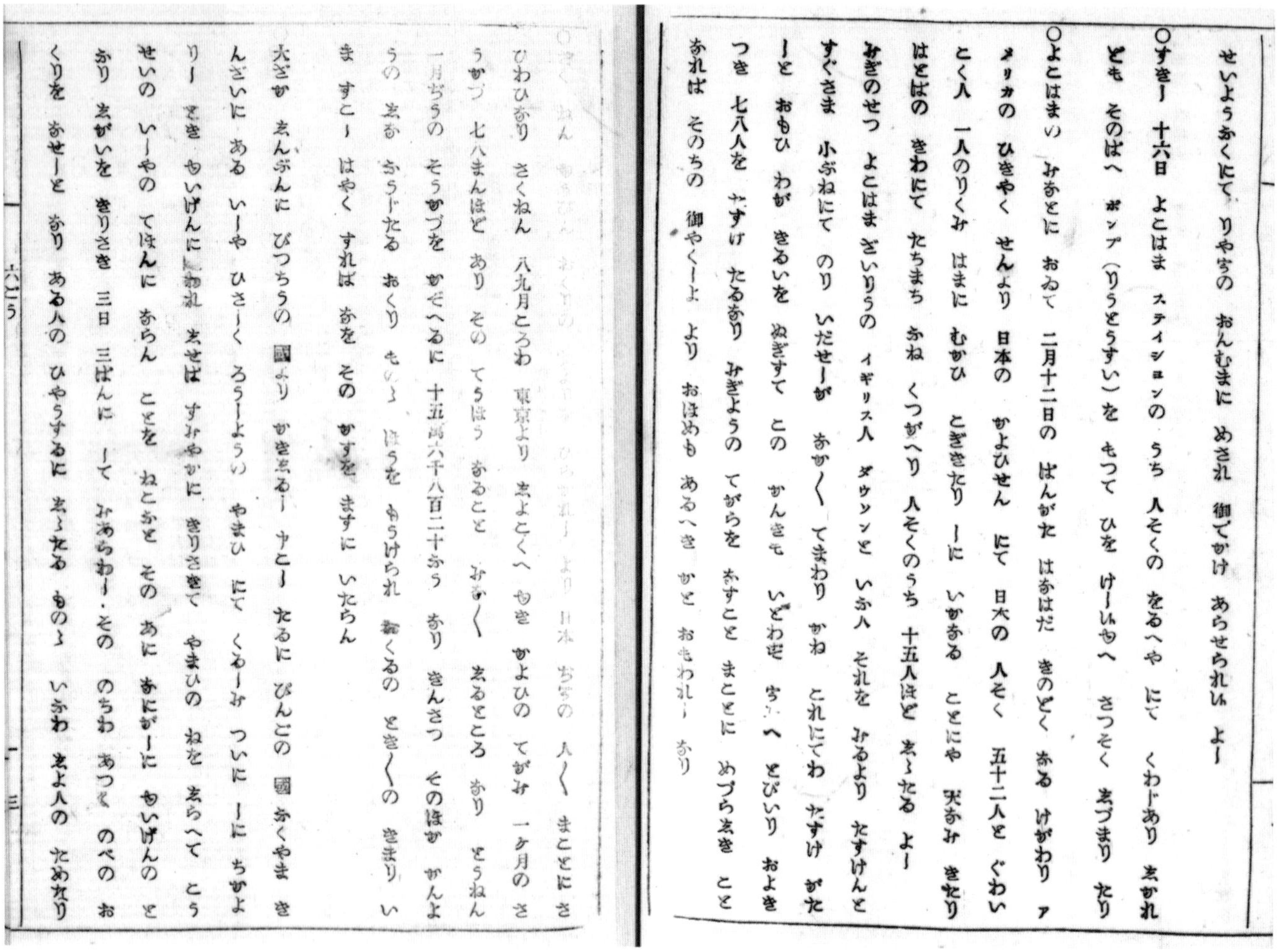
せいようあくにて りやうの おんむまに めされ 御でかけ あらせられ候 よし
○すぎし 十六日 よこはま スティションの うち 人そくの をるへや にて くわじあり しかれども そのばへ ポンプ（りうとうすい）を もつて ひを けしいへ さつそく しづまり たり
○よこはまの みなとに おゐて 二月十二日の ばんがた はなはだ きのどく なる けがわり アメリカの ひきやく せんより 日本の かよひせん にて 日本の 人そく 五十二人と ぐわいこく人 一人のりくみ はまに むかひ こぎきたりしに いかなる ことにや 大なみ きたり はとばの きわにて たちまち ふね くつがへり 人そくのうち 十五人ほど しゝたる よし みぎのせつ よこはま ざいりうの イギリス人 ダウソンと いふ人 それを みるより たすけんと すぐさま 小ぶねにて のり いだせしが なかなか てまわり かね これにてわ たすけ がたしと おもひ わが きるいを ぬぎすて この かんきも いとわず うみへ とびいり およぎつき 七八人を たすけ たるなり みぎようの てがらを なすこと まことに めづらしき ことなれば そのちの 御やくしよ より おほめも あるべき かと おもわれし なり
○さく ねん ゆうびん おくりの たよりなど ひらかれしより 日本 ちうの 人く まことに さひわひなり さくねん 八九月ころわ 東京より しよこくへ ゆき かよひの てがみ 一ヶ月の さうかず 七八まんほど あり その てうほう なること おのおの しるところ なり とうねん 一月ぢうの そうかずを かぞへるに 十五万六千八百二十ふう なり きんさつ そのほか かんようの しなを ふうじたる おくりものゝ はうを もうけられ おくるの ときどきの きまり いま すこし はやく すれば なを その かずを ますに いたらん
○大ざか しんぶんに びつちうの 國より かきしるし こしたるに びんごの 國 ふくやま きんざいに ある いしや ひさしく ろうしようの やまひ にて くるしみ ついに しにちかよりし とき ゆいげんに われ しせば すみやかに きりさきて やまひの ねを しらべて こうせいの いしやの てほんに ならん ことを ねがふと その あにに なにがしに ゆいげんの とおり しがいを きりさき 三日 三ばんに して みあらわし その のちわ あつく のべの おくりを なせしと なり ある人の ひやうするに しゝたる ものゝ いふわ しよ人の ためなり

西洋服にて寮のおん馬に召され御出掛けあらせられ候由。

○過ぎし十六日、横浜ステイションの内人足のおる部屋にて火事あり。しかれどもその場へポンプ（龍吐水）を以て火を消し候故、早速鎮まりたり。

○横浜の港に於いて、二月十二日の晩方、甚だ気の毒なる怪我わり〈あり〉。アメリカの飛脚船より日本の通ひ船にて、日本の人足五十二人と外国人一人乗り組み浜に向かひ漕ぎ来たりしに、如何なる事にや大波来たり、波止場の際にて忽ち船覆り、人足の内十五人ほど死したる由。右の節横浜在留のイギリス人ダウソンといふ人それを見るより助けんとすぐさま小舟にて乗り出だせしが、なかなか手回りかね、これにては助け難しと思ひ、我が着類を脱ぎ捨て、この寒気を厭わず海へ飛び入り、泳ぎ着き、七八人を助けたるなり。右様の手柄をなすこと誠に珍しきことなれば、その地の御役所よりお褒めもあるべきかと思われしなり。

○昨年郵便送りの便りなど開かれしより、日本中の人々誠に幸いなり。昨年八九月頃は東京より諸国へ行き通ひの手紙一ヶ月の総数七八万ほどあり。その重宝なること皆々知るところなり。当年一月中の総数を数へるに、十五万六千八百二十封なり。金札その外肝要の品封じたる送りものの法を設けられ、送るの時々の決まり今少し早くすればなおその数を増すに至らん。

○大阪新聞に、備中の国より書き記し申越したるに、備後の国福山近在にある医者久しく労症の病にて苦しみ遂に死に近寄りし時、遺言に、我死せば速やかに切り裂きて病の根を調べて、後世の医者の手本にならんことを願ふと。その兄何某に遺言の通り死骸を切り裂き、三日三晩にして見顕し、その後は厚く野辺の送りをなせしとなり。ある人の評するに、死したる者の言ふは諸人のためなり。

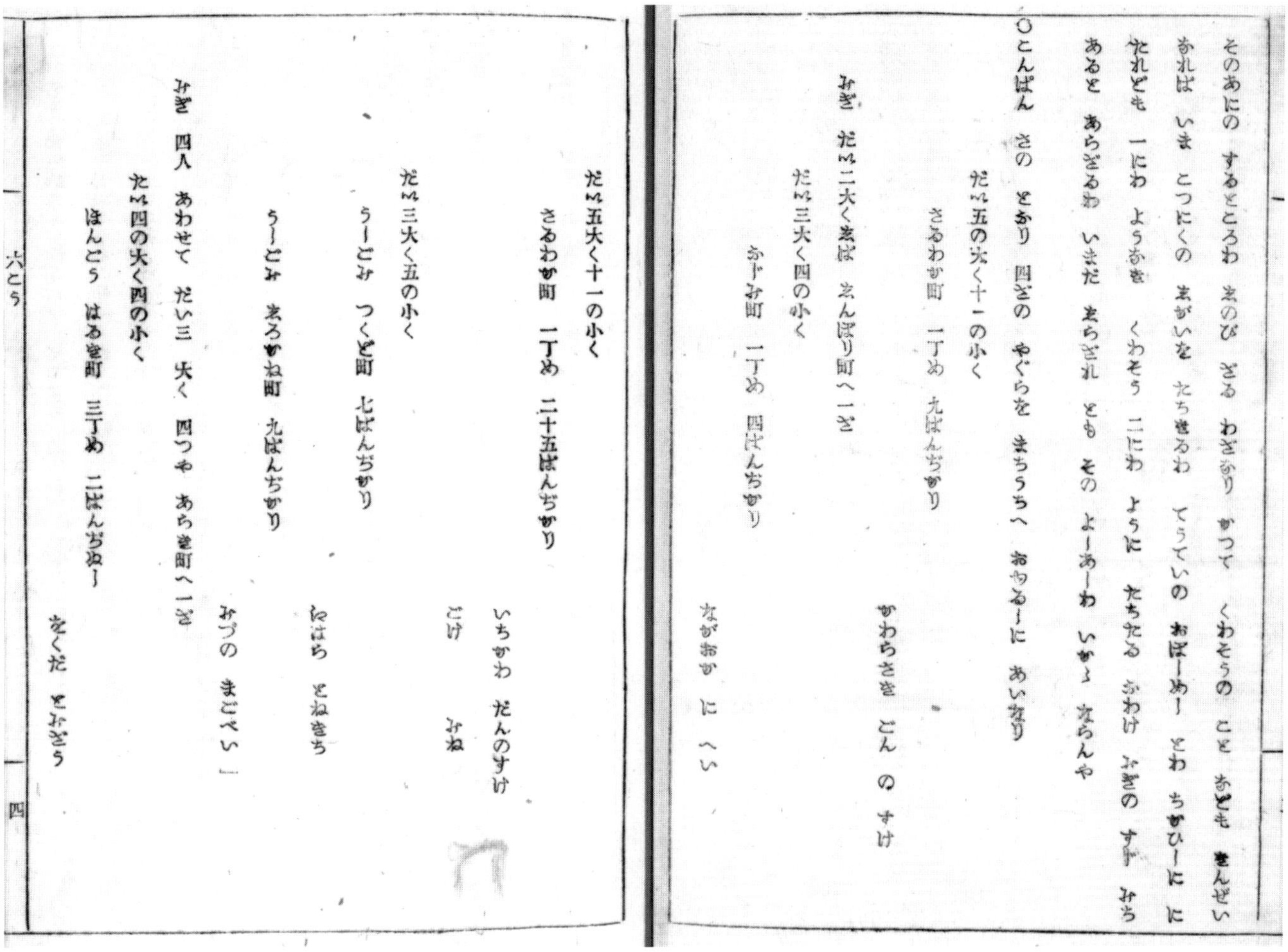
そのあにの　するところわ　しのび　ざる　わざなり　かつて　くわそうの　こと　なども　きんぜい
なれば　いま　こつにくの　しがいを　たちきるわ　てうていの　おぼしめしとわ　ちがひしに　に
たれども　一にわ　ようなき　くわそう　二にわ　ように　たちたる　ふわけ　みぎの　すぢ　みち
あると　あらざるわ　いまだ　しらざれ　ども　その　よしあしわ　いかゞ　ならんや
○こんぱん　さの　とほり　四ざの　やぐらを　まちうちへ　おゆるしに　あいなり
だい五の大く十一の小く
さるわか町　一丁め　九ばんちがり　かわらさき　ごんのすけ
みぎ　だい二大く　しんぼり町へ一ざ
だい三大く四の小く
ふじみ町　一丁め　四ばんちがり　ながおか　にへい
六ごう
四
だい五大く十一の小く
さるわか町　一丁め　二十五ばんちがり　いちかわ　だんのすけ
ごけ　みね
だい三大く五の小く
うしごめ　つくど町　七ばんちがり　えはら　とねきち
うしごめ　しろかね町　九ばんちがり　みづの　まごべい
みぎ　四人　あわせて　だい三　大く　四つや　あらき町へ一ざ
だい四の大く四の小く
ほんごう　はるき町　三丁め　二ばんちぬし　おくだ　とみぞう

その兄のするところは忍びざる技なり。かつて火葬の事なども禁制なれば、今骨肉の死骸を断ち切るは朝廷の思し召しとは違ひしに似たれども、一には用なき火葬、二には用に立ちたる腑分け、右の筋道あるとあらざるは未だ知らざれども、その良し悪しは如何ならんや。

○今般左の通り四座の櫓を町内へお許しにあいなり。

第五の大区十一の小区
猿若町一丁目九番地借　河原崎権之助
右第二大区芝新堀町へ一座

第三大区四の小区
富士見町一丁目四番地借　長岡仁兵衛

第五大区十一の小区
猿若町一丁目二十五番地借　市川団之助
後家　みね

第三大区五の小区
牛込津久戸町七番地借　江原利根吉
牛込白銀町九番地借　水野孫兵衛
右四人併せて第三大区四ツ谷荒木町へ一座

第四の大区四の小区
本郷春木町三丁目二番地主　奥田富蔵

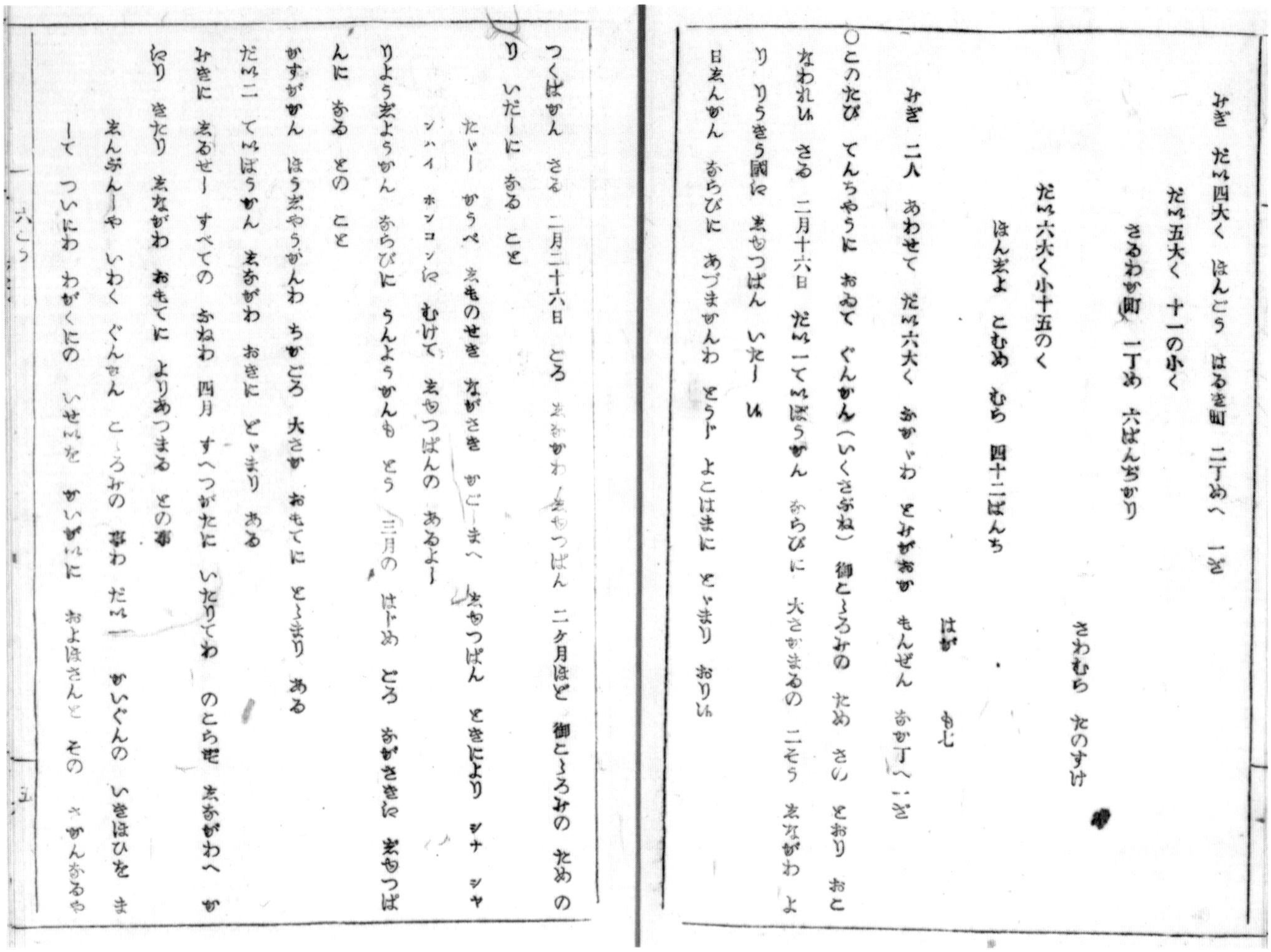
みぎ だい四大く ほんごう はるき町 二丁めへ 一ざ
だい五大く 十一の小く
さるわか町 一丁め 六ばんちかり
さわむら たのすけ
だい六大く小十五のく
ほんじよ こむめ むら 四十二ばんち
はが もしち
みぎ 二人 あわせて だい六大く ふかゞわ とみがおか もんぜん なか丁へ 一ざ
○このたび てんちように おゐて ぐんかん（いくさぶね） 御こゝろみの ため さの とおり おこなわれそろ さる 二月十六日 だい一ていぼうかん ならびに 大さかまるの 二そう しながわ より りうきう國に しゆつぱん いたし そろ
日しんかん ならびに あづまかんわ とうじ よこはまに とゞまり おりそろ
つくばかん さる 二月二十六日 ごろ しながわ しゆつぱん 二ヶ月ほど 御こゝろみの ためのり いだしに なる こと
たゞし かうべ しものせき ながさき かごしまへ しゆつぱん ときにより シナ シャンハイ ホンコンに むけて しゆつぱんの あるよし
りようじようかん ならびに うんようかんも とう 三月の はじめ ごろ ながさきに しゆつぱんに なる との こと
かすがかん ほうしようかんわ ちかごろ 大さか おもてに とゞまり ある
だい二 ていぼうかん しながわ おきに とゞまり ある
みぎに しるせし すべての ふねわ 四月 すへつがたに いたりてわ のこらず しながわへ かえり きたり しながわ おもてに よりあつまる との事
しんぶんしや いわく ぐんかん こゝろみの 事わ だい一 かいぐんの いきほひを まして ついにわ わがくにの いせいを かいがいに およぼさんと その さかんなるや

右第四大区本郷春木町二丁目へ一座
第五大区十一の小区
猿若町一丁目六番地借
沢村田之助
第六大区小十五の区
本所小梅村四十二番地
羽賀茂七
右二人併せて第六大区深川富岡門前仲丁へ一座

○この度天朝に於いて軍艦（戦船）御試みのため左の通り行なわれ候。去る二月十六日第一丁卯艦並びに大坂丸の二艘品川より琉球国へ出帆致し候。
日進艦並びに東艦は当時横浜に留まりおり候。


筑波艦、去る二月二十六日頃品川出帆、二ヶ月ほど御試みのため乗り出だしになる事。

但し、神戸、下関、長崎、鹿児島へ出帆、時によりシナ、上海、香港へ向けて出帆のある由。

龍驤艦並びに運用艦も同三月の初め頃長崎に出帆になる事。

春日艦、鳳翔艦は近頃大阪表に留まりある。

第二丁卯艦品川沖に留まりある。

右に記せし全ての船は、四月末つ方に至りては、残らず品川へ帰り来たり、品川表に寄り集まるとの事。

新聞社曰く。軍艦試みの事は、第一、海軍の勢ひを増して、遂には我が国の威勢を海外に及ぼさんとその盛んなるや

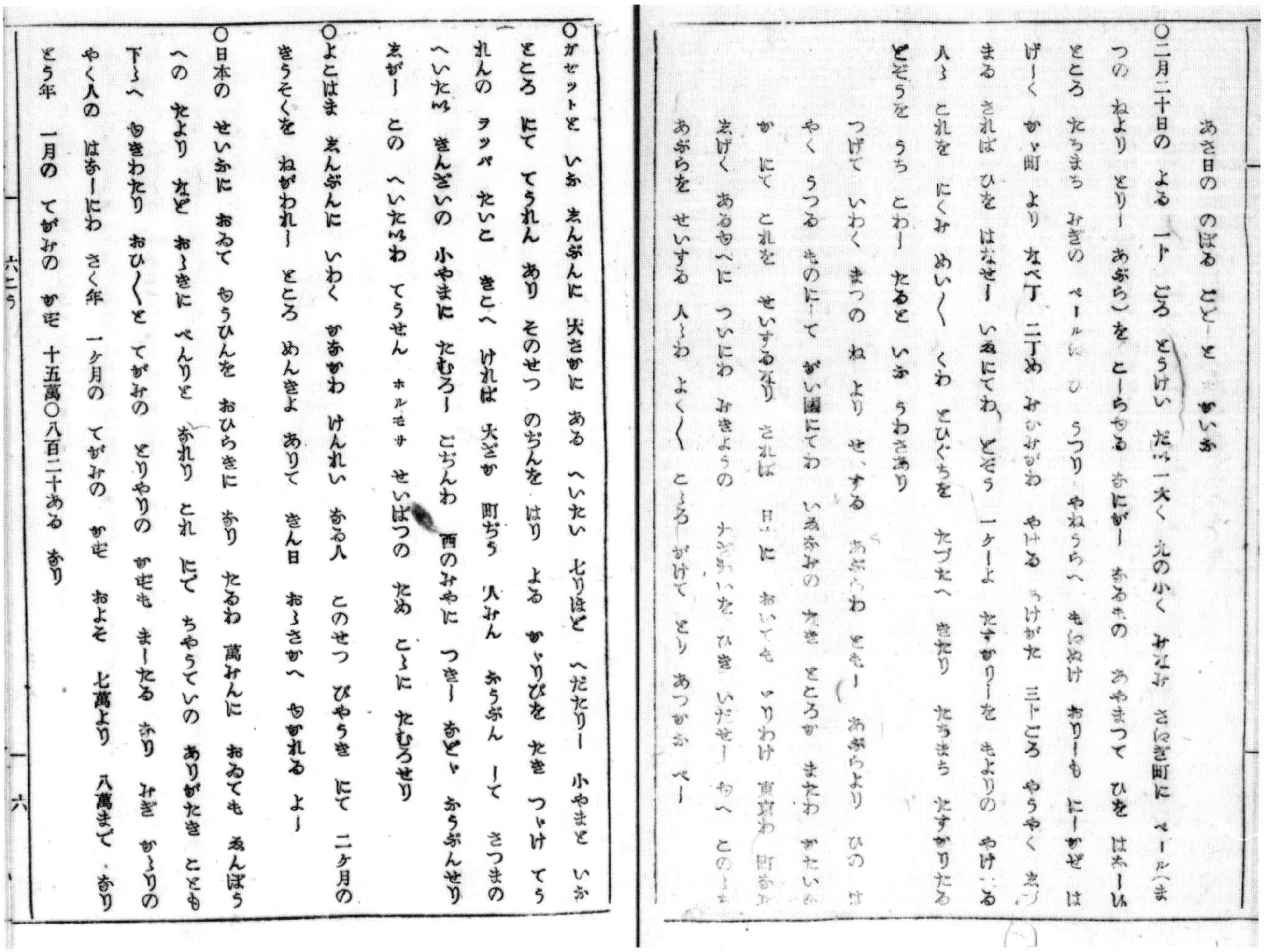
あさ日の のぼる ごとしと いふ
○二月二十日の よる 一ト ごろ とうけい だい一大く 九の小く みなみ さゐぎ町に ぺーる（まつの ねより とり～ あぶら）を とーちやる なにがし あやまつて ひを はなしい ところ たちまち みぎの ぺーるに ひ うつり やねうらへ もゑぬけ おり～も にーかぜ はげ～く かゞ町 より なべ丁 二丁め みなみがわ やける あけがた 三ト ごろ やうやく しづまる されば ひを はなせし いゑにてわ どぞう 一ケーよ たすかりしを もよりの やけたる人～ これを にくみ めい～ くわ とびぐちを たづさへ きたり たちまち たすかりたる どぞうを うち こわし たると いふ うわさあり
つげて いわく まつの ね より せいする あぶらわ ともし あぶらより ひの はやく うつる ものにして がい國にてわ いゑなみの なき ところか または かたいなかにて これを せいするなり されば 日本に おいても とりわけ 東京わ 町なみ しげく あるゆへに ついにわ みきようの わざわいを ひき いだせし ゆへ このゝち あぶらを せいする 人～わ よく～ こゝろがけて とり あつかふ べし
○ガゼツトと いふ しんぶんに 大さかに ある へいたい 七りほど へだたりし 小やまと いふ ところ にて てうれん あり そのせつ のぢんを はり よる かゞりびを たき つゞけ てうれんの ラツパ たいこ きこへ ければ 大さか 町ぢう 人みん ふうぶん して さつまの へいたい きんざいの 小やまに たむろし ごぢんわ 西のみやに つきし など ふうぶんせり しかし この へいたいわ てうせん ホルモサ せいばつの ため こゝに たむろせり
○よこはま しんぶんに いわく かながわ けんれい なる人 このせつ びやうきにて 二ケ月の きうそくを ねがわれし ところ めんきよ ありて きん日 おほさかへ ゆかれる よし
○日本の せいふに おゐて ゆうひんを おひらきに なり たるわ 萬みんに おゐても ゑんぽうへの たより など おゝきに べんりと なれり これ にて ちやうていの ありがたき ことも 下～へ ゆきわたり おひ～と てがみの とりやりの かずも ましたる なり みぎ かゝりの やく人の はなしにわ さく年 一ケ月の てがみの かず およそ 七萬より 八萬まで なり とう年 一月の てがみの かず 十五萬〇八百二十ある なり

朝日の昇る如しとか言ふ。

○二月二十日の夜一時頃、東京第一大区九の小区南左柄木町にペール（松の根より採りし油）を拵ゆる何某なる者誤って火を放し候ところ、忽ち右のペールに火移り屋根裏へ燃え抜け、折しも西風激しく、加賀町より鍋丁二丁目南側焼ける。明け方三時ごろようやく鎮まる。されば火を放せし家にては土蔵一ヶ所助かりしを、最寄りの焼けたる人々これを憎み、銘々鍬鳶口を携へ来たり、忽ち助かりたる土蔵を打ち壊したるといふ噂あり。

告げて曰く。松の根より製する油は、灯し油より火の早く移るものにして、外国にては家並みのなき所か又は片田舎にてこれを製するなり。されば、日本に於いてもとりわけ東京は街並み繁くある故に、遂にはみきよう〈右様〉の災いを引き出だせし故、この後油を製する人々はよくよく心掛けて取り扱ふべし。

○ガゼツトといふ新聞に、大阪にある兵隊七里ほど隔たりし小山といふ所にて調練あり。その節野陣を張り、夜篝火を焚き続け、調練のラッパ太鼓聞こへければ、大阪町中人民風聞して、薩摩の兵隊近在の小山に屯し、後陣は西宮に着きしなどと風聞せり。しかしこの兵隊は朝鮮ホルモサ［フォルモサ］征伐のためここに屯せり。

○横浜新聞に曰く。神奈川県令なる人、この節病気にて二ヶ月の休息を願われしところ、免許ありて近日大阪へ行かれる由。

○日本の政府に於いて、ゆうひん〈郵便〉をお開きになりたるは、万民に於いても遠方への便りなど大きに便利となれり。これにで〈て〉朝廷の有難きことも下々へ行き渡り、追々と手紙の取りやりの数も増したるなり。右係の役人の話には、昨年一ヶ月の手紙の数凡そ七万より八万までなり。当年一月の手紙の数十五万〇八百二十あるなり。

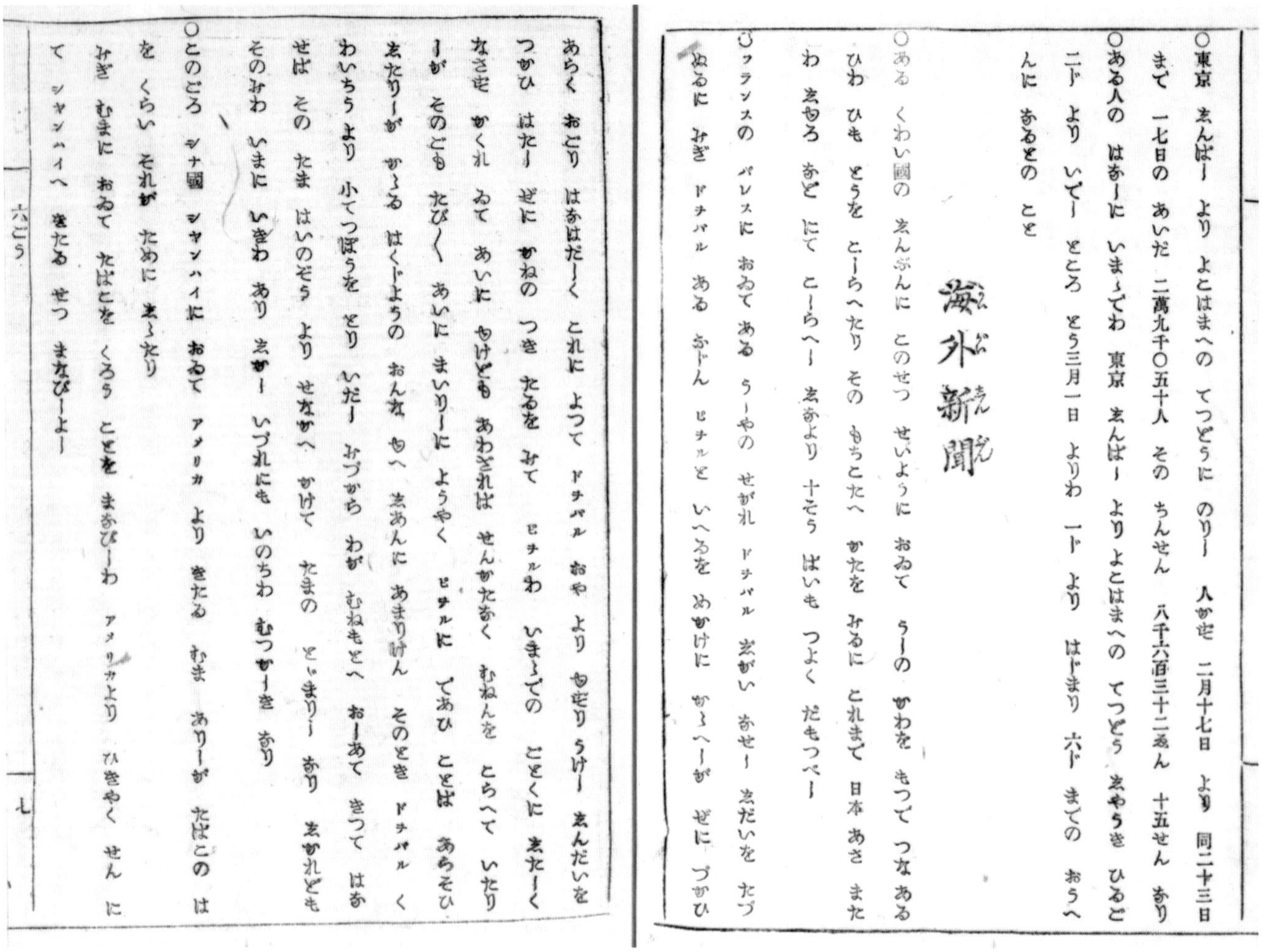

○東京 しんばし より よこはまへの てつどうに のりし 人かず 二月十七日 より 同二十三日 まで 一七日の あいだ 二萬九千〇五十八 その ちんせん 八千六百三十二ゑん 十五せん なり

○ある人の はなしに いまゝでわ 東京 しんばし より よこはまへの てつどう じやうき ひるご 二ドより いでし ところ とう三月一日 よりわ 一ド より はじまり 六ド までの おうへんに なるとの こと

海《かい》外《がい》新《しん》聞《ぶん》

○ある くわい國の しんぶんに このせつ せいように おいて うしの かわを もつて つな あるひわ ひも とうを こしらへたり その もちこたへ かたを みるに これまで 日本 あさ またわ しゆろ など にて こしらへし しなより 十そう ばいも つよく たもつべし

○フランスの パレスに おいて ある うしやの せがれ ドナバル じがい なせし しだいを たづぬるに みぎ ドナバル ある ふじん ピナルと いへるを めかけに かゝへしが ぜに づかひ あらく おごり はなはだしく これに よつて ドナバル おや より ゆづりうけし しんだいを つかひ はたし ぜにかねの つきたるを みて ピナルわ いまゝでの ごとくに したしく なさせ かくれ いて あいに ゆけども あわざれば せんかたなく むねんを こらへて いたりしが そのごも たびたび あいに まいりしに ようやく ピナルに であひ ことば あらそひ したりしが かゝる はくじやうの おんな ゆへ しあんに あまりけん そのとき ドナバル くわいちう より 小てつぽうを とり いだし みづから わが むねもとへ おしあて きつて はなせば その たま はいのぞう より せなかへ かけて たまの とゞまりし なり しかれども そのみわ いまに いきわ あり しかし いづれにも いのちわ むつかしき なり

○このごろ シナ國 シヤンハイに おいて アメリカ より きたる むま ありしが たばこの はを くらい それが ために しゝたり

みぎ むまに おいて たばこを くろう ことを まなびしわ アメリカより ひきやく せん にて シヤンハイへ きたる せつ まなびしよし

六ごう 七

○東京新橋より横浜への鉄道に乗りし人数、二月十七日より同二十三日まで一七日の間、二万九千〇五十八人。その賃銭八千六百三十二円十五銭なり。

○ある人の話に、今までは東京新橋より横浜への鉄道蒸気、昼後二時より出でしところ、当三月一日よりは一時より始まり六時までの往返になるとの事。

## 海外新聞《かいがいしんぶん》

○ある外国の新聞に、この節西洋に於いて、牛の皮を以て綱或ひは紐等を拵へたり。その持ち応へ方を見るに、これまで日本麻又は棕櫚などにて拵へし品より十層倍も強く保つべし。

○フランスのパレス［パリ］に於いて、ある牛屋の倅ドヌバル自害なせし次第を尋ぬるに、右ドヌバルある婦人ピヌルといへるを妾に抱へしが、銭遣ひ荒く驕り甚だしく、これに因ってドヌバル親より譲り受けし身代を使ひ果たし、銭金の尽きたるを見て、ピヌルは今までの如くに親しくなさず。隠れいて、会いに行けども会わざれば、詮方なく無念を堪えていたりしが、その後も度々会いに参りしに、ようやくピヌルに出会ひ言葉争ひしたりしが、かかる薄情の女故思案に余りけん、そのときドヌバル懐中より小鉄砲を取り出だし、自ら我が胸元へ押し当て切って放せば、その弾、肺の臓より背中へかけて弾の留まりしなり。しかれどもその身は今に息はあり。しかし何れにも命は難しきなり。

○この頃シナ国上海に於いてアメリカより来たる馬ありしが、煙草の葉を食らいそれがために死したり。

右馬に於いて煙草を食ろうことを学びしは、アメリカより飛脚船にて上海へ来たる節学びし由。

こゝに おもしろき はなしわ その アメリカの 人に おいてわ こども より たばこを かむことを なせる 人おゝし よつて みぎ むまも たばこを くろふ ことを おぼへたり

○ヨーロツパに スツラスボルグ（プイシヤ より せん年 きり したがへ たる ち）と いふ まち あり その まちの ふじん これまで フランスの はたじるし なる いろどりの きものを もちひ きたりしに このせつ そのちを まもる へいたいの かしら より ふれ しめして いろどりの いふくを もちふること いかなる ふじん にても かたく あいならぬと ふれたるに ふじん ども これまでの ふうぞくを あらためずして フランス はたと おなじ いろどりの いふくを きて いづれへ ゆくにも 三人づゝ もふし あわせて 一人わ あか 一人わ しろ また 一人わ あいいろ なる いふくを きて いづると あり

プロシヤ にても いふくの ことなど きびしく せいするわ むゑきの こと なり しかし スツラスボルグの ふじんも また ふるきに なづみて せいふに さからふわ むゑきの ことゝ いふべし

○アメリカの あるまちに むまにて はしる てつだう あり ある日 そのまちの あきんどの むすめ わがおとうと ともに そのかたわらに あそび ゐたり みぎの くるま きたり むすめ ひき ころせり よつて その おやども てつどう かいしやを あいてどり 一萬ドルの ばつきんを とらんと ところの やくしよへ ねがひ いでしが やくしよの さいばんに むすめの おやに わづか 五百ドルの ばつきんを とらせたり これらわ こを もちたる人わ よくよく こゝろへ べき こと なり

○がい國の しんぶんに ちかごろ ロシヤ イギリスの りよう國 ふわ にして すでに このたび ロシヤ イギリスの へいたい インド（てんぢく國） おもてまで くりいだし たゝかひ ちかきに ありと いふ その ふわに なりたる おこりわ ロシヤこくにて キバと いふくにを うちしたがへ ついにわ 東アジヤしう まで いせいを あらわ さんと なせり されば ロシヤにて キバこくを うち たいらげんと おもふ はじめわ 千八百四十年に あたつて ロシヤの イチ

ここに面白き話は、そのアメリカの人に於いては、子供より煙草を嚙むことをなせる人多し。因って右馬も煙草を食ろうことを覚へたり。

○ヨーロッパにスツラスボルグ［ストラスブール］（プイシヤ［プロシャ］より先年切り従へたる地）といふ町あり。その町の婦人これまでフランスの旗印なる彩りの着物を用ひ着たりしに、この節その地を守る兵隊の頭より触れ示して、彩りの衣服を用ふること如何なる婦人にても堅く相ならずと触れたるに、婦人共これまでの風俗を改めずしてフランス旗と同じ彩りの衣服を着て、何れへ行くにも三人ずつ申し合わせて、一人は赤、一人は白、又一人は藍色なる衣服を着て出づるとなり。

プロシヤにても衣服のことなど厳しく制するは無益のことなり。しかし、スツラスボルグの婦人も又古きに馴染みて政府に逆らうは無益のことと言ふべし。

○アメリカのある町に馬にて走る鉄道あり。ある日その町の商人の娘、我が弟共にその傍らに遊びいたり。右の車来たり、娘轢き殺せり。よってその親共鉄道会社を相手取り、一万ドルの罰金を取らんと、所の役所へ願ひ出でしが、役所の裁判に、娘の親に僅か五百ドルの罰金を取らせたり。これらは子を持ちたる人はよくよく心得べきことなり。

○外国の新聞に、近頃ロシヤ、イギリスの両国不和にして、既にこの度ロシヤ、イギリスの兵隊インド（天竺国）表まで繰り出だし、戦い近きにありと言ふ。その不和になりたる起こりは、ロシヤ国にてキバ［ヒヴァ］という国を討ち従へ、遂には東アジヤ州まで威勢を顕さんとなせり。さればロシヤにてキバ国を討ち平らげんと思ふ始めは、千八百四十年に当たって、ロシヤのイチ

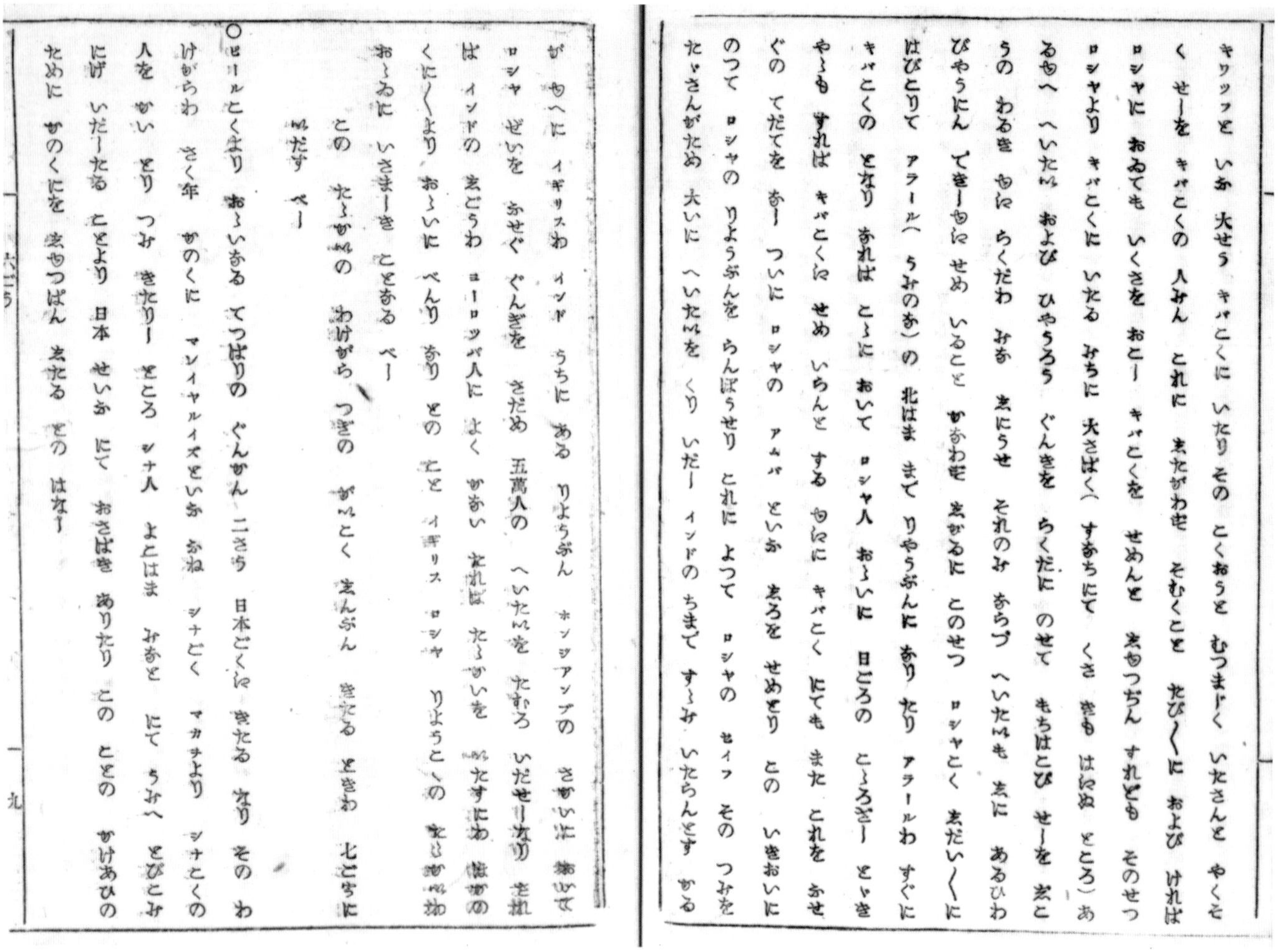
キワツフと いふ 大せう キバこくに いたり その こくおうと むつまじく いたさんと やくそく せーを キバこくの 人みん これに したがわせ そむくこと たびくに および ければ ロシヤに おゐても いくさを おこー キバこくを せめんと しゆつぢん すれども そのせつ ロシヤより キバこくに いたる みちに 大さばく( すなちにて くさ きも はへぬ ところ) あるゆへ へいたい および ひやうろう ぐんきを らくだに のせて もちはこび せーを じこうの わるき ゆへ らくだわ みな しにうせ それのみ ならず へいたいも しに あるひわ びやうにん でき―ゆへ せめ いること かなわず しかるに このせつ ロシヤこく しだいくに はびこりて アラール( うみのな) の 北はま まで りやうぶんに なり たり アラールわ すぐに キバこくの となり なれば こゝに おいて ロシヤ人 おゝいに 日ごろの こゝろざー とゞき やゝも すれば キバこくへ せめ いらんと する ゆへに キバこく にても また これを ふせぐの てだてを なー ついに ロシヤの アムバ といふ しろを せめとり この いきおいに のつて ロシヤの りようぶんを らんばうせり これに よつて ロシヤの セイフ その つみを たゞさんが ため 大いに へいたいを くり いだー インドの ちまで すゝみ いたらんとす かるが ゆへに イギリスわ インド うちに ある りようぶん ホンジアンブの さかいに おいて ロシヤ ぜいを ふせぐ ぐんぎを さだめ 五萬人の へいたいを たむろ いだせーなり されば インドの しどうわ ヨーロツパ人に よく かなひ たれば たゝかいを いたすにわ ほかの くにくより おゝいに べんり なり との こと イギリス ロシヤ りようこくの たゝかいわ おゝゐに いさましき こととなる べー

この たゝかいの わけがら つぎの がいこく しんぶん きたる ときわ 七ごうに いだす べー

○ピールこくより おゝいなる てつばりの ぐんかん 一さう 日本ごくへ きたる なり その わけがらわ さく年 かのくに マレイヤルイズと いふ ふね シナごく マカヲより シナこくの 人を かい とり つみ きたりー ところ シナ人 よこはま みなとにて うみへ とびこみ にげ いだーたる ことより 日本 せいふ にて おさばき ありたり この ことの かけあひの ために かのくにを しゆつぱん きたる との はなー

キワツフといふ大将キバ国に至り、その国王に睦まじく致さんと約束せしを、キバ国の人民これに従わず、背くこと度々に及びければ、ロシヤに於いても戦を起こし、キバ国を攻めんと出陣すれども、その節ロシヤよりキバ国に至る道に大砂漠（砂にて草木も生えぬ所）ある故、兵隊及び兵糧軍旗を駱駝に載せて持ち運びせしを、時候の悪き故駱駝は皆死に失せ、それのみならず兵隊も死に、或ひは病人出来し故、攻め入ること叶わず。しかるにこの節ロシヤ国次第次第にはびこりて、アラール（海の名）の北浜まで領分になりたり。アラールはすぐにキバ国の隣なれば、ここに於いてロシヤ人大いに日頃の志届き、ややもすればキバ国へ攻め入らんとする故に、キバ国にても又これを防ぐの手立てをなし、遂にロシヤのアムバといふ城を攻め取り、この勢いに乗ってロシヤの領分を乱暴せり。これに因ってロシヤの政府その罪を糺さんがため大いに兵隊を繰り出だし、インドの地まで進み至らんとす。かるが故にイギリスはインド内にある領分ホンジアンブ［パンジャブ］の境に於いてロシヤ勢を防ぐ軍議を定め、五万人の兵隊を屯ろ出だせしなり。さればインドの至剛はヨーロッパ人によく適いたれば、戦いを致すには他の国々より大いに便利なりとのこと、イギリス、ロシヤ両国の戦いは大いに勇ましきこととなるべし。

この戦いの訳柄、次の外国新聞来たるときは七号に出だすべし。

○ピール［ペルー］国より大いなる鉄張りの軍艦一艘日本国へ来たるなり。その訳柄は、昨年彼の国マレイヤルイズ［マリアルース］といふ船、シナ国マカヲよりシナ国の人を買い取り積み来たりしところ、シナ人横浜港にて海へ飛び込み逃げ出だしたることより日本政府にてお裁きありたり。この事の掛け合ひのために彼の国を出帆したるとの話。

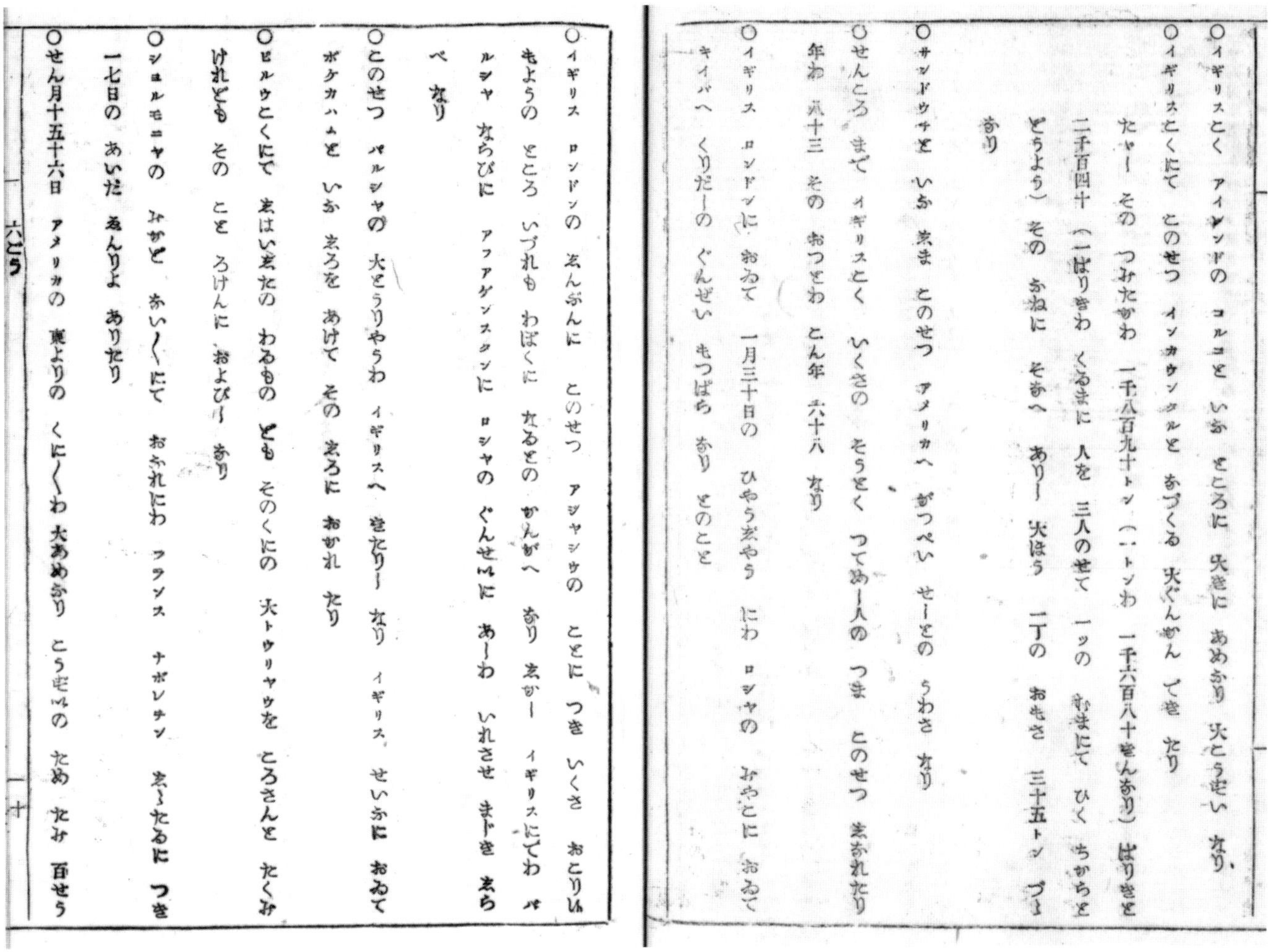

○イギリス国アイレンド［アイルランド］のコルコ［コーク］といふ所に大きに雨降り大洪水なり。

○イギリス国にてこの節インカウンタル［エンカウンター］と名付くる大軍艦出来たり。但し、その積み高は一千八百九十トン（一トンは一千六百八十斤なり）馬力は二千百四十（一馬力は車に人を三人載せて一ッの馬にて引く力と同様）。その船に備へありし大砲一丁の重さ三十五トンずつなり。

○サンドウチ［サンドイッチ］といふ島この節アメリカへ合併せしとの噂なり。

○先頃までイギリス国、戦の総督務めし人の妻、この節死なれたり。年は八十三、その夫は今年六十八なり。

○イギリス　ロンドンに於いて、一月三十日の評定には、ロシヤの都に於いてキイバ［ヒヴァ］へ繰り出しの軍勢専らなりとのこと。

○イギリス　ロンドンの新聞に、この節アジヤ州の事につき戦起こり候模様のところ、何れも和睦になるとの考へなり。しかしイギリスにてはパルシヤ［ペルシャ］並びにアフアゲンスタン［アフガニスタン］にロシヤの軍勢に足は入れさせまじき調べなり。

○この節パルシヤの大統領はイギリスへ来たりしなり。イギリス政府に於いて、ボケガハム［バッキンガム］といふ城を開けてその城に置かれたり。

○ピルウ［ペルー］国にて支配下の悪者ども、その国の大統領を殺さんと巧みけれども、そのこと露見に及びしなり。

○ジヨルモニヤ［ジャーマニー］の帝、内々にてお触れには、フランス　ナポレヲン死したるにつき一七日の間遠慮ありたり。

○先月十五十六日、アメリカの東寄りの国々は大雨なり。洪水のため民百姓共恐れをなしたり。
○イスパニア国にてこの節内乱起これり。その一方の大将は前の女帝の子、アルファンソウ［アルフォンソ］といふ人なり。

第三号七枚目に出だせしアメリカ国事柄の続き

○そもそもアメリカといふ国を見出だせしカランビス［コロンブス］といふ人はイタリヤ国の生まれにして、父は羊の毛を積みて生業となす者なり。カランビス生まれつき人に優れ学問するに、一を聞いて十を知る。かねていとけなき時より船に乗ることを好み、十四歳の時船乗りの仲間に入りて、追々その技に達し、三十五歳の時ホルトガル国のリスボンといふ所に住まい、多くの物知りと交わり、なお志す事あれば常に海岸に出で、西の方を眺むるに、見慣れざる材木など流れ来たるを見て考へ出だして曰く。天地の間この国のみならず。これより西の方になお幾らも国々あらん。さらばこれより大船を以て西の方へ至り、名を、功を末の世に残さんと思へど、入用の金子に差し支ひし故、ホルトガル国王へこれを願ひけれども、国王生まれつき卑しくして、カランビスの心を知らざればこれを許さず。カランビスは是非なく本国に立ち返り、イタリア王にこれを願いしに、ここにても用いられず、又々イギリスへこのことを申し出だせど同じこと故、イスパニヤへ人を以て願い出でければ、イスパニヤの女王イサベルラ、カランビスが心に従へども、この時戦の後なれば金銀乏しく、されどもカランビスが志たゆまざるを感心致し、女王常に尊みおりし宝物及び品々を売り払い、その金を以て船三艘を買ひ整へ、人数百二十余人を貸し与へければ、カランビスは大いに喜び、すぐさまハロ

コロンビスの乗りし船の図

ス［パロス］といふ港より出帆し、西に向かひて走ること三十四日となれども、未だ一ツの島さえも見へざれば、乗組みの者大いに怒って曰く。ハロス港出帆致せしより三十四日の間波風を凌いでここまでは来たれど、これかと思ふ小島さえ見へざれば、今日より後三日を走らせ、三十七日過ぐるともなお島も見当たらざれば、汝を殺して海に投げ込み、みだりな事を言ふて国王を惑わし、且つは乗り込みの人々を悩ましたる咎によってその罪を糺さんと口を揃へて申しければ、カランビスは尤ものことに思ひ折しも、一ツの魚泳ぎ来たるを見るに、果たして国近き所ならでは住まざる魚なり。且つは新しき木の枝流れ来たるを見て大いに喜び、一人の船役エスコヘトルに言い付け、帆柱の上に登らせける。エスコヘトルは瞬きもせず西の方を眺めていたりしに、三日に至り忽ち一ツの山を見出だし、帆柱の上より大音にこれを告げければ、一同喜ぶこと限りなく、船長カランビスの前に来たり頭を下げて無礼を

コロンビスの上陸の図

詫びたり。かくて三艘の船一ツの島に着きければ、カランビスは船より上がって曰く。この所は長くイスパニヤの領分たることを誓ひたり。これはハナマ［パナマ］島々の一ッにて、その所の人々カランビスが船を見て形大いなれば、船といふことを知らず。張り上げたる帆は羽にて水の上を駆ける化け物の現れしと思ひ、鉄砲の響きを聞いては吠ゆる声なるかと驚き、人々林の奥に逃げ込みて、容易には出で来たらぬとなり。

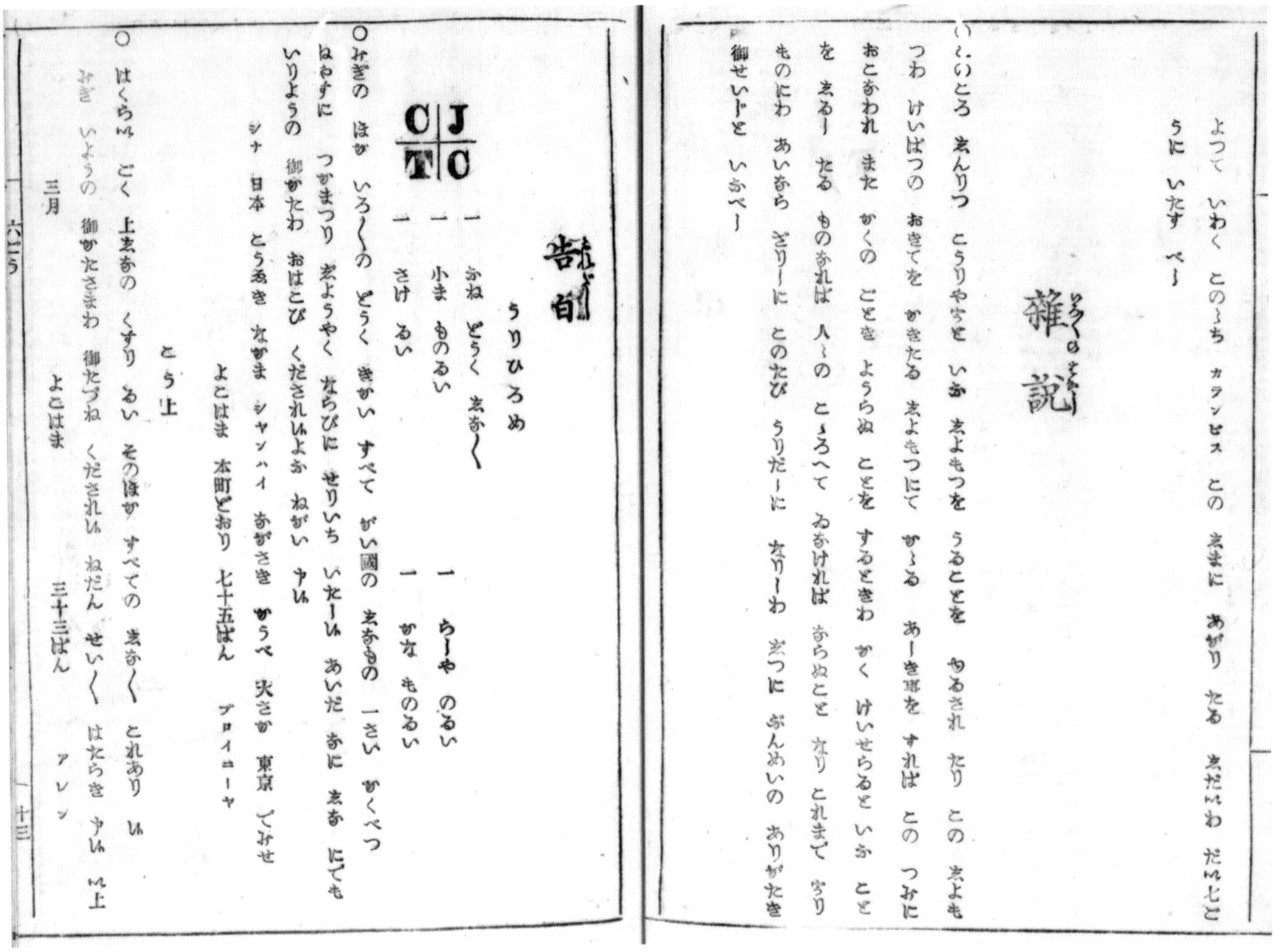
よつて いわく この～ち カランビス この しまに あがり たる しだいわ だい七ご
うに いたす べし

雑説《いろいろのはなし》

○このごろ しんりつ こうりやうと いふ しよもつを うることを ゆるされ たり この しよも
つわ けいばつの おきてを かきたる しよもつにて かゝる あしき事を すれば この つみに
おこなわれ また かくの ごとき よからぬ ことを するときわ かく けいせらると いふ こと
を しるし たる ものなれば 人～の こゝろへて ゐなければ ならぬこと なり これまで うり
ものにわ あいならざりしに このたび うりだしに なりしわ じつに ぶんめいの ありがたき
御せいじと いふべし

告白《ふれだし》

うりひろめ

C | J
T | C

一 ふね どうぐ しな／＼　一 らしや のるい
一 小ま ものるい　一 かな ものるい
一 さけ るい

○みぎの ほか いろ／＼の どうぐ きかい すべて がい國の しなもの 一さい かくべつ
ねやすに つかまつり しやうやく ならびに せりいち いたし候 あいだ なに しな にても
いりようの 御かたわ おはこび くだされ候よ ねがい 上候
シナ 日本 こうゑき なかま シャンハイ ながさき かうべ 大さか 東京 でみせ
よこはま 本町どおり 七十五ばん ブロイニーヤ

こう上

○ はくらい ごく 上しなの くすり るい そのほか すべての しな／＼ これあり候
みぎ いりようの 御かたさまわ 御たづね くだされ候 ねだん せい／＼ はたらき 申候 以上
三月 よこはま 三十三ばん アレン

因って曰く。この後カランビスこの島に上がりたる次第は第七号に致すべし。

雑説《いろいろのはなし》

○この頃新律綱領といふ書物を売ることを許されたり。この書物は刑罰の掟を書きたる書物にて、かかる悪しき事をすればこの罪に行われ、又かくの如き良からぬことをする時はかく刑せらるといふ事を記したるものなれば、人々の心得ていなければならぬ事なり。これまで売り物には相ならざりしに、この度売り出しになりしは実に文明の有難き御政治と言ふべし。

告白《ふれだし》

売り広め

| C | J |
|---|---|
| T | C |

一　船道具品々　　一　羅紗の類
一　小間物類　　一　金物類
一　酒類

○右の他、色々の道具、機械、全て外国の品物一切、格別値安に仕り、定約並びに競り市致し候間、何品にで〈て〉も入用の御方はお運びくだされ候様願い申候。
シナ日本交易仲間　上海　長崎　神戸　大阪〈東京出店〉
横浜本町通り七十五番　ブロイニーヤ

口上

○舶来、極上品の薬類、その他、全ての品々これあり候。
右入用の御方様は御訪ねくだされ候。値段せいぜい働き申候。以上
三月　横浜三十三番　アレン

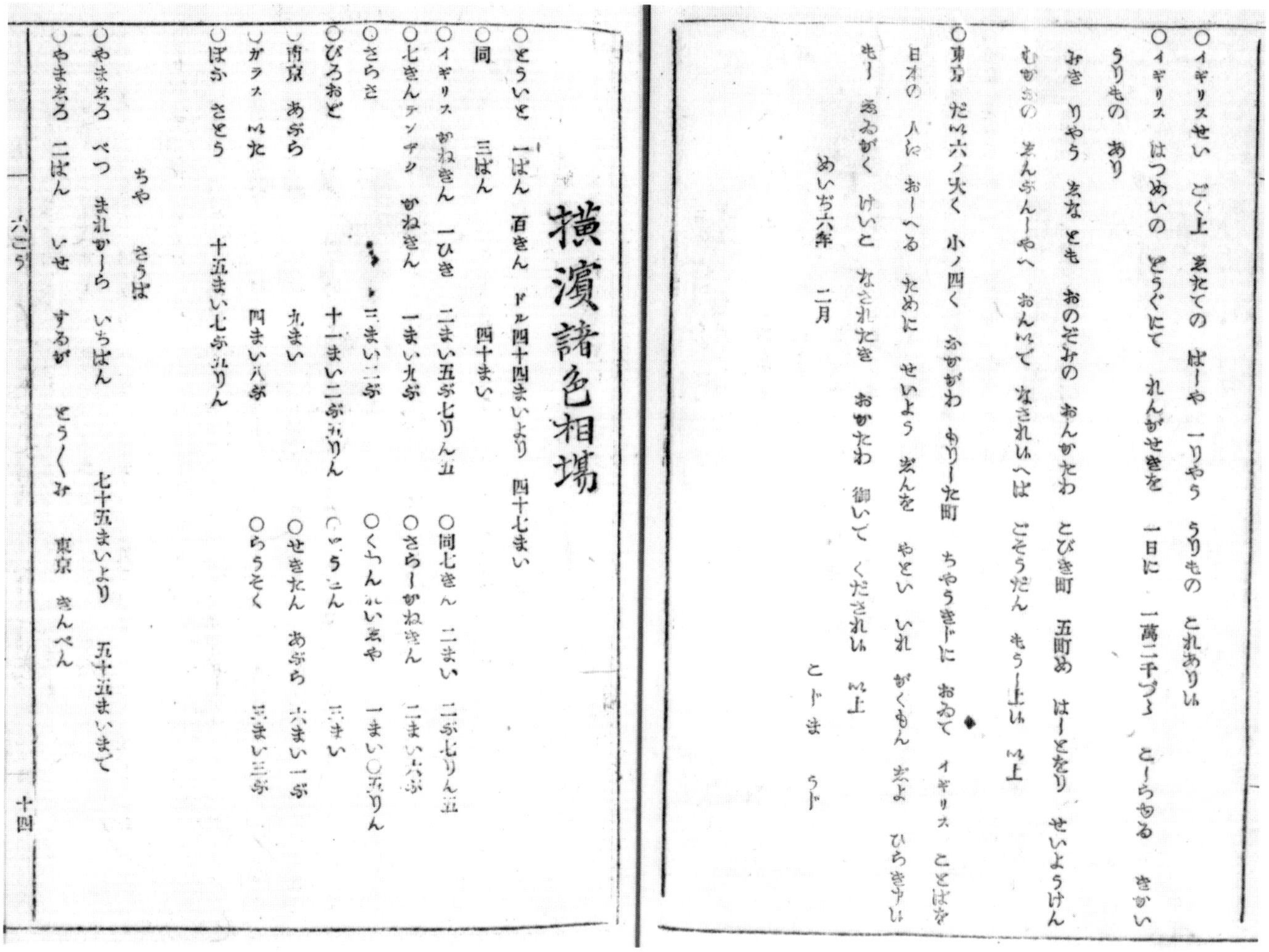
○イギリスせい ごく上 したての ばしや 一りやう うりもの これありそろ
○イギリス はつめいの どうぐにて れんがせきを 一日に 一万二千づゝ こしらゆる きかい
うりもの あり
みぎ りやう しな とも おのぞみの おんかたわ とびき町 五町め はしとをり せいようけん
むかふの しんぶんしやへ おんいで なされそろへば ごそうだん もうし上そろ 以上
○東京 だい六ノ大く 小ノ四く ふかがわ もりした町 ちやうきじに おいて イギリス ことばを
日本の 人に おしへる ために せいよう じんを やとい いれ がくもん じよ ひらき申そろ
もし えいがく けいこ なされたき おかたわ 御いで くだされそろ 以上
めいぢ六年 二月 こじま うじ

横濱諸色相場
○とういと 一ばん 百きん ドル四十四まいより 四十七まい
○同 三ばん 四十まい
○イギリス かねきん 一ひき 二まい五ぶ七りん五
○七きんテンヂク かねきん 一まい九ぶ
○さらさ 三まい二ぶ
○びろおど 十一まい二ぶ五りん
○南京 あぶら 九まい
○ガラス いた 四まい八ぶ
○ぼふ さとう 十五まい七ぶ五りん
○同七きん 二まい 二ぶ七りん五
○さらしかねきん 二まい六ぶ
○くらんしいしや 一まい○五りん
○からさん 三まい
○せきたん あぶら 六まい一ぶ
○らうそく 三まい三ぶ
ちや さうば
○やましろ べつ まれかしら いちばん 七十五まいより 五十五まいまで
○やましろ 二ばん いせ するが とうくみ 東京 きんぺん
六ごう 十四

○イギリス製極上仕立ての馬車一両、売り物これあり候。
○イギリス発明の道具にて、煉瓦石を一日に一万二千ずつ拵ゆる機械売り物あり。
右両品共お望みのおん方は、木挽町五町目橋通り　精養軒向かふの新聞社へおん出でなされ候へば、御相談申し上候。以上
○東京第六の大区小の四区、深川森下町ちやうき〈長慶〉寺に於いて、イギリス言葉を日本の人へ教へるために西洋人を雇い入れ、学問所開き申候。
もし英学稽古なされたきお方は御出でくだされ候。以上
明治六年二月　小島氏

横浜諸色相場

○唐糸　一番　百斤　ドル四十四枚より四十七枚
○同　三番　四十枚
○イギリス金巾　一匹　二枚五分七厘五
○七斤天竺金巾　一枚九分
○更紗　三枚二分
○びろおど　十一枚二分五厘
○南京油　九枚
○ガラス板　四枚八分
○棒砂糖　十五枚七分五厘
○同七斤　二枚二分七厘五
○晒金巾　二枚六分
○寒冷紗　一枚〇五厘
○唐桟　三枚
○石炭油　六枚一分
○蝋燭　三枚三分

茶相場

○山城別稀頭　一番　七十五枚より五十五枚まで
○山城　二番　伊勢、駿河、遠江、東京近辺

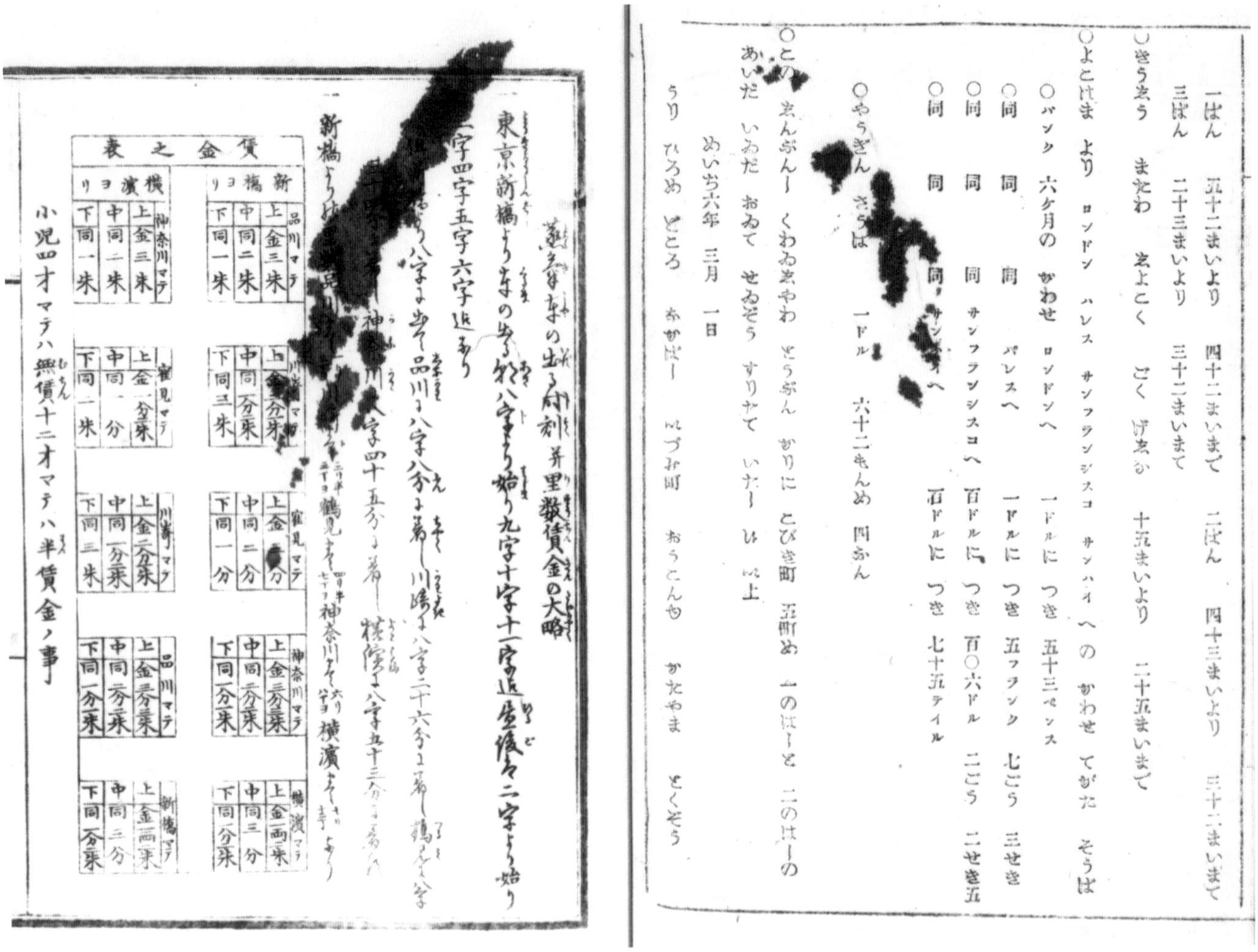

一ばん　五十二まいより　四十二まいまで　二ばん　四十三まいより　三十二まいまで
三ばん　二十三まいより　三十二まいまで
○きうしう　またわ　しよこく　ごく　げひん　十五まいより　二十五まいまで
○よこはま　より　ロンドン　ハレス　サンフランシスコ　サンハイ　への　かわせ　てがた　そうば
○バンク　六ケ月の　かわせ　ロンドンへ　一ドルに　つき　五十三ペンス
○同　同　同　パレスへ　一ドルに　つき　五フランク　七ごう　三せき
○同　同　同　サンフランシスコへ　百ドルに　つき　百○六ドル　二ごう　二せき五
○同　同　同　サンハイへ　百ドルに　つき　七十五テイル
○やうぎん　さうば　一ドル　六十二もんめ　四ふん
○この　しんぶんし　くわいしや　わ　とうぶん　かりに　こびき町　五町め　一のはしと　二のはしの　あいだ　いゐだ　おいて　せいぞう　すりたて　いたし候　以上
めいぢ六年　三月　一日
うり　ひろめ　どころ　なかばし　いづみ町　おうごんゆ　かたやま　とくぞう

賃金之表

| 新橋ヨリ | 上 | 中 | 下 |
|---|---|---|---|
| 品川マテ | 金三朱 | 同二朱 | 同一朱 |
| 川崎マテ | 金一分朱 | 同一分朱 | 同三朱 |
| 鶴見マテ | 金[illegible]分 | 同二分 | 同一分 |
| 神奈川マテ | 金三分朱 | 同二分朱 | 同一分朱 |
| 横濱マテ | 金一両一朱 | 同三分 | 同一分朱 |

| 横濱ヨリ | 上 | 中 | 下 |
|---|---|---|---|
| 神奈川マテ | 金三朱 | 同二朱 | 同一朱 |
| 鶴見マテ | 金一分朱 | 同一分 | 同一朱 |
| 川崎マテ | 金二分朱 | 同一分朱 | 同三朱 |
| 品川マテ | 金三分朱 | 同二分朱 | 同一分朱 |
| 新橋マテ | 金一両一朱 | 同三分 | 同一分朱 |

小児四才マテハ無賃《むちん》十二才マテハ半賃《まえ》金ノ事

一番　五十二枚より四十二枚まで　二番　四十三枚より三十二枚まで
三番　二十三枚より三十二枚まで
○九州又は諸国　極く下品　十五枚より二十五枚まで
○横浜よりロンドン、ハレス［パリ］、サンフランシスコ、サンハイ［上海］への為替手形相場
○バンク　六ケ月の為替　ロンドンへ　一ドルにつき五十三ペンス
○同　同　同　パレスへ　一ドルにつき五フラン七合三勺
○同　同　同　サンフランシスコへ　百ドルにつき百〇六ドル二合二勺五
○同　同　同　サンハイへ　百ドルにつき七十五テイル
○洋銀相場　一ドル六十二匁四分
○この新聞紙会社は、当分仮に、木挽町五町目　一の橋と二の橋の間　飯田於いて製造摺立て致し候。以上
明治六年三月一日
売り広め所　中橋和泉町　黄金湯　片山徳造

蒸気車《しやうきしや》の出《いづ》る時刻《じこく》并里数賃金《りすうちんきん》の大略《たいりやく》

一　東京新橋より車の出る朝八字より始り九字十字十一字迄昼後は二字より始り三字四字五字六字迄なり。
但新橋より八字に出て品川に八字八分に着し川崎に八字二十六分に着し鶴見に八字三十四分に着し神奈川に八字四十五分に着し横浜に八字五十三分に着す。

一　新橋よりの里数品川まで一里三丁余、川崎まで二里半三丁余、鶴見まで四里半七丁余、神奈川まで六里八丁余　横浜まで七里十二丁なり。

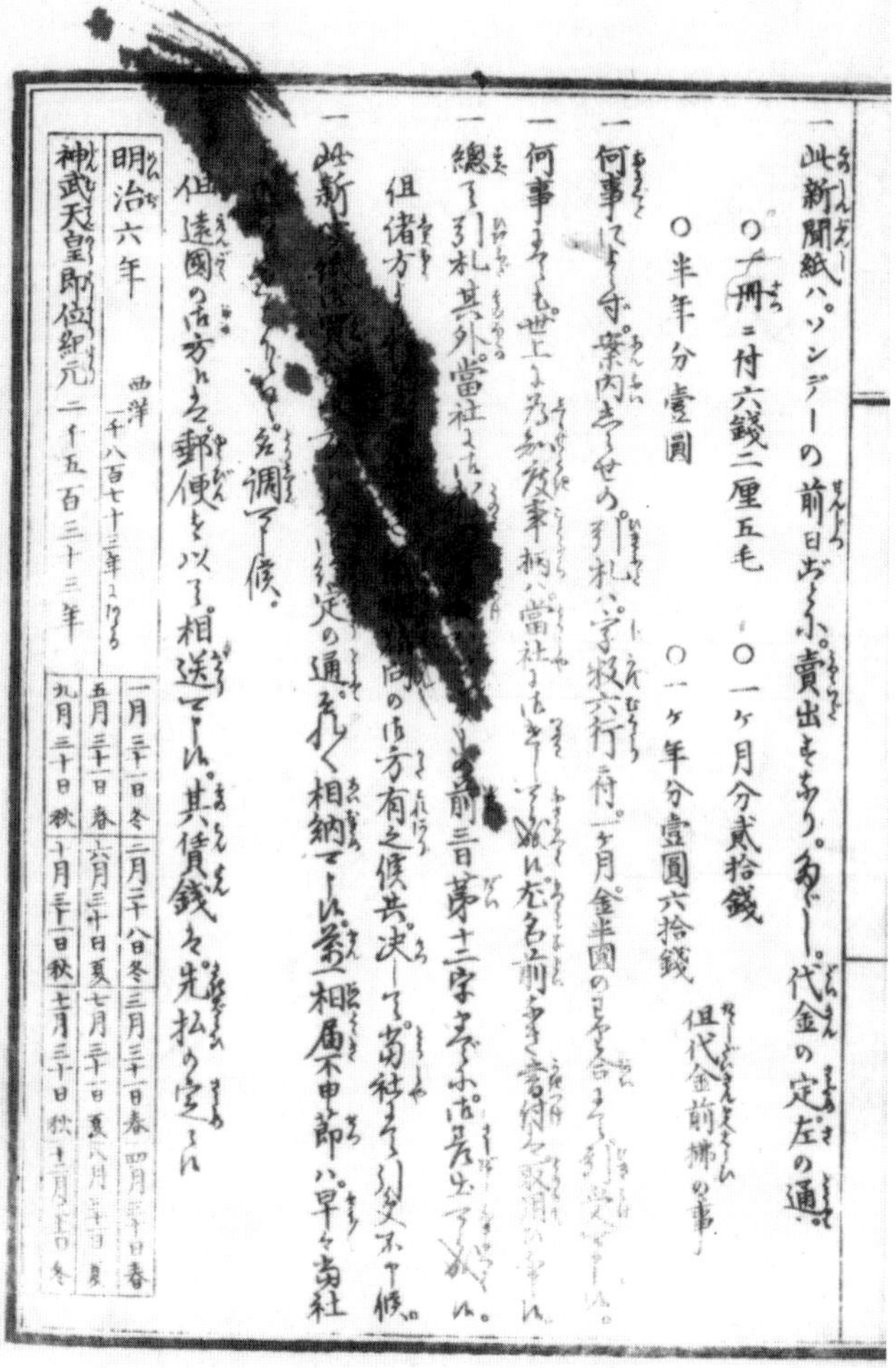

一 此新聞紙ハソンデーの前日ごとに賣出すなり。たゞし代金の定左の通

○一冊ニ付六錢二厘五毛 ○一ヶ月分貳拾錢

○半年分壹圓 ○一ヶ年分壹圓六拾錢 但代金前拂の事

一 何事によらず、案内しらせの引札ハ字数六行ニ付、一ヶ月金半圓の割合にて引受申べく候

一 何事にても世上に知らせたき事柄ハ當社に御遣しなさるべく候。尤名前なき書付ハ取用ひ申さず候

一 總て引札其外當社に御頼の書付ハソンデーの前三日第十二字までに御差出なさるべく候

但諸方より頼の書付につき議論難問の御方これあり候ども、決して當社にて引受申さず候

一 此新聞紙御買入れの御方へハ御約定の通、それぞれ相納め申べく候。万一相届申ざる節ハ早々當社に御知らせ候ハゞ取調申べく候

但遠國の御方へハ郵便を以て相送申べく候。其賃錢ハ先拂の定に候

明治六年 西洋一千八百七十三年

神武天皇即位紀元二千五百三十三年

| | | | |
|---|---|---|---|
| 一月三十一日冬 | 二月二十八日冬 | 三月三十一日春 | 四月三十日春 |
| 五月三十一日春 | 六月三十日夏 | 七月三十一日夏 | 八月三十一日夏 |
| 九月三十日秋 | 十月三十一日秋 | 十一月三十日秋 | 十二月三十一日冬 |

一 此新聞紙は、ソンデーの前日ごとに売出すなり。ただし代金の定左の通。

○一冊に付六銭二厘五毛 ○一ヶ月分二十銭

○半年分一円 ○一ヶ年分一円六十銭 但代金前払の事。

一 何事によらず、案内知らせの引札は、字数六行に付、一ヶ月金半円の割合にて引受申べく候。

一 何事にても、世上に知らせたき事柄は、当社に御遣しなさるべく候。尤名前なき書付は取用ひ申さず候

一 総て引札其外当社に御頼の書付は、ソンデーの前三日第十二字までに御差出なさるべく候。

但諸方より頼の書付につき、議論難問の御方これあり候ども、決して当社にて引受申さず候。

一 此新聞紙御買入れの御方へは、御約定の通、それぞれ相納め申べく候。万一相届申ざる節は、早々当社に御知らせ候ば取調申べく候。

但遠国の御方へは郵便を以て相送申べく候。其賃銭は先払の定に候。

七号の内容 明治6・3・8

前文1 発行の趣旨1 当新聞の表記法

**御布告** ○狩猟規則続き○身代限りの通知期間変更○宮守りの給料負担者変更○お触れ・お達しの仕方

**国内新聞** ○兎の飼育摘発○日光の「波之利大黒」の読み方○元会津藩陰謀者逮捕○供述書○徳のある人物（相模国）○鉄砲の弾を防ぐ楯を発明○為替手形の強奪（鈴ヶ森）○月代を剃ること禁止○洋学を志す娘東京へ○新橋横浜間蒸気車の乗客数と賃銭

**海外新聞** ○グリーリー氏の記念碑建立（ニューヨーク）○イスパニア国共和制へ○地質学者死去（ロンドン）○石炭と鉄鋼値上がり（ロンドン）○日本語の新聞発行（ロンドン）○国体改革（仏）○昨年の交易高（カリフォルニア）○酒交易の利益増加（米）○港運上取立て高（サンフランシスコ）○剣魚による船舶損傷（香港）○磁石の原理、発明○印鑑の始まり○フランスの人口推移

**告白**（広告） **横浜諸色相場** **為替手形相場** 当新聞の製造所と販売所

**蒸気車の出る時刻里数并賃金の大略** 社告

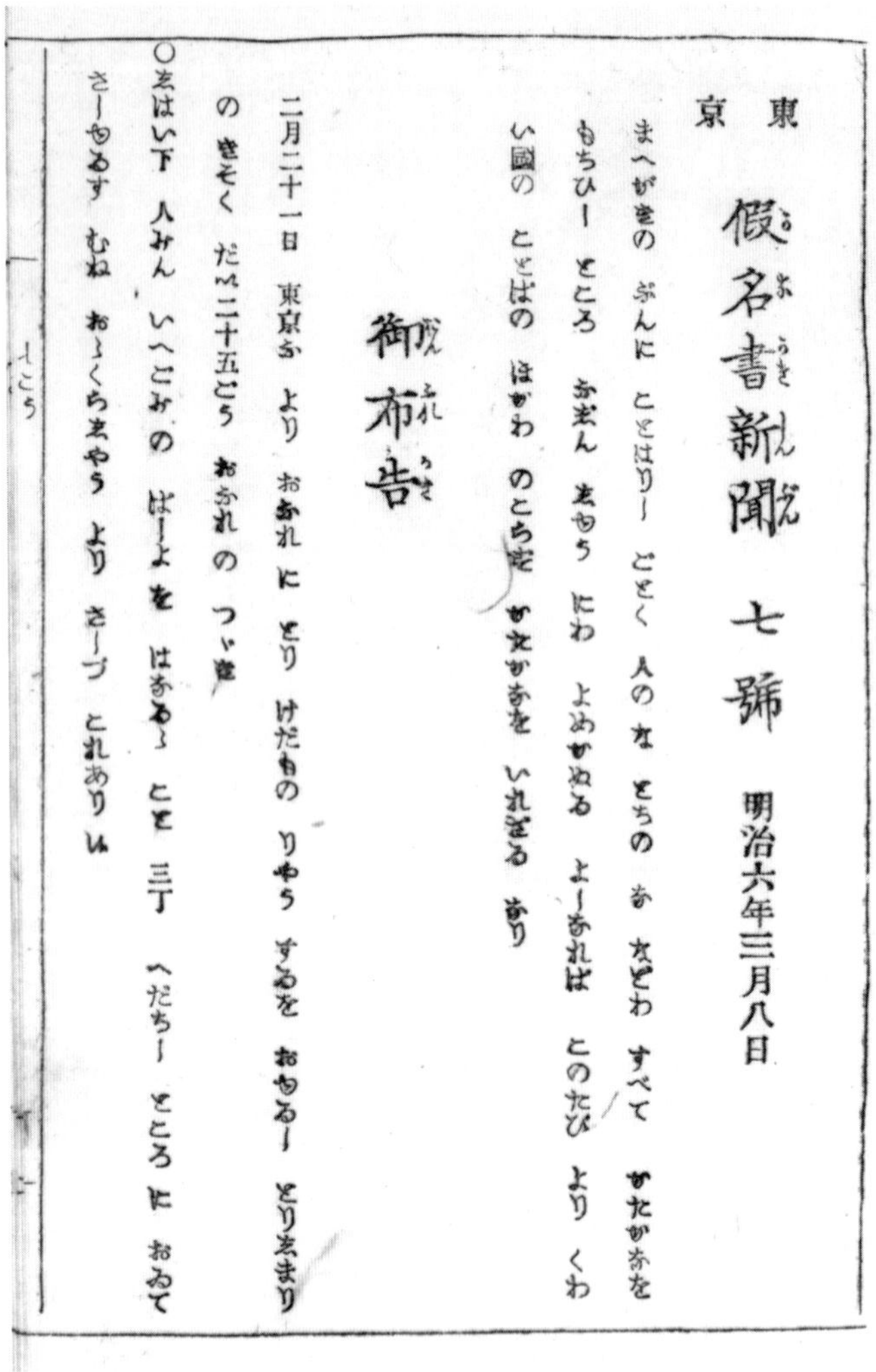

東京 假名書新聞 七號 明治六年三月八日

まへがきの ぶんに ことはりし ごとく 人の な とちの な などわ すべて かたかなを もちひし ところ ふじん にわ よみかぬる よしなれば このたび より くわいこくの ことばの ほかわ のこらず かたかなを いれざる なり

御布告

二月二十一日 東京ふ より おふれ に とり けだもの りやう するを おゆるし とりしまり の きそく だい二十五ごう おふれの つゞき

○しはい下 人みん いへごみの ばしよを はなるゝ こと 三丁 へだちし ところ に おいて さしゆるす むね おほくらしやう より さしづ これあり候

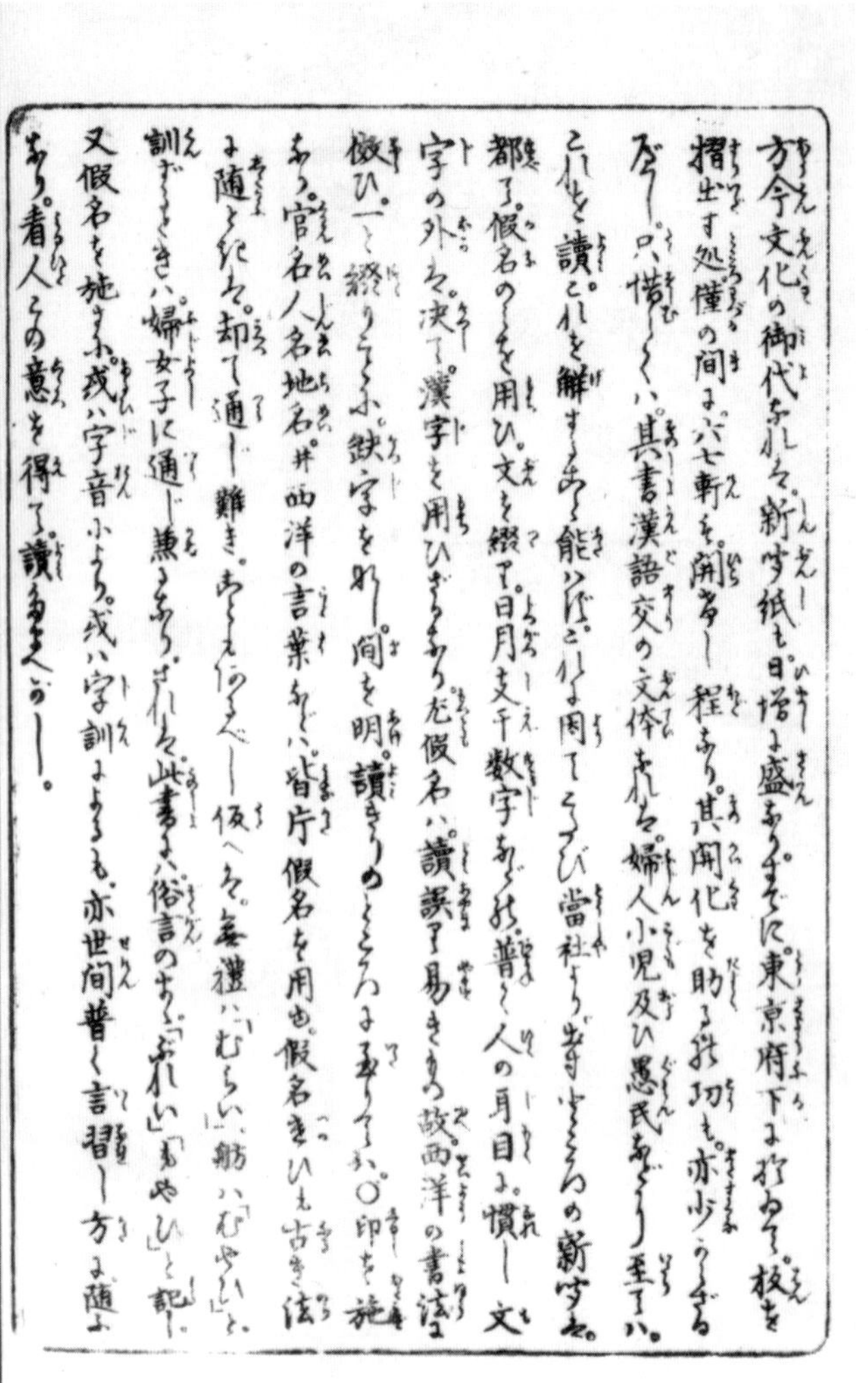

方今文化の御代なれば、新聞紙も日増に盛なり。すでに東京府下に於いて、板を摺出す処、僅の間に六七軒も開けし程なり。其開化を助るの功も亦少からざるべし。只惜らくは、其書漢語交の文体なれば、婦人小児及ひ愚民などに至ては、これを読、これを解すること能はず。これに因て、こたび当社より出すところの新聞は、都て假名のみを用ひ、文を綴り、日月支干数字などの普く人の耳目に慣し文字の外は、決て漢字を用ひざるなり。尤仮名は読誤り易きもの故、西洋の書法に倣ひ、一と綴りことに欠字をなし、間を明、読きりのところに至りては〇印を施なり。官名人名地名、幷西洋の言葉などは、皆片仮名を用ゆ。假名遣ひも古き法に随ときは却て通じ難きこともあるべし。仮へは無礼は「むらい」、舫は「むやひ」と訓ずるときは、婦女子に通じ兼るなり。されは此書には、俗言のまま「ぶれい」「もやひ」と記し、

又仮名を施すに、或は字音により、或は字訓によるも、亦世間普く言習し方に随ふなり。看人この意を得て読たまへかし。

東京假名書新聞《かなかきしんぶん》　七号　明治六年三月八日

前書きの文に断りし如く、人の名、土地の名などは全て片仮名を用ひしところ、婦人衆には読めかぬる由なれば、この度より外国の言葉の他は残らず片仮名を入れざるなり。

御布告《おんふれかき》

二月二十一日、東京府よりお触れに鳥獣猟するをお許し取り締まりの規則第二十五号お触れの続き

○支配下人民家混みの場所を離るること三丁隔ちし所に於てさし許す旨大蔵省より指図これあり候。

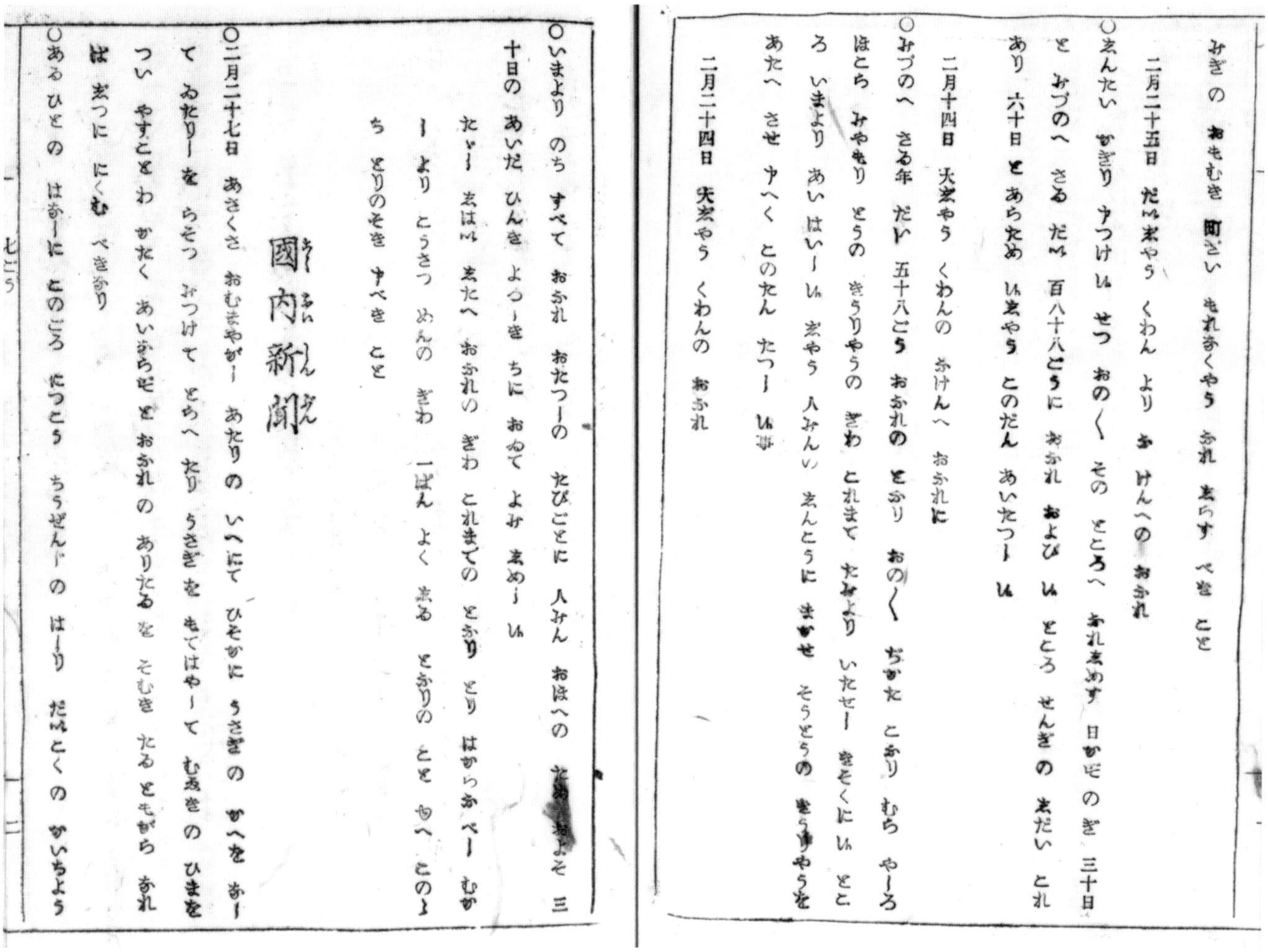

右の趣町在漏れなくよう触れ知らすべき事。

二月二十五日　太政官より府県へのお触れ

○身代限り申付け候節は、各々その所へ触れ示す日数の儀、三十日と、壬申第百八十八号にお触れ及び候ところ、詮議の次第これあり。六十日と改め、以上この段相達し候。

二月十四日　太政官の府県へのお触れに

○壬申第五十八号お触れの通り、各々地方、郡、村、社、祠、宮守り等の給料の儀は、これまで民より出だせし規則に候ところ、今より相廃し候条、人民の信仰に任せ相当の給料を与へさせ申べくこの段達し候事。

二月二十四日　太政官のお触れ

○今より後全てお触れお達しの度ごとに人民覚へのため、凡そ三十日の間ひんき〈便宜〉宜しき地に於て読み示し候。但し、支配下へお触れの儀は、これまでの通り計らふべし。昔より高札面の儀は、一般よく知る通りの事故、この後取り除き申べき事。

## 国内新聞《こくないしんぶん》

○二月二十七日、浅草お厩河岸辺りの家にて密かに兎の飼へをなしていたりしを邏卒見付けて捕らへたり。兎をもてはやして無益の暇を費やすことは堅く相ならずとお触れありたるを背きたる輩なれば実に憎むべきなり。

○ある人の話に、この頃日光中禅寺の走り大黒の開帳

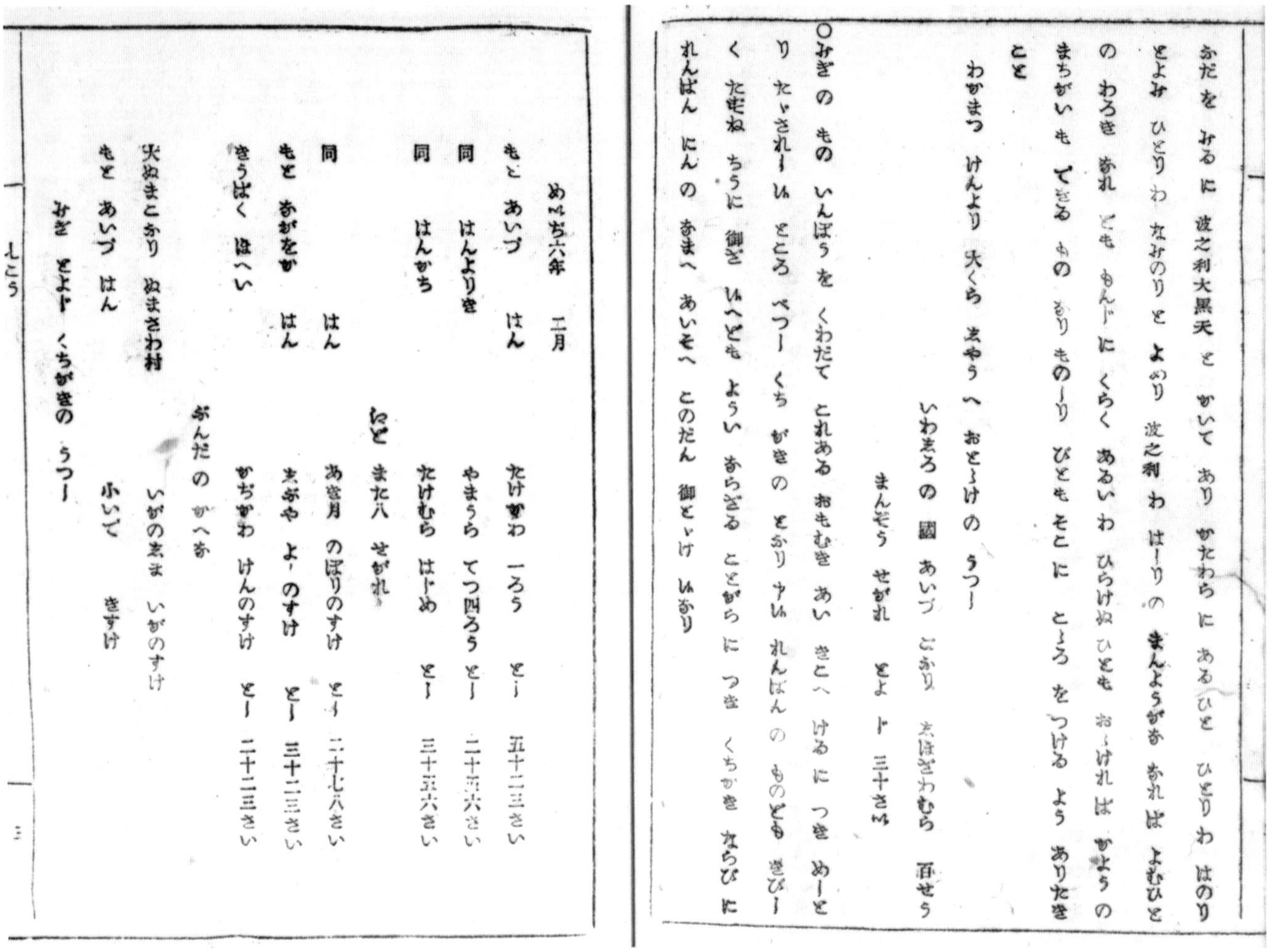

ふだを みるに 波之利大黒天 と かいて あり かたわらに あるひと ひとりわ はのり
とよみ ひとりわ なみのりと よめり 波之利 わ はしりの まんようがな なれば よむひと
の わろき なれ ども もんじに くらく あるいわ ひらけぬ ひとも おゝければ かようの
まちがいも できる もの もり ものしり びとも そこに こゝろを つける よう ありたき
こと

わかまつ けんより 大くら しやうへ おとゞけの うつし
いわしろの 國 あいづ ごほり しほざわむら 百せう
まんぞう せがれ とよじ 三十さい

○みぎの もの いんぼうを くわだて これある おもむき あいきこへ けるに つき めしと
り たゞされし候 ところ べつし くち がきの とほり申候 れんばんの ものども きびし
く たづね ちうに 御ざ候へども ようい ならざる ことがらに つき くちがき ならびに
れんばん にんの なまへ あいそへ このだん 御とゞけ 候なり

めいぢ六年 二月
もと あいづ はん たけかわ 一ろう とし 五十二三さい
同 はんよりき やまうら てつ四ろう とし 二十五六さい
同 はんかち たけむら はじめ とし 三十五六さい
ねど また八 せがれ
同 はん あき月 のぼりのすけ とし 二十七八さい
もと ながをか はん しぶや よしのすけ とし 三十二三さい
きうばく ほへい かぢかわ けんのすけ とし 二十二三さい
ぶんだの かへな
大ぬまごほり ぬまさわ村 いがのしま いがのすけ
もと あいづ はん こいで きすけ
みぎ とよじ くちがきの うつし

札を見るに、波之利大黒天と書いてあり、傍らにある人一人ははのりと読み、一人はなみのりと読めり。波之利ははしりの万葉仮名なれば、読む人の悪きなれども、文字に暗く或いは開けぬ人も多ければ、斯様の間違いも出来るものなり。物知り人もそこに心を付けるようありたき事。

若松県より大蔵省へお届けの写し
岩代の国会津郡塩沢村百姓
万蔵悴豊治　三十歳

○右の者陰謀を企てこれある趣き相聞こへけるにつき召し取り糺されし候ところ、別紙口書きの通り申候。連判の者共厳しく尋ね中に御座候へども容易ならざる事柄につき、口書き並びに連判人の名前相添へこの段御届け候なり。

明治六年二月
元会津藩　武川一郎　年五十二三歳
同藩　与力　山浦鉄四郎　年二十五六歳
同藩　徒士　竹村　肇　年三十五六歳
江上又八　悴
同藩　秋月登之助　年二十七八歳
元長岡藩　渋谷由之助　年三十二三歳
旧幕　歩兵　樋川けんのすけ［源之進］年二十二三歳
文太の変へ名
大沼郡沼沢村　伊賀島伊賀之介
元会津藩　小出喜介
右豊治口書きの写し

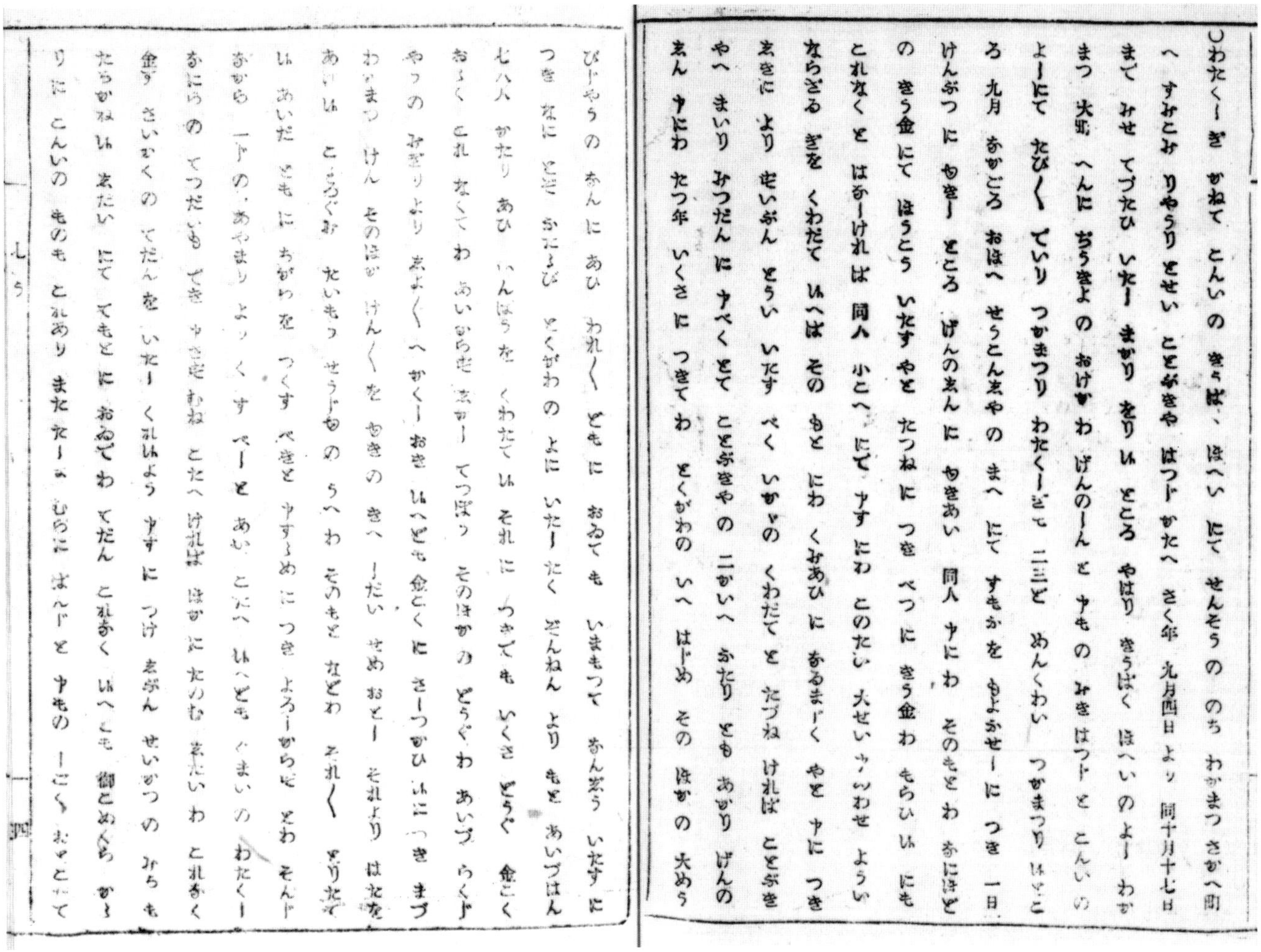
○わたくしぎ かねて こんいの きうばく、ほへい にて せんそうの のち わかまつ さかへ町
へ すみこみ りやうり とせい ことぶきや はつじ かたへ さく年 九月四日より 同十月十七日
まで みせ てづたひ いたし まかり をり候 ところ やはり きうばく ほへいの よし わか
まつ 大町 へんに ぢうきよの おけがわ げんのしんと 申もの みぎ はつじと こんいの
よしにて たび〳〵 でいり つかまつり わたくしども 二三ど めんくわい つかまつり候とこ
ろ 九月 なかごろ おぼへ せうこんしやの まへ にて すもふを もよふせしに つき 一日
けんぶつに ゆきし ところ げんのしんに ゆきあい 同人 申にわ そのもとわ なにほど
の きう金 にて ほうこう いたすやと たづねに つき べつに きう金わ もらひ候 にも
これなくと はなしければ 同人 小ごへにて 申すにわ このたび 大せい申あわせ ようい
ならざる ぎを くわだて 候へば そのもとにわ くみあひに なるまじくやと 申につき
しきに より ずいぶん どうい いたす べく いかやの くわだてと たづね ければ ことぶき
やへ まいり みつだんに 申べくとて ことぶきやの 二かいへ ふたりとも あがり げんの
しん 申にわ たつ年 いくさに つきてわ とくがわの いへ はじめ その ほかの 大めう
ひじやうの なんに あひ われ〳〵 どもに おいても いまもつて なんじう いたすに
つき なにとぞ ふたゝび とくがわの よに いたしたく ぞんねん より もと あいづはん
七八人 かたり あひ いんぼうを くわだて候 それに つきても いくさ どうぐ 金こく
おゝく これ なくてわ あいならず しかし てつぽう そのほかの どうぐわ あいづ らくじ
やうの みぎりより しよ〳〵へ かくし おき 候へども 金こくに さしつかひ候につき まづ
わかまつ けん そのほか けん〳〵を ゆきの きへしだい せめおとし それより はたを
あげ候 こゝろぐみ たいもう せうじゆの うへわ そのもと などわ それ〳〵 とりたて
候 あいだ ともに ちからを つくす べきと 申すゝめに つき よろしからずとわ ぞんじ
ながら 一じの あやまり より〳〵 くすべしと あいこたへ 候へども ぐまいの わたくし
なにらの てつだいも でき申さず むね こたへ ければ ほかに たのむ したいわ これなく
金子 さいかくの てだんを いたし くれ候よう 申すに つけ じぶん せいかつの みちも
たちかね候 したい にて てもとに おいてわ てだん これなく 候へども 御こめくら かゝ
りに こんいの ものも これあり また たしま むらに ばんじと 申もの しごく おとこだて

○私儀かねて懇意の旧幕歩兵にて、戦争の後若松栄町へ住み込み、料理渡世寿屋初治方へ昨年九月四日より同十月十七日まで店手伝ひ致し罷りおり候ところ、やはり旧幕歩兵の由、若松大町辺に住居の樋川源之進と申者右初治と懇意の由にて、度々出入り仕り、私共二三度面会仕り候ところ、九月中頃覚へ招魂社の前にて相撲を催せしにつき、一日見物に行きしところ、源之進に行き会い、同人申には、そのもとは何ほどの給金にて奉公致すやと尋ねにつき、別に給金は貰い候にもこれなくと話しければ、同人小声にて申すには、この度大勢申合わせ、容易ならざる儀を企て候へば、そのもとには組合になるまじくやと申につき、しき〈仕儀〉により随分どうい〈同意〉致すべく、如何の企てと尋ねければ、寿屋へ参り密談に申べくとて寿屋の二階へ二人とも上がり、源之進申には、辰年戦につきては徳川の家始めその他の大名非常の難に遭ひ、我々共に於いても今以て難渋致すにつき、何とぞ再び徳川の世に致したく存念より、元会津藩七八人語り合ひ陰謀を企て候。それにつきで〈て〉も戦道具、金穀多く、これなくては相ならず。しかし鉄砲その他の道具は会津落城のみぎりより諸所へ隠しおき候へども、金穀に差し支ひ候につき、先ず若松県その他、県県を雪の消え次第攻め落とし、それより旗を揚げ候心組み、大望成就の上はそのもとなどはそれぞれ取り立て候間、共に力を尽くすべきと申勧めにつき、宜しからずとは存じながら、一時の誤りよりく□すべしと相答へ候へども、愚昧の私何らの手伝いも出来申さず旨答へければ、他に頼む次第はこれなく、金子才覚の手段を致しくれ候よう申すにつけ、士分生活の道も立ちかね候次第にて、手元に於いては手段これなく候へども、御米蔵係に懇意の者もこれあり、又田島村に伴次と申者至極男立て

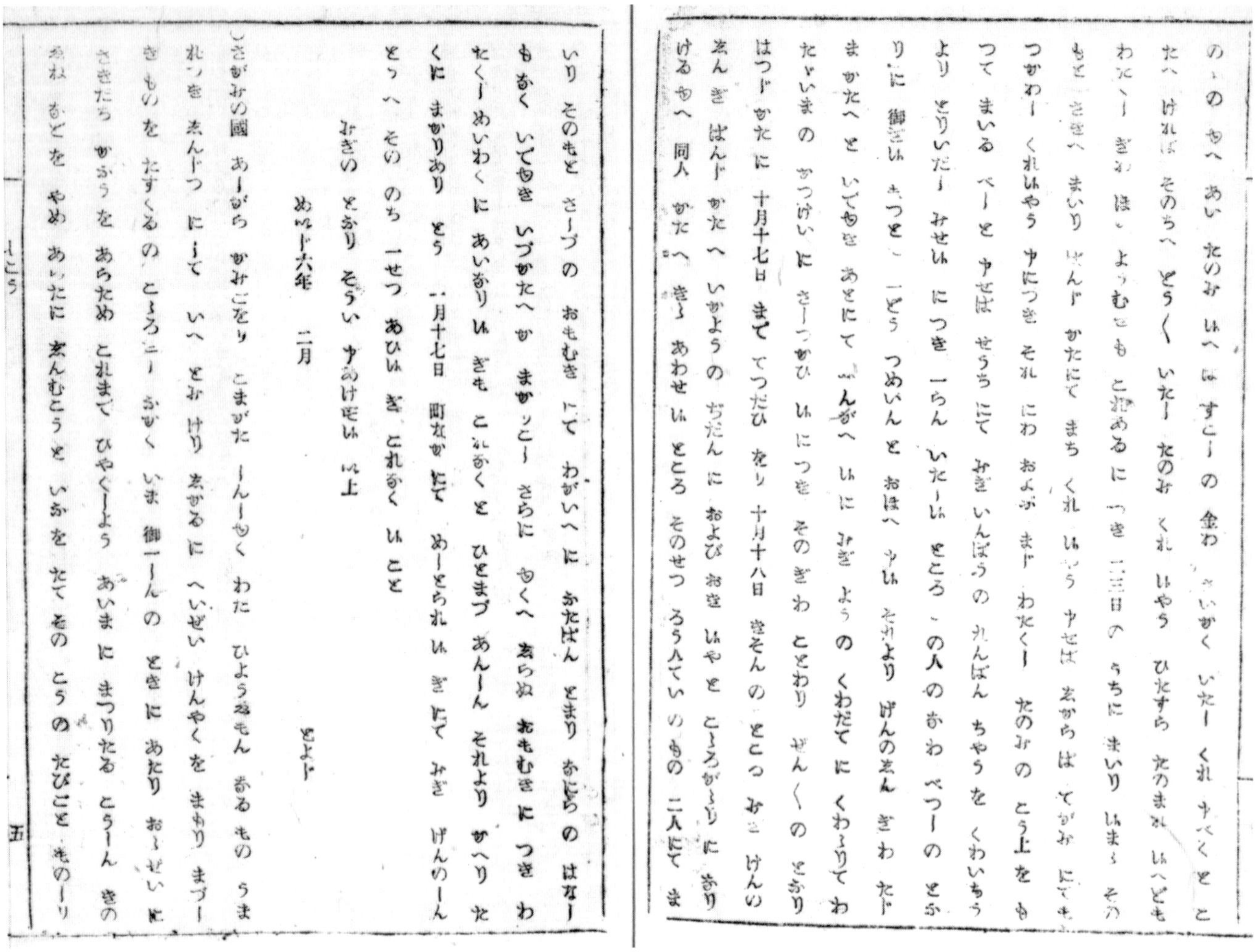

の者故相頼み候へば、少しの金は才覚致しくれ申べくと答へければ、その地へ同道致し頼みくれ候ようひたすら頼まれ候へども、私儀は外用向きもこれあるにつき、二三日のうちに参り候まま、そのもと先へ参り、伴次方にて待ちくれ候よう申せば、しからば手紙にても遣わしくれ候よう申につき、それには及ぶまじ、私の頼みの口上を持って参るべしと申せば、承知にて右陰謀の連判帳を懐中より取り出だし見せ候につき、一覧致し候ところ、この人の名は別紙の通りに御座候。尤も一同爪印と覚え申候。それより源之進儀は田島方へと出で行き、後にて考へ候に、右様の企てに加わりてはただ今の活計に差し支ひ候につき、その儀は断り、前々の通り初治方に十月十七日まで手伝ひおり、十月十八日帰村のところ、右件の真偽伴次方へ如何様の示談に及びおき候やと心懸かりになりける故、同人方へ聞き合わせ候ところ、その節浪人体の者二人にて参り、そのもと指図の趣きにて我が家に二晩泊まり、何らの話もなく出で行き、何方へか罷り越し、更に行方知らぬ趣につき、私迷惑に相なり候儀もこれなくとひとまず安心、それより帰り宅に罷りあり。当一月十七日、町中にて召し取られ候儀にて、右源之進等へその後一切会ひ候儀これなく候事。

右の通り相違申上け〈げ〉ず候。以上

明治六年二月　　　　豊治

○相模の国足柄上郡駒形新宿、和田兵右衛門なる者生まれつき信実にして家富みけり。しかるに平生倹約を守り貧しき者を助くるの志深く、今御一新の時に当たり大勢に先立ち家風を改め、これまで百姓合間に祀りたる庚申甲子などを止め、新たに神武講といふを立て、その講の度ごと物知りたちを招き、村中の男女を集め、文明の訳を説きおへし〈教へ〉など貧しき者のために米、金を貸して更に催促せず。その徳孤ならずとて一村よく治まり、一つ家の如くなり。

○谷中新堀村、谷石水といふ人、今年七十三歳にして健やかなり。年来道具類の工夫を凝らし、この度鉄砲玉を防ぐ楯を思ひ付き、この□月□十日、陸軍省にてイギリス出来のマルチニーといふ鉄砲にて二三度試せしに突き通すことなし。今開化の時、追々斯様の人を得たらば、遂に我が国の宝を他所に出だすことなきに至らん。末頼もしからずや。

○二月二十七日、東京陸運会社より横浜石川屋また七へ御養生油紙包み二つ差送る途中、夜十時頃鈴ヶ森をずき〈過ぎ〉んとせしに、洋服を着たる者三人、脇差を抜き飛脚を驚かし、東京第一為替座より神戸の出張への為替手形千百三十六円余、又五百六十二円余、又六百八十円余、右三通りの外にお触書新聞紙類多く取られしとなり。

○ながちき〈長崎〉横文字新聞に、彼の地の町々にお触書の張り出しを見るに、この後は日本人に於いて月代を剃ることは決して相ならずとなり。もしこのお触れに背く者あらば早速裁判所へ申出でべくなり。

右の事真ならば、今日の開化に人々自由の権を与へしとは大いに相違せしお触れなるべしといふ。

○岐阜県貫属小林何某の娘なかといふ者、その父は元香川県典侍仰せ付けられ、家内残らず高松に移りしに、その土地の有様故郷に優りて文明に進み、和漢西洋の学問所多くあるを見て、今女子といふとも学問せねば無用の廃れ者なり。ついては東京は開化第一と聞き、行きて洋学をせんと思い、父母に告げしに、もし連れもあらば請ふに任せん。時節を待つべしと諭しけるを、道理とは思ひながら、思ひ立っては片時も空しく過ごすは本意にあらず。今政下々にとをり閉ざしぬ御代なり。一人旅とて恐れんやとしきりに暇を請いければ、父母遂にこれを許す。なか女高松を発ち出で、京大阪学問所の有様を窺い、遂に一月十二日、千歳丸といふ郵便船に乗りて神戸を出で、同じく十六日横浜に着き、東京の親類に頼りて、この頃若松町嚶鳴塾といふに入りて洋学始めたりとぞ。かくの如く自分と思ひ立ちたるほどなれば、定めて抜きん出進むなるべし。田舎にて斯様に志す者もあるを、お膝元の女子衆恥じ給へや。

○東京新橋より横浜への鉄道に乗りし人数、二月二十四日より三月二日まで一七日の間にて、二万四千四百四十一人なり。その賃銭凡そ八千百六円十七銭なり。

海外新聞《かいがいしんぶん》

○この頃来たりしアメリカのある新聞を見るに、彼の国に於いて名高き新聞者グリイレ「グリーリー」といふ人昨年没したるに、この頃ニユヨルカといふ町に於いて、この人のために唐金と御影石を以て石碑を建てるとの模様なり。その入用はその国の万民銘々の志にて差し出だす。その高四万ドル集まるに至りて右町のセントルパーキ「セントラルパーク」といふ所へ建てるとの由。その様子思いやるべし。

○ある横文字の新聞紙に言ふ。二月十二日、イギリス　ロンドンより電信機の

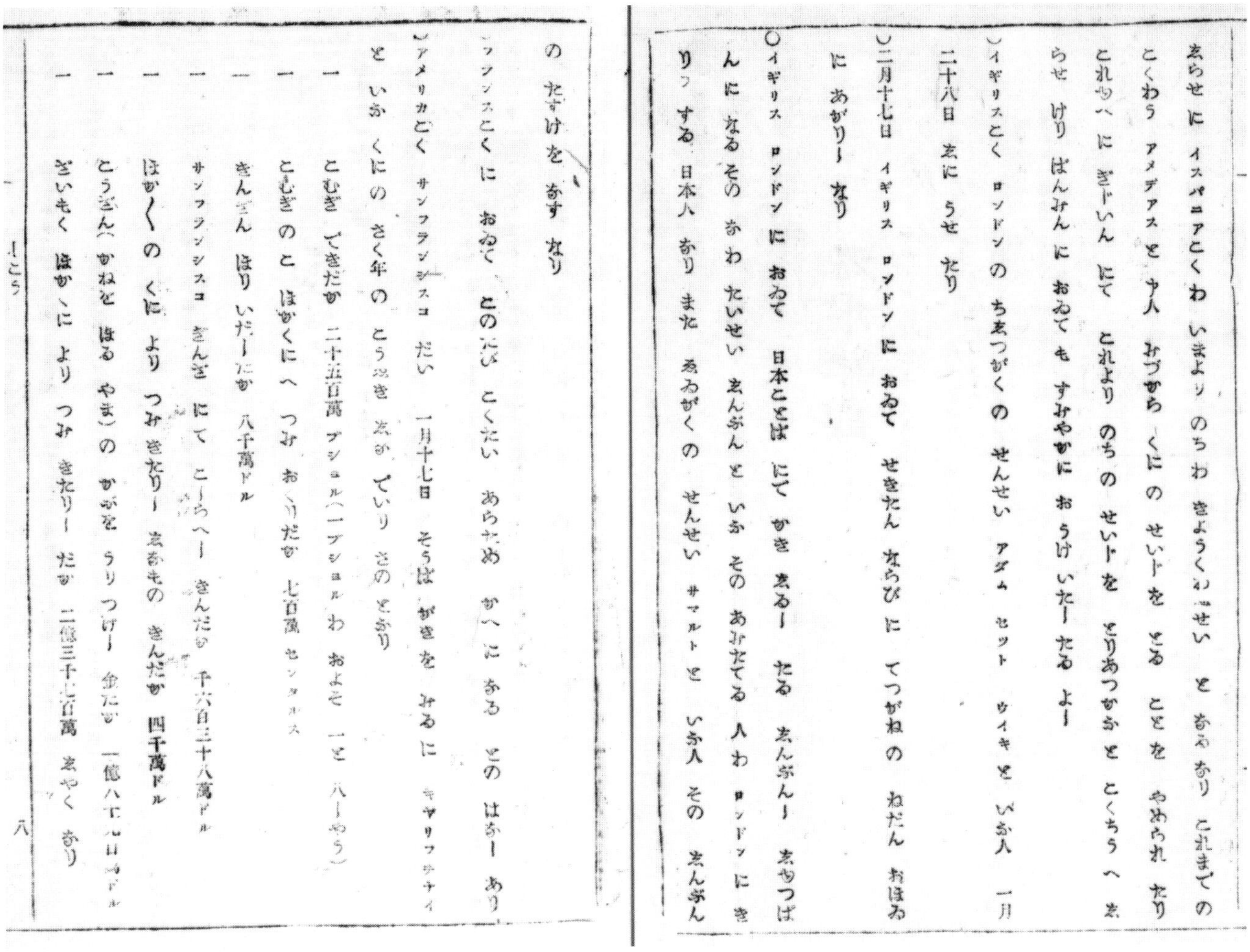

しらせに イスパニアこくわ いまより のちわ きようくわせい と なる なり これまでの
こくわう アメデアス と 申人 みづから くにの せいじを とる ことを やめられ たり
これゆへに ぎいん にて これより のちの せいじを とりあつかふ と こくわう へ し
らせ けり ばんみん に おゐても すみやかに おうけ いたし たる よし
○イギリスこく ロンドンの ちしつがくの せんせい アダム セツト ウイキ と いふ人 一月
二十八日 しに うせ たり
○二月十七日 イギリス ロンドン に おゐて せきたん ならびに てつがねの ねだん おほゐ
に あがりし なり
○イギリス ロンドン に おゐて 日本ことば にて かき しるし たる しんぶんし しゆつぱ
ん に なる その なわ たいせい しんぶん と いふ その あみたてる 人わ ロンドン に き
りう する 日本人 なり また えいがくの せんせい サマルト と いふ人 その しんぶん
の たすけを なす なり
○フランスこくに おゐて このたび こくたい あらため かへに なる との はなし あり
○アメリカこく サンフランシスコ だい 一月十七日 そうば がきを みるに キヤリフヲナイ
と いふ くにの さく年の こうゑき しか でいり さの とほり
一 こむぎ できだか 二千五百萬 ブシヨル（一ブシヨル わ およそ 一と 八しやう）
一 こむぎのこ ほかくにへ つみ おくりだか 七百萬 センタルス
一 きんぎん ほり いだしだか 八千萬ドル
一 サンフランシスコ ぎんざ にて こしらへし きんだか 千六百三十八萬ドル
一 ほかほかの くに より つみ きたりし しなもの きんだか 四千萬ドル
一 こうざん（かねを ほる やま）の かぶを うり つけし きんだか 一億八千九百萬ドル
一 ざいもく ほかくに より つみ きたりし だか 二億三千七百萬 しやく なり
八

知らせに、イスパニア国は今より後は共和政となるなり。これまでの国王アメデアス［アマデオ］と申人自ら国の政治を摂ることを止められたり。これ故に議事院にてこれより後の政治を取り扱ふと国王へ知らせけり。万民に於いても速やかにお受け致したる由。

○イギリス国ロンドンの地質学の先生アダム　セットウイキ［セジウィック］といふ人、一月二十八日死に失せたり。

○二月十七日、イギリス　ロンドンに於いて、石炭並びに鉄鋼の値段大いに上がりしなり。

○イギリス　ロンドンに於いて、日本言葉にて書き記したる新聞紙出版になる。その名は泰西新聞といふ。その編み立てる人はロンドンに寄留する日本人なり。又英学の先生サマルト［サマーズ］といふ人、その新聞の助けをなすなり。

○フランス国に於いてこの度国体改め替へになるとの話あり。

○アメリカ国サンフランシスコ大一月十七日相場書きを見るに、キヤリフオナイといふ国の昨年の交易市価出入り左の通り。

一　小麦　出来高　二千五百万ブシヨル［ブッシェル］（一ブシヨルは凡そ一斗八升）
一　小麦の粉　外国へ積み送り高　七百万センタルス
一　金銀掘出だし高　八千万ドル
一　サンフランシスコ銀座にて拵へし金高　千六百三十八万ドル
一　ほかほかの国より積み来たりし品物　金高　四千万ドル
一　鉱山（金を掘る山）の株を売り付けし金高　一億八千九百万ドル
一　材木　外国より積み来たりし高　二億三千七百万尺なり

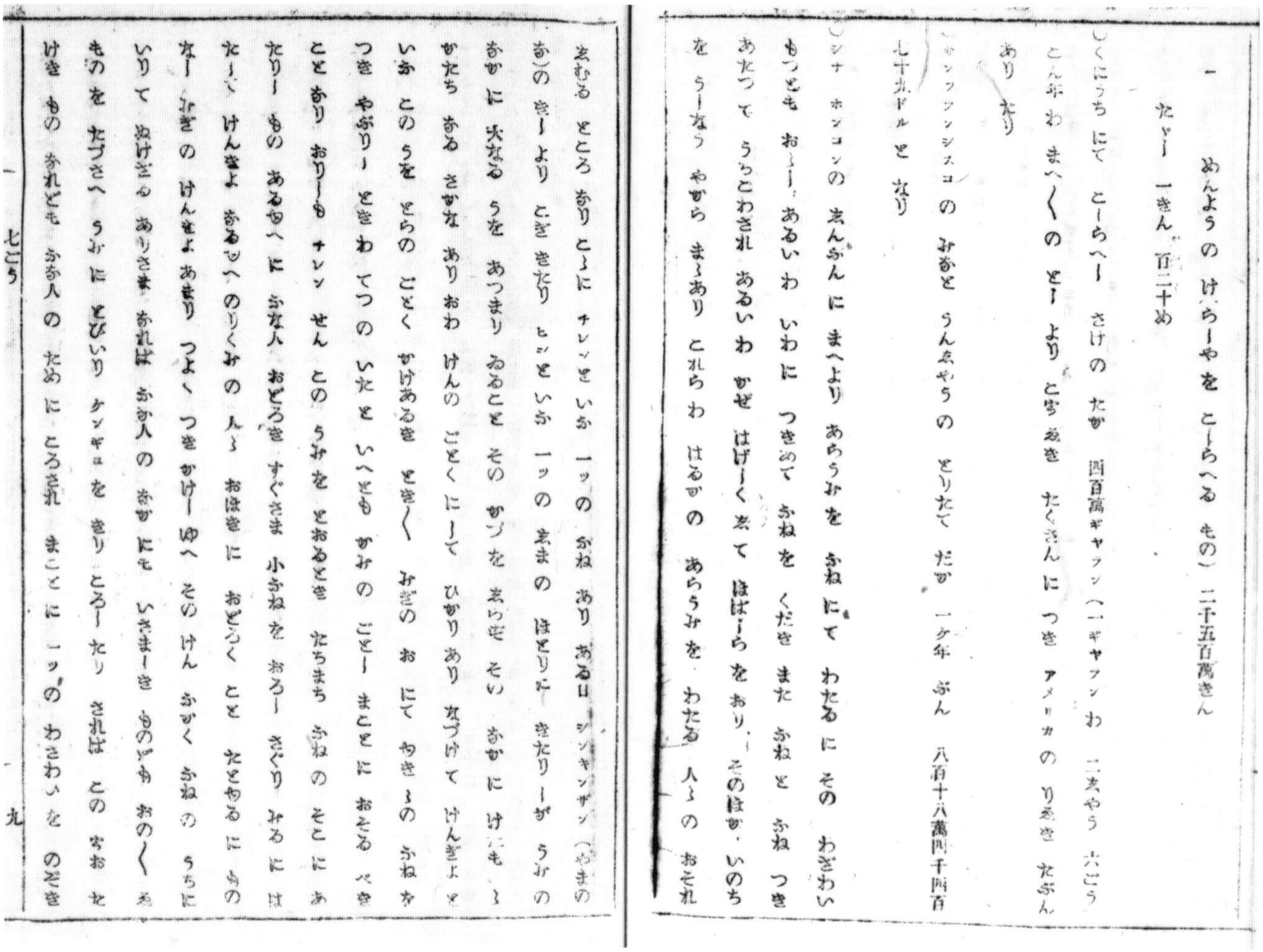

一　めんようの　け（らーやを　こーらへる　もの）　二千五百萬きん
たゞし　一きん　百二十め
○くにうちにて　こーらへし　さけの　たか　四百萬ギヤラン（一ギヤランわ　二しやう　六ごう
こん年わ　まへ〳〵の　とーより　こうゑき　たくさんに　つき　アメリカの　りゑき　たぶん
ありたり
○サンフランシスコの　みなと　うんぢやうの　とりたて　たか　一ケ年　ぶん　八百十八萬四千四百
七十九ドルと　なり
○シナ　ホンコンの　しんぶんに　まへより　あらうみを　ふねにて　わたるに　その　わざわい
もつとも　おゝし　あるいわ　いわに　つきあて　ふねを　くだき　また　ふねと　ふね　つき
あたつて　うちこわされ　あるいわ　かぜ　はげしく　して　ほばしらを　おり　その　ほか　いのち
を　うしなう　やから　まゝあり　これらわ　はるかの　あらうみを　わたる　人ゝの　おそれ
しむる　ところ　なり　こゝに　チレンと　いふ　一ツの　ふね　あり　ある日　シンキンザン（やまの
なの）きしより　こぎきたり　ヒシと　いふ　一ツの　しまの　ほとりに　きたりしが　うみの
なかに　大なる　うを　あつまり　いること　その　かずを　しらず　その　なかに　けだもの
かたち　なる　さかな　あり　おわ　けんの　ごとくに　して　ひかり　あり　なづけて　けんぎよと
いふ　このうを　とらの　ごとく　かけあるき　とき〳〵　みぎの　おにて　ゆきゝの　ふねを
つき　やぶりし　ときわ　てつの　いたと　いへども　かみの　ごとし　まことに　おそる　べき
ことなり　おりしも　チレン　せん　この　うみを　とおる　とき　たちまち　ふねの　そこに　あ
たりし　もの　あるゆへに　ふな人　おどろき　すぐさま　小ふねを　おろし　さぐり　みるに　は
たして　けんぎよ　なるゆへ　のりくみの　人ゝ　おほきに　おどろく　こと　たとゆるに　もの
なし　みぎの　けんぎよ　あまり　つよく　つきかけし　ゆへ　その　けん　ふかく　ふねの　うちに
いりて　ぬけざる　ありさま　なれば　ふな人の　なかにも　いさましき　ものども　おの〳〵　え
ものを　たづさへ　うみに　とびいり　けんぎよを　きり　ころし　たり　されば　この　うを　た
けき　もの　なれども　ふな人の　ために　ころされ　まことに　一ツの　わざわいを　のぞき
七ごう　九

一　綿羊の毛（羅紗を拵えるもの）　二千五百万斤
　但し一斤　百二十匁

○国内にて拵へし酒の高　四百万ギヤラン［ガロン］（一ギヤランは二升六合）今年は前々の年より交易沢山につき、アメリカの利益多分ありたり。

○サンフランシスコの港運上の取立て高　一ヶ年分　八百十八万四千四百七十九ドルとなり。

○シナ香港の新聞に、前より荒海を船にて渡るに、その災い最も多し。或いは岩に突き当て船を砕き、又船と船突き当たって打ち壊され、或いは風激しくして帆柱を折り、その外命を失う輩ままあり。これらは遥かの荒海を渡る人々の恐れしむるところなり。ここにチレンといふ一ツの船あり。ある日シンキン山（山の名）の岸より漕ぎ来たり、ヒシといふ一ツの島の畔に来たりしが、海の中に大なる魚集まりいることその数を知らず。その中に獣の形なる魚あり。尾は剣の如くにして光あり。名付けて剣魚と言ふ。この魚虎の如く駆け歩き、時々右の尾にて行き来の船を突き破りしときは、鉄の板といへども紙の如し。誠に恐るべきことなり。折しもチレン船この海を通る時忽ち船の底に当たりしものある故に、船人驚き、すぐさま小舟を下ろし探りみるに、果たして剣魚なる故、乗組みの人々大きに驚くこと例ゆるにものなし。右の剣魚あまり強く突き掛けし故、その剣深く船の内に入りて抜けざる有様なれば、船人の中にも勇まし者共各々得物を携え海に飛び入り、剣魚を切り殺したり。さればこの魚猛きものなれども、船人のために殺され誠に一ツの災ひを除きたり。しかるに船の底に一ツの穴出来て、これより潮水入り修復するに暇あらず、帆を以てこれを防ぎ、又々走り出だせしときは人々再び生きたる心なり。されども遥かの荒海へ出でしとき忽ち大風出で、船揺られ船底の穴破れ、水ますます入り、それのみならず波風ますます強く、再び修復すること叶わずして、憐れむべし、大波の中に船沈み、積込みの荷物は失ひ、人々も初めは生き返りたる思いをなせしが、再び魚の餌食となりたるは実に憐れむべき涙の種と言ふべし。

○世の中に磁石の針ほど人のためになるものはなし。しかれども日本は今日に至れどもその元の起こりを知らざる故に、この度右の訳を記すなり。

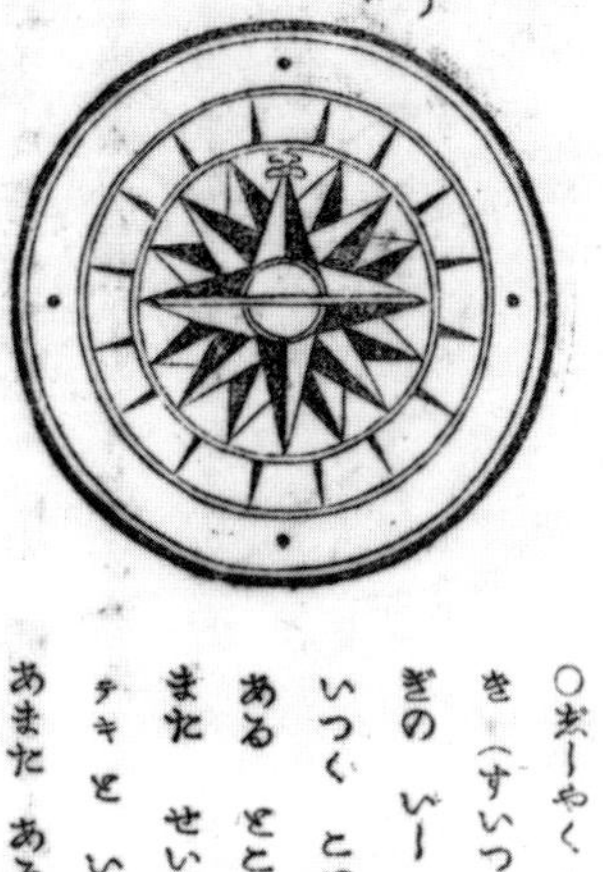

西洋磁石の図

○磁石の針は金の類にてロウド石（吸い付き石）を擦り付けしものなり。右の石は鉄その他金物類に吸い付くこと不思議なり。この石の多くある所はマギニシヤといふ国にある由。又西洋にてこの磁石をマギナーテキ［マグネット］と言ふなり。尤も唐天竺にも数多ある由。その内にも唐の埼頭川の下にて虎と名付くる小島にロウド石多分にある由。昔はロウド石に五つの名あり。第一　イトヲピーや［エチオピアン］、第二　マギニシヤン、第三ボウテキ［ボエティック］、第四　アラキアンヅリアン［アレキサンドリアン］、第五　ナトリシアン。その他スイデン［スウェーデン］国の鉄山並びにアメリカにも多くあり。又イギリスの鉄の荒石にもある由。極く昔の人はロウド石に雌と雄と二つあると考えしが、又中昔にては、ある人右の石を薬種に用ひ、目薬或ひは下

だ一ぐすり などに お̃く もちひたり せいよう にて いまに そつこう その ほか
の くすりに みぎ ロウドせき を お̃く もちゆる なり
○みぎ じやく わ もとより ロウマグリイキ人 よく しだいがらを こころへて ゐながらきた
の かたを むく ほうを しらざる よし しかるに しな人わ よく この ことを む
より わきまへ たり
○みぎ じやくに もちゆる かねわ もとより そのほか はつめい いたせしわ まつたく さの
とをり なる こと ありし なり ある日 グリーク に おゐて マギネース と いふ めんようを
のがひする に もちゆる ところの てつの つゑをすてて まつの こかげに ひるねを
せしが その人 めのさめて みぎの つゑを とらんと する とき いしに すいつき は
なれざれば この ことを その せつの きうりがくしやに はなせし ところ みぎ がくしや
この いしの なを みな人の なに つけたり また 國々にて わ この いしを あいず
いしとも いふなり その わけわ この いし てもとに ちかよれば すい よせる

き あり

はんこう はじまりの こと

○よのならいに はつめい したる こと お̃く あると いへども はん
を おこす こと ほど 人の ために なるもの すくなし その わけわ
はんを おすことを はつめい したるより せかいの 人の ちゑ お
ほいに ひらけ たり よつて はんを おすことを はつめい したる
はじめを たづぬる に 幾ねん まへに おこりし ことなるや しか
と わからせ しかれども ある せいようの しよもつ に いわく およそ 四千ねん まへに あ
る人 いんぎやうを こしらへる に いしばいを ねりて しつくいを こしらへ それに
かたを おしたる よし また あるひわ れんがせきを つくるに わが なまへ また わ
いろいろ の かたを おして しるしを こしらへて やきたる よし これが そもそも いん
ぎやう また わ はんぎの はじまりと いへり みぎらの ふるき しなを エジプト國にて

せいやう はんこうの づ

十一

し薬などに多く用ひたり。西洋にて今に即効しその他の薬に右ロウド石を多く用ゆるなり。

○右磁石は元よりロウマ、グリイキ［ギリシャ］人よく次第柄を心得ていながら北の方を向く方を知らざる由。しかるに支那人はよくこのことをむ□しより弁へたり。

○右磁石に用ゆる金は元より、その他発明致せしは全く左の通りなることありしなり。ある日クリーク［ギリシャ］に於いてマギネースといふ綿羊を野飼ひするに用ゆるところの鉄の杖を捨てて松の木陰に昼寝をせしが、その人目の覚めて右の杖を取らんとするとき、石に吸い付き離れざれば、このことをその節の窮理者に話せしところ、右学者この石の名をみ人の名に付けたり。又国々にてはこの石を合図石とも言ふなり。その訳は、この石手元に近寄れば吸い寄せる気あり。

判子始まりの事

○世の習いに発明したる事多くあるといへども、判を起こすことほど人のためになるもの少なし。その訳は判を押すことを発明したるより世界の人の知恵大いに開けたり。因って判を押すことを発明したる始めを尋ぬるに、幾年前に起こりしことなるやしかと分からず。しかれども、ある西洋の書物に曰く。凡そ四千年前にある人印形を拵へるに、石灰を練りて漆喰を拵へ、それに型を押したる由。又或ひは煉瓦石を作るに我が名前、又は色々の型を押して印を拵へて焼きたる由。これがそもそも印形又は版木の始まりと言へり。右らの古き品をエジプト国にて

西洋判子の図

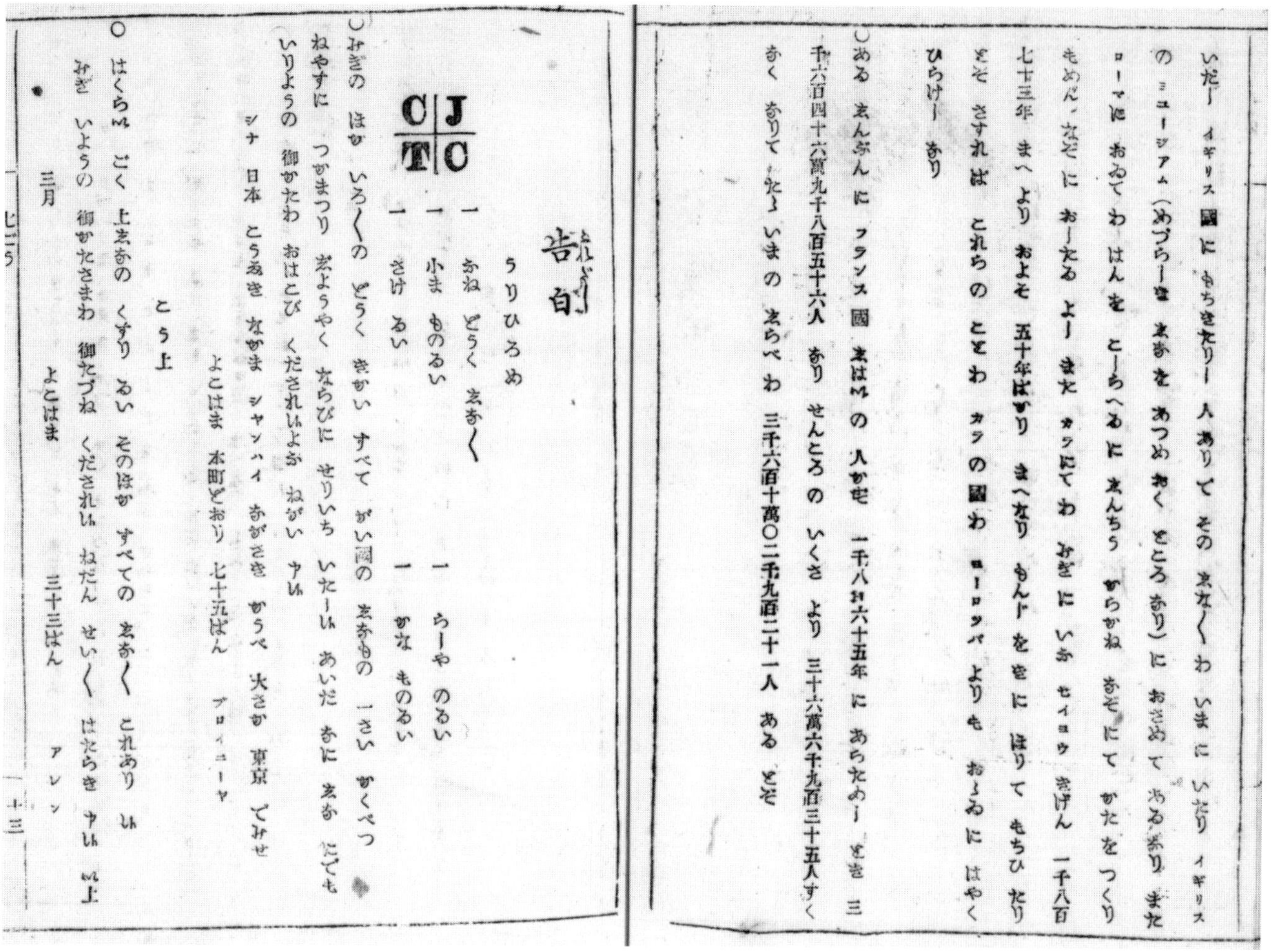
いだし イギリス國に もちきたりし 人ありて その しなじなわ いまに いたり イギリス
の ミユージアム（めづらしき しなを あつめおく ところなり）に おさめて あるなり また
ローマに おゐて わ はんを こしらへるに しんちう からかね などにて かたを つくり
もめん・などに おしたる よし また カラにてわ みぎに いふ セイヨウ きげん 一千八百
七十三年 まへ より およそ 五十年ばかり まへなり もんじを きに ほりて もちひ たり
とぞ さすれば これらの ことわ カラの國わ ヨーロッパ よりも おゝゐに はやく
ひらけし なり
○ある しんぶんに フランス國 しはいの 人かず 一千八百六十五年 に あらためし とき 三
千六百四十六萬九千八百五十六人 なり せんころの いくさ より 三十六萬六千九百三十五人すく
なく なりて たゞ いまの しらべわ 三千六百十萬〇二千九百二十一人 ある とぞ

告白 うりひろめ

| C | J |
|---|---|
| T | C |

一 ふね どうぐ しなじな　一 らしや のるい
一 小まもの るい　一 かな ものるい
一 さけ るい

○みぎの ほか いろいろの どうぐ きかい すべて がい國の しなもの 一さい かくべつ
ねやすに つかまつり しようやく ならびに せりいち いたし候 あいだ なにに しなにても
いりようの 御かたわ おはこび くだされ候よふ ねがい上候
シナ 日本 こうゑき なかま シャンハイ ながさき かうべ 大さか 東京 でみせ
よこはま 本町どおり 七十五ばん ブロイニーヤ

こう上
○ はくらい ごく 上しなの くすり るい そのほか すべての しなじな これあり候
みぎ いようの 御かたさまわ 御たづね くだされ候 ねだん せいぜい はたらき申候 以上
三月 よこはま 三十三ばん アレン

出だし、イギリス国に持ち来たりし人ありて、その品々は今に至りイギリスのミユージアム（珍しき品を集め置く所なり）に納めてあるなり。又ローマに於いては判を拵へるに真鍮、唐金なぞにて型を作り、木綿なぞに押したる由。又唐にては、右に言ふ西洋紀元一千八百七十三年前より凡そ五十年ばかり前なり。文字を木に彫りて用ひたりとぞ。さすればこれらのことは唐の国はヨーロッパよりも大いに早く開けしなり。

○ある新聞に、フランス国支配の人数一千八百六十五年に改めし時、三千六百四十六万九千八百五十六人なり。先頃の戦より三十六万六千九百三十五人少なくなりて、ただ今の調べは三千六百十万〇二千九百二十一人あるとぞ。

告白《ふれだし》
売り広め

| C | J |
|---|---|
| T | C |

一 船道具品々　　一 羅紗の類
一 小間物類　　一 金物類
一 酒類

○右の他、色々の道具、機械、全て外国の品物一切、格別値安に仕り、定約並びに競り市致し候間、何品にて〈て〉も入用の御方はお運びくだされ候様願い申候。
シナ日本交易仲間　上海　長崎　神戸　大阪　東京　出店
横浜本町通り七十五番　ブロイニーヤ

口上
○舶来、極上品の薬類、その他、全ての品々これあり候。
右いよう〈入用〉の御方様は御尋ねくだされ候。値段せいぜい働き申候。以上
三月　　横浜　三十三番　アレン

○イギリス製極上仕立ての馬車一両、売り物これあり候。
○イギリス発明の道具にて、煉瓦石を一日に一万二千ずつ拵ゆる機械
売り物あり。
右両品共お望みのお方は、木挽町五丁目橋通り精養軒
向かふの新聞社へおん出でなされ候へば、御相談申し上候。以上
○東京第六の大区小の四区、深川森下町ちやうけん〈長慶〉寺於いて、イギリス言葉
を日本の人へ教へるために、西洋人を雇い入れ、学問所開き申候。
もし英学稽古なされたきお方は御出でくだされ候。以上
明治六年二月　東京深川森下町　菁莪学舎　小島氏

横浜諸色相場

○唐糸　一番　百斤　ドル四十四枚より四十七枚
○同　三番　四十枚
○イギリス金巾　一匹　二枚五分七厘一　○同七斤　二枚二分七厘五
○七斤天竺金巾　一枚九分　○晒金巾　二枚六分
○更紗　三枚二分　○寒冷紗　一枚〇五厘
○びろおど　十一枚二分五厘　○唐桟　三枚
○南京油　九枚八分　○石炭油　六枚一分
○ガラス板　四枚八分　○蝋燭　三枚三分
○棒砂糖　十五枚七分五厘

茶相場

○山城　別稀頭　一番　七十五枚より五十五枚まで
○山城　二番　伊勢、駿河、遠江、東京近辺

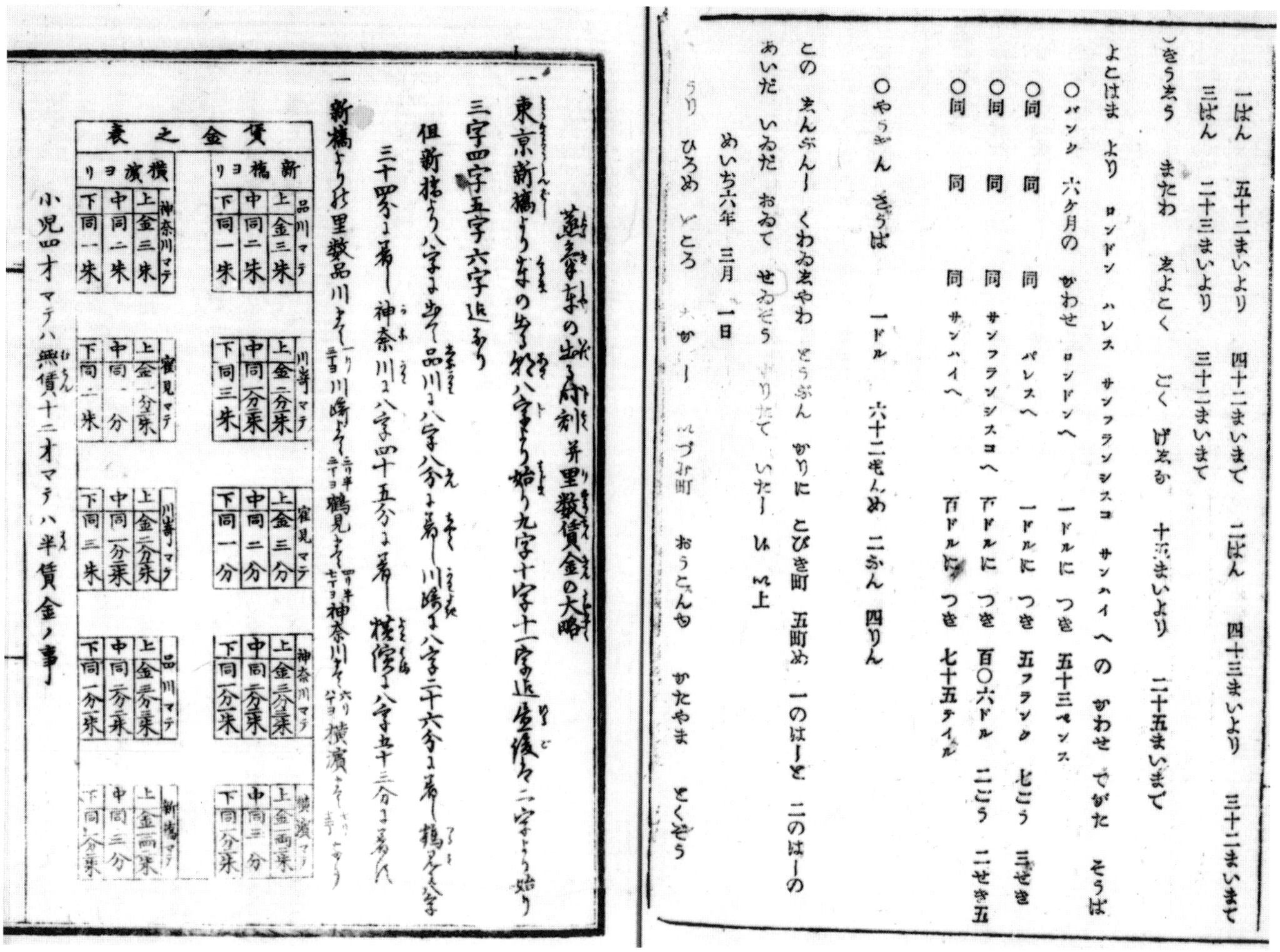

一番　五十二枚より四十二枚まで　　二番　四十三枚より三十二枚まで
三番　二十三枚より三十二枚まで
○九州又は諸国　極く下品　十五枚より二十五枚まで
横浜よりロンドン、ハレス［パリ］、サンフランシスコ、サンハイ［上海］への為替手形相場
○バンク　六ヶ月の為替　ロンドンへ　一ドルにつき　五十三ペンス
○同　同　同　パレスへ　一ドルにつき　五フランク七合三勺
○同　同　同　サンフランシスコへ　百ドルにつき百〇六ドル二合二勺五
○同　同　同　サンハイへ　百ドルにつき七十五テイル
○洋銀相場　一ドル六十二匁二分四厘

この新聞紙会社は、当分仮に、木挽町五町目　一の橋と二の橋の間　飯田於いて製造刷り立て致し候。以上
明治六年三月一日［八日］
売り広め所　中橋和泉町　黄金湯　片山徳造

蒸気車《じやうきしや》の出《いづ》る時刻《じこく》并里数賃金《りすうちんきん》の大略《たいりやく》

一　東京新橋より車の出る朝八字より始り九字十字十一字迄昼後は二字より始り三字四字五字六字迄なり。
但新橋より八字に出て品川に八字八分に着し川崎に八字二十六分に着し鶴見に八字三十四分に着し神奈川に八字四十五分に着し横浜に八字五十三分に着す。
一　新橋よりの里数品川まで一里三丁余、川崎まで三里半三丁余、鶴見まで四里半七丁余、神奈川まで六里八丁余　横浜まで七里十二丁なり。

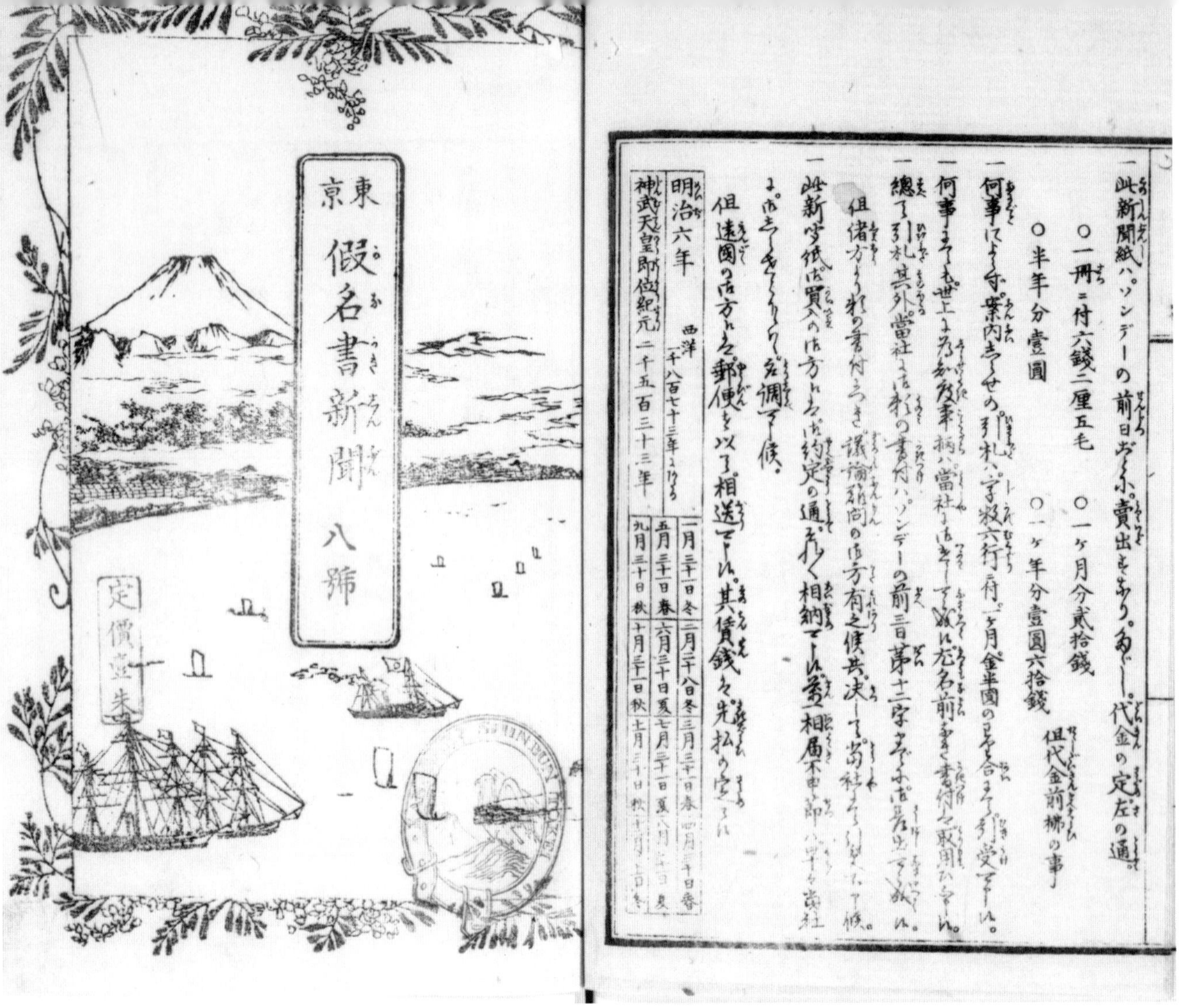


一　此新聞紙は、ソンデーの前日ごとに売出すなり。ただし代金の定左の通。
　　○一冊に付六銭二厘五毛　○一ヶ月分二十銭
　　○半年分一円　　　　　　○一ヶ年分一円六十銭　但代金前払の事。
一　何事によらず、案内知らせの引札は、字数六行に付、一ヶ月金半円の割合にて引受申べく候。
一　何事にても、世上に知らせたき事柄は、当社に御遣しなさるべく候。尤名前なき書付は取用ひ申さず候。
一　総て引札其外当社に御頼の書付は、ソンデーの前三日第十二字までに御差出なさるべく候。
　　但諸方より頼の書付につき、議論難問の御方これあり候ども、決して当社にて引受申さず候。
一　此新聞紙御買入れの御方へは、御約定の通、それぞれ相納め申べく候。万一相届申ざる節は、早々当社に御知らせられ候ば取調申べく候。
　　但遠国の御方へは郵便を以て相送申べく候。其賃銭は先払の定に候。

八号の内容　明治6・3・15

前文1　発行の趣旨1　当新聞の表記法

**御布告**　○皇太后と皇后へのお繭金廃止○郵船の品川沖出入り時に大砲○三つ子の手当○死んだ鳥獣売買禁止の解除

国内新聞　○横浜商人と南京人の議論○軍艦シナ国へ品川出帆○シナが鉄砲購入、日本の商人利益○柿本人麻呂千百五十年記念歌会（上野）○日本の鉄道事業は改革を○西洋人をもてなすときの心得○阿蘇山噴火○元金沢藩家老殺害と敵討ち、辞世の歌○火事（浅草）○在日米領事交代○新橋横浜間蒸気車の乗客数と賃銭

**海外新聞**　○オーストリア博覧会に各国の代表来駕予定○サンドイッチ島新国王○陸軍兵学校火事（ロンドン）○盗賊、鉄道を妨害（イスパニア）○三月十五日は出来事が多い。ローマのシーザー暗殺も○アメリカの事柄五号の続き

**告白**（広告）　**横浜諸色相場**　**為替手形相場**　当新聞の製造所と販売所　**蒸気車の出る時刻**

**里数幷賃金の大略**　社告

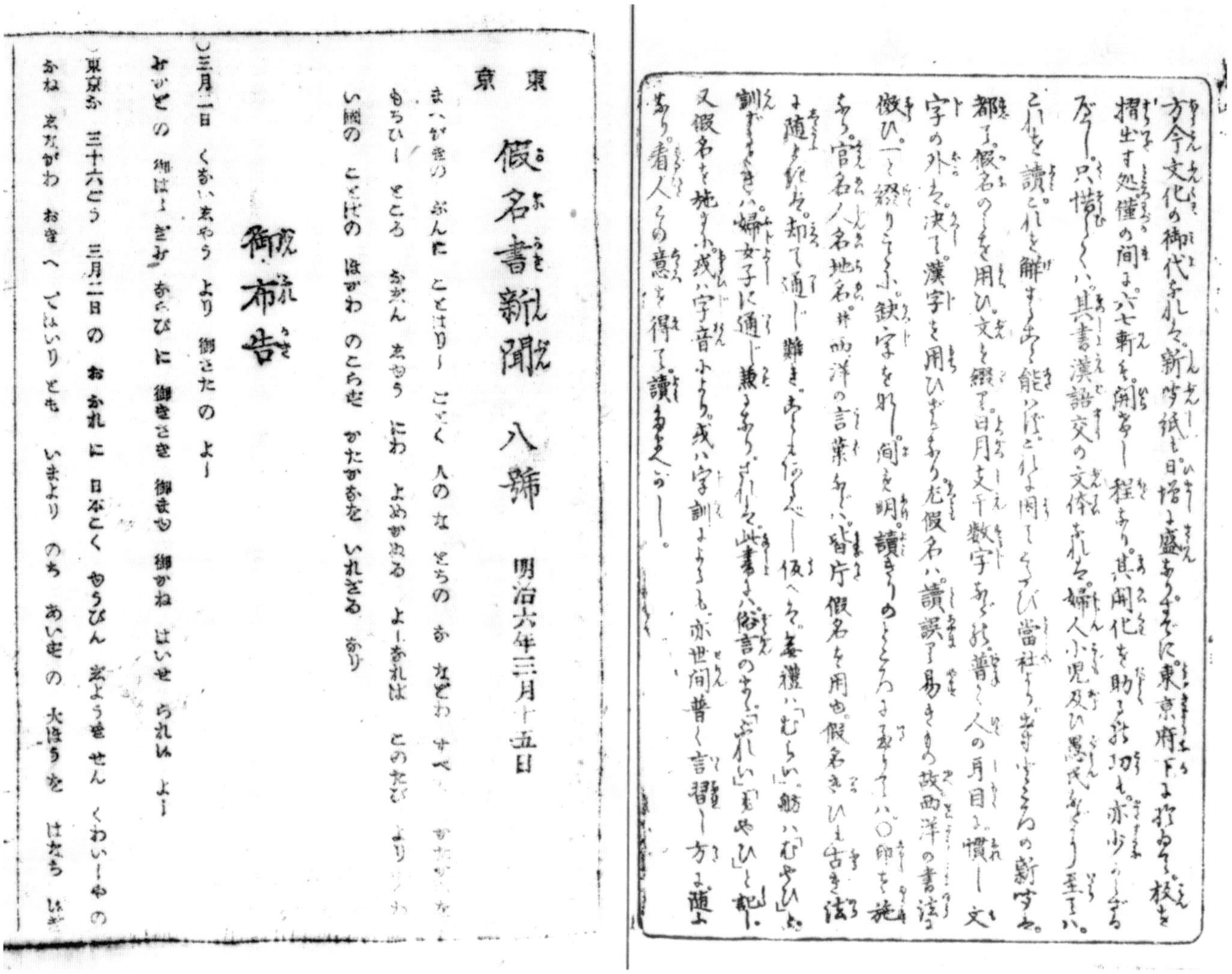

方今文化の御代なれば、新聞紙も日増に盛なり。すでに東京府下に於いて、板を摺出す処、僅の間に六七軒も開けし程なり。其開化を助るの功も亦少からざるべし。只惜らくは、其書漢語交の文体なれば、婦人小児及ひ愚民などに至てはこれを読、これを解すること能はず。これに因て、こたび当社より出すところの新聞は、都て假名のみを用ひ、文を綴り、日月支干数字などの普く人の耳目に慣し文字の外は、決て漢字を用ひざるなり。尤仮名は読誤り易きもの故、西洋の書法に倣ひ、一と綴りことに欠字をなし、間を明、読きりのところに至りては〇印を施なり。官名人名地名、幷西洋の言葉などは、皆片仮名を用ゆ。仮名遣ひも古き法に随ときは却て通じ難きこともあるべし。仮へは無礼は「むらい」、舫は「むやひ」と訓ずるときは、婦女子に通じ兼るなり。されは此書には、俗言のまま「ぶれい」「もやひ」と記し、
又仮名を施すに、或は字音により、或は字訓によるも、亦世間普く言習し方に随ふなり。看人この意を得て読たまへかし。

東京假名書新聞《かなかきしんぶん》　八号　明治六年三月十五日

前書き文に断りし如く、人の名、土地の名などは全て片仮名を用いしところ、婦人衆には読めかぬる由なれば、この度より外国の言葉の他は、残らず片仮名を入れざるなり。

御布告《おんふれかき》

〇三月一日宮内省より御沙汰の由。
帝の御母君並びに御妃御繭御金廃せられ候由。

〇東京府三十六号　三月二日のお触れに、日本国郵便蒸気船会社の船品川沖へ出入りとも、今より後合図の大砲を放ち候儀

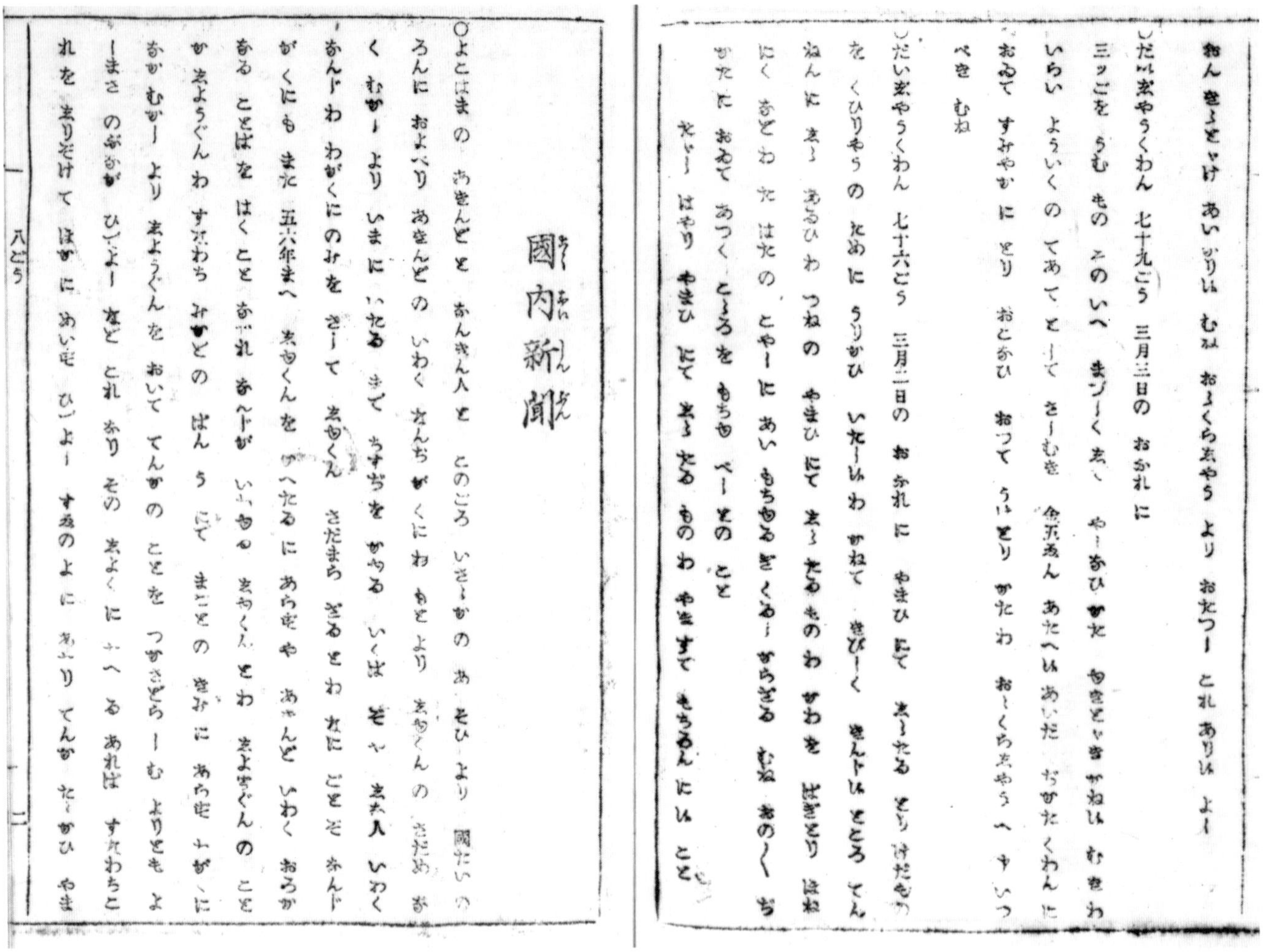

御開き届け相なり候旨、大蔵省よりお達しこれあり候由。

○太政官七十九号　三月三日のお触れに、
三ッ子を産む者、その家貧しくして養ひ行き届きかね候向きは、以来養育の手当として、差し向き金五円与へ候間、地方官に於て、速やかに執り行い、追って請け取り方は大蔵省へ申出づべき旨。

○太政官七十六号　三月二日のお触れに、病にて死したる鳥獣を食ひ料のために売買致し候は、かねて厳しく禁じ候ところ、天然に死し或ひは常の病にて死したるものは、皮を剥ぎ取り骨肉などは田畑の肥やしに相用ゆる儀苦しからざる旨、各々地方に於て厚く心を用ゆべしとの事。
　但し流行り病にて死したるものは焼き捨て勿論に候事。

## 国内新聞《こくないしんぶん》

○横浜の商人と南京人とこの頃いささかの争ひより国体の論に及べり。商人の曰く。汝が国はもとより主君の定めなく、昔より今に至るまで血筋を替ゆるいくばくぞや。支那人曰く。汝は我が国のみを指して主君定まらざるとは何事ぞ。汝が国も又五六年前主君を替えたるにあらずや。商人曰く。愚かなる言葉を吐くことなかれ。汝が所謂主君とは将軍のことか。将軍は即ち帝の番頭にて真の君にあらず。我が国中昔より将軍を置いて天下の事を司らしむ。頼朝、義政、信長、秀吉などこれなり。その職に堪へ□るあれば即ちこれを斥けて外に命ず。秀吉末の世に当たり天下戦ひ止ま

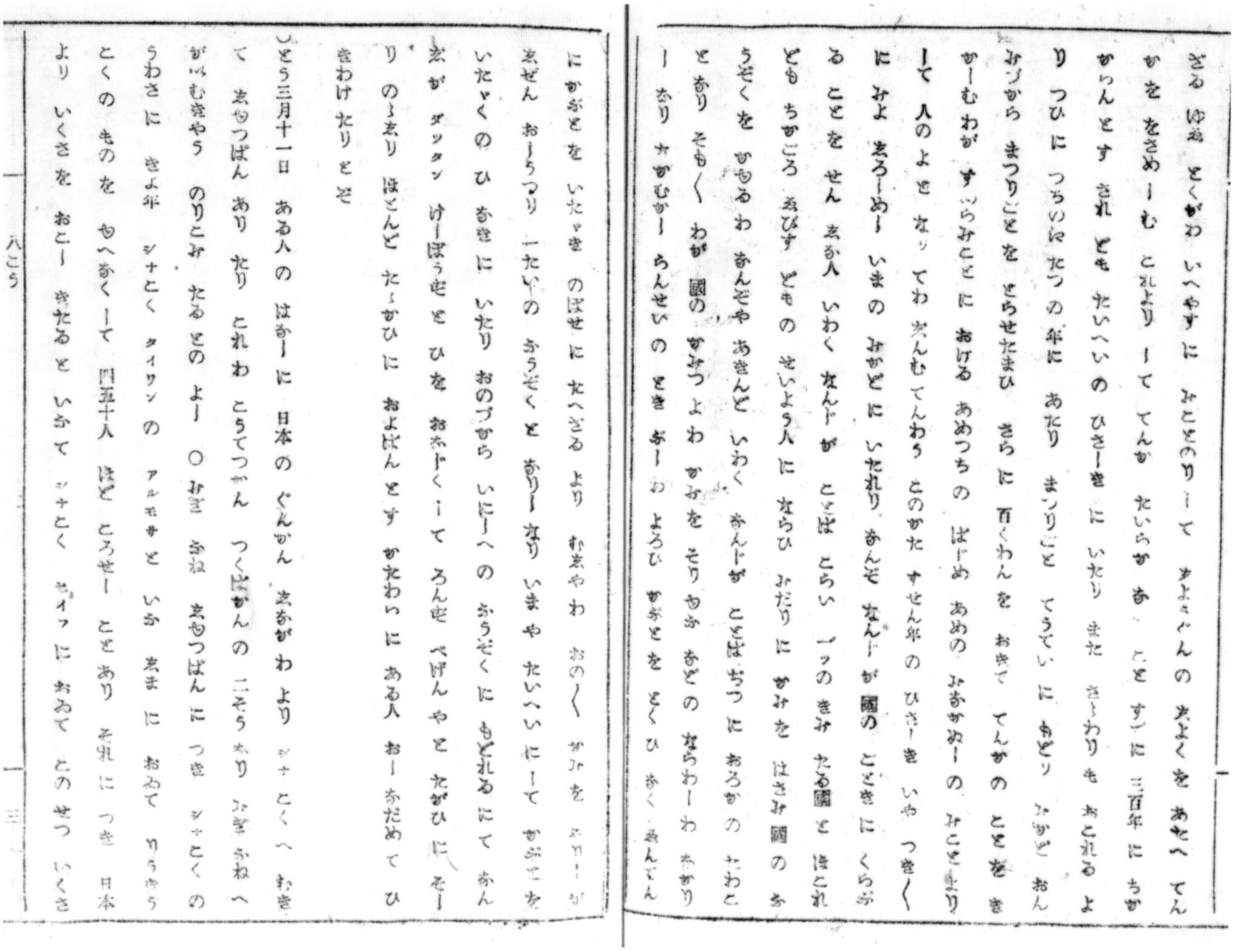

ざる故、徳川家康に詔して将軍の職を与へ天下を治めしむ。これよりして天下平かな□こと既に三百年に近からんとす。されども太平の久しきに至り、又差し障りも起これるより、遂に戊辰の年に当たり、政朝廷に戻り、帝おん自ら政を摂らせ給ひ、更に百官を置きて天下の事を聞かしむ。我が皇尊に於ける天地の始め天之御中主尊よりして、人の世となりては神武天皇この方数千年の久しきいや次々に御代しろしめし今の帝に至れり。何ぞ汝が国の如きに比ぶることをせん。支那人曰く。汝が言葉古来一ツの君たる国と誇れども、近頃夷共の西洋人に倣ひ、みだりに髪を鋏み国の風俗を変ゆるは何ぞや。商人曰く。汝が言葉実に愚かの戯言なり。そもそも我が国の神つ代は髪を剃り結ふなどの習わしはなかりしなり。中昔乱世の時武士は鎧兜を解く日なく、炎天に兜を戴きのぼせに堪へざるより、武者は各々髪を剃りしが自然押し移り、一帯の風俗となりしなり。今や太平にして兜を戴くの日なきに至り、おのずから古の風俗に戻れるにて、汝が韃靼嚳粟坊主と日を同じくして論ずべけんやと、互ひに誹り罵り、殆ど戦ひに及ばんとす。傍らにある人押しなだめて引き分けたりとぞ。

○当三月十一日、ある人の話に、日本の軍艦品川よりシナ国へ向きて出帆ありたり。これは鋼鉄艦筑波艦の二艘なり。右船へ外務卿乗り込みたるとの由。○右船出帆につきシナ国の噂に、去年シナ国台湾のアルモサ「フォルモサ」といふ島に於いて琉球国の者を故なくして四五十人ほど殺せし事あり。それにつき日本より戦を起こし来たると言ふて、シナ国政府に於いてこの節戦

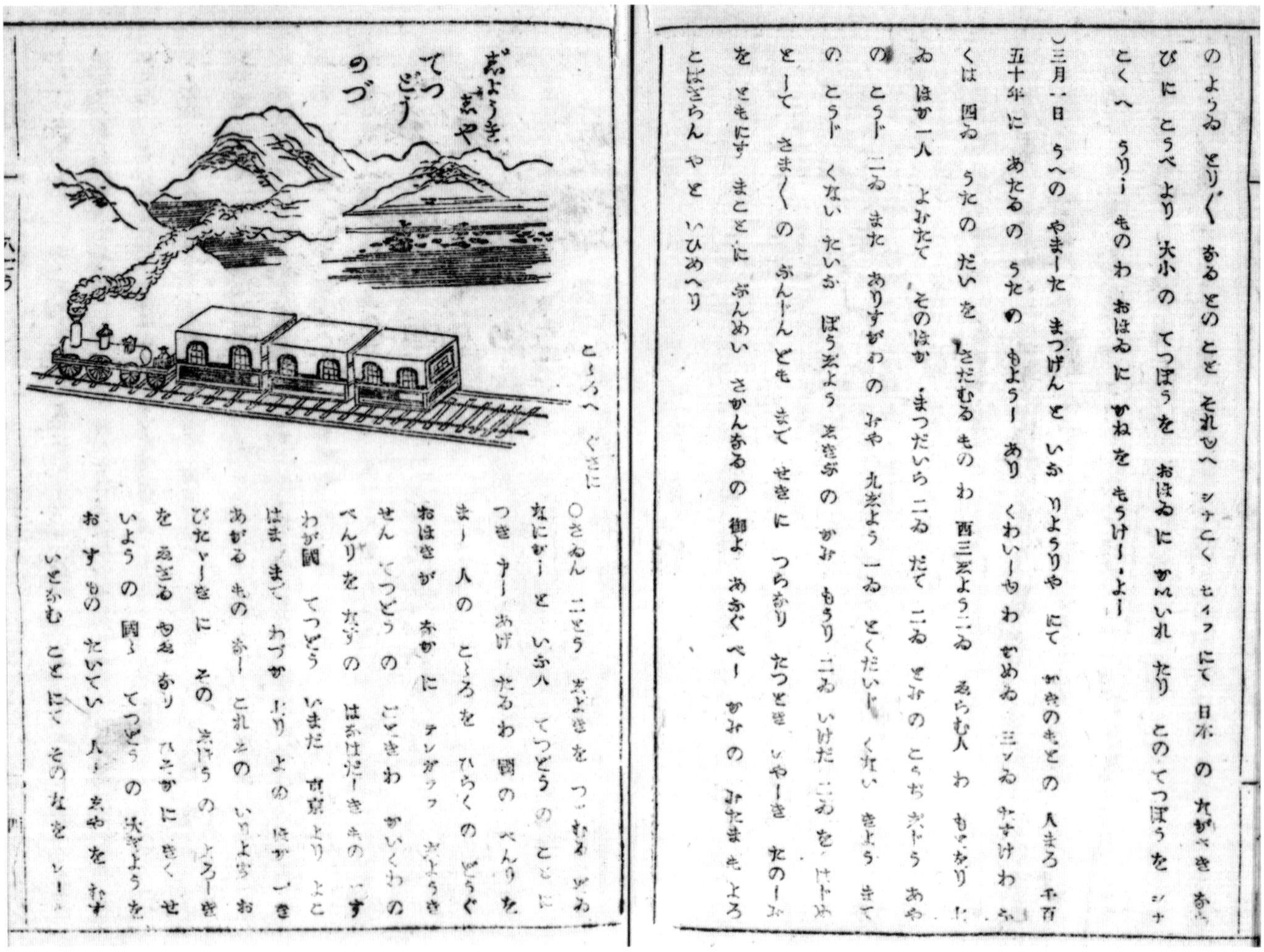


蒸気車鉄道の図

の用意取り取りなるとの事。それ故シナ国政府にて日本の長崎並びに神戸より大小の鉄砲を大いに買い入れたり。この鉄砲をシナ国へ売りし者は大いに金を儲けし由。

○三月一日、上野山下松源といふ料理屋にて柿本人麻呂千百五十年に当たるの歌の催しあり。会主は亀井三ン位、助けは福羽四位、歌の題を定むる者は西三条二位、選む人は本居七位外一人。読み立てその外松平二位、伊達二位、冨小路侍従、綾小路二位、又有栖川宮、九条一位、徳大寺宮内卿、万里小路宮内大輔、坊城式部頭、毛利二位、池田二位を始めとして様々の文人共まで席に連なり、尊き卑しき楽しみを共にす。誠に文明盛んなる御代仰ぐべし。神の御霊も喜ばざらんやと言ひ合へり。

心得ぐさに

○左院二等書記を務むる土井何某といふ人、鉄道のことに付き申し上げたるは、国の便利を増し人の心を開くの道具多きが中にテレガラフ、蒸気船、鉄道の如きは開化の便利をなすの甚だしきものとす。我が国鉄道未だ東京より横浜まで僅か七里余の外出来上がるものなし。これその入用夥しきに、その仕方の宜しきを得ざる故なり。密かに聞く。西洋の国々鉄道の大業を起こす者、大抵人々社を結□□営むことにて、その名をレール

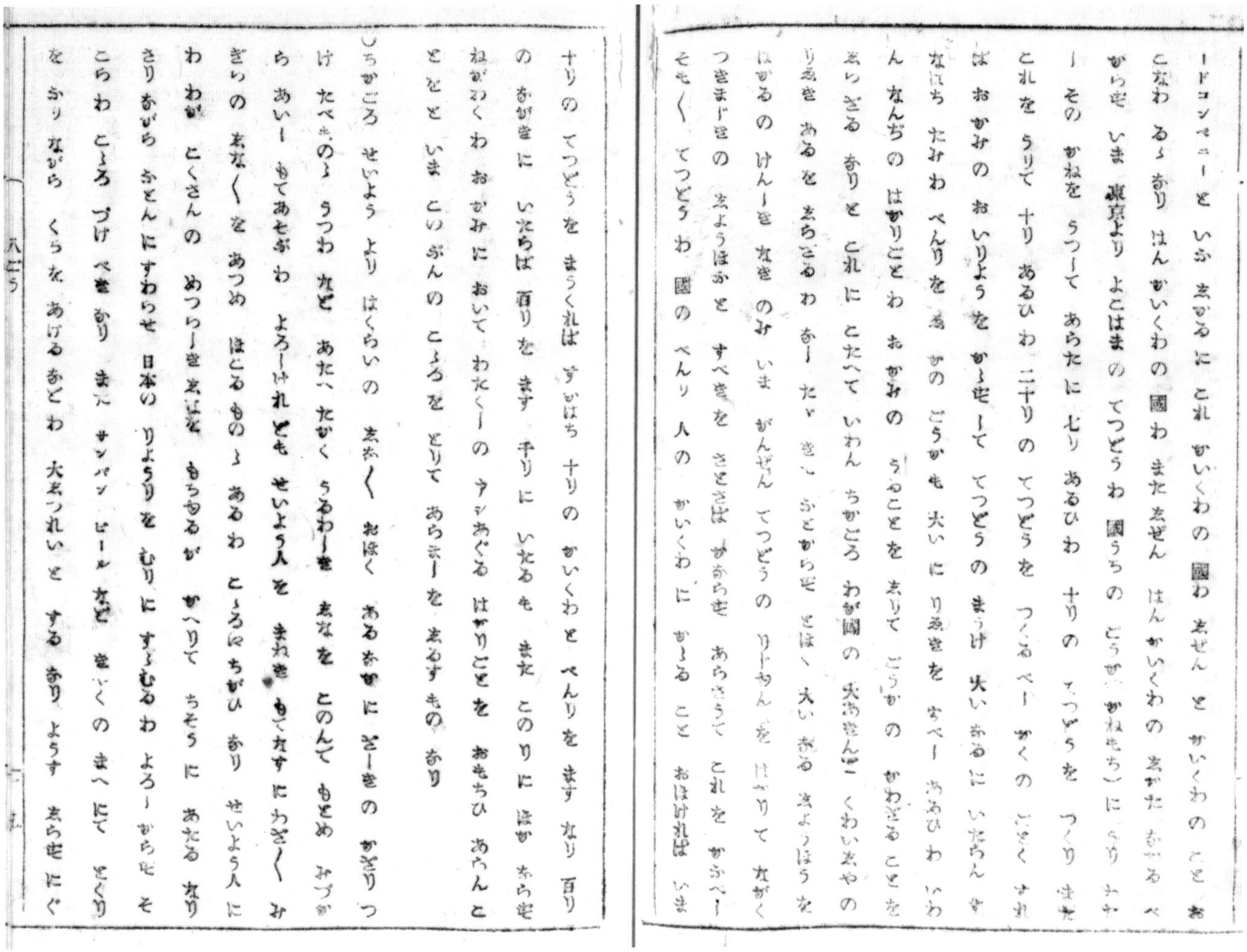

ードコンペニーと言ふ。しかるにこれ開化の国は自然と開化の事行わるるなり。半開化の国は又自然半開化の仕方なかるべからず。今東京より横浜の鉄道は国内の豪家（金持ち）になり難し。その金を移して新たに七里或ひは十里の鉄道を造り、又これを売りて十里或ひは二十里の鉄道を造るべし。かくの如くすればお上のお入用を欠かずして鉄道の儲け大いなるに至らん。即ち民は便利を得、彼の豪家も大いに利益を得べし。或ひは言わん。汝の謀はお上の得ることを知りて豪家の買わざることを知らざるなりと。これに答へて言わん。近頃我が国の大商人会社の利益あるを知らざるはなし。ただ肝太からず。遠く大いなる商法を図るの見識なきのみ。今眼前鉄道の利潤を図りて長くつきまじきの商法とすべきを諭さば、必ず争うてこれを買ふべし。そもそも鉄道は国の便利、人の開化に係ること多ければ、今十里の鉄道を設くれば即ち十里の開化と便利を増すなり。百里の長きに至らば百里を増す。千里に至るも又この理にほかならず。願わくはお上に於いて私の申し上ぐる謀をお用ひあらんことをと今この文の心を取りてあらましを記すものなり。

○近頃西洋より舶来の品々多くある中に、座敷の飾り付け、食べ物の器など、価高く麗しき品を好んで求め自ら愛しもてあそぶは宜しけれども、西洋人を招きもてなすにわざわざ右らの品々を集め誇る者のあるは心得違ひなり。西洋人には我が国産の珍しき品を用ゆるがかへりて馳走に当たるなり。さりながら、布団に座らせ日本の料理を無理に勧むるは宜しからず。そこらは心付けべきなり。又サンパン［シャンパン］、ビールなど客の前にて徳利を振りながら口を開けるなどは大失礼とするなり。様子知らずに外

わい國八をもてなすにわ日本のきものをきたるかたかへりてあなどりをうけざるなりとこのごろぐわい國よりかへりしはなせしといへり

しらかわけんしはいかたひごの國あそやまのもゆるわつねのことなりしにきよ年十一月ついたちひるすぎにわかになりいだしたちまちけむりのいきほひさかんになりていしすなをとばすことてつぽうだまのごとくやまのうへにわところ／＼大いなるいしをふきあげしをりからやまのうへにのぼりているわうとりかせぎひようのものども大ぜいけがいたし四人そく／＼せしほどにてようやくしづまりしところおなじき二十四日またなりいだしいしをとばしまい日やまずまたとき／＼しんどういたしにえゆわきいだしやまのしたにあふれしらかわのながれあそやましたよりくまもとをこしてうみにいるまでおよそ十五りよのかわすぢ一ちゑんいわうのいろにかわりまことにしらかわとなりてうをるいもみなしたるほどのところこん月八日よりよるひるひときわつよくなりてかみ

なりのごとくあたりのむら／＼としようじにひゞきよるわひのひかりそらをこがしひるわけむり一ちめんにかぶさりくれがたのごとくかぜにしたがひひようをふらすこと十五り四はうにおよびまい日にしてつもること一ッすんよなりければむら／＼やさいばくさくこんようすにてわかいむにいたるべきみこみのよしかゝりのこちようよりもうしいでたりみぎわちのしたいわうのあつきうすきによりひのいきほひつよきよわきの

国人をもてなすには日本の着物を着たる方、かへりて侮りを受けざるなりと、この頃外国より帰りし人の話せしと言へり。

○白川県支配下肥後の国阿蘇山の燃ゆるは常のことなりしに、去年十一月一日昼過ぎ、俄かに鳴り出だし、忽ち煙の勢ひ盛んになりて石砂を飛ばすこと鉄砲玉の如く、山の上には所々大いなる石を噴き上げし折から、山の上に登りていたる硫黄取り稼ぎ日傭の者共大勢怪我致し、四人即死せしほどにて、よ□やく鎮まりしところ、同じき二十四日又鳴り出だし、石を飛ばし毎日止まず。又時々震動致し煮え湯湧き出だし、山の下に溢れ、白川の流れ阿蘇山より熊本を越して海に入るまで凡そ十五里余の川筋一チ円硫黄の色に変わり、誠に白川となりて、魚類も皆死したるほどのところ、今月八日より夜昼ひと際強く鳴り出、雷の如く辺りの村々戸障子に響き、夜は火の光空を焦がし、昼は煙一面に被さり暮れ方の如く、風に従ひ雹を降らすこと十五里四方に及び、毎日にして積もること一ッ寸余なりければ、村々野菜麦作この様子にては皆無に至るべき見込みの由。係の戸長より申し出でたり。右は地の下硫黄の厚き薄きにより火の勢ひ強き弱きの

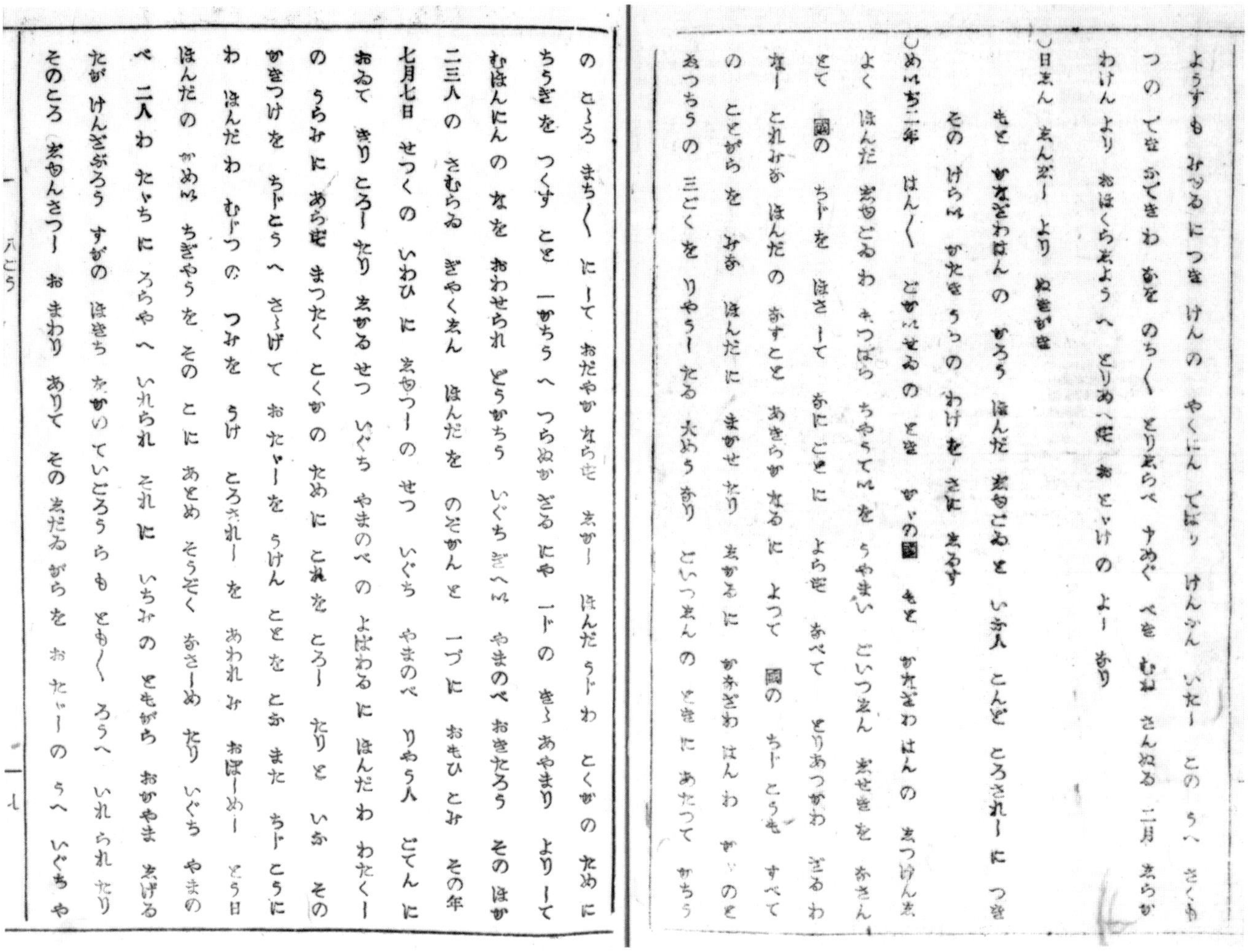
ようすも みゆるにつき けんの やくにん でばり けんぶん いたし この うへ さくもつの でき ふできわ なを のちく とりしらべ すめぐ べき むね さんぬる 二月 しらかわけんより おほくらしやうへ とりあへず おとゞけの よし なり

○日しん しんじし より ぬきがき
もと かなざわはんの かろう ほんだ じゆごゐ と いふ人 こんど ころされし に つき
その けらい かたきうちの わけを さに しるす

○めいぢ二年 はん〳〵 ごかいせいの とき かゞの國 もと かなざわはんの しつけんしよく ほんだ じゆごゐわ もつぱら ちやうていを うやまい ごいつしん じせきを なさんとて 國の ちじを ほさして なにごとに よらず なべて とりあつかわ ざるわ なし これみな ほんだの なすこと あきらかなるに よつて 國の ちじこうも すべての ことがらを みぎ ほんだに まかせたり しかるに かなざわはんわ かゞ のと えつちうの 三ごくを りやうしたる 大めう なり ごいつしんの ときに あたつて かちうの こゝろ まち〳〵 にして おだやかならず しかし ほんだうぢわ こくかの ために ちうぎを つくす こと 一かちうへ つらぬかざるにや 一どの きゝあやまり よりして むほんにんの なを おわせられ どうかちう いぐち ぎへい やまのべ おきたろう そのほか 二三人の さむらゐ ぎやくしん ほんだを のぞかんと 一づに おもひこみ その年 七月七日 せつくの いわひに しゆつしの せつ いぐち やまのべ りやう人 ごてんに おゐて きりころしたり しかるせつ いぐち やまのべの よばわるに ほんだわ わたくしの うらみに あらず まつたく こくかの ために これを ころしたりと いふ その かきつけを ちじこうへ さゝげて おたゞしを うけんことを こふ また ちじこうにわ ほんだわ むじつの つみを うけ ころされしを あわれみ おぼしめし とう日 ほんだの かめい ちぎやうを その こに あとめ そうぞく なさしめ たり いぐち やまのべ 二人わ たゞちに ろうやへ いれられ それに いちみの ともがら おかやま しげる たが けんざぶろう すがの ほきち をかの ていごろうらも とも〳〵 ろうへ いれられ たり そのころ じゆんさつし お まわり ありて その しだいがらを おたゞしの うへ いぐち や

八ごう

様子も見ゆるにつき、県の役人出張り検分致し、この上作物の出来不出来はなお後々取り調べ申上ぐべき旨、去んぬる二月白川県より大蔵省へとりあへずお届けの由なり。

○日新真事誌より抜き書き
　元金沢藩の家老本多従五位といふ人今度殺されしにつき
　その家来敵討ちの訳を左に記す。

○明治二年、藩々ご改正の時、加賀の国元金沢藩の執権職本多従五位は、専ら朝廷を　敬い、御一新事績をなさんとて国の知事を補佐して何事によらずなべて取り扱わざるはなし。これ右本多のなすこと明らかなるに因って、国の知事公も全ての事柄を右本多に任せたり。しかるに金沢藩は加賀、能登、越中の三国を領したる大名なり。御一新の時に当たって家中の心まちまちにして穏やかならず。しかし本多氏は国家のために忠義を尽くすこと一家中へ貫かざるにや。一時の聞き誤りよりして謀反人の名を負わせられ、同家中、井口義平、山辺沖太郎、その他二三人の侍、逆臣本多を除かんと一途に思ひ込み、その年七月七日節句の祝ひに出仕の節、井口、山辺両人御殿に於いて切り殺したり。しかる節、井口、山辺の呼ばわるに、本多は私の恨みにあらず。全く国家のためにこれを殺したりと言ふ。その書付を知事公に捧げてお糺しを受けんことを請ふ。又知事公には本多は無実の罪を受け殺されしを憐み思し召し、当日本多の家名知行をその子に跡目相続なさしめたり。井口、山辺二人は直ちに牢屋へ入れられ、それに一味の輩岡山茂、多賀賢三郎、菅野輔吉、岡野悌五郎らも共々牢へ入れられたり。その頃巡察使お回りありてその次第柄をお糺しの上、井口、山

まのべ　二人わ　せつぷく　そのほか　をかやま　たが　すげの　をかの　四人わ　へいもん　にて
この　一けんわ　こと　ざみと　なりたり　しかるに　めいぢ四年ひつぢ　の十一月二十三日　ほんだ
じゆごゐ　けらい　ほんだ　やいち　やの　つかひら　にしむら　さだかつ　かぶらき　かつきち　とみ
たなにがし　ふなき　てつがゐ　あさゐ　やごろう　よしみ　いさぶろう　しばき　きない　ひろた　かさぶ
ろう　ゆぐち　とうくろう　ふじゑ　まつさぶろう　しみづ　きんざぶろう　うゑだ　ひふみ　しまだ　ば
んじうろう　みぎ　十五人の　もの　しゆじん　ほんだの　かたきを　うたんと　一ちみ　どうしん
を　なし　かたき　すがの　たが　おかの　三人を　うちとり　けんちやうへ　うつたへ　いでたる
かきつけに　いわく　わたくし　ども　ちやうていの　おもき　おきても　かへりみず　かたき
うちに　およびし　だん　おそれ　いりいへ　ども　きう　しゆ人　せつがい　いたされい　どうるい
らと　ともに　てんを　いたゞかざるわ　けらい　たるもの　ゝ　まごゝろに　つき　やむを
えず　この　しわざに　およびい　よつて　てんちやうの　さいばんを　あふぐいと　いへり
いちみの　うち　しみづ　きんざぶろう　うゑだ　ひふみ　しまだ　ばんじうろう　三人わ　かたきう
ちの　とき　かたわらに　けんぶつせりと　その　しさゐわ　いまだ　つまびらか　ならず　ほん

だやいち　はじめ　として　十二人わ　さく年十一月四日　せつぷくを　おほせ　つけられ　た
り　しみづ　きんざぶろう　その　ほか　三人わ　きんこ（おしまりの　こと）おほせ　つけ　られ
たり　この　一けん　おしおき　あいすみ　たり　みぎ　せつぷく　十二人の　もの　一どう　あり
がたき　むね　申上　みな　しんき　おだやかにして　せつぷく　なせり　その　ちうぎ　なると
と　いにしへの　げんろく十四年に　はりまのくに　あこうの　らうにん　おほいしくらのすけ　き
らうじを　うちしより　このかたの　ぎしと　いふ　なり　きく人を　して　あわれを　もよ
ふさゞるわ　なし　アー　わがくにの　ぎき　ちうれつの　さかんなる　こと　じつに　萬こ
くに　こへたる　ものか　みぎらの　ぎし　せつぷく　ばに　いたり　おのおの　じせゐの　うた
あり　これを　しるし　のちの　よに　つたへ　しめん

ほんだ　まさあり　とし　二十七
日のさして　おもにを　おろす　ゆきの　たけ
やの　あきもと　とし　四十六
あづさゆみ　おもひいりにし　みちなれば　けわしきなれど　ひきはかへさじ

辺二人は切腹、その他岡山、多賀、菅野、岡野四人は閉門にてこの一件は事済みとなりたり。しかるに明治四年未の十一月二十三日、本多従五位家来本多弥一、矢野策平、西村貞勝、鏑木勝喜知、富田何某、舟喜鉄外、浅井や〈弘〉五郎、吉見亥三郎、芝木喜内、広田嘉三郎、湯口藤九郎、藤江松三郎、清水金三郎、上田一二三、島田伴十郎、右十五人の者主人本多の敵を討たんと一味同心をなし、敵菅野、多賀、岡野三人を討ち取り、県庁へ訴へ出でたる書付に曰く。私共朝廷の重き掟をも顧みず敵討ちに及びし段恐れ入り候へども、旧主人殺害致され候同類らと共に天を戴かざるは家来たる者の真心につき、已むを得ずしてこの仕業に及び候。因って天朝の裁判を仰ぐと言へり。一味の内清水金三郎、上田一二三、島田伴十郎三人は敵討ちの時傍らに見物せりと、その仔細は未だ詳らかならず。本多弥一始めとして十二人は昨年十一月四日切腹を仰せ付けられたり。清水金三郎その他三人は禁固（お締まりの事）仰せ付けられたり。この一件お仕置き相済みたり。右切腹十二人の者一同有難き旨申上、皆心機穏やかにして切腹なせり。その忠義たること古の元禄十四年に播磨の国赤穂の浪人大石内蔵助吉良氏を討ちしよりこの方の義士といふなり。聞く人をして憐れを催さざるはなし。アー我が国の義気忠烈の盛んなること実に万国に超えたるものか。右らの義士切腹場に至り各々辞世の歌あり。これを記し、後の世に伝へしめん。

本多政礼　年二十七

日の差して重荷を下ろす雪の竹

矢野祭倫　年四十六

梓弓思ひ入りにし道なれば険しきなれど引きは返さじ

きみがため なにいとひけん はしりゐの ふみてかひある もの〻ふのみち
にしむら さだかつ とし 二十四
ちりてこそ あかきこ〻ろも あらはるれ しげきこずゑに まどふつたのは
かぶき うじたゞ とし 三十二
みやまぎの こずゑにうすき もみぢして くもらぬそらに をしまずにちる
とみた かつよし とし 二十二
ますらをの こ〻ろはそらに とめずして かばねはもとの つちにかへらん
ふなき あつよし とし 三十二
あめふれば ちらんものとは かねてしる もみぢばなれば などをしむらん
あさゐ よしちか とし 二十五
きみがため つゆのいのちを すて〻さへ なをばくもゐに のこしおきけん
よしみ ためあり とし 二十一
しばき さだかつ とし 三十一

ふるゆきを いとはでさきし うめのはな ちりてかをりを よもにのこさん
ひろた なをひさ とし 二十四
かねてみは さ〻げしものを けふははや きみにまみゆる ことぞうれしき
ゆぐち かづしげ とし 三十一
ひとゝはぬ たにまにさける うめのはな ちりにしのちぞ にほひぬるらん
ふぢた たかとら とし 二十八
いとゞしく しぐれてつもる ゆきならば をしまずきゆる けふの日のでに
○しんぶんしや いわく よの中の ことわ ゑんりよ せずんば あるべからず かなざわ はん ほんだ 一人の こと より して 十九人の もの〻 いのちを おとせり これ ゆへに 人の うへに たつものわ よく〳〵 ふんべつ いたすべき なり
八ごう
○こん月十日 あかつき 三ドころ 東京 あさくさ 南うまみち よせ とせい ごとう きうゑもん 二かい より てあやまち にて しゆつくわ いたし をりふし 西北かぜ にて 同町 ならびに
九

君がため何厭ひけん走り井の踏みて甲斐ある武士の道
西村貞勝 年二十四
散りてこそ赤き心も現るれ繁き梢に惑ふ蔦の葉
鏑木氏忠 年三十二
深山木の梢に薄き紅葉して曇らぬ空に惜しまずに散る
富田勝愛 年二十二
大丈夫の心は空に止めずして屍は元の土に返らん
舟喜篤好 年三十二
雨降れば散らんものとはかねて知る紅葉葉なればなど惜しむらん
浅井好近 年二十五
君がため露の命を捨ててさへ名をば雲井に残しおきけん
吉見為得 年二十一
芝木定経 年三十一

降る雪を厭はで咲きし梅の花散りて香りを四方に残さん
広田直久 年二十四
かねて身は捧げしものを今日は早や君にまみゆることぞ嬉しき
湯口一重 年三十一
人訪はぬ谷間に咲ける梅の花散りにし後ぞ匂いぬるらん
藤田高虎 年二十八
いとどしく時雨れて積もる雪ならば惜しまず消ゆる今日の日の出に
○新聞社曰く。世の中のことは遠慮せずんばあるべからず。金沢藩本多一人のことよりして十九人の者の命を落とせり。これ故に人の上に立つ者はよくよく分別致すべきなり。
○今月十日暁三時頃、東京浅草南馬道寄席渡世ごとうきえもん二階より手過ちにて出火致し、折から西北風にて同町並びに

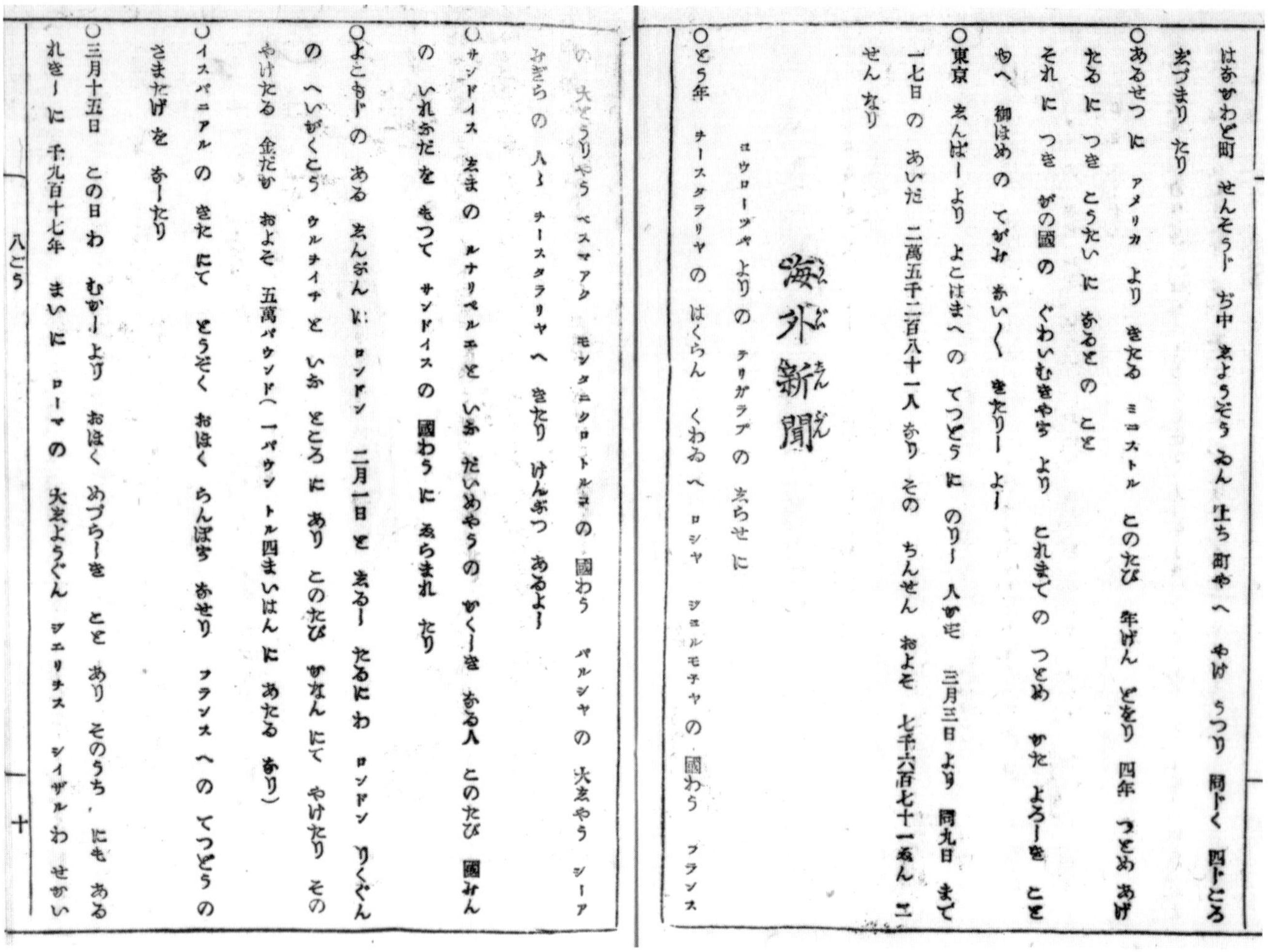
はなかわど町 せんそうじ中 しようぞうゐん 上ち町や へ やけ うつり 同じく 四じころ しづまり たり
○あるせつ に アメリカ より きたる ミニストル このたび 年げん どほり 四年 つとめ あげ たる に つき こうたい に なるとの こと
それ に つき かの國の ぐわいむきやう より これまでの つとめ かた よろしき こと ゆへ 御ほめ の てがみ ないない きたりし よし
○東京 しんばし より よこはま への てつどう に のりし 人かず 三月三日 より 同九日 まで 一七日 の あいだ 二萬五千二百八十一人 あり その ちんせん およそ 七千六百七十一えん 二せん なり

海外新聞

ヨウローツパ より の テリガラフ の しらせ に
○とう年 ヲースタラリヤ の はくらん くわゐ へ ロシヤ ジヨルモネヤ の 國わう フランス の 大とうりやう ベスマアク モンタニクロ トルコ の 國わう パルシヤ の 大しやう シーア みぎらの 人々 ヲースタラリヤ へ きたり けんぶつ あるよし
○サンドイス しまの ルナリペルエ と いふ だいめやう の かくしき ある人 このたび 國みん の いれふだ を もつて サンドイス の 國わう に えらまれ たり
○よこもじ の ある しんぶん に ロンドン 二月一日 と しるし たるにわ ロンドン りくぐん の へいがくこう ウルヰイチ と いふ ところ に あり このたび かなん にて やけたり その やけたる 金だか およそ 五萬パウンド（一パウン トル四まいはん に あたる なり）
○イスパニアル の きた にて とうぞく おほく らんぼう なせり フランス への てつどう の さまたげ を なしたり
○三月十五日 この日 わ むかし より おほく めづらしき こと あり そのうち にも ある れきし に 千九百十七年 まいに ローマ の 大しようぐん ジエリヲス シイザル わ せかい
八ごう

花川戸町浅草寺中しようぞう院上ち町屋へ焼け移り、同じく四時頃鎮まりたり。
○ある説にアメリカより来たるミニストル、この度年限通り四年勤め上げたるにつき交代になるとの事。
それにつき彼の国の外務卿よりこれまでの務め方宜しき事故御褒めの手紙内々来たりし由。
○東京新橋より横浜への鉄道に乗りし人数、三月三日より同九日まで一七日の間、二万五千二百八十一人なり。その賃銭凡そ七千六百七十一円二銭なり。

海外新聞《かいがいしんぶん》

ヨウローツパよりのテリガラフの知らせに
○当年ヲースタラリヤ［〈オーストリヤ〉］の博覧会へ、ロシヤ、ジヨルモネヤ［ジャーマニー］の国王、フランスの大統領、ベスマアク［ビスマルク］、モンタニクロ［モンテネグロ］、トルコの国王、パルシヤ［ペルシャ］の大将、シーア、右らの人々ヲースタラリヤへ来たり見物ある由。
○サンドイス［サンドイッチ］島のルナリペルエ［ルナリロ］といふ大名の格式なる人、この度国民の入れ札を以てサンドイスの国王に選まれたり。
○横文字のある新聞に、ロンドン二月一日と記したるには、ロンドン陸軍の兵学校ウルヰイチ［ウーリッジ］といふ所にあり。この度火難にて焼けたり。その焼けたる金高凡そ五万パウンド（一パウン、ドル四枚半に当たるなり）。
○イスパニアの北にて盗賊多く乱暴なせり。フランスへの鉄道の妨げをなしたり。
○三月十五日、この日は昔より多く珍しき事あり。その内にもある歴史に、千九百十七年前にローマの大将軍ジエリオス［ジュリアス］シイザル［シーザー］は世界類なき人にて、諸所の戦五百度、或ひは切り取り奪いし国々の数三百余、その外町数八百余、又戦にて切り殺したる人数凡そ百万人、虜又は従わせたる者三百万余の人なり。右様の人物は世界前後にあるまじき人なれども、ある年三月十五日に、ローマの議事院にて何らの議論にや午後五時頃、密かに殺され、傷二十三ヶ所ありしとぞ。

アメリカ事柄五号の続き

○アメリカ国に於いて政治を取り扱ふ大統領の役儀を務むる事金銀沢山に持たなくては多くの人に用いられず、自身に於いても宜しからず。金銀さへ沢山なれば威光もあって諸人の付き合い等も宜しきなり。年限にて大役する時は金なき人はなおなお困窮するなり。

○アメリカの役々の内にて司法省の役なり。この役儀はその人の気ままにて、自由の権ありてほかほかの役とは違ひしなり。

○アメリカ　ワシントンに於いて役向きを務める者の頭役は、海軍陸軍を始めとして給金は一ヶ年一万ドルより二千ドルまでなり。田舎住まひの役人は宜しけれども、ワシントンの都におる役人は皆給金にては足らざるなり。多くは官員も旅籠屋住まいなり。

○アメリカにて政治に携わる官員はその人の才能にて選まれし人少なし。それぞれの組合にてその役を務める者多し。

○陸軍海軍は右らの訳とは違ひあり。一旦その戦役に命ぜられしより、その身に不都合さへなくば身終わるまで務めるなり。

○アメリカにて役所役所にある物書き役多くある。この者らは実に

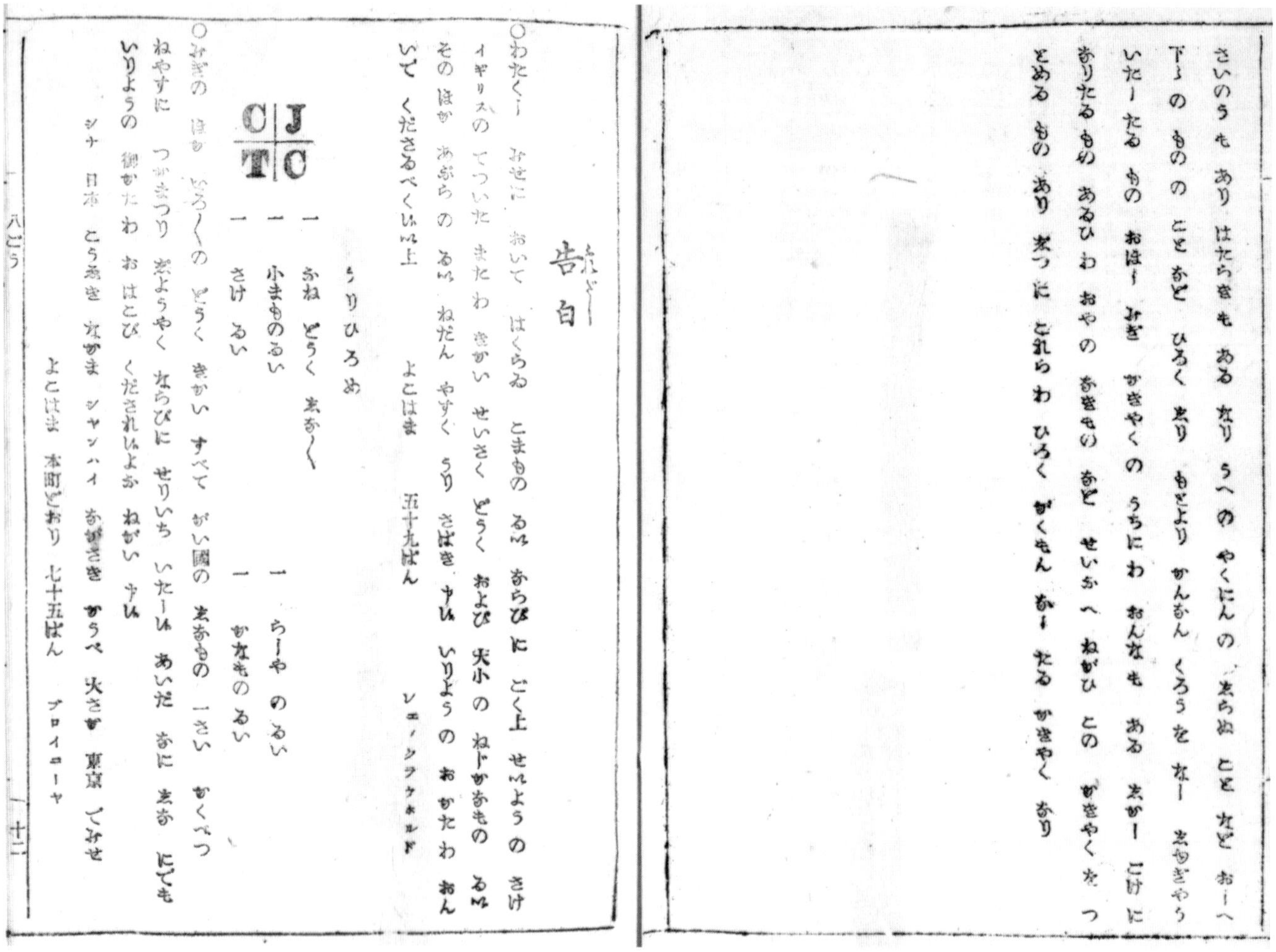

さいのうも あり はたらきも ある なり うへの やくにんの しらぬ こと など おしへ
下〻の ものの こと など ひろく しり もとより かんなん くろうを なし しゆぎやう
いたし たる もの おほし みぎ かきやくの うちにわ おんなも ある しかし ごけに
なりたる もの あるひわ おやの なきもの など せいふへ ねがひ この かきやくを つ
とめる もの あり じつに これらわ ひろく がくもん なし たる かきやく あり

告白《ふれだし》
○わたくし みせに おいて はくらい こまもの るい ならびに ごく上 せいようの さけ
イギリスの てついた また わ きかい せいさく どうぐ および 大小の ねじかなもの るい
その ほか あぶらの るい ねだん やすく うり さばき 申候 いりようの おかたわ おん
いで くださるべく候 以上　よこはま 五十九ばん　シエンクラウホルド

うりひろめ

C|J
T|C

一 ふね どうぐ しなじな　一 らしやの るい
一 小まものるい　一 かなものの るい
一 さけ るい
○みぎの ほか いろいろの どうぐ きかい すべて がい国の しなもの 一さい かくべつ
ねやすに つかまつり ならびに せりいち いたし候 あいだ なにに しなにても
いりようの 御かたわ おはこび くだされ候よう ねがい 申候
シナ 日本 こうえき なかま シャンハイ ながさき かうべ 大さか 東京 でみせ
よこはま 本町どおり 七十五ばん ブロイニーヤ

八ごう　十二

才能もあり働きもあるなり。上の役人の知らぬことなど教へ、下々の者のことなど広く知り、元より艱難苦労をなし修行致したる者多し。右書き役の中には女もある。しかし後家になりたる者或ひは親のなき者など政府へ願ひ、この書き役を務める者あり。実にこれらは広く学問なしたる書き役なり。

告白《ふれだし》

○私店に於いて、舶来小間物類、並びに、極上西洋の酒、イギリスの鉄板、又は機械製作道具、及び大小の螺子金物類、その他、油の類、値段安く売り捌き申候。入用のお方はおん出でくさだるべく候。以上　横浜五十九番　シエンクラウホルド

売り広め

C|J
T|C

一　船道具品々　　一　羅紗の類
一　小間物類　　一　金物類
一　酒類

○右の他、色々の道具、機械、全て外国の品物一切、格別値安に仕り、定約並びに競り市致し候間、何品にで〈て〉も入用の御方はお運びくだされ候様願い申候。
シナ日本交易仲間　上海　長崎　神戸　大阪　東京　出店
横浜本町通り七十五番　ブロイニーヤ

## 口上

○舶来極上品の薬類、その他、全ての品々これあり候。右入用の御方様は御尋ねくださるべく候。値段せいぜい働き申候。以上

三月　横浜　三十三番　アレン

○東京第六の大区小の四区、深川森下町ちやうけん〈長慶〉寺に於いて、イギリス言葉を日本人へ教へるために西洋人を雇い入れ、学問所を開き申候。もし英学稽古なされたきお方は御出でくださるべく候。以上

明治六年三月　東京深川森下町　菁莪学舎　小島氏

○イギリス製極上仕立ての馬車一両、売り物これあり候。

○イギリス発明の道具にて、煉瓦石を一日に一万二千ずつ拵ゆる機械売り物あり。

右両品共お望みのおん方は、木挽町五町目橋通り　精養軒向かふの新聞社へおん出でなされ候へば、御相談申し上候。以上

## 横浜諸色相場

○唐糸　一番　百斤　ドル四十三枚より四十六枚

○同　三番　四十枚

○イギリス金巾　一匹　二枚五分七厘五

○同七斤　二枚二分七厘五

○七斤天竺金巾　一枚八分七厘五

○晒金巾　二枚六分

○更紗　三枚二分

○寒冷紗　一枚〇五厘

○びろおど　十一枚

○唐桟　二枚八分

○南京油　九枚六分

○石炭油　四枚八分

○ガラス板　四枚九分

○蝋燭　三枚三分

○棒砂糖　十五枚七分五厘

## 茶相場

○山城　別稀頭　一番　七十五枚より五十五枚まで

○山城　二番　伊勢、駿河、遠江、東京近辺

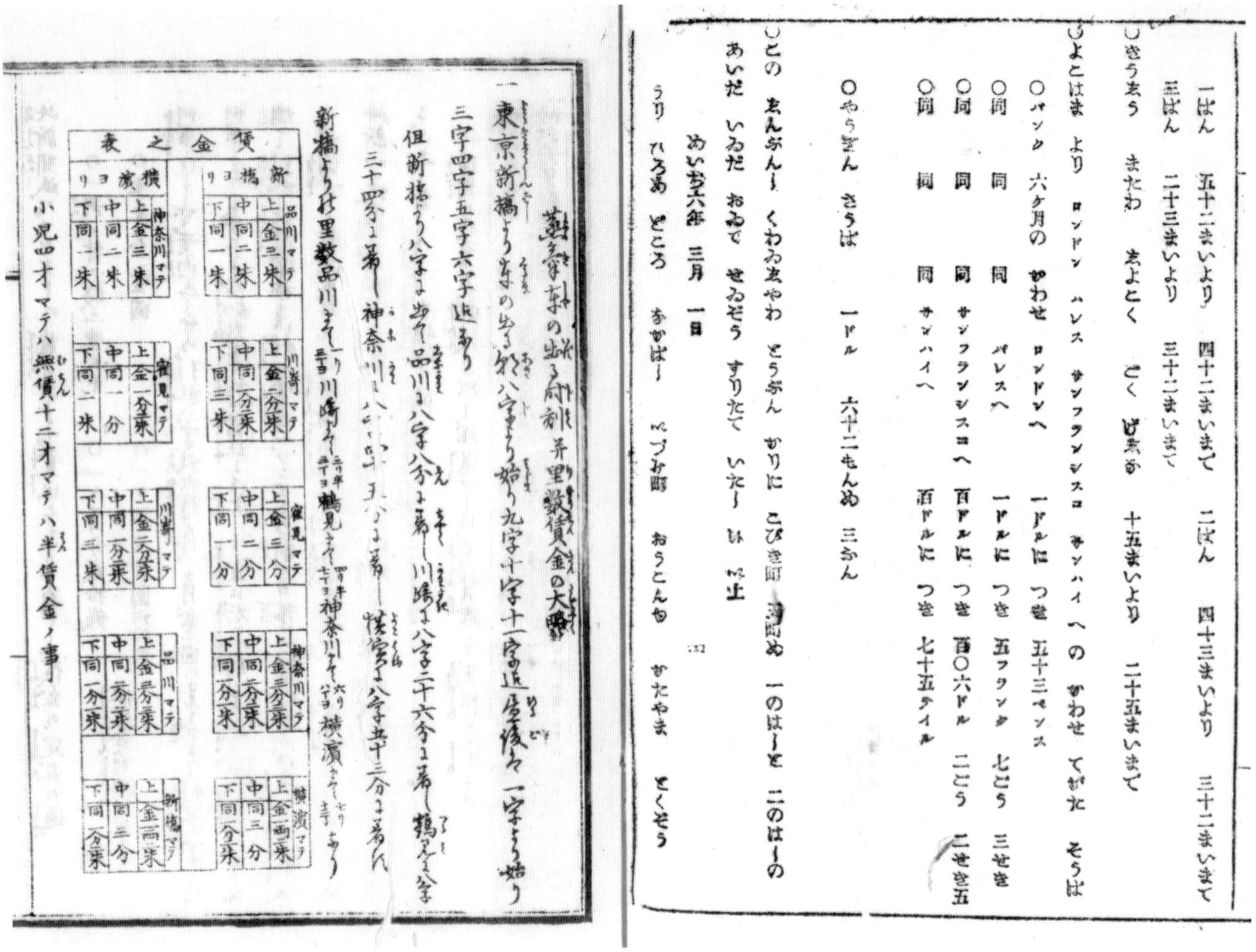

一番　五十二枚より四十二枚まで　　二番　四十三枚より三十二枚まで
三番　二十三枚より三十二枚まで
○九州又は諸国　極く下品　十五枚より二十五枚まで
○横浜よりロンドン、ハレス［パリ］、サンフランシスコ、サンハイ［上海］への為替手形相場
○バンク　六ヶ月の為替　ロンドンへ　一ドルにつき　五十三ペンス
○同　同　パレスへ　一ドルにつき　五フランク七合三勺
○同　同　サンフランシスコへ　百ドルにつき百〇六ドル二合二勺五
○同　同　サンハイへ　百ドルにつき七十五テイル
○洋銀相場　一ドル　六十二匁三分
○この新聞紙会社は当分仮に木挽町五町目　一の橋と二の橋の間、飯田於いて製造摺立て致し候。以上
明治六年三月一日［十五日］
売り広め所　中橋和泉町　黄金湯　片山徳造

蒸気車《じやうきしや》の出《いづ》る時刻《じこく》并里数賃金《りすうちんきん》の大略《たいりやく》

一　東京新橋より車の出る朝八字より始り九字十字十一字迄昼後は一字より始り三字四字五字六字迄なり。
但新橋より八字に出て品川に八字八分に着し川崎に八字二十六分に着し鶴見に八字三十四分に着し神奈川に八字四十五分に着し横浜に八字五十三分に着す。
一　新橋よりの里数品川まで一里三丁余、川崎まで三里半三丁余、鶴見まで四里半七丁余、神奈川まで六里八丁余　横浜まで七里十二丁なり。

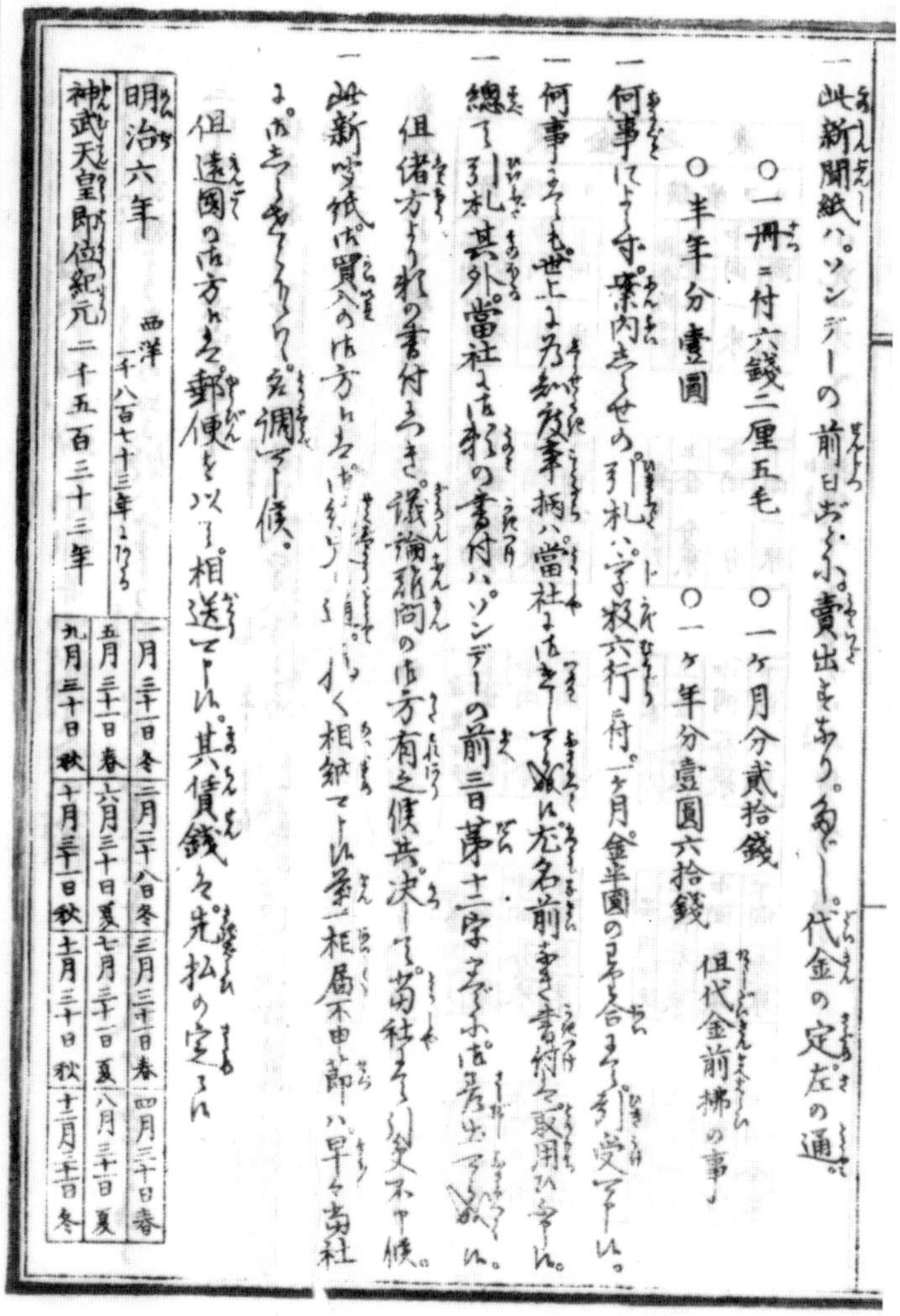


一　此新聞紙は、ソンデーの前日ごとに売出すなり。ただし代金の定左の通。

〇一冊に付六銭二厘五毛　〇一ヶ月分二十銭

〇半年分一円　　〇一ヶ年分一円六十銭　但代金前払の事。

一　何事によらず、案内知らせの引札は、字数六行に付、一ヶ月金半円の割合にて引受申べく候。

一　何事にても、世上に知らせたき事柄は、当社に御遣しなさるべく候。尤名前なき書付は取用ひ申さず候。

一　総て引札其外当社に御頼の書付は、ソンデーの前三日第十二字までに御差出なさるべく候。

但諸方より頼の書付につき、議論難問の御方これあり候ども、決して当社にて引受申さず候。

一　此新聞紙御買入れの御方へは、御約定の通、それぞれ相納め申べく候。万一相届申ざる節は、早々当社に御知らせられ候ば取調申べく候。

但遠国の御方へは郵便を以て相送申べく候。其賃銭は先払の定に候。

九号の内容　明治6・3・22

前文1　発行の趣旨1

**御布告**　〇御幸のときの心得〇官員が外国へ行くときの供人〇金銀穀物貸付の利息〇紀元節設定〇郵便税〇公園設置〇八十八歳・百歳への祝い金廃止

**国内新聞**　〇波之利大黒開帳（浅草）〇酔って殺人〇外国人との結婚についての規則〇新橋横浜間鉄道の乗客数と賃銭

**海外新聞**　〇木製の線路（ケベック）〇鋳物のストーブの害（フランス）〇誘拐事件（フランス）〇アメリカ国の事柄　六号の続き―コロンブス〇ワシントンの様子〇酒飲みの話〇船大工の造った蒸気船の数（英）〇酒屋の事件（ロンドン）

**蒸気飛脚船入港出帆表**　**東京日用物価表**　記事訂正　新聞代改定　**告白**（広告）　当新聞の製造所と販売所　**蒸気車の出る時刻幷里数賃金の大略**　社告

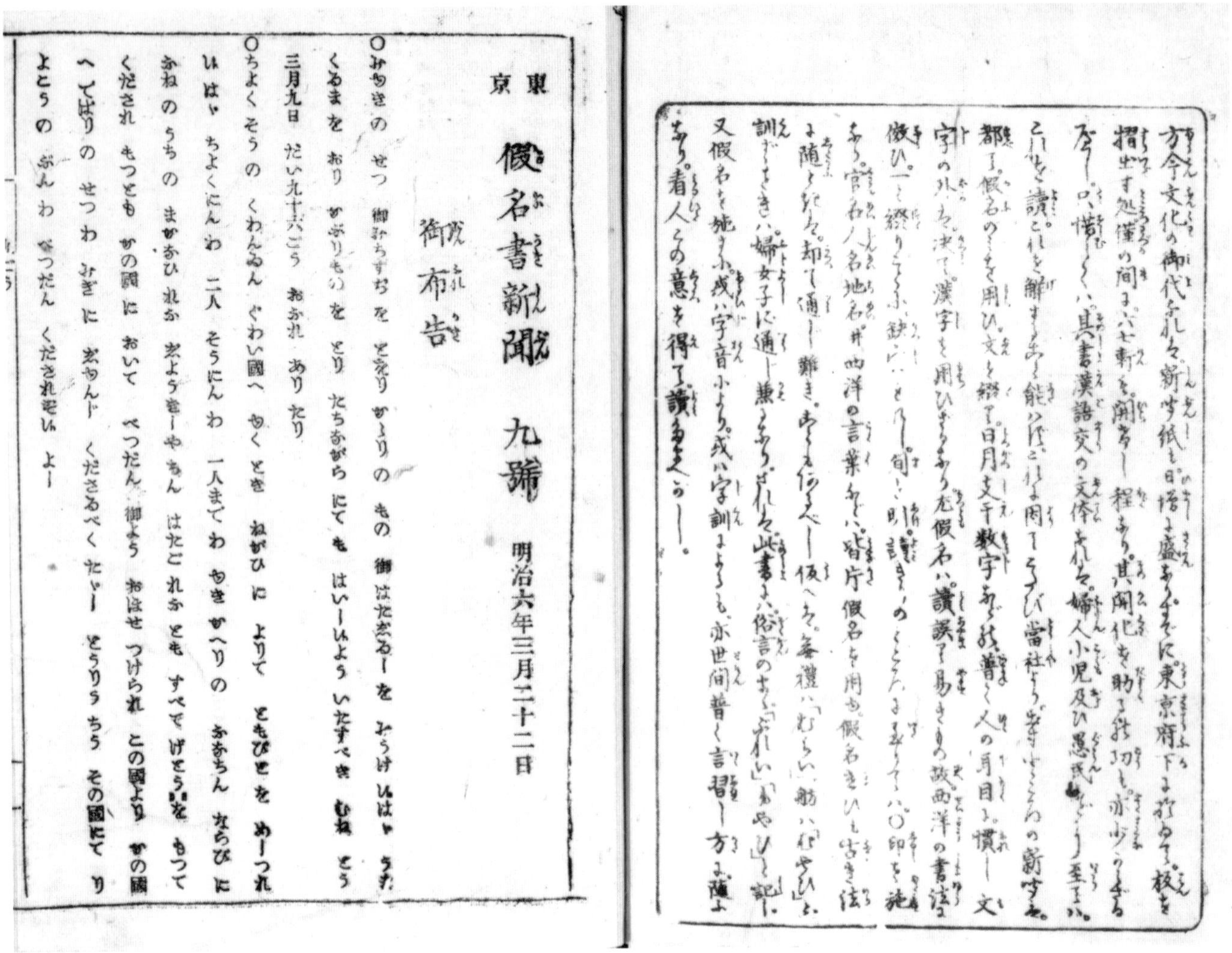

方今文化の御代なれば、新聞紙も日増に盛なり。すでに東京府下に於いて、板を摺出す処、僅の間に六七軒も開けし程なり。其開化を助るの功も亦少からざるべし。只惜らくは、其書漢語交の文体なれば、婦人小児及ひ愚民などに至てはこれを読、これを解すること能はず。これに因て、こたび当社より出すところの新聞は、都て假名のみを用ひ、文を綴り、日月支干数字などの普く人の耳目に慣し文字の外は、決て漢字を用ひざるなり。尤仮名は読誤り易きもの故、西洋の書法に倣ひ、一と綴りことに欠字をなし、間を明、読きりのところに至りては○印を施すなり。官名人名地名、幷西洋の言葉などは、皆片仮名を用ゆ。仮名遣ひも古き法に随ときは却て通じ難きこともあるべし。仮へは無礼は「むらい」、舫は「むやひ」と訓ずるときは、婦女子に通じ兼るなり。されは此書には、俗言のまま「ぶれい」「もやひ」と記し、
又仮名を施すに、或は字音により、或は字訓によるも、亦世間普く言習し方に随ふなり。看人この意を得て読たまへかし。

東京假名書新聞《かなかきしんぶん》　九号　　明治六年三月二十二日

御布告《おんふれかき》

○御幸の節、御道筋を通り掛かりの者、御旗印を見受け候はば、馬車を下り、被り物を取り、立ちながらにても拝し候よう致すべき旨、当三月九日、第九十六号お触れありたり。
○勅送の官員外国へ行くとき、願ひに依りて供人を召し連れ候はば、勅任は二人、副任は一人までは、行き帰りの船賃並びに船の内の賄ひ料、蒸気車賃、旅籠料とも総て下等を以て下され、尤も、彼の国に於て別段御用仰せ付けられ、この国より彼の国へ出張りの節は右に準じ下さるべく。但し逗留中その国にて旅行の分は別段下されず候由。

○金銀穀物貸付証文の中に、相当の利息、或ひは利息とばかり書きたるも、ままこれあり。裁判について不都合故、今より後右様の類、法律の利息は、金高一ヶ年につき利息百分の六に定め、裁判致し候との由。

○神武天皇御即位の日を紀元節と称へられ候由、右三月七日太政官より御沙汰の由也。

○四月一日より郵便賃銭といふ称へを止め、郵便税を興し、量りの目方等しき手紙は、道程の遠き近きに関わらず、日本国中平均同じ税を収め候条、巨細の事は、郵便定書の通り心得べき旨。ついては来る五月一日より、手紙の送り届け方は、駅逓の頭の係として、その他の者は一切手紙遣いを禁じ、もしその禁じを犯す者は、郵便ほん〈犯〉罪の規則に依りてお取り計らいあるべき旨、今月十日太政官第九十七号お触れありたり。

○今般、東京の左の所へ遊観所を設けられ、公園と名付け、長く人民の楽しみの地を相定めさせ給ふに付き、後来長く絶へざるの仕方を取り調べ、見込み早々申し出でべく旨御役所よりお沙汰なりたり。

右、所々の地は左の通り

○金龍山　浅草寺　○音羽　護国寺
○三縁山　増上寺　○深川　八幡地内
○隅田川　梅若 境内　○東叡山
○新宿　熊野社内　○飛鳥山

○これまで八十八歳、百歳の者へ祝寿金下され候ところ、当年限り廃せられ候旨、太政官より三月十三日お触れこれあり候。

国内新聞《こくないしんぶん》

○三月十五日、日光山の波之利大黒、浅草寺に於いて開帳のため東京

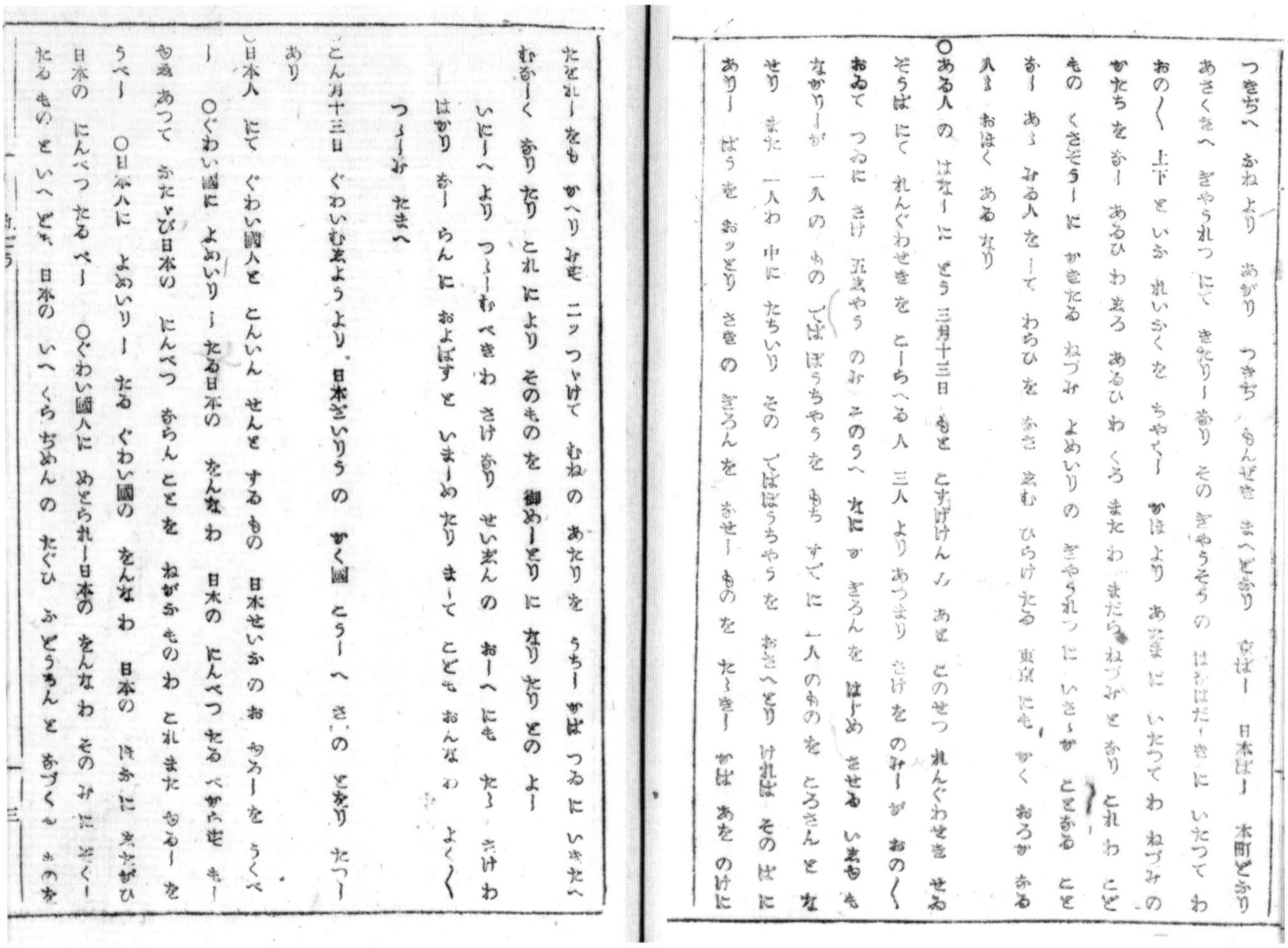
つきぢへ ふねより あがり つきぢ もんぜき まへどふり 京ばし 日本ばし 本町どふり
あさくさへ ぎやうれつ にて きたりし なり その ぎやうそう の はなはだしき に いたつて わ
おの／＼ 上下 と いふ れいふくを ちやくし かほより あたまに いたつて わ ねづみの
かたちを なし あるひわ しろ あるひわ くろ または まだらねづみ と なり これ わ こど
もの くさぞうし に かきたる ねづみ よめいりの ぎやうれつ に いさゝか ことなる こと
なし あゝ みる人をして わらひを なさしむ ひらけたる 東京 にも かく おろかなる
人々 おほく ある なり
○ある人 の はなしに とう三月十三日 もと こすげけん の あと この せつ れんぐわせき せい
ぞうば にて れんぐわせきを こしらへる人 三人 より あつまり さけを のみしが おの／＼
おゐて つゐに さけ 五升 のみ その うへ なにか ぎろんを はじめ させる いしゆ も
なかりしが 一人の もの でばぼうちやうを もち すでに 一人のものを ころさんと な
せり また 一人わ 中に たちいり その でばぼうちやうを おさへとりければ その ばに
ありし ぼうを おつとり さきの ぎろんを なせし ものを たゝきしかば あをのけに
たふれしをも かへりみず 二ツ つゞけて むねの あたりを うちしかば つゐに いきたへ
むなしく なりたり これに より そのものを 御めしとりに なりたりとの よし
いにしへ より つゝしむ べき わ さけ なり せいじんの おしへ にも たゞ さけ わ
はかり なし らんに およぼすと いましめたり まして こども おんな わ よく／＼
つゝしみ たまへ
こん月十三日 ぐわいむしやう より 日本ざいりうの かく國 こうし へ さの とふり たつし
あり
○日本人 にて ぐわい國人と こんいん せんと する もの 日本せいふの おゆるしを うくべ
し ○ぐわい國に よめいりし たる日本の をんなわ 日本の にんべつ たる べからず もし
ゆゑ あつて ふたゝび日本の にんべつ ならん ことを ねがふ ものわ これまた ゆるしを
うべし ○日本人に よめいりし たる ぐわい國の をんな わ 日本の ほふに したがひ
日本の にんべつ たる べし ○ぐわい國人に めとられし日本の をんなわ その みに ぞくし
たる ものと いへども 日本の いへ くら ぢめんの たぐひ ふどうさん と なづくる もの

築地へ船より上がり、築地門跡前通り、京橋、日本橋、本町通り浅草へ行列にて来たりしなり。その形相の甚だしきに至っては、各々上下といふ礼服を着し、顔より頭に至っては鼠の形をなし、或ひは白、或ひは黒、又は斑鼠となり、これは子供の草双紙に描きたる鼠嫁入りの行列にいささか異なることなし。ああ見る人をして笑ひをなさしむ。開けたる東京にもかく愚かなる人々多くあるなり。

○或る人の話に、当三月十三日、元小菅県のあと、この節、煉瓦石製造場にて、煉瓦石を拵へる人三人寄り集まり酒を飲みしが、各々於いて遂に酒五升飲み、その上何か議論を始め、させる意趣もなかりしが、一人の者出刃包丁を持ち、既に一人の者を殺さんとなせり。又一人は中に立ち入りその出刃包丁を押さへ取りければ、その場にありし棒を押ッ取り、先の議論をなせし者を叩きしかば、仰のけに倒れしをも顧みず、二ツ続けて胸の辺りを打ちしかば、遂に息絶へ空しくなりたり。これによりその者を御召し捕りになりたりとの由。

古より慎むべきは酒なり。聖人の教へにも、ただ酒は計りなし、乱に及ぼすと戒めたり。まして子供女はよくよく慎み給へ。

○今月十三日、外務省より日本在留の各国公使へ左の通り達しあり。

○日本人にて外国人と婚姻せんとする者、日本政府のお許しを受くべし。　○外国に嫁入りしたる日本の女は日本の人別たるべからず。もし故あって再び日本の人別ならんことを願ふ者は、これ又許しを得べし。○日本人に嫁入りしたる 外国の女は、日本の法に従ひ日本の人別たるべし。　○外国人に娶られし日本の女は、その身に属したるものといへども、日本の家、蔵、地面の類ひ、不動ちん〈産〉と名付くるものを

しよぢする ことを ゆるさず たゞし 日本の 國ほふ ならびに 日本せいふ にて さだめたる きそく に そむく こと なくば 金ぎん どうさん と となふる ものを たづさふる わ さまたげ なし ○日本の をんな ぐわい國人を むこようし と する も また ゆるし を うく べし ○ぐわいこく人 日本人の むこようし と なりたる ものわ 日本こくほふ に したがひ 日本人たるの ぶんげんを うべし ○ぐわいこくに おゐて 日ほん人 ぐわいこく人と こんいんせん と する ものわ そのくに あるひわ その きんごくに ざいりうの 日ほんこうし または りようじくわんに ねがひ いでて ゆるしを こふ べし こうし および りようじくわんわ ゆるしの うへ 日ほんせいふへ とどけ いづべし

○東京 しんばしより よこはまへの てつどうに のりし 人かず 三月十日 より 十六日 まで 一 七日 の あいだに 二萬六千七百三十三人 なり その ちんせん およそ 八千二百三十七ゑん 八十二せん

## 海《かい》外《ぐわい》新《しん》聞《ぶん》

○ある よこもじ しんぶんに いわく 北アメリカ クイベッキ と いふ町の きんぺんにて ちかごろ てつどうを きにて つくれり ながさ およそ せいようの 百り（日本の五十りよ）ほどなり その はしるを ためしみるに はやきこと 一ド（日本これまでの はんどき）に およそ 三十五リ（日本の二十リほど）つねにわ 一ドに 十六りを ゆく なり てつの かわりに くるまの はを うける 二タすぢの きわ もみぢにて あつさ 四すん ふかさ七すん ほど なり くるまの はと はの あいだ ひろさ 四しやく八すん五ぶ 人の のる いへ 一ツに くるま四ッづゝ じようきしや きかいの おもさ 三十トン（一トンわ 日本百六十め きん 千六百八十に あたる）あるよし せいよう一りにつき そう いりよう その みちの もようにて 四千ドルより 七千ドルにて しあがる よし もつとも 三四年め にわ しゆふくを くわへる ことなれども てつどうより わ いたつて やすあがり なり かろき ものを はこばせる

所持することを許さず。但し、日本の国法並びに日本政府にて定めたる規則に背くことなくば、金銀動産と称ふるものを携ふるは、妨げなし。 ○日本の女、外国人を婿養子とするも又許しを受くべし。 ○外国人、日本人の婿養子になりたる者は、日本国法に従ひ日本人たるの分限を得べし。 ○外国に於いて、日本人、外国人と婚姻せんとする者は、その国或ひはその近国に在留の日本公使又は領事館に願ひ出で、許しを請ふべし。公使及び領事館は許しの上、日本政府へ届け出づべし。

○東京新橋より横浜への鉄道に乗りし人数、三月十日より十六日まで一七日の間に、二万六千七百三十三人なり。その賃銭、凡そ八千二百三十七円八十二銭。

## 海外新聞《かいがいしんぶん》

○ある横文字新聞に曰く。北アメリカ、クイベッキ［ケベック］といふ町の近辺にて、近頃、鉄道を木にて造れり。長さ凡そ西洋の百里（日本の五十里余）ほどなり。その走るを試しみるに、速きこと一時（日本これまでの半時）に凡そ三十五里（日本の二十里ほど）、常には一時に十六里を行くなり。鉄の代わりに車の歯を受ける二タ筋の木は、紅葉にて、厚さ四寸深さ七寸ほどなり。車の歯と歯の間、広さ四尺八寸五分、人の乗る家一ッに車四ッずつ、蒸気車の機械の重さ三十トン（一トンは日本百六十目斤千六百八十に当たる）ある由。西洋一里につき総入用、その道の模様にて四千ドルより七千ドルにて仕上がる由。尤も三四年目には修復を加へることなれども、鉄道よりは至って安上がりなり。軽き物を運ばせる

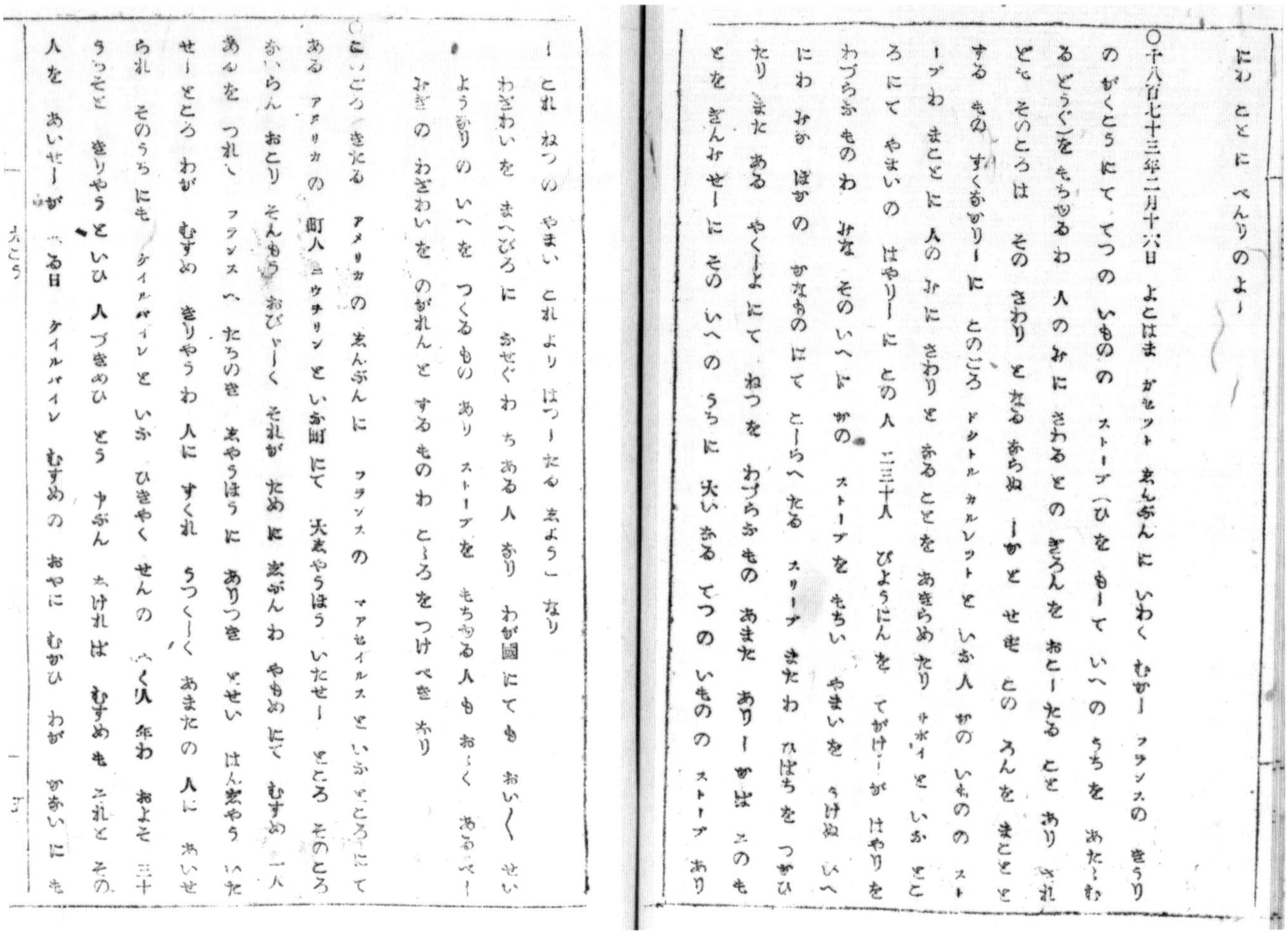

には殊に便利の由。

○千八百七十三年二月十六日、横浜ガセット新聞に曰く。昔、フランスの窮理の学校にて、鉄の鋳物のストーブ（火を燃して家の内を温むる道具）を用ゆるは、人の身に障るとの議論を起こしたることあり。されども、その頃は、その障りとなるならぬ、しかとせず。この論を真とする者少なかりしに、この頃、ドクトル カルレットといふ人、かの鋳物のストーブは真に人の身に障りとなることを明らめたり。サボイといふ所にて病の流行りしに、この人二三十人病人を手掛けしが、流行りを患ふ者は皆その家に彼のストーブを用い、病を受けぬ家には、皆外の金物にて拵へたるストーブ又は火鉢を使ひたり。又ある役所にて熱を患ふ者数多ありしかば、その元を吟味せしに、その家の内に大いなる鉄の鋳物のストーブありし。これ熱の病これより発したる証拠なり。災いを前広に防ぐは智ある人なり。我が国にても、追々西洋なりの家を造る者あり、ストーブを用ゆる人も多くあるべし。右の災いを逃れんとする者は心を付けべきなり。

○この頃来たるアメリカの新聞に、フランスのマアセイルス［マルセイユ］といふ所にてあるアメリカの町人、ニウヲリン［ニューオーリンズ］といふ町にて大商法致せしところ、その頃内乱起こり損耗夥しく、それがために自分は寡にて娘一人あるを連れてフランスへ立ち退き、商法にありつき渡世繁盛致せしところ、我が娘器量は人に優れ美しく、数多の人に愛せられ、その内にもケイルバイレといふ飛脚船の役人、年は凡そ三十内外、器量といひ人付き合ひ等申分なければ、娘もそれとその人を愛せしが、ある日ケイルバイレ、娘の親に向かひ、我が家内に貰ひたくと申せば、父親驚き、否やの返答もせず、その場は良きにあしらひおきしが、娘、右のケイルバインに心ありげにも見へければ、彼の男の望みに任せんと思ひしが、そのうち段々彼の男の身分平日の行ひ等を糺しければ、身持ち、酒の上も宜しからず。人と争ひごと度々あり。又、親より譲り受けし身代も崩し、金もなき様子故、娘の親も、この縁組は宜しからずと、ある日ケイルバインに断り、又これよりは我が家に出入りも差し止めしかば、大きに立腹なせしなり。又娘も右の男に添われざるを嘆くといへども、親孝行者故口にも出ださず、親の意見に従ひ、フランス人のジエビネットといふ町人に縁付き、良き暮らしなれば、山里に大いなる別荘を構へ、夫婦仲良く一ヶ年も暮らせしところ、六月ある日、夫ジエビネット町へ出掛け、用を仕舞ひ帰りしところ、女房失せたる故、それより近き辺りを尋ぬけれども見へず。ジエビネット驚き、家来その外邏卒までも頼み、諸所尋ぬれども見へざれば、新聞紙に書き載せ尋ぬれども、行方知れざる故、嘆き悔やめども詮方なく、凡そ一年半も鬱々暮らせしが、ある日、店の帳場にて帳面の調べ致せしところへ、行方知れざる女房来たりしかば、それと見るより喜ぶこと限りなし。さて、家出せし次第を聞くに、或る日夫の留守になり、暑さに耐へ難く、我が屋敷内を見巡りし折から、誰かは知らず、三四人の者共草の陰より踊り出で、我を後ろより捕らへ、我が目を隠し、口を衣にて塞ぎ、馬車へ乗せられ、いずくともなく伴ひ行かれし。我もうち驚き、如何になることやら叫べども声も出でず。そのうちに気絶致せしや、しばらくのうち覚えもなく、その後人心地付きたる頃に至つてみれば、最早我が身は蒸気船の波に揺られてありしなり。その節我先に見たるフランスのケイルバインといふ人我に告げて言ふには、元フランス国の海軍の役を勤めおりしが、今にてはその海軍を止

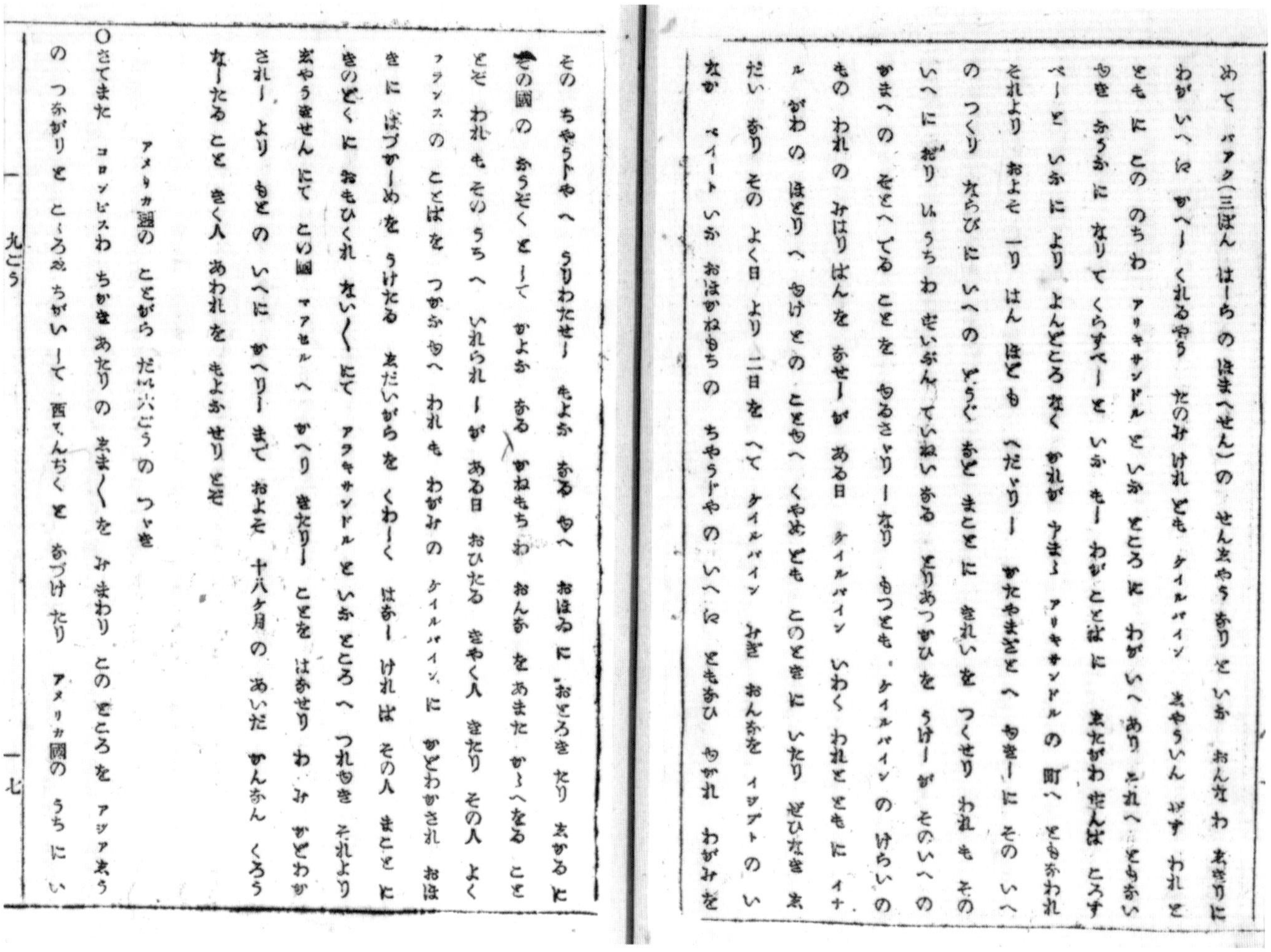
めて バアク（三ぼん はしらの ほまへせん）の せんしやう なりと いふ おんなわ しきりに
わがいへに かへし くれるやう たのみけれども ケイルバイン しやういん せず われと
ともに このゝちわ アリキサンドルと いふ ところに わがいへ あり それへ ともない
ゆき ふうふに なりて くらすべしと いふ もし わがことばに したがわざれば ころす
べしと いふに より よんどころなく かれが ゆまゝ アリキサンドルの 町へ ともなわれ
それより およそ 一り はん ほども へだゝりし かたやまざとへ ゆきしに その いへ
の つくり ならびに いへの どうぐ など まことに きれいを つくせり われも その
いへに おり候 うちわ ずいぶん ていねいなる とりあつかひを うけしが そのいへの
かまへの そとへ でる ことを ゆるさゞりし なり もつとも・ケイルバインの けらいの
もの われの みはりばんを なせしが ある日 ケイルバイン いわく われと ともに イナ
ルがわの ほとりへ ゆけとの ことゆへ くやめども このときに いたり ぜひなき し
だい なり その よく日 より 二日を へて ケイルバイン みぎ おんなを イジプトの い
なか ベイート いふ おほがねもちの ちやうじやの いへに ともない ゆかれ わがみを
その ちやうじやへ うりわたせし もよふ なる ゆへ おほいに おどろき たり しかるに
その國の ふうぞくと して かよふ なる かねもちわ おんなを あまた かゝへ なる こと
とぞ われも そのうちへ いれられしが ある日 おひたる きやく人 きたり その人 よく
フランスの ことばを つかふ ゆへ われも わがみの ケイルバインに かどわかされ おほ
きに はぢかしめを うけたる しだいがらを くわしく はなし ければ その人 まことに
きのどくに おもひくれ ないないにて アラキサンドルと いふところへ つれゆき それより
じやうきせんにて この國 マアセルへ かへり きたりし ことを はなせり わがみ かどわか
されし より もとの いへに かへりし まで およそ 十八ケ月の あいだ かんなん くろう
なしたる こと きく人 あわれを もよふ せりとぞ

アメリカ國の ことがら だい六ごうの つゞき

○さてまた コロンビスわ ちかき あたりの しまじまを みまわり このところを アジア しう
の つながりと こゝろえ ちがいして 西てんぢくと なづけ たり アメリカ國の うちに い

一 九ごう 一七

めて、バアク（三本柱の帆前船）の船商なりと言ふ。女はしきりに我が家へ帰しくれるよう頼みけれども、ケイルバイン承引せず。我と共にこの後はアリキサンドル［アレキサンドリア］といふ所に我が家あり、それへ伴い行き、夫婦になりて暮らすべしと言ふ。もし我が言葉に従わずんば殺すべしと言ふにより、拠ん所なく彼が申ままアリキサンドルの町へ伴われ、それより凡そ一里半ほども隔たりし片山里へ行きしに、その家の造り並びに家の道具など、誠に綺麗を尽くせり。我もその家におり候うちは、随分丁寧なる取り扱ひを受けしが、その家の構への外へ出ることを許さざりしなり。尤も、ケイルバインの家来の者、我の見張り番をなせしが、ある日ケイルバイン曰く、我と共にイナル〈ナイル〉川の畔へ行けとのこと故、悔やめども、この時に至り是非なき次第なり。その翌日より二日を経て、ケイルバイン右女をイジプト［エジプト］の田舎、ベイートいふ大金持ちの長者の家へ伴ひ行かれ、我が身をその長者へ売り渡せし模様なる故、大いに驚きたり。しかるにその国の風俗として、斯様なる金持ちは女を数多抱へおることとぞ。我もその内へ入れられしが、ある日老ひたる客人来たり、その人よくフランスの言葉を使ふ故、我も我が身のケイルバインに拐かされ、大きに辱めを受けたる次第柄を詳しく話しければ、その人誠に気の毒に思ひくれ、内々にてアラキサンドルといふ所へ連れ行き、それより蒸気船にてこの国マアセルへ帰り来たりしことを話せり。我が身拐かされしより、元の家に帰りしまで、凡そ十八ヶ月の間、艱難苦労なしたること、聞く人哀れを催せりとぞ。

アメリカ国の事柄　第六号の続き

○さて又コロンビスは近き辺りの島々を見回り、この所をアジア州の繋がりと心得違いして、西天竺と名付けたり。アメリカ国の内に今

まも西インドといふところのあるわコロンビスよりはじまりしなりされば
がつしう國のひとのみちこのときよりひらけはじめいへをつくりひやくしようあき
んどのみちをもひらきまたかねやまをみいだすにいたりイスパニヤ國にてます
ますりゑきをえたりしかるにイスパニヤのわうざんげんにまよひコロンビスを
アメリカのとちよりてつのくさりにつなぎてほん國へよびかへしたるになにの
つみとがもなきゆるされたれどもいまわもちひられぬようなりたりコロン
ビスわイスパニヤわうのわがこうあるのおんをわすれたるをはらだちかのてつ
のくさりをいへのうちにかけてわれしなばこのくさりをともにうずめ
よとゆいごんして六十九さいにてなくなりたり大こうある人なれどもかようの
ふしあわせにてをわるをみなざんねんにおもひけりコロンビスがアメリカをみ
だしたるわにつぽんのめいおう一年にあたりいまより三百八十二ねんまへなり
そのゝちとしをへてイギリス人このとちへわたりきて國をひらかんとすれども
イスパニヤ人ゆるさずたびたびあらそひたゝかひイギリス人をおひちらしたりされ

どもイギリス人これにおそれずなほゆうしをえらみふたゝび大ぜいおしわたり
とちをひらくにそのいせいつよければこのたびわあらそふものなしされはイギ
リス人ますますはびこりいよいよさかんになるにおよびイスパニヤ人のひらいた
とちしだいにへりイスパニヤ人またまたいくさをしかけたれどもかなわずして
なほなほとちわおとろへたれどもコロンビスをたつとむことむかしにかわらずこ
の人をアメリカのせんぞとうやまふゆゑにワシントンのへんまでもコロンビアと
いひならわせけり

アメリカがつしう國のみやこワシントンのようす

○ワシントンのみやこわだいとうれうすまゐのとちにしてホートメンといふ大いな
るかわにそいてちまたをなせりまちのひろさにしひがし二りきたみなみ一り
ほどにんじゆ六萬よじこうわ日本東京などよりよほどあつしそれゆゑかみなり
おほけれどもぢしんわまれなりあたりにもへやまなければみづけおほくひのけ

九ごう 八

も西インドといふ所のあるは、コロンビスより始まりしなり。されば合衆国の人の道、この時より開け始め、家を造り百姓商人の道をも開き、又金山を見出だすに至り、イスパニヤ国にてます利益を得たり。しかるにイスパニヤの王、讒言に迷ひ、コロンブビスをアメリカの土地より鉄の鎖に繋ぎて本国へ呼び返したるに、何の罪科もなき故許されたれども、今は用ひられぬようなりたり。コロンビスは、イスパニヤ王の我が功ある の恩を忘れたるを腹立ち、彼の鉄の鎖を家の内に掛けて、我死ぬならばこの鎖を共に埋めよと遺言して、六十九歳にて亡くなりたり。大功ある人なれども斯様の不幸せにて終わるを、皆残念に思ひけり。コロンビスがアメリカを見出したるは、日本の明応一年に当たり、今より三百八十二年前なり。その後年を経てイギリス人この土地へ渡り来て、国を開かんとすれどもイスパニヤ人許さず。度々争ひ戦ひ、イギリス人を追ひ散らしたり。されどもイギリス人これに恐れず、なお勇士を選み、再び大勢押し渡り土地を開くに、その威勢強ければ、この度は争ふ者なし。さればイギリス人ますますはびこり、いよいよ盛んになるに及び、イスパニヤ人の開いた土地次第に減り、イスパニヤ人又々戦を仕掛けたれども敵わずして、なおなお土地は衰へたれども、コロンビスを尊むこと昔に変わらず。この人をアメリカの先祖と敬ふ故に、ワシントンの辺までもコロンビアと言ひ習わせけり。

アメリカ合衆国の都ワシントンの様子

○ワシントンの都は大統領住まいの土地にして、ホートメン［ポトマック］といふ大いなる川に沿いて巷をなせり。街の広さ西東二里、北南一里ほど、人数六万余、時候は日本東京などよりよほど暑し。それ故雷多けれども、地震は稀なり。辺りに燃へ山なければ、水気多く、火の気

すくなき ゆゑ なり とぞ みちはゞ ひろく その 大い なる ところ にて わ 二十けん また
わ はんちやう に いたり りようがわ に いろ〳〵 の きを うゑこみ ところ〳〵 に くさば
なの そのを もうけ ばしや の とをりみち わ その あいだ よこ たて に あり 大とうれう
の いへ わ てつの まるぼう を まわり の かき と なし まんなか に 一ッ の 大もん あ
りて なかに 大い なる いへ あり どう の うへ の しやうめん にわ せんぞ ワシントン
二だいめ チョキソン の もくぞう を おく この やかた の もよう わが國 もんぜき の づ
くり に にたり かまへぼり いしがき も なく けいご の ひと も なし きれい なれども
いたつて たいそう と いふ ほど にも あらず かへつて 町や の つくり にわ 五かい じ
八かい にて やね まで わ 十七八けん に すぐる あり とりわけ やどや の いへ わ 大きく
して 四五十けん 四はう に たて たる あり ざしき の まかず 八百よ に して したのま
より はしご の かず 十八 のぼら ざれば 一ばん の うへ にわ ゆかれず はしご の そう
かず 七十五 あり ざしき の うちに さかや くすりや こまものや たばこや ほんや かみ
ゆいどこ あり この國 にて わ ちいさき いへ を たてる こと 國 の はぢ なり とて き

んぜる よし うらだな ずまゐ する ほど
の もの わ 二だい も 三だい も はたごや
ずまゐ を して ゐる あり はたごや の
たきだし にて やどちん の たかき もの わ
たべもの を わが ゐまへ とりよせ やす
きもの わ はんしよう を ならす を あいづ
に したざしき へ あつまりて のみくい を
する なり しよく わ 一日 に 二ど にて
二ど ながら さけ くわし など を もちゆる
なり よる に なりて 一ど パン を くい
ちや を のむ を つね と す はたごちん 一ちう
や まへ金 三ぶぐらゐ より 一りよう
三ぶ よ まで あり この ざしき に すむ もの
の うち にても げじよ げなん を つ
かふ人 あり めしつかひ の たべもの つ

少なき故なりとぞ。道幅広く、その大いなる所にては二十間又は半町に至り、両側に色々の木を植え込み、所々に草花の園を設け、馬車の通り道はその間横縦にあり。大統領の家は、鉄の丸棒を周りの垣となし、真ん中に一ツの大門ありて、中に大いなる家あり。堂の上の正面には、先祖ワシントン、二代目チヨキソン［ジャクソン］の木像を置く。この館の模様、我が国門跡の造りに似たり。構へ堀、石垣もなく、警護の人もなし。綺麗なれども至つて大層と言ふほどにもあらず。却って町家の造りには、五階七八階にて、屋根までは十七八間に過ぐるあり。とりわけ宿屋の家は大きくして、四五十間四方に建てたるあり。座敷の間数八百余にして、下の間より梯子の数十八上らざれば一番の上には行かれず。梯子の総数七十五あり。座敷の内に酒屋、薬屋、小間物屋、煙草屋、本屋、髪結床あり。この国にては、小さき家を建てること国の恥なりとて禁

ワシントン旅籠屋の図

ずる由。裏店住まいするほどの者は、二代も三代も旅籠屋住まいをしているあり。旅籠屋の炊き出しにて、宿賃の高き者は、食べ物を我が居間へ取り寄せ、安き者は半鐘を鳴らすを合図に下座敷へ集まりて、飲み食いをするなり。食は一日に二度にて二度ながら酒、菓子などを用ゆるなり。夜になりて一度パンを食い、茶を飲むを常とす。旅籠賃一昼夜、前金三分位より一両三分余まであり。この座敷に住む者の内にても、下女下男を使ふ人あり。召使ひの食べ物、常

ねわ ぎうにくの しほづけに パン ばかり なり ざしきの ま ごとに すがたみを たて がくを かけ とけい またわ いろ／＼ おきもの など かざりつけ こしかけ たんす ストウフ （いへの うちを あたゝむる もの） ねどこの るゐに いたる まで きれいに こしらへ たり また ざしきの すみに ひもの さがりしわ やどやの 人を よぶ とき ひくため なり

○さて また よるに なれば ガスとうを もうけ これを ともす ガスとうわ わが國の かけあんどんの ような ところへ もちゆる なり せきたんの きを くだの さきへ とりて てらすにて くだの くちもとにわ きんめつきの くさばな またわ とりけもの などの かたちを いて かぜを ふせぐに びいどろの おいを かけたる ゆゑ あきらかにして また みごと なり この ともしびを ざしきわ もちろん ろうか せつゐん ふろばに いたる まで いくかしよと なく ともし たれば あかるき こと ひるの ごとし ガスとうの もとわ ワシントンの 町ぢうに たゞ 一ケしよ にて そのところ より ぢの した へ てつの 大くだを かけ それより ちいさき えだくだを かけ これを いへ／＼の いりぐちの もんの うへ わうらい またわ はしの うへ などに いだす かぎり なく ともし たれば てうちんを もちゆる ことわ なき なり

○さて また みづを よぶも じゆうに して ざしき／＼に ながしの ような ところに ねぢの せん あり その せんを ぬけば いつにても みづ はしり いづる なり せついんの つぼわ 一ど／＼に くだの ねぢを ぬき みづを はしらし けがれを あらふの しかけ あり てうづみづも せんを ぬいて いだす ふろばにわ ゆと みづの せん ありて あつくも ぬるくも 人でを からずして ようを なす なり ふろの いりぐちわ ひらきにて うちから ぢようを おろす このくにの 人わ たにんに はだを みするを はづる ゆゑにて みな 一人 づゝ はいる なり そばに すがたみの かゞみ あり ゆどのの まへに うがい ぢやわん てうづばち など かざりつけ あり かくのごとく いへ／＼にて つかふ みづも やはり ガスの ごとく ぢの 下を よこ たてに めぐり わが とうきようの すゐどうと おなじ

○この あと 十ごう へ つゞく

は牛肉の塩漬けにパンばかりなり。座敷の間ごとに姿見を立て、額を掛け、時計又は色々置物など飾り付け、腰掛け箪笥ストウフ［ストーブ］（家の内を温むる物）寝床の類に至るまで、綺麗に拵へたり。又座敷の隅に紐の下がりしは、宿屋の人を呼ぶとき引くためなり。

○さて又夜になれば、ガス灯を設けこれを点す。ガス灯は、我が国の掛け行灯の様な所へ用ゆるなり。石炭の気を管の先へ取りて照らすにて、管の口元には金めっきの草花、又は鳥獣などの形を鋳て、風を防ぐにびいどろの覆いを掛けたる故、明らかにして又見事なり。この灯火を座敷は勿論、廊下、雪隠風呂場に至るまで幾か所となく点したれば、明るきこと昼の如し。ガス灯の元はワシントンの町中にただ一ヶ所にて、その所より地の下へ鉄の大管を掛け、それより小さき枝管を掛け、これを家々の入口の門の上、往来、又は橋の上などに出ず。限りなく点したれば、提灯を用ゆることはなきなり。

さて又水を呼ぶも自由にして、座敷座敷に流しの様なる所に螺子の栓あり。その栓を抜けばいつにても水走り出づるなり。雪隠の壺は一度一度に管の螺子を抜き、水を走らし、汚れを洗ふの仕掛けあり。手水水も栓を抜いて出だす。風呂場には湯と水の栓ありて、熱くもぬるくも人手を借らずして用をなすなり。風呂の入口は開きにて、内から錠を下ろす。この国の人は他人に肌を見するを恥づる故にて、皆一人ずつ入るなり。傍に姿見の鏡あり。湯殿の前にうがい茶碗、手水鉢など飾り付けあり。かくの如く家々にて使ふ水も、やはりガスの如く地の下を横縦に巡り我が東京の水道と同じ。

○この後十号へ続く

○せいよう人の さけのみに ある人との せかいわ まわる もので あると いふが なんじ ぞんじて いるかと とへば さけのみの 人 こたへ いふわ せかいわ まるく して まわるわ ひつぜんの ことゝ おもふなり その わけわ われ いま たゝんと おもへど も たつ こと かなわず よつて なんじが もふす こと まことゝ おもふなり
○イギリスの・グリニーチクと いふ ところに ある ふなだいくの とうりやうの てにて 百年 このかた つくりし じやうきせんの かず 四十九 そう その トンすう 十二萬トン なり すべて かゝりの 金たか 千五百萬ドル の よし
○ある しんぶんに ロンドンにて めづらしき こと あり かの ちの 小うり さかやへ ある日 きやく人 きたりて さけを かわんと いふに みぎ さかや なにの わけか ことわり うらざれば その人 かへりて じがい せり これに よつて みぎの さかや 町の やく人 より めしとり さいばんに およびし よし

蒸氣飛脚船入港出帆表

○アメリカの ひきやくせん よこはま より ひやうご ながさき ならびに シヤンハイ へ しゆつぱん とう年 七月まで 月〻 さだまりし ひづけ さの とほり

○三月 七日 十四日 二十一日 二十八日
○四月 五日 十二日 十九日 二十六日
○五月 三日 十日 十七日 二十六日
○六月 三日 十日 十八日 二十六日

みぎの ふね しよく より よこはまへ ちやくせんの ひづけ さの とほり

○三月 七日 十三日 二十日 二十七日
○四月 四日 十一日 二十日 二十五日
○五月 四日 十日 二十日 二十八日
○六月 四日 十二日 二十日 二十七日
○七月 四日 十日 二十日

十一

○西洋人の酒飲みに、ある人、この世界は回るものであると言ふが、汝存じているかと問へば、酒飲みの人答へ言ふは、世界は円くして回るは必然のことと思ふなり。その訳は、我今立たんと思へども立つこと叶わず。因って汝が申すこと、真と思ふなり。

○イギリスのグリニーヲク［グリニッジ］といふ所にある船大工の棟梁の手にて百年この方造りし蒸気船の数四十九艘、そのトン数十二万トンなり。全て掛かりの金高、千五百万ドルの由。

○ある新聞に、ロンドンにて珍しきことあり。彼の地の小売り酒屋へ、ある日客人来たりて酒を買わんと言ふに、右酒屋、何やの訳か断り売らざれば、その人帰りて自害せり。これに因って右の酒屋、町の役人より召し捕り、裁判に及びし由。

蒸気飛脚船入港出帆表

○アメリカの飛脚船、横浜より兵庫長崎並びに上海へ出帆、当年七月まで月々定まりし日付け、左の通り。

○三月　七日　十四日　二十一日　二十八日
○四月　五日　十二日　十九日　二十六日
○五月　三日　十日　十七日　二十六日
○六月　三日　十日　十八日　二十六日

右の船、諸所より横浜へ着船の日付
左の通り。

○三月　七日　十三日　二十日　二十七日
○四月　四日　十一日　二十日　二十五日
○五月　四日　十日　二十日　二十八日
○六月　四日　十二日　二十日　二十七日
○七月　四日　十日　二十日

○アメリカの飛脚船、サンフランシスコ出入りの日付、左の通り。

横浜より

○三月 十日 二十三日 ○四月 二十三日 ○五月 七日 廿三日 ○六月 六日 二十日

○七月 七日 二十二日 ○八月 五日 廿二日 ○九月 七日 廿三日 ○十月 八日 廿二日

○十一月 七日 二十三日 ○十二月 八日 二十四日 なり。

アメリカより横浜へ

○三月 二十七日 ○四月 十一日 廿七日 ○五月 九日 廿四日 ○六月 八日 十四日

○七月 九日 ○八月 八日 二十四日 ○九月 四日 廿八日 ○十月 九日 廿七日

○十一月 十一日 廿七日 ○十二月 十二日 二十七日 なり。

天竺回りイギリス飛脚船、横浜に着船、出帆定まり日付、左の通り。

○着船 ○三月 十六日 廿六日 ○四月 九日 二十三日 ○五月 七日 廿一日

○六月 四日 十八日 ○七月 二日 十六日 三十日

○出帆 ○三月 十一日 二十五日 ○四月 八日 十六日 三十日

○五月 十四日

東京日用物価表

○米 一円につき、二斗五升八合より二斗六升七合まで

○水油 十樽につき、百二十五円より九十六円まで

○塩 一円につき、二俵九分より五俵一分まで

○酒 十駄につき、百十七円五十銭より四十三円五十銭まで

○酢 一円につき、四分三厘

○薪 一円につき、十八束より六十束まで

○繰り綿 一円につき、六百六十目より七百四十目まで

日用物 小売り

○白米 百文につき一合九勺五才より二合〇三才まで

○水油 一合 三百八十文

○酒 上 同 二百五十文

○同 中 同 二百文

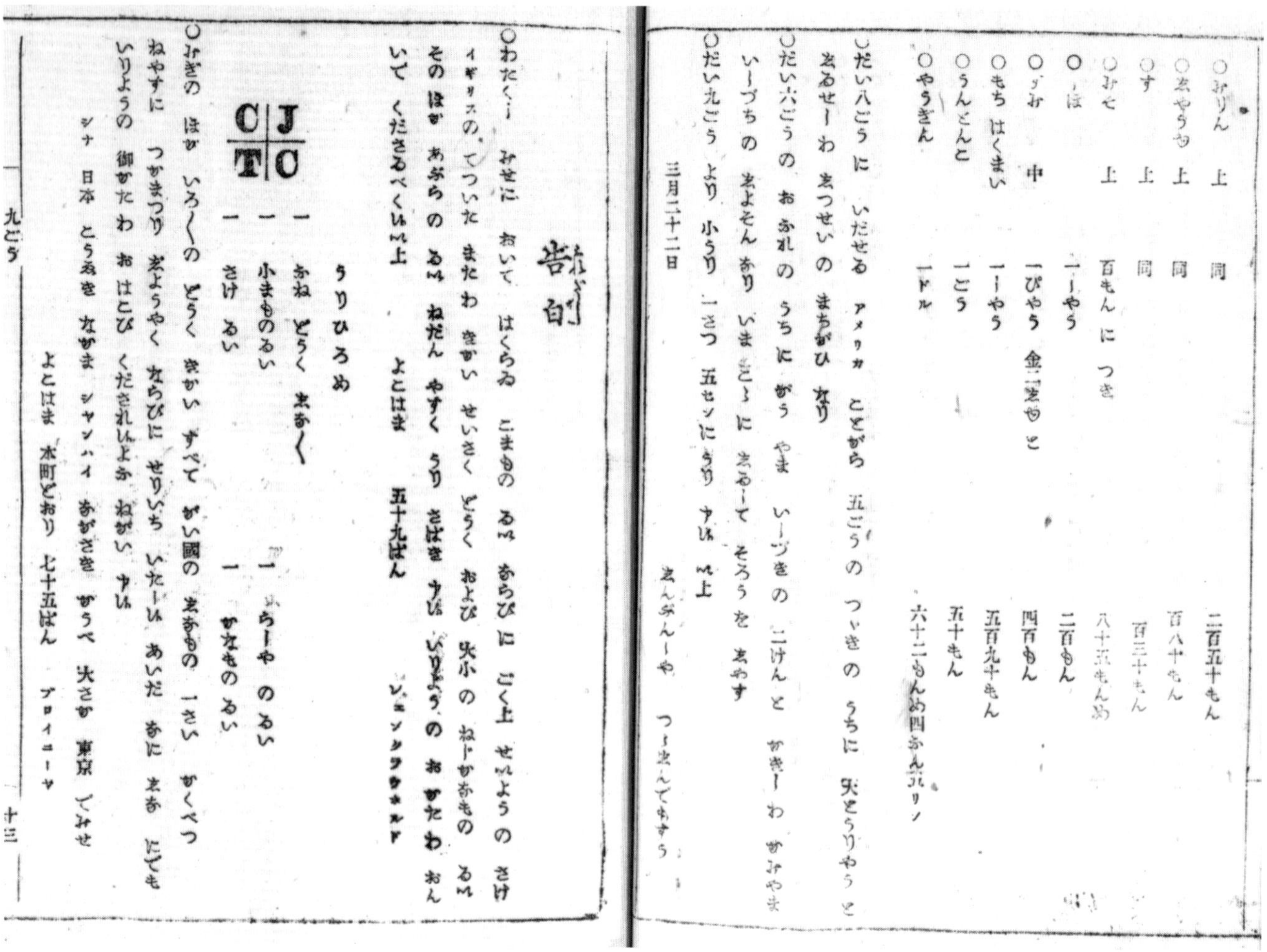

○みりん　上　同　二百五十もん
○しやうゆ　上　同　百八十もん
○す　上　同　百三十もん
○みそ　上　百もんに　つき　八十五もんめ
○しほ　一しやう　二百もん
○すみ　中　一ぴやう　金二しゆと　四百もん
○もち　はくまい　一しやう　五百九十もん
○うんとんこ　一ごう　五十もん
○やうぎん　一ドル　六十二もんめ四ふん五リン
○だい八ごうに　いだせる　アメリカ　ことがら　五ごうの　つゞきの　うちに　大とうりやうと
しるせしわ　しつせいの　まちがひ　なり
○だい六ごうの　おふれの　うちに　がうやま　いしづきの　二けんと　かきしわ　かみやま
いしづちの　しよそん　あり　いまこゝに　しるして　そろうを　しやす
○だい九ごう　より　小うり　一さつ　五セントに　うり　申し　上
三月二十二日　しんぶんしや　つゝしんでもうす

告白《ふれだし》
○わたくし　みせに　おいて　はくらい　こまもの　るい　ならびに　ごく上　せいようの　さけ
イギリスの　てついた　またわ　きかい　せいさく　どうぐ　および　大小の　ねじかなもの　るい
その　ほか　あぶらの　るい　ねだん　やすく　うり　さばき　申し候　ごようの　おかたわ　おん
いで　くださるべく候　以上　よこはま　五十九ばん　シエンクラウホルド

うりひろめ

C | J
T | C

一　ふね　どうぐ　しなじな　一　らしやの　るい
一　小まものるい
一　さけ　るい　一　かなものるい
○みぎの　ほか　いろいろの　どうぐ　きかい　すべて　がい國の　しなもの　一さい　かくべつ
ねやすに　つかまつり　しやうやく　ならびに　せりいち　いたし候　あいだ　なにに　ても
いりようの　御かたわ　おはこび　くだされ候よう　ねがい　申し候
シナ　日本　こうゑき　なかま　シャンハイ　ながさき　ひやうご　大さか　東京　でみせ
よこはま　本町どおり　七十五ばん　ブロイニーヤ

九ごう　十三

○味醂　上　同　二百五十文
○醤油　上　同　百八十文
○酢　上　同　百三十文
○味噌　上　百文につき　八十五匁
○塩　一升　二百文
○炭　中　一俵　金二朱と　四百文
○糯白米　一升　五百九十文
○うんとん〈うんどん〉粉　一合　五十文
○洋銀　一ドル　六十二匁四分五厘
○第八号に出だせるアメリカ事柄、五号の続きの内に大統領と記せしは、執政の間違ひなり。
○第六号のお触れの内にごうやま、いしづきの二県と書きしは、神山、石鉄の所存なり。今ここに記して、粗漏を謝す。
○第九号より、小売り一冊五銭に売り申候。以上
三月二十二日　新聞社　謹んで申す

告白《ふれだし》

○私店に於いて、舶来小間物類、並びに、極上西洋の酒、イギリスの鉄板、又は機械製作道具、及び大小の螺子金物類、その他、油の類、値段安く売り捌き申候。入用のお方はおん出でくださるべく候。以上　横浜　五十九番　シエンクラウホルド

売り広め

C | J
T | C

一　船道具品々　一　羅紗の類
一　小間物類
一　酒類　一　金物類

○右の他、色々の道具、機械、全て外国の品物一切、格別値安に仕り、定約並びに競り市致し候間、何品にで〈て〉も入用の御方はお運び下され候様願い申候。

シナ日本交易仲間　上海　長崎　神戸　大阪　東京　出店
横浜本町通り　七十五番　ブロイニーヤ

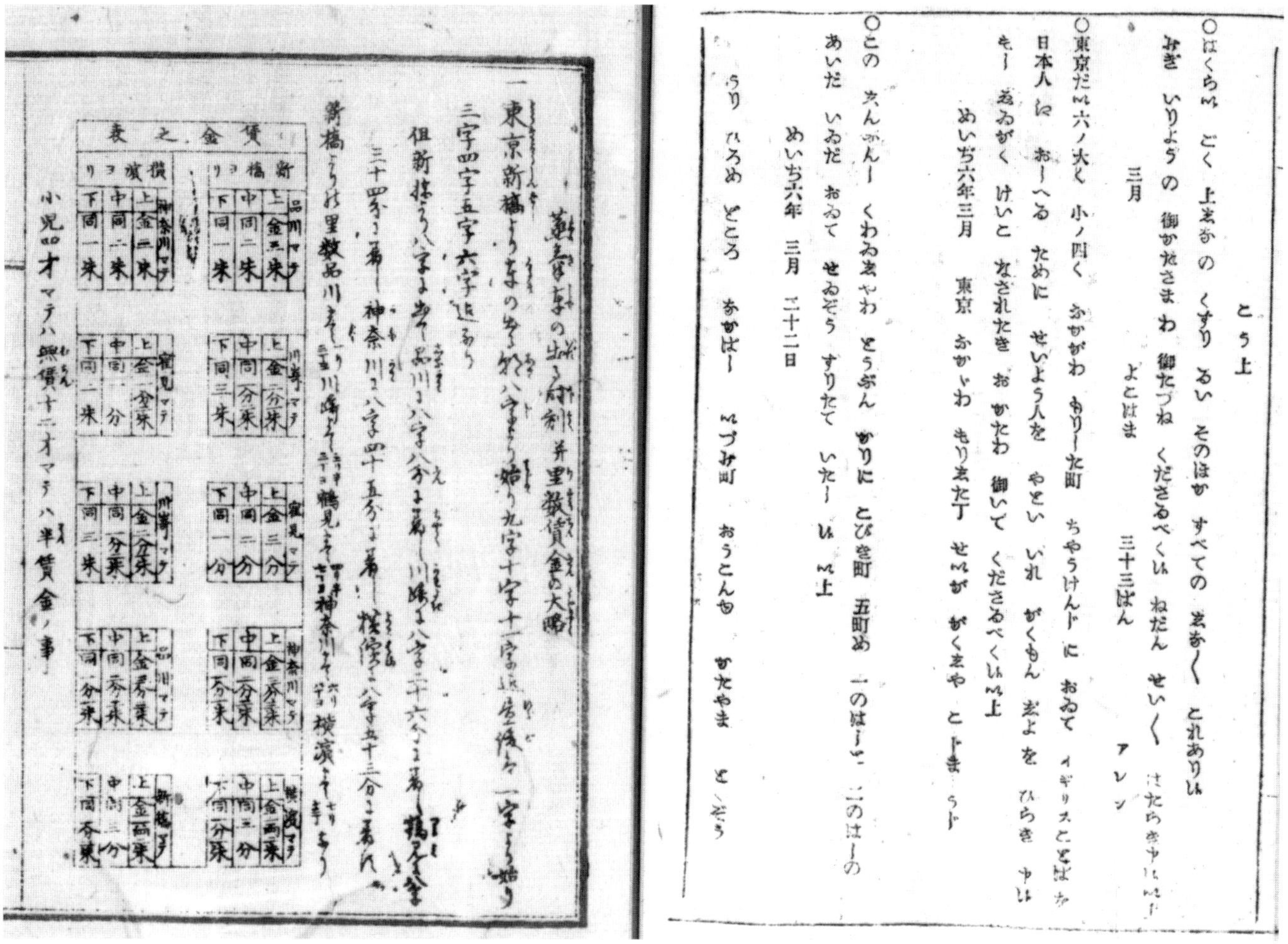

こう上

○はくらい ごく上ひんの くすり るい そのほか すべての しなじな これあり候
みぎ いりようの 御かたさまわ 御たづね くださるべく候 ねだん せいぜい はたらき申候以上
三月 よこはま 三十三ばん アレン

○東京だい六ノ大く 小ノ四く ふかがわ もりした町 ちやうけんじ に おいて イギリスことばを
日本人に おしへる ために せいよう人を やとい いれ がくもん じよを ひらき 申候
もし えいがく けいこ なされたき お かたわ 御いで くださるべく候以上
めいぢ六年三月 東京 ふかがわ もりした丁 せいが がくしや こじまうじ

○この しんぶんし くわいしやわ とうぶん かりに こびき町 五町め 一のはしと 二のはしの
あいだ いいだ おいて せいぞう すりたて いたし候以上
めいぢ六年 三月 二十二日

うり ひろめ どころ なかばし いづみ町 おうごんゆ かたやま とくぞう

蒸気車の出る時刻并里数賃金の大略

一 東京新橋より車の出る朝八字より始り九字十字十一字迄昼後は一字より始り三字四字五字六字迄なり

但新橋より八字に出て品川に八字八分に着し川崎に八字二十六分に着し鶴見に八字三十四分に着し神奈川に八字四十五分に着し横浜に八字五十三分に着す

一 新橋より里数品川まで二十三丁余、川崎まで二里半、鶴見まで四里半、神奈川まで六里八丁余、横浜まで七里十二丁なり

賃金之表

| 新橋ヨリ | 上 | 中 | 下 |
|---|---|---|---|
| 品川マテ | 金三朱 | 同二朱 | 同一朱 |
| 川崎マテ | [illegible] | [illegible] | 同三朱 |
| 鶴見マテ | 金三分 | 同二分 | 同一分 |
| 神奈川マテ | [illegible] | [illegible] | [illegible] |
| 横浜マテ | 金一両一朱 | 同三分 | 同一分一朱 |

| 横浜ヨリ | 上 | 中 | 下 |
|---|---|---|---|
| 神奈川マテ | 金二朱 | 同二朱 | 同一朱 |
| 鶴見マテ | [illegible] | 同一分 | 同二朱 |
| 川崎マテ | [illegible] | [illegible] | 同三朱 |
| 品川マテ | [illegible] | [illegible] | [illegible] |
| 新橋マテ | 金一両一朱 | 同三分 | [illegible] |

小児四才マテハ無賃十二才マテハ半賃金ノ事

口上

○舶来、極上品の薬類、その他、全ての品々これあり候。
右入用の御方様は御尋ねくださるべく候。値段せいぜい働き申候。以上
三月　　横浜　三十三番　　アレン

○東京第六の大区小の四区、深川森下町ちょうけん〈長慶〉寺に於いて、イギリス言葉を日本人へ教へるために西洋人を雇い入れ、学問所を開き申候。
もし英学稽古なされたきお方は御出でくださるべく候。以上
明治六年三月　　東京深川森下町　菁莪学舎　小島氏

○この新聞紙会社は、当分仮に、木挽町五町目 一の橋と二の橋の間、飯田於いて製造摺立て致し候。以上
明治六年　三月二十二日

売り広め所　中橋和泉町　黄金湯　片山徳造

蒸《じょう》気車《きしゃ》の出《い》る時刻《じこく》并里数賃金《りすうちんきん》の大略《たいりゃく》

一　東京新橋より車の出る朝八字より始り九字十字十一字迄昼後は一字より始り三字四字五字六字迄なり。

但新橋より八字に出て品川に八字八分に着し川崎に八字二十六分に着し鶴見に八字三十四分に着し神奈川に八字四十五分に着し横浜に八字五十三分に着す。

一　新橋よりの里数品川まで一里三丁余、川崎まで三里半三丁余、鶴見まで四里半七丁余、神奈川まで六里八丁余　横浜まで七里十二丁なり。

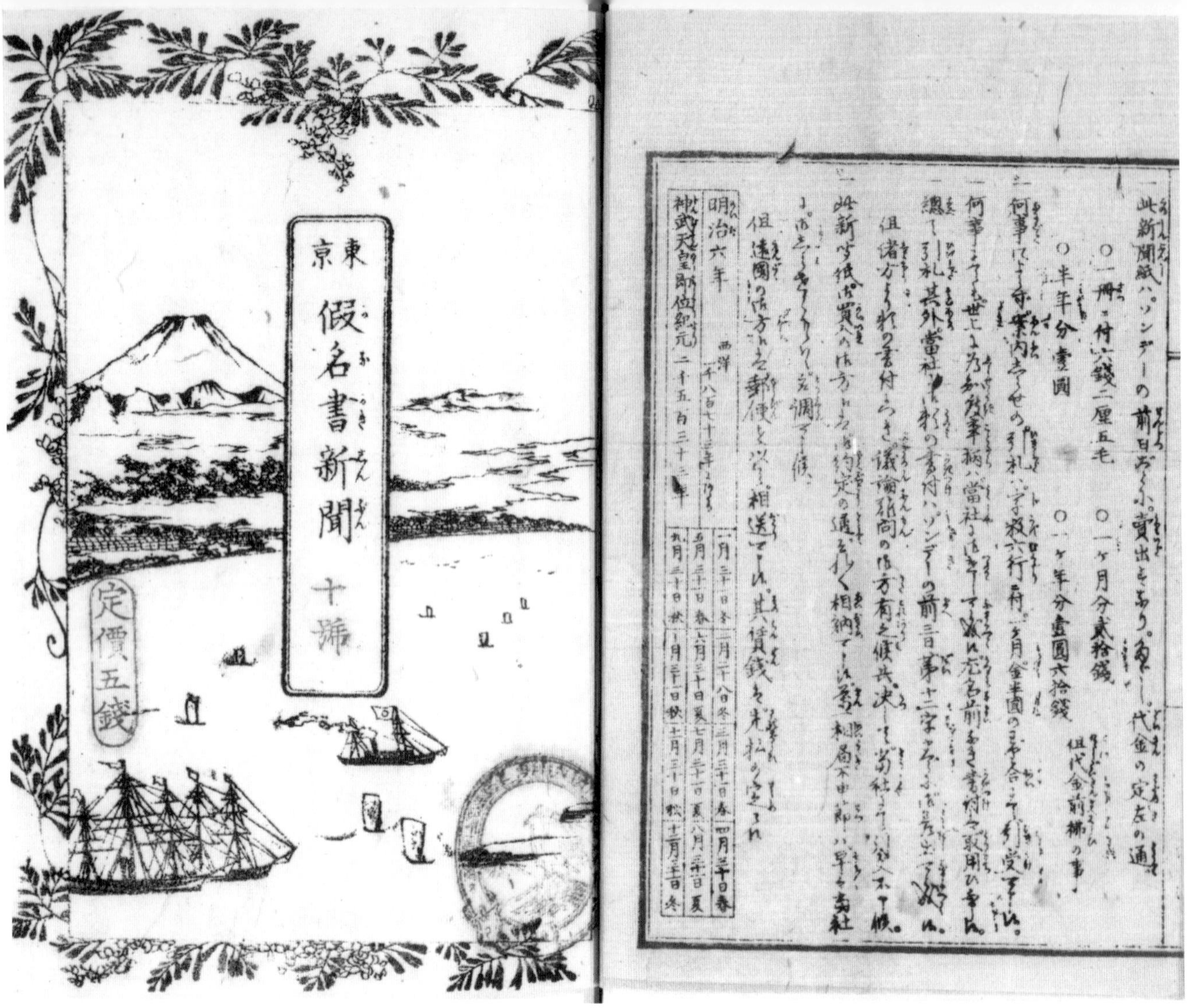


一　此新聞紙は、ソンデーの前日ごとに売出すなり。ただし代金の定左の通。
　○一冊に付六銭二厘五毛　○一ヶ月分二十銭
　○半年分一円　○一ヶ年分一円六十銭　但代金前払の事。
一　何事によらず、案内知らせの引札は、字数六行に付、一ヶ月金半円の割合にて引受申べく候。
一　何事にても、世上に知らせたき事柄は、当社に御遣しなさるべく候。尤名前なき書付は取用ひ申さず候。
一　総て引札其外当社に御頼の書付は、ソンデーの前三日第十二字までに御差出なさるべく候。
　但諸方より頼の書付につき、議論難問の御方これあり候ども、決して当社にて引受申さず候。
一　此新聞紙御買入れの御方へは、御約定の通、それぞれ相納め申べく候。万一相届申ざる節は、早々当社に御知らせられ候ば取調申べく候。
　但遠国の御方へは郵便を以て相送申べく候。其賃銭は先払の定に候。

十号の内容　明治6・3・29

前文1　発行の趣旨1

**御布告**　○下関・小倉間の海底電信機設置についての注意○困窮者と老人への補助手続きが会議所から戸長に変更

**国内新聞**　○白根山噴火○静岡茶の生産○静岡県の英才児○文明開化の論議○川崎大師縁日○副島使節シナ国へ○日本政府の収支○イギリス女性、日本の婦女子教育のため来日

**海外新聞**　○ワシントンの様子続き○ナポレオン三世の事績、死亡○イギリス公使パークス　横浜着○イギリスの総督退役○アメリカの大蔵相退役

告白（広告）　猫盗難　火事二件（東京）　**蒸気飛脚舩入港出帆表**

新橋横浜間鉄道の乗客数と賃銭　**東京日用物価表**　告白（広告）

当新聞の製造所と販売所　**蒸気車の出る時刻幷里数賃金の大略**　社告

方今文化の御代なれば、新聞紙も日増に盛なり。すでに東京府下に於いて、板を摺出す処、僅の間に六七軒も開けし程なり。其開化を助るの功も亦少からざるべし。只惜らくは、其書漢語交の文体なれば、婦人小児及ひ愚民などに至てはこれを読、これを解すること能はず。これに因て、こたび当社より出すところの新聞は、都て仮名のみを用ひ、文を綴り、日月支干数字などの普く人の耳目に慣し文字の外は、決て漢字を用ひざるなり。尤仮名は読誤り易きもの故、西洋の書法に倣ひ、一と綴りことに欠字をなし、間を明、読きりのところに至りては○印を施なり。官名人名地名、并西洋の言葉などは、皆片仮名を用ゆ。仮名遣ひも古き法に随ときは却て通じ難きこともあるべし。仮へは無礼は「むらい」、舫は「むやひ」と訓ずるときは、婦女子に通じ兼るなり。されは此書には、俗言のまま「ぶれい」「もやひ」と記し、
又仮名を施すに、或は字音により、或は字訓によるも、亦世間普く言習し方に随ふなり。看人この意を得て読たまへかし。

## 東京假名書新聞《かなかきしんぶん》十号　　明治六年三月二十九日

### 御布告《おんふれかき》

○今般　長門の国下関前田より豊前の国小倉雨ヶ窪の間、海の底に電信機を渡し候につき、通船の大船、障らざるよう厚く相心得べく、且つ、その近辺へ錨を下ろし候儀、一切相ならず候旨、相心得べき事。
右、三月十七日、太政官より御沙汰ありたり。

○お膝元の困窮者、並びに頼りなき老人子供、これまで時々申シ立てにより、会議所より米、銭渡し来たり候ところ、この度相止め今より六大区中にて困窮に及び候者は、その区々の戸長にて、しかと取り調べの上養育院に入れ候儀、会議所へ申シ出づべきこと。

みぎ　三月十九日東京ふ より 御さた あり たり

國《こく》内《ない》新《しん》聞《ぶん》

○しもつけ の 國 しらねやま しんどう の わけがら　とちぎけん より 大くらしやう へ おとゞけ の うつし

とう 三月十二日 ひるご 三時ごろ、日くわう くろかみやま つゞき いぬゐ の かた しらねやま に あたり にわかに すなけぶり あがり そらも くろいろと かわり しんどうらいめい その ひゞき てんちに とゞろき いわう くさき はい あめの ごとく ふる こと 六時の あいだ にて 人々 おほきに おそれを なし そのせつ しらねやまの けしき けぶり はなの ごとく あい みへ ひよし その しはい下 つがごほり れんげいし村 より とゞけ いで 申し いさゐ の ことわ じつじ とりしらべ の うへ 申上ゲ べく との事

○さく年 しづをかけん しはい うち にて せいし たる ちや の そうたか 二百二十五萬きん 同年 わかやまけん しはい うち にて せいし たる ちや の そうたか 三十三萬三千四百きん よ あり

しづをか わ 二十五萬ごく わかやまわ 四十萬ごく さすれば しづをかわ はんだかの とちがら 五そうばいよの つくりだか なり しうらい ちや わ 五十萬きん うち そと なりしが とくがわうぢ の このちを しはい するより すまん の しぞくを やしなふに あまり あければ すんしう ふもうの とちに いへを しつらへ うつらせ たはたを ひらかせ つとめ させしに わづか 五ケ年 に して せいちや 四そうばいの さんぶつ に いたる これ ひとへに つとめると つとめざるの しようこ なり わが國の とみを おもふものわ こゝろを もちひずんば あるべからず

○しづをか しんぶん に 同じ しはい うち しまだしゆく 一丁め かんど はん九ろうの まご わかたろう と いふもの さく年 五月の うまれの こ なるが くわう とうき じつごきやう どうじきやう 三たいし 百人一首 とうの しよもつ を よみ また もんじを かくことを きゝ おなじ ところの ひろせみ まご一ろう と いふもの その いへに いたり くわしく これを こゝろみ するに ふうぶんに たがわず まことに てん下 きたいの こ なり このこと

十ごう　一　二

右、三月十九日東京府より御沙汰ありたり。

国内新聞《こくないしんぶん》

○下野国白根山震動の訳柄、栃木県より大蔵省へお届けの写し

当三月十二日昼後三時頃、日光黒神山続き乾の方白根山に方り、俄かに砂煙上がり、空も黒色と変わり、震動雷鳴その響き天地に轟き、硫黄臭き灰雨の如く降ること六時の間にて、人々大きに恐れをなし、その節白根山の景色煙り花の如く相見へ候由、その支配下都賀郡蓮花石村より届け出で申候。委細の事は実事取り調べの上、申上ケ〈げ〉べくとの事。

○昨年静岡県支配内にて製したる茶の総高、二百二十五万斤、同年和歌山県支配内にて製したる茶の総高三十三万三千四百斤余なり。

静岡は二十五万石、和歌山は四十万石、さすれば静岡は半高の土地柄五層倍余の作り高なり。従来茶は五十万斤内外なりしが、徳川氏のこの地を支配するより数万の士族を養ふに余りなければ、駿州不毛の土地に家を設へ移らせ、田畑を開かせ努めさせしに、僅か五ヶ年にして製茶四層倍の産物に至る。これひとへに努めると努めざるの証拠なり。我が国の富を思ふ者は心を用ひずんばあるべからず。

○静岡新聞に、同じ支配内島田宿一丁目、かんどはん九ろうの孫わかたろうといふ者、昨年五月の生まれの子なるが、皇統記、実語教、童子教、三体詩、百人一首等の書物を読み、又文字を書くことを聞き、同し所のひろずみまご一ろうといふ者その家に至り詳しくこれを試みするに、風聞に違わず、誠に天下期待の子なり。このこと

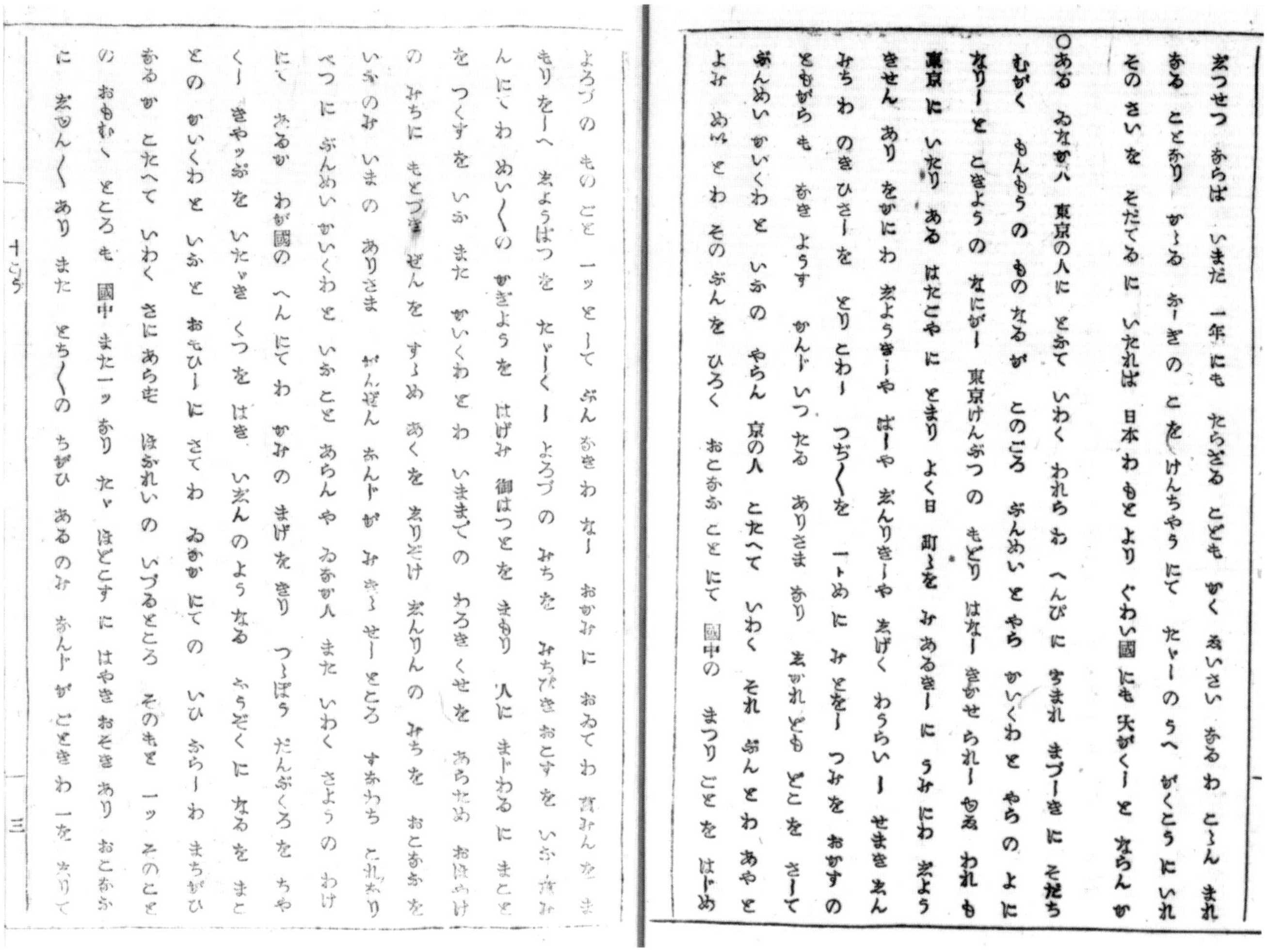

実説ならば、未だ一年にも足らざる子供かく英才なるは、古今稀なることなり。かかる不思議の子を県庁にて質しの上学校に入れその才を育てるに至れば、日本はもとより、外国にも大学士とならんか。

○ある田舎人、東京の人に問ふて曰く、我らは辺鄙に生まれ貧しきに育ち、無学文盲の者なるが、この頃文明とやら開化とやらの世になりしと、故郷の某東京見物の戻り話し聞かせられし故、我も東京に至りある旅籠屋に泊まり、翌日町々を見歩きしに、海には蒸気船あり、陸には蒸気車馬車人力車繁く往来し、狭き新道は軒庇を取り壊し、辻々を一ト目に見通し、罪を犯すの輩もなき様子、感じ入ったる有様なり。しかれども、どこを指して文明開化と言ふのやらん。京の人答へて曰く。それ文とはあやと読み、明とはその文を広く行ふことにて、国中の政を始め万の物事一ツとして文なきはなし。お上に於いては万民を守り教へ、賞罰を正しくし、万の道を導き起こすを言ふ。万民にては銘々の家業を励み、御法度を守り、人に交わるに真を尽くすを言ふ。又開化とは、今までの悪き癖を改め、公の道に基づき、善を勧め悪を退け人倫の道を行ふを言ふのみ。今の有様、眼前汝が見聞きせしところ、即ちこれなり。別に文明開化と言ふことあらんや。田舎人又曰く、左様の訳にてあるか。我が国の辺にては髪の髷を切り、筒袍段袋を着し、キヤップを戴き靴を履き、異人の様なる風俗になるを真の開化と言ふと思ひしに、さては田舎にての言触らしは間違ひなるか。答へて曰く、さにあらず、法令の出づる所その元一ツ、その事の赴く所も国中又一ツなり。ただ施すに早き遅きあり。行ふに順々あり。又土地土地の違ひあるのみ。汝が如きは一を知りて

二を しらざる もの なり ねがふわ まことの かいくわを めあてと し しんの ぶんめい
に もとづき いらいを まちがへ ざらん ことを なんぢ 國もとへ かへらば それ〴〵 へ
よく さとす べしと こゝに いたつて ゐなか人 これまでの あやまりを さとり 一チごん
の いひかへし も なく はいして その ばを ひきとりし とぞ

みぎわ ひたち へん いなゐ なにがし 千じゆの ちやや にて 二人の ぎろんを
きゝがきし につぽうしや へ とうじ たる あらましを うつし とりぬ

とう三月二十一日わ れい年 かはさき 大しの ゑん日 なるが ことしわ もとの こよみの
二月なれども あたゝかにて てんきも よかりければ さんけい人 おびたゞしく ことに てつ
どうの べんり なるより ゆきかへりの 人 しんばし かわさき りやうしよの ステーション
に くんじゆを なし くるまの いづる ごとに あひのりの もの 一トたむろに 三四十人ほ
どづゝ なれども はかりきれず へいぜい やすみの ひる十二時 ゆふ七時も ゆきかへりせ
しとぞ いぜん わ をんな ことも などわ かごを やとひ 中にわ とまりがけの ものも

ありしを さんけいの うへ ゆるりと やすみて ざんじに かへる ことを うるわ まこと
に かいくわの 御しゆいに あへる なり この日 じようきしやの はしらんと する をりか
ら いぬ一ッぴき その まへを よこぎり くるまの はにて しりを くだかれ たるよし か
ようの ことわ 人々 こゝろ づく べき なり

日しん しんじし に シナ國 しせつの ひやうろん

○日本の みかど より シナ國へ おつかひと して ぐわいむきやう そへじま たねおみ よこ
はま より しゆつぱん いたされ たり この ことわ シナこく 日本の あいだに おいて
一だいじの ことにして かならず その おつかひの わけ 三ケじやう
だい一にわ シナこくと 日本との じやうやくの とりきわめ なり
だい二にわ りうきうこくの 人を ゆへなく して かのくにの ホルモサ にて
ころされし わけを たゞさんが ため なり
だい三にわ てうせんくに きよ年いらい わがくにより つかひ ありし ところ

十ごう 四

二を知らざる者なり。願ふは真の開化を目当てとし、真の文明に基づき、以来を間違へざらんことを、汝国元へ帰らばそれぞれへよく諭すべしと。ここに至って田舎人、これまでの誤りを悟り、一チ言の言ひ返しもなく、拝してその場を引き取りしとぞ。

右は常陸辺いなゐ某、千住の茶屋にて二人の議論を聞き書きし、日報社へ投じたるあらましを写し取りぬ。

○当三月二十一日は例年川崎大師の縁日なるが、今年は元の暦の二月なれども暖かにて天気も良かりければ、参詣人夥しく、殊に鉄道の便利なるより、行き帰りの人、新橋川崎両所のステーションに群集をなし、車の出づるごとに相乗りの者、一ト屯に三四十人ほどずつなれども、計り切れず。平生休みの昼十二時、夕七時も行き帰りせしとぞ。以前は女子供などは駕籠を雇ひ、中には泊まり掛けの者もありしを、参詣の上ゆるりと休みて暫時に帰ることを得るは、誠に開化の御趣意に合へるなり。この日蒸気車の走らんとする折から、犬一ッ匹その前を横切り、車の歯にて尻を砕かれたる由。斯様のことは人々心付くべきなり。

日新真事誌にシナ国使節の評論

○日本の帝よりシナ国へお遣ひとして、外務卿副島種臣、横浜より出帆致されたり。このことはシナ国日本の間に於いて一大事のことにして、必ずそのお遣ひの訳三ヶ条

第一には、シナ国と日本との条約の取り決めなり。

第二には、琉球国の人を故なくして彼の国のホルモサ［フォルモサ］にて殺されし訳を糺さんがためなり。

第三には、朝鮮国去年以来我が国より遣ひありしところ、

朝鮮に於いて無礼のお受け致せし一件なり。

右三ヶ条は何れも日本の御国体に係りし大事件にして、知恵才能を備へたる人ならではしかるべからずと、ここに於いて副島種臣、このお遣ひを務むる人に選まれたるなり。そもそもシナ国と日本との有様を見るに、全く世界五大州の内にて日本は格別に優れて開化に向かひたる国なり。シナ国は至って頑なにして開けざる国なり。シナの国体を考へみるに、今に至るまでテリガラフをも拵へず、鉄道をも開かず。しかのみならず戦の方式は昔の方式にて、必ず西洋方式をなさず。鉄砲は元より古筒を用ひ、ただ今の巧みなる筒を用ひず。軍艦は元よりの船にて蒸気鉄張りの船は造らず。日本とは裏表の心得方なり。日本は文明学問執り行ひ、国内端々までテリガラフを掛け、陸には鉄道を拵へ、海には蒸気船を浮かべたり。これに因って両国の有様を見れば、あたかも水と油の如くにしてとても一緒には成り難からん。されども二ツの国は近き隣の国にして互いに親切を以て条約出来、交易するときは両国共に大いなる利益あらん。

この条約の大事件は、彼の国ホルモサ、朝鮮国の二ツなり。ホルモサの島はシナ国の支配にして、そのホルモサ人の愚かなることは琉球国の漁夫を故なくして打ち殺したる、その残忍なることおのずから以て明らかなり。この訳で見れば、西洋各国に於いても、その支配の人民がもし琉球人の如く酷き目に遭わせらるる時は、その場所に向かひ軍艦を差し向け、その悪人を厳しく懲らさすべし。かくの如くなるときは、その土地に居る民どもは罪なき者といへども巻き添ひに遭ひ苦しみを受けるは必然なり。今日本政府に於いて、かつて戦を起こし攻め討つの事はなくして、ただシナ国政府にこの事を訴へ、彼の無法をなせし真の罪人を探索なし、法を以て処置せんとなすは最も宜しきなれども、この事柄に依りて我々の考ふるには、シナ国政府に於いてそのホルモサの罪人を尋ね出だすことは出来ざるべし。願わくば日本政府の議論を以てかかる悪人を防ぐの謀を、他に得給ふべし。

ここに又琉球国は、何れに従ひたるものなりや。我思ふにこの国は日本へ従ひし国と思ひしに、あにはからんや、この国は日本とシナ国と両国へ貢ぎを納めたり。その利、はなだは〈甚だ〉宜しからずと言ふべし。琉球国日本へ従ひ、忠義を尽くすならば、何ぞシナ国へ貢ぎを納め使節を送らんや。又、シナ国へ従ひいれば、シナ国支配のホルモサの仕業を以て日本へ訴へ、その助けを得るの利なし。この事につき、シナ国へお遣ひに立ちし人の力を尽くすこと知るべきなり。副島氏の取り扱ひに依って首尾よく整ひ、兵端を開くに至らざれば、

天皇の御ために大いなる勲しなり。

彼の朝鮮国は、文盲を以てみだりに頑固愚昧の言葉を出だしたり。日本に於いて大きにその愚かなるを笑ふ。全く西洋各国に又これを嘲るなり。さりながら十ヶ年の後は朝鮮も又必ず各国に交易を開くに至らん。その節には前年の愚かなることを悟り、自ら省みて恥づかしきに至らん。日本と朝鮮の一条シナ国の賢き役人の扱ひに依って収まるなれば、戦を始めたより増しなるべし。しかる時は、朝鮮国に於いて、今までの日本に向かひ、なしたる宜しからざる事を改むべし。副島のお遣いは日本、条約せし各国に於いて、大事を以て心に掛けるものなり。その深切にそのお遣ひの成功を待つなり。

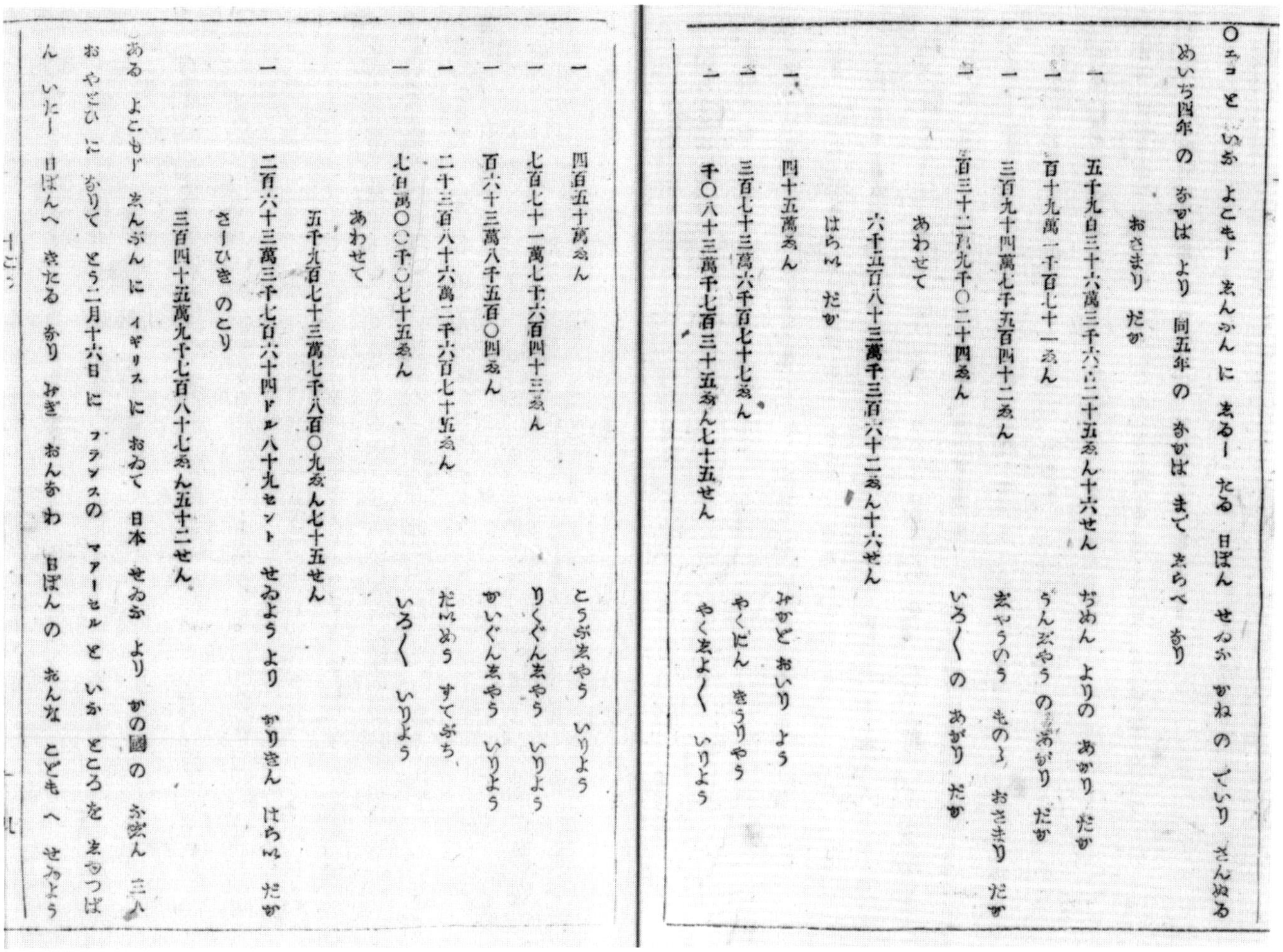
○エコ と いふ よこもじ しんぶん に しるし たる 日ぽん せいふ かね の でいり さんぬる
めいぢ四年 の なかば より 同五年 の なかば まで しらべ なり
おさまり だか
一 五千九百三十六萬三千六百二十五ゑん十六せん　ぢめん よりの あがり だか
一 百十九萬一千百七十一ゑん　うんじやう の あがり だか
一 三百九十四萬七千五百四十二ゑん　じやうのふ もの の おさまり だか
一 百三十二萬九千〇二十四ゑん　いろ〳〵 の あがり だか
あわせて
六千五百八十三萬千三百六十二ゑん十六せん
はらひ だか
一 四十五萬ゑん　みかど おいり よう
一 三百七十三萬六千百七十七ゑん　やくにん きうりやう
一 千〇八十三萬千七百三十五ゑん七十五せん　やくしよ〳〵 いりよう
一 四百五十萬ゑん　こうぶしやう いりよう
一 七百七十一萬七千六百四十三ゑん　りくぐんしやう いりよう
一 百六十三萬八千五百〇四ゑん　かいぐんしやう いりよう
一 二千三百八十六萬二千六百七十五ゑん　だいめう すてぶち
一 七百萬〇千〇七十五ゑん　いろ〳〵 いりよう
あわせて
五千九百七十三萬七千八百〇九ゑん七十五せん
一 二百六十三萬三千七百六十四ドル八十九セント　せいよう より かりきん はらひ だか
さーひき のこり
三百四十五萬九千七百八十七ゑん五十二せん
○ある よこもじ しんぶん に イギリス に おいて 日本 せいふ より かの國 の ふじん 三人
おやとひ に なりて とう二月十六日 に フランス の マアーセル と いふ ところ を しゆつぱ
ん いたし 日ぽん へ きたる なり みぎ おんな 日ぽん の おんな こども へ せいよう

○エコといふ横文字新聞に記したる日本政府金の出入り、去んぬる明治四年の半ばより同五年の半ばまで調べなり。

収まり高

一　五千九百三十六万三千六百二十五円十六銭　地面よりの上がり高
一　百十九万一千百七十一円　運上の上がり高
一　三百九十四万七千五百四十二円　上納物の納まり高
一　百三十二万九千〇二十四円　色々の上がり高

併せて

六千五百八十三万千三百六十二円十六銭

払い高

一　四十五万円　帝お入用
一　三百七十三万六千百七十七円　役人給料
一　千〇八十三万千七百三十五円七十五銭　役所諸入用
一　四百五十万円　工部省入用
一　七百七十一万七千六百四十三円　陸軍省入用
一　百六十三万八千五百〇四円　海軍省入用
一　二千三百八十六万二千六百七十五円　大名捨扶持
一　七百万〇〇千〇七十五円　色々入用

併せて

五千九百七十三万七千八百〇九円七十五銭

一　二百六十三万三千七百六十四ドル八十九セント　西洋より借り金払い高

差し引き残り

三百四十五万九千七百八十七円五十二銭

○ある横文字新聞に、イギリスに於いて日本政府より彼の国の婦人三人お雇ひになりて、当二月十六日にフランスのマアーセル［マルセイユ］といふ所を出帆致し、日本へ来たるなり。右女は日本の女子供へ西洋

の がくもんを おしへる ためなりとぞ

海外新聞

ワシントンの やうす 九ごうの つゞき

○かの 大どいへ ゑだどいを かけ 一トどいにて なにほどと いふ うんじやうを いだすこと がすとうと おなじ よる なんどきにても ねぢさへ ぬけば ゆみづ じゆうに いづる なり そのさま とうじばの ごとし また ざしきざしきへ ゆを まわすに 大いなる 気じやうきの しかけ ありて このところより といにて くばる なり せんたく するにも ひとでを もちひず 大いなる ゆぶねの うちへ よごれたる いふくを いるれば うちに しかけ ありて これを うごかし きれいに おちて わざも はやし また さしわたし 一ツけん ばかりの まろく ふかき うつわ あり しぼらんと する きぬを いるれば かの うつわ いしうすの ごとく まわりて たちまち みづを しぼる なり ものほしばは じやうき しかけの してある となりにて 四けん四はう ばかりの はこの ようなる もの なり そのなかへ いれて ほすに となりの じやうきの ひのけにて ざんじのまに かわき あめふる ひにても さしつかへ なし すべての しかけ まことに たくみにして ばんじ べんりを つくしたり

○フランス 國わう 三だいめ ナポレヲンわ なだかき人 なり 千八百八年四月二十日の うまれにて てゝおやわ オランダの こくわうを つとめし ルイスボネパアター なり はゝおやわ ホヲテンス と ごうす ジヨソフインと いへる によていの むすめ なり ボネパアタケイ フランス こくより やくめ はいせられし のち ナポレヲンと はゝおやわ アーグスホルゴ と いふ 町に すみしが またゝく スウイチラント に うつり その ところの にんべつに なり りくぐん がくこうに いり 大ほうの ちようれんを まなび そのゝち アラプスと いふ やまに しゆぎやう せし をりから 千八百三十年 七月 フランスの みやこに おゐて ないらん おこりし ことを きゝ

十ごう

八

の学問を教へるためなりとぞ。

海外新聞《かいがいしんぶん》

ワシントンの様子、九号の続き

○彼の大樋へ枝樋を掛け、一ト樋にて何ほどといふ運上を出だすこと、ガス灯と同じ、夜何時にても螺子さへ抜けば湯水自由に出づるなり。その様湯治場の如し。又、座敷座敷へ湯を回すに大いなる蒸気の仕掛けありて、この所より樋にて配るなり。洗濯するにも人手を用ひず、大いなる湯船の内へ汚れたる衣服を入るれば、内に仕掛けありてこれを動かし、綺麗に落ちて技も速し。又差し渡し一ッ間ばかりの円く深き器あり。絞らんとする衣を入るれば彼の器、石臼の如く回りて忽ち水を絞るなり。物干し所は蒸気仕掛けのしてある隣にて、四間四方ばかりの箱の様なるものなり。その中へ入れて干すに、隣の蒸気の火の気にて暫時の間に乾き雨降る日にても差し支へなし。全ての仕掛け、誠に巧みにして万事便利を尽くしたり。

○フランス国王三代目ナポレヲンは名高き人なり。千八百八年四月二十日の生まれにて、父親はオランダの国王を務めしルイスボネパアター［ルイ　ボナパルト］なり。母親はホヲテンス［オルタンス］と号す。ジョソフイン［ジョセフィン］といへる女帝の娘なり。ボネパアタ卿、フランス国より役目配せられし後、ナポレヲンと母親はアーグスホルゴ［アウグスブルグ］といふ町に住みしが、又々スウイチラント［スイツランド］に移り、その所の人別になり、陸軍学校に入り大砲の調練を学び、その後アラプス［アルプス］といふ山に修行せし折から、千八百三十年七月、フランスの都に於いて内乱起こりし事を聞き、

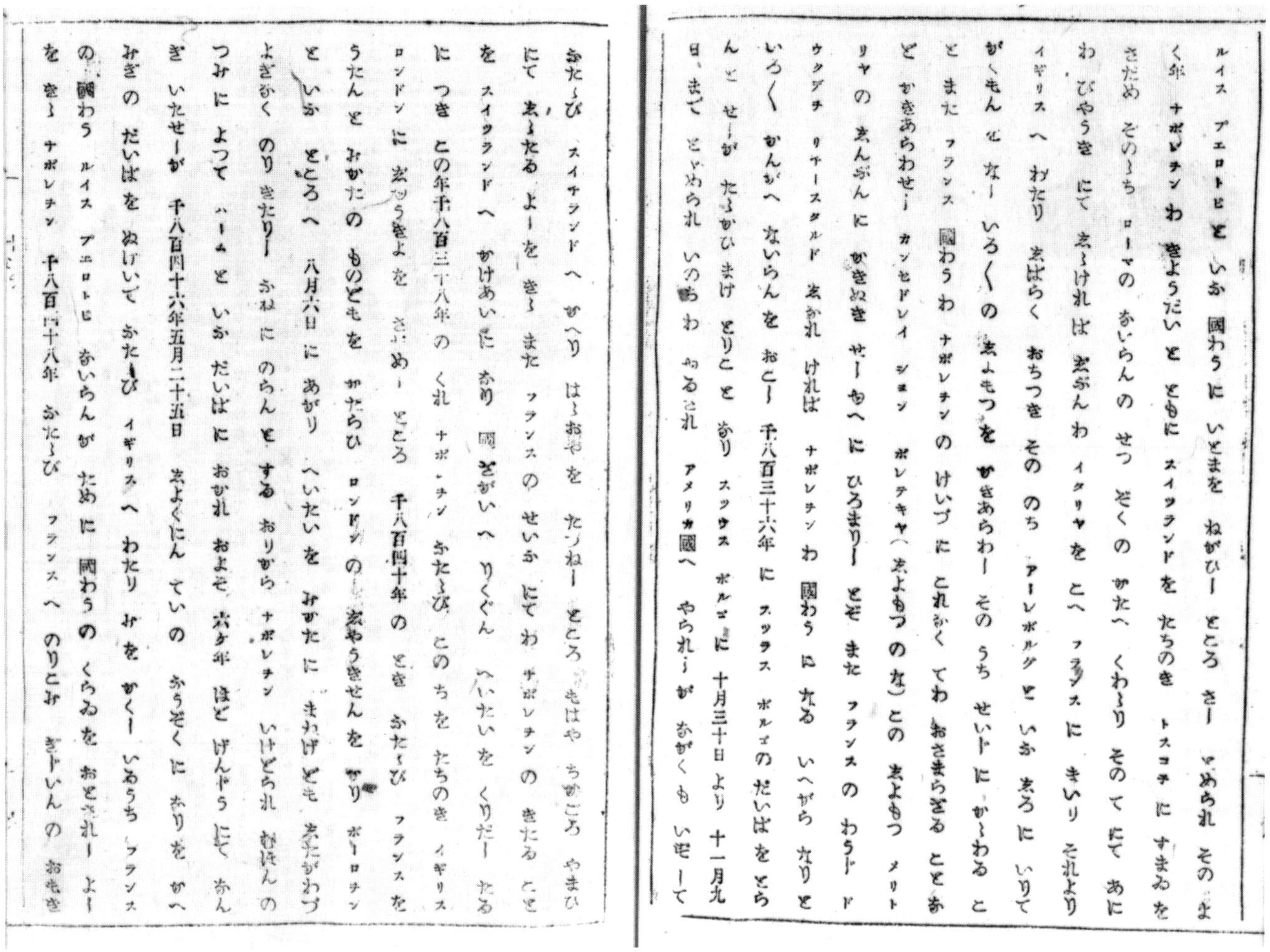

ルイス　プエロトピ［ルイ　フィリップ］といふ国王に暇を願ひしところ差し止められ、
その翌年ナポレヲンは兄弟と共にスイツランドを立ち退き、トスコネ［トスカナ］に
住まいを定め、その後ローマの内乱の節、賊の方へ加わり、その手にて兄
は病気にて死しければ、自分はイタリヤを越へフランスに参り、それより
イギリスへ渡り、しばらく落ち着き、その後アーレボルグ［アレネンベルク］といふ
城に入りて学問をなし、色々の書物を書き著し、そのうち政治に関わるこ
と、又フランス国王はナポレヲンの系図にこれなくては治まらざることな
ど書き著せしカンセドレイション　ポレテキヤ［コンシデレーション　ポリティーク］（書
物の名）、この書物、メリト
リヤの新聞に書き抜きせし故に広まりしとぞ。又フランスの王子ド
ウクデヲ　リチースタルド［チャールズ　フェルディナンド　ダトワ］死なれければ、ナ
ポレヲンは国王になる家柄なりと
色々考へ、内乱を起こし、千八百三十六年にスツラスボルゴ［ストラスブール］の
台場を取らんとせしが、戦ひ負け、虜となり、スツラス　ボルゴに十月三十日より
十一月九日まで留められ、命は許されアメリカ国へ遣られしが、長くもいずして
再びスイチランドへ帰り、母親を尋ねしところ、最早近頃病
にて死したる由を聞き、又フランスの政府にてはナポレヲンの来たること
をスイツランドへ掛け合ひになり、国境へ陸軍兵隊を繰り出したる
につき、この年千八百三十八年の暮れ、ナポレヲン再びこの地を立ち退きイギリス
ロンドンに住居を定めしところ、千八百四十年の時再びフランスを
討たんと味方の者共を語らひ、ロンドンの蒸気船を借りボーロヲン［ブーローニュ］
といふ所へ八月六日に上がり、兵隊を味方に招けども従わず、
余儀なく乗り来たりし船に乗らんとする折から、ナポレヲン生け捕られ、謀反の
罪に因ってハーム［アム］といふ台場に置かれ、凡そ六ヶ年ほど厳重にて難
儀致せしが、千八百四十六年五月二十五日、職人体の風俗に態を変へ
右の台場を抜け出で、再びイギリスへ渡り身を隠しいるうち、フランス
の国王ルイス　プエロトピ、内乱がために国王の位を落とされし由
を聞き、ナポレヲン千八百四十八年再びフランスへ乗り込み、議事院の重き

やく人に ゑらまれ それより まもなく フランスの 大トウリヤウと なりしかば へいたいに むかひ われが おぢわ 國わう なりし ことなど はなし だん〱 ナポレヲンの いへがらな 國みんの こゝろに しみる やう はなしけり 千八百五十一年 十二月二日の あさ ナポレヲンに くみする ものわ アールナアド ならびに フルイル なり。フランスの みやこ パーレイスの せいドに かゝわる やく人を とらへ ろうやに いれ ぎドいんを はいし なだかき やく人を とり おさへをき ばんみんに むかひて フランスの 大トウリヤウ 十ヶ年の あいだ われに あたへよと いゝきかせ ければ ばんみん よんどころなく したがひ わづか 一ヶ年 ほど つゞきしところ 千八百五十二年の あき ナポレヲン ばんみんの こゝろを ためし みんと ざい〱を まわりしが そのせつ ばんみん たかごゑにて バイバ ローエンピラウ（人を しゆくす ことば）と いふ これを きゝ わが すうしよへ かへり てんしに ならん ことを くわだてし ところ やくにんの うち 五六萬人 ほど ナポレオンを 國わうに いたしたきと いふもの おほく ありて 千八百五十二年十二月二日に いよ〱 フランス だい三だいの てんし ナポレオンと なのり そのよく年 デイバの カウ

ンテイスと いふ がくしきある ふじん イニジニヤル を いふを わが にようばう に まうけ 千八百五十四年 に イギリス フランス トルコ の 三ヶ國 がつして ロシヤと せんそう おこり 三ヶ年に して シバストポルト を せめとりて より ロシヤと わぼくを むすび 千八百五十九年 に 國ざかひを ひろめんと おもひしと ころ その年 イタリヤと オーストリヤの せんそう おこりしかば イタリヤへ くわゝり みづから いくさば へ でむきしかば フランスの かせい にて イタリヤ おほきに かちを えたり これに よつて セイボイと いふ 國を ナポレオンに あたへ たり 千八百六十一年 このとし イスパニアルと イギリス と どういして メキシコ國を うたんと せしところ イスパニアル イギリス ともに てを ひきしかば ナポレオン 一人 にて せんそう いたせし ところ わぼくと なり また メキシ

役人に選まれ、それより間もなくフランスの大統領となりしかば、兵隊に向かひ、我が伯父は国王なりし事など話し、段々ナポレヲンの家柄な〈を〉国民の心に沁みるよう話しけり。千八百五十一年十二月二日の朝、ナポレヲンに与する者はアールナアド「アーノー」並びにフルイル「ルシェル」なり。フランスの都パーレイス「パリ」の政治に関わる役人を捕へ牢屋に入れ、議事院を廃し名高き役人を取り押さへ置き、万民に向かひてフランスの大統領十ヶ年の間我に与へよと言い聞かせれば、万民拠ん所なく従ひ、僅か一ヶ年ほど続きしところ、千八百五十二年の秋、ナポレヲン万民の心を試し見んと在々を回りしが、その節万民高声にてバイバ　ローエンピラウ「ヴィヴ　レンペレール」（人を祝す言葉）と言ふ。これを聞き我が住所へ帰り、天子にならんことを企てしところ、役人のうち五六万人ほど、ナポレヲンを国王に致したきと言ふ者多くありて、千八百五十二年十二月二日にいよいよフランス第三代の天子ナポレヲンと名乗り、その翌年デイバのカウンテイスといふ学識ある婦人イニジニヤル「ウジェニー」と言ふを我が女房に設け、千八百五十四年にイギリス、フランス、トルコの三ヶ国合してロシヤと戦争起こり、三ヶ年にしてシバストポルト「セヴァストポリ」を攻め取りてより、ロシヤと和睦を結び、千八百五十九年に国境を広めんと思ひしところ、その年イタリヤとオーストリヤの戦争起こりしかば、イタリヤへ加わり自ら戦場へ出向きしかば、フランスの加勢にてイタリヤ大きに勝ちを得たり。これに因ってセイボイ「サヴォワ」といふ国をナポレヲンに与へたり。千八百六十一年、この年イスパニアルとイギリスと同意してメキシコ国を討たんとせしところ、イスパニアル、イギリス共に手を引きしかば、ナポレヲン一人にて戦争致せしところ和睦となり、又メキシ

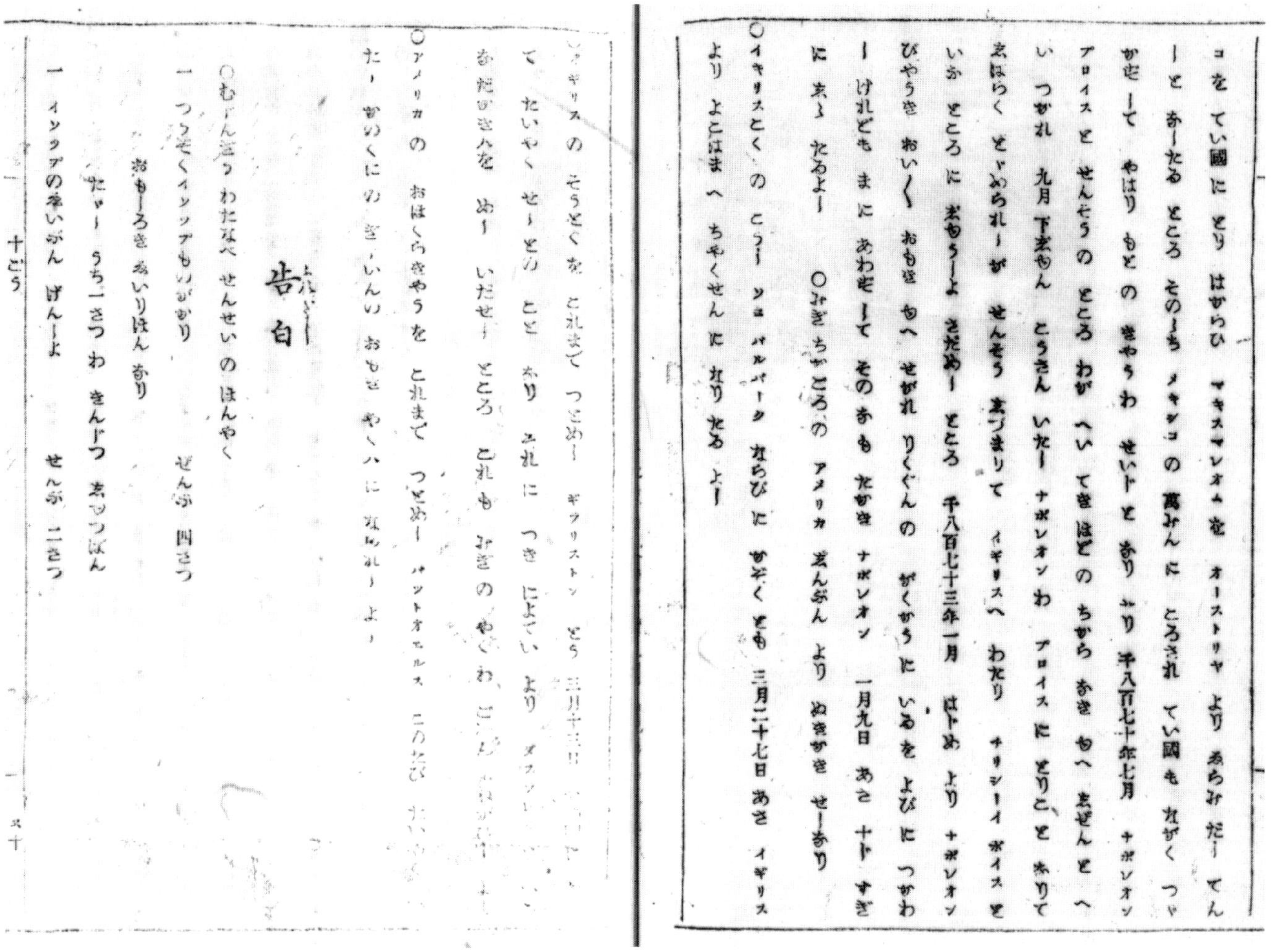

コを てい國に とり はからひ マキスマレオムを オーストリヤ より あらみだし てん
しと なしたる ところ そのゝち メキシコの 萬みんに ころされ てい國も ながく つゞ
かずして やはり もとの きやうわ せいじと なり たり 千八百七十年七月 ナポレオン
プロイスと せんそうの ところ わが へい てきほどの ちから なき ゆへ しぜんと へ
い つかれ 九月下じゆん こうさん いたし ナポレオンわ プロイスに とりこと なりて
しばらく とゞめられしが せんそう しづまりて イギリスへ わたり チリシーイ ボイスと
いふ ところに すまいを さだめし ところ 千八百七十三年一月 はじめ より ナポレオン
びやうき おいおい おもき ゆへ せがれ りくぐんの がくかうに いるを よびに つかわ
し けれども まに あわずして その名も たかき ナポレオン 一月九日 あさ 十じ すぎ
に しゝ たるよし ○みぎ ちかごろの アメリカ しんぶん より ぬきがき せしなり
○イギリスこく の こうし ソヨ バルパーク ならびに かぞく とも 三月二十七日 あさ イギリス
より よこはまへ ちやく せんに なり たる よし

イギリスの そうとくを これまで つとめし ギラリストン どう 三月十三日 …
て たいやく せしとの こと なり それに つき によてい より ダスラ…
なだかき人を めし いだせし ところ これも みぎの やくわ ごめん ねがひし…
○アメリカの おほくらきやうを これまで つとめし バツトオエルス このたび たいやく
いたし かのくにの ぎじいんの おもき やくにんに なられし よし

告白

○むじんざう わたなべ せんせいの ほんやく
一 つうぞくイソツプものがたり ぜんぶ 四さつ
おもしろき えいりほん なり
ただし うち一さつわ きんじつ しゆつぱん
一 イソツプの原文 げんしよ ぜんぶ 二さつ

十ごう

コを帝国に取り計らひ、マキスマレオム［マクシミリアノ］をオーストリヤより選み出し、天子となしたるところ、その後メキシコの万民に殺され、帝国も長く続かずして、やはり元の共和政治となりたり。千八百七十年七月、ナポレヲンプロイスと戦争のところ、我が兵、敵ほどの力なき故、自然と兵疲れ九月下旬降参致し、ナポレヲンはプロイスに虜となりてしばらく留められしが、戦争静まりてイギリスへ渡り、チリシーイボイス［チズルハースト］といふ所に住所定めしところ、千八百七十三年一月初めよりナポレヲン病気追々重き故、倅陸軍の学校にいるを呼びに遣わしけれども間に合わずして、その名も高きナポレヲン、一月九日朝十時過ぎに死したる由　○右近頃のアメリカ新聞より抜き書きせしなり。

○イギリス国の公使ソヨ　バリパーク［サー　ハリー　パークス］並びに家族共、三月二十七日朝、イギリスより横浜へ着船になりたる由。

○イギリスの総督をこれまで務めしギラリストン［グラッドストーン］、当三月十三日□□□□□て、退役せしとのことなり。それにつき女帝より、ダスラレイ□□□名高き人を召し出せしところ、これも右の役は御免願ひし由。

○アメリカの大蔵卿をこれまで務めしバツトオエルス［ボートウェル］、この度退役致し、彼の国の議事院の重き役人になられし由。

告白《ふれだし》

○無尽蔵　渡辺先生の翻訳
一　通俗伊蘇普物語　　全部　四冊
　　○面白き絵入り本なり。
　　　但し　うち一冊は近日出版
一　イソツプの英文原書　　全部二冊

○これは昔西洋のギリシヤ国にイソツプといふ賢人ありて、世の中のためになる事共を日本の落し話の様な口調に面白く話されたりしを、この度渡辺先生が女子供は勿論、いろはばかり習ひし者にも読み易く分かり易きよう、至って親切に翻訳致され、原書と共に出版せしなり。願わくは日本の人々、これを求めこれを読み、西洋風の話し方を知って、今までの卑しき習はしを改めるよう、子供や女や弟や誰や彼やを諭し給わば、渡辺先生の本意も貫き、かく申す佐兵衛の益のみならず、世の中のためも又少なからじと。

東京日本橋通り二丁目　山城屋佐兵衛申す

○この節猫多く盗まるる由、猫持ちたる人用心し給へかし。

○当六日十一時頃、新シ橋内三条殿の屋敷、表長屋出火あり。○同日昼後三時過ぎ、牛込納戸町火事あり。

蒸気飛脚船入港出帆表

○アメリカの飛脚船、横浜より兵庫、長崎並びに上海へ出帆、当年七月まで月々定まりし日付、左の通り。

○三月　七日　十四日　二十一日　二十八日　○四月　五日　十二日　十九日　二十六日

○五月　三日　十日　十七日　二十六日　○六月　三日　十日　十八日　二十六日

右の船、諸所より横浜へ着船の日付左の通り

○三月　七日　十三日　二十日　二十七日　○四月　四日　十一日　二十日　二十七日

○五月　四日　十日　二十日　二十八日　○六月　四日　十二日　二十日　二十七日

○七月　四日　十日　二十日

○アメリカの飛脚船、サンフランシスコ出入りの日付、左の通り。横浜より。

○三月　十日　二十三日　○四月　二十三日　○五月　七日　廿三日　○六月　六日　二十日

○七月　七日　二十二日　○八月　五日　廿二日　○九月　七日　廿三日　○十月　八日　廿二日

○十一月　七日　二十三日　○十二月　八日　二十四日　なり。

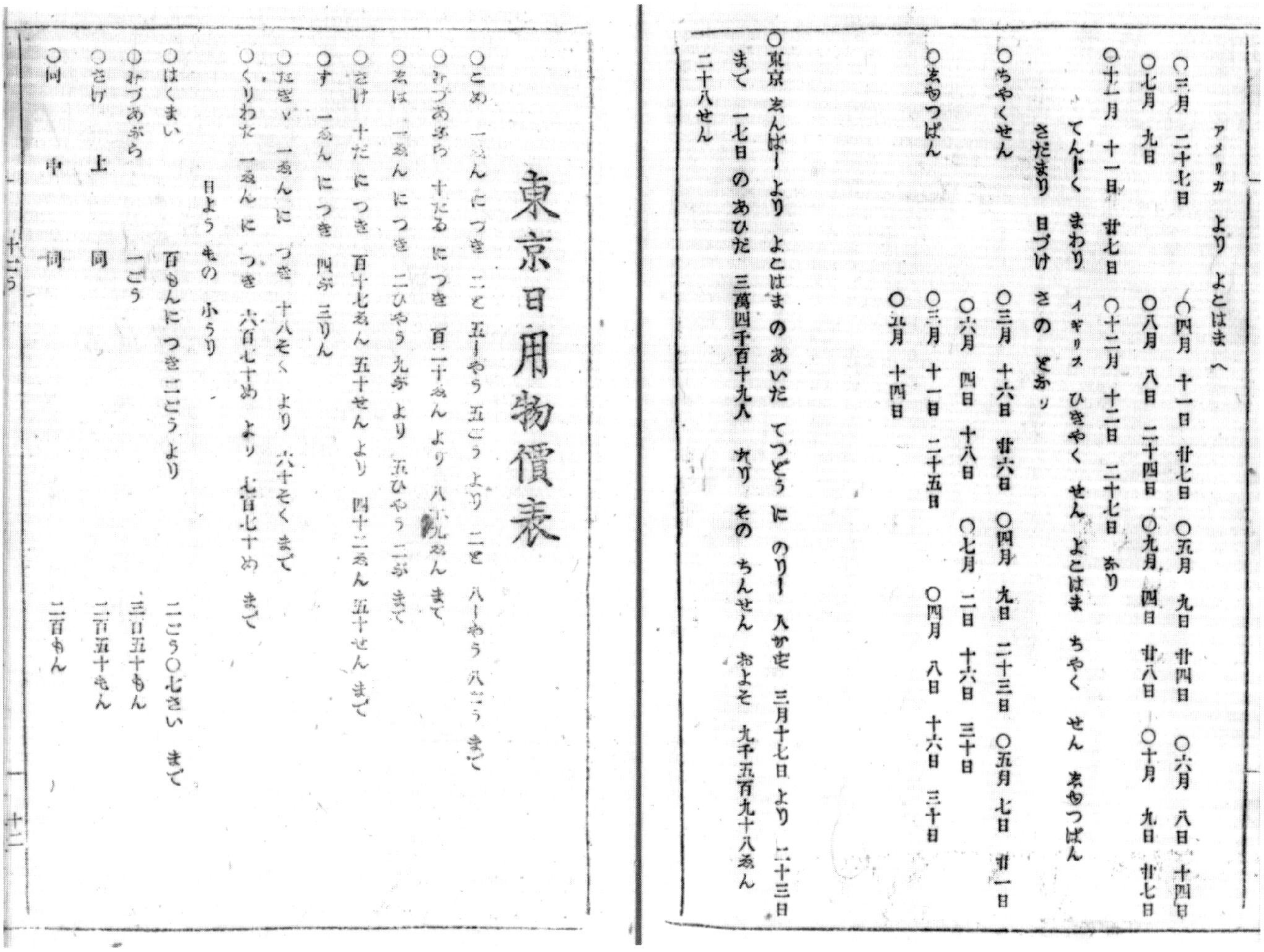

アメリカ より よこはま へ
○三月 二十七日 ○四月 十一日 廿七日 ○五月 九日 廿四日 ○六月 八日 十四日
○七月 九日 ○八月 八日 二十四日 ○九月 四日 廿八日 ○十月 九日 廿七日
○十一月 十一日 廿七日 ○十二月 十二日 二十七日 なり
てんドく まわり イギリス ひきやく せん よこはま ちやく せん しゆつぱん
さだまり 日づけ さの とおり
○ちやくせん ○三月 十六日 廿六日 ○四月 九日 二十三日 ○五月 七日 廿一日
○六月 四日 十八日 ○七月 二日 十六日 三十日
○しゆつぱん ○三月 十一日 二十五日 ○四月 八日 十六日 三十日
○五月 十四日
○東京 しんばし より よこはま の あいだ てつどう に のりし 人かず 三月十七日 より 二十三日 まで 一七日 の あひだ 三萬四千百十九人 たり その ちんせん およそ 九千五百九十八ゑん 二十八せん

東京日用物價表
○こめ 一ゑん につき 二と 五しやう 五ごう より 二と 八しやう 八ごう まで
○みづあぶら 十たる につき 百二十ゑん より 八十九ゑん まで
○しほ 一ゑん につき 二ひやう 九ぶ より 五ひやう 二ぶ まで
○さけ 十だ につき 百十七ゑん 五十せん より 四十二ゑん 五十せん まで
○す 一ゑん につき 四ぶ 三りん
○たきゞ 一ゑん に つき 十八そく より 六十そく まで
○くりわた 一ゑん に つき 六百七十め より 七百七十め まで
日よう もの 小うり
○はくまい 百もん に つき 二ごう より 二ごう〇七さい まで
○みづあぶら 一ごう 三百五十もん
○さけ 上 同 二百五十もん
○同 中 同 二百もん
十ごう
十二

アメリカより横浜へ。
○三月　二十七日　○四月　十一日　廿七日　○五月　九日　廿四日　○六月　八日　十四日
○七月　九日　○八月　八日　二十四日　○九月　四日　廿八日　○十月　九日　廿七日
○十一月　十一日　廿七日　○十二月　十二日　二十七日なり。
天竺回りイギリス飛脚船、横浜に着船、出帆定まり日付、左の通り。
○着船　○三月　十六日　廿六日　○四月　九日　二十三日　○五月　七日　廿一日
○六月　四日　十八日　○七月　二日　十六日　三十日
○出帆　○三月　十一日　二十五日　○四月　八日　十六日　三十日
○五月　十四日
○東京新橋より横浜の間鉄道に乗りし人数、三月十七日より二十三日まで一七日の間、三万四千百十九人たり。その賃銭凡そ九千五百九十八円二十八銭

東京日用物価表

○米　一円につき、二斗五升五合より二斗八升八合まで
○水油　十樽につき、百二十円より八十九円まで
○塩　一円につき、二俵九分より五俵二分まで
○酒　十駄につき、百十七円五十銭より四十二円五十銭まで
○酢　一円につき、四分三厘
○薪　一円につき、十八束より六十束まで
○繰り綿　一円につき、六百七十目より七百七十目まで
日用物　小売
○白米　百文につき二合より　二合〇七才まで
○水油　一合　三百五十文
○酒　上　同　二百五十文
○同　中　同　二百文

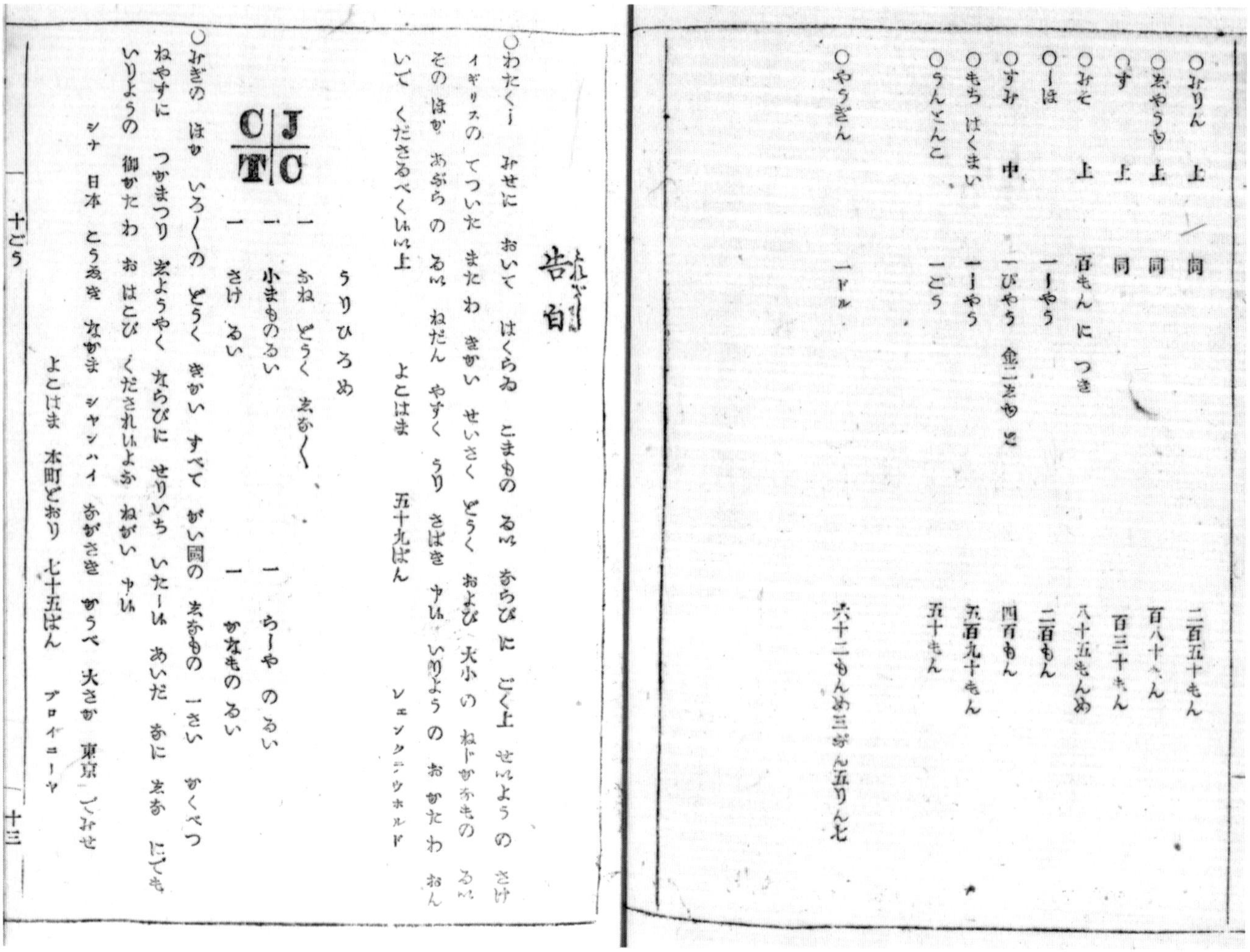
○みりん　上　同　二百五十もん
○しやうゆ　上　同　百八十もん
○す　上　同　百三十もん
○みそ　上　百もん　につき　八十五もんめ
○しほ　一しやう　二百もん
○すみ　中　一ぴやう　金二しゆ　と　四百もん
○もち　はくまい　一しやう　五百九十もん
○うんとんこ　一ごう　五十もん
○やうぎん　一ドル　六十二もんめ三ぶん五りん七

告白《ふれだし》
○わたくし　みせに　おいて　はくらい　こまもの　るい　ならびに　ごく上　せいようの　さけ
イギリスの　てついた　またわ　きかい　せいさく　どうく　および大小の　ねじかなもの　るい
そのほか　あぶらの　るい　ねだん　やすく　うり　さばき申し　いりようの　おかたわ　おん
いで　くださるべく候上　よこはま　五十九ばん　シェンクラウホルド

C｜J
T｜C

うりひろめ
一　ふね　どうぐ　しなじな　一　らしや　の　るい
一　小まものるい
一　さけ　るい　一　かなもの　るい
○みぎの　ほか　いろいろの　どうぐ　きかい　すべて　がい国の　しなもの　一さい　かくべつ
ねやすに　つかまつり　しようやく　ならびに　せりいち　いたし候　あいだ　なに　しな　にても
いりようの　御かたわ　おはこび　くだされ候よう　ねがい申し候
シナ　日本　こうえき　なかま　シヤンハイ　ながさき　かうべ　大さか　東京　でみせ
よこはま　本町どおり　七十五ばん　ブロイニーヤ

十二ごう　十三

○味醂　上　同　二百五十文
○醤油　上　同　百八十文
○酢　上　同　百三十文
○味噌　上　百文につき　八十五匁
○塩　一升　二百文
○炭　中　一俵　金二朱と　四百文
○糯白米　一升　五百九十文
○うんとん〈うんどん〉粉　一合　五十文
○洋銀　一ドル　六十二匁三分五厘七

告白《ふれだし》

○私店に於いて、舶来小間物類、並びに、極上西洋の酒、イギリスの鉄板、又は機械製作道具及び大小の螺子金物類、その他、油の類、値段安く売り捌き申候。入用のお方はおん出で下さるべく候。以上　横浜　五十九番　シェンクラウホルド

C｜J
T｜C

売り広め

一　船道具　品々　一　羅紗の類
一　小間物類
一　酒類　一　金物類

○右の他、色々の道具、機械、全て外国の品物一切、格別値安に仕り、定約並びに競り市致し候間、何品にで〈て〉も入用の御方はお運び下され候様願い申候。
シナ日本交易仲間　上海　長崎　神戸　大阪　東京　出店
横浜本町通り　七十五番　ブロイニーヤ

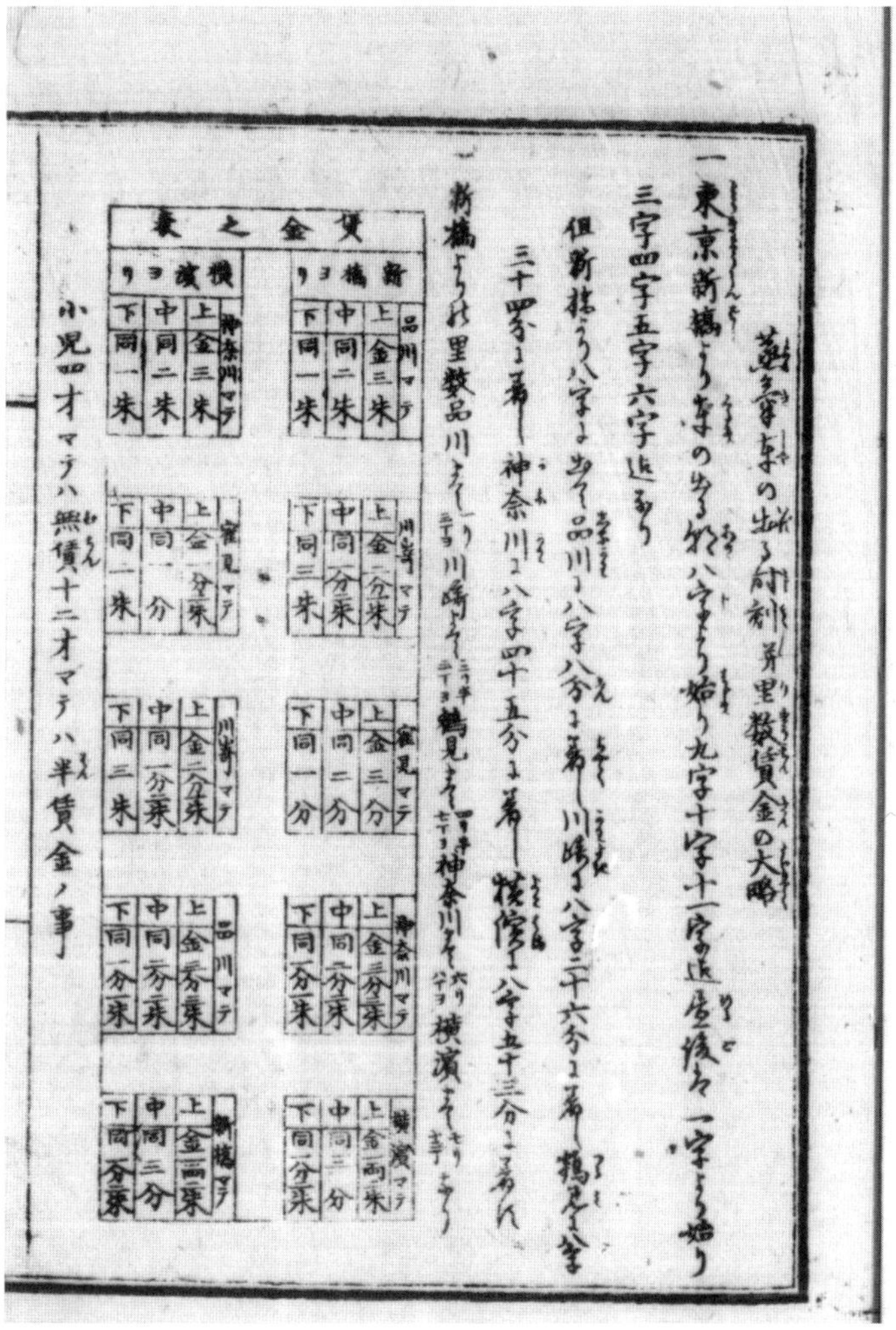

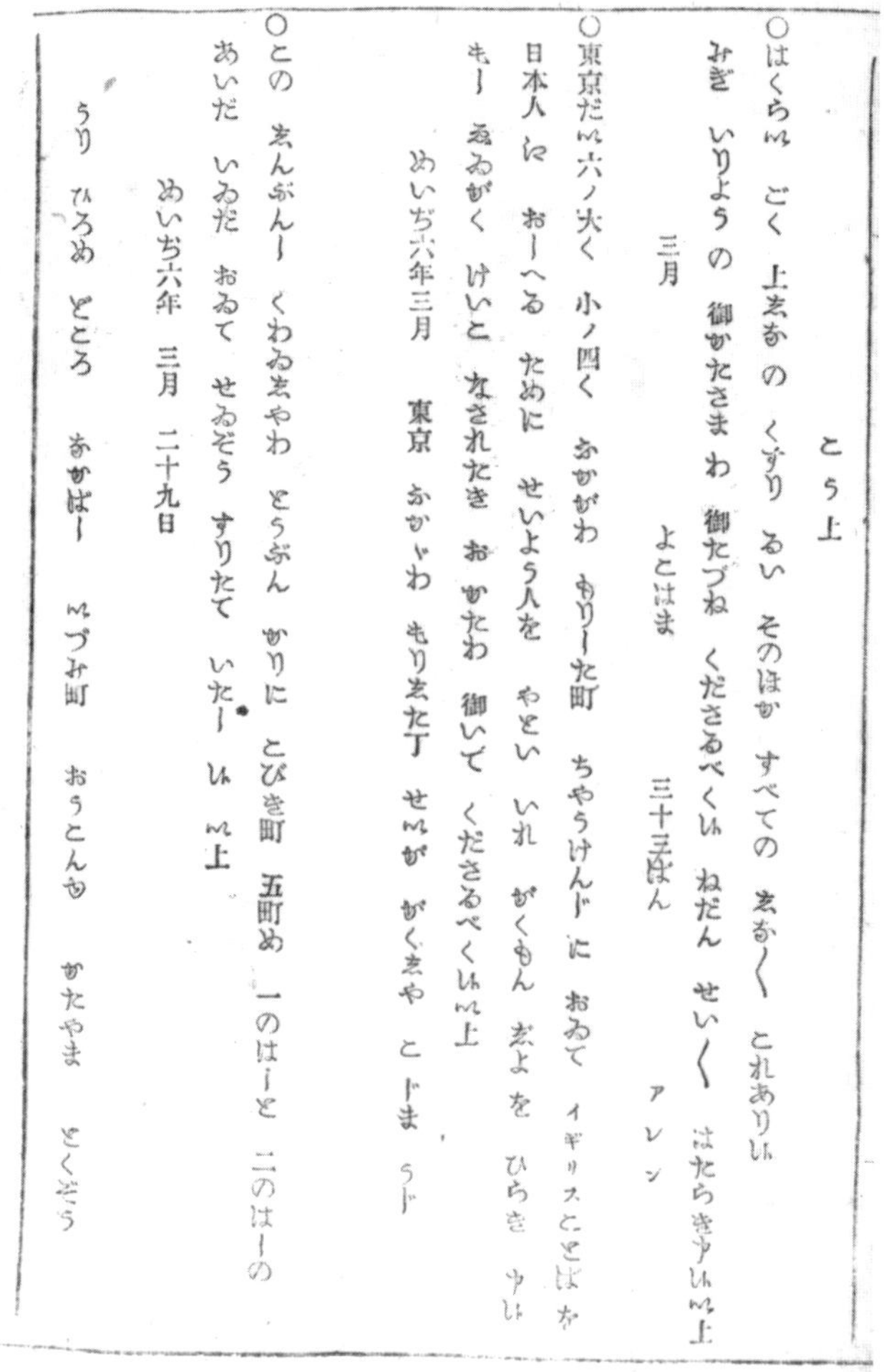

口上

○舶来、極上品の薬類、その他全ての品々これあり候。
右入用の御方様は御尋ね下さるべく候。値段せいぜい働き申候。以上
三月　　横浜　三十三番　　アレン

○東京第六ノ大区　小ノ四区　深川森下町ちょうけん〈長慶〉寺に於いてイギリス言葉を日本人へ教へるために西洋人を雇い入れ、学問所を開き申候。
もし英学稽古なされたきお方は御出でくださるべく候。以上
明治六年三月　　東京深川森下町　菁莪学舎　小島氏

○この新聞紙会社は、当分仮に、木挽町五町目 一の橋と二の橋の間　飯田於いて製造摺立て致し候。以上
明治六年　三月二十九日

売り広め所　中橋泉町　黄金湯　片山徳造

蒸気車《しやうきしや》の出《いづ》る時刻《じこく》幷里数賃金《りすうちんきん》の大略《たいりやく》

一　東京新橋より車の出る朝八字より始り九字十字十一字迄昼後は一字より始り三字四字五字六字迄なり。
但新橋より八字に出て品川に八字八分に着し川崎に八字二十六分に着し鶴見に八字三十四分に着し神奈川に八字四十五分に着し横浜に八字五十三分に着す。

一　新橋よりの里数品川まで一里三丁余、川崎まで三里半三丁余、鶴見まで四里半七丁余、神奈川まで六里八丁余　横浜まで七里十二丁なり。

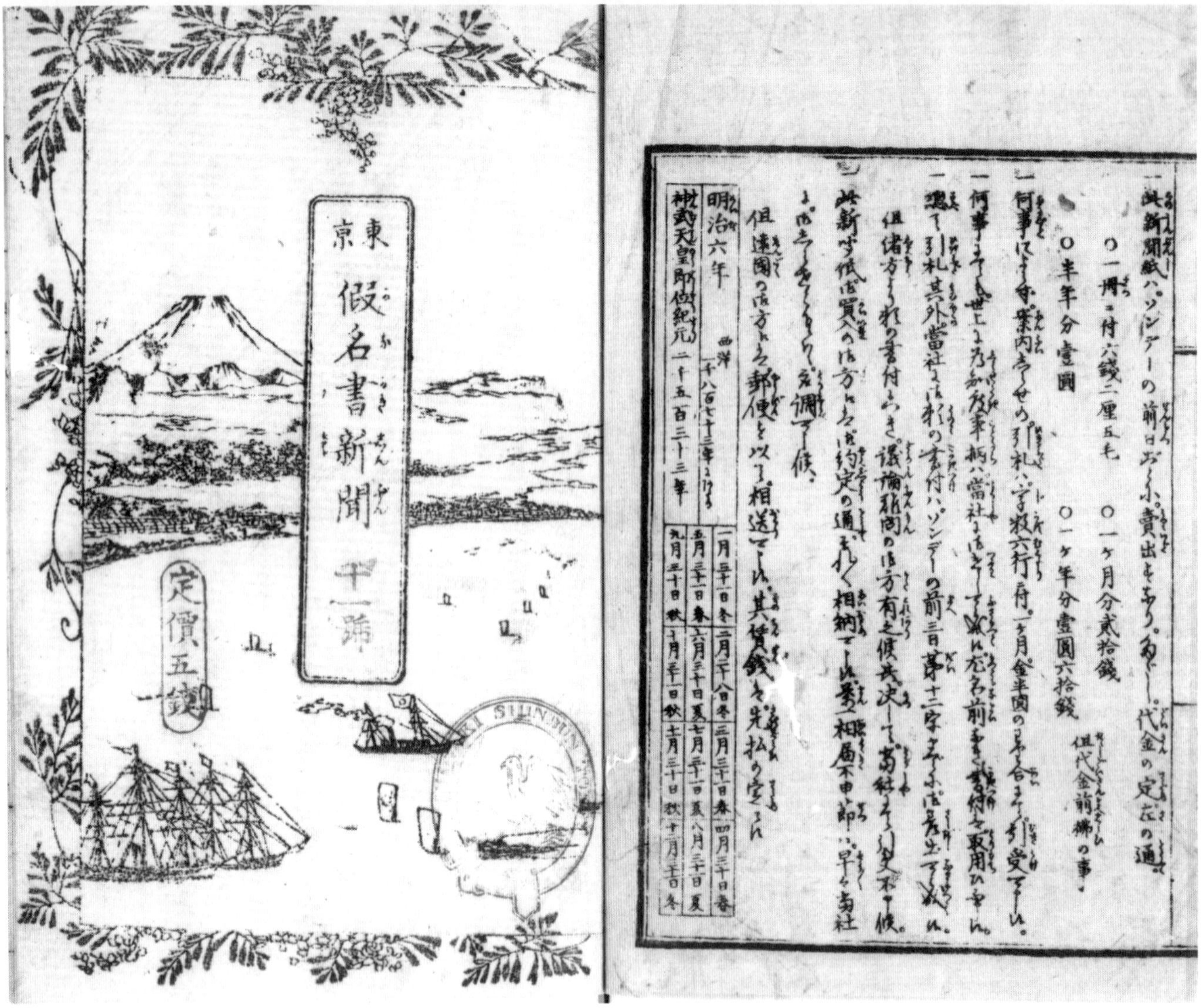


一　此新聞紙は、ソンデーの前日ごとに売出すなり。ただし代金の定左の通。
　〇一冊に付六銭二厘五毛　〇一ヶ月分二十銭
　〇半年分一円　〇一ヶ年分一円六十銭　但代金前払の事。
一　何事によらず、案内知らせの引札は、字数六行に付、一ケ月金半円の割合にて引受申べく候。
一　何事にても、世上に知らせたき事柄は、当社に御遣しなさるべく候。尤名前なき書付は取用ひ申さず候。
一　総て引札其外当社に御頼の書付は、ソンデーの前三日第十二字までに御差出なさるべく候。
　但諸方より頼の書付につき、議論難問の御方これあり候ども、決して当社にて引受申さず候。
一　此新聞紙御買入れの御方へは、御約定の通、それぞれ相納め申べく候。万一相届申ざる節は、早々当社に御知らせられ候ば取調申べく候。
　但遠国の御方へは郵便を以て相送申べく候。其賃銭は先払の定に候。

十一号の内容　明治6・4・5

前文1　発行の趣旨1

**御布告**　〇参詣の折の注意〇金子入りの書状取締り〇鹿児島県の島々の砂糖売買を許可

**国内新聞**　〇大吹雪の被害（羽前、羽後）〇皇后印書局へ〇肉類を神に供えること、肉食自由に（滋賀県）〇大石に祈ること（山形県）〇犬に噛み付かれ子供死亡（小川町）〇飼い犬に税金〇本願寺門跡蒸気車で出立〇火事二件（函館、大阪）〇蒸気機関で煉瓦製造（横浜）〇火事の被害者へ寄贈（横浜）〇蒸気船武蔵丸火事（伊豆沖）

**海外新聞**　〇ロシア、人民より皇帝に直通電信機〇イスパニアで一揆〇フランス、国境警備〇フランス大統領方で饗応〇イタリアの軍艦、イスパニア国王を迎えにポルトガルへ〇ポルトガル国王饗応〇フランス、第二の議事院設置〇スイス、イスパニアの共和政治に同意〇イスパニア、他国によるキューバ買い取りに応ぜず〇人身売買禁止（米）〇本号キューバの記事訂正の貼り紙〇アメリカ合衆国ワシントンの様子（十号続き）〇珊瑚樹の謂れ

**投書**　〇東京の道路測量の杭（外国人の投書より）　新橋横浜間鉄道の乗客数と賃銭〇お触れは付録として別売りにする　**蒸気飛脚船入港出航表**　告白（広告）　**東京日用物価表**　当新聞の製造所と販売所　**蒸気車の出る時刻并里数賃帆金の大略**　社告

方今文化の御代なれば、新聞紙も日増に盛なり。すでに東京府下に於いて、板を摺出す処、僅の間に六七軒も開けし程なり。其開化を助るの功も亦少からざるべし。只惜らくは、其書漢語交の文体なれば、婦人小児及ひ愚民などに至てはこれを読、これを解すること能はず。これに因て、こたび当社より出すところの新聞は、

都て仮名のみを用ひ、文を綴り、日月支干数字などの普く人の耳目に慣し文字の外は、決て漢字を用ひざるなり。尤仮名は読誤り易きもの故、西洋の書法に倣ひ、一と綴りことに欠字をなし、間を明、読きりのところに至りては〇印を施なり。官名人名地名、幷西洋の言葉などは、皆片仮名を用ゆ。假名遣ひも古き法に随ときは却て通じ難きこともあるべし。仮へは無礼は「むらい」、舫は「むやひ」と訓ずるときは、婦女子に通じ兼るなり。されは此書には、俗言のまま「ぶれい」「もやひ」と記し、

又仮名を施すに、或は字音により、或は字訓によるも、亦世間普く言習し方に随ふなり。看人この意を得て読たまへかし。

## 東京假名書新聞《かなかきしんぶん》　十一号　明治六年四月五日

### 御布告《おんふれかき》

〇神仏を信心するは元より各々の自由に候へども、これまでに町中の習はし、題目講、富士講、その他色々の名目を相唱へ、講中を取り行ひ来たり候ところ、開帳、参詣等の節、男女うち混じり如何の化粧飾りをなし、醜き姿を極め、開けぬ国の風俗に陥り、大いに恥づべき仕業につき、せいぜい説き諭し、右様悪き癖の習はし、相止めさせ候様致すべき旨、三月二十三日、東京府よりご沙汰ありたり。

〇来る四月より、陸運元会社の者共へ申つけ、郵便御用駅逓寮と相認め候絵符を以て、諸道々郵便取扱所へ相渡

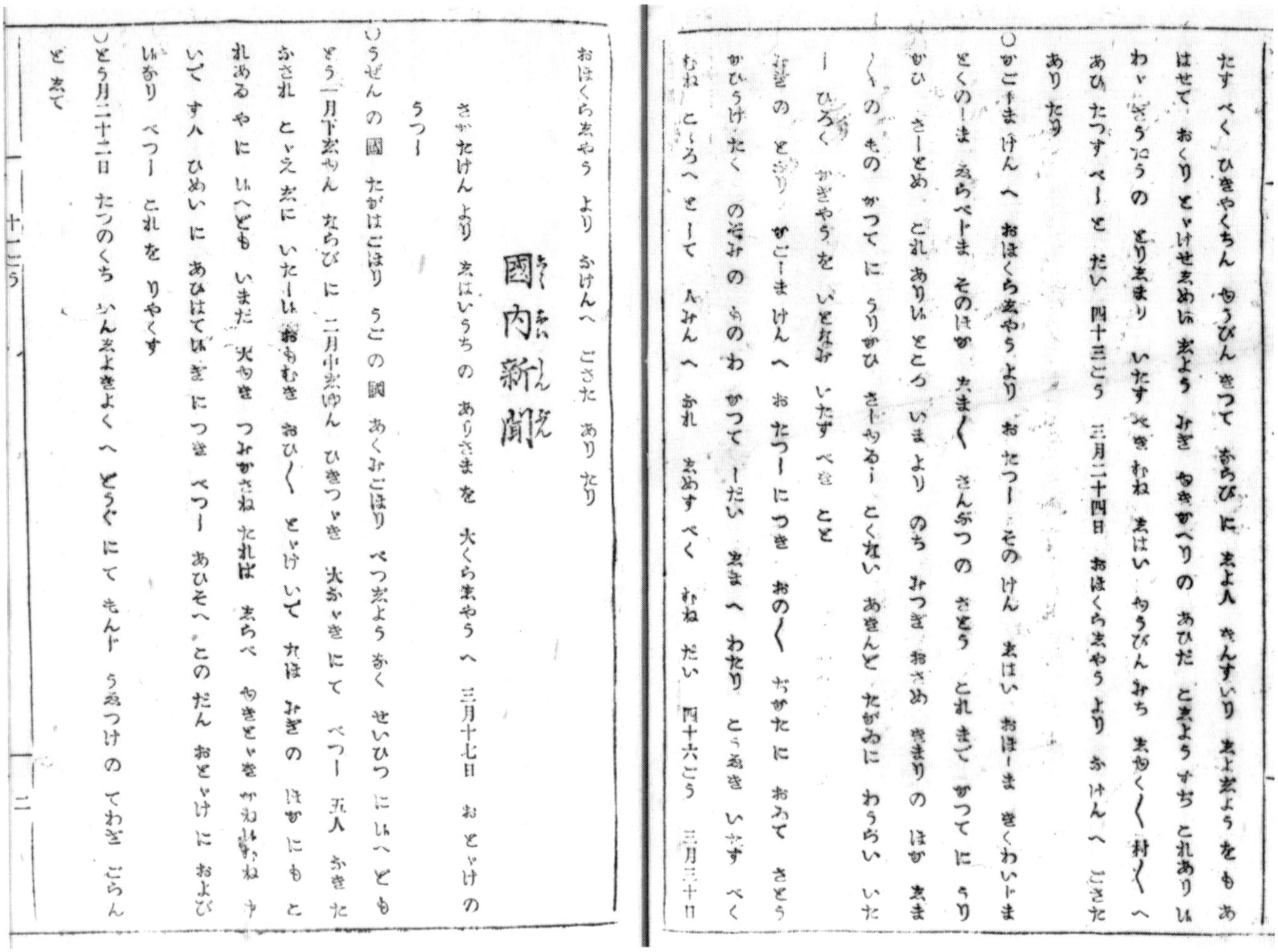

すべく、飛脚賃、郵便切手、並びに諸人金子入り書状をも併せて送り届けせしめ候条、右、行き帰りの間故障筋これあり候わば、相当の取締り致すべき旨、支配郵便道、宿々村々へ相達すべしと、第四十三号三月二十四日大蔵省より府県へ御沙汰ありたり。

○鹿児島県へ大蔵省よりお達し。その県支配、大島、喜界島、徳之島、永良部島その外島々産物の砂糖、これまで勝手に売り買ひ差し止めこれあり候ところ、今より後貢ぎ納め決まりの外島々の物、勝手に売り買ひ差し許し、国内商人互いに往来致し、広く稼業を営み出だすべきこと。

右の通り鹿児島県へお達しにつき、各々地方に於て砂糖買ひ受けたく望みの者は、勝手次第島へ渡り交易致すべく旨、心得として人民へ触れ示すべく旨、第四十六号三月三十日大蔵省より府県へ御沙汰ありたり。

## 国内新聞《こくないしんぶん》

酒田県より支配内の有様を大蔵省へ三月十七日お届けの写し

○羽前の国田川郡、羽後の国飽海郡、別状なく静謐に候へども、当一月下旬並びに二月中旬、引き続き大吹雪にて、別紙五人吹き倒され、凍え死に致し候趣、追々届け出で、なほ、右の外にもこれあるやに候へども、未だ大雪積み重ねたれば、調べ行き届きかね候旨申出で、数人非命に相果て候儀につき、別紙相添へ、この段お届けに及び候なり。別紙これを略す。

○当月二十二日辰の口印書局へ、道具にて文字植え付けの手業ご覧として

きさきのみや おんはこばせ あらせられ いろく もんじ うゑつけ あり その中に
から人の みつぎまつれる かみわざは すめらみ國の たからとぞなる
時のまに あらはせぢゝの もじのうへに ひらけゆくよの すがたをぞみる
このもじの はやきてわざに よりてこそ みのりもよもに しくべかりけれ
みぎ よみ人わ ごだいごゐんよしもち なり このほか わか からもじの アルベットちやくしよく りんかくとう いくさつか せいほん ありしとぞ この日 このことに かゝはる やくにんわ ほそかは二とうぎくわん いとうしげやす そのほか すにん なり まことに ぶんくわの さかんなる とき いたれる かな
○しがけん より けうぶしやう へ うかゞひしよに わがくに いにしへ けものゝ にくを かみに そなへ 上下 なべて もちひし ためしも あるを 中むかし このかた これを きんぜる ならはしと なり けもの のみならず にはとり たまご なども もちひざる ところ いまより かみに そなふるも はゞからざる こと なるやと うかゞひ いでし ところ みぎわ かみに そなふる ことわ もちろん にくじき すべて はゞかるに およばずと こゝろえ しかるべき むね 三月二十三日 おさしづ ありたり
○日しん しんじしに やまがたけん 十日町の みち中に いにしへ より おほいし あり その ね ふかくして 人の ちからに うごかし がたく とちの もの いしがみと うやまひ まい年 しやう月十日 この いしを おがみ こうふくを いのる もの おびたゞしく いちの ごとし しかるに 同けん てんじ おきぜん 五六ろう その もうせつ いわれなく 人みんの まどひ はなはだしきを はらさん ため さく年 十一月 どぼくかゝりへ 申つけ この いしを ほらせしに その ね あさくして てがるく ほりだし けんちようの、にわに うつし ふみいしと なせり しかるに こん年 二月七日わ きうれきの しやう月十日に あたるを もつて おちこちの おとこ おんな くもの ごとく あつまり いしがみを はいせんと するに その いし なきを あやしみ のぞみを うしなひ ばうぜんと して かみの とび たまひしと ひときわ そんきよ なし その いしがみの あとへ ひざまづき さいせんを あげ 一しん ふらんに こうふくを いのると いふ まことに このちの ぐちなる こと けんの やく人 くわいくわに みちびく その ろう また おもふべし

十一ごう 三

妃の宮おん運ばせあらせられ、色々文字植え付けあり。その中に
　から人のみつぎまつれる神わざは　すめらみ国のたからとぞなる
　時の間に著はす千々の文字の上に　ひらけゆくよのすがたをぞ見る
　この文字の早き手業によりてこそ　みのりも四方にしくべかりけれ
右詠み人は後醍院良茂なり。この他和歌唐文字アルベット着色輪郭等幾冊か製本ありしとぞ。この日この事に関はる役人は細川二等議官、伊藤重保、その外数人なり。誠に文化の盛んなる時至れるかな。

○滋賀県より教部省へ伺ひ書に、我が国いにしへ獣の肉を神に供へ、上下なべて用ひしためしもあるを、中昔この方、これを禁じる習はしとなり、獣のみならず鶏、卵なども用ひざるところ、今より神に供ふるも憚らざることなるやと伺ひ出でしところ、右は神に供ふることは勿論、肉食全て憚るに及ばずと心得しかるべき旨、三月二十三日お指図ありたり。

○日新真事誌に、山形県十日町の道中に古より大石あり。その根深くして人の力に動かし難く、土地の者、石神と敬ひ毎年正月十日、この石を拝み幸福を祈る者夥しく市の如し。しかるに同県典侍おきぜん五六郎、その妄説謂れなく、人民の惑ひ甚だしきを晴らさんため、昨年十一月、土木係へ申付け、この石を掘らせしに、その根浅くして手軽く掘り出し、県庁の庭に移し踏み石となせり。しかるに今年二月七日は旧暦の正月十日に当たるを以て、おちこちの男女蜘蛛の如く集まり石神を拝せんとするに、その石なきを怪しみ、望みを失ひ茫然として、神の飛び給ひしとひときわ蹲踞なし、その石神の跡へ跪き賽銭を上げ、一心不乱に幸福を祈ると言ふ。誠にこの地の愚痴なること、県の役人開化に導くその労、又思ふべし。

日日新聞に小川町蒲田某の投書に

○三月二十六日東京第一大区二の小区小川町調練場にて、子供三四人摘み草せし折に、犬三四匹走り来たり、その内怒り狂ひし犬、子供の袂を噛み付きたり。子供驚き走り逃げしによりこの難を逃れしが、その傍らに居たる八歳になる女の子に噛み付き、喉並びに手足を噛み切り遂にそのまま死したる由、哀れなる事共なり。その時邏卒、近所の者駆け付け右の犬を殺さんとせしに、調練場は広き故、遂にその犬を見失ひしとのことなり。

○東京の町内に犬多くあること、益少なくして人々に害多し。凡そ西洋に倣ひて、犬にそれぞれの持ち主あるを改め、税金を出ださしめ、その犬不都合あるときは犬の持ち主へ関わり申とのこと。その他の犬は悉く狩り除くなり。しかのみならず、夏の暑き日になりてはハイローボウヒヤ［ハイドリホビア］といふ犬の病、まま出来るなり。彼の国にては、犬の病に依り色々の薬ありてそれを犬に与へしむ。日本に於いて犬の薬あること未だ少なし。犬病になりたるとて薬も与へず、病気の強くなるに従い人に食らひ付き害をなすなり。今より東京町中も、持ち主のなき犬は狩り除き、持ち主のある犬は税金を納めさせ、犬のお締まり出来るように致したきものなり。右持ち主も出来るならば犬の病気の時は薬をも与へなば人々に害をなす憂いもなかるべし。

○四月一日本願寺御門跡東京新橋より蒸気車に乗りて出立ありしなり。その日天気朗らかにして、御門跡を見送りし人々甚だ夥し。その別れを惜しみたること、赤子の母親に別れし有様なるべし。

○三月二十三日の夜、函館に於いて大いなる火事あり。火元は堀の向かふ、木挽き鋸の機械ある場所より燃え出だし、それより町の内へ

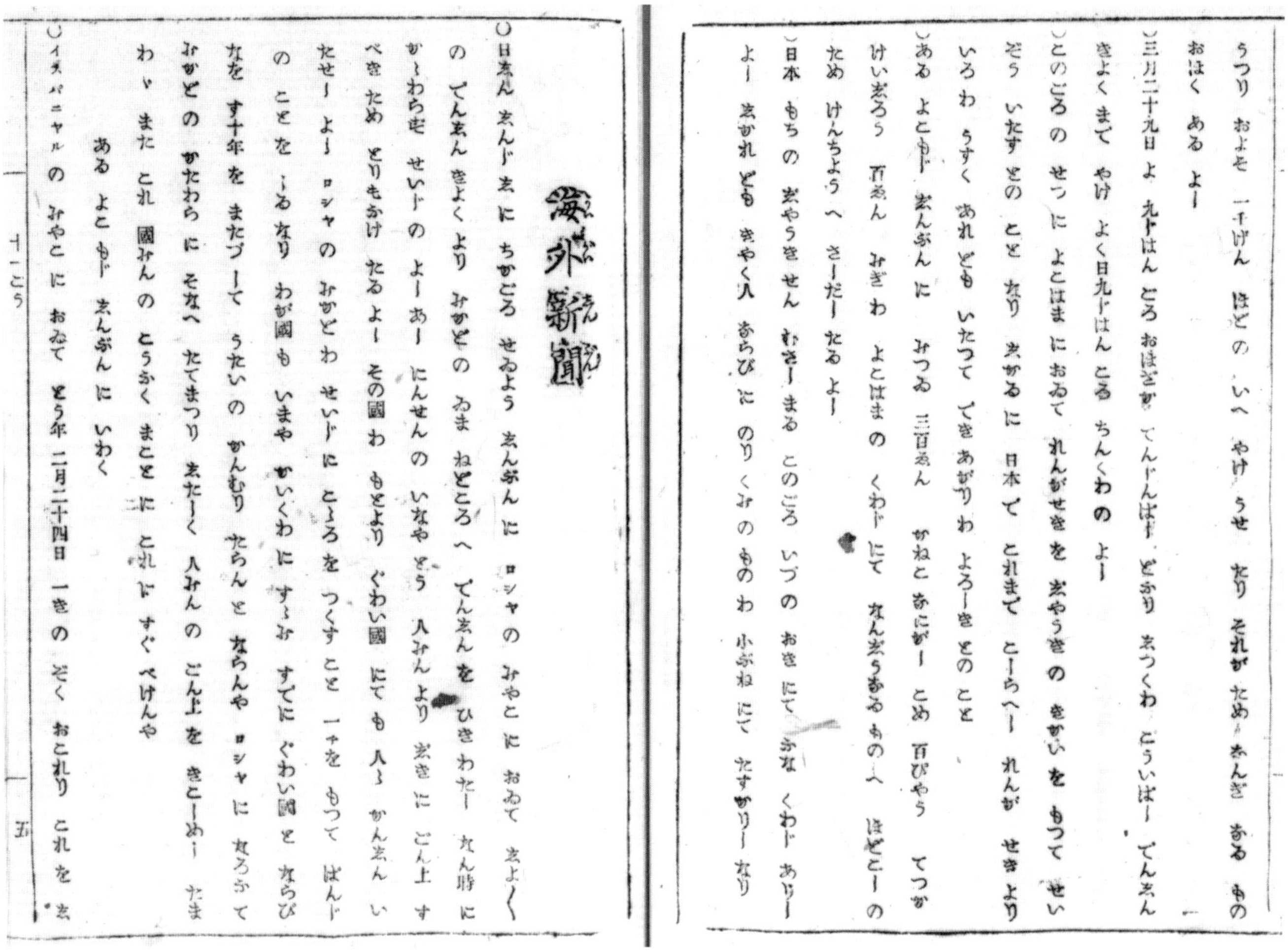
うつり およそ 一千げん ほどの いへ やけ うせ たり それが ため なんぎ なる もの
おほく ある よし
○三月二十九日 よ 九ドはん ごろ おほさか てんじんばし どほり 出つくわ こういばし でんしん
きよく まで やけ よく日九ドはん ごろ ちんくわ の よし
○このごろ の せつに よこはまに おゐて れんがせき を じようき の きかい を もつて せい
ぞう いたす との こと なり しかるに 日本で これまで こしらへし れんが せき より
いろ わ うすく あれ ども いたつて でき あがり わ よろしき との こと
○ある よこもじ しんぶん に みつゐ 三百ゑん かねこ なにがし こめ 百ぴやう てつか
けい じろう 百ゑん みぎ わ よこはま の くわじ にて なんじうなる もの へ ほどこし の
ため けんちよう へ さしだし たる よし
○日本 もちの じようきせん むさし まる このごろ いづの おきにて ふな くわじ ありし
よし しかれ ども きやく人 ならびに のりくみの ものわ 小ぶね にて たすかりし なり

海外新聞《かいがいしんぶん》
○日本しん じしに ちかごろ せいよう しんぶん に ロシヤの みやこに おゐて しよく
の でんしん きよく より みかどの ゐま ねどころ へ でんしん を ひきわたし なん時 に
かゝわらず せいじ の よしあし にんせんの いなや とう 人みん より じきに ごん上 す
べき ため とりもうけ たる よし その國わ もとより ぐわい國 にても 人々 かんしん い
たせし よし ロシヤ の みかど わ せいじ に こゝろを つくす こと 一チを もつて ばんじ
の ことを しる なり わが國も いまや かいくわ に すゝみ すでに ぐわい國 と ならび
なを す十年 を またずして うたいの かんむり たらんと ならんや ロシヤ に ならふて
みかどの かたわらに そなへ たてまつり したしく 人みん の ごん上 を きこしめし たま
わゞ また これ 國みん の こうふく まことに これに すぐ べけんや
ある よこもじ しんぶん に いわく
○イスパニヤル の みやこに おゐて とう年 二月二十四日 一きの ぞく おこれり これを ち
十一ごう
五

移り、凡そ一千軒ほどの家焼け失せたり。それがため難儀なる者多くある由。

○三月二十九日夜九時半頃、大阪天神橋通り出火、こうい橋電信局まで焼け、翌日九時半頃鎮火の由。

○この頃の節に、横浜に於いて煉瓦石を蒸気の機械を以て製造致すとのことなり。しかるに、日本でこれまで拵へし煉瓦石より色は薄くあれども至って出来上がりは宜しきとのこと。

○ある横文字新聞に、三井三百円、金子某米百俵、てつかけいじろう百円。右は横浜の火事にて難渋なる者へ施しのため、県庁へ差し出したる由。

○日本持ちの蒸気船武蔵丸、この頃伊豆の沖にて船火事ありし由。しかれども客人並びに乗組みの者は小舟にて助かりしなり。

## 海外新聞《かいがいしんぶん》

○日新真事誌に、近頃西洋新聞にロシヤの都に於いて諸所の電信局より帝の居間寝所へ電信を引き渡し、何時に関わらず政治の善し悪し、人選の否や等、人民より直に言上すべきため取り設けたる由。その国は元より、外国にても人々感心致せし由。ロシヤの帝は政治に心を尽くすこと、一チを以て万事の事を知るなり。我が国も今や開化に進み、既に外国と並び猶数十年を待たずして、尤態の冠たらんとならんや。ロシヤに倣ふて帝の傍らに備へ奉り、親しく人民の言上を聞こし召し給わば、又これ国民の幸福誠にこれに過ぐべけんや。

ある横文字新聞に曰く。

○イスパニヤルの都に於いて当年二月二十四日、一揆の賊起これり。これを鎮

づめんが ためにせゐふにてわ りくぐん へいたいを くりいだせり
○その一きのぞくわ てつどうの ステーションを はじめとして しよ〱の はしなど
をやきをとせり
○そのぞくの人せわ およそ 一千五百人ほどにて マアーレパレスといふところに おゐ
て はげしき たゝかひを はじめたり そのせつ はじめわ ぞくのかた つよくして せゐふ
のかた なんぎなりしが のちにわ ぞくのかた たゝかひまけ ぢんを しりぞきし なり
○フランス せいふにおゐて イスパニヤルの 國ざかひまで おほくの へいたいを くりいだ
し わが れうぶん ようじん なせしなり これわ イスパニヤルの ないらんにて ぞくかた
まけたるとき フランスの れうぶんへ いれざるため なり
○二月二十二日 フランスの みやこにおゐて 大トウリヤウの かたにて おほいなる きやう
おうあり そのせつ アメリカより フランス國へ ざいりう いたせし 人〻も その きやう
おうへ まねかれたり
○イタリヤの ぐんくわん このせつ ホルトガルへ しゆつぱん いたし これまで イスパニヤル
の 國わうを つとめし アミデースを むかへんが ため なりとぞ
○二月二十三日 ホルトガル こくわう イタリヤより きたる ぐんくわんを わが國の みなと
に ざいりう中 その しかんの 人〻へ おほく きやうおう ありたり この時 アミデースも
同せき ありたる よし
○フランス國におゐて このせつ だい二ばんの ぎじいんを とりたてに なりたるよし
○スイシ國 せゐふにて このせつ イスパニヤル國の きやうわ せゐじに なりたる ことを
どうい せし なり
○アメリカの ちかき キウバと いふ しま あり いままでわ イスパニヤルに ぞくしたる
しま なりしが ある しんぶんしに フランス國より イスパニヤルへ その しまを うり
はらふ ならば かいうけ たき よし すゝめし なり また アメリカよりわ このごろ イス
パニヤルへ その しまを 二ちやう五億 フランケ（一フランケわ 二十一せん）にて かひ
うけ たき との 申いれ なり しかし かねわ 二ケ年の うちに はらふとの よし しかれ
ども イスパニヤルに おゐて うりわたす ことを ことはりし なり

十二ごう　六

めんがために政府にては陸軍兵隊を繰り出だせり。
○その一揆の賊は、鉄道のステーシヨンを始めとして諸所の橋など
を焼き落とせり。
○その賊の人数は凡そ一千五百人ほどにて、マアーレパレスといふ所に於い
て激しき戦ひを始めたり。その節初めは賊の方強くして政府
の方難儀なりしが、後には賊の方戦ひ負け、陣を退きしなり。
○フランス政府に於いてイスパニヤルの国境まで多くの兵隊を繰り出だ
し、我が領分用心なせしなり。これはイスパニヤルの内乱にて賊方
負けたる時、フランスの領分へ入れざるためなり。
○二月二十二日、フランスの都に於いて大統領の方にて大いなる饗
応あり。その節アメリカよりフランス国へ在留致せし人々もその饗
応へ招かれたり。
○イタリヤの軍艦この節ホルトガルへ出帆致し、これまでイスパニヤル
の国王を務めしアミデース［アマデオ］を迎へんがためなりとぞ。
○二月二十三日　ホルトガル国王イタリヤより来たる軍艦を我が国の港
に在留中、その士官の人々へ多く饗応ありたり。この時アミデースも
同席ありたる由。
○フランス国に於いて、この節第二番の議事院を取り立てになりたる由。
○スイシ［スイス］国政府にて、この節イスパニヤル国の共和政治になりたる事を
同意せしなり。
○アメリカの近きキウバ［キューバ］といふ島あり。今まではイスパニヤルに属したる
島なりしが、ある新聞紙に、フランス国よりイスパニヤルへその島を売り
払ふならば買い受けたき由、勧めしなり。又アメリカよりはこの頃イス
パニヤルへその島を二兆五億フランケ［フラン］（一フランケは二十一銭）にて買ひ
受けたきとの申入れなり。しかし金は二ケ年のうちに払ふとの由。しかれ
どもイスパニヤルに於いて売り渡す事を断りしなり。

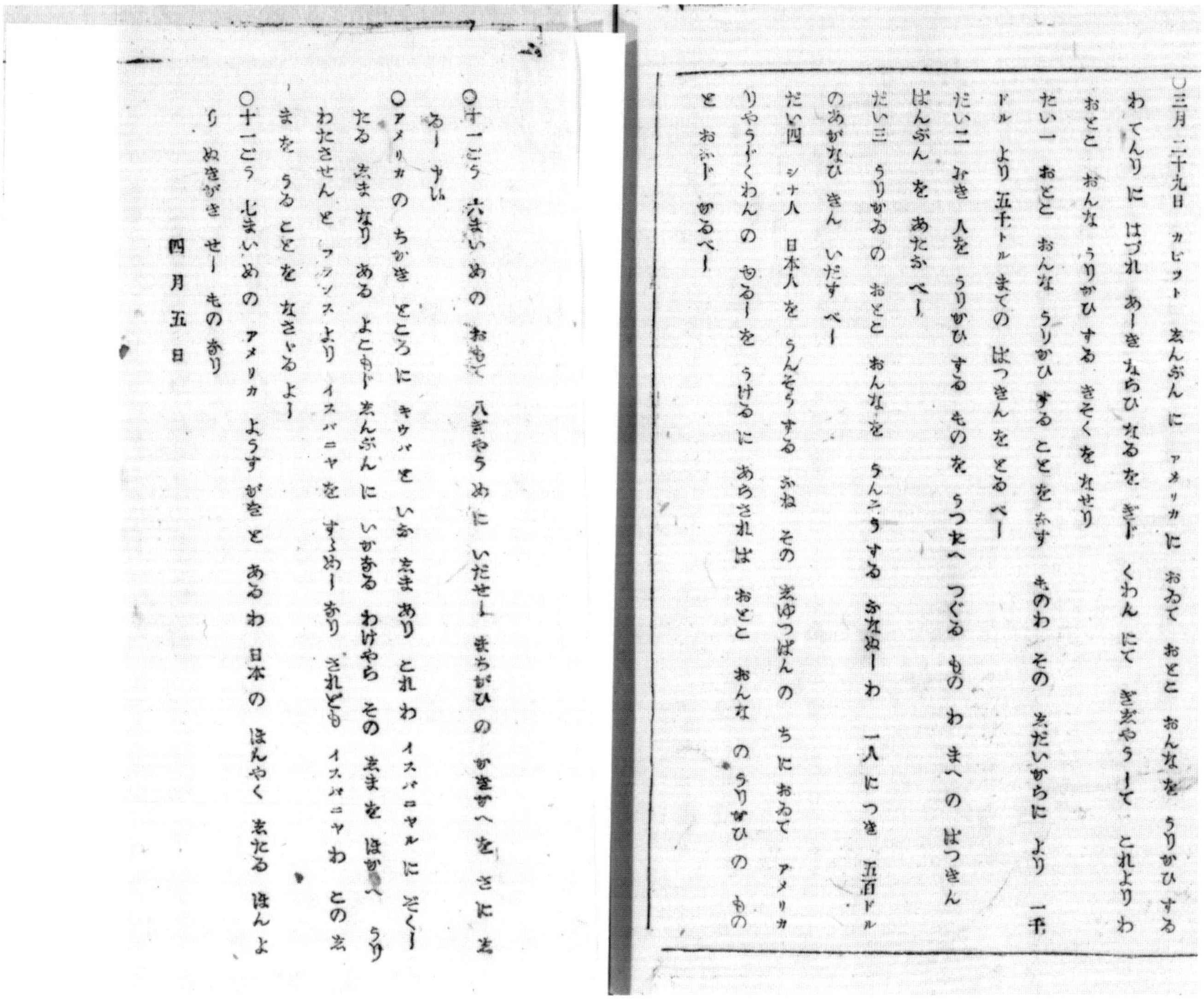

〇三月二十九日 カビツト志んぶんに アメリカに おゐて おとこ おんなを うりかひする
わてんりに はづれ あーきならひなるを ぎじくわん にて ぎ志やうーて これよりわ
おとこ おんな うりかひする きそくを なせり
だい一 おとこ おんな うりかひ することを なす ものわ その 志だいがらに より 一千
ドル より五千ドル までの ばつきんを とる べー
だい二 みぎ人を うりかひ する ものを うつたへ つぐる もの わ まへの ばつきん
はんぶん を あたふ べー
だい三 うりかひの おとこ おんなを うんそうする ふな志ゅー わ 一人につき 五百ドル
のあがなひきん いだすべー
だい四 シナ人 日本人を うんそうする ふね その 志ゆつぱんの ちにおゐて アメリカ
りやうじくわんの ゆるーを うけるに あらされば おとこ おんな の うりかひの もの
と おなじ かるべー

〇十一ごう 六まいめの おもて 八ぎやうめに いだせー まちがひの かきかへを さに 志
るー 申候
〇アメリカの ちかき ところに キウバ といふ 志ま あり これわ イスパニヤル に ぞくー
たる 志まなり ある よこもじ 志んぶんに いかなる わけやら その 志まを ほかへ うり
わたさせんと フランス より イスパニヤを すゝめーなり されども イスパニヤわ この 志
まを うる ことを なさゞるよー
〇十一ごう 七まいめの アメリカ ようすがきと あるわ 日本の ほんやく 志たる ほんよ
り ぬきがき せー もの なり
四月五日

〇三月二十九日　ガゼツト新聞に、アメリカに於いて男女売り買ひするは、天理に外れ悪しき習ひなるを議事館にて議定して、これよりは男女売り買ひする規則をなせり。
第一　男女売り買ひすることをなす者は、その次第柄により一千ドルより五千ドルまでの罰金を取るべし。
第二　右人を売り買ひする者を訴へ告ぐる者は、前の罰金半分を与ふべし。
第三　売り買ひの男女を運送する船主は、一人につき五百ドルの購ひ金出だすべし。
第四　シナ人日本人を運送する船、その出帆の地に於いてアメリカ領事館の許しを受けるにあらざれば、男女の売り買ひの者と同じかるべし。

〇十一号六枚目の表八行目に出だせし間違ひの書き換へを左に記し申候。
〇アメリカの近き所にキウバといふ島あり。これはイスパニヤルに属したる島なり。ある横文字新聞に、如何なる訳やらその島を外へ売り渡させんとフランスよりイスパニヤを勧めしなり。されどもイスパニヤはこの島を売ることをなさざる由。
〇十一号七枚目のアメリカ様子書きとあるは、日本の翻訳したる本より抜き書きせしものなり。

四月五日

○三月二十九日　ガゼット新聞に、アメリカに於いて男女売り買ひするは、天理に外れ悪しき習ひなるを議事館にて議定して、これよりは男女売り買ひする規則をなせり。

第一　男女売り買ひすることをなす者は、その次第柄により一千ドルより五千ドルまでの罰金を取るべし。

第二　右人を売り買ひする者を訴へ告ぐる者は、前の罰金半分を与ふべし。

第三　売り買ひの男女を運送する船主は、一人につき五百ドルの購ひ金出だすべし。

第四　シナ人日本人を運送する船、その出帆の地に於いてアメリカ領事館の許しを受けるにあらざれば、男女の売り買ひの者と同じかるべし。

アメリカ合衆国の都ワシントンの様子　十号よりの続き

○この国、男は羅紗の筒袖、股引を着用す。被り物は様々あり。役人の礼服は下に白き西洋布を着し、上は黒羅紗にて肩の所へ金箔金糸を以て作りたるイポレットを付け、手首の所に又金糸を以て幅一寸ばかりに筋を縫ひ、この筋三本あるを最上とす。被り物へも金糸を縫ひ回す。左の所には金を以て鷲の鳥の形、又は船の錨の形を付け、剣一本を腰に着ける。戦の時にはこの衣服を用ゆる。女は羅紗に限らず、全て毛織りのものを用ひず、絹を着るなり。しかれども、アメリカにては蚕より糸を取ることを開けず。絹の糸はシナ国フランス国へ持ち渡るなれば、中に貧しき者は値高くして手に入り難し。因りてこれらの者は皆唐更紗を用ゆるなれども、汚れ垢じみたる衣服を着たる者更になし。着物は皆筒袖にて、腰より下はホー

プと いふて くじらの わを したへ いれ ぬのを おほふて まき 大キなるに いたつて
わ すその とこいにて さしわたし 三じやくに およべり とちうを あるくに あしの み
へざるほど かくして くびにわ わを かけるなり この わゝ きんぎん さんごじゆ すいし
やう ギヤマン とうにて つくれる ものにして さま〴〵の さいくあり また ゆびわを
おとこ おんな ともに いれおくなり かみの けわ ひだりの ところより わけ にほひ
の みづを もちひ くしけづる ゆへ その つや うるはしく かみの けいろわ くろきわ
すくなく おほく うすあかいろ なり しかれども はだへわ こまやかにして びなり この
くにの おんな 一人の みの まわり 千りやうより 萬りやうに いたる まづしき もの わ
つまを むかふる こと あたわず と なり おんなわ かぶりものを とり かたを いだすを
れいと せり このくにわ すべて おんなを たうとみ 一せきの うちに おんな ある時
わ まづ おんなへ れいを なして のち おとこに れいを なす なり おとこより おん
なへ たいし れいを なすにわ かぶりものを とり れいを なす また おんなより お
とこへ れいを するにわ かぶりものを とらざるを つねと なせり おとこ おんな くち
をすふの れいあり これわ ふうふ おやこ きやうだい いとこ まで かぎる しんるい
またわ したしき ともだちわ てを にぎりあふ その ほかわ そうほうより てを いだ
すばかりなり されども じやこん だい一 なれば しんぞく ならざる ものも くちを
すひあふと いへり この くにの おとこの れいわ あひ たがひに かぶりものを ぬきと
り また たがひに てを にぎりあひ 三ど上ケ下ケを するを じやこん なす おんな
おうらいを ゆきゝ するに おとこと てを くんで あるくなり おんなの 一人にて あ
るくわ すくなし 年の ゆかぬ おんなにても いひなづけの おつと あるものわ これと
どう〳〵 なす しかれども こんいんを むすぶわ おとこわ 二十一 おんなわ 十八に なら
ざれば なさず さけを のむも また その年に ならざれば ゆるさず おとこ二十一 お
んな十八 まへにて こんいんを むすべば しんき おとろへ おのづから やまひを おこし
かつまた さけも しんたいに ちからの みつるに いたらずして さけを のむも これ
に おなじ しよげいの おこたりを ひきいだす ゆへに くにの きんぜいと するなり
もつとも おとなと いへども みだりに さけを のむ ことを ゆるさず そんでい(どんたく

十一ごう
八

プ［フープ］と言ふて、鯨の輪を下へ入れ、布を覆ふて巻き、大キなるに至っては、裾のとこい〈所〉にて差し渡し三尺に及べり。途中を歩くに足の見へざるほど隠して、首には輪を掛けるなり。この輪は金銀珊瑚珠、水晶ギヤマン等にて作れるものにして様々の細工あり。又指輪を男女共に入れおくなり。髪の毛は左の所より分け、匂ひの水を用ひ、くしけづる故、その艶麗しく、髪の毛色は黒きは少なく、多く薄赤色なり。しかれども膚へは細やかにして美なり。この国の女一人の身の回り、千両より万両に至る。貧しき者は妻を迎ふること能わずとなり。女は被り物を取り、肩を出だすを例とせり。この国は全て女を尊み、一席の内に女ある時は、先ず女へ礼をなして、後男に礼をなすなり。男より女へ対じ〈し〉礼をなすには、被り物を取り礼をなす。又女より男へ礼をするには、被り物を取らざるを常となせり。男女口を吸ふの礼あり。これは夫婦親子兄弟従兄弟まで限る。親類又は親しき友達は手を握り合ふ。その外は双方より手を出だすばかりなり。されども昵懇第一なれば親族ならざる者も口を吸ひ合ふと言へり。この国の男の礼は、相互ひに被り物をぬき取り、又互ひに手を握り合ひ、三度上げ下げをするを昵懇なす。女往来を行き来するに、男と手を組んで歩くなり。女の一人にて歩くは少なし。年の行かぬ女にても許嫁の夫あるものはこれと同道なす。しかれども、婚姻を結ぶは男は二十一、女は十八にならざればなさず。酒を飲むも又その年にならざれば許さず。男二十一、女十八前にて婚姻を結べば、心気衰へおのずから病を起こし、且つ又酒も身体に力の満つるに至らずして、酒を飲むもこれに同じ、諸芸の怠りを引き出だす故に、国の禁制とするなり。尤も大人といへどもみだりに酒を飲む事を許さず。そんでい［サンデー］（どんたく

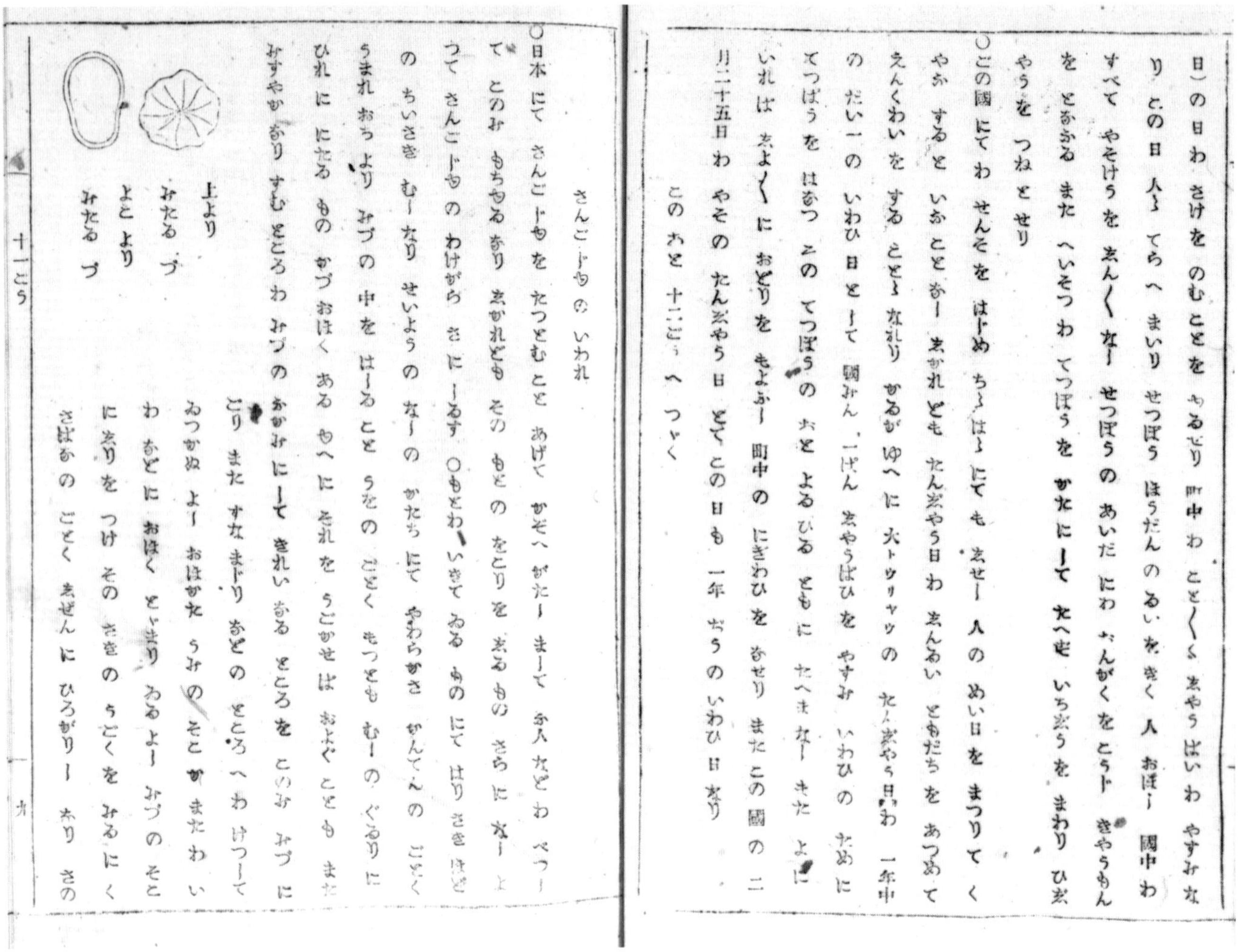

日）の日は、酒を飲む事を許せり。町中は悉く商売は休みなり。この日人々寺へ参り、説法法談の類を聞く人多し。国中は全て耶蘇教を信心なし、説法の間には音楽を講じ、経文を唱ふる。又兵卒は鉄砲を肩にして、絶えず市中を回り非常を常とせり。

○この国にては、先祖を始め父母にても、死せし人の命日を祀りて供養するといふことなし。しかれども、誕生日は親類友達を集めて宴会をすることとなれり。かるが故に、大統領の誕生日は一年中の第一の祝ひ日として、国民一般商売を休み、祝ひのために鉄砲を放つ。その鉄砲の音、夜昼共に絶へ間なし。又夜に入れば諸所に踊りを催し、町中の賑わひをなせり。又この国の十二月二十五日は耶蘇の誕生日とて、この日も一年中の祝ひ日なり。

この後十二号へ続く

珊瑚珠の謂れ

○日本にて珊瑚珠を尊むこと挙げて数へ難し。まして婦人などは別して好み用ゆるなり。しかれども、その元の起こりを知る者更になし。因って珊瑚珠の訳柄左に記す。○元は生きているものにて、針先ほどの小さき虫なり。西洋の梨の形にて柔らかさ寒天の如く、生まれ落ちより水の中を走ること魚の如く、尤も虫のぐるりに鰭に似たるもの数多くある故に、それを動かせば泳ぐことも又みすやか〈速やか〉なり住む所は水の深みにして綺麗なる所を好み、水濁り又砂混じりなどの所へは決して居着かぬ由。大方海の底か又は岩などに多く留まりいる由。水の底に尻を付けその先の動くを見るに、草花の如く自然に広がりしなり。左の

上より見たる図

横より見たる図

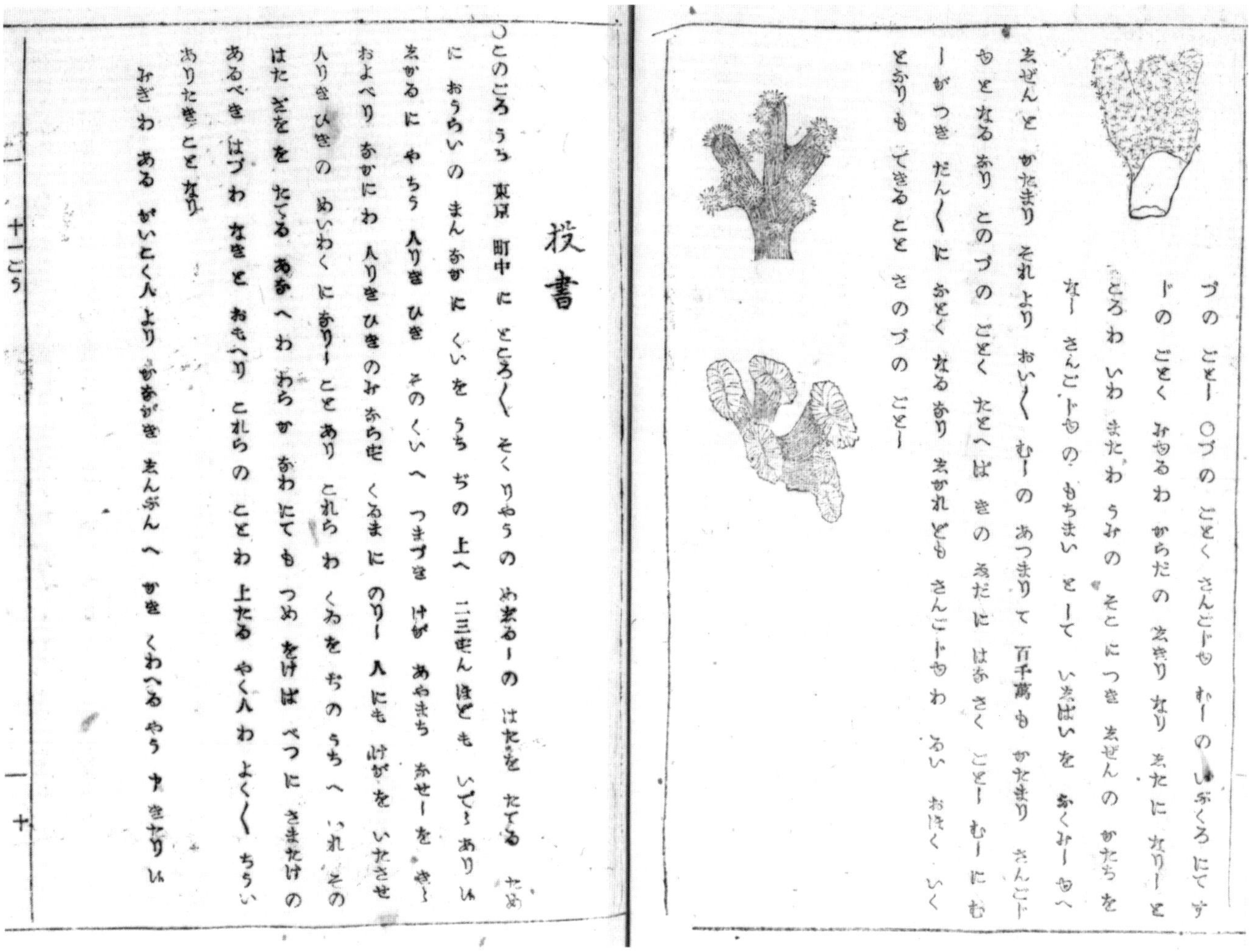

ぶの ごとし ○ぶの ごとく さんごじゆ むしの いぶくろ にて すじの ごとく みゆるわ からだの しきり なり したに なりし ところわ いわ また わ うみの そこに つき しぜんの かたちを なし さんごじゆの もちまい として いしばいを ふくみし ゆへ しぜんと かたまり それより おい／＼ むしの あつまりて 百千萬も かたまり さんごじゆと なる なり この ず の ごとく たとへば きの えだに はな さく ごとし むしに むしが つき だん／＼に ふとく なる なり しかれども さんごじゆ わ るい おほく いくとふりも できる こと さの ずの ごとし

投書

○このごろ うち 東京 町中に ところ／＼ そくりやうの めじるしの はたを たてる ために おうらいの まんなかに くいを うち ぢの 上へ 二三ずん ほども いでゝ ありしが しかるに やちう 人りき ひき その くいへ つまづき けが あやまち なせしを きゝおよべり なかにわ 人りき ひきのみ ならず くるまに のりし 人にも けがを いたさせ その人りき ひきの めいわくに なりし こと あり これら わ くいを ぢの うちへ いれ その はた ざをを たてる あなへ わ わらか なわにても つめ をけば べつに さまたけの あるべき はづわ なきと おもへり これらの ことわ 上たる やく人わ よく／＼ ちうい ありたき こと なり

みぎわ ある がいこく人 より かながき しんぶんへ かきくわへる やう 申きたりし

十一ごう

十

図の如し。〇図の如く珊瑚珠虫の胃袋にて筋の如く見ゆるは身体の仕切りなり。下になりし所は岩又は海の底に付き自然の形をなし、珊瑚珠の持前として石灰を含みし故自然と固まり、それより追々虫の集まりて百千万も固まり、珊瑚珠となるなり。この図の如く、例へば木の枝に花咲く如し。虫に虫が付き段々に太くなるなり。しかれども、珊瑚珠は類多く幾通りも出来ること左の図の如し。

投書

〇この頃うち、東京町中に所々測量の目印の旗を立てるために、往来の真ん中に杭を打ち、地の上へ二三寸ほども出でしあり候。しかるに夜中人力引き、その杭へ躓き、怪我過ちなせしを聞き及べり。中には人力引きのみならず車に乗りし人にも怪我を致させ、その人力引きの迷惑になりしことあり。これらは杭を地の内へ入れ、その旗竿を立てる穴へは藁か縄にても詰めおけば、別に妨げのあるべきはずはなきと思へり。これらのことは、上たる役人はよくよく注意ありたきことなり。

右は或る外国人より、仮名書き新聞へ書き加へるよう申来たり候。

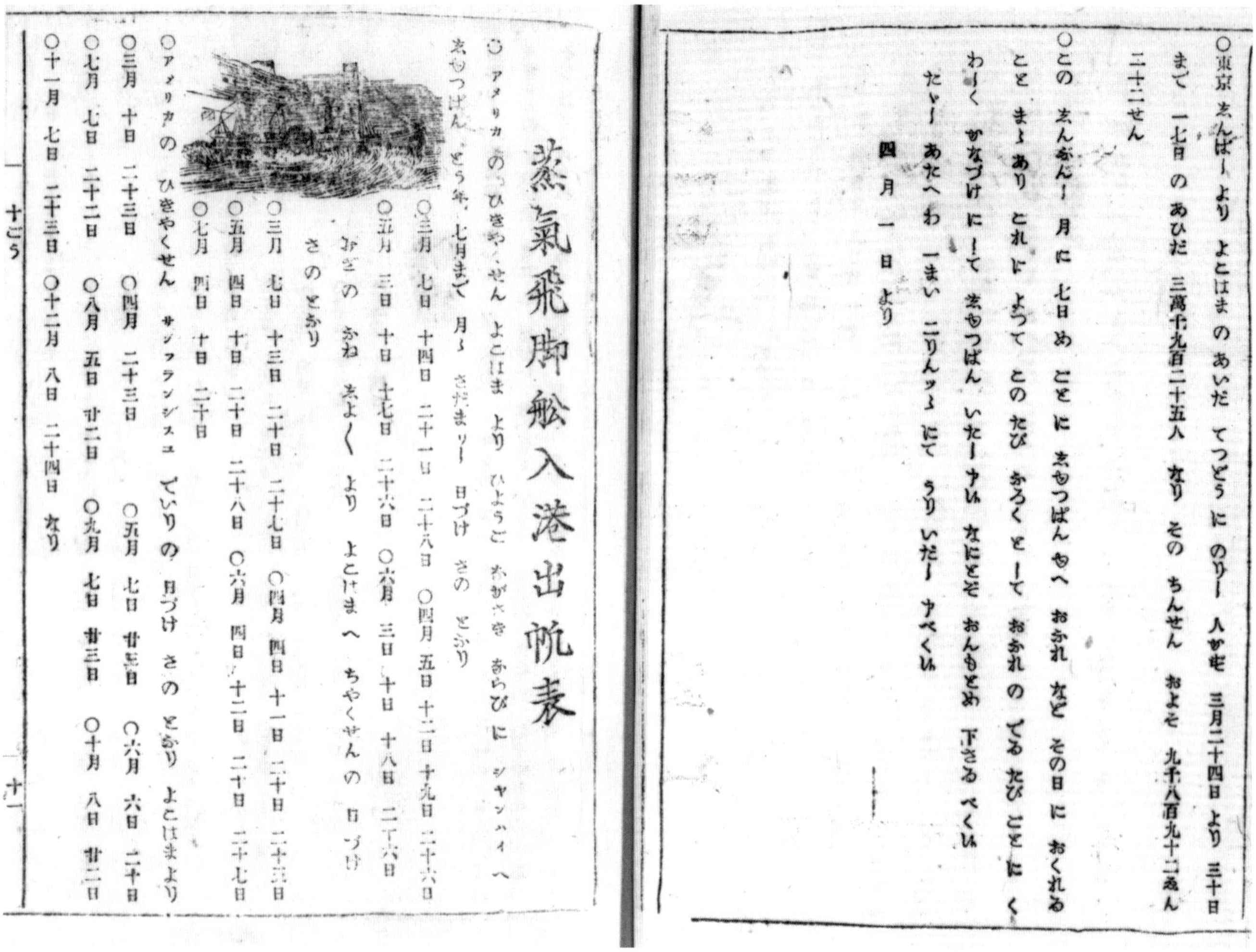

○東京しんばしより よこはまのあいだ てつどうに のりし 人かず 三月二十四日より 三十日
まで 一七日の あひだ 三萬千九百二十五人 なり その ちんせん およそ 九千八百九十二ゑん
二十二せん

○この しんぶんし 月に 七日め ごとに しゆつぱんゆへ おふれ など その日に おくれる
こと まゝあり これに よつて この たび ふろく として おふれの でる たび ごとに く
わしく かなづけに して しゆつぱん いたし申候 なにとぞ おんもとめ 下さる べく候
たゞし あたへは 一まい 二りんヅヽ にて うりいだし 申べく候

四月一日より

蒸氣飛脚船入港出帆表

○アメリカの ひきやくせん よこはま より ひやうご ながさき ならびに シヤンハイへ
しゆつぱん とう年 七月まで 月ゝ さだまりし 日づけ さの とふり
○三月 七日 十四日 二十一日 二十八日 ○四月 五日 十二日 十九日 二十六日
○五月 三日 十日 十七日 二十六日 ○六月 三日 十日 十八日 二十六日
みぎの ふね しよく より よこはまへ ちやくせんの 日づけ
さの とふり
○三月 七日 十三日 二十日 二十七日 ○四月 四日 十一日 二十日 二十五日
○五月 四日 十日 二十日 二十八日 ○六月 四日 十二日 二十日 二十七日
○七月 四日 十日 二十日
○アメリカの ひきやくせん サンフランシスコ でいりの 日づけ さの とふり よこはまより
○三月 十日 二十三日 ○四月 二十三日 ○五月 七日 廿三日 ○六月 六日 二十日
○七月 七日 二十二日 ○八月 五日 廿二日 ○九月 七日 廿三日 ○十月 八日 廿二日
○十一月 七日 二十三日 ○十二月 八日 二十四日 なり

十ごう 十一

○東京新橋より横浜の間、鉄道に乗りし人数三月二十四日より三十日まで一七日の間三万千九百二十五人なり。その賃銭凡そ九千八百九十二円二十二銭。

○この新聞紙月に七日目ごとに出版故、お触れなどその日に遅れることままあり。これに因ってこの度付録としてお触れの出る度ごとに詳しく仮名付けにして出版致し申候。何卒おん求め下さるべく候。ただし値は一枚二厘ツツにて売り出だし申べく候。

四月一日より

蒸気飛脚船入港出帆表

○アメリカの飛脚船、横浜より兵庫長崎並びに上海へ出帆、当年七月まで月々定まりし日付、左の通り。
○三月　七日　十四日　二十一日　二十八日　○四月　五日　十二日　十九日　二十六日
○五月　三日　十日　十七日　二十六日　○六月　三日　十日　十八日　二十六日
右の船、諸所より横浜へ着船の日付
左の通り。
○三月　七日　十三日　二十日　二十七日　○四月　四日　十一日　二十日　二十五日
○五月　四日　十日　二十日　二十八日　○六月　四日　十二日　二十日　二十七日
○七月　四日　十日　二十日
○アメリカの飛脚船、サンフランシスコ出入りの日付、左の通り。横浜より。
○三月　十日　二十三日　○四月　二十三日　○五月　七日　廿三日　○六月　六日　二十日
○七月　七日　二十二日　○八月　五日　廿二日　○九月　七日　廿三日　○十月　八日　廿二日
○十一月　七日　二十三日　○十二月　八日　二十四日　なり

アメリカより横浜へ。

○三月　二十七日　○四月　十一日　廿七日　○五月　九日　廿四日　○六月　八日　十四日

○七月　九日　○八月　八日　二十四日　○九月　四日　廿八日　○十月　九日　廿七日○十一月　十一日　廿七日　○十二月　十二日　二十七日なり

天竺回りイギリス飛脚船、横浜着船、出帆定まり日付、左の通り

○着船　○三月　十六日　廿六日　○四月　九日　二十三日　○五月　七日　廿一日

○六月　四日　十八日　○七月　二日　十六日　三十日

○出帆　○三月　十一日　二十五日　○四月　八日　十六日　三十日

○五月　十四日

告白《ふれだし》

○私店に於いて、舶来小間物類、並びに、極上西洋の酒、イギリスの鉄板、又は機械製作道具及び大小の螺子金物類、その外、油の類、値段安く売りさばき申候。入用のお方はおん出で下さるべく候。以上　横浜　五十九番　シェンクラウホルド

売り広め

C｜J
T｜C

一　船道具　品々

一　小間物類　一　羅紗の類

一　酒類　一　金物類

○右の他、色々の道具、機械、全て外国の品物一切、格別値安に仕り、定約並びに競り市致し候間、何品にても入用の御方はお運び下され候様願い申候。

シナ日本交易仲間　上海　長崎　神戸　大阪　東京　出店

横浜本町通り　七十五番　ブロイニーヤ

○無尽蔵　渡辺先生の翻訳

一　通俗伊蘇普物語　全部　四冊

○面白き絵入り本なり。

但し　内一冊は近日出版

一　イソップの英文原書　全部二冊

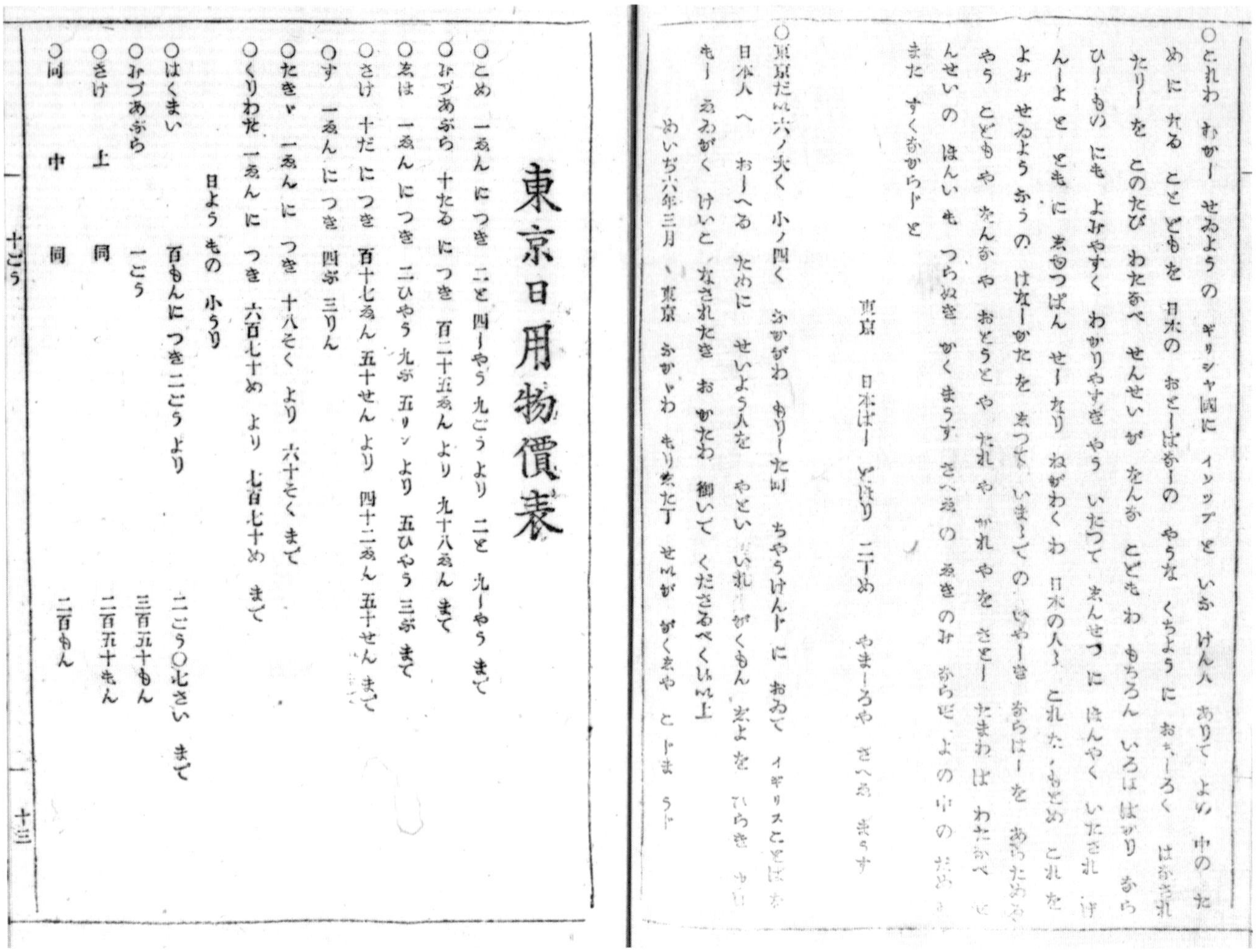

○これは昔西洋のギリシヤ国にイソップといふ賢人ありて、世の中のためになる事共を日本の御伽噺の様な口調に面白く話されたりしを、この度渡辺先生が女子供は勿論、いろはばかり習ひし者にも読み易く分かり易きよう、至って親切に翻訳致され、原書と共に出版せしなり。願わくは日本の人々、これを求めこれを読み、西洋風の話し方を知って、今までの卑しき習はしを改めるよう、子供や女や弟や誰や彼やを諭し給わば、渡辺先生の本意も貫き、かく申す佐兵衛の益のみならず、世の中のためも又少なからじと。

東京日本橋通り二丁目　山城屋佐兵衛申す

○東京第六ノ大区　小ノ四区　深川森下町ちやうけん〈長慶〉寺に於いて、イギリス言葉を日本人へ教へるために西洋人を雇い入れ、学問所を開き申候。
もし英学稽古なされたきお方は御出でくださるべく候。以上

明治六年三月　東京深川森下町　菁莪学舎　小島氏

東京日用物価表

○米　一円につき、二斗四升九合より二斗九升まで
○水油　十樽につき、百二十五円より九十八円まで
○塩　一円につき、二俵九分五厘より五俵三分まで
○酒　十駄につき、百十七円五十銭より四十二円五十銭まで
○酢　一円につき、四分三厘
○薪　一円につき、十八束より六十束まで
○繰り綿　一円につき、六百七十目より七百七十目まで

日用物　小売り

○白米　百文につき二合より　二合〇七才まで
○水油　一合　三百五十文
○酒　上　同　二百五十文
○同　中　同　二百文

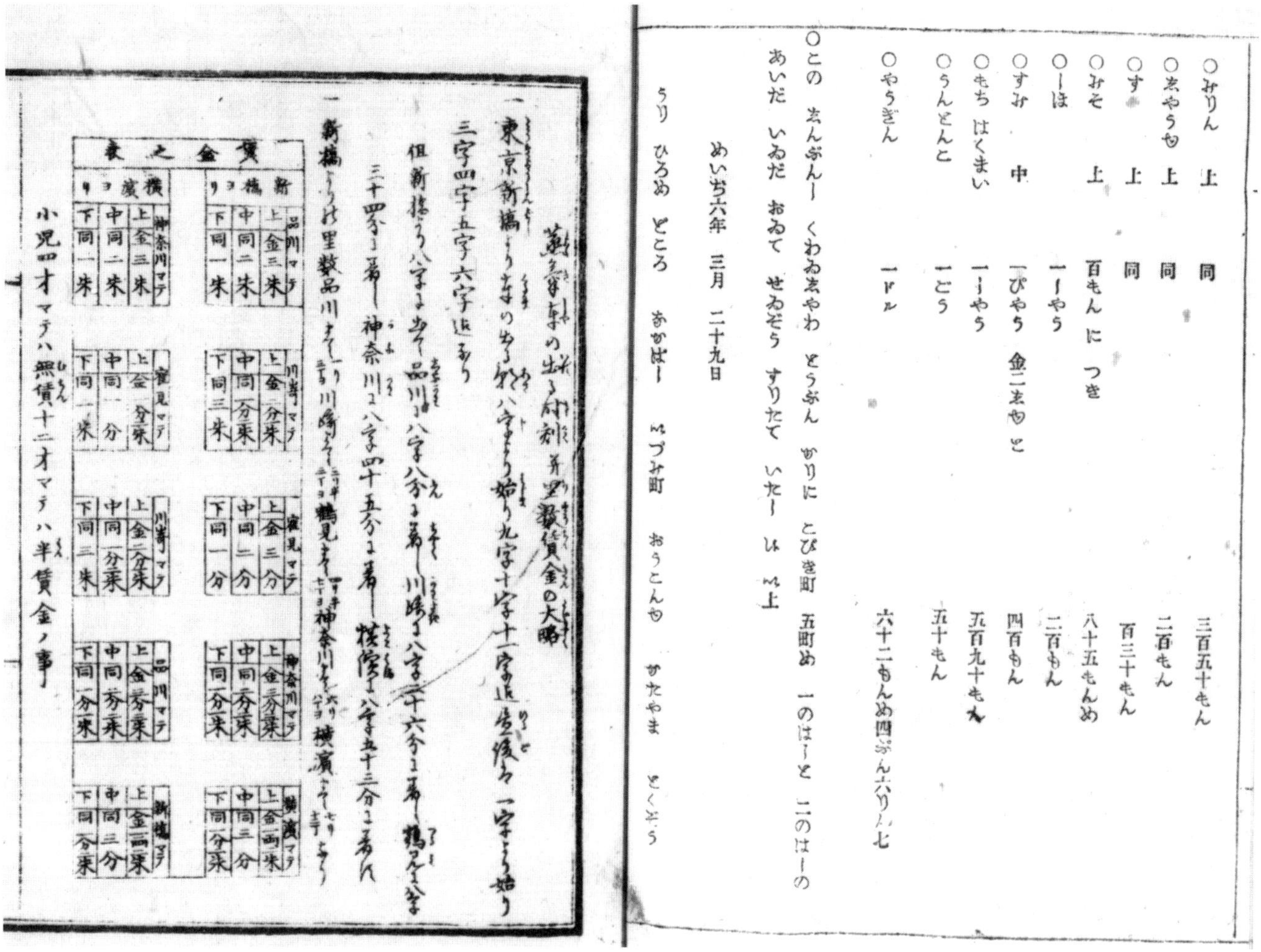

○味醂　上　同　三百五十文
○醤油　上　同　二百文
○酢　上　同　百三十文
○味噌　上　百文につき　八十五匁
○塩　一升　二百文
○炭　中　一俵　金二朱と　四百文
○糯白米　一升　五百九十文
○うんとん〈うんどん〉粉　一合　五十文
○洋銀　一ドル　六十二匁四分六厘七

○この新聞紙会社は、当分仮に、木挽町五町目一の橋と二の橋の間、飯田於いて製造摺立て致し候。以上

明治六年　三月二十九日

売り広め所　中橋和泉町　黄金湯　片山徳造

蒸気車《しやうきしや》の出《いづ》る時刻《じこく》幷里数賃金《りすうちんきん》の大略《たいりやく》

一　東京新橋より車の出る朝八字より始り九字十字十一字迄昼後は一字より始り三字四字五字六字迄なり。
　但新橋より八字に出て品川に八字八分に着し川崎に八字二十六分に着し鶴見に八字三十四分に着し神奈川に八字四十五分に着し横浜に八字五十三分に着す。

一　新橋よりの里数品川まで一里三丁余、川崎まで三里半三丁余、鶴見まで四里半七丁余、神奈川まで六里八丁余　横浜まで七里十二丁なり。

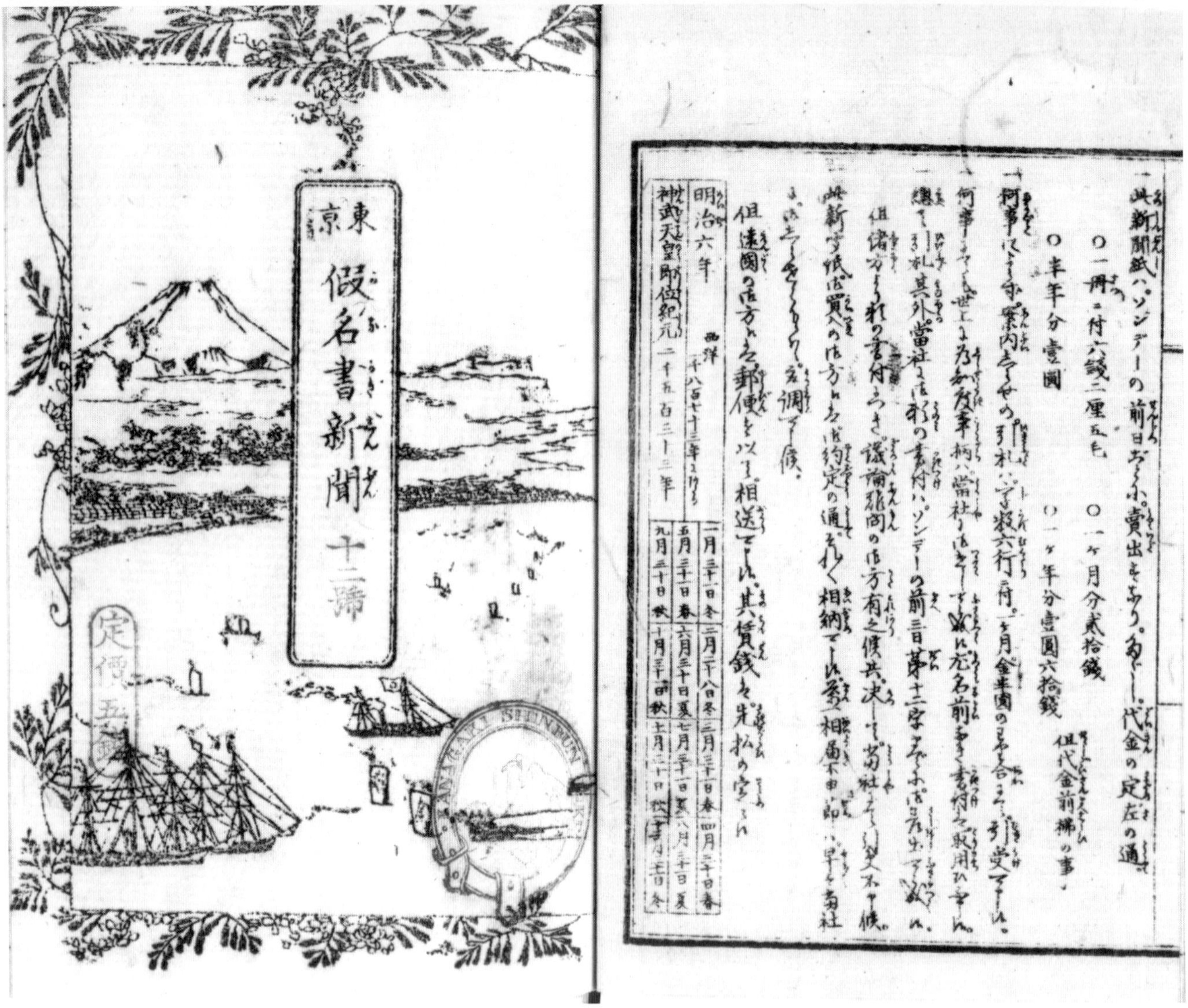


一　此新聞紙は、ソンデーの前日ごとに売出すなり。ただし代金の定左の通。
○一冊に付六銭二厘五毛　○一ヶ月分二十銭
○半年分一円　○一ヶ年分一円六十銭　但代金前払の事。

一　何事によらず、案内知らせの引札は、字数六行に付、一ヶ月金半円の割合にて引受申べく候。

一　何事にても、世上に知らせたき事柄は、当社に御遣しなさるべく候。尤名前なき書付は取用ひ申さず候。

一　総て引札其外当社に御頼の書付は、ソンデーの前三日第十二字までに御差出なさるべく候。

但諸方より頼の書付につき、議論難問の御方これあり候ども、決して当社にて引受申さず候。

一　此新聞紙御買入れの御方へは、御約定の通、それぞれ相納め申べく候。万一相届申ざる節は、早々当社に御知らせられ候ば取調申べく候。

但遠国の御方へは郵便を以て相送申べく候。其賃銭は先払の定に候。

十二号の内容　明治6・4・12

前文1　発行の趣旨1

**御布告**　○天皇の名の文字使用可○島津公邸宅を下賜○証文手形印紙の儀始まる

**国内新聞**　○富を築いた人の善行○強奪（浅草）○飛び付いた犬を殺す（牛込）○成田山　不動明王、深川八幡で開帳○数寄屋橋御門取り壊し○犬に噛みつかれて死亡。療法○芸者を陥れる客（新橋）

**海外新聞**　○日本人の絵描き、ニューヨークで評価○アメリカ両替商、日本の官員を饗応○アメリカへの留学生死亡○アメリカの農地の面積○アメリカの作物の出来高○ナイアガラの滝の馬力○アメリカの水車の数と馬力○アメリカの事柄（和訳本より）

**雑説**　○新橋横浜間鉄道の乗客数と賃銭○天皇の尊きこと○鎌倉へ行幸○皇后、隅田川ご遊覧　蒸気

**飛脚舩入港出帆表**　告白（広告）　**東京日用物価表**　当新聞の製造所と販売所

**蒸気車の出る時刻幷里数賃金の大略**　社告

方今文化の御代なれば、新聞紙も日増に盛なり。すでに東京府下に於いて、板を摺出す処、僅の間に六七軒も開けし程なり。其開化を助るの功も亦少からざるべし。只惜らくは、其書漢語交の文体なれば、婦人小児及ひ愚民などに至てはこれを読、これを解すること能はず。これに因て、こたび当社より出すところの新聞は、都て仮名のみを用ひ、文を綴り、日月支干数字などの普く人の耳目に慣し文字の外は、決て漢字を用ひざるなり。尤仮名は読誤り易きもの故、西洋の書法に倣ひ、一と綴りごとに欠字をなし、間を明、読きりのところに至ては○印を施なり。官名人名地名、幷西洋の言葉などは、皆片仮名を用ゆ。仮名遣ひも古き法に随ときは却て通じ難きこともあるべし。仮へは無礼は「むらい」、舫は「むやひ」と訓ずるときは、婦女子に通じ兼るなり。されは此書には、俗言のまま「ぶれい」「もやひ」と記し、又仮名を施すに、或は字音により、或は字訓によるも、亦世間普く言習し方に随ふなり。看人この意を得て読たまへかし。

## 東京假名書新聞《かなかきしんぶん》　十二号　明治六年四月十二日

### 御布告《おんふれかき》

○御歴代御諱並びに御名の文字、今より人民一般に名乗り候儀、憚るに及ばず。
　但し、熟字のまま相用い候儀は相成らず候事
右三月二十八日第百十八号、太政官より御沙汰ありたり。

○従二位島津久光、東京第二大区□の小区のうち幸町一丁目二番地従五位伊東すけき［祐亨］邸宅を下タし賜る事。
　但し、受け取り方の儀は東京府へ承るべくこと。

○太政官五十六号を以てお触れ相成り候証文、手形、印紙の儀来る六月一日より始むるについては、諸所その最寄り買ひ入れ候売捌

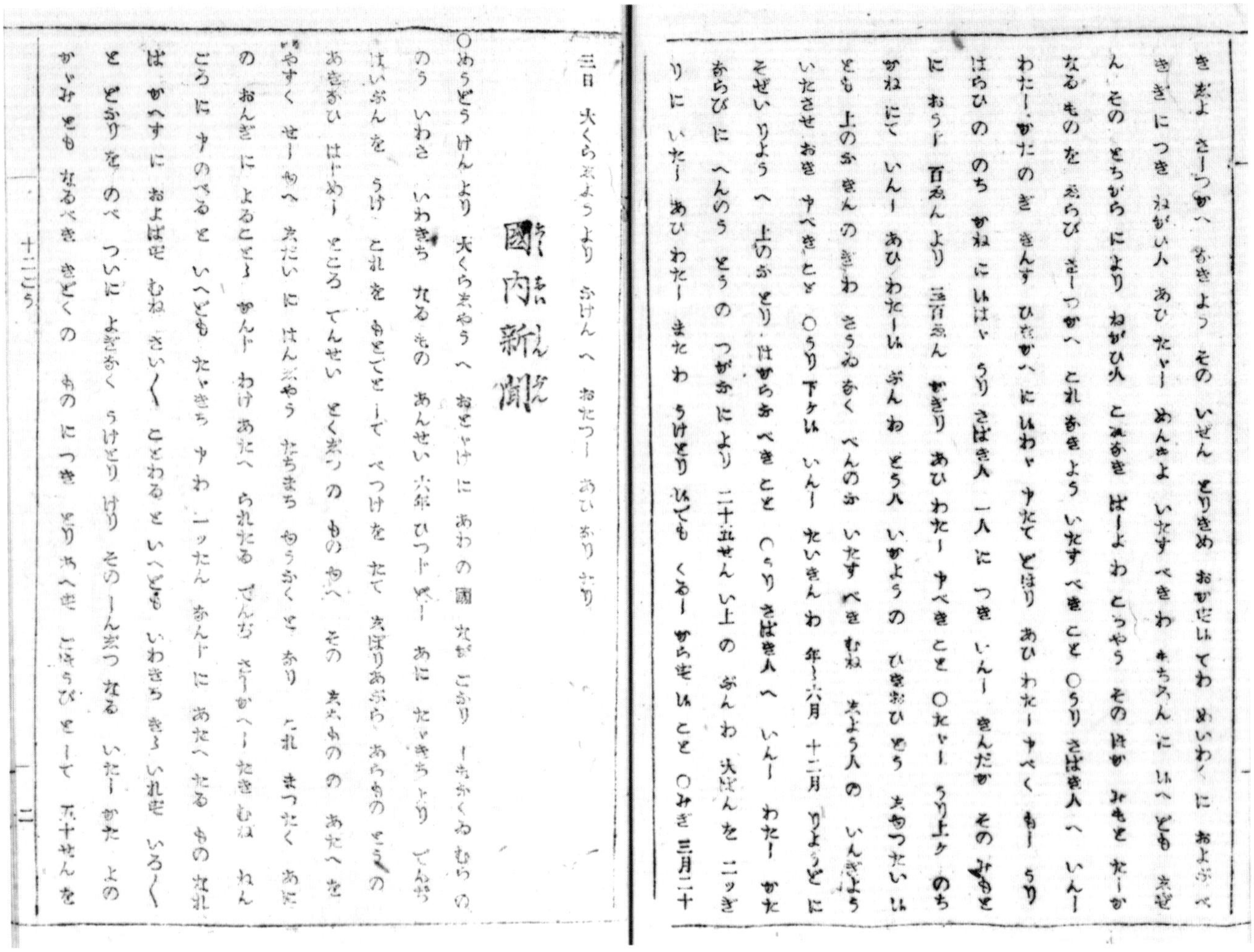
きさよ さしつかへ なきよう その いぜん とりきめ おかずいては めいわくに およぶべ
きぎに つき ねがひ人 あひたゞし めんきよ いたすべきわ もちろんに 候へども しぜ
ん その とちがら により ねがひ人 これなき ばしよわ こちやう その ほか みもと たしか
なる ものを えらび さしつかへ これ なきよう いたすべき こと ○うり さばき人へ いんし
わたし かたの ぎ きんす ひきかへに 候はゞ まうしたて どほり あひ わたし まうすべく もし うり
はらひの のち かねに 候はゞ うり さばき人 一人 に つき いんし きんだか その みもと
に おうじ 百ゑん より 三百ゑん かぎり あひ わたし まうすべき こと ○たゞし うり上ケ のち
かね にて いんし あひ わたし候 ぶんわ とう人 いかやうの ひきおひ とう できたい 候
とも 上のふ きんの ぎわ さうゐ なく べんのふ いたすべき むね しよう人の いんぎやう
いたさせ おき まうすべき こと ○うり下ケ候 いんし だいきんわ 年〻六月 十二月 りやうどに
そぜいりよう へ 上のふ とり はからふべき こと ○うり さばき人 へ いんし わたし かた
ならびに へんのう とうの つがふに より 二十五せん い上の ぶんわ 大ばんを 二ツぎ
りに いたし あひ わたし または うけとり 候ても くるし からず 候 こと ○みぎ 三月二十

三日 大くらしやうより ふけんへ おたつし あひなり たり

国内《こくない》新聞《しんぶん》

○めうどうけんより 大くらしやうへ おとゞけに あわの国 なが ごほり しもふくゐむらの
のう いわさ いわきち なる もの あんせい六年 ひつじ年 あに たゞきちより でんち
はいぶんを うけ これを もとでとして べつけを たて しぼりあぶら あらもの とうの
あきなひ はじめし ところ てんせい とくじつの ものゆへ その しなもの の あたへを
やすく せし ゆへ しだいに はんじやう たちまち ゆうふくと なり これ まつたく あに
の おんぎに よること と かんじ わけ あたへ られたる でんち さしかへし たき むね ねん
ごろに まうしのべる と いへども たゞきち まうすは 一ッたん なんぢに あたへ たる もの なれ
ば かへすに およばず むね さいさい ことわる といへども いわきち きゝ いれず いろいろ
と だうりを のべ ついに よぎなく うけとり けり その しんじつ なる いたし かた よの
かゞみとも なるべき きどくの ものに つき とりあへず ごほうびとして 五十せんを

十二ごう

二

き所差し支へなきよう、その以前取り決めおかず候ては迷惑に及ぶべき儀につき、願ひ人 相糺し、免許致すべきは勿論に候へども、自然その土地柄に依り願ひ人これなき場所は、戸長その他身元確かなる者を選び、差し支へこれなきよう致すべき事。○売捌き人へ印紙渡し方の儀、金子引換へに候はば、申立て通り相渡し申べく、もし売払ひの後金に候はば、売捌き人一人につき印紙金高、その身元に応じ百円より三百円限り相渡し申べき事。○但し、売上ケ後金にて印紙相渡し候分は、当人如何様の引負ひ等出来候とも、上納金の儀は相違なく弁納致すべき旨、使用人の印形致させおき申すべき事。○売下げ候印紙代金は年々六月十二月両度に租税寮へ上納取り計らふべき事。○売り捌き人へ印紙渡し方並びに返納等の都合により、二十五銭以上の分は大判を二ツ切りに致し、相渡し又は請取り候ても苦しからず候こと。○右三月二十三日大蔵省より府県へお達し相成りたり。

国内新聞《こくないしんぶん》

○名東県より大蔵省へお届けに阿波国那賀郡下福井村の農、岩佐岩吉なる者、安政六年未年、兄ただきちより田地配分を受け、これを元手として別家を立て、絞り油荒物等の商ひ始めしところ、天性篤実の者故その品物の価を安くせし故次第に繁盛、忽ち裕福となりこれ全く兄の恩義に因ることと感じ、分け与へられたる田地差し返したき旨懇ろに申述べるといへども、ただきち申は、一ッ旦汝に与へたるものなれば返すに及ばず旨再々断るといへども岩吉聞き入れず。色々と道理を述べ、遂に余儀なく受け取りけり。その信実なる致し方世の鑑ともなるべき奇特の者につき、とりあへず御褒美として五十銭を

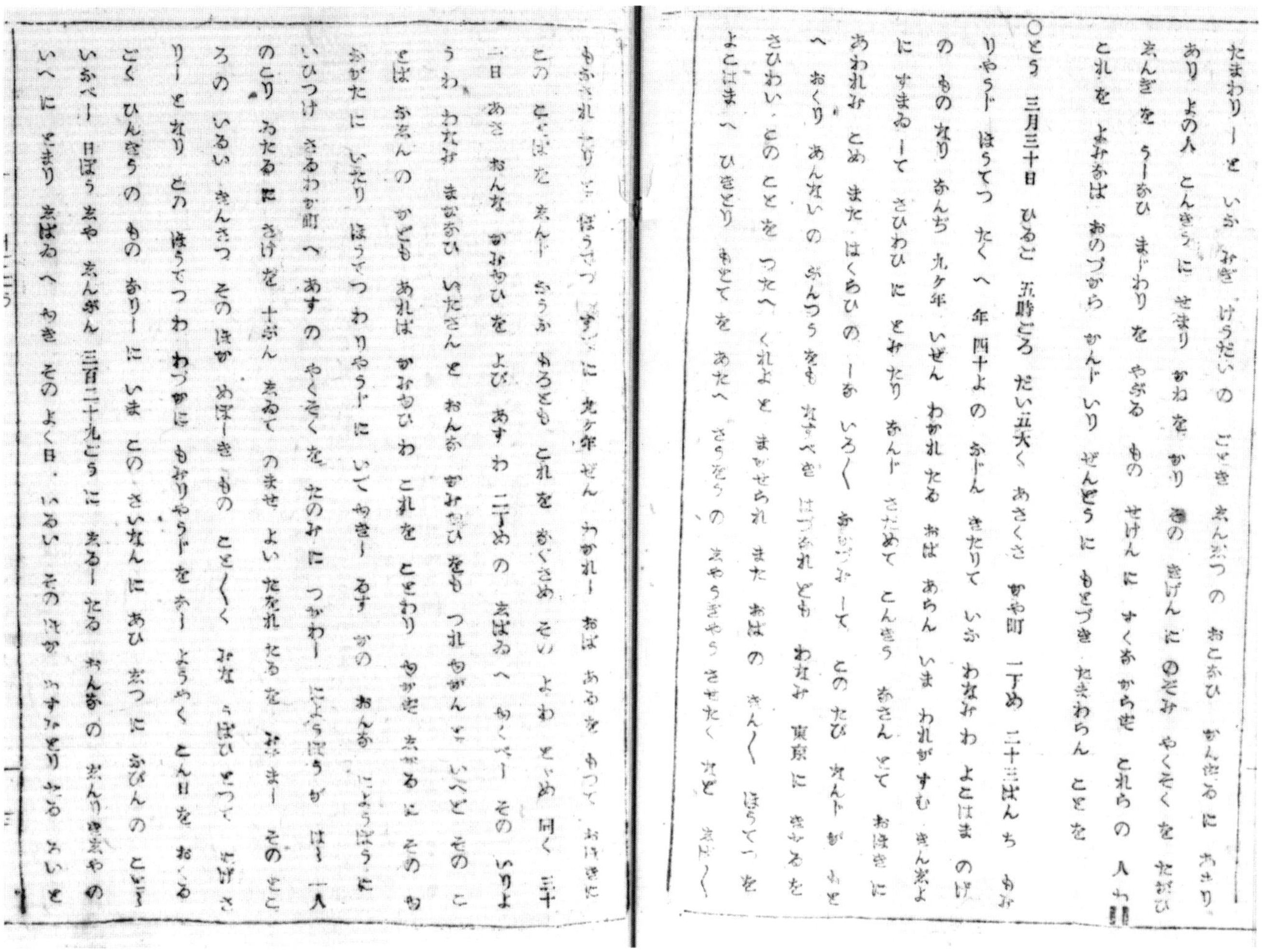

たまわりーと いふ みぎ けうだいの ごとき しんじつの おこなひ かんずるに あまり
あり よの人 こんきうに せまり かねを かり その きげんに のぞみ やくそくを たがひ
しんぎを うしなひ まじわりを やぶる もの せけんに すくなからず これらの 人わ
これを よみなば おのづから かんじ いり ぜんどうに もとづき たまわらん ことを
○とう 三月三十日 ひるご 五時ごろ だい五大く あさくさ かや町 一丁め 二十三ばんち もみ
りやうじ ほうてつ たくへ 年四十よの ふじん きたりて いふ わなみわ よこはま のげ
の もの なり なんぢ 九ケ年 いぜん わかれたる おば あらん いま われが すむ きんじよ
に すまゐーて さひわひに とみたり なんぢ さだめて こんきう なさんとて おほきに
あわれみ こめ また はくらひの しな いろいろ ふなづみーて この たび なんぢが もと
へ おくり あんないの ぶんつうをも なすべき はづなれども わなみ 東京に きたるを
さひわい この ことを つたへ くれよと まかせられ また おばの きんきん ほうてつを
よこはまへ ひきとり もとでを あたへ さうおうの しやうばい させたく など しばしば
もふされ たりて ほうてつ すでに 九ケ年ぜん わかれし おば あるを もつて おほきに
この ことばを しんじ ふうふ もろとも これを なぐさめ その よわ とゞめ 同く 三十
一日 あさ おんな かみゆひを よび あすわ 二丁めの しばゐへ ゆくべし その いりよ
うわ わなみ まかなひ いたさんと おんな かみゆひをも つれゆかんと いへど その こ
とば ふしんの かども あれば かみゆひわ これを ことわり ゆかず しかるに その ゆ
ふがたに いたり ほうてつわ りやうじに いでゆき るす かの おんな にようぼうに
いひつけ さるわか町へ あすの やくそくを たのみに つかわし にようぼうが はゝ一人
のこりゐたるに さけを 十ぶん しゐて のませ よい たふれたるを みすまし その とこ
ろの いるい きんさつ その ほか めぼしき もの ことごとく みな うばひとつて にげさ
りーと なり この ほうてつわ わづかに もみりやうじを なし ようやく こんにちを おくる
ごく ひんきうの もの なりしに いま この さいなんに あひ じつに ふびんの ことゝ
いふべし 日ぼう しや しんぶん 三百二十九ごうに しるし たる おんなの じんりきやの
いへに とまり しばゐへ ゆき その よく日 いるい その ほか ぬすみとり たる るいと

賜りしといふ。右兄弟の如き信実の行ひ感ずるにあまりあり。世の人困窮に迫り金を借り、その期限に臨み約束を違ひ信義を失ひ交わりを破る者、世間に少なからず。これらの人はこれを読みなばおのずから感じ入り、善道に基づき給はらんことを。

○当三月三十日昼後五時頃第五大区浅草茅町一丁目二十三番地揉み療治ほうてつ宅へ、年四十余の婦人来たりて言ふ。わなみは横浜野毛の者なり。汝九ヶ年以前別れたる伯母あらん。今我が住む近所に住まいして幸ひに富みたり。汝定めて困窮なさんとて大きに憐み、米又舶来の品色々船積みして、この度汝が元へ送り、案内の文通をもなすべきはずなれども、わなみ東京に来たるを幸いこのことを伝へくれよ任せられ、又伯母の近々ほうてつを横浜へ引き取り元手を与へ、相応の商業させたくなどしばしば申されたりて、ほうてつ既に九ヶ年前別れし伯母あるを以て大きにこの言葉を信じ、夫婦諸共これを慰めその夜は留め、同く三十一日朝、女髪結ひを呼び、明日は二丁目の芝居へ行くべし。その入用はわなみ賄ひ致さんと、女髪結ひをも連れ行かんと言へど、その言葉不審の廉もあれば、髪結ひはこれを断り行かず。しかるにその夕方に至り、ほうてつは療治に出で行きし留守、彼の女女房に言ひ付け、猿若町へ明日の約束を頼みに遣わし、女房が母一人残りいたるに、酒を十分強いて飲ませ、酔い倒れたるを見すまし、その所の衣類金札その外めぼしき物悉く、皆奪ひ取って逃げ去りしとなり。このほうてつは僅かに揉み療治をなし漸く今日を送る極く貧窮の者なりしに、今この災難に遭ひ、実に不憫のことと言ふべし。日報社新聞三百二十九号に記したる女の、人力車の家に泊まり、芝居へ行き、その翌日衣類その他盗み取りたる類と

同じ よう なれば かならず この たびの おんな も どうるい にわ あらざるや この ほか
せけん に まゝ この わるだくみ に おちいる も ある よし なれば よろしく こゝろ を もち
ゆ べき こと なり
○うしごめ ほうりやうじ くみ に すまゐ する とつとりけん しぞく みやはら せう六い の
けらひ てうすけ なる もの 四月三日 しゆ人 の よう にて ほりばた 一ばん町 い しや たけ
のうち なにがし の かたへ ゆきたる かへり がけ いきほひ つよき いぬ とつぜん と あら
われいで かの てうすけ が のど を めがけて とびつく を てうすけ うけ はづし これ を
さけん と すれども わるいぬ いかり かしら の うへ を とび こへ うしろ に いたる かく
する こと 三ど に および つひ に わるいぬ の りやう あご を とつて おさへ これ を
ひき さき ころせり 人 みな その ちから の すさまじき を ほめ そやし この てうすけ わ
ひだ の こうざん の うまれ に して ちから しよ人 に すぐれし と いふ

○四月五日 しもふさ の 國 なりたさん ふどう めうわう 東京 ふかゞわ 八まん に おいて か
いちやう の ため きたりし なり その せつ こう中 の 人々 むかひ として おゝく いでたり
○三月 なかごろ より 東京 すきやばし ごもん とりこわし ひきつゞき 四月 はじめ より かぢ
ばし ごもん とりこわし に なり たり
○さく年 の なつ ながさき に おいて ふくや と いふ りやうりや の いぬ ハイトルヘール と
いふ やまい にて きんぺん の むすめ に くらいつき それより しだいに きず いたみ つひ
に むすめ しにたり その せつ ロシヤ 人 の はなし に ロシヤ にて わ いぬ の くら
いつき たる とき さつそく その いぬ の け を きりとり くろやき に して その いぬ の
くらひ つき し きずぐち へ つけれ ば なほる べし との こと なり
みぎ はなし につき 東京 に おいて たう 二月ごろ さる に くらひ つかれし むすめ あり
その せつ ながさき より きたる 人 さる の け を きりとり くろやき に して くらひ つ
かれし むすめ の きず へ つけし かば たちまち いたみ さり 二日 の うち に きず も

十二ごう 四

同じ様なれば、必ずこの度の女も同類にはあらざるや。この外世間にまま、この悪巧みに陥るもある由なれば、宜しく心を用ゆべきことなり。

○牛込ほうりょうじ組に住まいする鳥取県士族宮原正六位の家来てうすけなる者、四月三日主人の用にて堀端一番町医者、竹ノ内某の方へ行きたる帰りかけ、勢ひ強き犬、突然と現れ出で、彼のてうすけが喉を目掛けて飛び付くを、てうすけ受け外しこれを避けんとすれども悪犬怒り、頭の上を飛び越へ、後ろに至る。かくすること三度に及び、遂に悪犬の両顎を取つて押さへ、これを引き裂き殺せり。人皆その力のすさまじきを褒めそやし。このてうすけは飛騨の高山の生まれにして、力諸人に優れしと言ふ。

○四月五日下総の国成田山不動明王、東京深川八幡に於いて、開帳のため来たりしなり。その節講中の人々迎ひとして多く出でたり。

○三月中頃より、東京数寄屋橋御門取り壊し、引き続き四月初めより鍛冶橋御門取り壊しになりたり。

○昨年の夏、長崎に於いてふくやという料理屋の犬、ハイトルヘール［ハイドロホビア］といふ病にて、近辺の娘に食らい付き、それより次第に傷痛み、遂に右娘死したり。その節ロシヤ人の話に、ロシヤにては犬の食らい付きたるとき、早速その犬の毛を切り取り黒焼きにして、その犬の食らい付きし傷口へ付ければ、直に治るべしとの事なり。

右話につき、東京に於いて当二月頃猿に食らい付かれし娘あり。その節、長崎より来たる人猿の毛を切り取り黒焼きにして、食らい付かれし娘の傷へ付けしかば、忽ち痛み去り、二日のうちに傷も

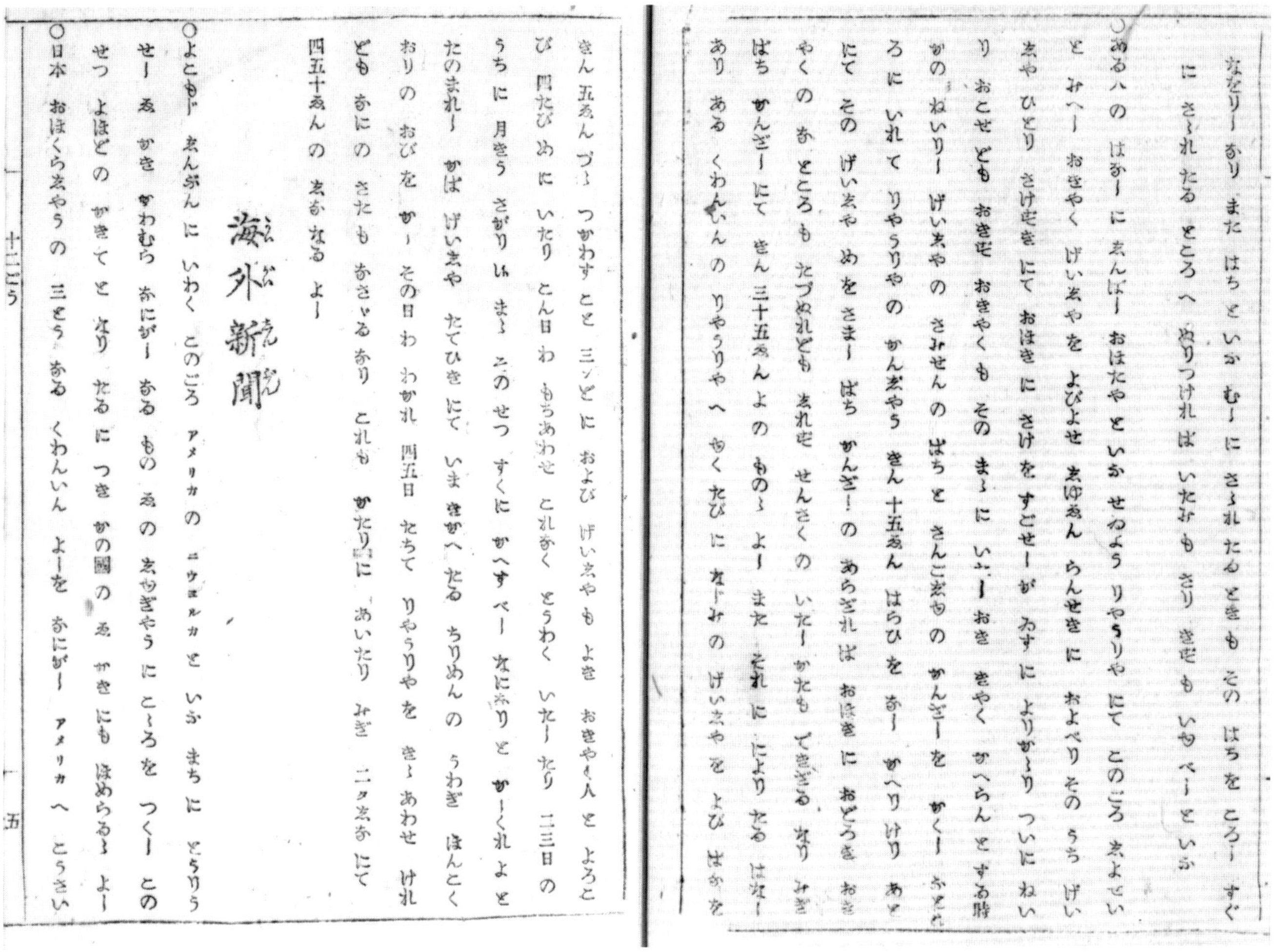

治りしなり。又、蜂といふ虫に刺されたるときも、その蜂を殺し、すぐに刺されたる所へ塗り付ければ、痛みも去り傷も癒ゆべしと言ふ。

○ある人の話に、新橋大田屋といふ西洋料理屋にて、この頃書生と見へしお客、芸者を呼び寄せ、酒宴乱席に及べり。そのうち芸者一人酒好きにて大きに酒を過ごせしが、椅子に寄り掛かり遂に寝入り、起こせども起きず。お客もそのままに致しおき、客帰らんとする時、彼の寝入りし芸者の三味線の撥と珊瑚珠の簪を隠し懐に入れて、料理屋の勘定金十五円払ひをなし帰りけり。後にてその芸者目を覚まし、撥、簪のあらざれば、大きに驚き、お客の名、所も尋ぬれども知れず。詮索の致し方も出来ざるなり。右撥、簪にて、金三十五円余の物の由。又それに似寄りたる話あり。ある官員の料理屋へ行く度に馴染みの芸者を呼び、花を金五円ずつ遣わす事三ン度に及び、芸者も良きお客人と喜び、四度目に至り、今日は持ち合わせこれなく当惑致したり。二三日のうちに月給下がり候まま、その節すぐに返すべし。何なりと貸しくれよと頼まれしかば、芸者立て引きにて、今着替へたる縮緬の上着、本国織の帯を貸し、その日は別れ、四五日経ちて料理屋を聞き合わせけれども、何の沙汰もなさざるなり。これも騙りに遭いたり。右二タ品にて四十五円の品なる由。

海外新聞《かいがいしんぶん》

○横文字新聞に曰く。この頃アメリカのニウヨルカ［ニューヨーク］といふ町に逗留せし絵描き川村某なる者、絵の修行に心を尽くし、この節余程の描き手となりたるにつき、彼の国の絵描きにも褒めらるる由。

○日本大蔵省の三等なる官員よしを某アメリカへ公債

すぎつけ ならびに きんゑんさつ とうの ようむき にて アメリカへ まいられーが その
ようむき あいとゝのひ それにつき ニウヨルカの なだかき りやうがへやの とうどり人
キルウを まいらやすー いたー きやうおう いたる よー

○アメリカへ ゆきー 日本の しよせい おばた ぜんざぶろう 年二十六 フェリデーフヒヤ［フィヤデルフィヤ］
といふ ところの きちがいに ありたる ものを いれおく びやういんに おいて しーたる
よー

○いづれの国にても 百せうわ 国の だい一の もと なり せかい ぢう かいか いたせー
国ほど 百せうの さかんなる わあー その うちにも アメリカ ガツシュ国の てんばた を
はかり みたるに およそ 二十二てう 五億エカル（一エカル わ 六丁四十五けん）あり その うち
五てう ほどわ アメリカ せゐふの りやうぶん 一さく 千八百七十年まで かいこん いたー
ちゞん およそ 二億エカル それに かゝりー 人かず およそ 国中の 人みん 九ぶ どをり
かゝりー とぞ

○アメリカ国　千八百六十九年　さよ さくもつ てきだか
○小むぎ　～ 二億六千四百万ボシヤル（一ボシヤル およそ 一と八ます あり）
みぎ ねだん　三億六千九百六十万ドル あり
たゞー 一ボシヤル ならー ねだん 一ドル四十セント にーて
○とうもろこし　一てう 一億ボシヤル
○ラエ（むぎのるい）二千二百万ボシヤル
○大むぎ　二千八百万ボシヤル
○そば　一千七百万ボシヤル
○からすむぎ　二億七千五百万ボシヤル
○いも　一億千百万ボシヤル
○わらくさ　二千二百万トン（一トンわ 千六百八十きん）
○たばこ　三億千万パウンド（一パウンドわ 百二十め）
○さとうきび　一億二千万パウンド

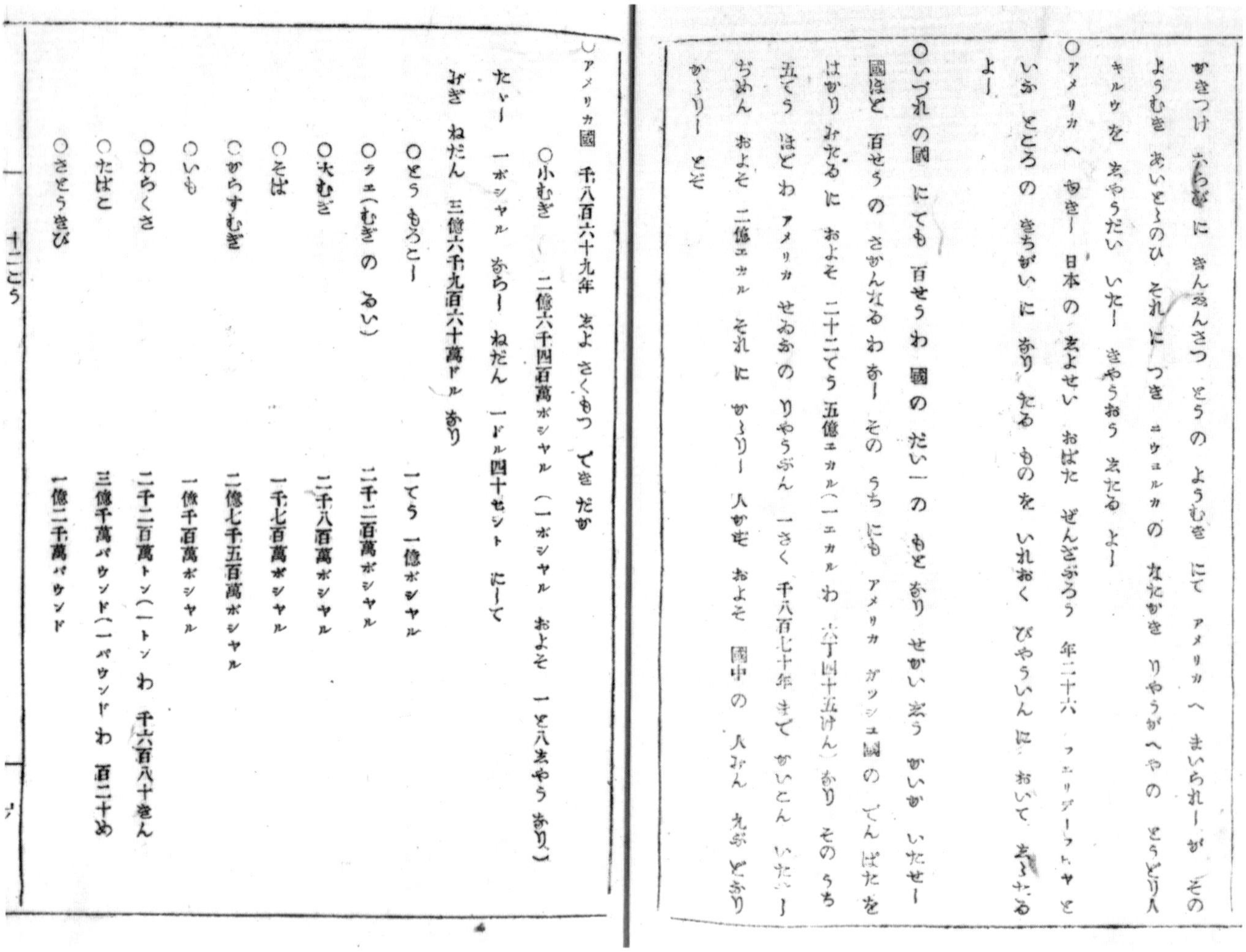

書付並びに金円札等の用向きにてアメリカへ参られしが、その用向き相整ひ、それにつきニウヨルカの名高き両替屋の頭取人キルウ［クルー］を招待致し饗応したる由。

○アメリカへ行きし日本の書生小幡甚三郎、歳二十六、フェリデーフヒヤ［フィラデルフィヤ］といふ所の、気違いになりたる者を入れ置く病院に於いて死したる由。

○何れの国にても百姓は国の第一の元なり。世界中開化致せし国ほど百姓の盛んなるはなし。その内にも、アメリカ合衆国の田畑を測りみたるに、凡そ二十二兆五億エカル［エーカー］（一エカルは六丁四十五間）なり。その内五兆ほどはアメリカ政府の領分、一昨千八百七十年まで開墾致せし地面凡そ二億エカル、それに係りし人数凡そ国中の人民九分通り係りしとぞ。

○アメリカ国　千八百六十九年　諸作物出来高
○小麦　二億六千四百万ボシヤル［ブッシェル］（一ボシヤル凡そ一斗八升な　り）
右値段　三億六千九百六十万ドルなり。
但し、一ボシヤル均し値段　一ドル四十セントにして、
とうもろこし　一兆一億ボシヤル
○ラエ［ライ］（麦の類）二千二百万ボシヤル
○大麦　二千八百万ボシヤル
○蕎麦　一千七百万ボシヤル
○烏麦　二億七千五百万ボシヤル
○芋　一億千百万ボシヤル
○藁草　二千二百万トン（一トンは千六百八十斤）
○煙草　三億千万パウンド（一パウンドは百二十目）
○砂糖黍　一億二千万パウンド

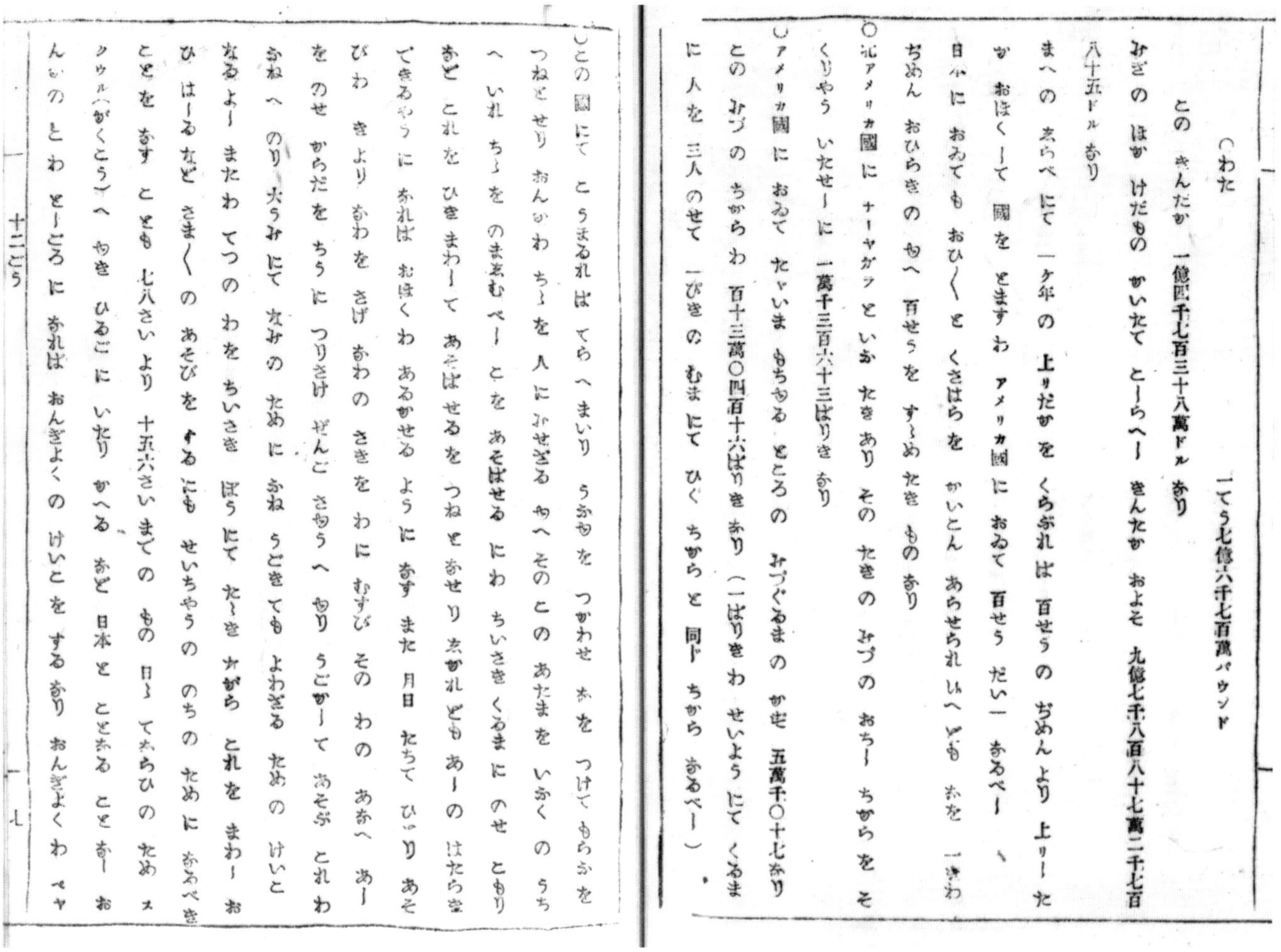

○わた　一てう七億六千七百萬パウンド
この　きんだか　一億四千七百三十八萬ドル　なり
みぎの　ほか　けだもの　かいたて　こしらへし　きんたか　およそ　九億七千八百八十七萬二千七百八十五ドル　なり
まへの　しらべ　にて　一ヶ年の　上りだか　を　くらぶれば　百せうの　ぢめん　より　上りした　か　おほくして　國を　とますわ　アメリカ國に　おゐて　百せう　だい一　なるべし　、
日本に　おゐても　おひ／＼　と　くさはらを　かいこん　あらせられ　いへども　なを　一きわ　ぢめん　おひらきの　ゆへ　百せうを　すゝめ　たき　もの　なり
○北アメリカ國に　ナーヤガラ　と　いふ　たき　あり　その　たきの　みづの　おちし　ちからを　そくりやう　いたせしに　一萬千三百六十三ばりき　なり
○アメリカ國に　おゐて　たゞいま　もちゆる　ところの　みづぐるまの　かぜ　五萬千〇十七なり
この　みづの　ちからわ　百十三萬〇四百十六ばりき　なり　（一ばりきわ　せいようにて　くるまに　人を　三人　のせて　一ぴきの　むま　にて　ひく　ちから　と　同じ　ちから　なるべし　）。
○この國にて　こうまるれば　てらへ　まいり　うぶゆを　つかわせ　なを　つけて　もらふを　つねとせり　おんなわ　ちゝを　人に　みせざる　ゆへ　その　この　あたまを　いふくの　うちへ　いれ　ちゝを　のましむべし　こを　あそばせる　にわ　ちいさき　くるまに　のせ　こもり　など　これを　ひきまわして　あそばせるを　つねと　なせり　しかれども　あしの　はたらき　できるやうに　なれば　おほくわ　あるかせる　ように　なす　また　月日　たちて　ひとり　あそびわ　きより　なわを　さげ　なわの　さきを　わに　むすび　その　わの　あなへ　あしを　のせ　からだを　ちうに　つりさげ　ぜんご　さゆうへ　ゆり　うごかして　あそぶ　これわ　ふねへ　のり　大うみにて　なみの　ために　ふね　うごきても　よわざる　ための　けいこ　なるよし　またわ　てつの　わを　ちいさき　ぼうにて　たゝき　ながら　これを　まわし　おひはしる　など　さま／＼の　あそびを　するにも　せいちやうの　のちの　ために　なるべき　ことを　なす　こども　七八さいより　十五六さいまでの　もの　日ゝ　てならひの　ため　スクウル（がくこう）へ　ゆき　ひるごに　いたり　かへる　など　日本と　ことなる　こと　なし　おんなの　こわ　としごろに　なれば　おんぎよくの　けいこを　する　なり　おんぎよくわ　ペヤ
十二ごう　七

○綿　　一兆七億六千七百万パウンド

この金高　一億四千七百三十八万ドルなり。

右の外　獣買立て拵へし金高、凡そ九億七千八百八十七万二千七百八十五ドルなり。

前の調べにて一ヶ年の上リ高を比ぶれば、百姓の地面より上リし高多くして国を富ますは、アメリカ国に於いて百姓第一なるべし。

日本に於いても追々と草原を開墾あらせられ候へども、なお一際地面お開きの故、百姓を勧めたきものなり。

○北アメリカ国にナーヤガラ［ナイヤガラ］といふ滝あり。その滝の水の落ちし力を測量致せしに、一万千三百六十三馬力なり。

○アメリカ国に於いてただ今用ゆるところの水車の数、五万千〇十七なり。

この水の力は百十三万〇四百十六馬力なり（一馬力は西洋にて車に人を三人乗せて、一匹の馬にて引く力と同じ力なるべし）。

○この国にて子生まるれば、寺へ参り、産湯を使わせ、名を付けて貰ふを常とせり。女は乳を人に見せざる故その子の頭を衣服の内へ入れ乳を飲ましむべし。子を遊ばせるには小さき車に乗せ、子守などこれを引き回して遊ばせるを常となせり。しかれども足の働き出来るようになれば多くは歩かせるようになす。又月日経ちて一人遊びは、木より縄を下げ縄の先を輪に結び、その輪の穴へ足を乗せ、体を宙に吊り下げ、前後左右に揺り動かして遊ぶ。これは船へ乗り大海にて波のために船動きても酔わざるための稽古なる由。又は鉄の輪を小さき棒にて叩きながらこれを回し、追ひ走るなど、様々の遊びをするにも、成長の後のためになるべきことをなす。子供七八歳より十五六歳までの者、日々手習ひのためスクウル（学校）へ行き、昼後に至り帰るなど、日本と異なることなし。女の子は年頃になれば音曲の稽古をするなり。音曲はペヤ

ナ と いふ ものを もつぱらに もてあそぶ ペヤナ わ その かたち 四かくに して しかけ
おほきく おとわ ことに にたれども ことより にぎやか なり ペヤナ いちにん てを う
ごかせば 十人よにて しらべる ほどの ものなり ふうきん こきうに にたる あり いづ
れも おどりの ときの ぢに もちゆる さて おどるにわ はながさを かぶり 四ッたけの
るいを もつもあり こどもわ かたより わたたすきを かけ をとめわ きんぎん ある
ひわ さんごじゆ などにて さまざまの うでわを こしらへ それを かける なり 二人三
人ッッ おとこ おんな うちまじり てを とりかわし おどる いづれも あしびやうしば
かりにして ての しよさわ まれなり あしの ひやうし おんがくの りつに かなふを
じやうずと する よし あし びやうしの とりかた さまざま あり コロンビス おどり イス
パニヤ おどり イギリスおどり フランス おどり メキシコ おどり とうの べつを なす
けんぶつにん おどり ほむるにわ てを たたき あしを ふみ ならす なり おどりの ぶ
たいわ やどやの すまゐの うち また たいけ などの かまへの うちにわ かならず
あり ぶたい けんぶつばわ くわうだいにして おほおどりを もよほすを ダンスと いふ

おどりこを ダンチンゲールと いふ よつて げいしや などの るいをも みぎの とほり
となふる なり おどりわ しのう こう しやう ともに これを なす ダンチンゲール
のみに あらず よせわ うつしゑ てじな 八人げい などの たぐひに して うつしゑ
わ なりもの いり かくこくの みやこ せかいぢうの やけやま かうめいの みなとの
けしき あるひわ ふなくわじ かみなり あめかぜ いなびかり とう すべて かうじやうの
いひたて こまやかに して よる ひるの けしきを わけて みせしむ たいてい わが國
の ものに およそ にたり たる ものと いへども しかけ ひたつて おほいなり てじな
も なりもの いり かうじやうの いひたて ありて ふしぎの はなれ わざを みする なり
まづ りんを 一ッ 四はうの ゑんなき ところに おき かうじやう いひ はるかに はな
れいて りんやと よべば りん チンと なり 二ッ たたいて おめに かけろと いへ
ば チンチンと なり 三ッ たたいて おめに かけろと いへば りん チンチンチンと
なる また きうにと いへば はやく なる しづかにと いへば ゆるやかに なる なり
あるひわ ひとの くびを きり おとし その くびを ひき あぐれば キウキウと なき

十二ごう　八

ナ［ピアノ］と言ふものを専らに弄ぶ。ペヤナはその形四角にして仕掛け大きく、音は琴に似たれども琴より賑やかなり。ペヤナ一人手を動かせば十人余にて調べるほどのものなり。風琴、胡弓に似たるあり。何れも踊りの時の地に用ゆる。さて踊るには、花笠を被り四ッ竹の類を持つもあり、子供は肩より綿襷を掛け乙女は金銀或ひは珊瑚珠などにて様々の腕輪を拵へそれを掛けるなり。二人三人ずつ男女うち混じり、手を取り交わし踊る。何れも足拍子ばかりにして手の所作は稀なり。足の拍子音楽の律に適ふを上手とする由。足拍子の取り方様々あり。コロンビス踊り、イスパニヤ踊り、イギリス踊り、フランス踊り、メキシコ踊り等の別をなす。見物人踊り褒むるには、手を叩き足を踏み鳴らすなり。踊りの舞台は宿屋の住まいの内、又大家などの構への内には必ずあり。舞台見物場は広大にして大踊りを催すをダンスといふ。

踊り子をダンチンゲール［ダンシングガール］と言ふ。因って芸者などの類をも右の通り称ふるなり。踊りは士農工商共にこれをなす。ダンチンゲールのみにあらず。寄席は写し絵、手品、八人芸などの類ひにして、写し絵は鳴り物入り、各国の都、世界中の焼け山、高名の港の景色或ひは船火事、雷、雨風、稲光等全て口上の言い立て細やかにして、夜昼の景色を分けて見せしむ。大抵我が国のものに凡そ似寄りたるものといへども、仕掛け至って大いなり。手品も鳴り物入り口上の言い立てありて、不思議の離れ業を見するなり。先ず、鈴を一ツ四方の縁なき所に置き、口上言ひ、遙かに離れいて鈴やと呼べば、鈴チンと鳴り、二つ叩いてお目に掛けろと言へばチンチンと鳴り、三つ叩いてお目に掛けろと言へば鈴チンチンチンと鳴る。又、急にと言へば速く鳴る。静かにと言へば緩やかに鳴るなり。或ひは人の首を切り落としその首を引き上ぐればキウキウと鳴き、首の切り口より零れたる血むくむくと上がり、様々な化け物となる。又その首、胴の切り口へ載せ切ったる胴へ膏薬を付ければ即座に癒へて元の人となるなり。或ひは切られたる首を我が手に抱へ、首なき体にて引き込み行くなどあり。又、竹を四本立てて、立てたる竹の先へ両足の甲と両手の平を載せて腹這いおりその竹を左の手右の手、左の足右の足と段々に払ひ除けれど体は元の如く中途に腹這いいるなり。このとき口上言ひ、中途の者体の上下長き竿にて払ひ、仕掛けのなきを見せしめ、中途の人は見物人の頭の上を通りて引き込む。天井を逆しまに這ひ、小さき箱の中より様々な物を取り出し、その技奇妙なり。八人芸は老人子供の声色、雷の轟き、雨の降る音、ペヤナの曲、ラッパの遠音又近くの音色吹き分けなど、我が国の物に変わることなし。曲馬乗りは多く女を以て座頭とするなり。馬の上にて宙返り、籠脱けなどその技実に達者なり。見せ物は鳥獣魚虫、又は作り物、何に限らず珍しき品あればこれを興業するといへども、葦簀張り薦葺きなどの小屋にあらず。随分綺麗に辺りを造り、初めは風船も見せ物に拵へて人々より見物料を取り、空中へ昇りし由。

右は日本の翻訳したる本より書き抜きせしものなり。

アメリカ風船の訳柄を第十三号へ詳しく記す。

## 雑説《いろいろのはなし》

○東京新橋より横浜への鉄道に乗りし人数三月三十一日より四月六日まで一七日の間に三万千百三十九人なり。その賃銭凡そ九千五百二十八円四十七銭なり。

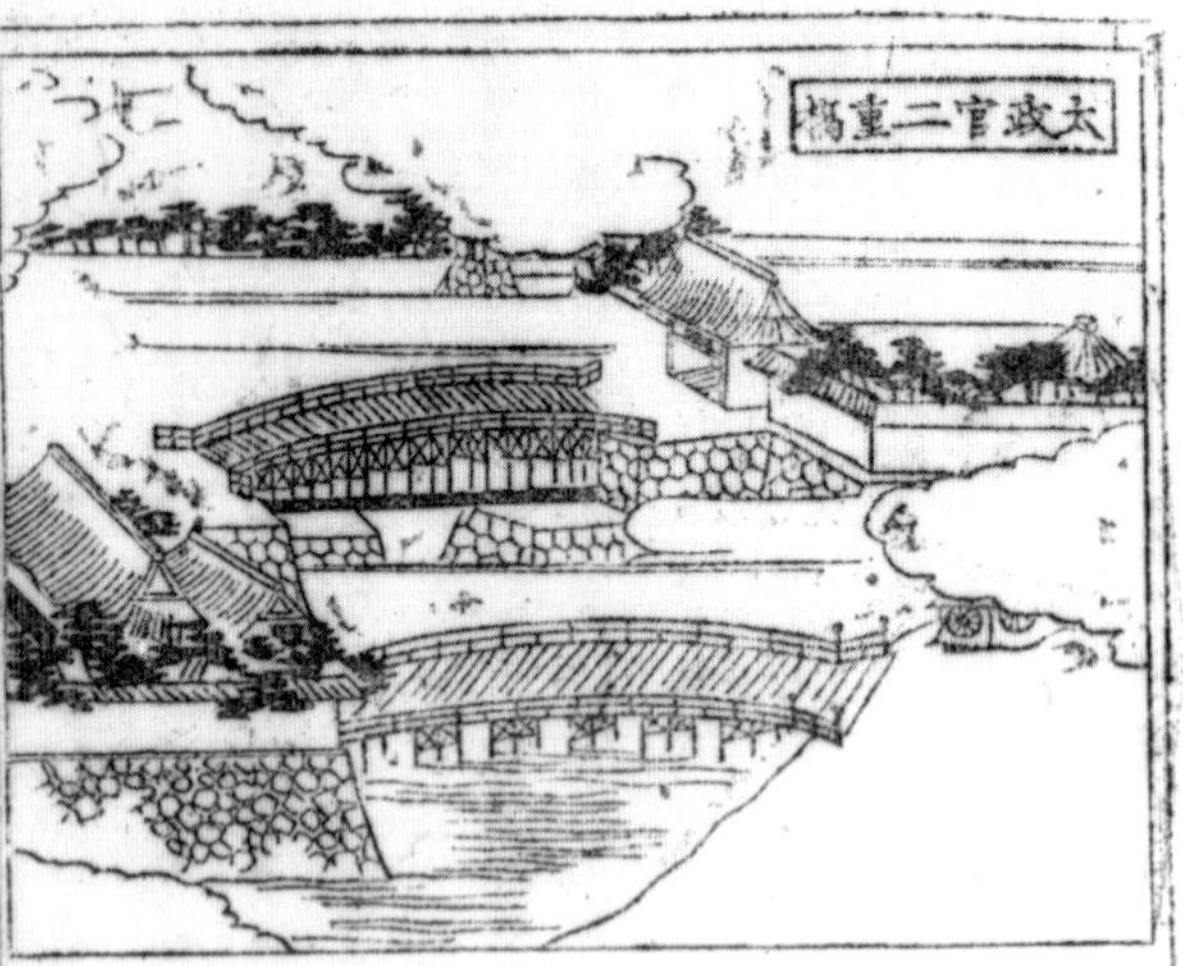


○日本に於いて人々は申すに及ばず、如何なる卑しき女子供に至るまで
帝の尊きことを知らざるはなし。しかるにこの節は士農工商の四民差別なく等しく自由の権を与へられし故、思へば有難きこと限りなく、中昔とは違ひ、この節の民は皆
天子の家来なり。又子供同然なり。この度
天子のお名の文字を一字は命名の名に用ゆるとも苦しからずとのお沙汰あり。しかし二字共に続けて付けることは出来ざるなり。かく有難き
御代にありながら、その有難きといふことも弁へざる者も多かるべし。
先ず日本に生まれては
天子のお名を知らずんばあるべからず。
天子は我が先祖又親なり。その親の名を知らざる者は実に
うつけ者なり。ここに又、釈迦阿弥陀といふ仏の名を知らざる者なし。

太政官二重橋

しかるに釈迦は天竺の人なり。
阿弥陀は有名無実の仏なり。
天子は眼前この国の
帝なり。かるが故に謹んで
帝のお名を記し告げん。もし
お名を知らざる人もあらばよくよく
覚へおき、朝夕お名を唱へ
御恩を忘れざるよう致さるべし。
帝のお名は
睦仁君と申し奉る。
神武天皇より百二十二代目にして
孝明天皇のお子なり。先に
徳川よしひさ〈慶喜〉政を返し

奉り、天子自ら万の政を執り行わしめ給ふ。鎌倉頼朝この方七百余年の旧弊一チ時に改まり、江戸を以て東京と名付け、皇居（天子お住まひの所）と定めらる。
神武天皇ご即位の年より今に至って二千五百三十三年なり。

○四月十四日昼前七時東京御出立にて相州鎌倉へ御幸あらせられ、鎌倉に於いて一夜お泊まりあり。翌十五日野陣指揮方の稽古等叡覧あらせらるるとの事。

○四月九日
皇后両国橋際よりお船に召され、隅田川の花を御遊覧ありたり。

蒸気飛脚船入港出帆表

○アメリカの飛脚船、横浜より兵庫、長崎並びに上海へ出帆、当年七月まで月々定まりし日付、左の通り
○三月　七日　十四日　二十一日　二十八日　○四月　五日　十二日　十九日　二十六日
○五月　三日　十日　十七日　二十六日　○六月　三日　十日　十八日　二十六日
　右の船、諸所より横浜へ着船の日付左の通り
○三月　七日　十三日　二十日　二十七日　○四月　四日　十一日　二十日　二十五日
○五月　四日　十日　二十日　二十八日　○六月　四日　十二日　二十日　二十七日
○七月　四日　十日　二十日
○アメリカの飛脚船、サンフランシスコ出入りの日付、左の通り。横浜より
○三月　十日　二十三日　○四月　二十三日　○五月　七日　廿三日　○六月　六日　二十日
○七月　七日　二十二日　○八月　五日　廿二日　○九月　七日　廿三日　○十月　八日　廿二日
○十一月　七日　二十三日　○十二月　八日　二十四日　なり

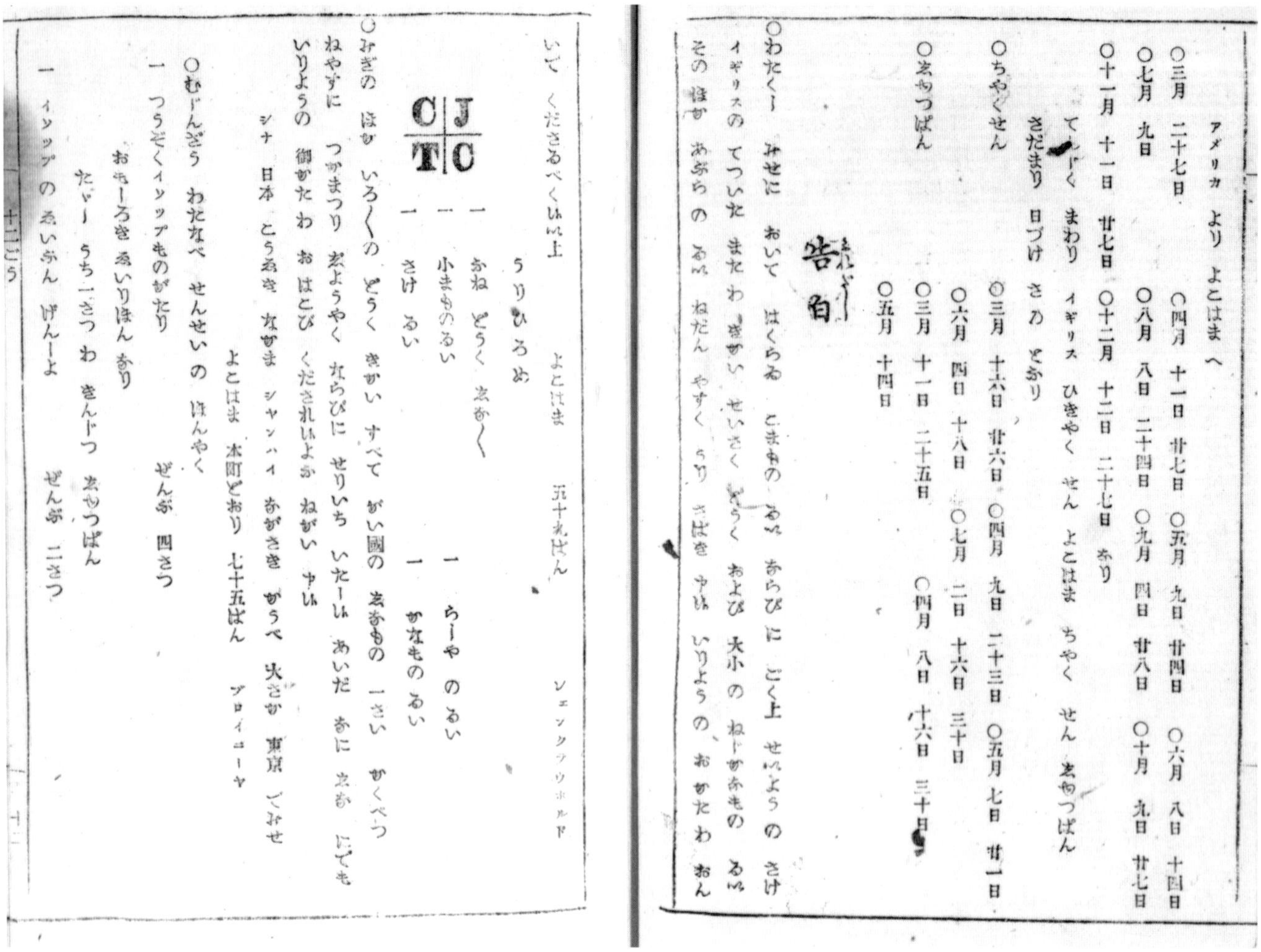

アメリカより横浜へ
○三月　二十七日　○四月　十一日　廿七日　○五月　九日　廿四日　○六月　八日
十四日
○七月　九日　○八月　八日　二十四日　○九月　四日　廿八日　○十月　九日　廿七日○十一月　十一日　廿七日　○十二月　十二日　二十七日なり
天竺回りイギリス飛脚船、横浜着船、出帆
定まり日付、左の通り
○着船　○三月　十六日　廿六日　○四月　九日　二十三日　○五月　七日　廿一日
○六月　四日　十八日　○七月　二日　十六日　三十日
○出帆　○三月　十一日　二十五日　○四月　八日　十六日　三十日
○五月　十四日

告白《ふれだし》

○私店に於いて、船来小間物類、並びに、極上西洋の酒
イギリスの鉄板、または器械製作道具及び大小の螺子金物類
その外、油の類、値段安く売り捌き申候。入用のお方はおん
出で下さるべく候　以上　横浜　五十九番　シェンクラウホルド

売り広め

| C | J |
|---|---|
| T | C |

一　船道具　品々　　一　羅紗の類
一　小間物類　　一　金物類
一　酒類

○右の他、色々の道具、機械、全て外国の品物一切、格別
値安に仕り、定約並びに競り市致し候間、何品にても
入り用の御方はお運び下され候様願い申候。
シナ日本交易仲間　上海　長崎　神戸　大阪　東京　出店
横浜本町通り　七十五番　ブロイニーヤ

○無尽蔵　渡辺先生の翻訳
一　通俗伊蘇普物語　全部　四冊
面白き絵入り本なり。
但し　内一冊は近日出版
一　イソップの英文原書　全部二冊

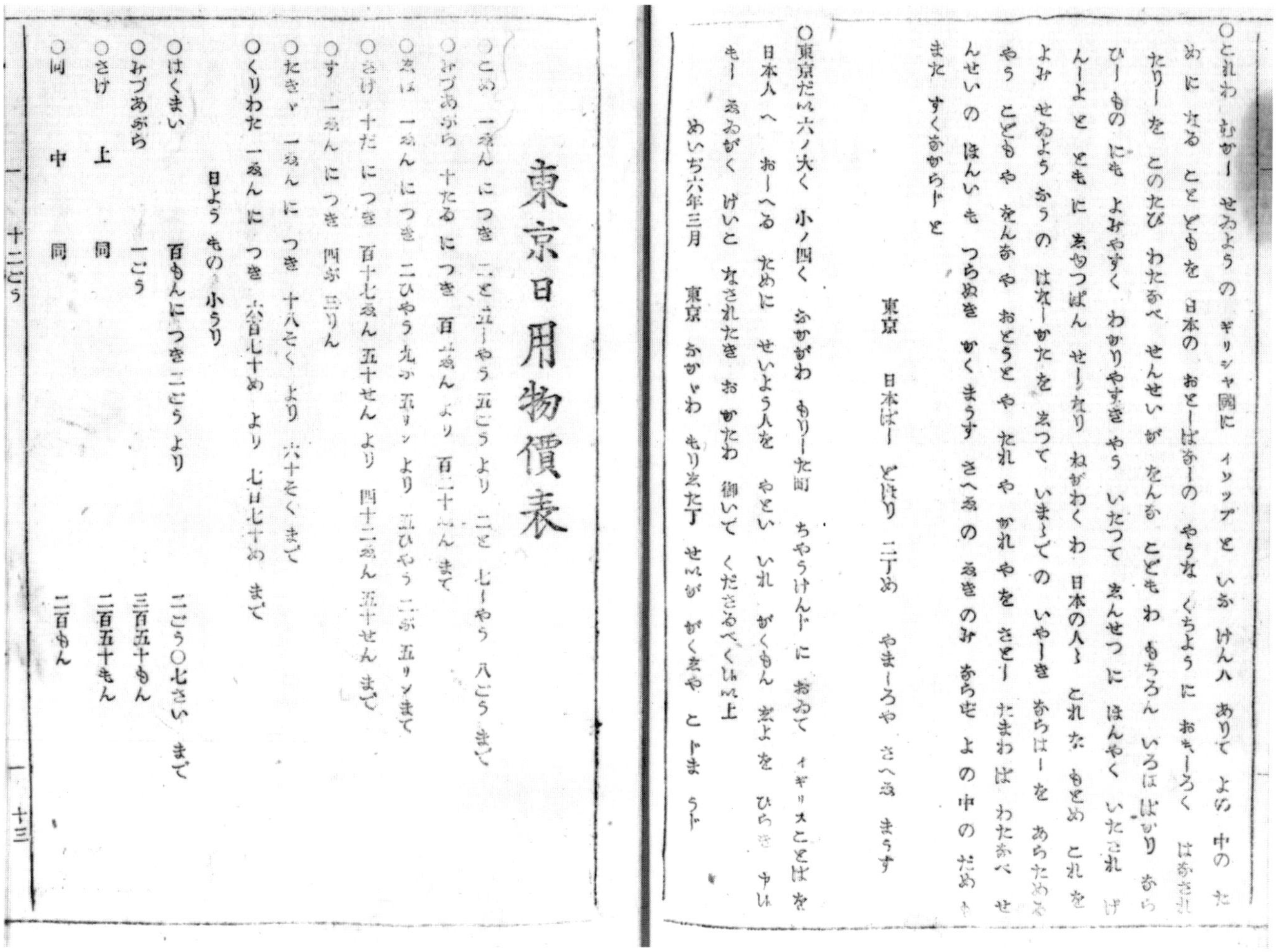
○これわ むかし せいようの ぎりしや國に イソップ と いふ けん人 ありて よの 中の ために なる ことどもを 日本の おとぎばなしの やうな くちように おもしろく はなされたりしを このたび わたなべ せんせいが をんな こどもわ もちろん いろは ばかり ならひしもの にも よみやすく わかりやすき やう いたつて しんせつに ほんやく いたされ げんしよと ともに しゆつぱん せしなり ねがわくわ 日本の人々 これを もとめ これを よみ せいよう ふうの はなしかたを しつて いままでの いやしき ならはしを あらためる やう こどもや をんなや おとうとや たれや かれやを さとし たまわば わたなべ せんせいの ほんいも つらぬき かく まうす さへゑの ゑきのみ ならず よの 中の ためにも また すくなからじ と

東京 日本ばし どほり 二丁め やましろや さへゑ まうす

○東京だい六ノ大く 小ノ四く ふかがわ もりした町 ちやうけんじ に おいて イギリスことばを 日本人 へ おしへる ために せいよう人を やとい いれ がくもん しよを ひらき まうし そうろう もし えいがく けいこ なされたき お方わ 御いで くださるべく候 以上

めいぢ六年三月 東京 ふかがわ もりした丁 せいが がくしや こじま うじ

十二ごう

東京日用物價表

○こめ 一ゑんにつき 二と五しやう五ごうより 二と七しやう八ごう まで
○みづあぶら 十たるにつき 百五ゑん より 百二十ゑん まで
○しほ 一ゑんにつき 二ひやう九ぶ五りんより 五ひやう二ぶ五りん まで
○さけ 十だにつき 百十七ゑん五十せん より 四十二ゑん五十せん まで
○す 一ゑんにつき 四ぶ三りん
○たきゞ 一ゑんにつき 十八そく より 六十そく まで
○くりわた 一ゑんにつき 六百七十め より 七百七十め まで

日よう もの 小うり

○はくまい 百もんにつき二ごうより 二ごう○七さい まで
○みづあぶら 一ごう 三百五十もん
○さけ 上 同 二百五十もん
○同 中 同 二百もん

十三

○これは昔西洋のギリシヤ国にイソップといふ賢人ありて、世の中のためになる事共を日本の御伽噺の様な口調に面白く話されたりしを、この度渡辺先生が女子供は勿論、いろはばかり習ひし者にも読み易く分かり易き様、至って親切に翻訳致され、原書と共に出版せしなり。願わくは日本の人々、これを求めこれを読み、西洋風の話し方を知って、今までの卑しき習はしを改めるよう、子供や女や弟や誰や彼やを諭し給わば、渡辺先生の本意も貫き、かく申す佐兵衛の益のみならず、世の中のためにも又少なからじと。

東京日本橋通り二丁目　山城屋佐兵衛申す

○東京第六ノ大区　小ノ四区　深川森下町ちやうけん〈長慶〉寺に於いてイギリス言葉を日本人へ教へるために西洋人を雇い入れ、学問所を開き申候。もし英学稽古なされたきお方は御出でくださるべく候　以上

明治六年三月　東京深川森下町　菁莪学舎　小島氏

東京日用物価表

○米　一円につき、二斗五升五合より二斗七升八合まで
○水油　十樽につき、百五円より百二十円まで
○塩　一円につき、二俵九分五厘より五俵二分五厘まで
○酒　十駄につき、百十七円五十銭より四十二円五十銭まで
○酢　一円につき、四分三厘
○薪　一円につき、十八束より六十束まで
○繰り綿　一円につき、六百七十目より七百七十目まで

日用物　小売り

○白米　百文につき二合より　二合○七才迄
○水油　一合　三百五十文
○酒　上　同　二百五十文
○同　中　同　二百文

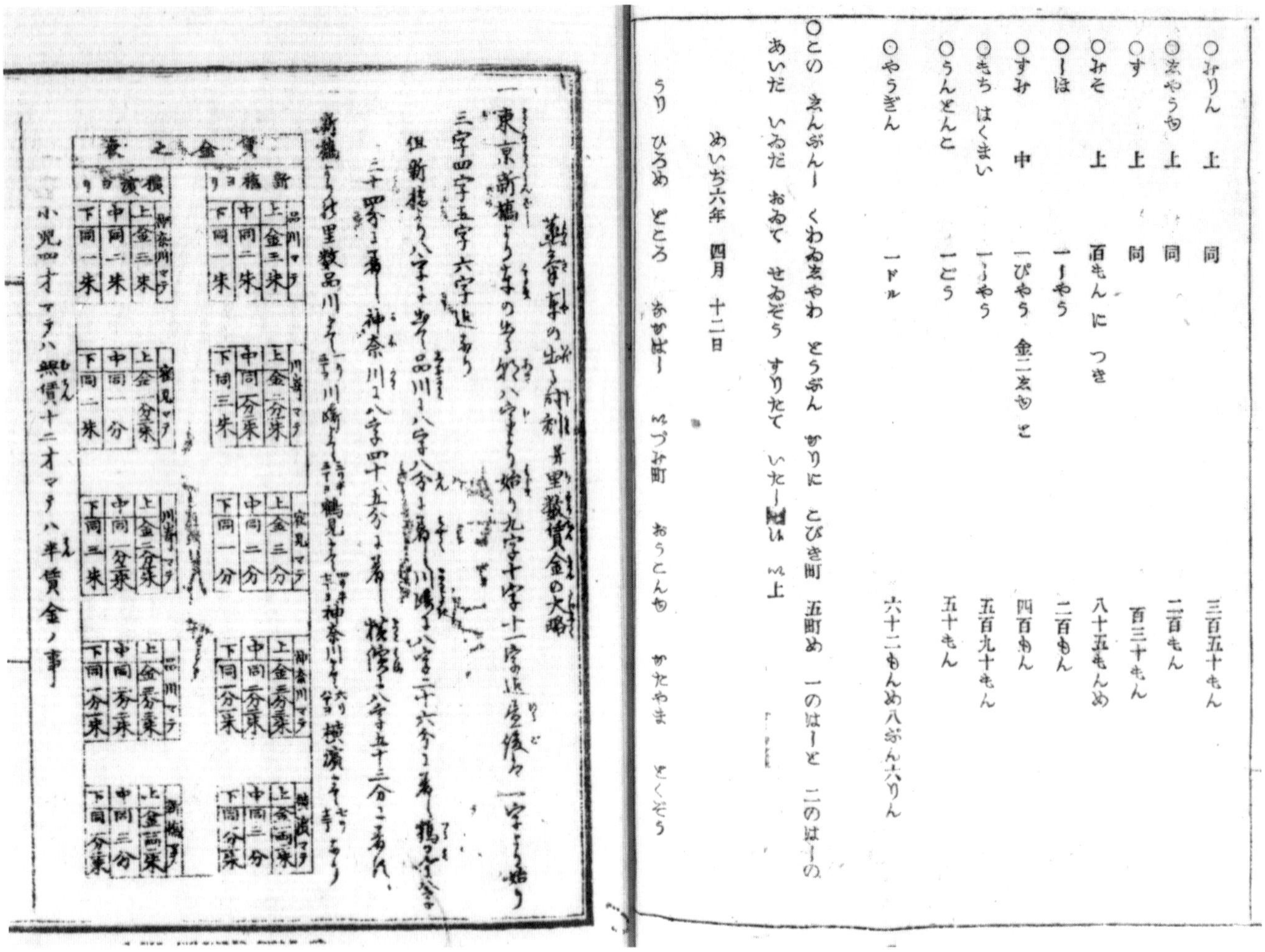
○みりん 上 同 三百五十もん
○志やうゆ 上 同 二百もん
○す 上 同 百三十もん
○みそ 上 百もんにつき 八十五もんめ
○しほ 一しやう 二百もん
○すみ 中 一ぴやう 金二志ゆと 四百もん
○もち はくまい 一しやう 五百九十もん
○うんどんこ 一ごう 五十もん
○やうぎん 一ドル 六十二もんめ八ぶん六りん
○この志んぶんしくわい志やは とうぶんかりに こびき町 五町め 一のはしと 二のはしの
あいだ いゐだ おゐて せゐぞう すりたて いたし候 以上
めいぢ六年 四月 十二日
うり ひろめ どころ なかばし いづみ町 おうごんゆ かたやま とくぞう

○味醂 上 同 三百五十文
○醤油 上 同 二百文
○酢 上 同 百三十文
○味噌 上 百文につき 八十五匁
○塩 一升 二百文
○炭 中 一俵 金二朱と 四百文
○糯白米 一升 五百九十文
○うんとん〈うんどん〉粉 一合 五十文
○洋銀 一ドル 六十二匁八分六厘
○この新聞紙会社は、当分仮に、木挽町五町目一の橋と二の橋の
間 飯田於いて製造摺立て致し候。以上

明治六年 四月十二日

売り広め所 中橋和泉町 黄金湯 片山徳造

蒸気車《しやうきしや》の出《いつ》る時刻《じこく》并里数賃金《りすうちんきん》の大略《たいりやく》

一 東京新橋より車の出る朝八字より始り九字十字十一字迄昼後は一字より始り
三字四字五字六字迄なり。
但新橋より八字に出て品川に八字八分に着し川崎に八字二十六分に着し鶴見に
八字三十四分に着し神奈川に八字四十五分に着し横浜に八字五十三分に着す。
一 新橋よりの里数品川まで一里三丁余、川崎まで三里半三丁余、鶴見まで四里半七丁余、神奈川まで六里八丁余 横浜まで七里十二丁なり。

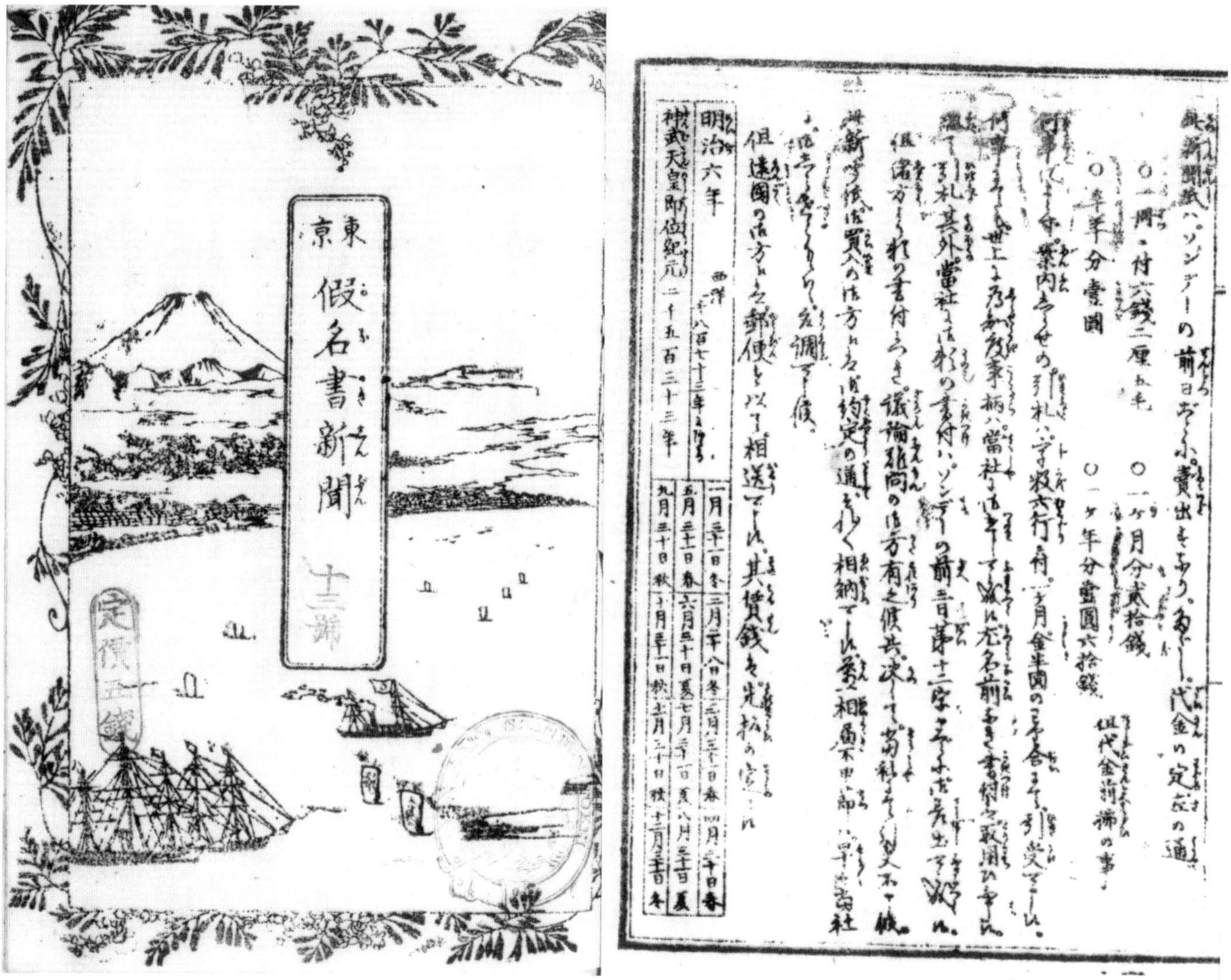


一　此新聞紙は、ソンデーの前日ごとに売出すなり。ただし代金の定左の通。

○一冊に付六銭二厘五毛　○一ヶ月分二十銭

○半年分一円　　○一ヶ年分一円六十銭　但代金前払の事。

一　何事によらず、案内知らせの引札は、字数六行に付、一ケ月金半円の割合にて引受申べく候。

一　何事にても、世上に知らせたき事柄は、当社に御遣しなさるべく候。尤名前なき書付は取用ひ申さず候。

一　総て引札其外当社に御頼の書付は、ソンデーの前三日第十二字までに御差出なさるべく候。

但諸方より頼の書付につき、議論難問の御方これあり候ども、決して当社にて引受申さず候。

一　此新聞紙御買入れの御方へは、御約定の通、それぞれ相納め申べく候。万一相届申ざる節は、早々当社に御知らせられ候ば取調申べく候。

但遠国の御方へは郵便を以て相送申べく候。其賃銭は先払の定に候。

十三号の内容　明治6・4・19

前文1　発行の趣旨1

**御布告**　○五銭切手廃止と買い上げ○苗字に天竺の文字を使ったものは改めること

**国内新聞**　○ハワイ国公使○帝が弔意と今後の友好を望むと表明○蒸気車で小用を足し罰金○成田不動、深川で開帳○深川で桜植樹○十号の記事、火事の元○衆議所設置○オーストリア博覧会の出品物他展示○兎を盗み食いし懲役○深川成田不動開帳でにわか雨○耶蘇教を防ぐことはできない

**海外新聞**　○イスパニア共和政をブルボン王家で評議（フランス）○ヨーロッパの国々はポルトガルに加勢○イスパニアの軍備○イスパニアの借金は共和国に引き継ぐ○スイス、イスパニアの共和政受け入れ○オーストリアはイスパニアについてプロシャとロシアに同意か○イギリスの炭坑で労働拒否、石炭値上がり○ドイツで日本の僧侶、キリスト教を学ぶ○フランスの政体定まらず○ドイツ議事院開く○ポーランドで内乱○アメリカの鉄道里数と収入○カリフォルニアの発展○ナポレオンの遺産○パン屋に罰金（米）○ニューオリンズの借財○イギリスのビール輸出の金高○アメリカの議事院の郵便代○コロラドの銀の採掘高○写真屋の秘策（プロシャ）○一人の妻による三十人の子の受洗（米）○アメリカの事柄　十二号の続き—気球○普仏戦争時の事件○太平洋の海底電信機○長命の人（米）○疱瘡を恐れる人○ナポレオンの死についての予言○イギリスの新聞発行数○成功者の不道徳（米）

**雑説**　○帝の調練（鎌倉）○新橋横浜間鉄道の乗客数と賃銭　**告白**（広告）　**告条**　当新聞の内容、値段　**蒸気車の出る時刻幷里数賃金の大略**　社告

方今文化の御代なれば、新聞紙も日増に盛なり。すでに東京府下に於いて、板を摺出す処、僅の間に六七軒も開けし程なり。其開化を助るの功も亦少からざるべし。只惜らくは、其書漢語交の文体なれば、婦人小児及ひ愚民などに至てはこれを読、これを解すること能はず。これに因て、こたび当社より出すところの新聞は、

都て仮名のみを用ひ、文を綴り、日月支干数字などの普く人の耳目に慣し文字の外は、決て漢字を用ひざるなり。尤仮名は読誤り易きもの故、西洋の書法に倣ひ、一と綴りことに欠字をなし、間を明、読きりのところに至ては○印を施なり。官名人名地名、并西洋の言葉などは、皆片仮名を用ゆ。仮名遣ひも古き法に随ときは却て通じ難きこともあるべし。仮へは無礼は「むらい」、舫は「むやひ」と訓ずるときは、婦女子に通じ兼るなり。されは此書には、俗言のまま「ぶれい」「もやひ」と記し、

又仮名を施すに、或は字音により、或は字訓によるも、亦世間普く言習し方に随ふなり。看人この意を得て読たまへかし。

東京假名書新聞《かなかきしんぶん》　十三号　明治六年四月十九日

御布告《おんふれかき》

○郵便五銭切手、当年五月三十一日限り廃せられ候につきては、右切手買上げに相なり候条、所持の者は駅逓寮及び各々地方郵便取扱所等へ申立てべく事。

但し、五月三十一日後に到り申立て候とも一切買上げ相ならず候。尤も書状等に貼り付け用ゆる者これあれば、きっと差止め申べく事。

右は四月四日太政官百二十七号に御沙汰ありたり。

○四月九日教部省よりのお触れに、人の苗字の儀は各々その元の起こりもこれあるべくはずのところ、諸宗の増分の内天竺のしや

くうじ〈借字〉などを苗字に用い候者これあり、不都合の次第に候。それらの
分は早々改め替へ申べく候。

## 国内新聞《こくないしんぶん》

○四月十一日昼後二時、ハワイ国公使テロング［デロング］日本
帝に拝謁ありたり。テロングはアメリカ国のミニストルにて、ハワイの公使
をも兼ね務めたり。右は一千八百七十三年大一月十四日日付を以てハ
ワイ国ホノル［ホノルル］より日本
皇帝へ捧げし文面に、私従兄弟ハワイ国王五代目カメハメヤ［カメハメハ］は
去年十二月十一日、年四十二にして死去せり。この段お知らせ申上候。しかるとこ
ろ当人跡目の者なし。これに因って一月八日、当国掟通り議政官の
選みにて私ことハワイ諸島の国王に推し上されたり。これにより
四月九日位に就いたり。しかる上はこれまでの通り親しくなしくだされ
候ようお取扱ひ願ひ奉り候。

○日本
帝よりハワイ先代の帝王死去を惜しませられ、又前帝の従兄弟
位に就きたるを祝せられ、今の帝王永久ならんことを望ま
れ、ますます両国の間睦まじくならんを好むとの事。
　右ハワイ国といふは、今日本にてアメリカ　サンドイチと言ふ島国なり。

○東京新吉原江戸町一丁目三十四番、借地荒物渡世増澤政吉
商い用にて横浜へ至らんと、新橋より昼後三時の汽車に乗り
しが、その前便所へ至らんと思へるうち、刻限来たり。そのまま乗り
込みしが、ますます堪へ難く、窓より小便なせしを見咎められ、裁判所
へ送られご処置ありたり。その趣、汽車に乗り運転中小用致
す咎、鉄道犯罪罰により贖い金十円申付けられたる由。日日
新聞に出でたり。　（前汽車とあるは蒸気車のことなり）

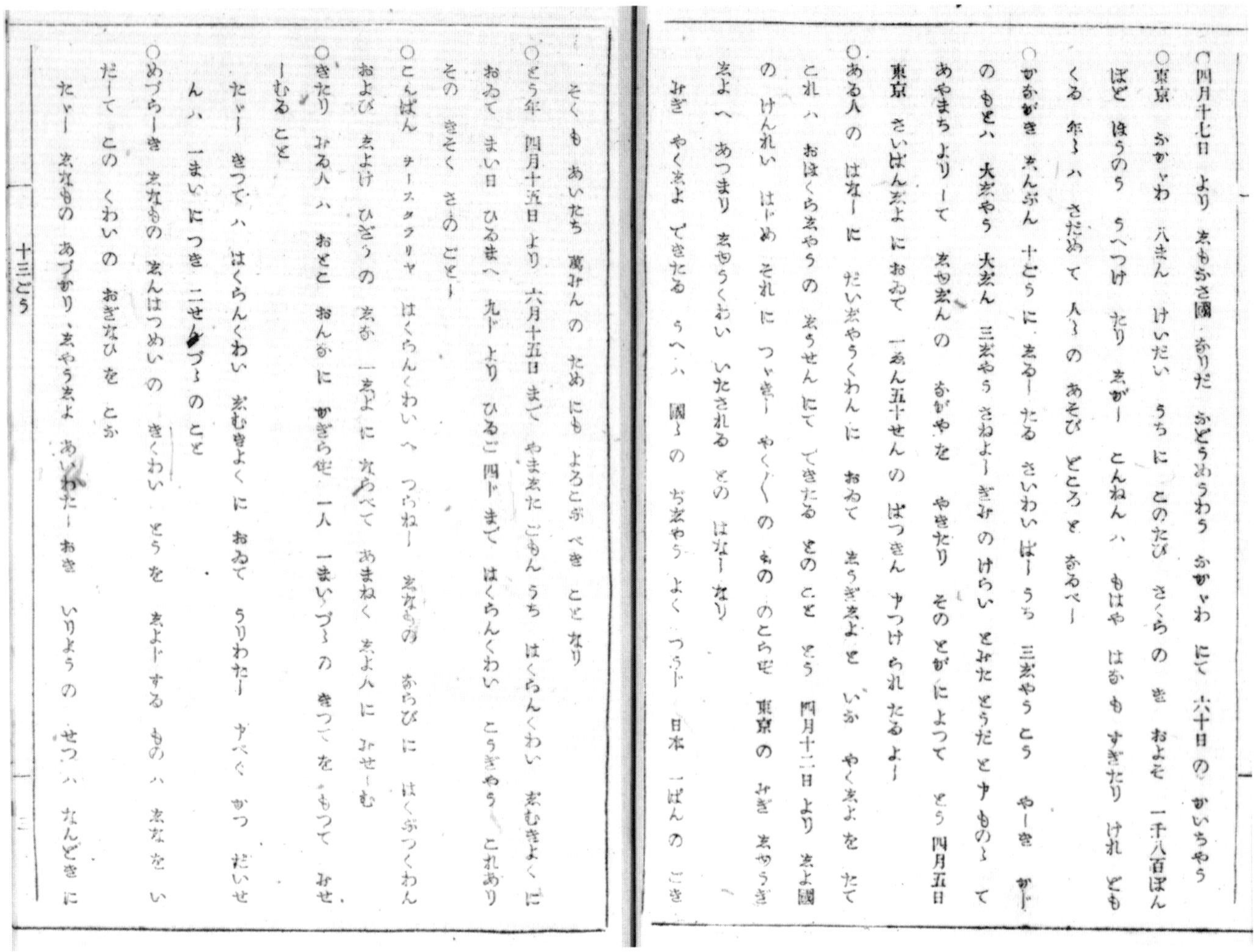
〇四月十七日 より しもふさ國 なりた ふどうみやうわう ふかゞわ にて 六十日の かいちやう
〇東京 ふかゞわ 八まん けいだい うちに このたび さくらの き およそ 一千八百ぼん
ほど ほうのう うへつけ たり しかし こんねん ハ もはや はなも すぎたり けれ ども
くる 年〳〵ハ さだめて 人〳〵の あそび どころと なるべし
〇かながき しんぶん 十ごうに しるし たる さいわいばし うち 三じやう こう やしき かじ
の もとハ 大じやう 大じん 三じやう さねよし ぎみの けらい とみた とうだと 申ものゝ て
あやまちより して しゆじんの ながやを やきたり そのとがに よつて とう 四月五日
東京 さいばんしよに おゐて 一ゑん五十せんの ばつきん 申つけられ たるよし
〇ある人の はなしに だいじやうくわんに おゐて しうぎしよと いふ やくしよを たて
これハ おほくらしやうの しうせん にて できたる との こと とう 四月十二日より しよ國
の けんれい はじめ それに つゞきし やく〳〵の もの のこらず 東京の みぎ しうぎ
しよ へ あつまり しうくわい いたされる との はなし なり
みぎ やくしよ できたる うへハ 國〳〵の ぢじやう よく つうじ 日本 一ばんの ごき
そくも あいたち 萬みんの ためにも よろこぶべき ことなり
〇とう年 四月十五日より 六月十五日まで やました ごもん うち はくらんくわい じむきよくに
おゐて まい日 ひるまへ 九じ より ひるご 四じ まで はくらんくわい こうぎやう これあり
その きそく さの ごとし
〇こんぱん ヲースタラリヤ はくらんくわい へ つらねし しなもの ならびに はくぶつくわん
および しよけ ひざうの しな 一しよに ならべて あまねく しよ人に みせしむ
〇きたり みる人ハ おとこ おんなに かぎらず 一人 一まいづゝの きつてを もつて みせ
しむる こと
たゞし きつてハ はくらんくわい じむきよくに おゐて うりわたし 申べく かつ だいせ
んハ 一まいに つき 二せんづゝの こと
〇めづらしき しなもの しんはつめいの きくわい とうを しよじ する ものハ しなを い
だして この くわいの おぎなひを こふ
たゞし しなもの あづかり しやうしよ あいわたし おき いりようの せつハ なんどきに
十三ごう

〇四月十七日より下総国成田不動明王、深川にて六十日の開帳。

〇東京深川八幡境内内に、この度桜の木凡そ一千八百本ほど奉納植へ付けたり。しかし今年は最早花も過ぎたりけれども来る年々は定めて人々の遊び所となるべし。

〇仮名書き新聞十号に記したる幸橋内三条公邸火事の元は、太政大臣三条実美君の家来冨田藤太と申者の手過ちよりして主人の長屋を焼きたり。その咎に因って当四月五日東京裁判所に於いて一円五十銭の罰金申付けられたる由。

〇ある人の話に、太政官に於いて衆議所といふ役所を建て、これは大蔵省の周旋にて出来たるとのこと。当四月十二日より諸国の県令始めそれに続きし役々の者、残らず東京の右衆議所へ集まり衆会致されるとの話なり。

右役所出来たる上は、国々の事情よく通じ、日本一般のご規則も相立ち、万民のためにも喜ぶべきことなり。

〇当年四月十五日より六月十五日まで山下御門内博覧会事務局に於いて、毎日昼前九時より昼後四時まで博覧会興行これあり。その規則左の如し。

〇今般ヲースタラリヤ［オーストリヤ］博覧会へ連ねし品物、並びに博物館及び諸家秘蔵の品一所に並べて普く諸人に見せしむ。

〇来たり見る人は、男女に限らず一人一枚ずつの切手を以て見せしむる事。

但し、切手は博覧会事務局に於いて売り渡し申べく、且つ代銭は一枚につき二銭ずつの事。

〇珍しき品物、新発明の機械等を所持する者は、品を出だしてこの会の補ひを請ふ。

但し、品物預かり証書相渡しおき、入用の節は何時に

ても　しやうしよ　ひきかへ　さしもどし　申べく　また　たいせつの　しなハ　ばんにん　さし
だし　申べき　こと

○ヲースタラリヤ　はくらんくわい　へ　つかわされ　たる　そのよの　しなもの　ハ　あたへを　さだめ　はらひ　さげ　に　あいなり　そろ　のぞみの　もの　ハ　かゝりの　くわんにん　へ　申　いで　べき
こと

○だい三　大く　小三のく　たむろしよ　小づかひ　もり　たけじろう　なる　もの　同やく　なかむら　きんざう　と　ともに　いちがや　八まん　けいだい　へ　いたり　にうり　さかや　こんどう　りへい　かたへ　たちより　さけ　を　のみ　たちかへり　そろ　みぎり　おなし　いへ　に　かひおける　うさぎ　一ぴき　ぬすみ　とり　とちう　に　おゐて　きんざう　へ　みせし　に　たつて　せんぽう　へ　かへす　べしと　いけん　せし　に　きゝいれ　ず　くびり　ころし　その　よく日　きんざう　に　むかひ　さく日の　うさぎ　せんぽう　へ　かへす　べく　と　おもひし　に　はからず　とちう　にて　しゝ　けれ　ば　せんぽう　へ　かへし　がたし　よつて　くうべし　と　いふ　きんざう　これを　とゞめし　かど　きゝいれず　たけじろう　が　さいゝ　すゝめ　に　より　つゐに　一ツなべ　にて　しよくし　けり　しかるに　みぎの　ことがら　あらわれて　たけじろう　ハ　ぬすみの　りつ　に　より　ちやうやく　五十日　きんざう　ハ　ぞんじながら　みて　ゐたる　りつ　に　より　ちやうやく　十日　申つけられ　たり
みぎ　うさぎ　ハ　だいりやう　わづか　に　十二せん　五りん　なりと　それ　はうの　おかす　べからざるを　もつて　しるべき　なり

○四月五日　なりた　ふどう　かいちやう　の　ため　ふかゞわ　へ　おつきの　ときに　にわかに　あめふりだし　すまんの　おむかへの　人ゝ　あまぐの　ようゐ　なければ　てぬぐひを　かぶり　またハ　ふろしきを　きたり　よんどころ　なく　すそを　まくり　そのさま　みにくし　みな　きものゝ　よごれん　ことを　おそるゝ　なり　しかるに　かねて　いしき　だい　二十二じやうに　からだを　あらわし　また　ハ　はだぬき　また　ハ　もゝ　はぎを　いだす　もの　むちうつ　こと　十より　すくなからず　二十より　おほからず　この日　この　いしきに　ふるゝ　もの　すう千人　におよび　おまわりの　やく人も　ほとんど　てを　つかね　たりし　と　これゆへに　さいわい　そのせめを　のがれたりし　おとこ　ハ　もゝひき　づぼんの　したく　十に　八九ある　ゆへに　にわかあめに　さしつかひ　なし　おんな　ハ　もゝひきを　はくもの　千に　一人も　なし　一チド　すそ

ても証書引き換へ差し戻し申べく、又大切の品は番人差し出し申べき事。

○ヲースタラリヤ博覧会へ遣わされたるその余の品物は、価を定め払ひ下げに相なり候。望みの者は係の官員へ申出でべき事。

○第三大区小三の区屯所小使森たけじろうなる者、同役中村きんざうと共に市谷八幡境内へ至り、荷売り酒屋こんどうりへい方へ立ち寄り酒を飲み立ち帰り候みぎり、同じ家に飼ひおける兎一匹盗み取り、途中に於いてきんざうへ見せしに、たって先方へ返すべしと意見せしに聞き入れず縊り殺し、その翌日きんざうに向かひ、昨日の兎先方へ返すべくと思ひしに、図らず途中にて死しければ先方へ返し難し。因って食うべしと言ふ。きんざうこれを留めしかど聞き入れず、たけじろうが再々勧めにより遂に一ツ鍋にて食しけり。しかるに右の事柄顕われて、たけじろうは盗みの律により懲役五十日、きんざうは存じながら見ていたる律により懲役十日申付けられたり。
右兎は、代料僅かに十二銭五厘なりと。それ法の犯すべからざるを以て知るべきなり。

○四月五日成田不動開帳のため深川へお着きの時、俄かに雨降り出し、数万のお迎への人々雨具の用意なければ、手拭ひを被り又は風呂敷を着たり。拠ん所なく裾をまくり、その様醜し。皆着物の汚れんことを恐るるなり。しかるにかねて違式第二十二条に、体を顕し又は肌ぬき〈脱ぎ〉又は腿脛を出だす者鞭打つこと十より少なからず、二十より多からず。この日この違式に触るる者数千人に及び、お巡りの役人も殆ど手を束ねたりしと。それ故に幸いその責めを逃れたり。男は股引ズボンの支度十に八九ある故に俄雨に差し支ひなし。女は股引を穿く者千に一人もなし。一チ事裾

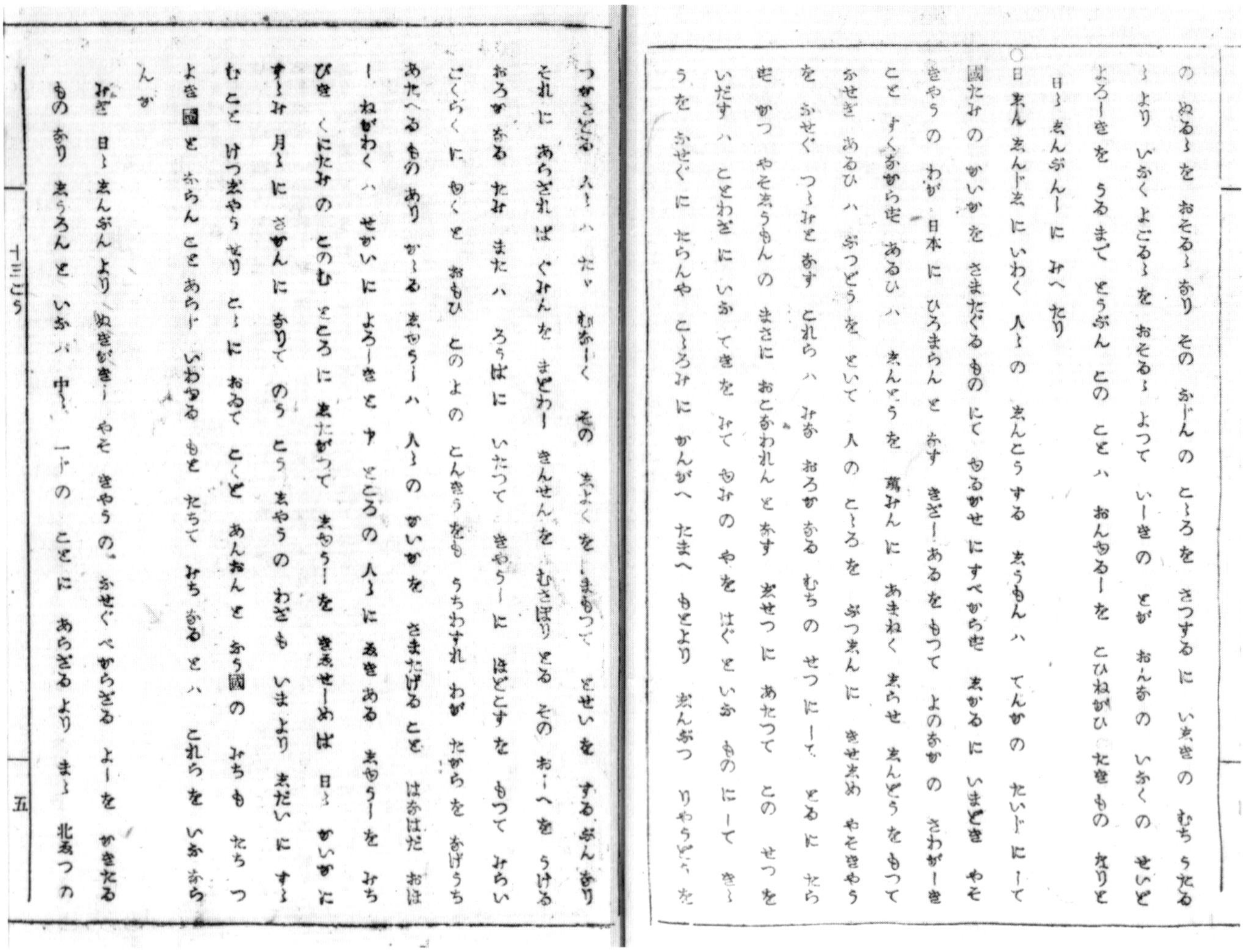

の濡るるを恐るるなり。その婦人の心を察するに、違式の鞭打たるるより衣服汚るるを恐るる。因って違式の咎、女の衣服の制度宜しきを得るまで、当分この事は御許しを冀ひたきものなりと日日新聞紙に見へたり。

○日新真事誌に曰く。人々の信仰する宗門は、天下の大事にして国民の開化を妨ぐるものにてゆるがせにすべからず。しかるに今時耶蘇教の我が日本に広まらんとなす兆しあるを以て、世の中の騒がしきこと少なからず。或ひは神道を万民に普く知らせ、神道を以て防ぎ、或ひは仏道を説いて人の心を仏神に帰せしめ、耶蘇教を防ぐ堤となす。これらは皆愚かなる無知の説にして取るに足らず。且つ耶蘇宗門のまさに行われんとなす時節に当たって、この説を出だすは諺に言ふ、敵を見て弓の矢を矧ぐと言ふものにして、危急を防ぐに足らんや。試みに考へ給へ。元より神仏両道を司る人々はただ空しくその職を守って渡世をする分なり。それにあらざれば愚民を惑わし金銭を貪り取る。その教へを受ける愚かなる民又は老婆に至って、経師に施すを以て未来極楽に行くと思ひ、この世の困窮をもうち忘れ、我が宝を擲ち与へる者あり。かかる宗旨は人々の開化を妨げること甚だ多し。願わくは世界に宜しきと申ところの人々に益ある宗旨を導き、国民の好むところに従って宗旨を帰依せしめば、日々開化に進み、月々に盛んになりて、農工商の業も今より次第に進むこと決定せり。ここに於いて国土安穏と富国の道も立ち、強き国とならんことあらじ。所謂本立ちて道成るとはこれらを言ふならんか。

右日日新聞より抜き書きし、耶蘇教の防ぐべからざる由を書きたるものなり。宗論と言ふは中々一時のことにあらざるより、まま北越の

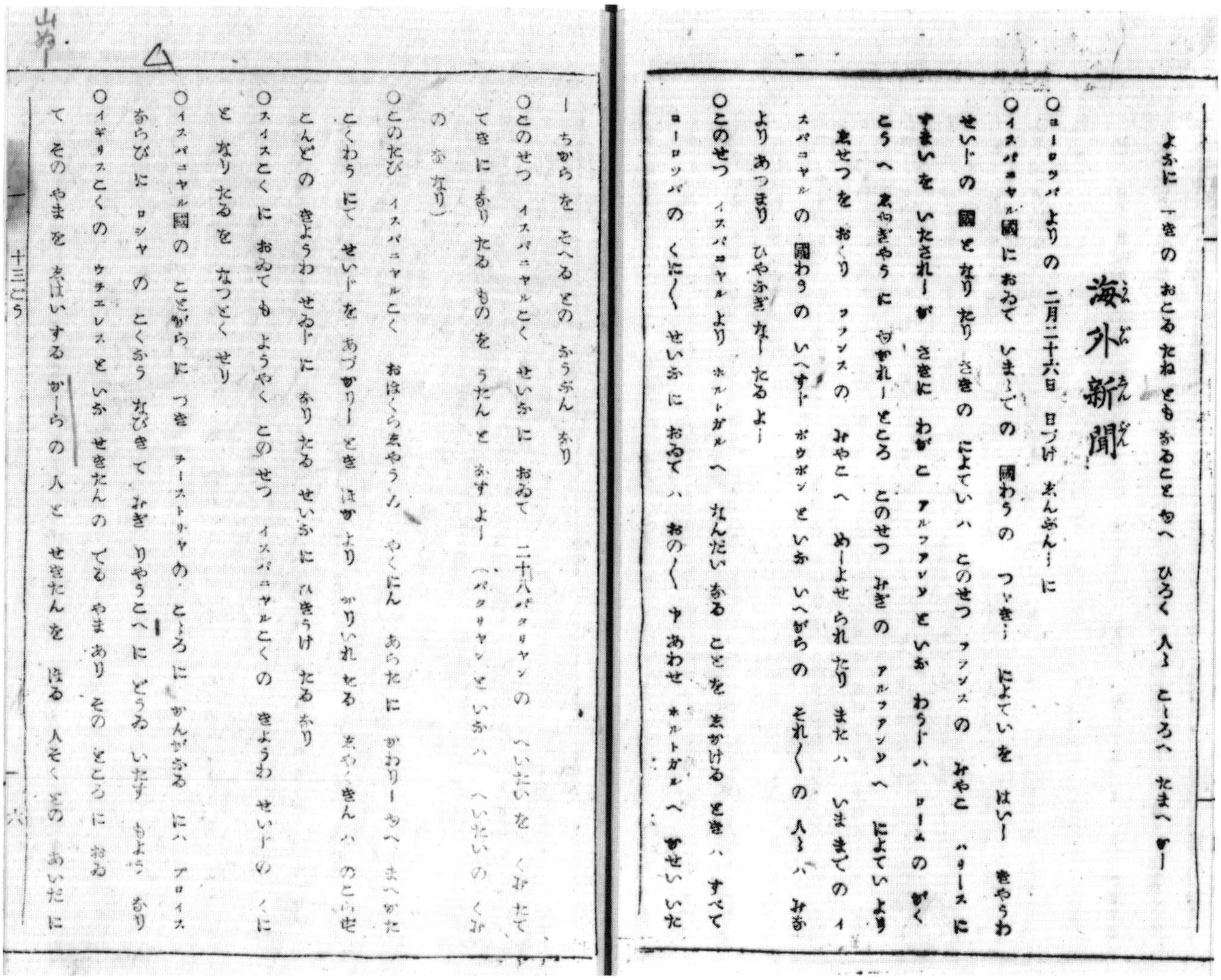
よかに 一きの おこる たね とも なること ゆへ ひろく 人〻 こゝろへ たまへ かし

海外新聞

○ヨーロツパより の 二月二十六日 日づけ しんぶん〳〵 に

○イスパニヤル國 に おゐて いまゝで の 國わう の つゞき〳〵 に よていを はいし きやうわ せいじ の 國と なりたり さきの によていハ このせつ フランスの みやこ ハリース に すまいを いたされしが さきに わが こ アルフアンソ と いふ わうじハ ローム の がくこう へ しゆぎやうに ゆかれし ところ このせつ みぎの アルフアンソ へ によてい より しせつを おくり フランス の みやこ へ めしよせられたり また ハ いままで の イスパニヤル の 國わう の いへすじ ボウボン と いふ いへがら の それ〳〵 の 人〻 ハ みな よりあつまり ひやうぎ なし たる よし

○このせつ イスパニヤル より ホルトガル へ なんだい なる ことを しかける ときハ すべて ヨーロツパ の くに〳〵 せいふ に おゐて ハ おの〳〵 申あわせ ホルトガル へ かせい いたし ちから を そへる との ふうぶん なり

○このせつ イスパニヤルこく せいふ に おゐて 二十八バタリヤン の へいたいを くみたて てき に なりたる ものを うたん と なすよし （バタリヤン と いふハ へいたいの くみ の な なり）

○このたび イスパニヤルこく おほくら しやうの やくにん あらたに かわりし ゆへ まへかた こくわう にて せいじを あづかりし とき ほかより かりいれたる しやくきん ハ のこらせ こんど の きやうわ せいじ に なりたる せいふに ひきうけ たる なり

○スイスこく に おゐても ようやく このせつ イスパニヤルこくの きやうわ せいじ の くに と なりたる を なつとく せり

○イスパニヤル國 の ことがら に つき ヲーストリヤ の こゝろ に かんがふる にハ プロイス ならびに ロシヤ の こくわう なびきて みぎ りやうこくへ に どうゐ いたす もやう なり

○イギリスこく の ウヱエレス と いふ せきたん の でる やま あり その ところ に おゐて その やまを しはいする かしらの 人と せきたん を ほる 人そく との あいだに

様に一揆の起こる種ともなること故、広く人々心得給へかし。

海外新聞《かいがいしんぶん》

○ヨーロッパよりの二月二十六日日付新聞紙に。

○イスパニヤル国に於いて今までの国王の続きし女帝を廃し、共和政治の国となりたり。先の女帝はこの節フランスの都ハリース［パリ］に住まいを致されしが、先に我が子アルフアンソといふ王子はローム［ローマ］の学校へ修行に行かれしところ、この節右のアルフアンソへ女帝より使節を送り、フランスの都へ召し寄せられたり。又は今までのイスパニヤルの国王の家筋ボウボン［ブルボン］といふ家柄のそれぞれの人々は皆寄り集まり評議なしたる由。

○この節イスパニヤルよりホルトガルへ難題なることを仕掛けるときは、全てヨーロッパの国々政府に於いては各々申合わせ、ホルトガルへ加勢致し力を添へるとの風聞なり。

○この節イスパニヤル国政府に於いて二十八バタリヤンの兵隊を組み立て、敵になりたる者を討たんとなす由（バタリヤンといふは兵隊の組の名なり）。

○この度イスパニヤル国大蔵省の役人新たに変わりし故、前方国王にて政治を与りしとき、他より借り入れたる借金は残らず今度の共和政治になりたる政府に引き受けたるなり。

○スイス国に於いてもようやくこの節イスパニヤル国の共和政治の国となりたるを納得せり。

○イスパニヤル国の事柄につきヲーストリヤの心に考ふるには、プロイス並びにロシヤの国王靡きて右りやうこへ〈両国〉に同意致す模様なり。

○イギリス国のウヱエレス［ウェールズ］といふ石炭の出る山あり。その所に於いて、その山を支配する頭の人と石炭を掘る人足との間に給金の事よりして争ひとなり、人足申合わせ石炭を掘ることを止めたり。これにつきイギリス国にて石炭の値段高くなりたり。右に因ってステバンソン［スティーヴンソン］といふ尊き位の人その取り扱いを致しいるとぞ。

○当年初め、ヨーロツパのジヨルモニヤ［ジャーマニー］へ日本より渡りたる坊主二三人、この節ジヨルモニヤに於いてキリシタン宗門を詮索なし、その実を学ばれおる由。

○フランス国の政体を定めんと議事院に於いて種々評議あるなれども、未だ定まらざる由。しかし多くは大統領の申立てに定まるべし。

○ある横文字新聞に曰く。

○ジヨルモニヤ国の議事院は当三月十二日よりお開きなり。議官集まりたり。

○ロシヤ国の内ポウランドといふ所に於いて内乱あり。しかれどもロシヤ国政府にて右国乱を秘め隠したる故、ほかほかの国へは知れぬなり。

○アメリカ合衆国にて出来たる鉄道の里数一千八百七十二年の暮れまで七万○百七十八里なり（一里は日本の十四丁半余）。その内昨一千八百七十二年一ヶ年に出来たるは凡そ七千里ほど出来たり。○当一千八百七十三年の出来高を積もりみるに八千五百里も出来る模様なり。当年中右八千里余出来の入用凡そ二億四千ドルの見込みなる由。

○アメリカ国の内キヤリフヲナイ［カリフォルニア］といふ国は、開けしよりこの方未だ三十年にならざれども、地面の宜しき土地柄故田畑を多く開きたり。

ある新聞に、キヤリフヲナイに於いて昨一千八百七十二年の一ヶ年、綿羊の毛（羅紗織る毛なり）二千四百二十五万五千ポンド出来たり。内二千二百〇八万○五百五十ポンドは外国へ積み送りしなり。その値段上品にて一ポンド二十五六銭、並品にて十七八銭なり（一ポンド百二十目一斤のこと）。

○フランス国の高名なるナポレヲン、当年初め死したり。その節残りし所帯を改めしに、百二十五万フラケ［フラン］ありたるとのこと（一フランケ凡そ二十銭なり）。

○アメリカに於いて珍しき訴への公事あり。アメリカ国のピタルスボルコ［ピッツバーグ］と

いふ町に スクロット と 申人 ひとりの おとこのこあり きんぺんの パンヤへ ゆき
ケーキ（くわしの るい）を かいとり くらいけれバ たちまち かほの いろ かわりて
それが ために しゝたり こどもの おや スクロット うち なげき かなしむと いへども
せんかたなく これより みぎ パンヤを あいてどり ばつきんを パンヤより とらんと
せいふへ うつたへたり せいふに おいて そうはう とりたゞしの うへ パンヤより ばつ
きん 五千ドル いだし スクロットへ とるべしとの さばき ありたり ○みぎ さいばんを
たづぬるに その パンヤ アコライント といふ やくしを くわし せいぞうに もちひたる
ゆへ その しなハ どく なる ものとの さばき なり アメリカの 町に おいて のちのち
パンヤにて その やくしを もちひさせざる ために おほくの ばつきんを パンヤより
とりたて スクロットに あたへしハ パンヤを いましむ ためなるべし
○とうじ さかんなる アメリカこくの ニユヲウリン といふ 町の さくねん くれまでの
ざいを しらべたるに 二千二百二十四萬五千九百七十八ドル なり
○イギリスこく より さく 一千八百七十二年の しよこくへ ビール（むぎざけ）を つみ
おくりし きんだか 一千〇四十萬ドル なり
○アメリカこく にて ある ぎじいんの やくにん 一人より てがみを おくりし ゆうびんの
だいりやう 一ケ年ぶん 七百三十二ドル あるとぞ
○カロラツト といふ くにの こうざんより さく年 ほり いだし たる ぎんの たか 四千〇
七十萬〇四千九百三十一ドル なり
○プルイス の しやうかに おいて ふしぎの しやしんや あり われハ しやしんを うつす
ことに きめうを えたり いづれの ひとにても わが うつしたる すがたハ その人の
いきたると おなじ ことなり いかんと なれば その 人の かいおきいぬに その うつし
たる ゑを みすれば たちまち はしりきたり その ゑに よりそふて はなれざる なりと
人々へ ふれければ 一ド その しやしんやへ きたり うつさせる 人々 おびたゞしく あり
ければ ほかほかの しやしんや より あつまり いかなる わけにて その ふしぎの しやし
んを うつし いだしたると ひやうぢやう いたし 一人の ものを みぎ しやしんやへ
いりこませ その ふしぎを おぼへん ため だんだんと やうすを うかゞ みるに あには

いふ町にスクロットと申人一人の男の子あり。近辺のパン屋へ行きケーキ（菓子の類）を買い取り食らいければ、忽ち顔の色変わりてそれがために死したり。子供の親スクロットうち嘆き悲しむといへども詮方なく、これより右パン屋を相手取り罰金をパン屋より取らんと政府へ訴えたり。政府に於いて双方取り糺しの上、パン屋より罰金五千ドル出だしスクロットへ取るべしとの裁きありたり。○右裁判を尋ぬるに、そのパン屋アコライント［アルカロイド］といふやくし〈薬種〉を菓子製造に用ひたる故、その品は毒なるものとの裁きなり。アメリカの町に於いて後々パン屋にてそのやくしを用ひさせざるために、多くの罰金をパン屋より取り立てスクロットに与へしは、パン屋を戒むためなるべし。

○当時盛んなるアメリカ国のニユヲウリン［ニューオーリンズ］といふ町の昨年暮れまでの借財を調べたるに、二千二百二十四万五千九百七十八ドルなり。

○イギリス国より昨一千八百七十二年の諸国へビール（麦酒）を積み送りし金高一千〇四十万ドルなり。

○アメリカ国にて、ある議事院の役人一人より手紙を送りし郵便の代料、一ヶ年分七百三十二ドルあるとぞ。

○カロラロト［コロラド］といふ国の鉱山より昨年中掘り出だしたる銀の高四千〇七十万〇四千九百三十一ドルなり。

○プルイス［プロイス］の城下に於いて不思議の写真屋あり。我は写真を写すことに奇妙を得たり。何れの人にても我が写したる姿はその人の生きたると同じことなり。如何となれば、その人の飼いおき犬にその写したる絵を見すれば忽ち走り来たり、その絵に寄り添うて離れざるなりと人々へ触れければ、一時その写真屋へ来たり写させる人々夥しくありければ、ほかほかの写真屋寄り集まり、如何なる訳にてその不思議の写真を写し出だしたると評定致し、一人の者を右写真屋へ入り込ませ、その不思議を覚へんため段々と様子を窺いみるに、あには

からんや うつせし しやしんに うしの あぶらを ゑの さわりに ならぬよう しやしん
へ すりこみし もの なり その あぶらの にほひ にて いぬハ その しやしんを はなれ ざ
るなり
みぎ よう なる はかりごとを なす もの あり 日本にも おひ／＼ しやしんも ひらけ
たれば 人〻の こゝろへに しるし おく なり よく／＼ ようじんして かよう なる はかり
ごとに わ のり たもふ な せいように おゐても べつだんに ふしぎ なる こと わ なき
もの なり
○アメリカ の うち カーナダー と いふ くにの 百せう ルイスボイス この せつまでに 三十人
の こを もち たり ちかごろ 三十人め の こを てら へ まいらせ きやうしに なを つ
けて もらいし なり うち 四人 ハ なくなり 二十六人 ハ ぶじ にて そだち ゐると ぞ
みぎ アメリカ の ルイスボイス 三十人 の こを もちし と いふ ハ 一人の つまにて
うみし もの ならん 日本に おゐても とくがわ しやうぐん 九だいめ いゑしげこう と
申 おかた 五十一人 の こを もたれし ハ めづらしき こと なれ ども めかけばら なり

アメリカの ことがら 十二ごう よりの つゞき

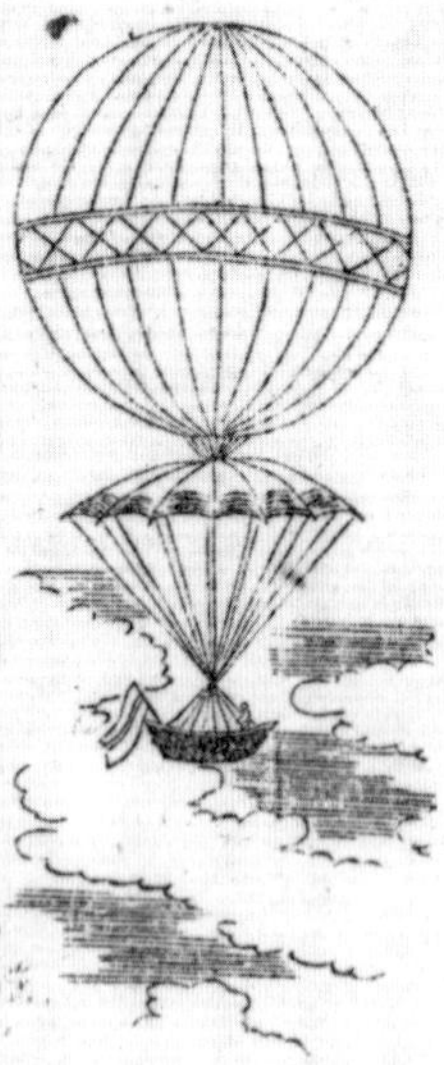

○ふうせん ハ 太小 ふどう と いへ
ども たいてい 四五けん ほどの ま
ろき ふくろの ながき くち ある も
のを ほろ と して また その うへ
に あみの ふくろを かけ 八ッぽう
に あまたの ひもを さげ その ひもに てつの おもりを つけ なを さしわたし 六七
しやくの まろき ざるの やう なる ふねに 人 一二人 のり ふくろの ながき くちよ
り てつの くだにて たるの なか へ たくわへ たる せきたんの きの かろきを いれ
じやうき ふくろの なかに みちふくるゝ とき をに つけ たる てつの おもりを とき
その をを ふねの 八ぽうに むすび つけて はなす ふくろの ながき くち ハ ふさがざ
れども じやうき いづる こと なし ふね ハ しだいに くうちう へ のぼり しかして かぢ
を とり おもふ かたへ はしる なり その はしるの すみやか なる こと 日本まで ちうや

十三ごう

からんや、写せし写真に牛の脂を絵の障りにならぬよう写真へ擦り込みしものなり。その脂の匂ひにて犬はその写真を離れざるなり。

右様なる謀をなす者あり。日本にも追々写真も開けたれば、人々の心得に記しおくなり。よくよく用心して斯様なる謀には乗り給ふな。西洋に於いても別段に不思議なる事はなきものなり。

○アメリカの内カーナダー［カナダ］といふ国の百姓ルイスボイス、この節までに三十人の子を持ちたり。近頃三十人目の子を寺へ参らせ教師に名を付けて貰いしなり。内四人は亡くなり、二十六人は無事にて育ちいるとぞ。

右アメリカのルイスボイス三十人の子を持ちしと言ふは、一人の妻にて産みしものならん。日本に於いても徳川将軍九代目家重公と申お方、五十一人の子を持たれしは珍しきことなれども妾腹なり。

アメリカの事柄　十二号よりの続き

○風船は大小不同と言へども大抵四五間ほどの丸き袋の長き口あるものを幌として、又その上に網の袋を掛け、八ッ方に数多の紐を提げ、その紐に鉄の錘を付けおき、差し渡し六七尺の丸き笊の様なる船に人一二人乗り、袋の長き口より鉄の管にて樽の中へ貯へたる石炭の気の軽きを入れ、蒸気袋の中に満ち膨るるとき、緒に付けたる鉄の錘を解き、その緒を船の八方に結び付けて放す。袋の長き口は塞がざれども蒸気出づることなし。船は次第に空中へ昇り、しかして舵を取り、思ふ方へ走るなり。その走るの速やかなること日本まで昼夜六日目にして至ると言ふ。鉄砲玉の速きすら日本まで昼夜四日目半の測量なる由。但しワシントンより日本への差し渡し凡そ三千里余と言へり。かくの如く速やかなれば空中を飛び行くに速くして目に遮らず。しかれども風船は舵の取り方難しく、余りに高く昇り過ぎ空気薄き所に至り、人死すること折々なれば、みだりには乗ることを許さず。又これに乗るを馬鹿者とする由なれども、一昨年中フランスフロイス戦争の節は、フロイスの兵隊に囲まれフランスへの通路を塞がれし故、余儀なく風船に乗りて四方へ往来せし由。それより風船の乗り方開けたる由。そもそも風船はフランスの人にて兄をエチエンヌと言ひ、弟をジョセツナ［ジョセフ］と言ひし兄弟の者の発明にて、最初は濡れたる藁、髪の毛の類を燃やし、その温かき気を袋の中に込めて千七百八十三年（今より八十九年前）の六月五日に六千四百丈ほどの高さに空中へ昇りしを初めとなす故に、風船の名をモントゴルヒーとも言ふ。モントゴルヒーは発明したる兄弟の苗字なるが故なり。しかれども火の活気を袋へ込めたるにては冷へ易くして空中に長く留まること能わず。故に水素ガスといふ石炭の気を毬に含まして空中へ昇ること二三里を以て限りとす。

○日新真事誌に曰く。一千八百七十三年四月十日、横浜新聞に記したる一つの奇談あり。先年フロイスとフランスの戦争の時、フロイスの兵隊一人フランスのために鉄砲に撃たれたるなり。その敵討ちをなさんとてその近き所にあるウヲといふ村に乱入して、その寺院に隠れいたるフランスの百姓二十八人を縛り、彼の兵卒の霊魂を慰めんとて、右選ばれたる者に向かひて、一人の敵なれば汝らの内三人を殺さん故に籤取りにてこれを定むべしと、その籤に当たりし者を選みて鉄砲にて撃ち殺しけり。しかるに今殺されたる女房の嘆き一方ならず。夫の籤のためにその選みに遭ひし故を以て、生き残りたる二十五人よりそくばくの贖ひ金を貰わんことを望むといふ。

○アメリカワシントンよりの便りに曰く。この節彼の国キャリフヲナイより日本へ海の底に電信機を架ける事を企て、それにつき近日太平洋（日本とアメリカの間の海）を測量致すあり。その入用は彼の国の政府に於いて賄ふ由。右電信機を架けるは凡そ一千万ドルを以て元手株金とするなり。○ああ盛んなるかな、世界の開けゆくことかくの如き企ての追々に成就せば、実に幾千里も隣の如くならん。

○アメリカのボウドといふ所に長命なる人あり。当年九十歳余、その子六十歳、孫三十歳。夫婦無事にてひこ［曾孫］は二歳なるよし。

○アメリカのカネテケツト［コネチカット］といふ所に疱瘡を忌み嫌ふの甚だしき人あり。この頃ボーストン［ボストン］といふ所に疱瘡の流行る由を聞き、そのボーストンの知り人より電信機を以て便りありしに、右便りを受けざる由。

○西洋千八百〇八年のことなりしが、フランスにてゼプセ［ジプシー］（日本市子の類）曰く。この国にナポレヲンと言ひて世を治むる者二人あるべし。しかれども二人共に我が国にて終わりを遂げず他国旅先にて死ぬべしと。○今思へばこの事当たれるが如し。

○横浜の横文字新聞に、イギリス国内新聞社のたまへ書きを載せたり。当年出だす新聞紙の数千五百三十六。その内日々に仕出すもの百二十六あり。右総高の内訳、ロンドン二百八十五、在々八百八十九、ウヲエルス［ウェールズ］五十九、スガツトレド［スコットランド］百四十四、アインド［アイルランド］百四十、島々十九なり。

○北アメリカのヲヱスカンソン［ウィスコンシン］といふ国のメルヲワキ［ミルウォーキー］町にウリムス［ウィリアムス］といふ人あり。大いなる商法致し、世間にて商道しろよき〈宜しき〉人と言われしが、色は思案の外なるか、我が女房の従姉妹何某を恋慕致し、ふと睦まじくなりしが、ある日右娘出奔致し、続いてウリムスも行き方知れず。しかるにウリムスはある川端にて我が着たりし服を脱ぎ捨て水を浴び、誤りて川にはまり亡くなりしと世間の人に思わせ、娘と連れ立ちキャリフヲナイのサンホシセ［サンホセ］といふ所に至り、住居を定め、二人仲良く暮らしいたるに、故郷ウリムスの友達サンホウセへ来たり、ウリムス出で会ひしかば、その人故郷へ帰りなば必ずウリムスの本妻に告げんことを思ひ、本妻の来るを恐れ、身代を片付け家屋敷を売り払い、サンドウーチ島、ヲーストリヤルか又は日本へ逃げんとする模様なり。

## 雑説《いろいろのはなし》

○当月十五日、相模の国鎌倉に於いて、帝おん自ら千人ほどの兵隊を引き連れ野陣を張り、調練あそばされ、おん出で立ちは西洋服にて馬に召されし由なり。

○東京新橋より横浜への鉄道に乗りし人数、四月七日より同十三日まで一七日の間、三万三千九百四十三人、その賃銭凡そ一万〇五百三十三円八十銭なり。

## 告白《ふれだし》

○私この度口銭問屋（口銭を取りて商法するなり）並びにヲークシニヤル［オークション］（日本の競り市の類）を始め候について、アジヤ州（日本、唐、

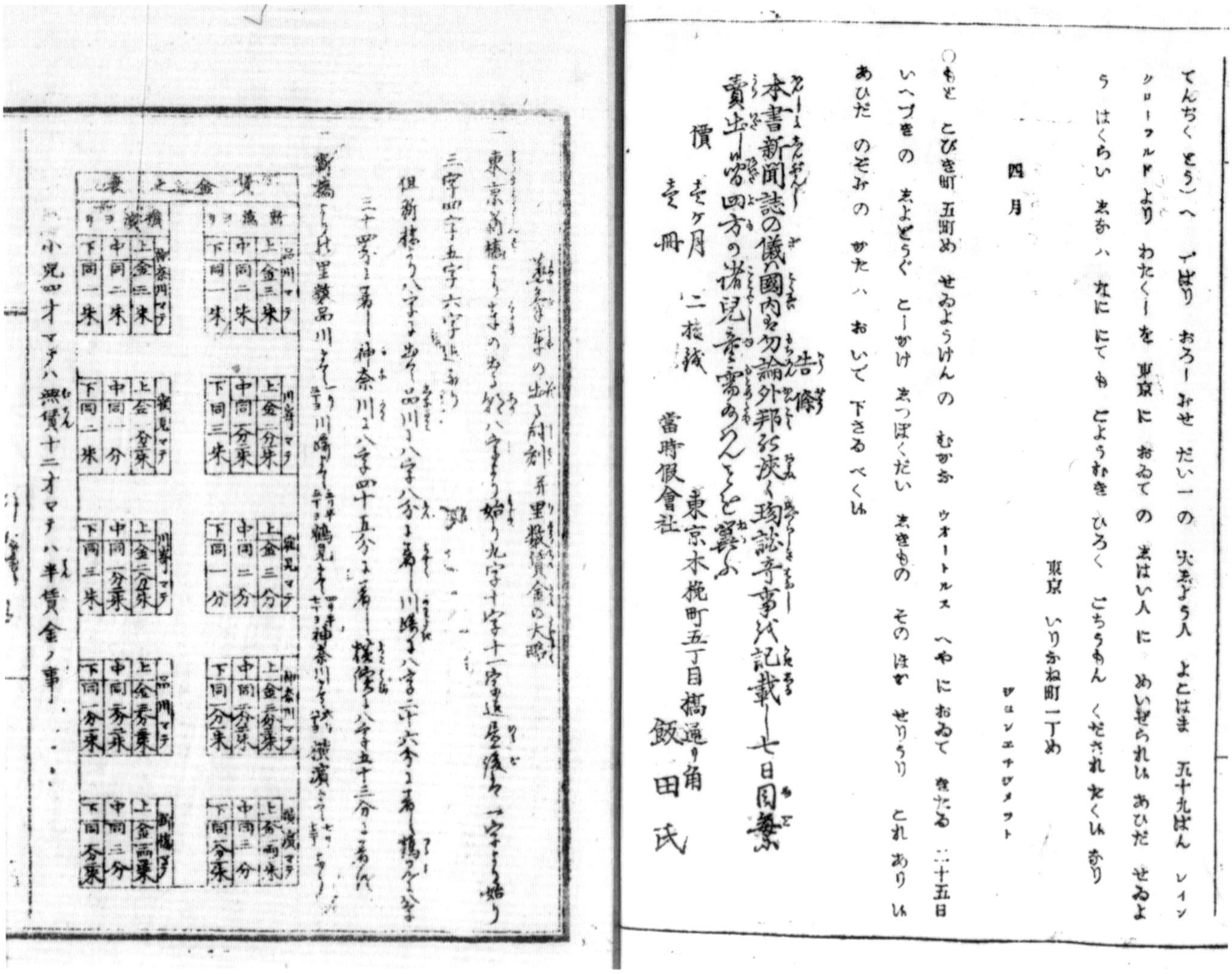

天竺等）へ出張り卸し店第一の大商人、横浜五十九番レイン
クローフルドより私を東京に於いての支配人に命ぜられ候間、西洋
舶来品は何にても御用向き広く御注文くだされたく候なり。

四月

東京入船町一丁目
ジヨンンエチジメツト

○元木挽町五町目精養軒の向かふウォートルス部屋に於いて、来る二十五日
家付きの諸道具、腰掛、卓袱台、敷物その他競り売りこれあり候
間、望みの方はお出で下さるべく候。

告条《こくでう》

本書新聞誌の儀は、国内は勿論外邦の浹く珍誌奇事を記載し、七日目毎に
売り出し、間四方の諸児童需めんことを冀ふ。

価　壱ヶ月　二拾銭　　東京木挽町五丁目橋通り角
　　壱冊　　　　　　　当時仮会社　　飯田氏

蒸気車《しやうきしや》の出《いづ》る時刻《じこく》幷里数賃金《りすうちんきん》の大略《たいりやく》

一　東京新橋より車の出る朝八字より始り九字十字十一字迄昼後は一字より始り
三字四字五字六字迄なり。
但新橋より八字に出て品川に八字八分に着し川崎に八字二十六分に着し鶴見に
八字三十四分に着し神奈川に八字四十五分に着し横浜に八字五十三分に着す。

一　新橋よりの里数品川まで一里三丁余、川崎まで三里半三丁余、鶴見まで四里半七丁余、神奈川まで六里八丁余　横浜まで七里十二丁なり。

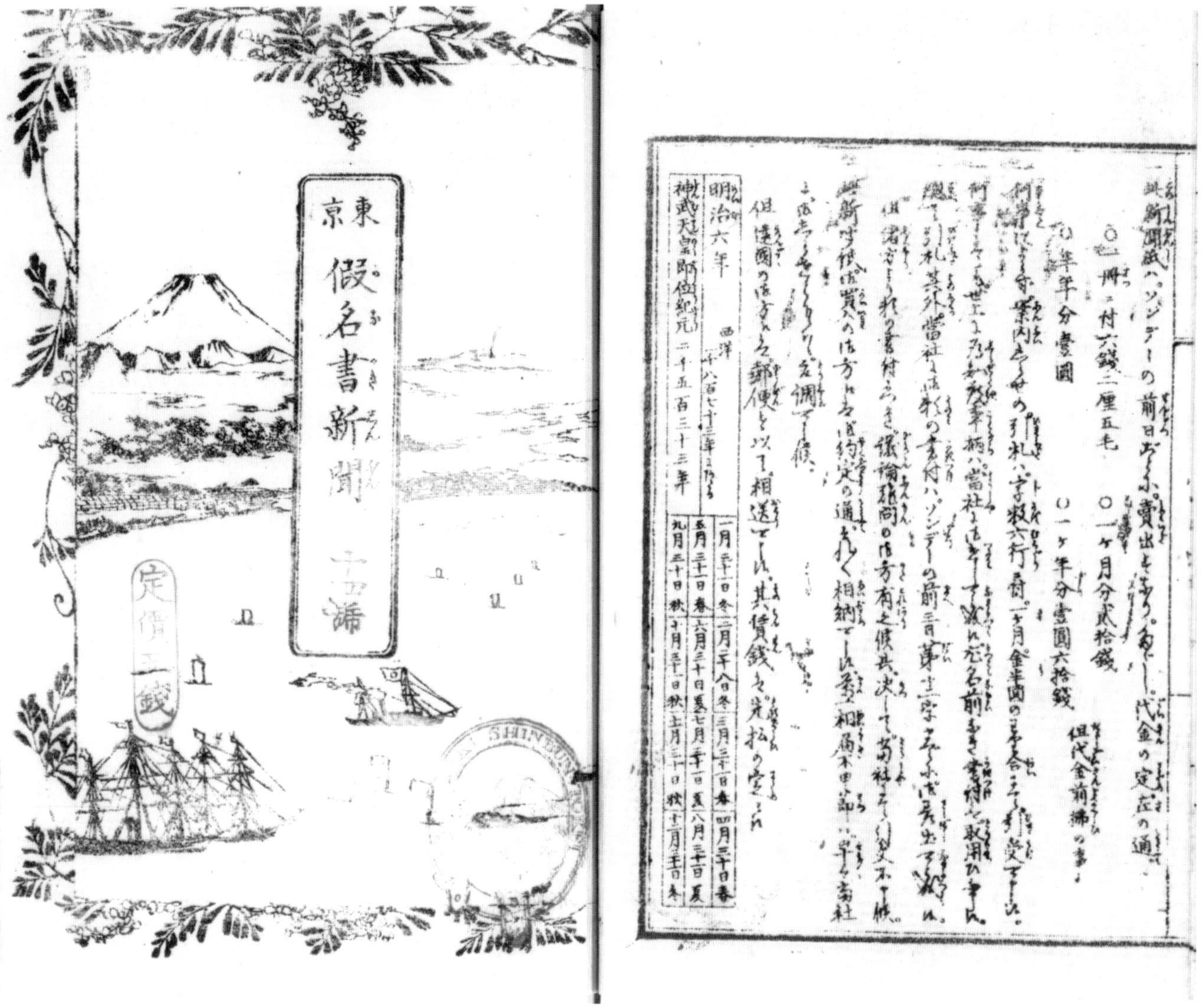


一　此新聞紙は、ソンデーの前日ごとに売り出すなり。ただし代金の定左の通。

○一冊に付六銭二厘五毛　○一ヶ月分二十銭

○半年分一円　○一ヶ年分一円六十銭　但代金前払の事。

一　何事によらず、案内知らせの引札は、字数六行に付、一ヶ月金半円の割合にて引受申べく候。

一　何事にても、世上に知らせたき事柄は、当社に御遣しなさるべく候。尤名前なき書付は取用ひ申さず候。

一　総て引札其外当社に御頼の書付は、ソンデーの前三日第十二字までに御差出なさるべく候。

但諸方より頼の書付につき、議論難問の御方これあり候ども、決して当社にて引受申さず候。

一　此新聞紙御買入れの御方へは、御約定の通、それぞれ相納め申べく候。万一相届申ざる節は、早々当社に御知らせられ候ば取調申べく候。

但遠国の御方へは郵便を以て相送申べく候。其賃銭は先払の定に候。

十四号の内容　明治6・4・26

前文1　発行の趣旨1

**御布告**　○人別外れの人の送り届け方○海軍兵学寮生徒募集○僧侶苗字の儀取り消し○神社制札　の改定○官員の休暇

**国内新聞**　○長寿者に祝詞と品贈呈○越前堀から深川への渡し船開業○兎の売買の弊害○獣肉の奉納と肉食許可○横浜で競馬○蒸気車乗り場で侍の風体の者迷惑行為

**海外新聞**　○イスパニアでパルチザンに鉄砲供与○イスパニア内乱○アメリカの綿の生産量○フランスの税収○フランスの将軍裁判にかけられる○イギリス近辺で蒸気船難破○日本使節オランダに到着○イギリスの雑費と税金○寺島公イギリス女王に拝謁○イギリスの王子ロシアの王女と婚礼との風説○外国人公使がシナの天子に会う可能性○天津の人大水を心配○オランダの貨幣改革○外国人がシナの天子に会うこと決まらず○アメリカの国情○輸出入○髪の特に長い美女（米）○ロシア出兵○印刷機発明（米）○日本、軍事改革○イギリス、石炭と鉄により優位に○イスパニアの新たな官職○蒸気車の進歩（英）

**投書**　○当新聞の仮名の使い方についての意見、新聞社の回答○仮名文字について。当新聞で使う漢字の一覧

**雑説**　○列車の本数増○新橋横浜間鉄道の乗客数と賃金○島津公の参内について

**告白**（広告）　**蒸気飛脚船入港出帆表**　**告条**　**蒸気車の出る時刻幷里数賃金の大略**　社告

方今文化の御代なれば、新聞紙も日増に盛なり。すでに東京府下に於いて、板を摺出す処、僅の間に六七軒も開けし程なり。其開化を助るの功も亦少からざるべし。只惜らくは、其書漢語交の文体なれば、婦人小児及ひ愚民などに至てはこれを読、これを解すること能はず。これに因て、こたび当社より出すところの新聞は、

都て仮名のみを用ひ、文を綴り、日月支干数字などの普く人の耳目に慣し文字の外は、決て漢字を用ひざるなり。尤仮名は読誤り易きもの故、西洋の書法に倣ひ、一と綴りことに欠字をなし、間を明、読きりのところに至りては○印を施なり。官名人名地名、并西洋の言葉などは、皆片仮名を用ゆ。仮名遣ひも古き法に随ときは却て通じ難きこともあるべし。仮へは無礼は「むらい」、舫は「むやひ」と訓ずるときは、婦女子に通じ兼るなり。されは此書には、俗言のまま「ぶれい」「もやひ」と記し、

又仮名を施すに、或は字音により、或は字訓によるも、亦世間普く言習し方に随ふなり。看人この意を得て読たまへかし。

東京假名書新聞《かなかきしんぶん》　十四号　明治六年四月二十六日

御布告《おんふれかき》

○当月十七日、大蔵省より第六十一号府県へお達しに、辛未の四月お触れ、人別外れの人を送り届けの規則第一条の内、当人申口確かなるは直に添状を以て送り出し候ところ、今よりは申口を糾し、その支配役所へ掛け合ひの上送り方取り計らふべしと。

○この度海軍兵学寮に於て、生徒新たに選まれ候につき、志願の者は願書雛形の通りに認め、右兵学寮へ出だすべし。

但し、雛形に書入れこれある厄介の儀、辛未の四月二十四日御布

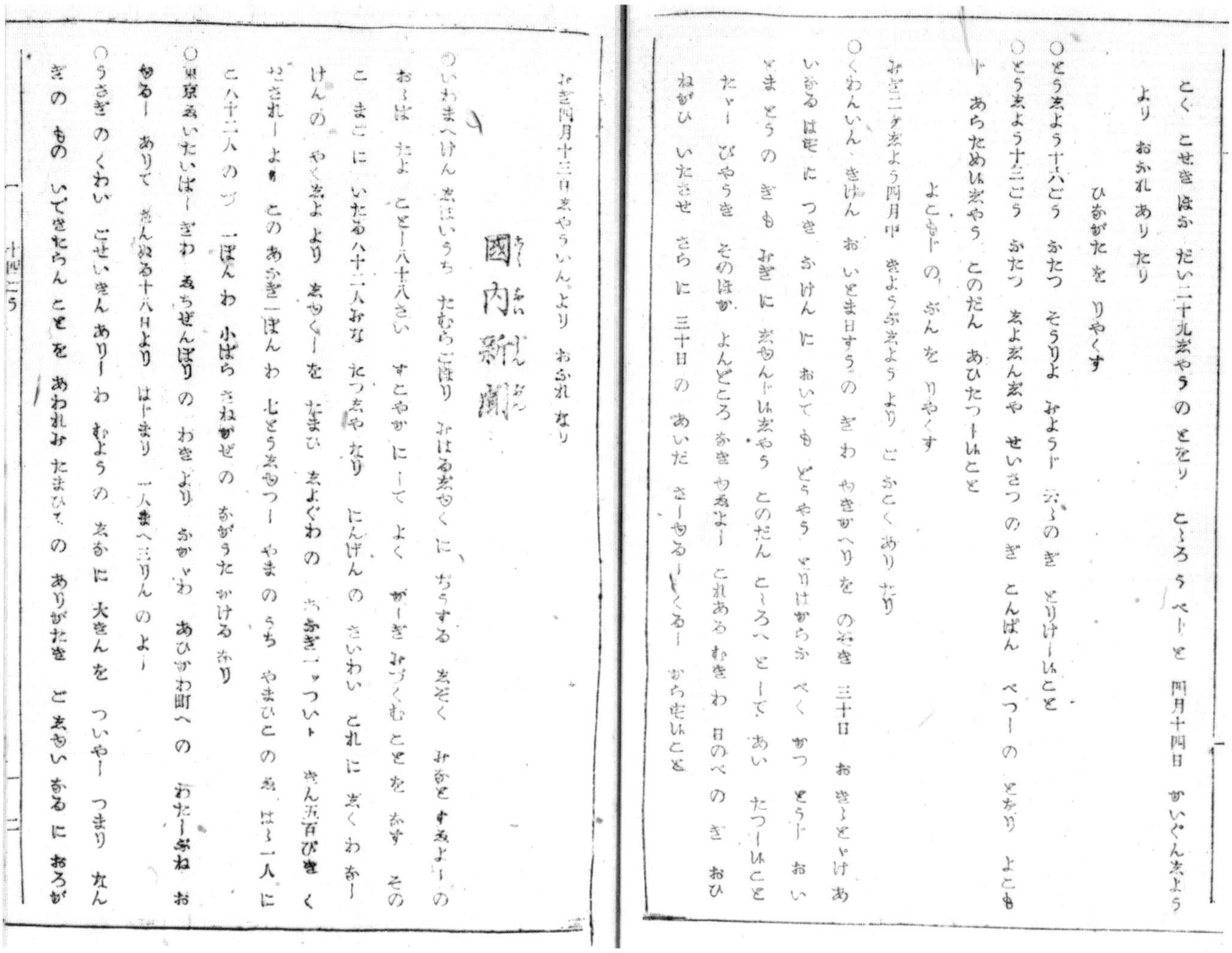

告戸籍法第二十九条の通り心得べしと、四月十四日海軍省よりお触れありたり。

　雛形を略す。

○同省十六号布達。僧侶苗字云々の儀取り消し候事。

○同省十三号布達。諸神社制札の儀、今般別紙の通り横文字改め候条この段相達し候事。

　横文字の文を略す。

右二ヶ条、四月中教部省より御布告ありたり。

○官員期限をお暇日数の儀は、行き帰りを除き三十日お聞き届けあいなるはずにつき、府県に於ても同様取り計らふべく、且つ湯治お暇等の儀も右に準じ候条、この段心得として相達し候事。

　但し、病気その外拠所なき故由これある向きは、日延べの儀追ひ願ひ致させ、更に三十日の間差し許し苦しからず候事。

右四月十三日正院よりお触れなり。

国内新聞《こくないしんぶん》

○磐前県支配内田村郡三春宿に住する士族湊季澄の祖母たよ今年八十二歳、健やかにしてよく炊ぎ水汲むことをなす。その子、孫に至る六十一人皆達者なり。人間の幸いこれに如くはなし。県の役所より祝詞を給ひ、書画の扇一ッ対と、巾五百疋くだされし由。この扇一本は七等出仕山内山彦の絵、母一人に子八十二人の図。一本は小原実風の長歌書けるなり。

○東京永代橋際越前堀の脇より深川相川町への渡し船お許しありて、去んぬる十八日より始まり、一人前三厘の由。

○兎の飼い御制禁ありしは、無用の品に大金を費やし、つまり難儀の者出で来たらんことを憐み給ひての有難き御趣意なるに、愚か

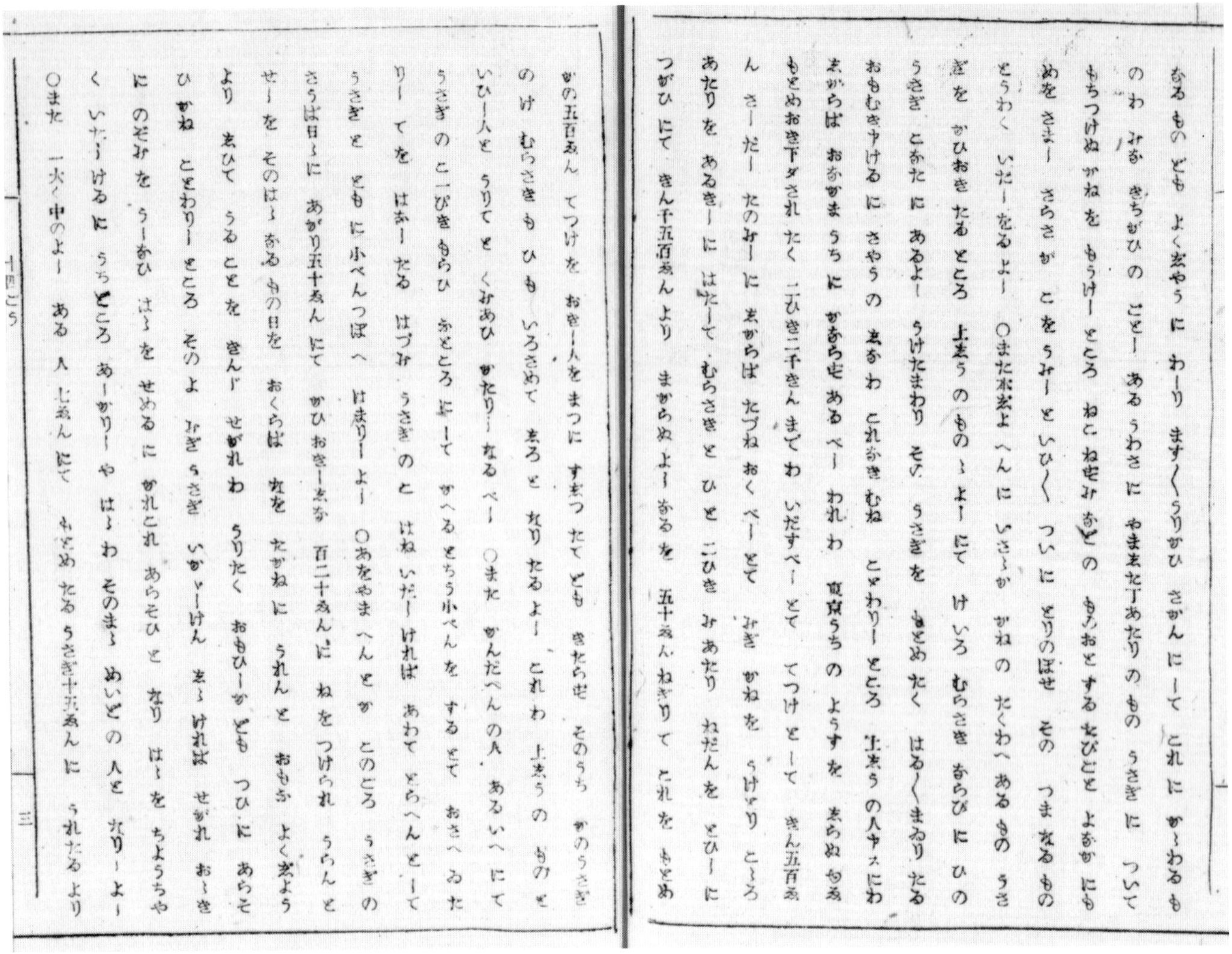

なるもの ども よくしやうに わしり ますく うりかひ さかんに して これに かゝわるも
のわ みな きちがひの ごとし あるうわさに やましたた丁あたりの もの うさぎに ついて
もちつけぬ かねを もうけし ところ ねこ ねずみ などの もの おとする たびごと よなか にも
めを さまし さらさ が こを うみし と いひく ついに とりのぼせ その つま なる もの
とうわく いたしをるよし ○また本しよ へんに いさゝか かねの たくわへ ある もの うさ
ぎを かひおき たる ところ 上しう の もの ゝ よし にて けいろ むらさき ならびに ひの
うさぎ こなたに あるよし うけたまわり その うさぎを もとめ たく はるく まゐり たる
おもむき申ける に さやうの しな わ これなき むね ことわりし ところ 上しう の人申スにわ
しからば おなかま うちに かならず あるべし われわ 東京うちの ようすを しらぬ ゆゑ
もとめおき下ダされ たく 二ひき二千きん までわ いだすべし とて てつけ として きん五百ゑ
ん さしだし たのみし に しからば たづね おく べしとて みぎ かねを うけとり こゝろ
あたりを あるきしに はたして むらさき と ひと 二ひき みあたり ねだんを とひし に
つがひ にて きん千五百ゑん より まからぬ よし あるを 五十ゑん ねぎりて これを もとめ

かの五百ゑん てつけを おきし人を まつに すじつ たて ども きたらず そのうち かのうさぎ
のけ むらさきも ひも いろさめて しろと なりたるよし これわ 上しうの ものと
いひし人と うりてと くみあひ かたりし なる べし ○また かんだへんの人 あるいへ にて
うさぎの こ一ぴき もらひ ふところ にして かへる とちう小べんを するとて おさへ ゐた
りし てを はなし たる はづみ うさぎのこ はね いだし ければ あわて とらへんと して
うさぎと ともに 小べんつぼ へ はまりし よし ○あをやま へんと か このごろ うさぎの
さうば日ゝに あがり五十ゑんにて かひおきし しな 百二十ゑんに ねを つけられ うらんと
せしを そのはゝ なる もの日を おくらば なを たかねに うれんと おもふ よくよう
より しひて うる ことを きんじ せがれ わ うりたく おもひし かども つひに あらそ
ひ かね ことわりし ところ そのよ みぎうさぎ いかゞし けん しゝ ければ せがれ おゝき
に のぞみを うしなひ はゝを せめるに かれこれ あらそひと なり はゝを ちようちや
く いたしけるに うちどころ あしかりしや はゝわ そのまゝ めいどの 人と なりし よし
○また 一大く中のよし ある 人 七ゑん にて もとめ たる うさぎ十五ゑん に うれたるより

なる者共欲情にわしり〈走り〉、ますます売り買ひ盛んにして、これに関わる者は皆気違いの如し。ある噂に、山下丁辺りの者兎について持ちつけぬ金を儲けしところ、猫鼠などの物音する度ごと夜中にも目を覚まし、さらさが子を産みしと言ひ言ひ遂に取り上せ、その妻なる者当惑致しおる由。○又本所辺にいささか金の貯へある者兎を飼ひおきたるところ、上州の者の由にて毛色紫並びに緋の兎こなたにある由承り、その兎を求めたくはるばる参りたる趣申けるに、左様の品はこれなき旨断りしところ、上州の人申スには、しからばお仲間内に必ずあるべし。我は東京内の様子を知らぬ故求めおき下ダされたく、二匹二千金までは出だすべしとて、手付として金五百円差し出し頼みしに、しからば尋ねおくべしとて右金を受け取り心当たりを歩きしに、果たして紫と緋と二匹見当たり、値段を問ひしに、番にて金千五百円より負からぬ由なるを、五十円値切りてこれを求め

彼の五百円手付を置きし人を待つに、数日経てども来たらず。そのうち彼の兎の毛紫も緋も色醒めて白となりたる由。これは上州の者と言ひし人と売り手と組み合ひ騙りしなるべし。○又神田辺の人ある家にて兎の子一匹貰ひ、懐にして帰る途中、小便をするとて押さへいたりし手を放したる弾み、兎の子跳ね出だしければ、慌て捕らへんとして兎と共に小便壺へはまりし由。○青山辺とかこの頃兎の相場日々に上がり、五十円にて買ひおきし品百二十円に値を付けられ売らんとせしを、その母なる者、日を送らばなお高値に売れんと思ふ欲情より強ひて売ることを禁じ、倅は売りたく思ひしかども遂に争ひかね断りしところ、その夜右兎如何しけん死しければ、倅大きに望みを失ひ、母を責めるにかれこれ争ひとなり、母を打擲致しけるに、打ち所悪しかりしや母はそのまま冥途の人となりし由。○又一大区中の由、ある人七円にて求めたる兎十五円に売れたるより、

建て家家財を書き入れ三十円余金を整へ、右十五円に合わせ、このたびは五十円にて一ト番買ひ求めたるに、その夜雌兎死したるより、その妻なる者狂気致し井戸に身を投げたりとぞ。○これらは実事ならば、既にその筋へお届けになり、御処分もあるべく容易ならぬ事にて、真とも思われぬなれども、この節兎に駆け回る者の有様を見るに、実に本気の沙汰にあらず。かかることもありげに思わるる故、迷ひを解くの片端にもと暫く風聞のままに記すのみ。

○滋賀県より教部省へ伺ひに、我が国大昔獣の肉を神に供へたる一般の例あり。しかるに中昔この方これを禁ずる習ひとなり、肉のみならず卵なども用ひず。今より大昔に立ち返り、肉類神々へ供ふる事憚りなき事に候やの旨、支配内神社向き向きより追々伺ひ出で候。右は神に供へ候は勿論、肉食一切憚るに及ばずと心得しかるべくや。

○伺ひの通り憚るに及ばざる旨お指図ありたり。

○来る五月十四日より十六日まで三日の間、横浜に於いて比べ馬の催しあり。西洋にてホウスレーシ［ホースレース］と言ふは比べ馬のことなり。この催しあれば、右に用ゆる馬には、前広より良き食ひ物を与へ、よく仕込みおき、その日には四方に桟敷を架け、数万の見物ある中故、乗り人何れも華やかなる衣服を着飾り、馬を走らせ比ぶるなり。その勝ち負けに掛け金ある故、負けを取りし人は身上を仕舞うもあり。又勝ちたる人は多くの褒美を得るもある故、各々秘術を尽くすなれば面白き見物なるべし。

横浜競馬の図

○ある人の話に、四月二十日昼後五時頃、品川蒸気車の乗り場ステーションにて、髪を茶筅髷に結ひ打ち紐にて結び、黒縮緬の紋付の羽織を着し、紺地模様織緞子の野袴を穿き、白金作りの脇差を一本差したるが、酔狂の体にて高声に歌を歌ひ、大勢群衆の中を無作法にふざけ回り、取締まりの者もてあましたる様子なり。右様なる者通例の身分の人ならばステーションの役人よりお締まりもあるべきを、位高き人の由にて宥めおきしと聞けり。しかれども外国のこれを見る者甚だ不締まりのことなりと言ひし由なり。

## 海外新聞《かいがいしんぶん》

ヘルダ［ヘラルド］新聞に曰く。

○ロンドン三月三十日より四月三日までイスパニヤルの政府に於いて、この頃ライフル（鉄砲の名）四万挺ほどハルンテル［パルチザン］（日本の農兵に似たる兵隊）へ当てがひしとぞ。

○イスパニヤルの政府の兵隊、リポレ［リペル］といふ所に於いて、賊カアレスレ［カーリスツ］と戦争に及びしが、政府方大いに敗北致されし由。賊方に於いては、トールガ［ベルガ］といふ所を奪い取りし由なり。

○当年アメリカにて出来し綿の高凡そ三百七十六万四千八百八十八斤なりとぞ。

○フランスの雑費並びに税金千八百七十四年中の積もり高左の通り。

税金（上がり高）　二兆五億二千六百万フンク［フラン］

ざつぴ（いりようだか）　二ちよう五億二千三百萬フンク
○フランスの せいふに をいて このごろ かの國の しようぐん ビザインを さいばんに をよぶことに けつしたるよし（たゞし この しようぐん ビザインわ せん年 フランスと フルイスとの せんそうの とき フルイスへ こうさんの ことがらに ふつごう ありし ゆへ なりとぞ）
○イギリスの きんぺんにて アタラジテキと ごうする じようきせん なんせんせしが その のりあいの きやく 九百七十五人の うち 四百十五人たすかり 五百六十人おぼれ しゝたる よし
○三月二十四日 日本より かくこくへ いたりし おつかい ヲランダの じようか ヘーキに ちやく いたされしよし
○イギリスの せいふの ざつぴ ならびに ぜいきん さのとをり
ぜいきん（あがりだか）　七千六百萬パウンよ
ざつぴ（いりようだか）　七千一百萬パウンよ

○イギリス ボケガハムと いふ おしろに おいて 日本より かの國へ ゆかれし てらしまこうを はじめ ほか やく〳〵 イギリスの によていに はいゑつ ありたるよし
○一さく ひつじの年 日本へ まいられし イギリスの によていの わうじに きん日 ロシヤの てんしの むすめを めとり こんれい あるとの ふうぜつ あり
○シナにて わ これまで てんし かくこくの こうしに あわざりしが この せつより あふことを ゆるされしよし なれども いつ あわんと いふ日わ いまだ さだまらざるよし なり
○シナの うち テンシンと いふところにて わ ことしも おゝみづ あらんかと かの ちの もの おゝいに おそれをるよし なり
○ヲランダに おいてわ これまでの つうようぎんを はいし すべて きんの つうように いたす もようなり
○よこはまヘラルドしんぶんに いわく シナの てんし ぐわい國人の まみゆる ことを ゆるさざりし ゆゑ かくこくの ミニストルら 大に ふへいを いだきしに シナせいふにてわ てんしを さなきよしを もつて いひわけしたり しかるに きよ年 みかど きさきを めとり こんれい

十四ごう　六

雑費（入用高）　二兆五億二千三百万フンク
○フランスの政府に於いて、この頃彼の国の将軍ビザイン［バザイン］を裁判に及ぶ事に決したる由（但しこの将軍ビザインは、先年フランスとフルイス［プロシャ］との戦争の時、フルイスへ降参の事柄に不都合ありし故なりとぞ）。
○イギリスの近辺にてアタラジテキ［アトランティック］と号する蒸気船難船せしが、その乗り合いの客九百七十五人の内四百十五人助かり、五百六十人溺れ死したる由。
○三月二十四日、日本より各国へ至りしお使いヲランダの城下ヘーキ［ハーグ］に着致されし由。
○イギリスの政府の雑費並びに税金左の通り。
税金（上がり高）　七千六百万パウン［ポンド］余
雑費（入用高）　七千一百万パウン余
○イギリス　ボケガハム［バッキンガム］といふお城に於いて、日本より彼の国へ行かれし寺島公を始め、他役々イギリスの女帝に拝謁ありたる由。
○一昨未の年日本へ参られしイギリスの女帝の王子に、近日ロシヤの天子の娘を娶り婚礼あるとの風説あり。
○シナにてはこれまで天子各国の公使に会わざりしが、この節より会ふことを許されし由なれども、いつ会わんといふ日は未だ定まらざる由なり。
○シナの内天津といふ所にては今年も大水あらんかと、彼の地の者大いに恐れおる由なり。
○ヲランダに於いては、これまでの通用銀を廃し、全て金の通用に致す模様なり。
○横浜ヘラルド新聞に曰く。シナの天子外国人のまみゆる事を許さざりし故、各国のミニストルら大に不平を抱きしに、シナ政府にては天子幼き由を以て言ひ訳したり。しかるに去年帝妃を娶り、婚礼

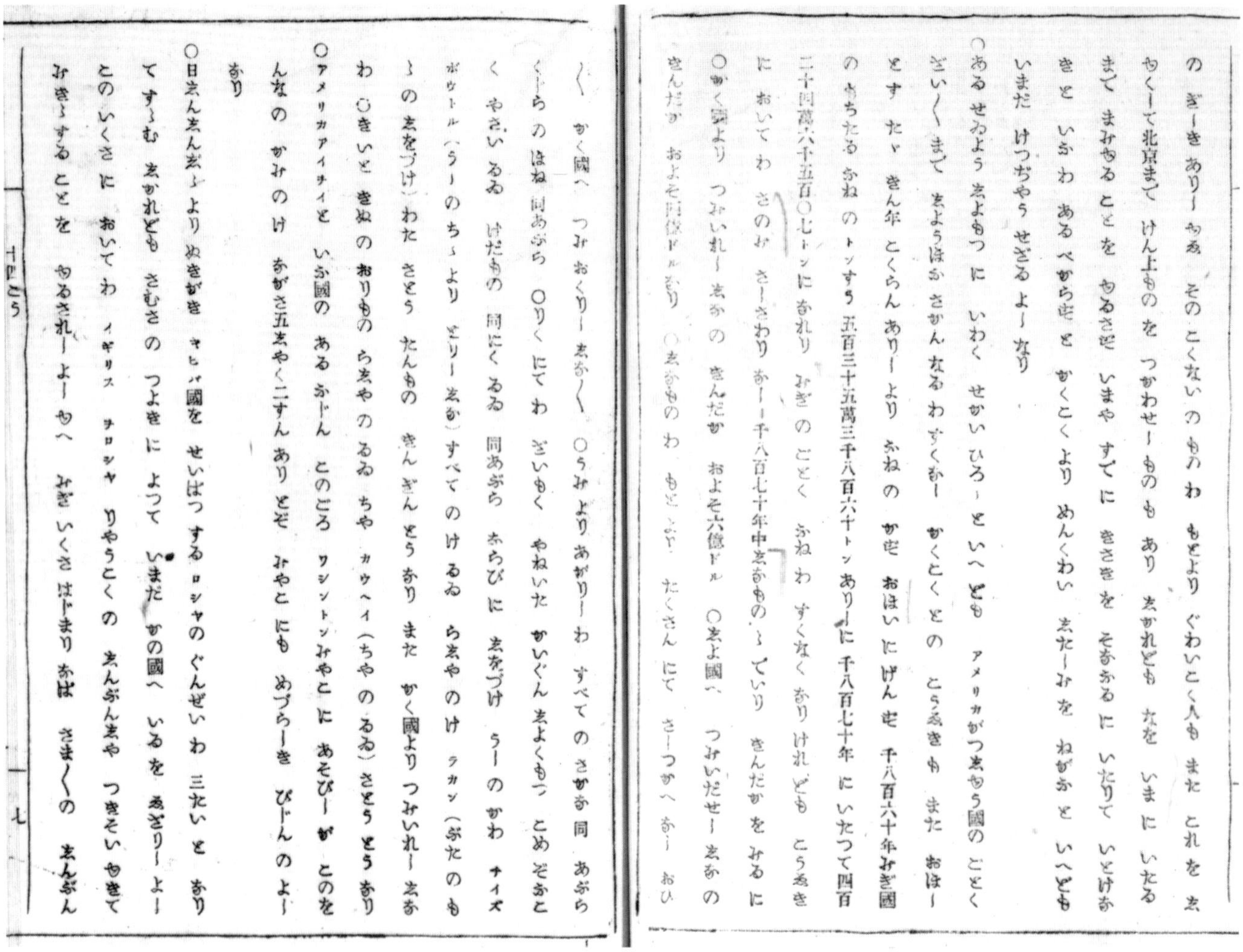

のぎしきありしゆゑ　そのこくないのものわ　もとより　ぐわいこく人もまた　これをしゆくして北京まで　けん上ものを　つかわせしものも　あり　しかれども　なを　いまに　いたるまで　まみゆることを　ゆるさず　いまや　すでに　きさきを　そなふるに　いたりて　いとけなきと　いふわ　あるべからずと　かくこくより　めんくわい　したしみを　ねがふと　いへども　いまだ　けつぢやう　せざる　よしなり

○ある　せいやう　しよもつに　いわく　せかい　ひろしと　いへども　アメリカがつしゆう國の　ごとくざい〳〵まで　しやうはふ　さかんなる　わ　すくなし　かくこくとの　こうゑきも　また　おほしとす　たゞ　きん年　こくらん　ありしより　ふねの　かず　おほいに　げんぜ　千八百六十年みぎ國のもちたる　ふねの　トンすう　五百三十五萬三千八百六十トン　ありしに　千八百七十年　に　いたつて四百二十四萬六千五百○七トンに　なれり　みぎの　ごとく　ふねわ　すくなく　なりけれども　こうゑきに　おいてわ　さのみ　さしさわり　なし　千八百七十年中しなもの　でいり　きんだかを　みるに

○かく國より　つみいれし　しなの　きんだか　およそ六億ドル　○しよ國へ　つみいだせし　しなの　きんだか　およそ四億ドルなり　○しなものわ　もとより　たくさん　にて　さしつかへ　なし　おひ〳〵　かく國へ　つみおくりし　しな〳〵　○うみより　あがりしわ　すべての　さかな　同　あぶら　くぢらの　ほね　同あぶら　○りくにてわ　ざいもく　やねいた　かいぐん　しよくもつ　こめ　ぞうこく　やさい　るゐ　けだもの　同にく　るゐ　同あぶら　ならびに　しほづけ　うしの　かわ　チイズ　ボウトル（うしのちゝより　とりし　しな）すべての　け　るゐ　らしやの　け　ラカン（ぶたの　もゝの　しほづけ）わた　さとう　たんもの　きん　ぎん　とう　なり　また　かく國より　つみいれし　しなわ　○きいと　きぬの　おりもの　らしやの　るゐ　ちや　カウヘイ（ちやの　るゐ）さとう　とう　なり

○アメリカアイヲイと　いふ國の　ある　ふじん　このごろ　ワシントンみやこに　あそびしが　このをんなの　かみのけ　ながさ五しやく二すん　ありとぞ　みやこにも　めづらしき　びじんの　よしなり

○日しんしんじ　より　ぬきがき　キヒバ國を　せいばつ　する　ロシヤの　ぐんぜいわ　三たいと　なりてすゝむ　しかれども　さむさの　つよきに　よつて　いまだ　かの國へ　いるを　えざりし　よし　この　いくさに　おいてわ　イギリス　ヲロシヤ　りやうこくの　しんぶんしや　つきそいゆきて　みきゝする　ことを　ゆるされし　よし　ゆへ　みぎ　いくさ　はじまりなば　さま〳〵の　しんぶん

十四ごう　七

の儀式ありし故、その国内の者は元より、外国人も又これを祝して北京まで献上物を遣わせし者もあり。しかれどもなお今に至るまでまみゆる事を許さず。今や既に妃を備ふるに至りて、いとけなきと言ふはあるべからずと、各国より面会親しみを願ふといへども未だ決定せざる由なり。

○ある西洋書物に曰く。世界広しといへどもアメリカ合衆国の如く在々まで商法盛んなるは少なし。各国との交易も又多しとす。ただ近年国乱ありしより、船の数大いに減ず。千八百六十年右国の持ちたる船のトン数五百三十五万三千八百六十トンありしに、千八百七十年に至って四百二十四万六千五百〇七トンになれり。右の如く船は少なくなりけれども、交易に於いてはさのみ差し障りなし。千八百七十年中品物の出入り金高を見るに、

○各省積み入れし品の金高凡そ六億ドル　○諸国へ積み出だせし品の金高凡そ四億ドルなり。　○品物は元より沢山にて差し支へなし。追々各国へ積み送りし品々　○海より上がりしは全ての魚、同油、鯨の骨、同油　○陸にては材木、屋根板、海軍食物、米、雑穀、野菜類、獣、同肉類、同脂、並びに塩漬け牛の皮、チイズ、ボウトル［バター］（牛の乳より取りし品）、全ての毛類、羅紗の毛、ラカン（豚の腿の塩漬け）、綿、砂糖、反物、金銀等なり。又各国より積み入れし品は、○生糸、絹の織物、羅紗の類、茶、カウヘイ［コーヒー］（茶の類）、砂糖等なり。

○アメリカ　アイヲイ［アイオワ］といふ国のある婦人、この頃ワシントン都に遊びしが、この女の髪の毛長さ五尺二寸ありとぞ。都にも珍しき美人の由なり。

○日新真事誌より抜き書き。キヒバ［ヒヴァ］国を征伐するロシヤの軍勢は三隊となりて進む。しかれども寒さの強きに因って未だ彼の国へ入るを得ざりし由。この戦に於いてはイギリス、ヲロシヤ両国の新聞社付き添い行きて、見聞きすることを許されし由故、右戦始まりなば様々の新聞

多かるべし。

○西洋千八百七十三年横浜ガゼット新聞に、この度アメリカにて文字を写す道具を新たに発明致し、筆執る者の助けとす。その形西洋にて鳴らす琴の様なるものにて、その仕掛け甚だ巧みなり。これを用ふるに指の先を以て扱ふ時は、筆おのずから動いて紙に書きつけ、同じ時紙を載せたる台もまた自然と横様に寄り来たりて、筆の書くべき様に備ふ。さて一トくだり終われば、その台また動き寄りて二タくだり目の文字を写す。かくの如く順を追って千万くだりの文字を写すも瞬く暇に出来るなり。実に驚くべきなり。

○日日新聞シナ日報の抜き書きに、日本国新たに軍立てを改革し、国中の若者年二十歳に及ぶ者を戦の人別に入れ、海軍陸軍を論ぜず役を務むること三年にしてその家に帰ることを得る。農を務め或いは商売の道を学ぶ、等しく四民の別なし。

但し国の大事あれば、ほんもん戦の人別を糺し、召し集め隊伍を組む。なお毎年一度大調練ありと。

○香港新聞に曰く。イギリス国の各国に優れて強き故は、石炭と鉄の二ッあるに因る。ここにシナ国石炭多く、その広きを測るに凡そ一百二十万里。イギリスの石炭脈は僅か三万六千万里。これに依って見ればイギリスの石炭各国に優れたりと言ふも、シナに比ぶれば五十分の一なり。さればシナにて奮発し、普く石炭あるの山を詮索し金銀銅鉄等をも出ださば、国富み且つ強きの功立つべきなり。

○外国新聞に、二月十二日イスパニヤ　マデリッド［マドリッド］電信に、この国新たに官職を置きて各々務め司らしむ。その人の名左の如し。

統領　　　　　セゲラス［フィゲラス］
軍務　宰相　コルダバ［コルドバ］
内国事務　宰相　マルガル

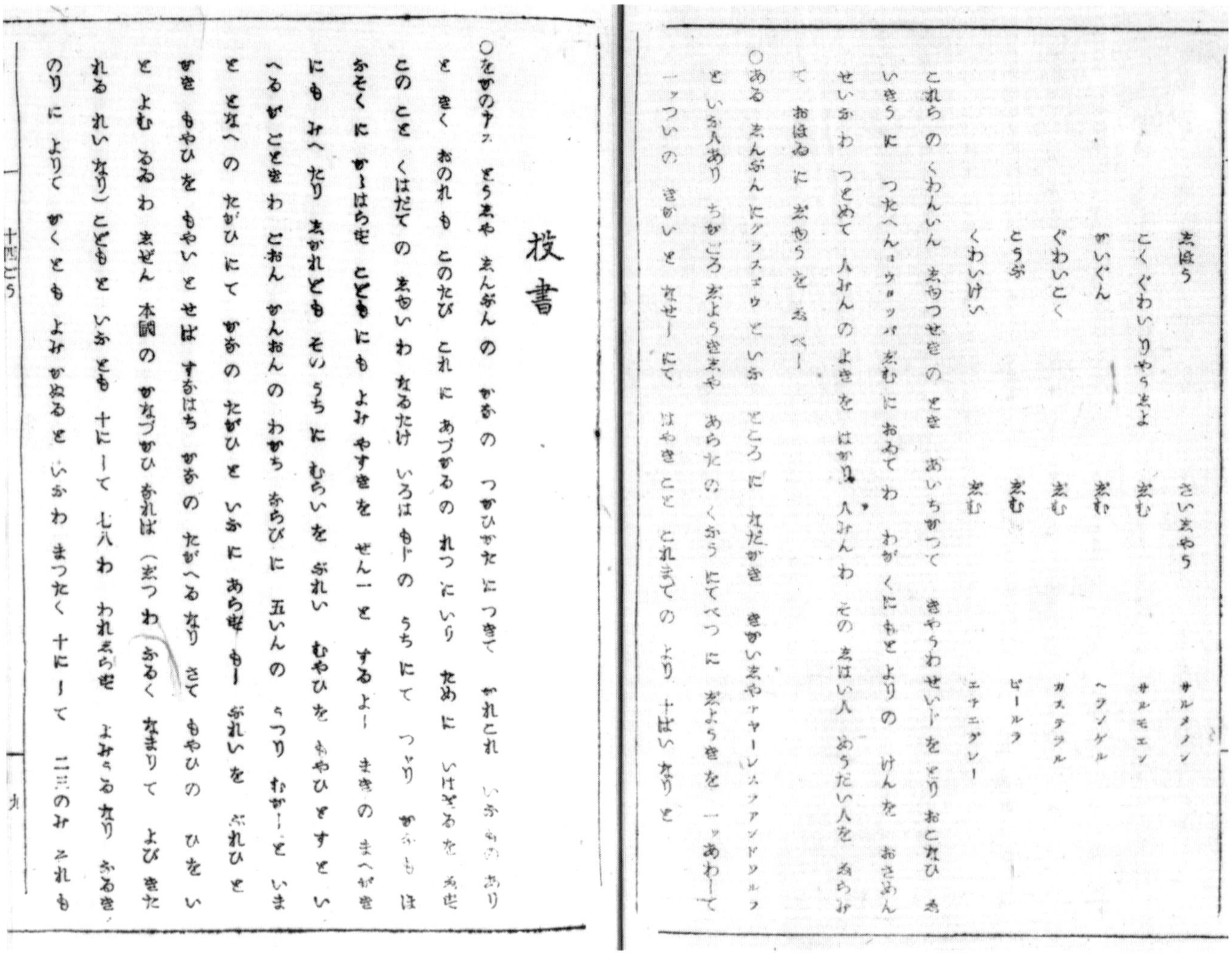
しほう　さいしやう　サルメノン
こくぐわいりやうしよ　じむ　サルモエン
かいぐん　じむ　ヘランゲル
ぐわいこく　じむ　カステラル
こうぶ　じむ　ビールラ
くわいけい　じむ　エチエグレー
これらの　くわんいん　しゆつせきの　とき　あいちかつて　きやうわせいドを　とり　おこなひ　え
いきうに　つたへん。ヨウロッパ　じむに　おいて　わ　わがくに　もとよりの　けんを　おさめん
せいふわ　つとめて　人みんの　よきを　はかり。人みん　わ　その　しはい人　めうだい人を　えらみ
て　おほいに　じゆうを　うべし
○ある　しんぶんに　グラスゴウ　と　いふ　ところに　なだかき　きかいしや　チャールスラアンドワルフ
と　いふ人あり　ちかごろ　じようきしや　あらたの　くふうにて　べつに　じようきを　一ッあわして
一ッついの　きかい　と　なせし　にて　はやき　こと　これまでの　より　十ばい　なりと

投書
○をかのナス　とうしや　しんぶんの　かなの　つかひかたに　つきて　かれこれ　いふもの　あり
と　きく　おのれも　このたび　これに　あづかるの　れつに　いり　ために　いはざるを　えず
この　こと　くはだての　しゆいわ　なるたけ　いろは　もじの　うちにて　つゞり　かなも　ほ
ふそくに　かゝはらず　こどもにも　よみやすきを　せん一と　するよし　まきの　まへがき
にも　みへたり　しかれども　その　うちに　むらいを　ぶれい　むやひを　もやひと　すと　い
へるが　ごときわ　ごおん　かんおんの　わかち　ならびに　五いんの　うつり　むかしと　いま
と　となへの　たがひにて　かなの　たがひと　いふに　あらず　もし　ぶれいを　ぶれひと
かき　もやひを　もやいと　せば　すなはち　かなの　たがへる　なり　さて　もやひの　ひを　い
と　よむ　るゐわ　しぜん　本國の　かなづかひ　なれば　（じつわ　ふるく　なまりて　よび　きた
れる　れい　なり）　こどもと　いふとも　十にして　七八わ　われしらず　よみうる　なり　ふるき
のりに　よりて　かくとも　よみかぬると　いふわ　まつたく　十にして　二三のみ　それも
十四ごう
九

司法　宰相　サルメノン［サルメロン］
国外領所　事務　サルモエン［サルメロン］
海軍　事務　ヘランゲル［ベレンゲル］
外国　事務　カステラル
工部　事務　ビールラ［ベーセラ］
会計　事務　エチエグレー［エチエガレー］

これらの官員出席のとき、相誓って共和政治を執り行ひ、永久に伝へん。ヨウロッパ事務に於いては、我が国元よりの県を治めん。政府は努めて人民の良きを図り、人民はその支配人、名代人を選みて大いに自由を得べし。

○ある新聞に、グラスゴウといふ所に名高き機械者チャーレスラアンドワルフといふ人あり。近頃蒸気車新たの工夫にて、別に蒸気を一ッ合わして一ッ対の機械となせしにて、速きことこれまでのより十倍なりと。

投書

○岡野申ス。当社新聞の仮名の遣ひ方につきて、かれこれ言ふ者ありと聞く。己もこの度これに与るの列に入り、ために言はざるを得ず。このこと企ての趣意は、なるたけいろは文字のうちにて綴り、仮名も法則に拘はらず子供にも読み易きを専一とする由、巻の前書きにも見へたり。しかれども、その内に、むらいをぶれい、むやひをもやひとすと言へるが如きは、呉音漢音の分かち並びに五音の移り、昔と今と唱への違ひにて仮名の違ひと言ふにあらず。もしぶれいをぶれひと書き、もやひをもやいとせば、即ち仮名の違へるなり。さて、もやひのひをいと読む類は、自然本国の仮名遣ひなれば（実は古く訛りて呼び来たれる例なり）、子供といふとも十にして七八は我知らず読み得るなり。古き則によりて書くとも読みかぬると言ふは、全く十にして二三のみ。それも

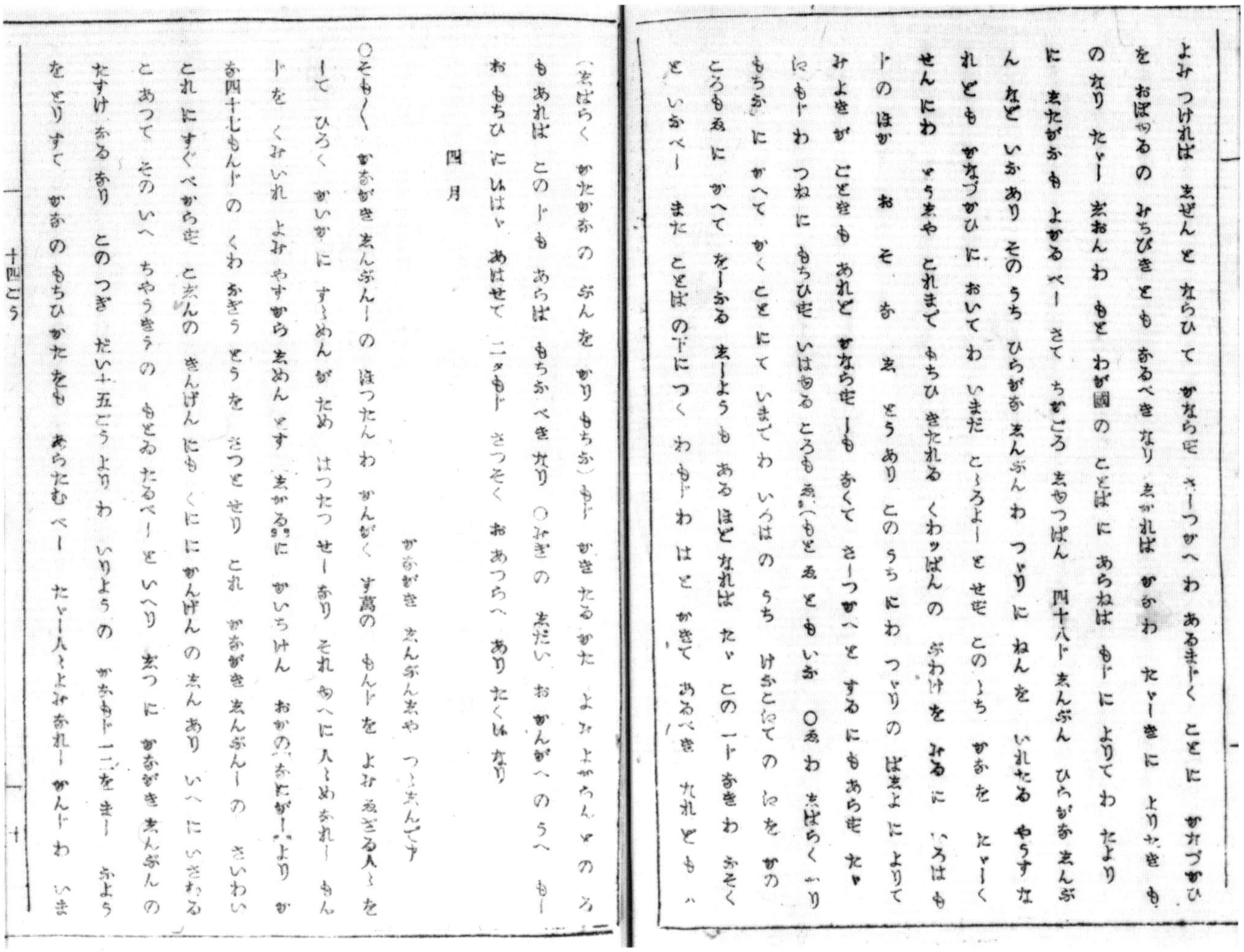
よみつければ しぜんと ならひて かならず さしつかへわ あるまじく ことに かなづかひ
を おぼゆるの みちびきとも なるべきなり しかれば かなわ たゞしきに よりたきも
のなり たゞし じおんわ もと わが國の ことばに あらねば もじに よりてわ たより
に したがふも よかるべし さて ちかごろ しゆつぱん 四十八じ しんぶん ひらがな しんぶ
ん など いふあり そのうち ひらがな しんぶんわ つゞりに ねんを いれたる やうすな
れども かなづかひに おいてわ いまだ こゝろよしと せず このゝち かなを たゞしく
せんにわ たうしや これまで もちひ きたれる くわつぱんの ぶわけを みるに いろはも
じの ほか お そ な し とうあり このうちにわ つゞりの ばしよに よりて
みよきが ごときも あれど かならずしも なくて さしつかへと するにも あらず たゞ
えもじわ つねに もちひず いはゆる ころも ゑ(もとゑとも いふ) ○ゑわ しばらく いり
もちふに かへて かく ことにて いまでわ いろはの うち けふこえての えを かの
ころも ゑに かへて をしふる しせうも あるほど なれば たゞ この一じ なきわ ふそく
と いふべし また ことばの下に つく わもじわ はと かきて あるべき なれども ハ

(しばらく かたかなの ぶんを かりもちふ) もじ かきたる かた よみよからんとの ろ
も あれば このじも あらば もちふべき なり ○みぎの しだい おかんがへの うへ もし
おもちひに候はゞ あはせて 二タもじ さつそく おあつらへ ありたく候 なり

四月

かながき しんぶんしや つゝしんで申

○そもそも かながき しんぶんしの はつたんわ かんがく すう萬の もんじを よみ えざる人々を
して ひろく かいくわに すゝめんが ため はつたつ せしなり それゆへに 人々めなれし もん
じを くみいれ よみやすから しめんと す しかるに かいちけん をかの なにがしより か
な四十七もじの くわふぎうとうを さつとせり これ かながき しんぶんしの さいわい
これに すぐべからず こじんの きんげんにも くにに かんげんの しんあり いへに いさむる
こあって その いへ ちやうきうの もとゐ たるべしと いへり じつに かながき しんぶんの
たすけ なるあり このつぎ だい十五ごうより わ いりようの かなもじ 一二を まし ふよう
を とりすて かなの もちひかたをも あらたむべし たゞし人々よみなれし かんじわ いま

十四ごう

読みつければ自然と習ひて必ず差し支へはあるまじく、殊に仮名遣ひを覚ゆるの導きともなるべきなり。しかれば仮名は正しきに依りたきものなり。但し、字音は元我が国の言葉にあらねば、文字に依りては頼りに従ふも良かるべし。さて、近頃出版四十八字新聞、ひらがなしんぶんなど言ふあり。その内ひらがなしんぶんは綴りに念を入れたる様子なれども、仮名遣ひに於いては未だ快しとせず。この後仮名を正しくせんには、当社これまで用ひ来たれる活版の部分けを見るに、いろは文字の他、お　そ　な　志　等あり。この内には綴りの場所に依りて見良きが如きもあれど、必ずしもなくて差し支へとするにもあらず。ただ江文字は常に用ひず、所謂衣ゑ（元ゑとも言ふ）〇ゑはしばらくいり用ふに代へて書くことにて、今ではいろはの内けふこ江ての江を彼の衣ゑに代へて教ふる師匠もあるほどなれば、ただこの一字なきは不足と言ふべし。又言葉の下に付くわ文字は、はと書きてあるべきなれども、ハ

（しばらく片仮名の文を借り用ふ）文字書きたる方読み良からんとの論もあれば、この字もあらば用ふべきなり。〇右の次第お考への上、もしお用ひに候はば、併せて二タ文字早速お誂えへありたく候なり。

四月

仮名書き新聞社　謹んで申。

〇そもそも仮名書き新聞誌の発端は、漢学数万の文字を読み得ざる人々をして広く開化に進めんがため発達せしなり。それ故に人々目慣れし文字を組み入れ、読み易からしめんとす。しかるに開智県岡野何某より仮名四十七文字のくわふぎう等をさつとせり。これ仮名書き新聞紙の幸いこれに過ぐべからず。古人の金言にも国に諫言の臣あり。家に諫むる子あってその家長久の基たるべしと言へり。実に仮名書き新聞の助けなるなり。この次第十五号よりは入用の仮名文字一二を増し、不要を取り捨て、仮名の用ひ方をも改むべし。但し人々読み慣れし漢字は今

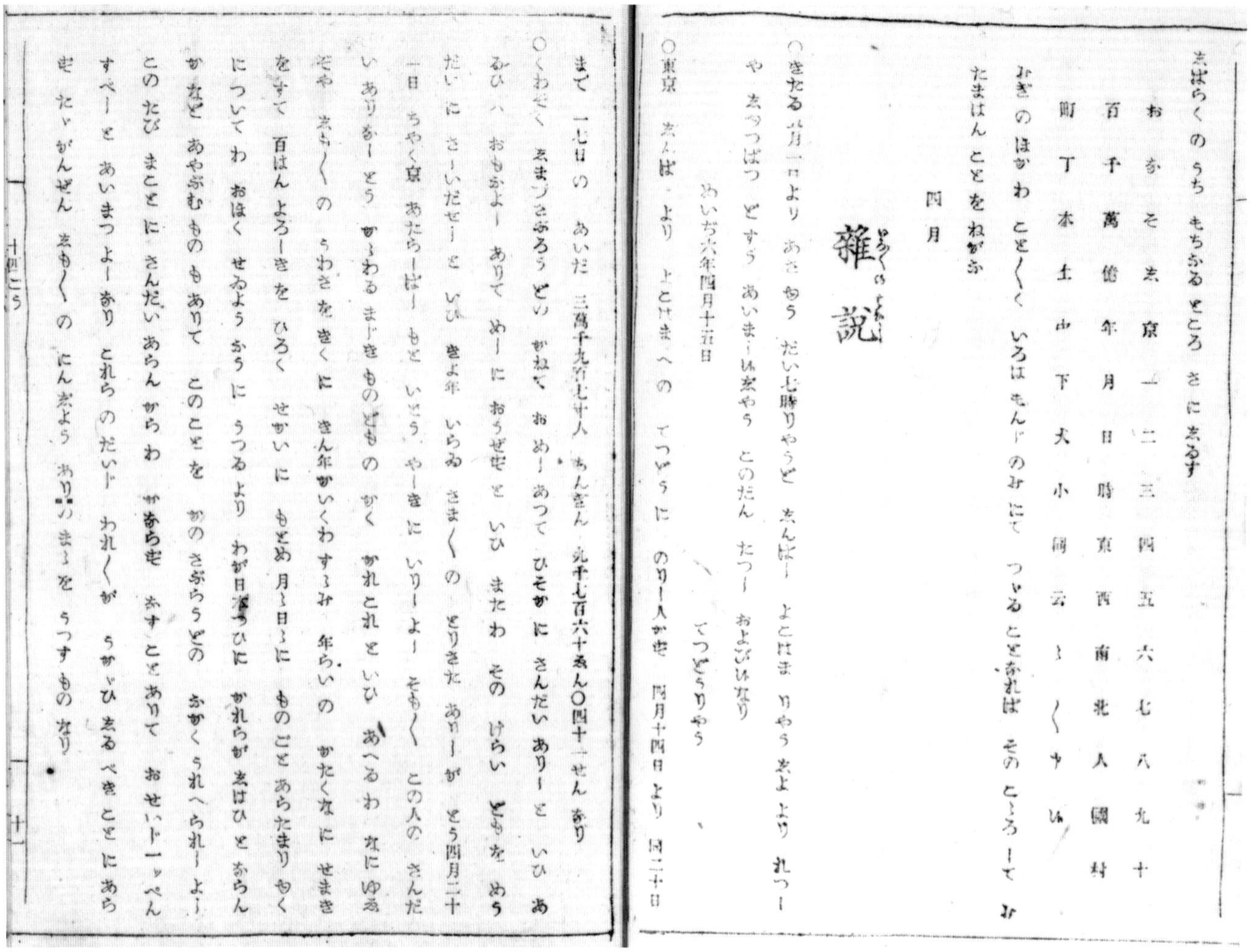
しばらくの うち もちふる ところ さに しるす
お な そ し 京 一 二 三 四 五 六 七 八 九 十
百 千 萬 億 年 月 日 時 東 西 南 北 人 國 村
町 丁 本 上 中 下 大 小 同 云 ゝ 〳〵 申 候
みぎの ほかわ ことごとく いろは もんじ のみ にて つゞる ことなれば その こゝろ して み
たまはん ことを ねがふ
四月

雑説

○きたる 五月一日より あさ ゆう だい七時りやうど しんばし よこはま りやう しよ より れつし
や しゆつぱつ どすう あいまし候 じやう このだん たつし およびそうろうなり
めいぢ六年四月十五日　てつどうりやう
○東京 しんばし より よこはま への てつどう に のりし人かず 四月十四日 より 同二十日
まで 一七日の あいだ 三萬千九百七十人 ちんきん 九千七百六十えん○四十一せん あり
○くわぞく しまづ さぶろう どの かねて おめし あつて ひそかに さんだい ありし と いひ あ
るひ ハ おもふよし ありて めし に おうぜず と いひ または その けらい ども を めう
だいに さしいだせし と いひ きよ年 いらい さま〳〵の とりさた ありしが とう四月二十
一日 ちやく京 あたらしばし もと いとう やしきに いりし よし そも〳〵 この人の さんだ
い ありなし とう かゝわる まじき ものどもの かく かれ これ と いひ あへる わ なにゆゑ
ぞや しも〳〵の うわさを きくに きん年 かいくわ すゝみ 年らいの かたくなに せまき
をすて 百はん よろしきを ひろく せかいに もとめ 月々日々に ものごと あらたまりゆく
について わ おほく せいやう ふうに うつるより わが日本 ついに かれらが しはいと ならん
かなと あやぶむものも ありて このことを かの さぶらう どの ふかく うれへられし よし
このたび まことに さんだい あらん からわ かならず なす ことありて おせいじ 一ッぺん
すべしと あいまつよし なり これらの だいじ われ〳〵が うかゞひ しるべき ことに あら
ず ただ がんぜん しも〳〵の にんじやう ありのまゝを うつすもの なり

しばらくのうち用ふるところ左に記す。
おなそ志京一二三四五六七八九十
百千万億年月日時東西南北人国村
町丁本上中下大小同云ゝ〳〵申候
右の外は悉くいろは文字のみにて綴ることなれば、その心して見給はんことを願ふ。
四月

雑説《いろいろのはなし》

○来る五月一日より朝夕第七時両度、新橋横浜両所より列車出発度数相増し候条、この段達し及び候なり。
明治六年四月十五日　鉄道寮

○東京新橋より横浜への鉄道に乗りし人数、四月十四日より同二十日まで一七日の間、三万千九百七十人、賃金九千七百六十円○四十一銭なり。

○華族島津三郎殿かねてお召しあって密かに参内ありしと言ひ、或ひは思ふ由ありて召しに応ぜずと言ひ、又はその家来共を名代に差し出だせしと言ひ、去年以来様々の取沙汰ありしが、当四月二十一日着京、新し橋元伊藤邸に入りし由。そもそもこの人の参内有り無し等関わるまじき者共のかくかれこれと言ひ合へるは何故ぞや。下々の噂を聞くに、近年開化進み、年来の頑なに狭きを棄て百般宜しきを広く世界に求め、月々日々に物事改まりゆくについては、多く西洋風に移るより、我が日本遂に彼らが支配とならんかなと危ぶむ者もありて、このことをかの三郎殿深く憂へられし由。この度真に参内あらんからは、必ずなす事ありて、お政治一ッ変すべしと相待つ由なり。これらの大事我々が窺ひ知るべき事にあらず。ただ眼前下々の人情ありのままを写すものなり。

告白《ふれだし》

一　蒸気の機械据え付け又は持ち運び自在になる品

一　小舟に用ふる蒸気機械

一　着物類を縫ふ機械

右の他機械品々ありあい、並びにお誂へ向き御注文通りに製造致しさし上候。

四月　横浜六十九番　ダウソン

○私店に於いて、舶来小間物類、並びに極上西洋の酒、イギリスの鉄板、又は機械製作道具、及び大小の螺子金物類その他、油の類、値段安く売り捌き申候。入用のお方はおん出でくださるべく候。

横浜五十九番　シエンクラウホルド

売り広め

| J | C |
|---|---|
| C | T |

一　船道具　品々　　一　羅紗の類

一　小間物類　　一　金物類

一　酒類

○右の他、色々の道具、機械、全て外国の品物一切、格別値安に仕り、定約並びに競り市致し候間、何品にても入用の御方はお運びくだされ候様願い申候。以上

シナ日本交易仲間　上海　長崎　神戸　大阪　東京　出店

横浜本町通り七十五番　ブロイニーヤ

○無尽蔵　渡辺先生の翻訳

一　通俗伊蘇普物語　全部四冊

面白き絵入り本なり。

但し内一冊は近日出版

一　イソップの ゑいぶん げんしよ　ぜんぶ 二さつ
これわ むかし せいようの ギリシヤ国に イソップと いふ けん人 ありて よの 中の ため
に なる ことどもを 日本の おとしばなしの やうな くちように おもしろく はなされ
たりしを このたび わたなべ せんせいが をんな こどもわ もちろん いろは ばかり なら
ひしものにも よみやすく わかりやすきやう いたつて しんせつに ほんやく いたされ げ
んしよと ともに しゆつぱん せしなり ねがわくわ 日本の人々 これを もとめ これを
よみ せいようふうの はなしかたを しつて いままでの いやしき ならはしを あらためる
やう こどもや をんなや おとうとや たれや かれやを さとし たまわば わたなべ せ
んせいの ほんいも つらぬき かく まうす さへゑの ゑきのみ ならず よの中の ためも
また すくなからじと
東京 日本ばし とほり 二丁め やましろや さへゑ まうす
○東京だい六の大く 小の四く ふかがわ もりした町 ちやうけんじ に おゐて イギリスことばを
日本人へ をしへる ために せいよう人を やとい いれ がくもん じよを ひらき申し候

蒸氣飛脚船入港出帆表

もし ゑいがく けいこ なされたき おかたわ 御いで くださるべく候以上
めいぢ六年四月　東京 ふかがわ もりした丁 せいがしや こじま うじ
○三月 七日 十四日 二十一日 二十八日 ○四月 五日 十二日 十九日 二十六日
○五月 三日 十日 十七日 二十六日 ○六月 三日 十日 十八日 二十六日
みぎの ふね しよしよ より よこはまへ ちやくせんの 日づけ
さの とほり
○三月 七日 十三日 二十日 二十七日 ○四月 四日 十一日 二十日 二十五日
○五月 四日 十日 二十日 二十八日 ○六月 四日 十二日 二十日 二十七日
○七月 四日 十日 二十日
○アメリカの ひきやくせん サンフランシスコ でいりの 日づけ さの とほり よこはまより
○三月 十日 二十三日 ○四月 二十三日 ○五月 七日 廿三日 ○六月 六日 二十日
○七月 七日 二十二日 ○八月 五日 廿二日 ○九月 七日 廿三日 ○十月 八日 廿二日
○十一月 七日 二十三日 ○十二月 八日 二十四日 なり

一　イソップの英文原書　全部二冊
これは昔西洋のギリシヤ国にイソップといふ賢人ありて、世の中のためになる事共を日本の落し話の様な口調に面白く話されたりしを、この度渡辺先生が女子供は勿論、いろはばかり習ひし者にも読みやすく分かりやすきよう至って親切に翻訳いたされ、原書と共に出版せしなり。願わくは日本の人々、これを求めこれを読み、西洋風の話し方を知って、今までの卑しき習はしを改めるよう、子供や女や弟や誰や彼やを諭し給わば、渡辺先生の本意も貫き、かく申す左兵衛の益のみならず、世の中のためも又少なからじと。

東京日本橋通二丁目　山城屋佐兵衛申す。

○東京第六の大区小の四区深川森下町ちやうけん〈長慶〉寺に於いて、イギリス言葉を日本人へ教へるために西洋人を雇い入れ、学問所を開き申候。

もし英学稽古なされたきお方は御出でくださるべく候。以上
明治六年四月　東京深川森下丁　菁莪学舎　小島氏

蒸気飛脚船入港出帆表

○三月七日　十四日　二十一日　二十八日　○四月五日　十二日　十九日　二十六日
○五月三日　十日　十七日　二十六日　○六月三日　十日　十八日　二十六日
右の船諸所より横浜へ着船の日付
左の通り。
○三月七日　十三日　二十日　二十七日　○四月四日　十一日　二十日　二十五日
○五月四日　十日　二十日　二十八日　六月四日　十二日　二十日　二十七日
○七月四日　十日　二十日
○アメリカの飛脚船サンフランシスコ出入りの日付左の通り。横浜より。
○三月十日　二十三日　○四月二十三日　○五月七日　廿三日　○六月六日　二十日
○七月七日　二十二日　○八月五日　廿二日　○九月七日　廿三日　○十月　八日
廿二日
○十一月七日　二十三日　○十二月八日　二十四日なり。

アメリカより横浜へ。
○三月二十七日　○四月十一日　廿七日　○五月　九日　二十四日　○六月　八日
十四日
○七月九日　○八月八日　二十四日　○九月四日　廿八日　○十月九日　廿七日
○十一月十一日　廿七日　○十二月十二日　二十七日なり。
天竺回りイギリス飛脚船横浜着船出帆
定まり日付左の通り。
○着船　○三月十六日　廿六日　○四月九日　二十三日　○五月七日　廿一日
○六月四日　十八日　○七月二日　十六日　三十日
○出帆　○三月十一日　二十五日　○四月八日　十六日　三十日
○五月十四日

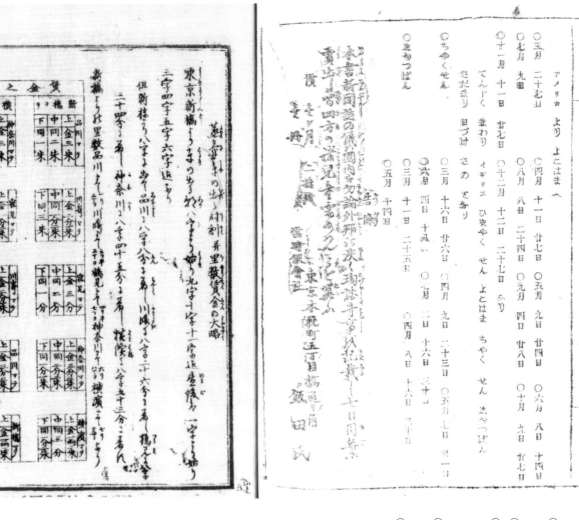

告条《こくでう》

本書新聞誌の儀は、国内は勿論外邦の渋く珍誌奇事を記載し、七日目毎に売出し、皆四方の諸児童需めんことを冀ふ。

価　壱ヶ月　二拾銭　　東京木挽町五丁目橋通り角
壱冊　　　　当時仮会社　　飯田氏

蒸気車《しやうきしや》の出《いづ》る時刻《じこく》并里数賃金《りすうちんきん》の大略《たいりやく》

一　東京新橋より車の出る朝八字より始り九字十字十一字迄昼後は一字より始り三字四字五字六字迄なり。

但新橋より八字に出て品川に八字八分に着し川崎に八字二十六分に着し鶴見に八字三十四分に着し神奈川に八字四十五分に着し横浜に八字五十三分に着す。

一　新橋よりの里数品川まで一里三丁余、川崎まで三里半三丁余、鶴見まで四里半七丁余、神奈川まで六里八丁余　横浜まで七里十二丁なり。

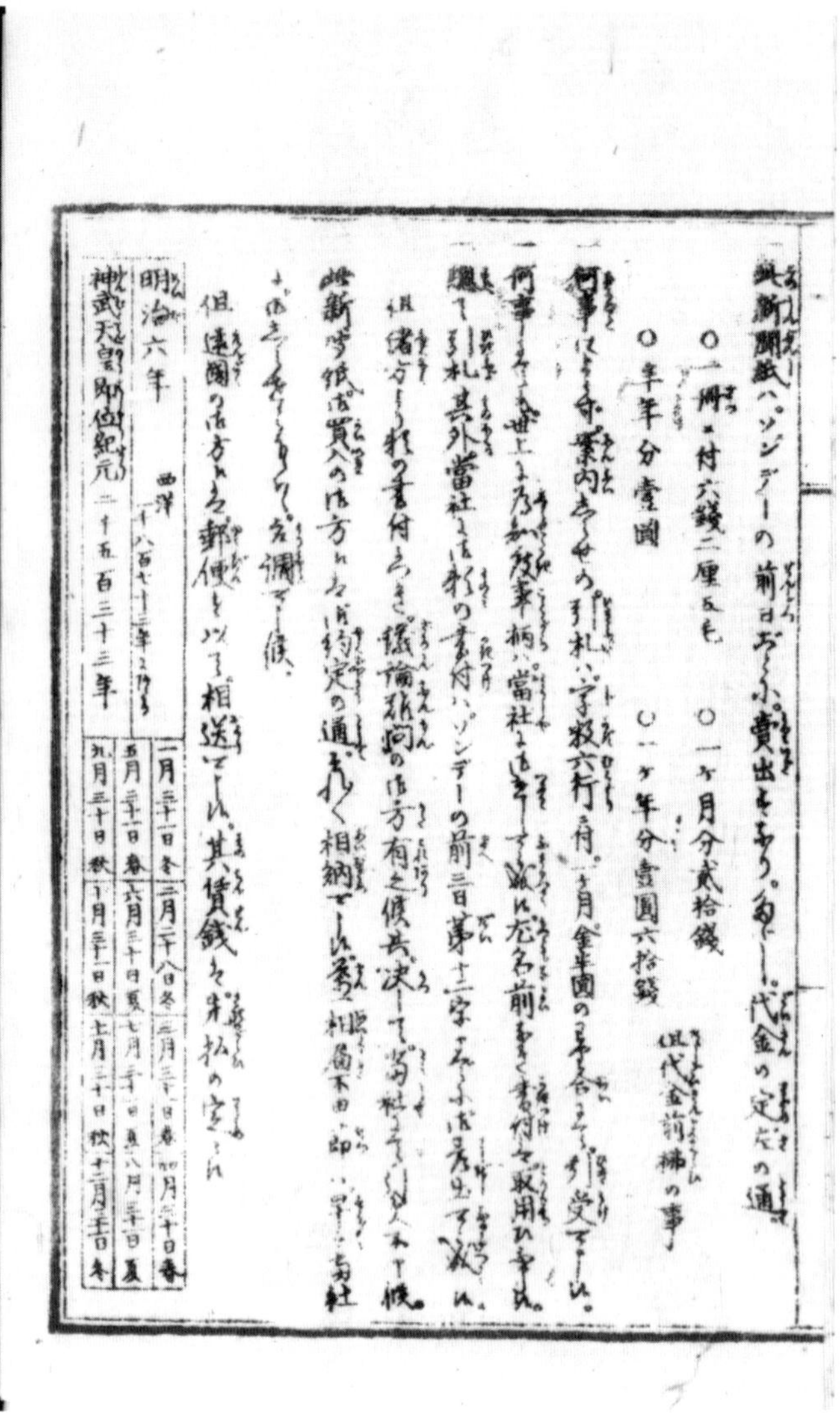

一　此新聞紙は、ソンデーの前日ごとに売り出すなり。ただし代金の定左の通。
○一冊に付六銭二厘五毛　○一ヶ月分二十銭
○半年分一円　○一ヶ年分一円六十銭　但代金前払の事。

一　何事によらず、案内知らせの引札は、字数六行に付、一ヶ月金半円の割合にて引受申べく候。

一　何事にても、世上に知らせたき事柄は、当社に御遣しなさるべく候。尤名前なき書付は取用ひ申さず候。

一　総て引札其外当社に御頼の書付は、ソンデーの前三日第十二字までに御差出なさるべく候。
但諸方より頼の書付につき、議論難問の御方これあり候ども、決して当社にて引受申さず候。

一　此新聞紙御買入れの御方へは、御約定の通、それぞれ相納め申べく候。万一相届申ざる節は、早々当社に御知らせられ候ば取調申べく候。
但遠国の御方へは郵便を以て相送申べく候。其賃銭は先払の定に候。

十五号の内容　明治6・5・3

前文3　発行の趣旨3

**御布告**　○通信の電線付近は凧揚げ禁止○職人の雇用○社寺の樹木伐採禁止○皇太后・后后の馬車の旗印

**国内新聞**　○崖崩れ（越後）○西京大阪間の鉄道試運転○虚偽の誘いでゆすられる（東京）○猫への愛情の教え（奈良県）○盲目の少女の能力（奈良県）○文明開化の居所○樹木伐採について○島津公参内○敷地から小判発見（岡山県）○外国人との駆け落ち（浅草）

**海外新聞**　○ミシシッピ川、船上で凍死○副島公シナへ○アメリカの交易盛んに○アメリカの役人の昇給○日本の使節オランダからプロシャへ○フランス国体改革○イスパニア国王ポルトガルからイタリアへ○イギリスの税収○イギリス女帝の動向○ナポレオンの従兄弟の動向○偽札○新オランダが条約。日本への石炭輸出について○馬の病気流行（米）○フランス、イスパニアへの武器輸出禁止○フランス駐在のドイツ兵撤兵○プエルトリコの奴隷解放○米ニューイングランドに大雪○為替商の社員不正（ニューヨーク）○イギリスの総督再任○アメリカの輸出高○日本公使帰国○ニューヨークの死亡者数○シカゴの大雪○鉄道組合の滞納（米）

**雑説**　○兎の流行○新橋横浜間蒸気車の乗客数と賃金　郵便税規則抜き書き　告白（広告）

**蒸気飛脚船入港出帆表**　仮名書きの効用　社告

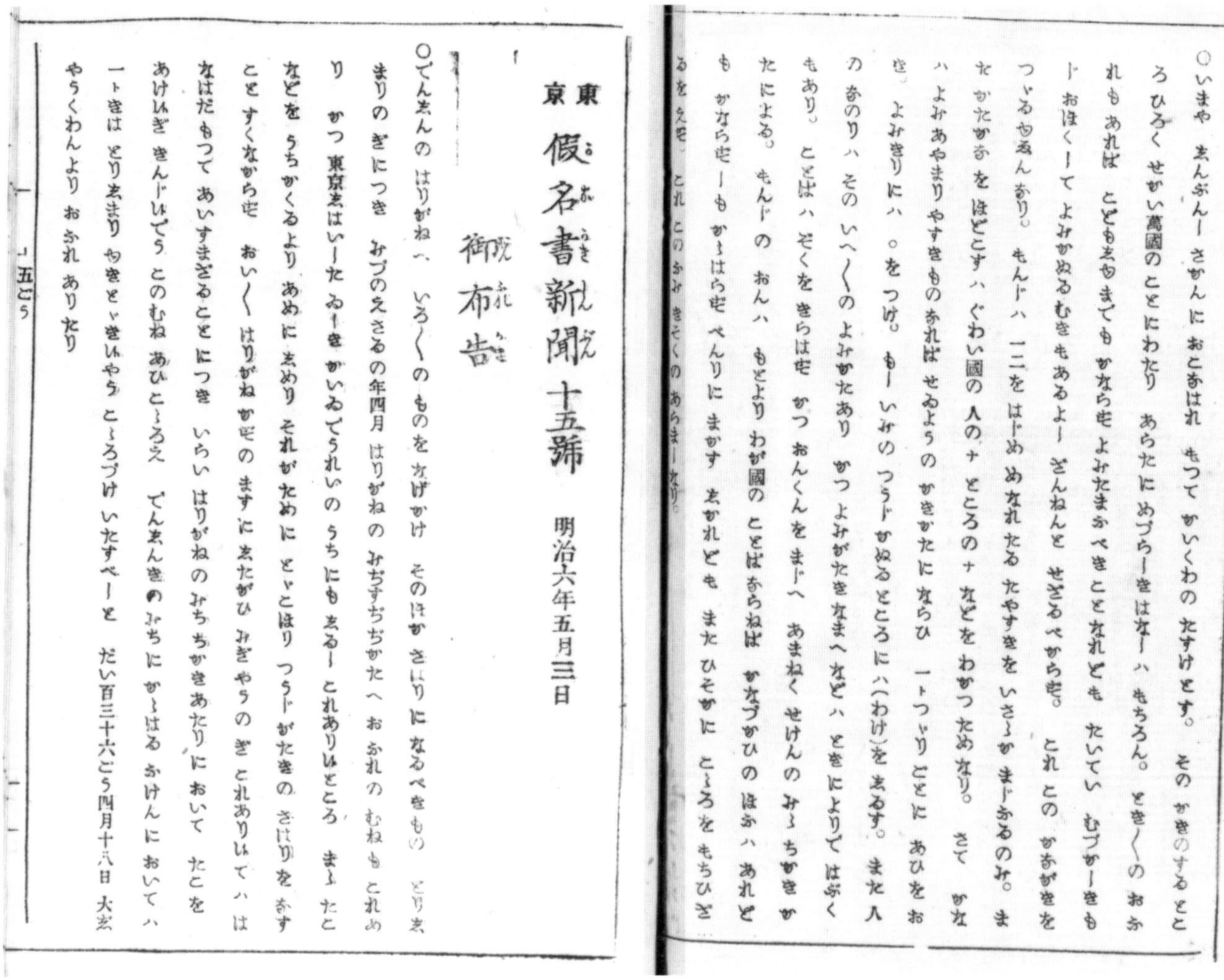

○いまや しんぶんし さかんに おこなはれ もつて かいくわの たすけとす。 その かきのする とこ
ろひろく せかい萬國の ことにわたり あらたに めづらしき はなし ハ もちろん。 ときどきの おふ
れも あれば こどもしゆ までも かならず よみたまふべきことなれども たいてい むづかしき も
じ おほくして よみかぬる むきも あるよし ざんねんと せざるべからず。 これ この かながきを
つゞる ゆゑん なり。 もんじ ハ 一二を はじめ めなれたる たやすきを いさゝか まじふるのみ。 ま
た かたかなを ほどこすハ ぐわい國の 人の名 ところの名 などを わかつ ためなり。 さて かな
ハ よみあやまりやすきもの なれば せゐようの かきかたに ならひ 一トつゞり ごとに あひをお
き。 よみきりに ハ 。を つけ。 もし いみの つうじかぬるところに ハ(わけ)を しるす。 また 人
の なのり ハ その いへいへの よみかた あり かつ よみがたき なまへ など ハ ときに よりて はぶく
もあり。 ことば ハ ぞくを きらはず かつ おんくんを まじへ あまねく せけんの みゝちかき か
たに よる。 もんじの おん ハ もとより わが國の ことば ならねば かなづかひの はふ ハ あれど
も かならずしも かゝはらず べんりに まかす しかれども また ひそかに こゝろを もちひざ
るを えず。 これ この ぶんきそくの あらまし なり。

東京 假名書新聞《かなかきしんぶん》 十五號 明治六年五月三日

御布告《おふれかき》

○でんしんの はりがね へ いろいろの ものを なげかけ そのほか さはりに なるべきもの とりし
まりの ぎにつき みづのえさるの年四月 はりがねの みちすぢちかた へ おふれの むね も これあ
り かつ 東京しはいした ゐしきかいゐでうれいの うちにも しるし これありいところ まゝ たこ
などを うちかくるより あめに しめり それがために とゞこほり つうじがたきの さはりを なす
こと すくなからず おひおひ はりがね かずの ますに したがひ みぎやうの ぎ これありいては
なはだもつて あひすまざる ことにつき いらい はりがねの みちちかき あたりに おいて たこを
あげいぎ きんじいでう このむね あひこゝろえ でんしんきの みちに かゝはる ふけんに おいて ハ
一トきは とりしまり ゆきとゞき いやう こゝろづけ いたすべしと だい百三十六ごう四月十八日 大し
やうくわんより おふれ ありたり

五ごう

○今や新聞紙盛んに行はれ、以て開化の助けとす。その書き載するところ広く世界万国の事にわたり、新たに珍しき話は勿論、時々のお触れもあれば、子供衆までも必ず読み給ふべきことなれども、大抵難しき文字多くして読みかぬる向きもある由残念とせざるべからず。これこの仮名書きを綴る所以なり。文字は一二を始め目慣れたる容易きをいささか交ふるのみ。又片仮名を施すは外国の人の名、所の名などを分かつためなり。さて仮名は読み誤り易きものなれば、西洋の書き方に倣ひ、一ト綴りごとに間を置き、読み切りには。を付け、もし意味の通じかぬる所には（訳）を記す。又人の名乗りはその家々の読み方あり。且つ読み難き名前などは時に因りて省くもあり。言葉は俗を嫌はず、且つ音訓を交へ、普く世間の耳近き方に因る。文字の音は元より我が国の言葉ならねば、仮名遣ひの法はあれども、必ずしも拘はらず便利に任す。しかれども又密かに心を用ひざるを得ず。これこの文規則のあらましなり。

東京假名書新聞《かなかきしんぶん》　十五号　明治六年五月三日

御布告《おんふれかき》

○電信の針金へ色々の物を投げ掛け、その他障りになるべき者取り締まりの儀につき、壬申の年四月、針金の道筋地方へお触れの旨もこれあり。且つ東京支配下違式詿違条例の中にも記しこれあり候ところ、まま凧などを打ち掛くるより雨に湿り、それがために滞り通じ難きの障りをなすこと少なからず。追々針金数の増すに従ひ、右様の儀これあり候ては甚だ以て相済まざることにつき、以来針金の道近き辺りに於て凧を揚げ候儀禁じ候条、この旨相心得、電信機の道に係はる府県に於ては一ト際取締り行き届き候よう心付け致すべしと、第百三十六号四月十八日大政官よりお触れありたり。

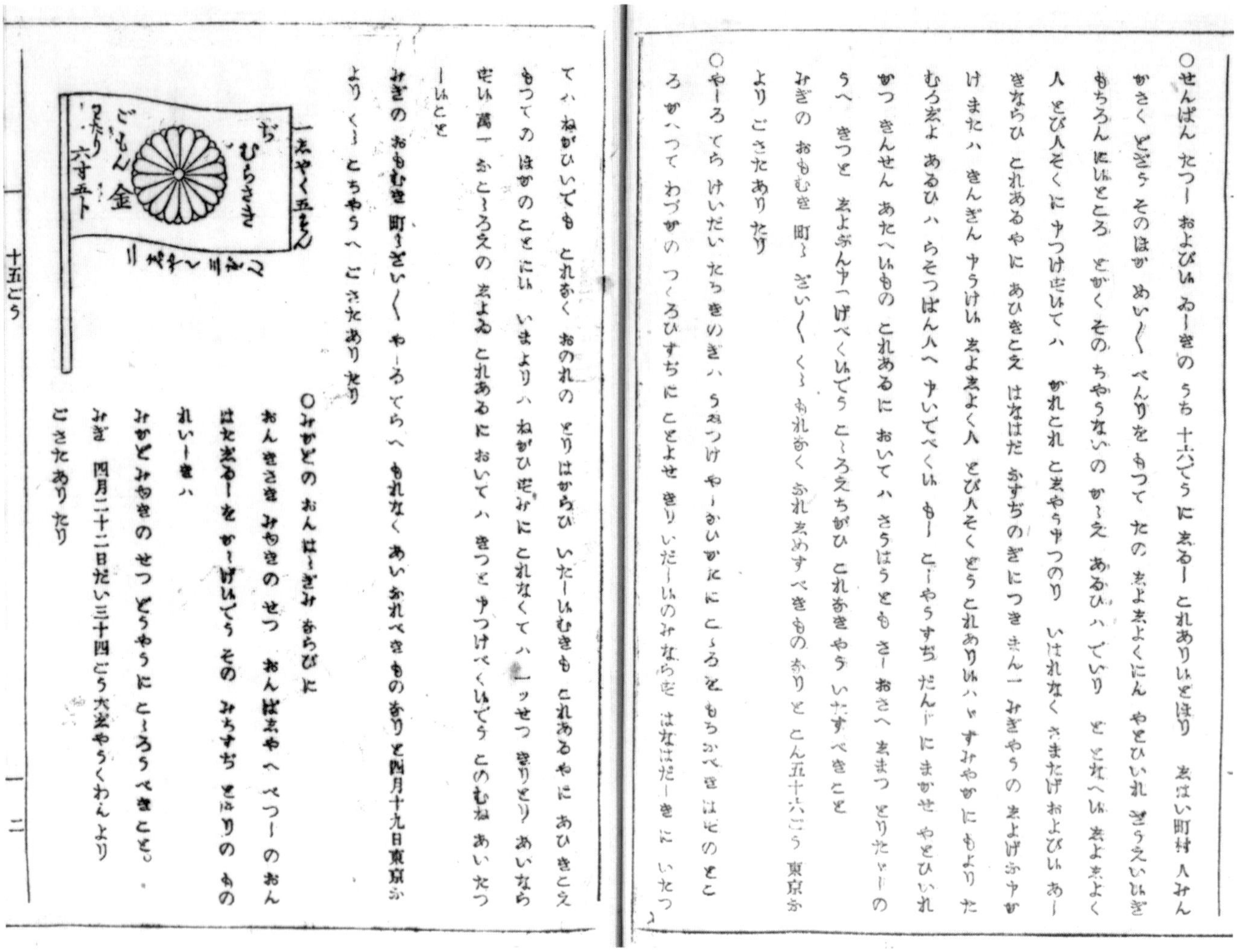

○せんぱん たつし およびいゐしきのうち 十六でうに しるし これありいどほり しはい町村人みん
かさくどざう そのほか めい〳〵 べんりを もつて たの しよしよくにん やとひいれ ざうえいいぎ
もちろんにいところ とかく その ちやうないの かゝえ あるひハ でいり とゝなへいしよしよく
人 とび人そくに 申つけ ざいてハ かれこれ こしやう申つのり いはれなく さまたげ および あし
きならひ これあるやに あひきこえ はなはだ ふすぢのぎにつき まん一 みぎやうの しよげふ申か
けまたハ きんぎん 申うけいしよしよく人 とび人そくどう これありいハゞ すみやかに もより た
むろ或ひハ らそつばん人へ 申いでべくい もし こしやうすぢ だんじに まかせ やとひいれ
かつ きんせん あたへいもの これあるに おいてハ さうはうとも さしおさへ しまつ とりたゞしの
うへ きつと しよぶん申つけべくいでう こゝろえちがひ これなきやう いたすべきこと
みぎの おもむき 町〳〵 ざい〳〵 もれなく ふれしめすべきものなりと こん五十六ごう 東京ふ
より ごさた ありたり
○やしろ てら けいだい たちきのぎハ うゑつけ やしないかたに こゝろを もちふべきはずのとこ
ろ かへつて わづかの つくろひすぢに ことよせ きりいだしいのみならず はなはだしきに いたつ
てハ ねがひいでも これなく おのれの とりはからひ いたしいむきも これあるやに あひきこえ
もつての ほかの ことにい いまよりハ ねがひずみに これなくてハ 一せつ きりとり あいなら
ずい 萬一 ふとゞろえの しよゐ これあるに おいてハ きつと 申つけべくいでう このむね あいたつ
しいこと
みぎの おもむき 町〳〵 ざい〳〵 やしろてらへ もれなく あいふれべきものなりと 四月十九日東京ふ
より〳〵 こちやうへ ごさた ありたり
一しやく五すん
ぢ むらさき
ごもん 金
わたり 六すん五ト
○みかどの おんはゝぎみ ならびに
おんきさき みゆきの せつ おんばしやへ べつしの おん
はたじるしを かゝげいでう その みちすぢ とほりの もの
れいしきハ
みかど みゆきの せつ どうやうに こゝろう べきこと。
みぎ 四月二十二日だい三十四ごう六でう太政官より
ごさた ありたり
十五ごう
一二

○先般達し及び候達式の中、十六条に記しこれあり候通り、支配町村人民家作土蔵その外、銘々便利を以て他の諸職人雇ひ入れ、造営候儀、勿論に候ところ、とかくその町内の抱え或ひは出入りと唱へ候諸職人、鳶人足に申付けず候ては、かれこれ故障申募り、謂れなく妨げ及び候悪しき習ひこれあるやに相聞こえ、甚だ不筋の儀につき、万一右様の所業申掛け、又は金銀申請け候諸職人、鳶人足等これあり候はば、速やかに最寄り屯所或ひは邏卒番人へ申出でべく候。もし故障筋談事に任せ、雇ひ入れ且つ金銭与へ候者これあるに於ては、双方共差し押さへ、始末取り糺しの上、きっと処分申付けべく候条心得違ひこれなきよう致すべき事。

右の趣町々在々区々洩れなく触れ示すべきものなりと今五十六号東京府より御沙汰ありたり。

○社寺境内立木の儀は、植ゑ付け養ひ方に心を用ふべきはずのところ、却って僅かの繕ひ筋にことよせ伐り出だし候のみならず、甚だしきに至っては願い出でもこれなく、己の取り計らひ致し候向きもこれあるやに相聞こえ、以ての外の事に候。今よりは願ひ済みにこれなくては一ッ切伐取り相ならず候。万一不心得の所為これあるに於てはきっと申付けべく候条、この旨相達し候事。

右の趣町々在々社寺へ洩れなく相触れべきものなりと、四月十九日東京府より区々戸長へ御沙汰あり。

一尺五寸

地　紫

御紋　金

わたり　二尺三寸

六十五ト

○帝のおん母君並びに
おん妃御幸の節、おん馬車へ別紙のおん旗印を掲げ候条、その道筋通りの者
礼式は
帝御幸の節同様に心得べき事。
右四月二十二日第三十四号六条太政官より
御沙汰ありたり。

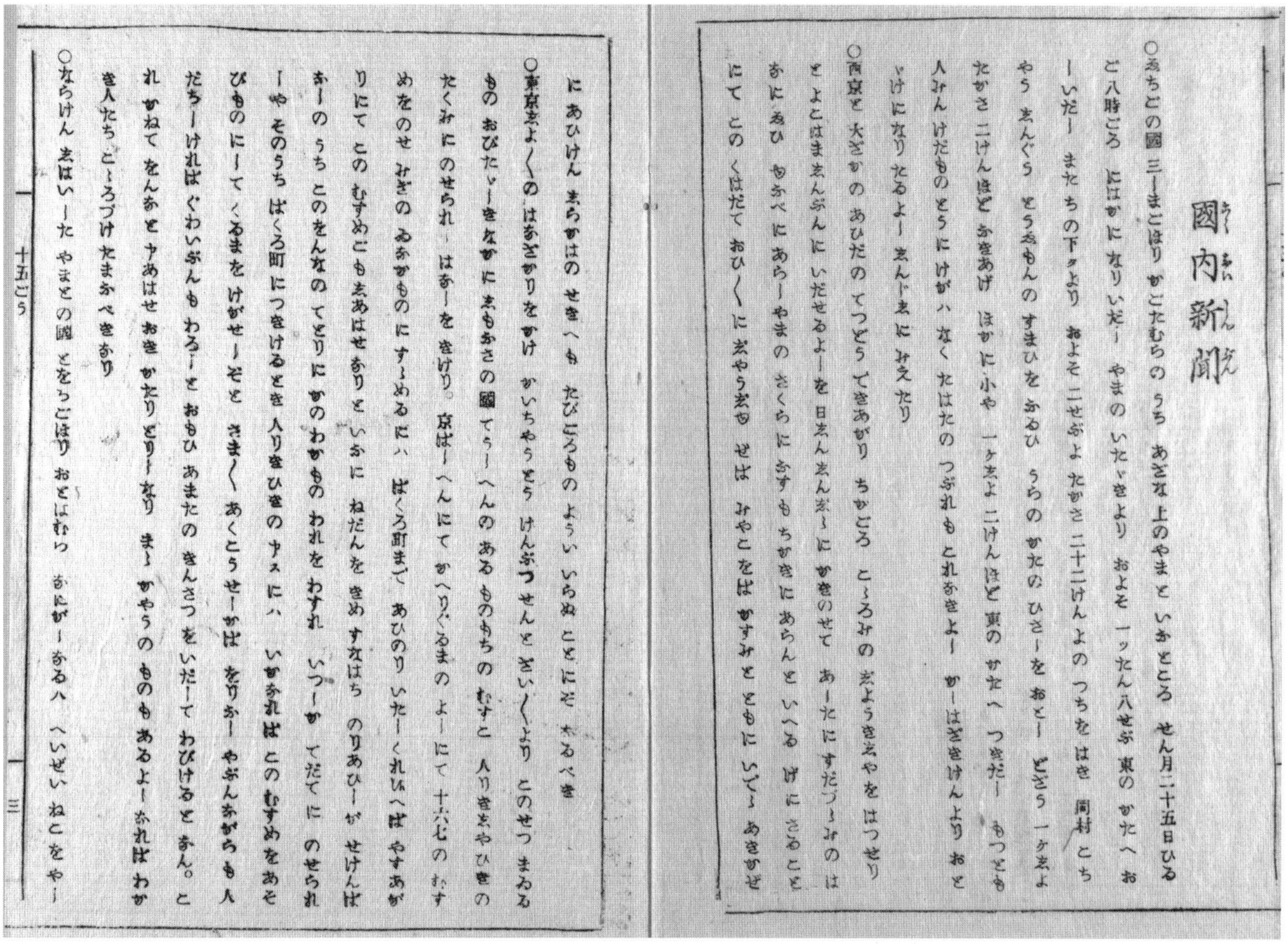

國内新聞《こくない しんぶん》

○ゑちごの國 三しまごほり かごたむらの うち あざな上のやまと いふところ せん月二十五日ひるご八時ごろ にはかに なりいだし やまの いたゞきより およそ 一ッたん八せぶ 東の かたへ おしいだし またちの下タより およそ 二せぶよ たかさ 二十二けんよの つちを はき 同村 とちやう しんぐう とうゑもんの すまひを ふるひ うらの かたの ひさしを おとし どざう 一ヶ所 たかさ 二けんほど ふきあげ ほかに 小や 一ヶ所 二けんほど 東の かたへ つきだし もつとも 人みん けだものとうに けがハ なく たはたの つぶれも これなきよし かしはざきけんより おとどけに なりたるよし しんじしに みえたり

○西京と 大ざかの あひだの てつどう できあがり ちかごろ こゝろみの じようきしやを はつせりと よこはましんぶんに いだせるよしを 日しんしんじしに かきのせて あしたに すだづゝみの はなに ゑひ ゆふべに あらしやまの さくらに ふすもちかきに あらんと いへる げに さることにて この くはだて おひ〳〵に じやうじゆ せば みやこをば かすみと ともに いでゝ あきかぜに あひけん しらかはの せきへも たびごろもの ようい いらぬ ことにぞ なるべき

○東京しよ〳〵の はなざかりを かけ かいちやう とう けんぶつせんと ざい〳〵より このせつ まゐるもの おびたゞしき なかに しもふさの國 てうしへんの ある ものもちの むすこ 人りきしやひきの たくみに のせられし はなしを きけり。京ばしへんにて かへりぐるまの よしにて 十六七の むすめを のせ みぎの ゐなかものに すゝむるには ばくろ町まで あひのり いたしくれ候へば やすあがりにて この むすめごも しあはせなりと いふに ねだんを きめ すなはち のりあひしが せけんばなしの うち このをんなの てどりに かのわかもの われをわすれ いつしか てだてに のせられしや そのうち ばくろ町に つきけるとき 人りきひきの まをすには いかなれば このむすめを あそびものに して くるまを けがせしぞと さま〳〵 あくこうせしかば をりふし やぶんながらも 人たちしければ ぐわいぶんも わろしと おもひ あまたの きんさつを いだして わびけると なん。これ かねて をんなと しあはせ おき かたりとりしなり まゝ かやうの ものも あるよし なれば わかき人たち こゝろづけ たまふべきなり

○ならけん しはいした やまとの國 とをちごほり おとはむら なにがしなる 八 へいぜい ねこをやし

十五ごう

三

国内新聞《こくないしんぶん》

○越後の国三島郡籠田村の中、字上野山といふ所、先月二十五日昼後八時頃俄かに鳴り出だし、山の頂より凡そ一ッ反八畝歩東の方へ押し出だし、又地の下タより凡そ二畝歩余、高さ二十二間余の土を吐き、同村戸長しんぐうとうゑもんの住まひを震ひ、裏の方の庇を落とし、土蔵一ヶ所高さ二間ほど噴き上げ、外に小屋一ヶ所二間ほど東の方へ突き出し、尤も人民獣等に怪我はなく、田畑の潰れもこれなき由。柏崎県よりお届けになりたる由真事誌に見えたり。

○西京と大阪の間の鉄道出来上がり、近頃試みの蒸気車を発せりと横浜新聞に出だせる由を、日新真事誌に書き載せて、朝に須田堤の花に酔ひ、夕べに嵐山の桜に伏すも近きにあらんと言へる。げにさることにて、この企て追々に成就せば、都をば霞と共に出でて秋風に逢ひけん。白川の関へも旅衣の用意要らぬことにぞなるべき。

○東京諸所の花盛りをかけ、開帳等見物せんと在々よりこの節参る者夥しき中に、下総の国銚子辺のある物持ちの息子、人力車曳きの巧みに乗せられし話を聞けり。京橋辺にて帰り車の由にて十六七の娘を乗せ、右の田舎者に勧めるには、馬喰町まで相乗り致しくれ候へば安上がりにて、この娘子も幸せなりと言ふに、値段を決め即ち乗り合ひしが、世間話のうち、この女の手取りに彼の若者我を忘れ、いつしか手立てに乗せられしや、そのうち馬喰町に着きけるとき、人力曳きの申スには、如何なればこの娘を遊びものにして車を汚せしぞと様々悪口せしかば、折節夜分ながらも人立ちしければ、外聞も悪しと思ひ、数多の金札を出だして詫びけるとなん。これかねて女と申合はせおき騙り取りしなり。まま斯様の者もある由なれば若き人たち心付け給ふべきなり。

○奈良県支配下大和の国十市郡音羽村何某なる人、平生猫を養

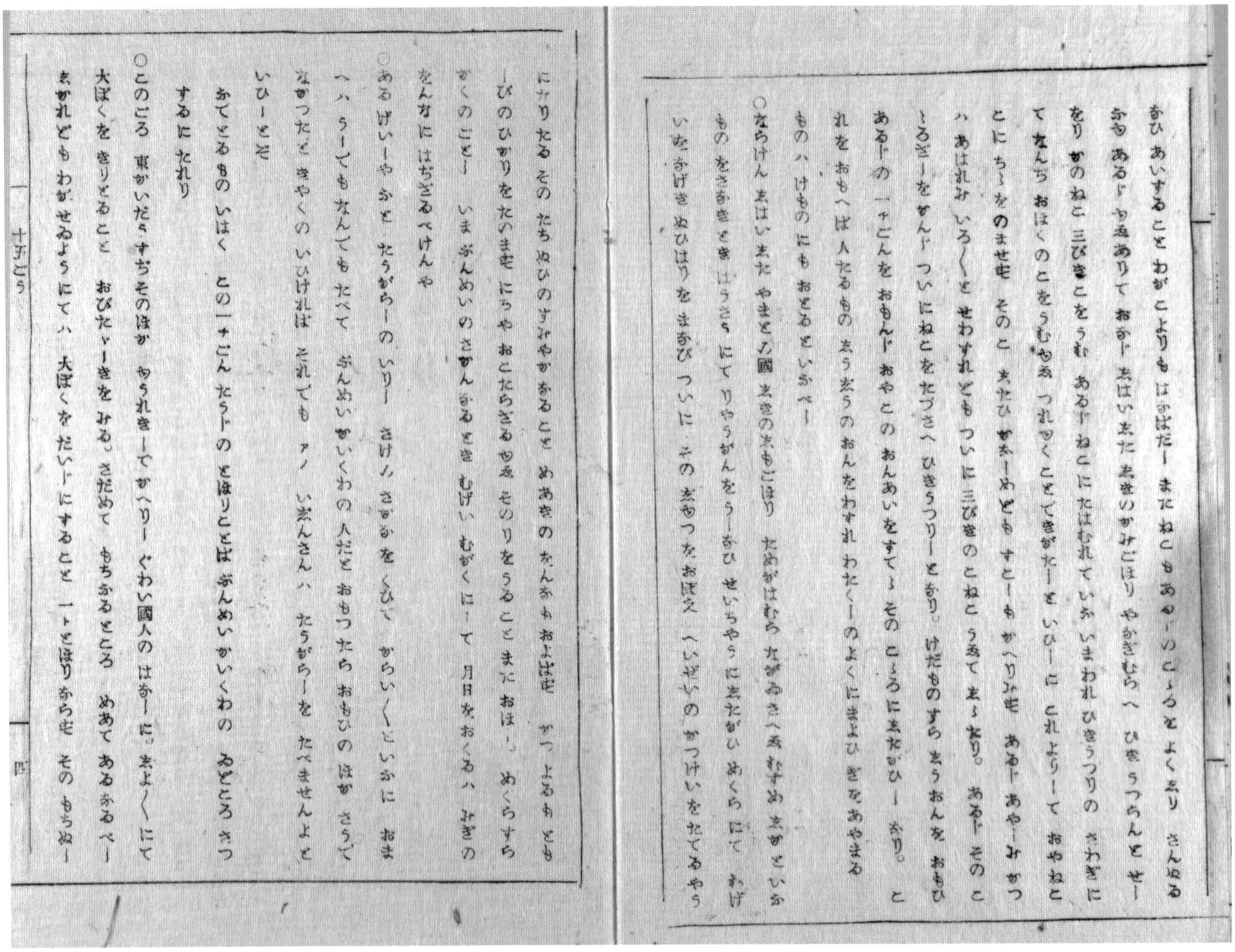

なひ愛すること我が子よりも甚だし。又猫も主の心をよく知り、去んぬる冬、主故ありて同じ支配下式上郡柳村へ引き移らんとせし折、彼の猫三匹子を産む。主猫に戯れて言ふ。今我引き移り騒ぎにて汝多くの子を産む故連れ行くこと出来難しと言ひしに、これよりして親猫子に乳を飲ませず。その子慕ひ悲しめども少しも顧みず。主怪しみ且つは憐れみ、色々と世話すれども遂に三匹の子猫飢えて死したり。主その志を感じ、遂に猫を携へ引き移りしとなり。獣すら主恩を思ひ主の一チ言を重んじ、親子の恩愛を捨ててその心に従ひしなり。これを思へば、人たるもの主従の恩を忘れ、私の欲に迷ひ義を誤る者は獣にも劣ると言ふべし。

○奈良県支配下大和の国式下郡為川村ながゐさへゐ娘しかといふ者、幼い時疱瘡にて両眼を失ひ、成長に従ひ盲にて無芸を嘆き、縫い針を学び、遂にその術を覚え、平生の活計を立てるようになりたるその裁ち縫ひの速やかなること目明きの女も及ばず。且つ夜も灯の光を恃まず日夜怠らざる故、その利を得ること又多し。盲すらかくの如し。今文明の盛んなる時、無芸無学にして月日を送るは右の女に恥ぢざるべけんや。

○ある芸者、ふと唐辛子の入りし酒の肴を食ひて辛い辛いと言ふに、お前は牛でも何でも食べて、文明開化の人だと思ったら、思ひの外そうでなかったと客の言ひければ、それでもアノ異人さんは唐辛子を食べませんよと言ひしとぞ。

筆執る者曰く。この一チ言当時の通り言葉文明開化のいどころ察するに足れり。

○この頃東海道筋その外遊歴して帰りし外国人の話に、諸所にて大木を伐り取ること夥しきを見る。定めて用ふるところ目当てあるなるべし。しかれども、我が西洋にては大木を大事にすること一ト通りならず。その持主なりとも容易に伐るを禁じ、品に因りては番人を付けおくほどなり。その故は今入用ありとて直に拵へられぬ品なればなり。

○島津公四月二十七日参内ありし由風聞せり。

○岡山県より大蔵省へ伺ひに、支配下第一の区、岡山内山下住居士族森英恵なる者、当四月九日邸内開墾致さんと小山を取り崩せしところ、敷石らしきものあり。取り除け見れば、古甕現はれ出で、蓋は朽ちてその中に唐金耳白の銭あり。その傍らの瓦に釣瓶銭二十四貫三百六十　明和三年戊の九月吉日　源森錸と彫り付けこれあり。なほその所を掘り起こしみるに、その翌日又一ッの石櫃現はれし故、蓋取り除けみれば、慶長小判九百四十五枚、同一分判二百十八、丁銀五枚、小玉銀七百四十七ほど、その中に六寸ばかりの薄き板に、享保二十卯の極月、池田何某の文字相見へ、尤も丁銀小玉は目方にかけ、一貫八百八十目これあり。県より役人立ち合はせ改めの上、そのまま役所へ取り上げおき候。右地所は元池田佑厚の邸故、同人へおん尋ねもありしが、貯へ金の埋めあることただ古老の申伝へのみにて、しかとしたる証拠これなき由。今佑厚は外へ住居すれども、年号苗字もこれあれば池田のものに相違これなく、如何取り計らふべくや云々と真事誌に書き載せたり。

○浅草広小路の芸者三助なる者、観音地内曲馬スリーエ社中芸人の内何某なる外国人を懸想し、密かに通じけるが露見し、芸者は仲間を外され、軽業の芸人もその頭より喧しく言はるるより、是非なく申合はせ二人駆け落ちせりとの風聞あり。真ならば、未だたとひ身を忍ぶとも片方外国人なれば人目に付き易く、我が日本の内にて添ひ遂げんこと難かるべし。迷ひといふは人々心の中いずこにあるや、ふとしたところより起こるものなり。慎まざるべけんや。

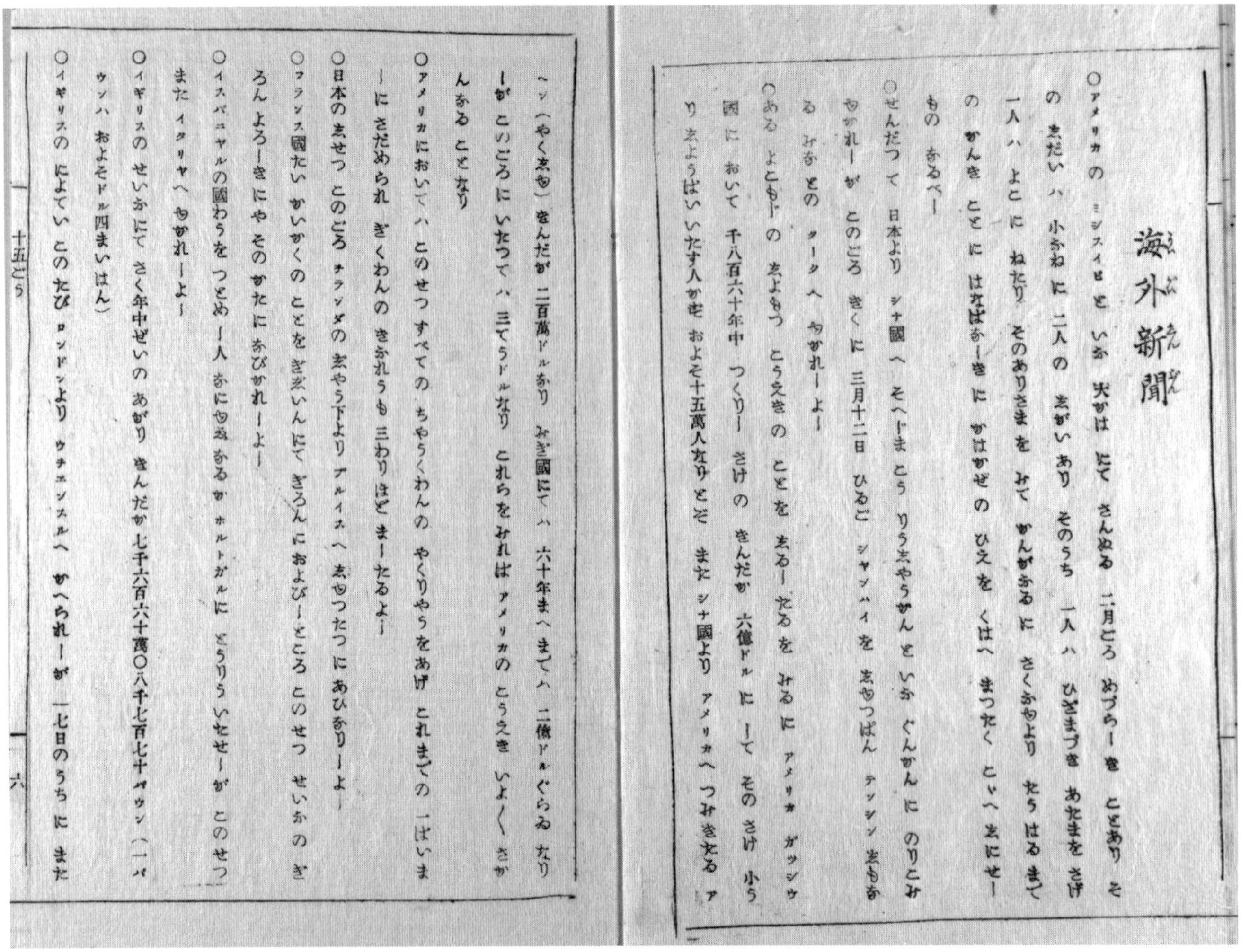
海外新聞

○アメリカの ミシスイピ と いふ 大かは にて さんぬる 二月ごろ めづらしき ことあり その しだい ハ 小ふね に 二人の しがい あり そのうち 一人 ハ ひざまづき あたまを さげ 一人 ハ よこに ねたり そのありさまを みて かんがふるに さくふゆより たうはるまで の かんき ことに はなはだしきに かはかぜの ひえを くはへ まつたく こゞへ しにせし もの なるべし

○せんだつて 日本より シナ國へ そへじま こう りうしやうかん と いふ ぐんかんに のりこみ ゆかれしが このごろ きくに 三月十二日 ひるご シヤンハイを しゆつぱん テンシン しもなる みなとの ターク へ ゆかれしよし

○ある よこもじの しよもつ こうえきの ことを しるしたるを みるに アメリカ ガッシウ 國に おいて 千八百六十年中 つくりし さけの きんだか 六億ドルに して その さけ 小うり しようばい いたす人かず およそ十五萬人なりとぞ また シナ國より アメリカへ つみきたる アヘン (やくしゆ) きんだか 二百萬ドルなり みぎ國にて ハ 六十年まへ まで ハ 二億ドル ぐらゐ なりしが このごろに いたつて ハ 三てうドルなり これらを みれば アメリカの こうえき いよく さかんなる ことなり

○アメリカにおいて ハ このせつ すべての ちやうくわんの やくりやうを あげ これまでの 一ばいましに さだめられ ぎくわんの きふれうも 三わりほど まし たるよし

○日本の しせつ このごろ オランダの しやう下より プルイス へ しゆつたつに あひなりしよし

○フランス國たい かいかくの ことを ぎじいんにて ぎろんに およびしところ このせつ せいふの ぎろん よろしきにや そのかたに なびかれしよし

○イスパニヤルの國わうを つとめし人 なにゆゑ なるか ホルトガルに とうりう いたせしが このせつ また イタリヤへ ゆかれしよし

○イギリスの せいふにて さく年中ぜいの あがり きんだか 七千六百六十萬○八千七百七十パウン (一パウンハ およそドル四まいはん)

○イギリスの によてい このたび ロンドンより ウチヱンスルへ かへられしが 一七日のうちに また

十五どう 六

海外新聞《かいがいしんぶん》

○アメリカのミシスイヒ［ミシシッピ］という大川にて去んぬる二月頃珍しき事あり。その次第は、小舟に二人の死骸あり。その中一人は跪き頭を下げ、一人は横に寝たり。その有様を見て考ふるに、昨冬より当春までの寒気殊に甚だしきに、川風の冷えを加へ、全く凍へ死にせしものなるべし。

○先だって日本よりシナ国へ副島公龍驤艦といふ軍艦に乗り込み行かれしが、この頃聞くに、三月十二日昼後上海を出帆、天津下なる港のターク［大沽］へ行かれし由。

○ある横文字の書物、交易の事を記したるを見るに、アメリカ合衆国に於いて千八百六十年中作りし酒の金高六億ドルにして、その酒小売り商売致す人数凡そ十五万人なりとぞ。又シナ国よりアメリカへ積み来たるアヘン（薬種）金高二百万ドルなり。右国にては六十年前までは二億ドル位なりしが、この頃に至っては三兆ドルなり。これらを見ればアメリカの交易いよいよ盛んなることなり。

○アメリカに於いてはこの節全ての長官の役料を上げ、これまでの二倍増しに定められ、議官の給料も三割ほど増したる由。

○日本の使節、この頃ヲランダの城下よりプルイス［プロシャ］へ出立に相なりし由。

○フランス国体改革のことを議事院にて議論に及びしところ、この節政府の議論宜しきにや、その方に靡かれし由。

○イスパニヤルの国王を務めし人、何故なるかホルトガルに逗留致せしが、この節又イタリヤへ行かれし由。

○イギリスの政府にて昨年中税の上がり金高七千六百六十万〇八千七百七十パウン［ポンド］（一パウンは凡そドル四枚半）。

○イギリスの女帝この度ロンドンよりウチヱンスル［ウィンザー］へ帰られしが、一七日のうちに又

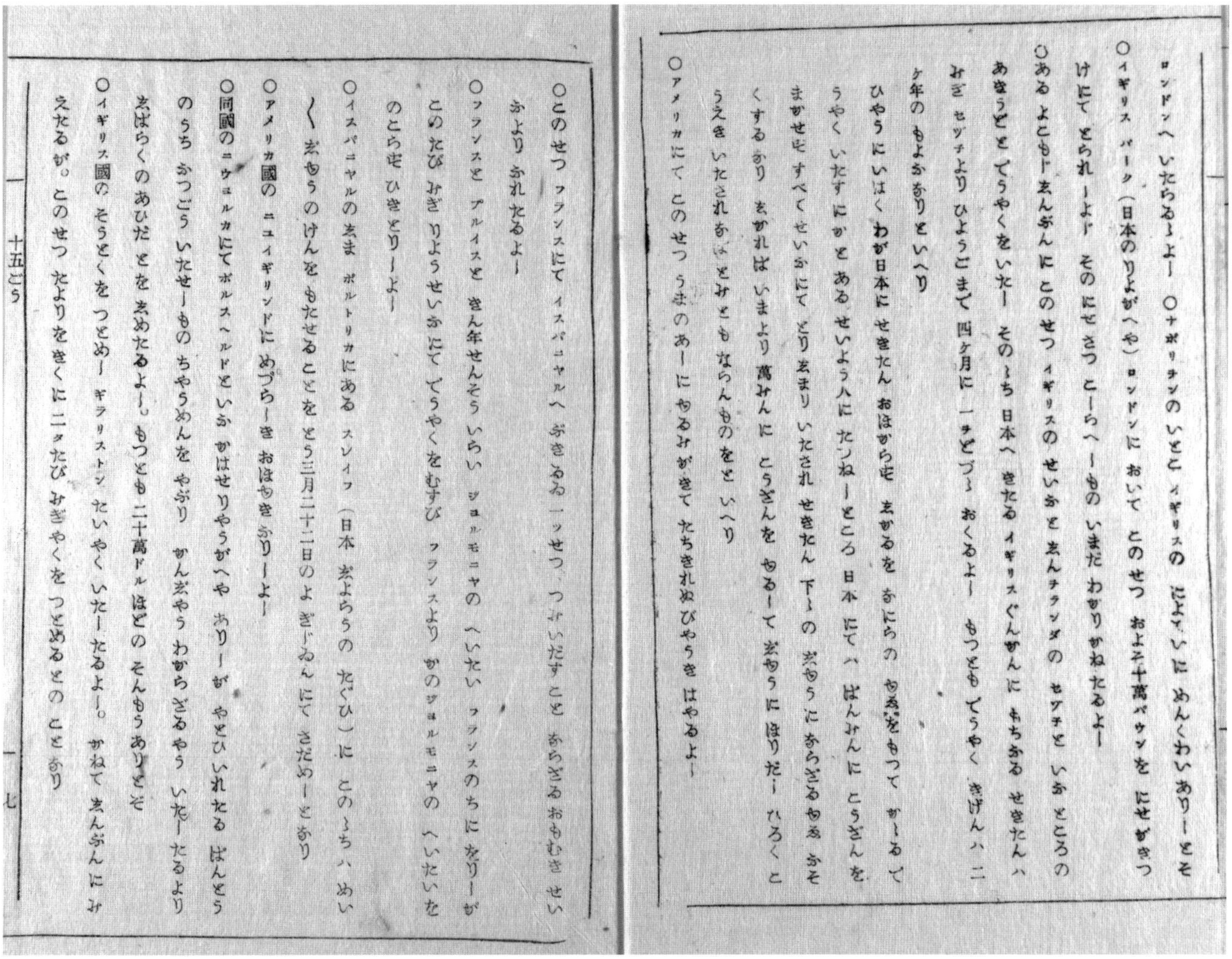

ロンドンへ至らるる由。○ナポリヲンの従兄弟イギリスの女帝に面会ありしとぞ。

○イギリス　バーク［バンク］（日本の両替屋）ロンドンに於いてこの節凡そ十万パウンを偽書き付けにて取られし由。その偽札を拵へし者未だ分かりかねたる由。

○ある横文字新聞に、この節イギリスの政府と新ヲランダのセヅチ［シドニー］といふ所の商人と定約を致し、その後日本へ来たるイギリス軍艦に用ふる石炭は右セヅチより兵庫まで四ヶ月に一チ度ずつ送る由。尤も定約期限は二ヶ年の模様なりと言へり。

評に曰く。我が日本に石炭多からず。しかるを何らの故を以てかかる定約致すにかとある西洋人に尋ねしところ、日本にては万民に鉱山を任せず、全て政府にて取り締まり致され、石炭下々の自由にならざる故不足するなり。しかれば今より万民に鉱山を許して、自由に掘り出し広く交易致されなば富ともならんものをと言へり。

○アメリカにてこの節馬の脚に弛みが来て立ちきれぬ病気流行る由。

○この節フランスにてイスパニヤルへ武器類一ッ切積み出だすことならざる趣政府より触れたる由。

○フランスとプルイスと近年戦争以来ジヨルモニヤ［ジャーマニー］の兵隊フランスの地におりしが、この度右両政府にて条約を結び、フランスより彼のジヨルモニヤの兵隊を残らず引き取りし由。

○イスパニアルの島ポルトリカ［プエルトリコ］にあるスレイフ（日本女郎の類）にこの後は銘々自由の権を持たせる事を当三月二十二日の夜議事院にて定めしとなり。

○アメリカ国のニユイギリンド［ニューイングランド］に珍しき大雪降りし由。

○同国のニウヨルカにてボルスヘルド［ブルスヘッド］といふ為替両替屋ありしが、雇ひ入れたる番頭のうち不都合致せし者帳面を破り勘定分からざるよう致したるより、しばらくの間戸を閉めたる由。尤も二十万ドルほどの損耗ありとぞ。

○イギリス国の総督を務めしギラリストン［グラッドストーン］退役致したる由。かねて新聞に見えたるが、この節便りを聞くに、二タ度右役を務めるとの事なり。

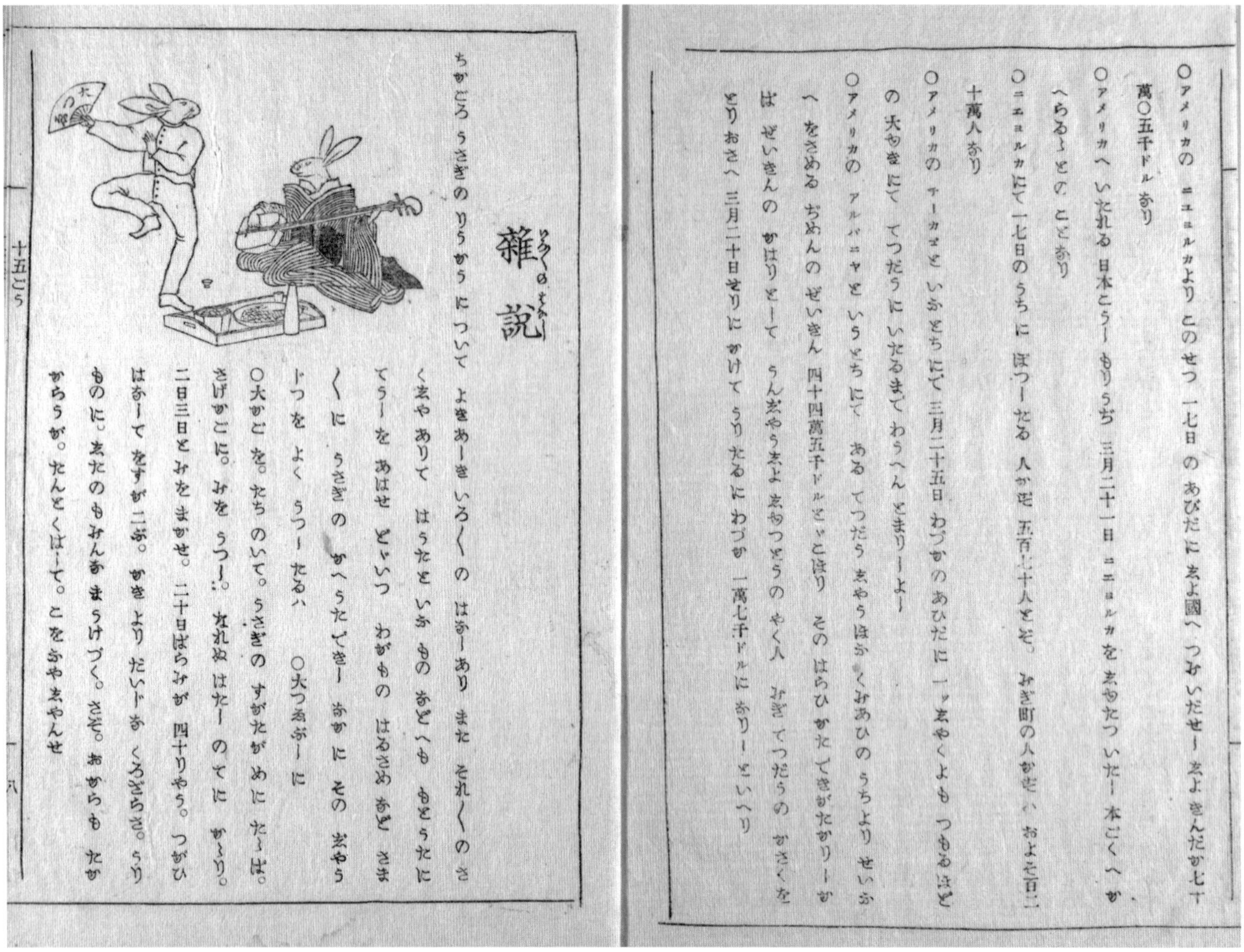

○アメリカのニユヨルカよりこの節一七日の間に諸国へ積み出だせし諸金高七十万○五千ドルなり。
○アメリカへ至れる日本公使森氏、三月二十一日ニユヨルカを出立致し、本国へ帰らるるとのことなり。
○ニユヨルカにて一七日のうちに没したる人数五百七十人とぞ。右町の人数は凡そ百二十万人なり。
○アメリカのチーカゴ［シカゴ］といふ土地にて三月二十五日、僅かの間に一ッ尺余も積もるほどの大雪にて鉄道に至るまで往返止まりし由。
○アメリカのアルバニヤ［オールバニー］という土地にて、ある鉄道商法組合の中より政府へ納める地面の税金四十四万五千ドル滞り、その払ひ方出来難かりしかば、税金の代はりとして運上所出頭の役人右鉄道の家作を取り押さへ、三月二十日競りに掛けて売りたるに、僅か一万七千ドルになりしと言へり。

## 雑説《いろいろのはなし》

○近頃兎の流行について良き悪しき色々の話あり。又それぞれの作者ありて端唄といふものなどへも元歌に調子を合はせ、都都逸、我が物、春雨など様々に兎の替へ歌出来し中に、その情実をよく写したるは　○大津絵節に
○大籠を。立ち退いて。兎の姿が目に立たば。
酒籠に。身を移し。慣れぬ果たしの手に掛かり。
二日三日と身を任せ。二十日孕みが四十両。番
離して雄が二分。かきより大事な黒更紗、売り
物に。したのもみんな儲けずく。さぞ。おからも高
かろうが。たんと食はして。子を増やしゃんせ。

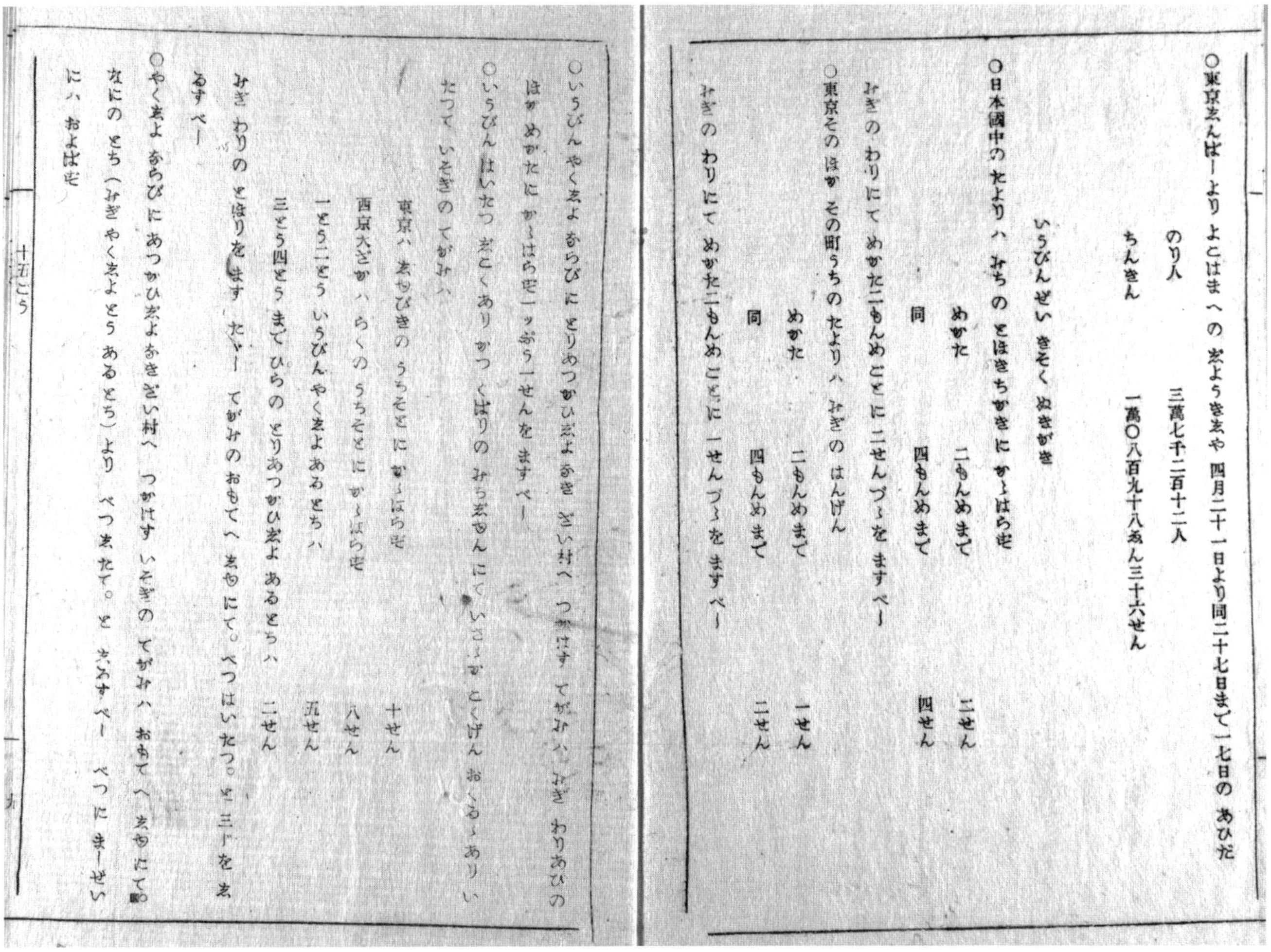
○東京しんばしより よこはまへの じようきしや 四月二十一日より同二十七日まで 一七日の あひだ
のり人　三萬七千二百十二人
ちんきん　一萬〇八百九十八ゑん三十六せん

いうびんぜい きそく ぬきがき

○日本國中の たより ハ みちの とほきちかきに か〻はらず
めかた　二もんめまで　二せん
同　四もんめまで　四せん
みぎの わりにて めかた二もんめごとに 二せんづ〻を ますべし
○東京その ほか その町うちの たより ハ みぎの はんげん
めかた　二もんめまで　一せん
同　四もんめまで　二せん
みぎの わりにて めかた二もんめごとに 一せんづ〻を ますべし

○いうびんやくしよ ならびに とりあつかひしよ なき ざい村へ つかはす てがみハ みぎ わりあひの ほか めかたに か〻はらず 一ッぷう一せんを ますべし
○いうびん はいたつ じこくあり かつ くばりの みちじゆんにて いさ〻か こくげん おくる〻あり いたつて いそぎの てがみハ
東京ハ しゆびきの うちそとに か〻はらず　十せん
西京大ざかハ らくの うちそとに か〻はらず　八せん
一とう二とう いうびんやくしよ あるところハ　五せん
三とう四とうまで ひらの とりあつかひしよ あるところハ　二せん
みぎ わりのとほりを ます たゞし てがみの おもてへ しゆにて。べつはいたつ。と 三じを しるすべし
○やくしよ ならびに あつかひしよ なき ざい村へ つかはす いそぎの てがみハ おもてへ しゆにて。なにの ところ（みぎやくしよ あるところ）より べつしたて。と しるすべし べつに まし ぜいには およばず

十五ごう

○東京新橋より横浜への蒸気車四月二十一日より同二十七日まで一七日の間。
乗り人　三万七千二百十二人
賃金　一万〇八百九十八円三十六銭

郵便税規則抜き書き

○日本国中の便りは道の遠き近きに拘はらず
目方　二匁まで　二銭
同　四匁まで　四銭
右の割にて目方二匁ごとに二銭ずつを増すべし。
○東京その他その町内の便りは右の半減。
目方　二匁まで　一銭
同　四匁まで　二銭
右の割にて目方二匁ごとに一銭ずつを増すべし。

○郵便役所並びに取扱所なき在村へ遣はす手紙は右割合の他目方に拘はらず一ッ封一銭を増すべし。
○郵便配達時刻あり。且つ配りの道順にていささか刻限遅るるあり。至って急ぎの手紙は、
東京は朱引きの内外に拘はらず　十銭
西京大阪は洛の内外に拘はらず　八銭
一等、二等郵便役所ある土地は　五銭
三等、四等まで平の取扱所ある土地は　二銭
右割の通りを増す。但し、手紙の表へ朱にて別配達と三字を記すべし。
○役所並びに扱所なき在村へ遣はす急ぎの手紙は、表へ朱にて何の土地（右役所等ある土地）より別仕立てと記すべし。別に増し税には及ばず。

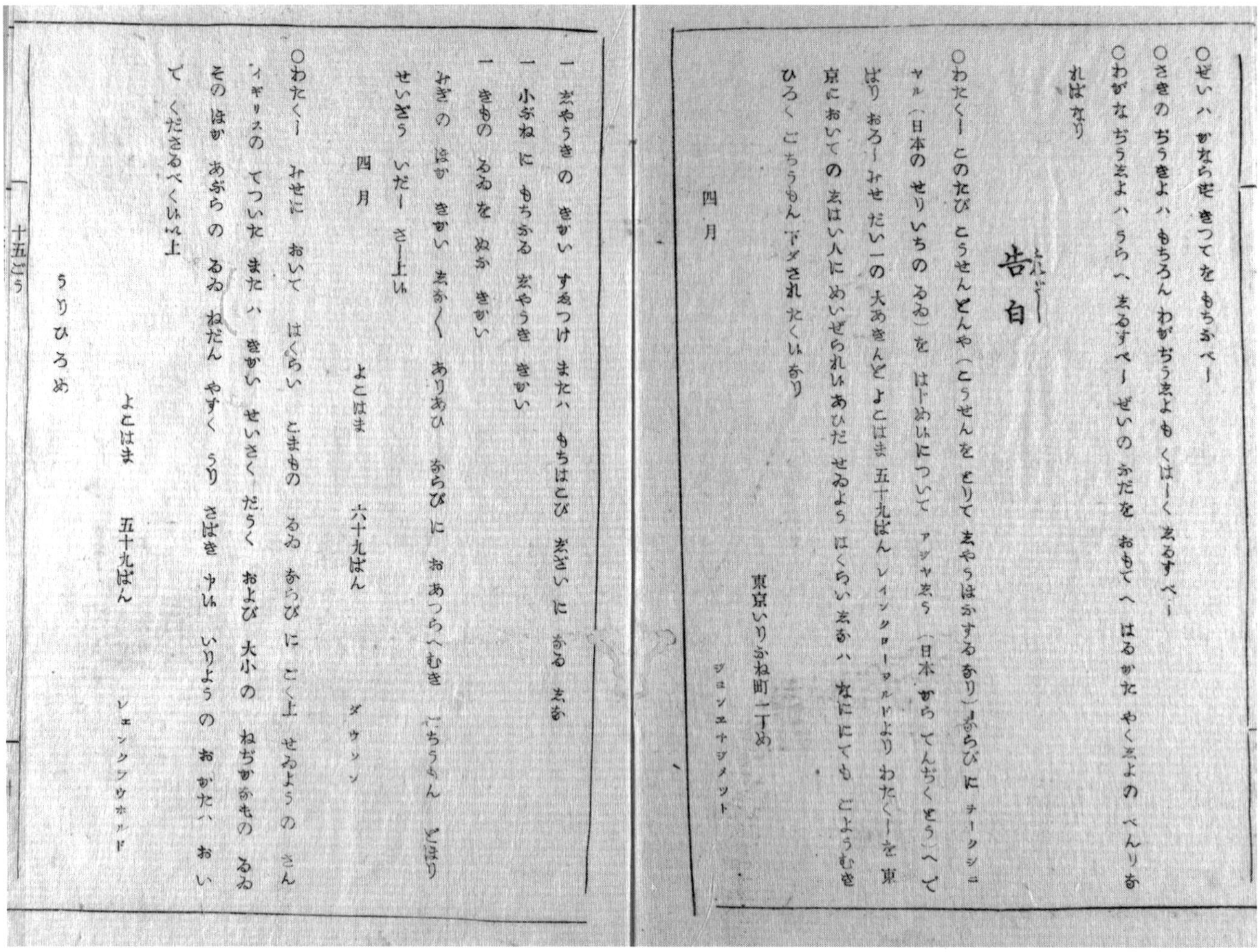
○ぜいハかならずきつてをもちふべし
○さきのぢうきよハもちろんわがぢうしよもくはしくしるすべし
○わがなぢうしよハうらへしるすべしぜいのふだをおもてへはるかたやくしよのべんりなれはなり

告白《ふれだし》

○わたくしこのたびこうせんどんや（こうせんをとりてしやうほふするなり）ならびにヲークシニヤル（日本のせりいちのるい）をはじめ候についてアジヤしう（日本からてんぢくとう）へでばりおろしみせだい一の大あきんどよこはま五十九ばんレインクローフルドよりわたくしを東京においてのしはい人にめいぜられ候あひだせいやうはくらいしなハなににてもごようむきひろくごちうもん下ダされたく候なり

四月　東京いりふね町一丁め　ジヨンエチジメツト

一　じやうきのきかいすゑつけまたハもちはこびじざいになるしな
一　小ぶねにもちふるじやうききかい
一　きものるいをぬふきかい
みぎのほかきかいしなじなありあひならびにおあつらへむきごちうもんどほりせいざういだしさし上候

四月　よこはま六十九ばん　ダウソン

○わたくしみせにおいてはくらいこまものるいならびにごく上せいやうのさんイギリスのてついたまたハきかいせいさくだうぐおよび大小のねぢかなものるいそのほかあぶらのるいねだんやすくうりさばき申候いりようのおかたハおいでくださるべく候以上

よこはま　五十九ばん　シエンクラウホルド

十五ごう

うりひろめ

○税は必ず切手を用ふべし。
○先の住居は勿論、我が住所も詳しく記すべし。
○我が名住所は裏へ記すべし。税の札を表へ貼る方役所の便利なればなり。

告白《ふれだし》

○私この度口銭問屋（口銭を取りて商法するなり）並びにヲークシニヤル［オークション］（日本の競り市の類）を始め候について、アジヤ州（日本から天竺等）へ出張り卸し店第一の大商人、横浜五十九番レインクローフルドより私を東京に於いての支配人に命ぜられ候間、西洋舶来品は何にても御用向き広く御注文下ダされたく候なり。

四月　東京入船町一丁目　ジヨンヱチジメツト

一　蒸気の機械据付け又は持ち運び自在になる品
一　小舟に用ふる蒸気機械
一　着物類を縫ふ機械
右の他機械品々あり合ひ並びにお誂へ向き、御注文通り製造出だし差し上候。

四月　横浜六十九番　ダウソン

○私店に於いて舶来小間物類、並びに極上西洋のさん〈酒〉、イギリスの鉄板、又は機械製作道具、及び大小の螺子金物類、その他、油の類、値段安く売り捌き申候。入用のお方はお出でくださるべく候。以上

横浜五十九番　シエンクラウホルド

売り広め

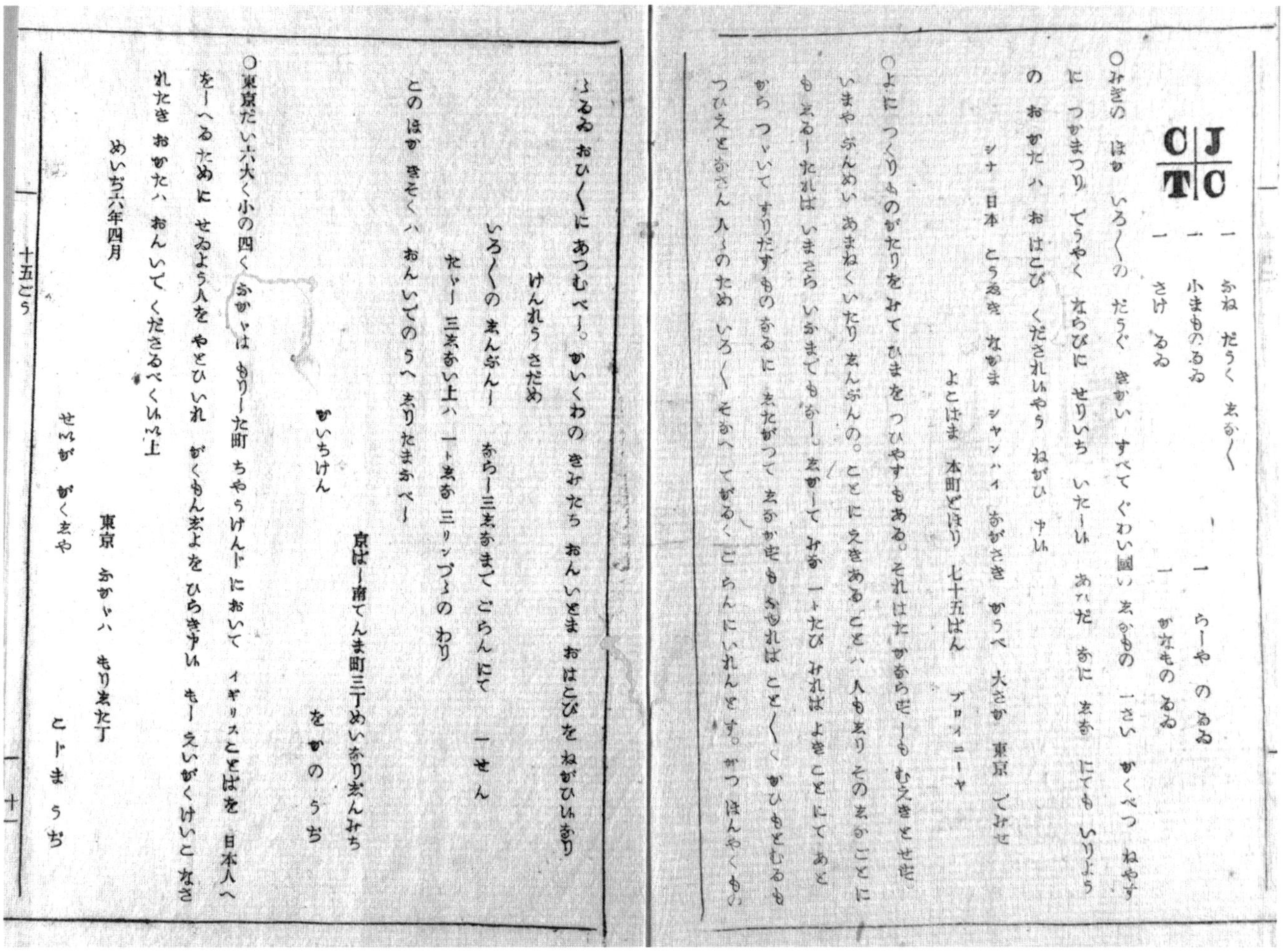

C J
T C

一　船道具品々　　一　羅紗の類
一　小間物類　　一　金物類
一　酒類

○右の他、色々の道具、機械、全て外国の品物一切格別値安に仕り、定約並びに競り市致し候間、何品にても入用のお方はお運びくだされ候様願ひ申候。

シナ日本交易仲間　上海　長崎　神戸　大阪　東京　出店
横浜本町通り　七十五番　ブロイニーヤ

○世に作り物語を見て暇を費やすもある。それはた必ずしも無益とせず。今や文明普く至り、新聞の殊に益あることは人も知り、その品毎にも記したれば、今更言ふまでもなし。しかして皆一ト度見れば良きことにて、後から続いて刷り出すものなるに従つて品数も増ゆれば、悉く買ひ求むるも費えとなさん人々のため、色々備へ手軽くご覧に入れんとす。且つ翻訳物の類追々に集むべし。開化の君たちおん暇お運びを願ひ候なり。

見料定め
色々の新聞紙　均し三品まで御覧にて　一銭
但し、三品以上は、一ト品三厘ずつの割り。
この他規則はおん出での上知り給ふべし。

京橋伝馬町三丁目稲荷神道
かいち軒　岡野氏

○東京第六大区小の四区、深川森下町ちやうけん〈長慶〉寺に於いて、イギリス言葉を日本人へ教へるために西洋人を雇ひ入れ、学問所を開き申候。もし英学稽古なされたきお方はおん出でくださるべく候。以上

明治六年四月
東京深川森下丁
菁莪学舎　小島氏

## ウヰンナ博覧会

○世界に広く旅をして色々の国言葉や国風を知るは良き事なれども、これまで洋行せし日本人皆不案内故、十倍の高い物を買ひ、その外色々不都合あり。今ご案内致すについては、その所々の風俗より名高き面白き所のあらましを漏らさず見せ聞かせ申べく、来たる五月中横浜より蒸気船にてサンフランシスコに至りし、アメリカ中諸所、ニウヨルクより出帆、エウロツパに着し、ウヰンナ博覧会よりフランス、ゼルマン［ジャーマニー］、ヲランダ、イギリス
諸所にて講釈を致し、日々二時の間イギリス、フランス、ゼルマンの国言葉を学ばしむべし。荷物は二百斤まで運送随意。旅行についての道具は日記その外備はざるものなし。諸所逗留日割行き帰りとも凡そ一ヶ年にて帰ることを得べし。そのうち賄ひは勿論総入用メキスコ［メキシコ］ドル三千にて引き受け申べく候間、思し召しのお方は本局まで
おん申入れ下さるべく候。

四月

## 蒸気飛脚船入港出帆表

○三月七日　十四日　二十一日　二十八日　○四月五日　十二日　十九日　二十六日
○五月三日　十日　十七日　二十六日　○六月三日　十日　十八日　二十六日
右の船諸所より横浜へ着船の日付
左の通り。
○三月七日　十三日　二十日　二十七日　○四月四日　十一日　二十日　二十五日
○五月四日　十日　二十日　二十八日　○六月四日　十二日　二十日　二十七日
○七月四日　十日　二十日
○アメリカの飛脚船サンフランシスコ出入りの日付左の通り。横浜より。
○三月十日　二十三日　○四月二十三日　○五月七日　廿三日　○六月六日　二十日
○七月七日　二十二日　○八月五日　廿二日　○九月七日　廿三日　○十月　八日
廿二日
○十一月七日　二十三日　○十二月八日　二十四日なり。

アメリカより横浜へ。

○三月二十七日　○四月十一日　廿七日　○五月　九日　廿四日　○六月　八日　十四日

○七月九日　○八月八日　二十四日　○九月四日　廿八日　○十月九日　廿七日

○十一月十一日　廿七日　○十二月十二日　二十七日なり。

天竺回りイギリス飛脚船横浜着船出帆

定まり日付左の通り。

○着船　○三月十六日　廿六日　○四月九日　二十三日　○五月七日　廿一日

○六月四日　十八日　○七月二日　十六日　三十日

○出帆　○三月十一日　二十五日　○四月八日　十六日　三十日

○五月十四日

○我が国は昔シナの書物の渡りしより、追々の習はしにて文字の数を多分に知らざれば学者とせざるようになりたれども、数万の文字を学ぶうちに限りある寿命を以て多くの年月を渡り、しかしてシナ一ヶ国の風俗を知るのみこと狭くして、未だ然ほどの功ありとせず。しかるに近頃地球上の国々と悉く交はることになりてより、天文、地理、究理、化学を始め、政治の道、農、工、商法、経済、機械学その他色々の学問も開けしことなれば、彼の文字のために無駄の月日を費やさば、如何にして広きにわたる事を得んや。既に針金便りも行はれ、その便利千万里を隔てて急用を達するに、どのような話もいろは文字にて事足り、難しき文字にてはかへりて用を便ぜぬなり。しかして唐の文字を用ふるも千年余の久しきに至れれば、勢ひ一時に廃すべからずといへども、後々は自然仮名ばかりの通用にならんか。今にありては回り遠しと思ふもあらん。さもあらばあれ、先ず子供衆の手引きとして企つるなり。冀はくはいささか世の助けとならば幸ひ何かこれにしかんや。

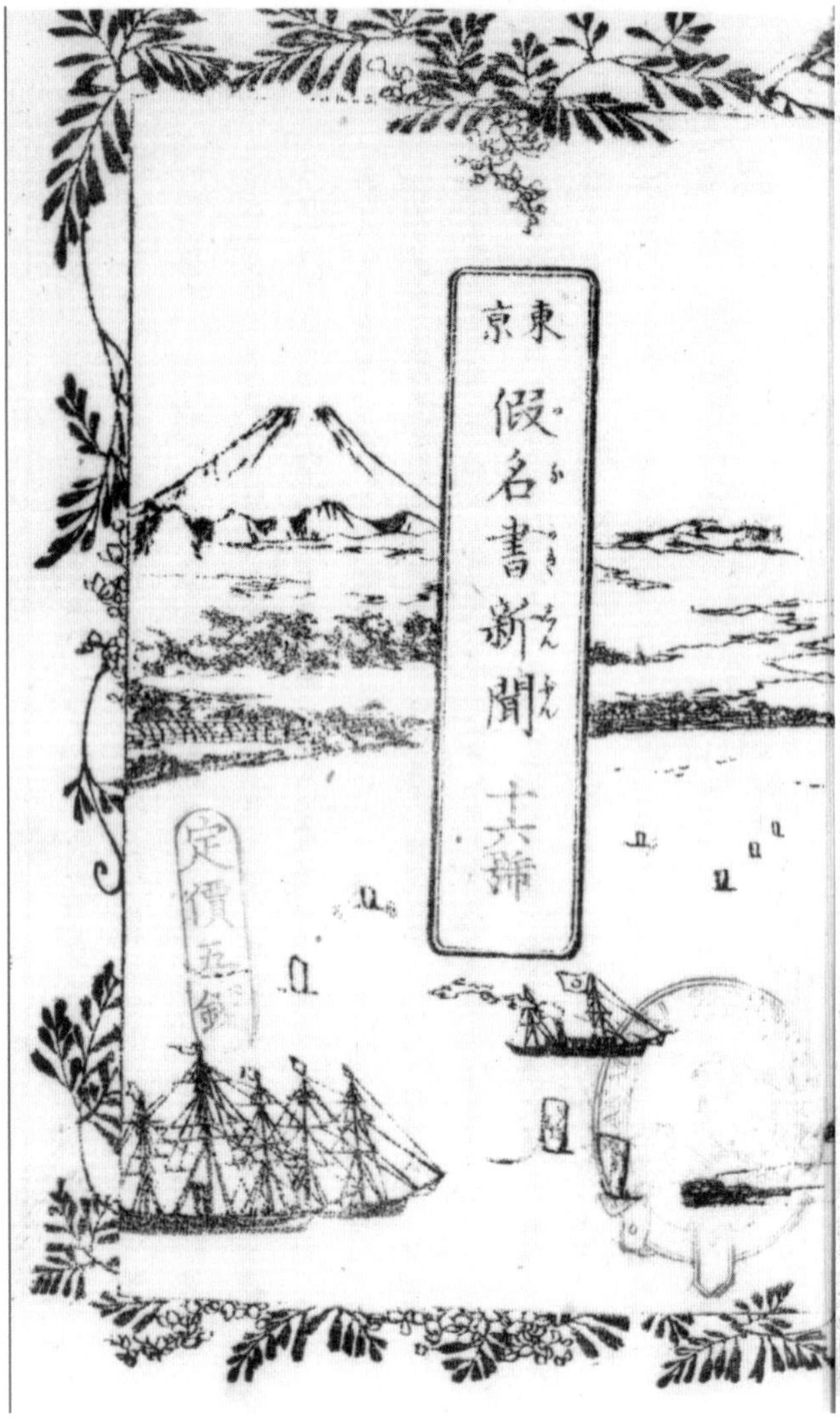


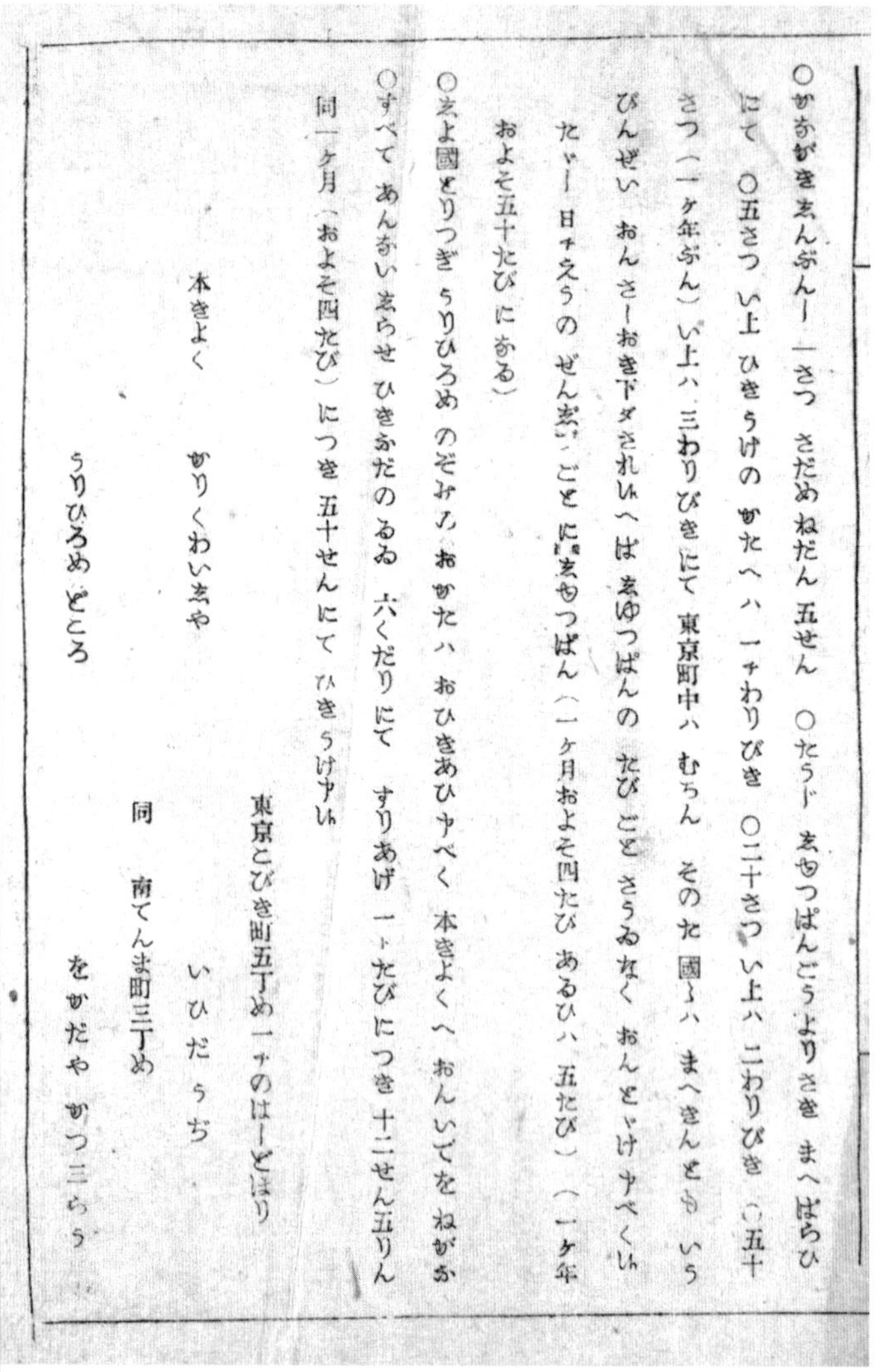
○かながきしんぶん一さつ　さだめねだん　五せん　○たうじ　しゆつぱんごうよりさき　まへばらひにて　○五さつ　い上　ひきうけの　かたへハ　一チわりびき　○二十さつ　い上ハ　二わりびき　○五十さつ（一ヶ年ぶん）い上ハ　三わりびきにて　東京町中ハ　むちん　その外國〻ハ　まへきんとも　いうびんぜい　おん　さしおき下ダされ候へば　しゆつぱんの　たび　ごと　さうゐなく　おんとゞけ申べく候

たゞし　日チえうの　ぜんじつ　ごとに　しゆつぱん（一ヶ月およそ四たび　あるひハ　五たび）（一ヶ年およそ五十たびに　なる）

○しよ國とりつぎ　うりひろめ　のぞみの　おかたハ　おひきあひ申べく　本きよくへ　おんいでを　ねがふ

○すべて　あんない　しらせ　ひきふだの　るゐ　六くだりにて　すりあげ　一トたびにつき　十二せん五りん

同一ヶ月（およそ四たび）につき　五十せんにて　ひきうけ申候

東京とびき町五丁め一チのはしどほり

本きよく　かりくわいしや　いひだうぢ

同　南てんま町三丁め

うりひろめどころ　をかだや　かつ三らう

○仮名書き新聞誌一冊定め値段五銭。○当時出版号より先前払ひにて。○五冊以上引き受けの方へは一チ割引き。○二十冊以上は二割引き。○五十冊（一ヶ年分）以上は三割引きにて、東京府中は無賃、その他国々は前金とも郵便税おん差しおき下ダされ候へば、出版の度ごと相違なくおん届け申べく候。

但し日チ曜の前日ごとに出版（一ヶ月凡そ四度或ひは五度）（一ヶ年凡そ五十度になる）。

○諸国取次ぎ売り広め望みのお方はお引き合ひ申べく、本局へおん出でを願ふ。

○全て案内知らせ引札の類、六くだりにて摺り上げ、一ト度につき十二銭五厘、

同一ヶ月（凡そ四度）につき五十銭にて引き受け申候。

東京木挽町五丁目一チの橋通り

本局　仮会社　飯田氏

同南伝馬町三丁目

売り広め所　岡田屋勝三郎

十六号の内容　明治6・5・10

**前文3**　発行の趣旨3

**御布告**　○島津久光車寄せまでの乗車許可○人力車の納税法の改革○条例・勅旨の発令について○火事のため皇居から赤坂離宮に避難○太政官庁は火事のため移動

**国内新聞**　○島根県産の木綿は良質○狐に騙された話（目黒）○狸に騙された話（麻布）

**海外新聞**　○不思議な自殺（英）○副島公のアメリカ人従者（シナ）○鉄道の乗車口に踏板を設ける（英）○イギリスの郵便切手売り上げ（香港）シナの頑なさと聡明な貴人○テレグラフの改良○銃砲の会○シナの帝王墓参を外国人が絵に描く○米英間気球で渡る計画

**投書**　○通貨の数え方の混乱につき改革を要す　**雑説**　○競馬場の火事（横浜）　郵便税規則抜き書き　**告白**（広告）　**蒸気飛脚船入港出帆表**　仮名書きの効用　社告

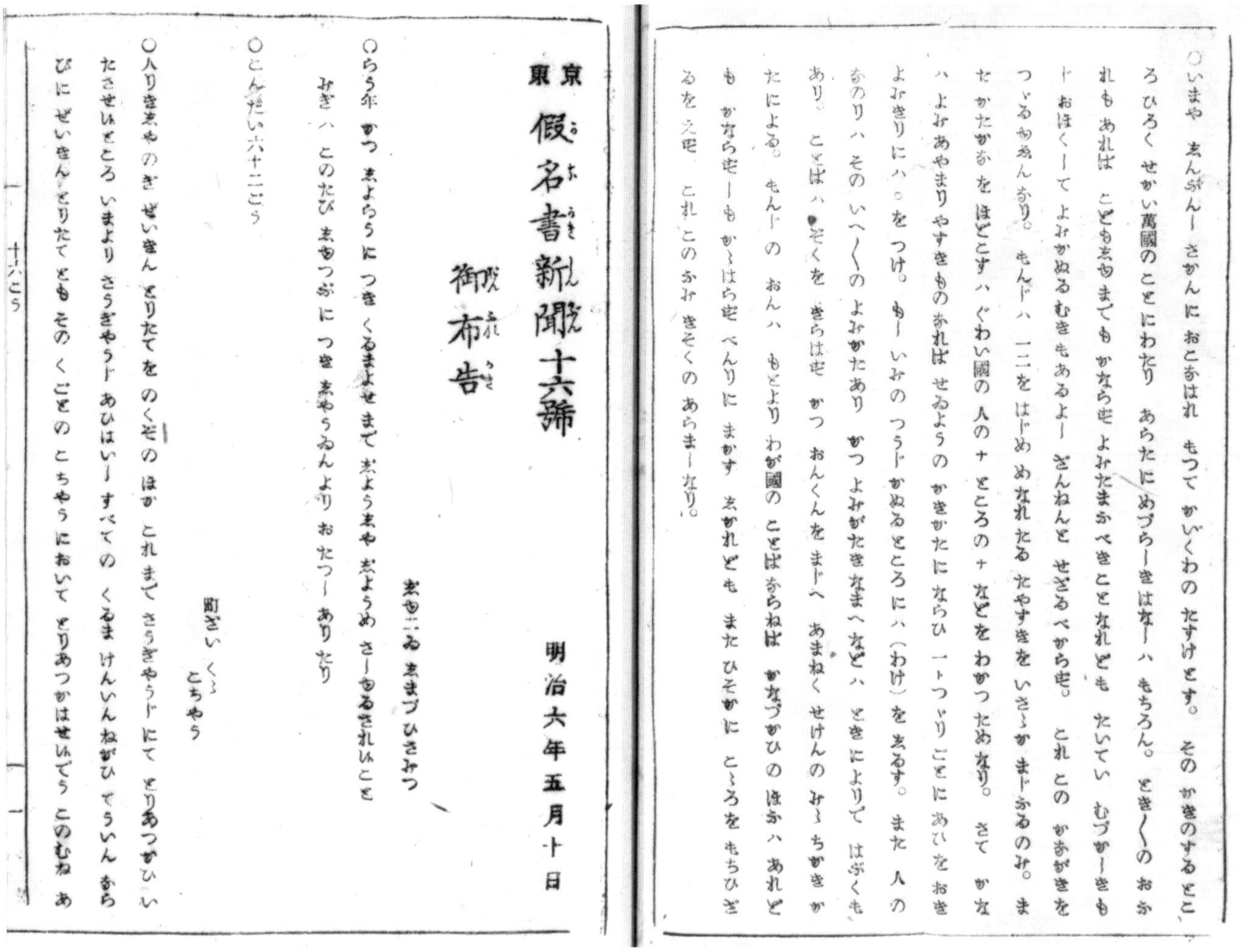

○今や新聞紙盛んに行はれ、以て開化の助けとす。その書き載するところ広く世界万国の事にわたり、新たに珍しき話は勿論、時々のお触れもあれば、子供衆までも必ず読み給ふべきことなれども、大抵難しき文字多くして読みかぬる向きもある由残念とせざるべからず。これこの仮名書きを綴る所以なり。文字は一二を始め目慣れたる容易きをいささか交ふるのみ。又片仮名を施すは外国の人の名、所の名などを分かつためなり。さて仮名は読み誤り易きものなれば、西洋の書き方に倣ひ、一ト綴りごとに間を置き、読み切りには。を付け、もし意味の通じかぬる所には（訳）を記す。又人の名乗りはその家々の読み方あり。且つ読み難き名前などは時に因りて省くもあり。言葉は俗を嫌はず、且つ音訓を交へ、普く世間の耳近き方に因る。文字の音は元より我が国の言葉ならねば、仮名遣ひの法はあれども、必ずしも拘はらず便利に任す。しかれども又密かに心を用ひざるを得ず。これこの文規則のあらましなり。

東京假名書新聞《かなかきしんぶん》　十六号　明治六年五月十日

御布告《おんふれかき》

従二位　島津久光

○老年且つ所労につき車寄せまで乗車じようめ〈乗馬〉差し許され候事。

右はこのたび出府につき正院よりお達しありたり。

○坤第六十二号

町在区々

戸長

○人力車の儀、税金取立てをのくぞ〈除く〉の外、これまで総行事にて取り扱ひ致させ候ところ、今より総行事相廃し、総ての車検印願ひ、調印并びに税金取立て共その区毎の戸長に於て取り扱はせ候条、この旨相

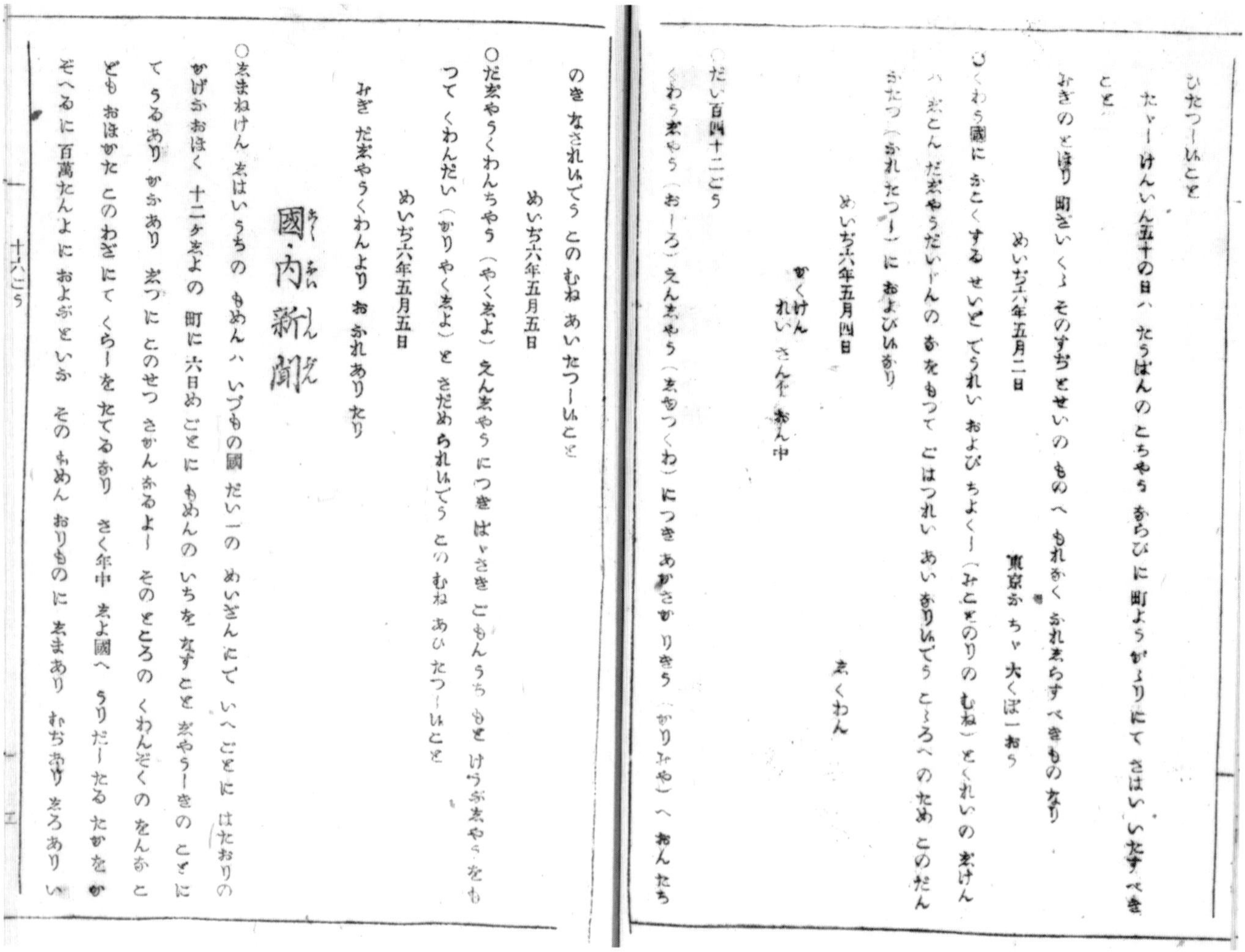
ひたつし候こと
たゞしけんいん五十の日ハ たうばんのこちやう ならびに町ようがゝりにて さはい いたすべき
こと
みぎのとほり 町ざいくゝ そのすぢとせいの もの へ もれなく ふれしらすべきもの なり
めいぢ六年五月二日　東京ふちじ 大くぼ一おう
○くわう國に ふこくする せいど でうれい および ちよくし（みことのりの むね）とくれいの じけん
ハ じこん だじやうだいじんの なをもつて ごはつれい あい なり候でう こゝろへの ため このだん
ふたつ（ふれたつし）に およひ候なり
めいぢ六年五月四日　かくけん れいさんじ おん中　しくわん
○だい百四十二ごう
くわうじやう（おしろ）えんじやう（じやうくわ）につき あかさか りきう（かりみや）へ おん たち
のき なされ候でう このむね あいたつし候こと
めいぢ六年五月五日
○だじやうくわんちやう（やくしよ）えんじやうにつき ばゞさき ごもんうち もと けうぶしやうをも
つて くわんだい（かりやくしよ）と さだめられ候でう このむね あひたつし候こと
めいぢ六年五月五日
みぎ だじやうくわんより お ふれありたり
國《こく》内《ない》新《しん》聞《ぶん》
○しまねけん しはいうちの もめんハ いづもの國 だい一の めいさんにて いへごとに はたおりの
かげふおほく 十二ケしよの 町に 六日めごとに もめんの いちを なすこと じやうしきの ことに
て うるあり かふあり じつに このせつ さかんなるよし そのところの くわんぞくの をんなこ
ども おほかた このわざにて くらしを たてるなり さく年中 しよ國へ うりだしたる たかを かぞ
へるに 百萬たんよに およぶといふ その もめん おりものに しまあり むぢあり しろあり い
十六ごう

達し候事。
但し、検印五十の日は、当番の戸長幷に町用係にて差配致すべき事。
右の通り町在区々その筋渡世の者へ洩れなく触れ知らすべきものなり。
明治六年五月二日　東京府知事　大久保一翁

○皇国に布告する制度条例及び勅旨（詔の旨）特例の事件は爾今太政大臣の名を以て御発令相なり候条心得のためこの段布達（触れ達し）に及び候なり。
明日六年五月四日
各県
令参事御中　仕官

○第百四十二号
皇城（お城）えんしやう〈炎上〉（出火）につき、赤坂離宮（仮宮）へおん立ち退きなされ候条、この旨相達し候事。
明治六年五月五日

○太政官庁（役所）えんしやうにつき、馬場先御門内元教部省を以て官代（仮役所）と定められ候条この旨相達し候事。
明治六年五月五日
右太政官よりお触れありたり。

国内新聞《こくないしんぶん》

○島根県支配内の木綿は出雲の国第一の名産にて、家ごとに機織りの稼業多く、十二ヶ所の町に六日目ごとに木綿の市をなすこと常式のことにて、売るあり買ふあり、実にこの節盛んなる由。その所の貫属の女子供大方この業にて暮らしを立てるなり。昨年中諸国へ売り出したる高を数へるに百万反余に及ぶと言ふ。その木綿織物に縞あり無地あり白あり、何

れもその糸細かにて強く、衣服に用ふるに値も安く、追々その業に進むこと故、その利益大いなることにならんと真事誌に見えたり。

○ある人の話に、東京の西南上目黒村字日向といふ所にて、家ごとに飼ひおける鶏この頃日々に盗まるる事不思議の様なり。心付けおりしに古狐の仕業なるを見出しければ、若き者共打ち寄りて右狐を狩り取らんと様々工夫すれども未だ手立てを得ざるうち、ある日薪山にて狐三匹の子を産みたるを見付け、若き者共申合はせ、その子狐を奪ひ取り、小でんといふ者の宅へ持ち込み隠しおきけるに、彼の親狐なるべし、その家の周りにて鳴くこと夥しく、或ひは戸を叩き或ひは羽目を齧り、毎夜寝ることもならず。その度ごとに戸を開けみれば影も形もなく、寝床に入れば又々前の如し。しかるに四ッ谷辺の者買ひ求めたき由言ひければ、幸ひ金二円に売り渡したるに、それよりして物音止みけり。その後彼の小でんといふ者受け取るべき金の事にて夜四ッ谷まで人力を雇ひ行き、用を達して帰宅致し、受け取り来たりし金札を改めしに、あにはからんや札にはあらで木の葉なりければ、驚けども詮方なく止みしとぞ。これ全く彼の狐の所為なるべし。

○ある人の話に、麻布辺の人昔より狸を愛し、日々飯の余り又菓子などを庭先にて遣はしけるが、よく慣れて手元へ来るほどになりけり。しかるに主戯れて狸に向かひ言ひけるは、この節兎流行り人々金儲けすること夥し。同じ様に餌を食ひながらも狐狸などは何の用にも立たずと大きに辱めけるに、その後二三日狸来たらず。主本意なく思ひける折からには、家へ兎一チ羽跳び入り、思ひがけなき事なれば慌て捕らへてよく見れば、あにはからんや当時流行りの黒更紗。殊に雌にて耳長く更紗の模様その

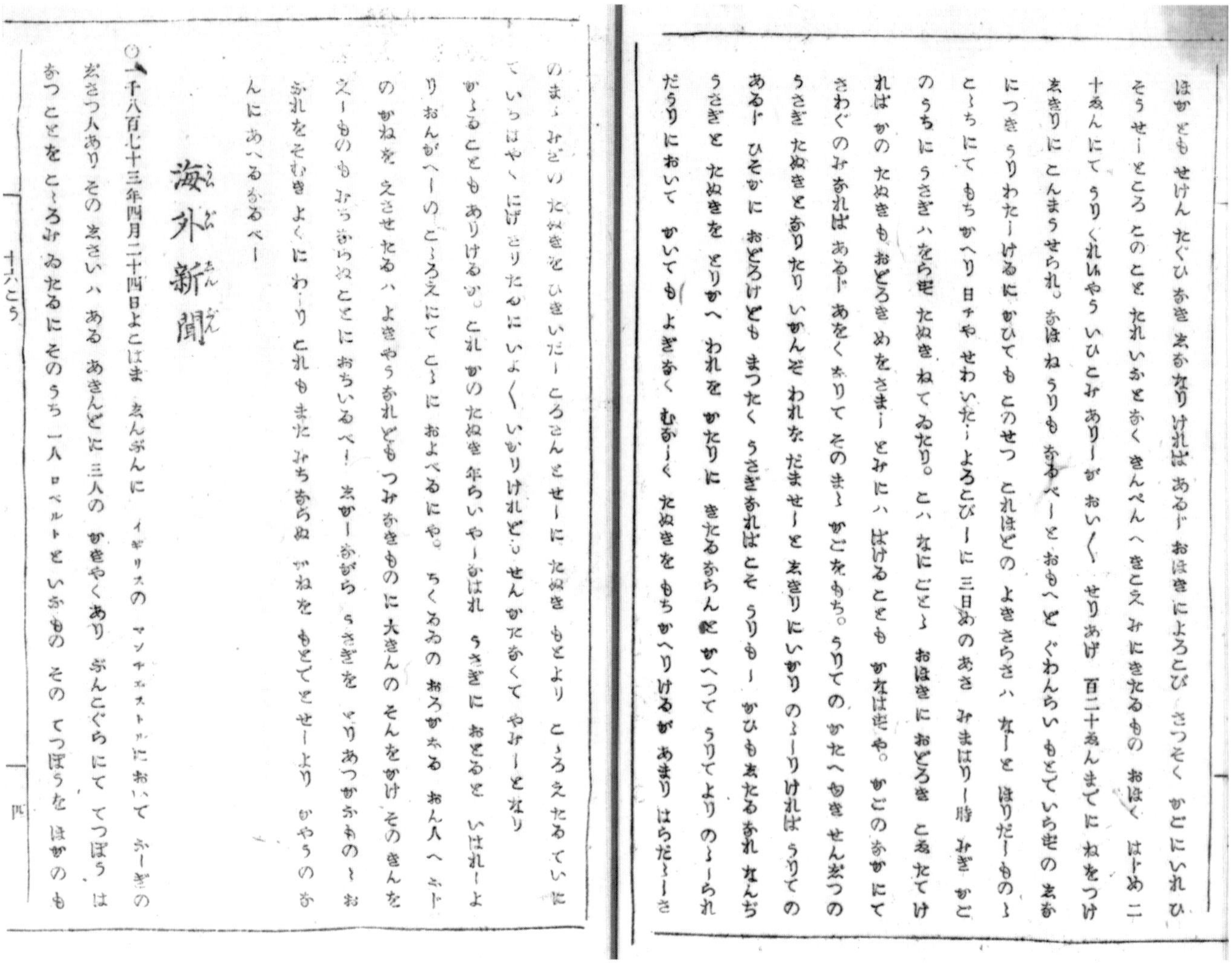

外共世間類なき品なりければ、主大きに喜び、早速籠に入れ秘蔵せしところ、このこと誰言ふとなく近辺へ聞こえ、見に来たる者多く、初め二十円にて売りくれ候よう言ひ込みありしが、追々競り上げ、百二十円までに値を付けしきりに懇望せられ、なお値売りもなるべしと思へど、元来元手要らずの品につき売り渡しけるに、買手もこの節これほどの良き更紗はなしと掘り出し物の心地にて持ち帰り、日夜世話致し喜びしに、三日目の朝見回りし時、右籠の内に兎はおらず、狸寝ていたり。こは何事と大きに驚き声立てければ、彼の狸も驚き目を覚まし、とみには化けることも叶はずや。籠の中にて騒ぐのみなれば、主青くなりてそのまま籠を持ち売り手の方へ行き、先日の兎狸になりたり。如何ぞ我を騙せしとしきりに怒り罵りければ、売手の主密かに驚けども、全く兎なればこそ売りもし買ひもしたるなれ。汝兎と狸を取り替へ我を騙りに来たるらんと却って売手より罵られ、道理に於いて買手も余儀なく空しく狸を持ち帰りけるが、あまり腹立たしさのまま、右の狸を引き出だし殺さんとせしに、狸元より心得たる体にていち早く逃げ去りたるに、いよいよ怒りけれども詮方なくて止みしとなり。かかることもありけるか。これ彼の狸年来養はれ、兎に劣ると言はれしより、恩返しの心得にてここに及べるにや。畜類の愚かなる恩人へ不時の金を得させたるは良きようなれども、罪なき者に大金の損をかけ、その金を得し者も道ならぬことに陥るべし。しかしながら兎を取り扱ふ者のお触れを背き欲に走り、これも又道ならぬ金を元手とせしより斯様の難に遭へるなるべし。

海外新聞《かいがいしんぶん》

○一千八百七十三年四月二十四日横浜新聞に、イギリスのマンチエストル［マンチェスター］に於いて不思議の自殺人あり。その仔細は、ある商人に三人の書き役あり。文庫蔵にて鉄砲放つことを試みいたるに、その内一人ロベルトといふ者その鉄砲を他の

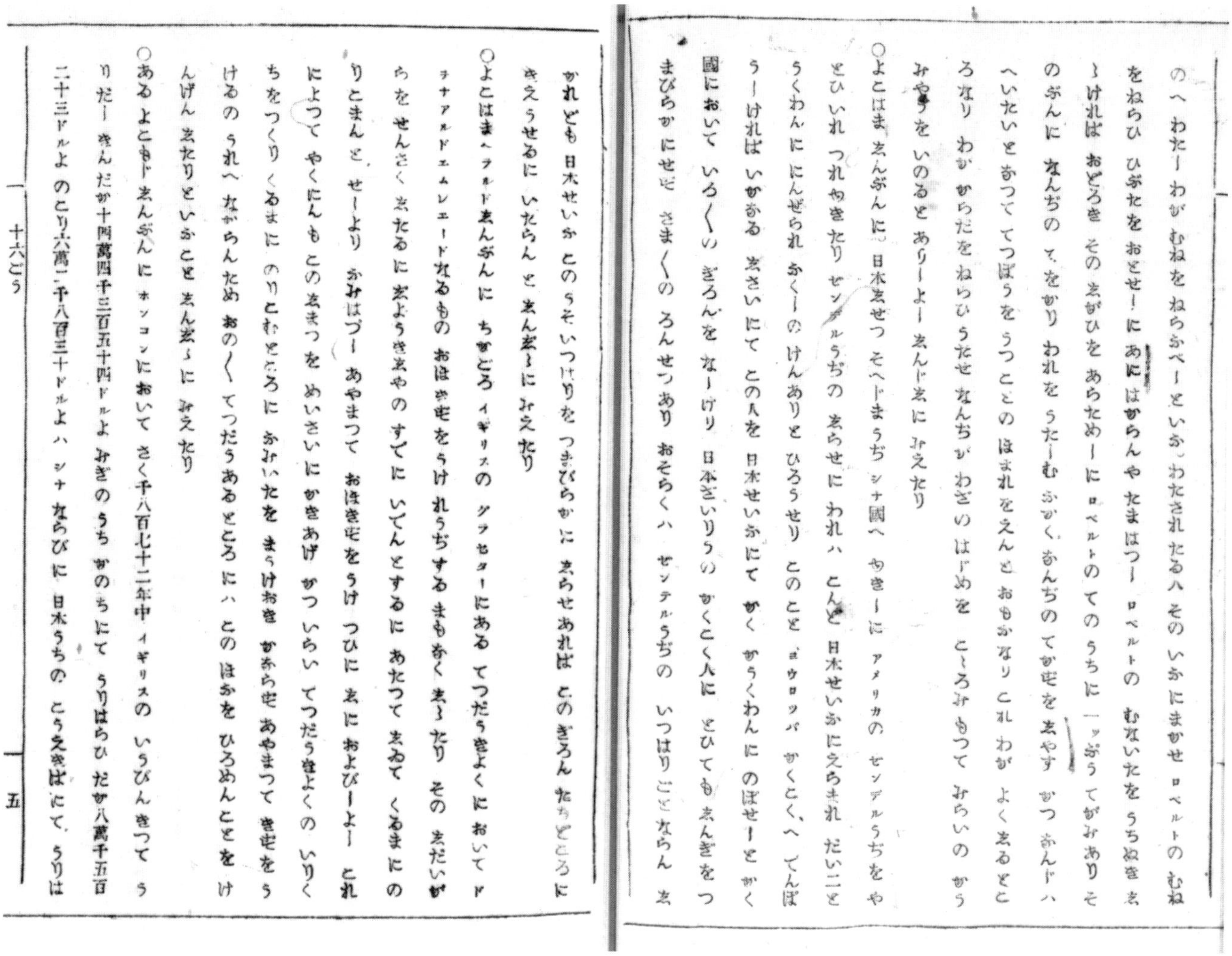

のへ わたしわが むねを ねらふべしと いふ。わたされたる人 その いふに まかせ ロベルトの むねをねらひ ひぶたを おとせしに あにはからんや たまはつし ロベルトの むないたを うちぬき しゝければ おどろき その しがひを あらためしに ロベルトの ての うちに 一ッぷう てがみ あり そのぶんに なんぢの てをかり われを うたしむ ふかく なんぢの てかずを しやす かつ なんぢハ へいたいと なつて てつぽうを うつことの ほまれを えんと おもふなり これ わが よく しるところなり わが からだを ねらひうたせ なんぢが わざの はじめを こゝろみもつて みらいの かうみやうを いのると ありしよし しんじしに みえたり

○よこはま しんぶんに 日本しせつ そへじまうぢ シナ國へ ゆきしに アメリカの ゼンデルうぢを やとひいれ つれゆきたり ゼンデルうぢの しらせに われハ こんど 日本せいふに えらまれ だい二とうくわんに にんぜられ ふくしの けんありと ひろうせり このこと ヨウロツパ かくこくへ でんぽうしければ いかなる しさいにて この人を 日本せいふにて かく かうくわんに のぼせしと かく國において いろ〳〵の ぎろんを なしけり 日本ざいりうの かく〳〵人に とひても しんぎを つまびらかにせず さま〳〵の ろんせつあり おそらくハ ゼンデルうぢの いつはりごとならん しかれども 日本せいふ この うそいつはりを つまびらかに しらせあれば このぎろん たちどころに きえうせるに いたらんと しんじしに みえたり

○よこはまヘラルドしんぶんに ちかごろ イギリスの グラセターに ある てつだうきよくに おいて ドヌアルドエムレエードなるもの おほきずを うけ れうぢする まもなく しゝたり その しだいがらをせんさく したるに じようきしやの すでに いでんとするに あたつて しゐて くるまにのりこまんと せしより ふみはづし あやまつて おほきずを うけ つひに しに およびしよし これによつて やくにんも この しまつを めいさいに かきあげ かつ いらい てつだうきよくの いりくちを つくり くるまに のりこむところに ふみいたを まうけおき かならず あやまつて きずをうけるの うれへ なからんため おの〳〵 てつだう あるところにハ この はふを ひろめんことを けんげん したりと いふこと しんじしに みえたり

○ある よこもじしんぶんに ホンコンにおいて さく千八百七十二年中 イギリスの いうびんきつて うりだし きんだか十四萬四千三百五十四ドルよ みぎの うち かのちにて うりはらひ だか八萬千五百二十三ドルよ のこり六萬二千八百三十ドルよハ シナ ならびに 日本うちの こうえきばにて うりは

十六ごう

五

者へ渡し、我が胸を狙ふべしと言ふ。渡されたる人その言ふに任せ、ロベルトの胸を狙ひ火蓋を落とせしに、あにはからんや弾発しロベルトの胸板を撃ち抜き死しければ、驚きその死骸を改めしに、ロベルトの手の中に一ッ封手紙あり。その文に、汝の手を借り我を撃たしむ。深く汝の手数を謝す。且つ汝は兵隊となって鉄砲を撃つことの誉を得んと思ふなり。これ我がよく知るところなり。我が体を狙ひ撃たせ、汝が技の始めを試み以て未来の功名を祈るとありし由、真事誌に見えたり。

○横浜新聞に、日本使節副島氏シナ国へ行きしに、アメリカのゼンデル［ジャンドル］氏を雇ひ入れ連れ行きたり。ゼンデル氏の知らせに、我は今度日本政府に選まれ、第二等官に任ぜられ、副使の権ありと披露せり。このことヨウロツパ各国へ電報しければ、如何なる仔細にてこの人を日本政府にてかく高官に昇せしと各国に於いて色々の議論をなしけり。日本在留の各国人に問ひても真偽を詳らかにせず、様々の論説あり。恐らくはゼンデル氏の偽りごとならん。しかれども日本政府この嘘偽りを詳らかに知らせあれば、この議論たちどころに消え失せるに至らんと真事誌に見えたり。

○横浜ヘラルド新聞に、近頃イギリスのグラセター［グロスター］にある鉄道局に於いて、ドヌアルド［ドナルド］エムレエードなる者大傷を受け療治する間もなく死したり。その次第柄を詮索したるに、蒸気車の既に出でんとするに当たって、強いて車に乗り込まんとせしより、踏み外し誤って大傷を受け遂に死に及びし由。これに因って役人もこの始末を明細に書き上げ、且つ以来鉄道局の入口を作り、車に乗り込む所に踏板を設けおき、必ず誤って傷を受けるの憂へなからんため、各々鉄道ある所にはこの法を広めん事を建言したりといふ事真事誌に見えたり。

○ある横文字新聞に、香港に於いて昨千八百七十二年中イギリスの郵便切手売出し金高十四万四千三百五十四ドル余。右の内彼の地にて売り払ひ高八万千五百二十三ドル余、残り六万二千八百三十ドル余はシナ並びに日本内の交易場にて売り

らひの たか なり
○シナに おいて ヱウロッパ しよ國と こうえきの でうやくを なし しよくの みなとを ひらきしよりすでに 二十よ年に いたれり しかるに シナハ かたくなに しきたりのみを まもり かいくわの よきほふを もちひせ きかいの はたらき べんりを まなばせ はなはだしきハ ぐわい國人を みくだし これをして いはゆる いてきとす しかして ばんり くわうだいの こくちうに でんしんきじやうきしやの まうけなく ひがしの かたの 人ハ にしの かたの やうすを しらせ きたの かたの ものハ みなみの かたの ありさまを さとらせ その ひらけざるや はなはだし こゝに ある しんぶんしを みるに シナ人やゝ その おろかなるを さとるもの あるに にたり すなはち さに しるす。北京かりすまひの ぐわい國人 なにがし ある日 うまにて 町ゝ けんぶつの かへりみちにて たふとき 人に あふ。ともぞろひ みな はでやかなり その 中に ひとり かんむり いしやう わうしやに にたり ぐわい國人 つひに うまより おりて かたはらに たつ かの わうしや これを みて みづからも うまより おりて あひかたらはんと するを とも人 おどろき みなとゞめて いはく わうたるものとくを はづかしめて いやしき いてきに まじはる ことなかれと わう わらつて これを しりぞけぐわい國人に れいを なし いんぎんに したしみを なし かつ いはく みやう日 わが やしきに きたれ われ なんぢと かたらはん もし なんぢを こばむ ものあらば われ なんぢに きりすてを ゆるさんと ぐわい國人 かの わうを たづね めんだん 時を うつし せいやう しよ國 ならびに 日本國 とうのことがらを とふ。ぐわい こく人 一ゝ その おほひに さかんなる ことを こたへる。わう こゝにおいて たんそくして いはく わが シナこくも また かくこくの ごとく すみやかに ぶんめいの きかひに いらん ことを ねがふ きみ さいはひに これを たすけよ
みぎハ ホンコン しんぶんを しんじしに しるして そへことばあり ○シナこくの もとより かたくなに おろかなるハ ともに ろんずるに たらせと いへども くにの ひろき 人みんの おほきせかい 大こくの およばざる ところなり されば 一トたび せいドを あらため 上に そうめいの きみありて けんしん これが ようを なさば ゐせい かゞやき よわきも たちまち つよきに へんじかならず アジヤしう中の かしらと ならん わが日本こく シナの あひだの うみの へだてハ ありといへども また ちかゝらずと せず よろしく かれが ふるひ おこらざるうち ぐんだてを ねり きかいをたくはへ じうぶんを そなへ かれに さきだち ゐせいを たもち なにおふ 日いづるくにの ひか

十六ごう

払ひの高なり。
○シナに於いてヱウロッパの諸国と交易の条約をなし、諸所の港を開きしより既に二十余年に至れり。しかるにシナは頑なに仕来りのみを守り、開化の良き法を用ひず、機械の働き便利を学ばず。甚だしきは外国人を見下し、これをして所謂夷狄とす。しかして万里広大の国中に電信機、蒸気車の設けなく、東の方の人は西の方の様子を知らず、北の方の者は南の方の有様を悟らず。その開けざるや甚だし。ここにある新聞紙を見るに、シナ人ややその愚かなるを悟る者あるに似たり。即ち左に記す。北京仮住まひの外国人何某、ある日馬にて町々見物の帰り道にて尊き人に逢ふ。供揃ひ皆派手やかなり。その中に一人冠衣装王者に似たり。外国人遂に馬より降りて傍らに立つ。彼の王者これを見て自らも馬より降りて相語らはんとするを、供人驚き皆止めて曰く。王たる者徳を辱めて卑しき夷狄に交はる事なかれと。王笑ってこれを斥け、外国人に礼をなし、慇懃に親しみをなし且つ曰く。明日我が邸に来たれ。我汝と語らはん。もし汝を拒む者あらば我汝に切り捨てを許さんと。外国人彼の王を訪ね面談時を移し、西洋諸国並びに日本国等の事柄を問う。外国人一々その大ひに盛んなることを答へる。王ここに於いて嘆息して曰く。我がシナ国も又各国の如く速やかに文明の機会に入らんことを願ふ。君幸いにこれを助けよ。
右は香港新聞を真事誌に記して添へ言葉あり。○シナ国の元より頑なに愚かなるは共に論ずるに足らずといへども、国の広き人民の多き世界大国の及ばざるところなり。されば一ト度政治を改め上に聡明の君ありて献身これが用をなさば、威勢輝き弱きも忽ち強きに変じ、必ずアジヤ州中の頭とならん。我が日本国シナの間海の隔てはありといへども又近からずとせず。宜しく彼が奮ひ起こらざるうち軍立てを練り、機械を蓄へ、十分を備へ、彼に先立ち威勢を保ち、名に負ふ日出づる国の光

りをもつて アジヤしうないをてらし あまりのひかり とほく せかいに およぼさんと ねがふハ
くにを おもふ人の つねならん
○とう五月三日 カゼット しんぶんにいはく テレガラフを こしらへしハ す年の くふうにて しやう
しゆせし ものにて くはしく たくみなること じつに はかりがたき ほどの ものなり その たよ
りを つうづる しかけハ きかいだいの うへに かみを そなふれば おとづれすべき ことがら はり
がねの はたらきによつて ゆきとゞくなり。その かんじて うごくにつれて だいの うへなる か
みの おもてに ようむきの しだいを。いろ〳〵 もんじを もつて あらはし また せんぱうの きか
いだいに そなへたる かみの うへにも おなじやうに ようむきの こと あらはるゝ。その しかた
たび〳〵 あらため たう時の だうぐの しほふハ アメリカ がつしう國の クレーグうぢの おもひつ
きにて ことに たくみを きはめ いまゝでの だうぐより 一トきは べんりなるに よりて ふたゝび
この くふうに あらため つくりしよし
○千八百七十三年五月三日 よこはま ヂヤッパン ヘラルド しんぶんに よこはま ライフル しや中におい
て れい年の ごとく こん月二十九日 三十日中に しうはう（てつぽう） かくうちの くわいを もよふ

せりといへり
○ちかごろの よこはま しんぶんしに いはく シナの ていわう はかまゐりの もどりのとき あまた
のぐわい國人。とほりみちの いへに かくれゐて まどのかみに あなをあけ ぎやうれつを けん
ぶつせしに その ありさま まことに うるはしく おともハ のりもの ならびに きもの なども み
な あたらしき しなにて はなはだ きらびやかなり ある ぐわいこく人ハ かの ていわうの のりもの
にて とほりしを みたるのみならず その ゑづを とり その かほかたちまで ゑがきたり いま
の ていわうハ さいちある やうすにて あをじろき かほいろなりと いふ。かの まどを ひらきて
つうかうせしハ ひざもと すまゐの 人みんに をがませんとの こゝろなるべし
○ある よこもじ しんぶんに この なつより アメリカ人 かのちよりして イギリスへ ふうせん にて
アトランテキ（うみのな）を わたる ためしを いたすとの ことなり。みぎ ふうせんに もちふるき
かいの めかた およそ 千五百きん（日本の めかたになをし） ふうせんに いれる ガアス（せきたんの
き） しやくしめにして 二十六萬八千よ なり。ある人の 中には のりだめし しゆびよく できしう
へは ふうせんをもつて せかい中 いうびん あるひは ひきやくの くみあひを なすとの ことなり。

十六ごう　七

を以てアジヤ州内を照らし、余りの光遠く世界に及ぼさんと願ふは国を思ふ人の常ならん。

○当五月三日カゼット新聞に曰く。テレガラフを拵へしは数年の工夫にて成就せしものにて、詳しく巧みなる事実に量り難きほどのものなり。その便りを通ずる仕掛けは、機械台の上に紙を備ふれば、訪れすべき事柄針金の働きに依って行き届くなり。その感じて動くにつれて台の上なる紙の表に用向きの次第を色々文字を以て表し、又先方の機械台に備へたる紙の上にも同じ様に用向きの事現るる。その仕方度々改め、当時の道具の仕方はアメリカ合衆国のクレーグ氏の思ひ付きにて殊に巧みを極め、今までの道具より一ト際便利なるに因りて、再びこの工夫に改め作りし由。

○千八百七十三年五月三日、横浜ヂヤッパンヘラルド新聞に、横浜ライフル社中に於いて、例年の如く今月二十九日、三十日中に銃砲（鉄砲）角撃ちの会を催せりと言へり。

○近頃の横浜新聞紙に曰く。シナの帝王墓参りの戻りの時、数多の外国人通り道の家に隠れいて、窓の紙に穴を開け行列を見物せしに、その有様誠に麗しく、お供は乗り物並びに着物なども皆新しき品にて甚だ煌びやかなり。ある外国人は彼の帝王の乗り物にて通りしを見たるのみならず、その絵図を取り、その顔かたちまで描きたり。今の帝王は才知ある様子にて、青白き顔色なりと言ふ。彼の窓を開きて通行せしは、膝元住まいの人民に拝ませんとの心なるべし。

○ある横文字新聞に、この夏よりアメリカ人彼の地よりしてイギリスへ風船にてアトランテキ［アトランティック］（海の名）を渡る試しを致すとのことなり。右風船に用ふる機械の目方凡そ千五百斤（日本の目方に直し）、風船に入れるガアス［ガス］（石炭の気）勺締めにして二十六万八千余なり。ある人の中には、乗り試し首尾よく出来し上は、風船を以て世界中郵便或ひは飛脚の組合をなすとのことなり。

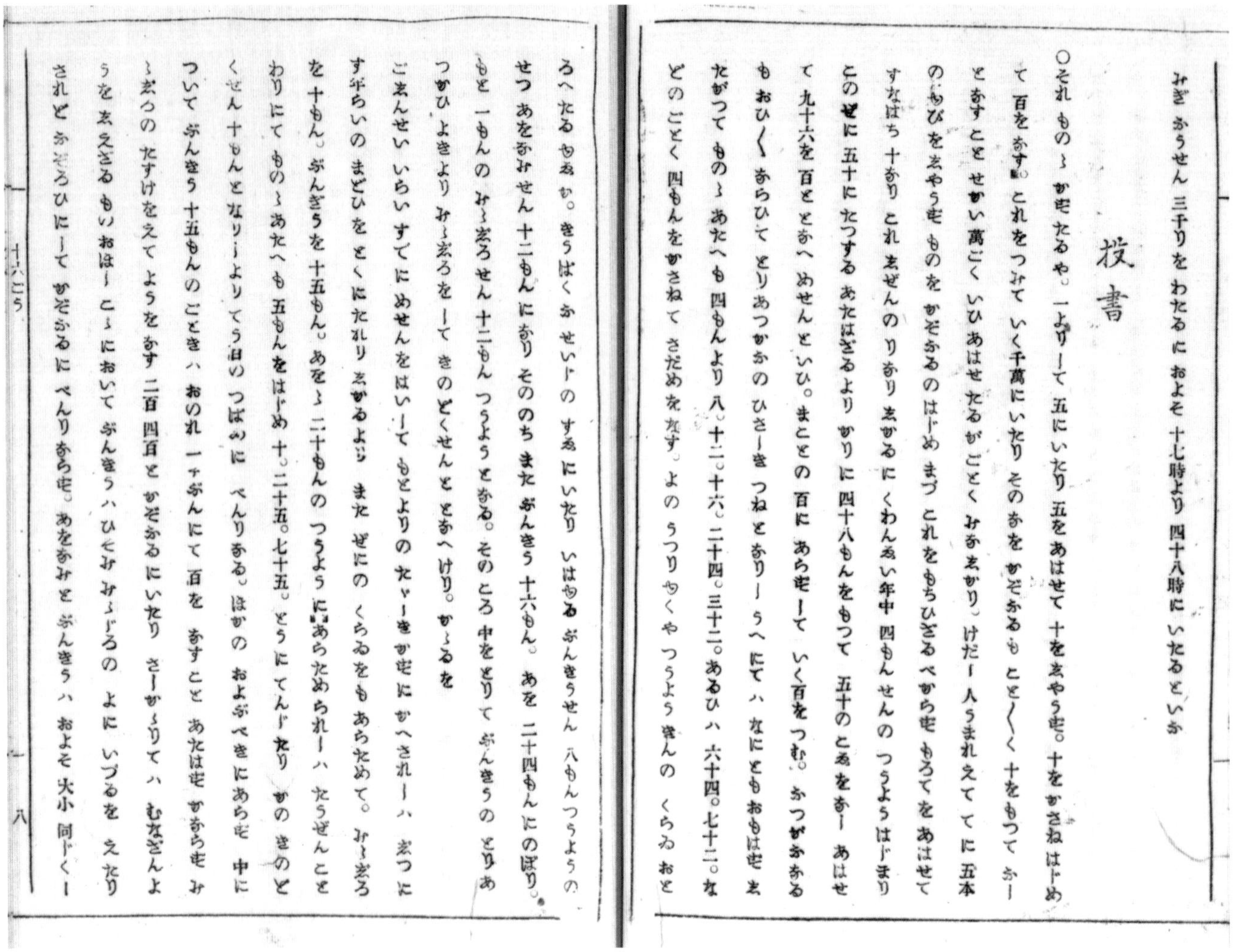
みぎ ふうせん 三千りを わたるに およそ 十七時より 四十八時に いたると いふ

投書

○それ もの〳〵 かずたるや。一よりして 五にいたり 五をあはせて 十をしやうず。十をかさね はじめて 百をなす。これをつみて いく千萬にいたり そのなを かぞふるも こと〴〵く 十をもつて ふしとなすこと せかい萬ごく いひあはせたるがごとく みなしかり。けだし 人うまれえて てに 五本のゆびを しやうず ものを かぞふるのはじめ まづ これをもちひざるべからず もろてをあはせて すなはち 十なり これ しぜんのりなり しかるに くわんえい年中 四もんせんの つうようはじまり この ぜに 五十に たつする あたはざるより かりに 四十八もんをもつて 五十のこゑをなし あはせて 九十六を百ととなへ めせんといひ。まことの百に あらずして いく百をつむ。ふつがふなる もおひ〳〵 ならひて とりあつかふの ひさしき つねとなりし うへにては なにともおもはず。したがつて もの〳〵あたへも 四もんより 八。十二。十六。二十四。三十二。あるひハ 六十四。七十二。など のごとく 四もんをかさねて さだめをなす。よの うつりゆくや つうようきんの くらゐおとろへたるゆゑか。きうばくふせいじの すゑにいたり いはゆる ぶんきうせん 八もんつうようの せつ あをぶみせん 十二もんになり そののち また ぶんきう 十六もん。あを 二十四もんにのぼり。もと 一もんの みゝしろせん 十二もん つうようとなる。そのころ 中をとりて ぶんきうの とりあつかひ よきより みゝしろをして きのどくせんと となへけり。かゝるを ごしんせい いらい すでに めせんをはいして もとよりの たゞしきかずに かへされしハ じつに すうねんらいの まどひを とくに たれり しかるより また ぜにの くらゐをも あらためて。みゝしろを 十もん。ぶんきうを 十五もん。あを〳〵 二十もんの つうように あらためられしハ たうぜんことわりにて もの〳〵あたへも 五もんをはじめ 十。二十五。七十五。とうに てんじたり かの きのどくせん 十もんとなりしより てう目の つばめに べんりなる。ほかの およぶべきにあらず 中について ぶんきう 十五もんの ごときハ おのれ 一チぶんにて 百を なすこと あたはず かならず みゝしろの たすけをえて ようをなす 二百 四百と かぞふるにいたり さしかゝりてハ むなざんようを しえざる もの おほし こゝにおいて ぶんきうハ ひそみ みゝじろの よに いづるを えたり されど ふぞろひにして かぞふるに べんりならず。あをふみと ぶんきうハ およそ 大小 同じくし

十六ごう 八

右風船三千里を渡るに凡そ十七時より四十八時に至ると言ふ。

投書

○それ物の数たるや、一よりして五に至り、五を併せて十を生ず。十を重ね初めて百をなす。これを積みて幾千万に至り、その名を数ふるも悉く十を以て節となすこと世界万国言ひ合はせたるが如く皆しかり。けだし人生まれ得て手に五本の指を生ず。物を数ふるの始め、先ずこれを用ひざるべからず。諸手を併せて即ち十なり。これ自然の理なり。しかるに寛永年中四文銭の通用始まり、この銭五十に達する能はざるより、仮に四十八文を以て五十の声をなし、併せて九十六を百と唱へ目銭と言ひ、真の百にあらずして幾百を積む。不都合なるも追々習ひて取り扱ふの久しき常となりし上にては何とも思はず。従って物の値も四文より八、十二、十六、二十四、三十二、或ひは六十四、七十二などの如く、四文を重ねて定めをなす。世の移り行くや通用金の位衰へたる故か、旧幕府政治の末に至り、所謂文久銭八文通用の節、青紙銭十二文になり、その後又文久十六文、青二十四文に上り、元一文の耳白銭十二文通用となる。その頃中を取りて文久の取扱ひ良きより耳白をして気の毒銭と称へけり。かかるをご新政以来既に目銭を廃して元よりの正しき数に返されしは、実に数年来の惑いを解くに足れり。しかるより又銭の位をも改めて、耳白を十文、文久を十五文、青を二十文の通用に改められしは当然理にて、物の値も五文を始め十、二十五、七十五等に転じたり。彼の気の毒銭十文となりしより、ちょう日の鍔目に便利なる、外の及ぶべきにあらず。中について文久十五文の如きは己一チ分にて百をなすこと能はず、必ず耳白の助けを得て用をなす。二百四百と数ふるに至り、差し掛かりては胸算用をし得ざるもの多し。ここに於いて文久は潜み耳白の世に出づるを得たり。されど不揃ひにして数ふるに便利ならず。青紙と文久は凡そ大小同じくし

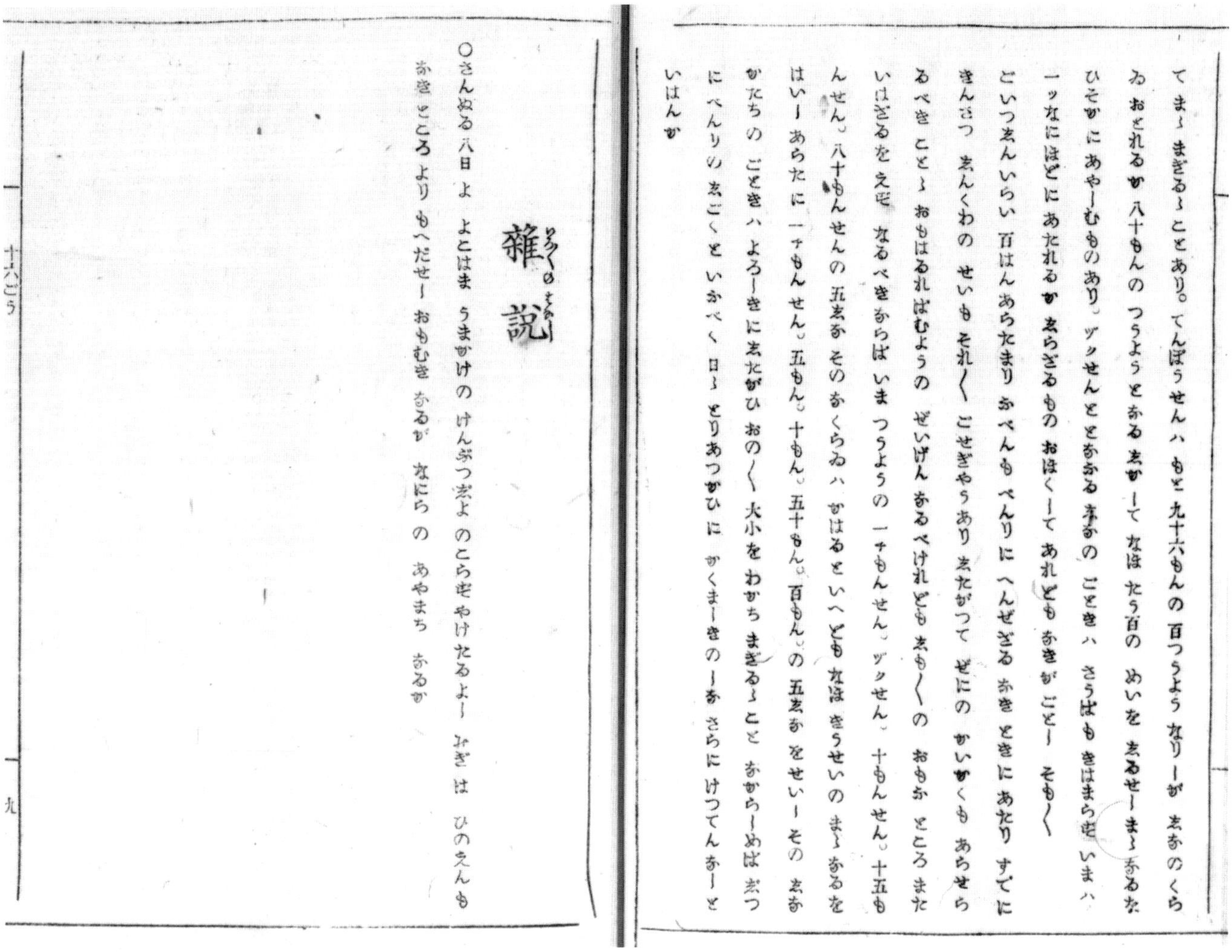
てまゝまぎるゝことあり。てんぽうせんハ もと九十六もんの百つうよう なりしが しなのくらゐおとれるか八十もんの つうようとなる しかして なほ たう百の めいを しるせしまゝ なるをひそかにあやしむものあり。ヅクせんと となふる しなの ごときハ さうばも きはまらず いまハ一ッなにほどにあたれるか しらざるもの おほくして あれども なきが ごとし そも〳〵ごいつしんいらい 百はんあらたまり ふべんも べんりに へんぜざる なき ときに あたり すでにきんさつ しんくわの せいも それ〳〵 ごせぎやう あり したがつて ぜにの かいかくも あらせらるべきことゝ おもはるれば むようの ぜいげん なるべけれども しも〳〵の おもふ ところ またいはざるを えず なるべきならば いま つうようの 一チもんせん。ヅクせん。十もんせん。十五もんせん。八十もんせんの 五しな そのなくらゐハ かはるといへども なほ きうせいの まゝ なるをはいし あらたに 一チもんせん。五もん。十もん。五十もん。百もん。の 五しなを せいし その しなかたちの ごときハ よろしきに したがひ おの〳〵 大小をわかち まぎるゝ こと なからしめば じつに べんりの しごくと いふべく 日ゝ とりあつかひに かくまじきの しな さらに けつてん なしといはんか

雑説《いろ〳〵のはなし》

○さんぬる八日よ よこはま うまかけの けんぶつしよ のこらずやけたるよし みぎは ひのえんもなきところより もへだせし おもむき なるが なにらの あやまち なるか

十六ごう 九

てまま紛るることあり。天保銭は元九十六文の百通用なりしが、品の位劣れるか八十文の通用となる。しかしてなお当百の銘を記せしままなるを密かに怪しむ者あり。銑銭と称ふる品の如きは相場も極まらず、今は一ッ何ほどに当たれるか知らざる者多くして、あれども無きが如し、そもそも御一新以来百般改まり、不便も便利に変ぜざるなき時に当たり、既に金札新加の制もそれぞれご施業あり、従って銭の改革もあらせらるべきことと思はるれば、無用の贅言なるべけれども、下々の思ふところ又言はざるを得ず。なるべきならば今通用の一チ文銭、銑銭、十文銭、十五文銭、八十文銭の五品、その名、位は変はるといへどもなお旧制のままなるを廃し、新たに一チ文銭、五文、十文、五十文、百文の五品を製し、その品形の如きは宜しきに従ひ各々大小を分かち、紛るることなからしめば実に便利の至極と言ふべく、日々取り扱ひに欠くまじきの品更に欠点なしと言はんか。

## 雑説《いろいろのはなし》

○去んぬる八日夜、横浜馬駆けの見物所、残らず焼けたる由。右は火の縁もなき所より燃へ出せし趣なるが、何らの過ちなるか。

いうびんぜい きそく ぬきがき

○日本國中の たより ハ みちの とほき ちかき に かゝはらず

めかた　二もんめまで　二せん

同　四もんめまで　四せん

みぎの わりにて めかた二もんめごとに 二せんづゝを ますべし

○東京その ほか その町うちの たより ハ みぎの はんげん

めかた　二もんめまで　一せん

同　四もんめまで　二せん

みぎの わりにて めかた二もんめごとに 一せんづゝを ますべし

○いうびんやくしよ ならびに とりあつかひしよ なき ざい村へ つかはす てがみ ハ みぎ わりあひの ほか めかたに かゝはらず一ッぷう一せんを ますべし

○いうびん はいたつ じこくあり かつ くばりの みちじゆんにて いさゝか こくげん おくるゝ あり いたつて いそぎの てがみ ハ

東京ハ しゆびきの うちそとに かゝはらず　十せん

西京大ざか ハ らくの うちそとに かゝはらず　八せん

一とう二とう いうびんやくしよ あるとち ハ　五せん

三とう四とう まで ひらの とりあつかひしよ あるとち ハ　二せん

みぎ わりの とほりを ます たゞし てがみの おもてへ しゆにて。べつはいたつ。と 三じを しるすべし

○やくしよ ならびに あつかひしよ なき ざい村へ つかはす いそぎの てがみハ おもてへ しゆにて。なにの とち（みぎ やくしよ とう ある とち）より べつしたて。と しるすべし べつに まし ぜいにハ およばず

郵便税規則抜き書き

○日本国中の便りは道の遠き近きに拘はらず

目方　二匁まで　二銭

同　四匁まで　四銭

右の割にて目方二匁ごとに二銭ずつを増すべし。

○東京その外その町内の便りは右の半減。

目方　二匁まで　一銭

同　四匁まで　二銭

右の割にて目方二匁ごとに一銭ずつを増すべし。

○郵便役所並びに取扱所なき在村へ遣はす手紙は右割合の外目方に拘はらず一ッ封一銭を増すべし。

○郵便配達時刻あり。且つ配りの道順にていささか刻限遅るるあり。至って急ぎの手紙は、

東京は朱引きの内外に拘はらず　十銭

西京大阪は洛の内外に拘はらず　八銭

一等、二等郵便役所ある土地は　五銭

三等、四等まで平の取扱所ある土地は　二銭

右割の通りを増す。但し、手紙の表へ朱にて別配達と三字を記すべし。

○役所並びに扱所なき在村へ遣はす急ぎの手紙は、表へ朱にて何の土地（右役所等ある土地）より別仕立てと記すべし。別に増し税には及ばず。

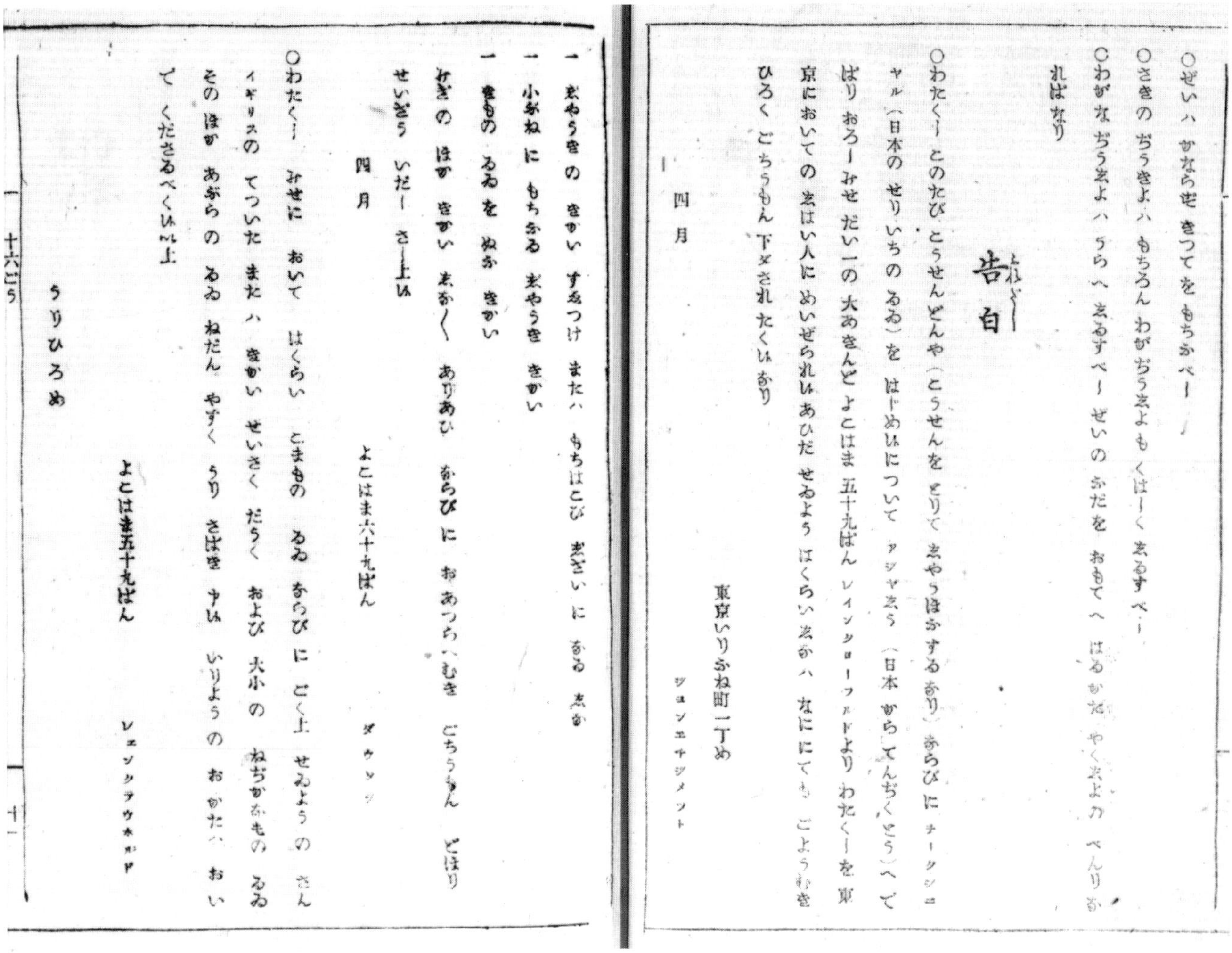
○ぜいハ かならず きつてを もちふべし
○さきの ぢうきよハ もちろん わがぢうきよも くはしく しるすべし
○わがなぢうしよハ うら へ しるすべし ぜいの ふだを おもて へ はる かた やくしよの べんりな
れば なり
告白《ふれだし》
○わたくし このたび こうせんどんや（こうせんを とりて しやうばいする なり）ならびに ヲークシニ
ヤル（日本の せりいちの るゐ）を はじめ候について アジヤしう（日本 から てんぢくとう）へで
ばりおろし みせ だい一の 大あきんど よこはま 五十九ばん レインクローフルドより わたくしを 東
京において の しはい人に めいぜられ候あひだ せいよう はくらい しなハ なにに ても ごようむき
ひろく ごちうもん 下され たく候なり
四月
東京いりふね町一丁め
ジヨンエチジメツト
一 じやうきの きかい すゑつけ また ハ もちはこび じざい に なる しな
一 小ぶね に もちふる じやうき きかい
一 きもの るゐ を ぬふ きかい
みぎの ほか きかい しな／＼ ありあひ ならびに おあつらへむき ごちうもん どほり
せいぞう いだし さし上候
四月 よこはま六十九ばん ダウソン
○わたくし みせに おいて はくらい こまもの るゐ ならびに ごく上 せいようの さん
イギリスの てついた また ハ きかい せいさく だうぐ および 大小の ねぢかなもの るゐ
その ほか あぶらの るゐ ねだん やすく うり さばき申候 いりようの おかたハ おい
で くださるべく候以上
よこはま五十九ばん シエンクラウホルド
うりひろめ

○税は必ず切手を用ふべし。
○先の住居は勿論、我が住所も詳しく記すべし。
○我が名住所は裏へ記すべし。税の札を表へ貼る方役所の便利なればなり。

告白《ふれだし》

○私この度口銭問屋（口銭を取りて商法するなり）並びにヲークシニヤル［オークション］（日本の競り市の類）を始め候について、アジヤ州（日本から天竺等）へ出張り卸し店第一の大商人、横浜五十九番レインクロ一フルドより私を東京に於いての支配人に命ぜられ候間、西洋舶来品は何にても御用向き広く御注文下されたく候なり。

四月

東京入船町一丁目
ジヨンエチジメツト

一 蒸気の機械据付け又は持ち運び自在になる品
一 小舟に用ふる蒸気機械
一 着物類を縫ふ機械

右の他機械品々あり合ひ並びにお誂へ向き、御注文通り製造出だし差し上候。

四月　横浜六十九番　ダウソン

○私店に於いて舶来小間物類、並びに極上西洋のさん〈酒〉、イギリスの鉄板、又は機械製作道具、及び大小の螺子金物類、その他、油の類、値段安く売り捌き申候。入用のお方はお出でくださるべく候。以上

横浜五十九番　シエンクラウホルド

売り広め

C | J
T | C

一　船道具品々　　一　羅紗の類

一　小間物類　　一　金物類

一　酒類

○右の他、色々の道具、機械、全て外国の品物一切格別値安に仕り、定約並びに競り市致し候間、何品にても入用のお方はお運びくだされ候様願ひ申候。

シナ日本交易仲間　上海　長崎　神戸　大阪　東京　出店

横浜本町通り　七十五番　ブロイニーヤ

○世に作り物語を見て暇を費やすもある。それはた必ずしも無益とせず。今や文明普く至り、新聞の殊に益あることは人も知り、その品毎にも記したれば、今更言ふまでもなし。しかして皆一ト度見れば良きことにて、後から続いて刷り出すものなるに従つて品数も増ゆれば、悉く買ひ求むるも費えとなさん人々のため、色々備へ手軽くご覧に入れんとす。且つ翻訳物の類追々に集むべし。開化の君たちおん暇お運びを願ひ候なり。

見料定め

色々の新聞紙　均し三品まで御覧にて　一銭

但し、三品以上は、一ト品三厘ずつの割り。

この他規則はおん出での上知り給ふべし。

京橋伝馬町三丁目稲荷神道

かいち軒　岡野氏

○東京第六大区小の四区、深川森下町ちやうけん〈長慶〉寺に於いて、イギリス言葉を日本人へ教へるために西洋人を雇ひ入れ、学問所を開き申候。もし英学稽古なされたきお方はおん出でくださるべく候。以上

明治六年四月

東京深川森下丁

菁莪学舎　小島氏

ウキンナ博覧会

○世界に広く旅をして色々の国言葉や国風を知るは良き事なれども、これまで洋行せし日本人皆不案内故、十倍の高い物を買ひ、その外色々不都合あり。今ご案内致すについては、その所々の風俗より名高き面白き所のあらましを漏らさず見せ聞かせ申べく、来たる五月中横浜より蒸気船にてサンフランシスコに至りし、アメリカ中諸所、ニウヨルクより出帆、エウロツパに着し、ウキンナ博覧会よりフランス、ゼルマン［ジャーマニー］、ヲランダ、イギリス諸所にて講釈を致し、日々二時の間イギリス、フランス、ゼルマンの国言葉を学ばしむべし。荷物は二百斤まで運送随意。旅行についての道具は日記その他備はざるものなし。諸所逗留日割行き帰りとも凡そ一ヶ年にて帰ることを得べし。そのうち賄ひは勿論総入用メキシコドル三千にて引き受け申べく候間、思し召しのお方は本局まで

おん申入れ下さるべく候。

四月

蒸気飛脚船入港出帆表

○三月七日　十四日　二十一日　二十八日　○四月五日　十二日　十九日　二十六日

○五月三日　十日　十七日　二十六日　○六月三日　十日　十八日　二十六日

右の船諸所より横浜へ着船の日付

左の通り。

○三月七日　十三日　二十日　二十七日　○四月四日　十一日　二十日　二十五日

○五月四日　十日　二十日　二十八日　○六月四日　十二日　二十日　二十七日

○七月四日　十日　二十日

○アメリカの飛脚船サンフランシスコ出入りの日付左の通り。横浜より。

○三月十日　二十三日　○四月二十三日　○五月七日　廿三日　○六月六日　二十日

○七月七日　二十二日　○八月五日　廿二日　○九月七日　廿三日　○十月　八日　廿二日

○十一月七日　二十三日　○十二月八日　二十四日なり。

アメリカより横浜へ。

○三月二十七日　○四月十一日　廿七日　○五月　九日　廿四日　○六月　八日　十四日

○七月九日　○八月八日　二十四日　○九月四日　廿八日　○十月九日　廿七日

○十一月十一日　廿七日　○十二月十二日　二十七日なり。

天竺回りイギリス飛脚船横浜着船出帆

定まり日付左の通り。

○着船　○三月十六日　廿六日　○四月九日　二十三日　○五月七日　廿一日

○六月四日　十八日　○七月二日　十六日　三十日

○出帆　○三月十一日　二十五日　○四月八日　十六日　三十日

○五月十四日

○我が国は昔シナの書物の渡りしより、追々の習はしにて文字の数を多分に知らざれば学者とせざるようになりたれども、数万の文字を学ぶうちに限りある寿命を以て多くの年月を渡り、しかしてシナ一ヶ国の風俗を知るのみこと狭くして、未だ さほどの功ありとせず。しかるに近頃地球上の国々と悉く交はることになりてより、天文、地理、究理、化学を始め、政治の道、農、工、商法、経済、機械学その他色々の学問も開けしことなれば、彼の文字のために無駄の月日を費やさば、如何にして広きにわたる事を得んや。既に針金便りも行はれ、その便利千万里を隔てて急用を達するに、どのような話もいろは文字にて事足り、難しき文字にてはかへりて用を便ぜぬなり。しかして唐の文字を用ふるも千年余の久しきに至れれば、勢ひ一時に廃すべからずといへども、後々は自然仮名ばかりの通用にならんか。今にありては回り遠しと思ふもあらん。さもあらばあれ、先ず子供衆の手引きとして企つるなり。冀はくはいささか世の助けとならば幸ひ何かこれにしかんや。

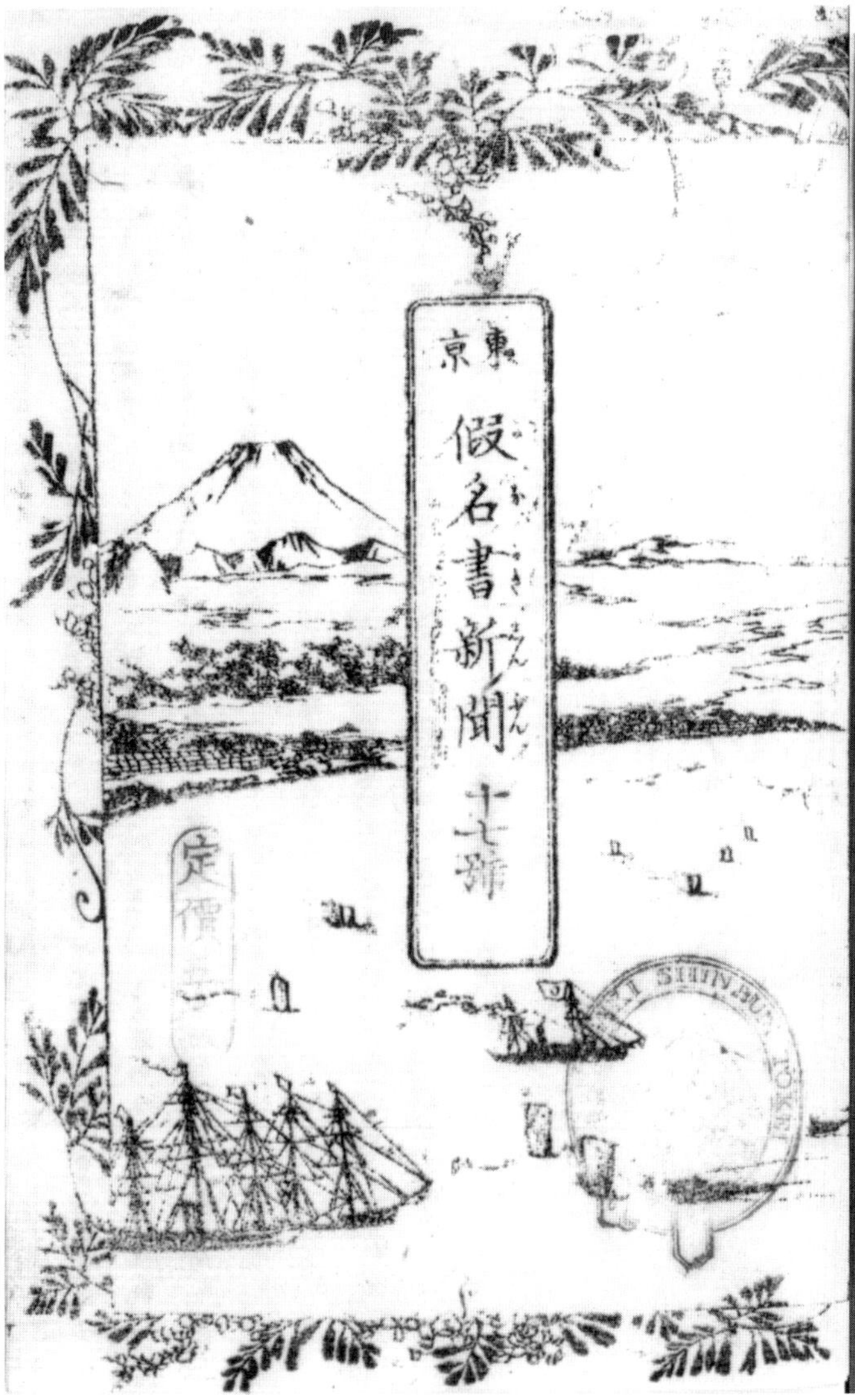


○かながき志んぶん一さつ さだめねだん 五せん ○たうじ志ゆつぱんごうより さき まへばらひにて ○五さつ い上 ひきうけの かたへハ 一チわりびき ○二十さつ い上ハ 二わりびき ○五十さつ（一ヶ年ぶん）い上ハ 三わりびきにて 東京府中ハ むちん その他 國〻ハ まへきんとも いうびんぜい おんさしおき下ダされ候へば 志ゆつぱんの たび ごと さうゐなく おんとゞけ申べく候

たゞし 日ちえうの ぜん志つごとに 志ゆつぱん（一ヶ月およそ四たび あるひハ 五たび）（一ヶ年およそ五十たびになる）

○志よ國とりつぎ うりひろめのぞみの おかたハ おひきあい申べく 本きよくへ おんいでを ねがふ

○すべて あんない志らせ ひきふだのるい 六くだりにて すりあげ 一トたび につき 十二せん五りん 同一ヶ月（およそ四たび）につき 五十せん にて ひきうけ申候

東京こびき町五丁め一チのはしどほり

本きよく かりくわい志や　いひだ うぢ

同　南てんま町三丁め

うりひろめ どころ　をかだや かつ三らう

○仮名書き新聞誌一冊定め値段五銭。○当時出版号より先前払ひにて。○五冊以上引き受けの方へは一チ割引き。○二十冊以上は二割引き。○五十冊（一ヶ年分）以上は三割引きにて、東京府中は無賃、その他国々は前金とも郵便税おん差しおき下ダされ候へば、出版の度ごと相違なくおん届け申べく候。

但し日チ曜の前日ごとに出版（一ヶ月凡そ四度或ひは五度）（一ヶ年凡そ五十度になる）。

○諸国取次ぎ売り広め望みのお方はお引き合ひ申べく、本局へおん出でを願ふ。

○全て案内知らせ引札の類、六くだりにて摺り上げ、一ト度につき十二銭五厘、同一ヶ月（凡そ四度）につき五十銭にて引き受け申候。

東京木挽町五丁目一チの橋通り

本局　仮会社　飯田氏

同南伝馬町三丁目

売り広め所　岡田屋勝三郎

十七号の内容　明治6・5・17

前文3　発行の趣旨3

**御布告**　○郵便の罰則周知すること。特に現金を入れること禁止○大隈重信大蔵省総裁に○師範学校設立。校則。志願の方法○皇親関連の書き物を持つ者は差し出すこと

**国内新聞**　○国際結婚願い出○親不孝者への諭し○入水自殺しようとする人を邏卒諭す

**海外新聞**　○日本の留学生死去（米）○樺太との国境定まる○国際結婚の注意○暦の改定による外国人の収入減○蒸気船の日数○手形詐欺（ロンドン）○カナリア、イスパニアから独立につきイギリスに世話を依頼○ナポレオンの遺言○アチェとオランダの争い

**投書**　○鉄道、蒸気船、馬車の運行に西洋のような組合が必要

**雑説**　○新しい電信機（米）○新橋横浜間蒸気車の乗客数と運賃

**告白**（広告）　郵便税規則抜き書き　**告白**（広告）　**蒸気飛脚船入港出帆表**　仮名書きの効用　社告

○今や新聞紙盛んに行はれ、以て開化の助けとす。その書き載するところ広く世界万国の事にわたり、新たに珍しき話は勿論、時々のお触れもあれば、子供衆までも必ず読み給ふべきことなれども、大抵難しき文字多くして読みかぬる向きもある由残念とせざるべからず。これこの仮名書きを綴る所以なり。文字は一二を始め目慣れたる容易きをいささか交ふるのみ。又片仮名を施すは外国の人の名、所の名などを分かつためなり。さて仮名は読み誤り易きものなれば、西洋の書き方に倣ひ、一ト綴りごとに間を置き、読み切りには。を付け、もし意味の通じかぬる所には（訳）を記す。又人の名乗りはその家々の読み方あり。且つ読み難き名前などは時に因りて省くもあり。言葉は俗を嫌はず、且つ音訓を交へ、普く世間の耳近き方に因る。文字の音は元より我が国の言葉ならねば、仮名遣ひの法はあれども、必ずしも拘はらず便利に任す。しかれども又密かに心を用ひざるを得ず。これこの文規則のあらましなり。

東京假名書新聞《かなかきしんぶん》　十七号　明治六年五月十七日

御布告《おんふれかき》

○第七十六号　明治六年五月八日　大蔵省より府県へお達し
太政官当年九十七号、同九十八号を以て御布告相なり候郵便罰則未だその支配人民遍く弁へ知らざるやの懸念これあり候条、小前末々に至るまでよくよく触れ達すべき事。

但し罰則第二十二条、密かに金札を手紙へ封じ込むことは殊に禁じ止むるの手立てを尽くすべき事。

参議　大隈重信

○本官を以て当分大蔵省事務（務め）総裁（総括り）仰せ付けら

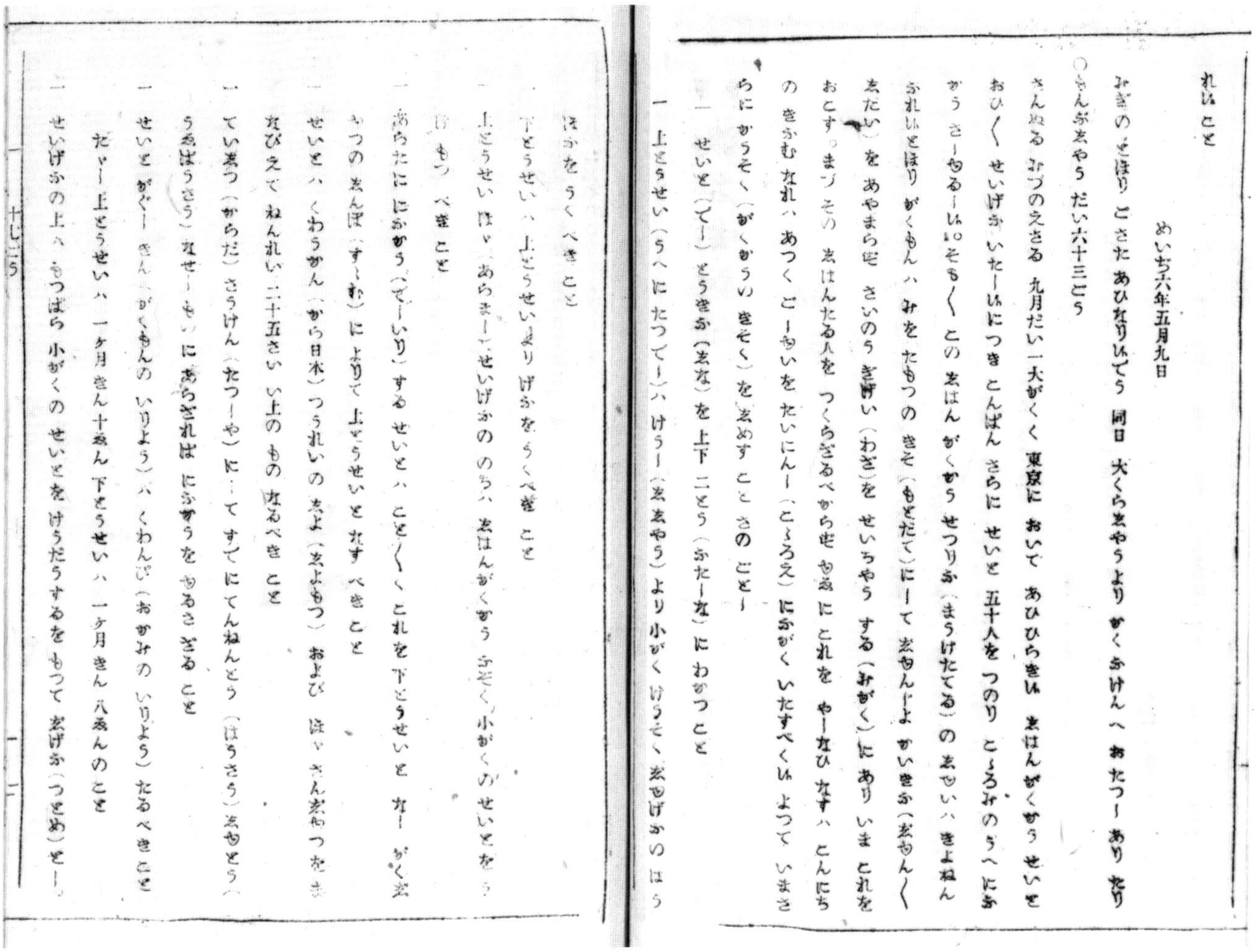

れ候事。

明治六年五月九日

右の通り御沙汰相なり候条、同日大蔵省より各府県へお達しありたり。

○文部省　第六十三号

去んぬる壬申九月、第一大学区東京に於て相開き候師範学校生徒追々成業致し候に付き、今般更に生徒五十人を募り、試みの上入校差し許し候。そもそもこの師範学校設立（設け立てる）の趣意は、去年触れ候通り学問は身を保つの基礎（元建て）にして、順序階級（順々次第）を誤らず、才能技芸（技）を成長する（磨く）にあり。今これを興す。先ずその師範たる人を作らざるべからず。故にこれを養ひなすは今日の急務なれば、篤く御趣意を体認し（心得）入学致すべく候。依て今更に校則（学校の規則）を示す事左の如し。

一　生徒（弟子）等級（品）を上下二等（二品）に分かつ事。

一　上等生（上に立つ弟子）は教師（師匠）より小学教則授業の方法を受くべき事。

一　下等生は上等生より業を受くべき事。

一　上等生、ほぼ（あらまし）成業の後は師範学校附属小学の生徒を受け持つべき事。

一　新たに入校（弟子入り）する生徒は尽くこれを下等生となし、学術の進歩（進む）に由りて上等生となすべき事。

一　生徒は皇漢（唐、日本）通例の書（書物）及びほぼ算術を学び得て年齢二十五歳以上の者なるべき事。

一　体質（からだ）壮健（達者）にして已に天然痘（疱瘡）種痘（植え疱瘡）なせし者にあらざれば入校を許さざる事。

一　生徒学資金（学問の入用）は官費（お上の入用）たるべき事。

　但し上等生は一ヶ月金十円、下等生は一ヶ月金八円の事。

一　成業の上は専ら小学の生徒を教導するを以て事業（務め）とし、

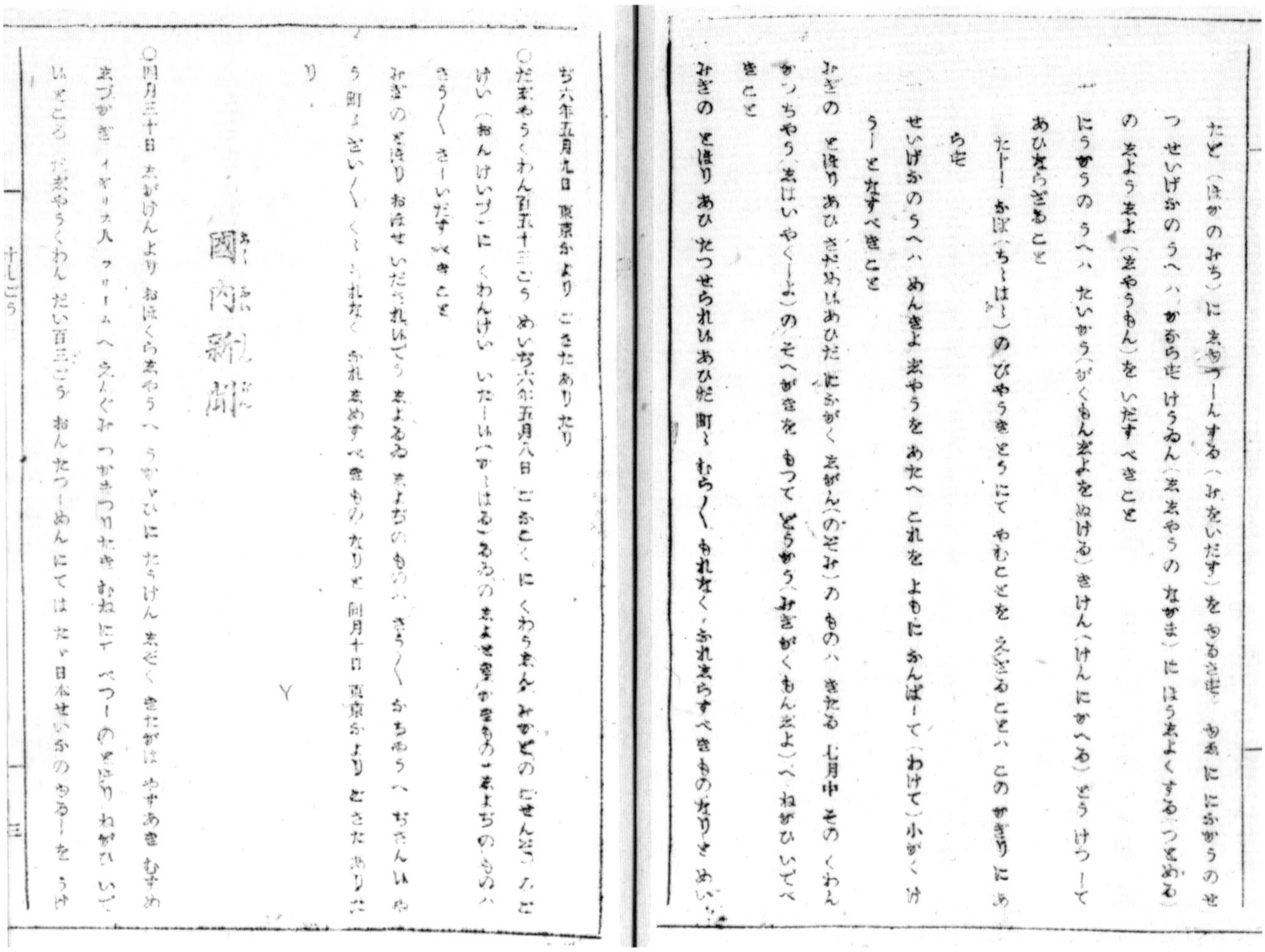

他途（外の道）に出身する（身を出だす）を許さず。故に入校の節成業の上は必ず教員（師匠の仲間）に奉職する（務める）の証書（証文）を出だすべき事。

一　入校の上は退校（学問所を抜ける）、帰県（県に帰る）等決して相ならざる事。

　但し父母（父母）の病気等にて已むことを得ざることはこの限りにあらず。

一　成業の上は免許状を与へ、これを四方に分派して（分けて）小学教師となすべき事。

○右の通り相定め候間、入学志願（望み）の者は、来る七月中その管轄庁（支配役所）の添書きを以て同校（右学問所）へ願ひ出でべき事。

○右の通り相達せられ候間、町々村々洩れなく触れ知らすべきものなり。明治六年五月九日　東京府より御沙汰ありたり。

○太政官百五十三号　明治六年五月八日御布告に、皇親（帝のご先祖）の御系（御系図）に関係致し候（関はる）類の書籍（書き物）所持の者は早々差し出だすべき事。

○右の通り仰せ出だされ候条、書類所持の者は早々府庁へ持参候よう町々在々区々洩れなく触れ示すべきものなりと、同月十日、東京府より御沙汰ありたり。

## 国内新聞《こくないしんぶん》

○四月三十日、滋賀県より大蔵省へ伺ひに、当県士族北川やすあき娘しづか儀イギリス人フリームへ縁組仕りたき旨にて、別紙の通り願ひ出で候ところ、太政官第百三号御達し面にては、ただ日本政府の許しを受け

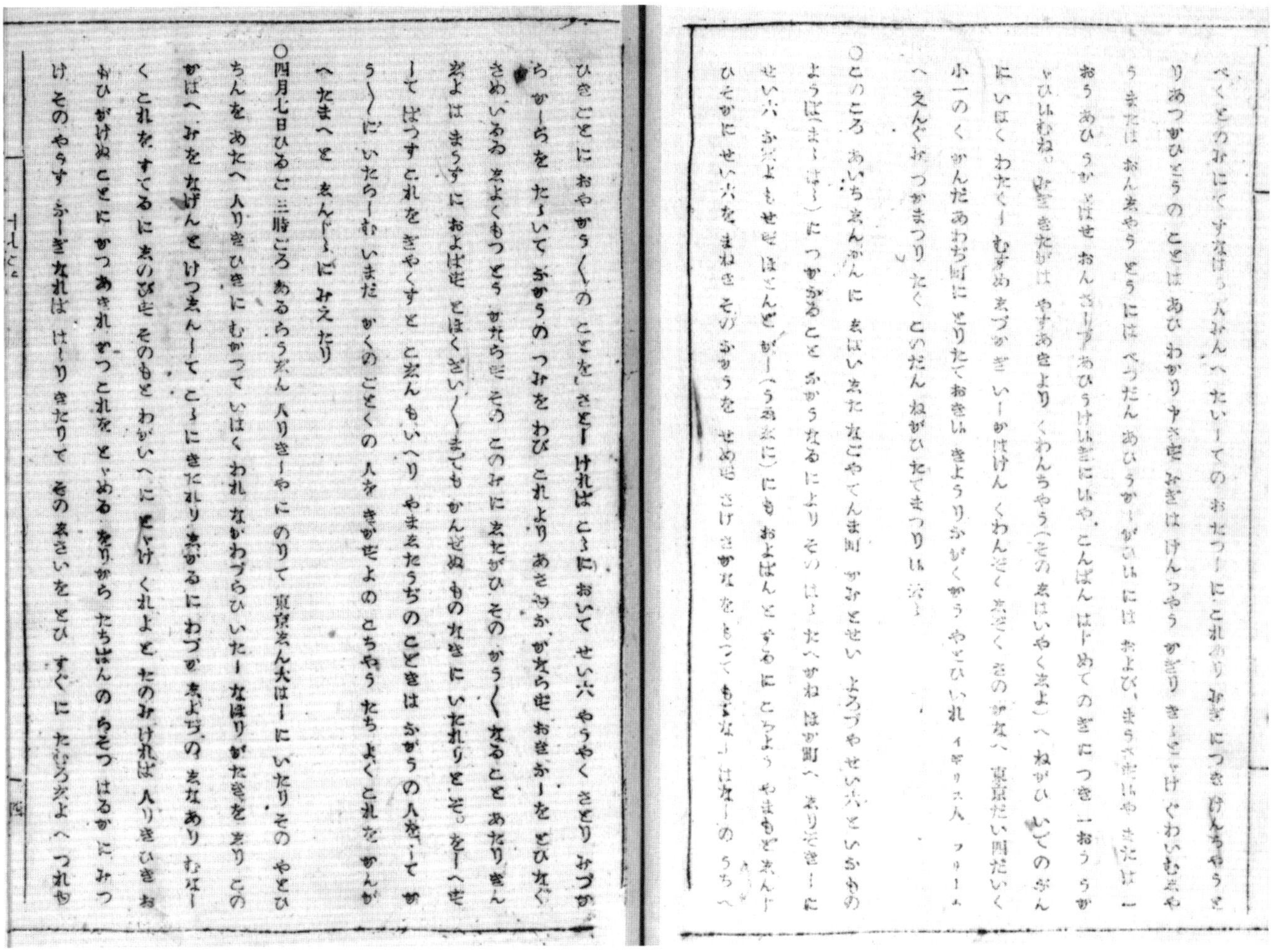

べくとのみにて すなはち人みんへ たいしてのおたつしに これあり みぎにつき けんちやうよりあつかひとうの ことは あひわかりまをさず みぎは けんちやう かぎりき〻とゞけ ぐわいむしやうまたは おんしやうとうには べつだん あひうかゞひにはおよび まをさず候や またはいちおうあひうかゞはせ おんさしづあひうけ候ぎにはや こんぱん はじめてのぎにつき いちおううかがひ候むね みぎきたがはやすあきより くわんちやう(その しはいやくしよ)へ ねがひいでのぶんに いはく わたくし むすめしづか ぎ いしかはけん くわんぞく さのかなへ 東京だい四だいく小一のく かんだあはぢ町に とりたておき候 きようりつがくかう やとひいれ イギリス人 フリームへ えんぐみつかまつり たく このだん ねがひたてまつり候 云々

○このころ あいちしんぶんに しはいした なごや でんま町 かみとせい よろづや せい六といふものようぼ(まゝはゝ)に つかふること ふかうなるにより その はゝ たへかね ほか町へ しりぞきしにせい六 ふじよもせず ほとんど がし(うゑじに)にも およばんと するに こちやう やまもと しんひそかに せい六を まねき その ふかうを せめず さけさかなをもつて もてなし はなしのうちへひきごとに おやかうくの ことを さとしければ こゝに おいて せい六 やうやく さとり みづから かしらを たゝいて ふかうの つみを わび これより あさゆふ かならず おきふしを とひなぐさめ いるゐ しよくもつとう かならず その このみに したがひ その かうくなること あたりきんじよは まをすに およばず とほく ざい〳〵までも かんぜぬものなきに いたれりとぞ をしへずして ばつす これを ぎやくすと こじんもいへり やました うぢの ごときは ふかうの人をしてかう〳〵に いたらしむ いまだ かくのごとくの 人を きかず よの こちやう たち よくこれを かんがへたまへと しんじし に みえたり

○四月七日ひるご三時ごろ あるらうじん 人りきしやに のりて東京しん大はしに いたり その やとひちんを あたへ 人りきを ひきに むかつて いはく われ ながわづらひ いたし なほりがたきを しり このかはへ みを なげんと けつしんして こゝに きたれり しかるに わづかに しよぢの しなあり むなしくこれを すつるに しのびず そのもと わがいへに とゞけくれよと たのみければ 人りきひき おもひがけぬことに かつあきれ かつ これを とゞむる をりから たちばんの らそつ はるかに みつけ その やうす ふしぎなれば はしりきたりて その しさいを とひ すぐに たむろしよへ つれゆ

べくとのみにて即ち人民へ対してのお達しにこれあり。右につき県庁より扱ひ等のことは相分かり申さず。右は県庁限り聞き届け、外務省又は御省等には別段相伺ひ候には及び申さず候や。又は一応相伺はせ、おん指図相受け候儀に候や。今般初めての儀につき一応相伺ひ候旨右北川やすあきより官庁（その支配役所）へ願ひ出での文に曰く。私娘しづか儀石川県貫属士族さのかなへ東京第四大区小一の区神田淡路町に取り立て置き候。共立学校雇ひ入れイギリス人フリームへ縁組仕りたくこの段願ひ奉り候。云々

○この頃愛知新聞に、支配下名古屋伝馬町紙渡世万屋せい六といふ者養母（継母）に仕ふること不孝なるにより、その母耐へかね外町へ退きしにせい六扶助もせず、ほとんど餓死（飢へ死に）にも及ばんとするに、戸長山本しんじ密かにせい六を招き、その不孝を責めず酒肴を以てもてなし、話のうちへ引きごとに親孝行のことを諭しければ、ここに於いてせい六ようやく悟り、自ら頭を叩いて不孝の罪を詫び、これより朝夕必ず起き伏しを問ひ慰め、衣類食物等必ずその好みに従ひ、その孝行なること辺り近所は申すに及ばず、遠く在々までも感ぜぬ者なきに至れりとぞ。教へずして罰す。これを逆すと古人も言へり。山下氏の如きは不孝の人をして孝行に至らしむ。未だかくの如くの人を聞かず。世の戸長たちよくこれを考へ給へと真事誌に見えたり。

○四月七日昼後三時頃、ある老人人力車に乗りて東京新大橋に至り、その雇ひ賃を与へ、人力曳きに向かって曰く。我長患ひ致し治り難きを知り、この川へ身を投げんと決心してここに来たれり。しかるに僅か所持の品あり。空しくこれを捨てるに忍びず。そのもと我が家に届けくれよと頼みければ、人力曳き思ひがけぬことにかつ呆れかつこれを留める折から、立ち番の邏卒遥かに見つけ、その様子不思議なれば走り来たりてその仔細を問ひ、すぐに屯所へ連れ行

き問ひ糺しけるに、老人は第十一大区小二の区本所柳原一丁目十二番店借り小沢初五郎祖父（爺）紋次郎なる者にて、今年七十九歳なるが、孫初五郎懇ろに致しくれ候へども老病にて全快覚束なきを以て朝夕これを憂へ、死ぬるに心を極め候と言ふ。これに因って右初五郎並びにその町用係を屯所へ呼び寄せ、説き諭しの上同人共へ引き渡されたりと日日新聞に見えたり。

## 海外新聞《かいがいしんぶん》

○アメリカ　ブロクレッド［ブルックリン］のポレテキネキ［ポリテクニック］といふ学校に、二ヶ年前留学せし広沢といふ人、去んぬる四月十二日急病にて彼の土地に終はりし由、この節の新聞に知らせありたり。

○日本にて今追々に開拓するカラフト［樺太］は、十二三年以前よりヲロシヤにて取らんとせしところ、日本政府よりも人を遣はし議論ありて、国境を定めんとせしことあり。この節電信機にてヲロシヤの都より知らせに、彼の地日本の使節と談じの上、この頃サガリヤン［サハリン］（即ち樺太）の国境を定めし由。しかしながらヲロシヤの申出だしの通りになりたる由なり。

○ある横文字新聞に、近年西洋へ留学せし人、彼の地にて妻を貰ひ、近頃日本へ妻を伴ひ帰りしが、彼の地にての評判に、千里の海を隔て知らぬ国へ縁付くには、前広よりその国の様子をよく察しての上ならで、心得もなくみだりに縁組はすまじきなり。住まひ向き、道具類、食べ物全ての物事も変はり、且つその国の風俗、芸者女郎の類もあれば、連れ合ひの身持ちに依りては心の外の憂き目を見ること出来んも測り難し。よくよく詮索の上婚姻あるべきことなりと言へり。

　評して曰く。我が日本に於いても既に国内新聞の中に見えたる滋賀県支配内より我が娘を日本居留の外国人へ縁付けたき由の伺ひあり。

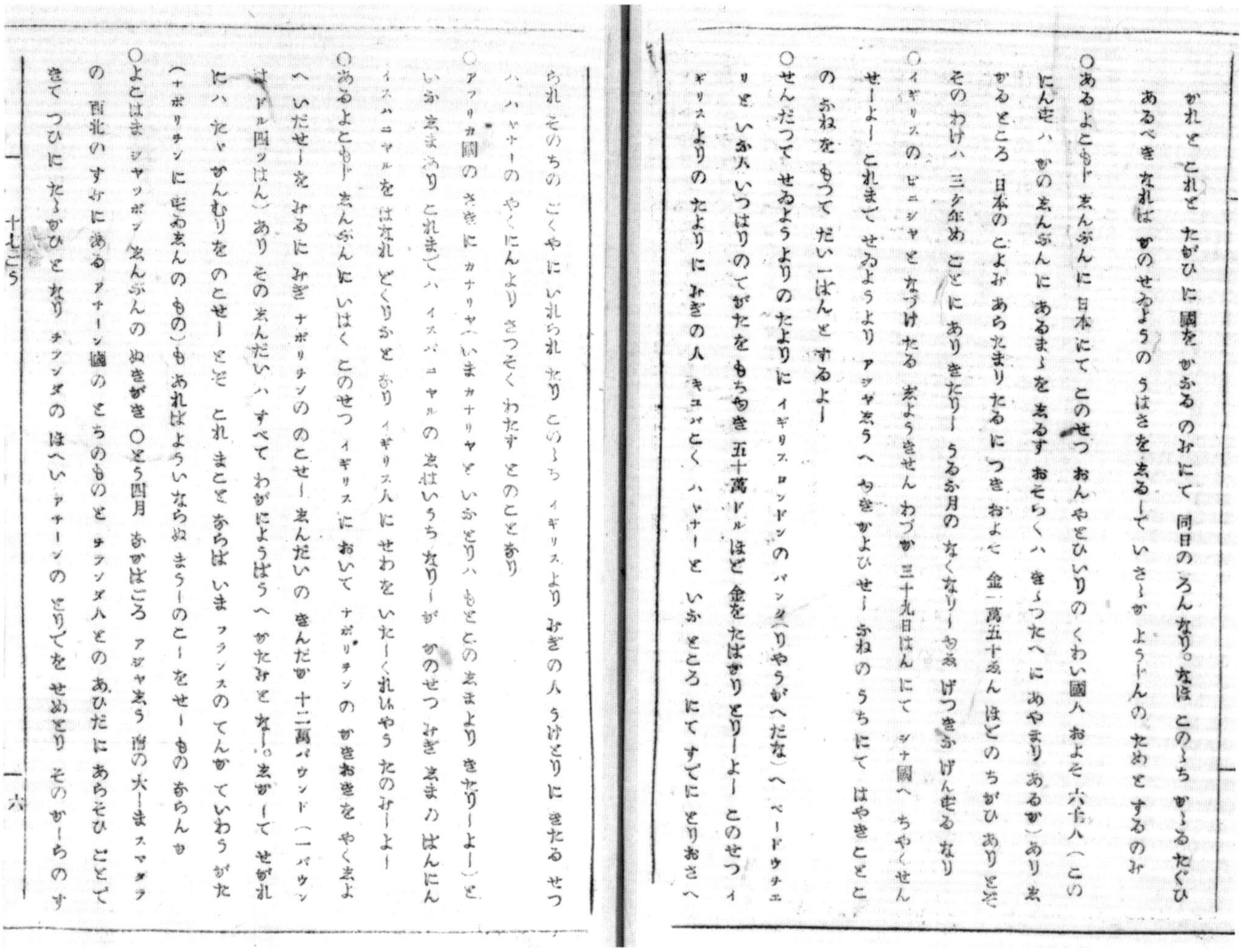

かれとこれと互ひに国を変ふるのみにて同日の論なり。なおこの後かかる類あるべきなれば、彼の西洋の噂を記していささか用心のためとするのみ。

○ある横文字新聞に、日本にてこの節おん雇ひ入りの外国人凡そ六千人（この人数は彼の新聞にあるままを記す。恐らくは聞き伝へに誤りあるか）あり。しかるところ日本の暦改まりたるにつき、凡そ金一万五十円ほどの違ひありとぞ。その訳は三ヶ年目ごとにありきたりし閏月のなくなりし故月給減ずるなり。

○イギリスのビニシアと名付けたる蒸気船僅か三十九日半にてシナ国へ着船せし由。これまで西洋よりアジヤ州へ行き通ひせし船のうちにて速きことこの船を以て第一番とする由。

○先だって西洋よりの便りに、イギリス　ロンドンのバンク（両替店）へ、ベードウヱリ［ビッドウェル］といふ人偽りの手形を持ち行き、五十万ドルほど金を謀り取りし由。この節イギリスよりの便りに、右の人キユバ［キューバ］国ハバナーといふ所にて既に取り押さへられ、その地の獄屋に入れられたり。この後イギリスより右の人受け取りに来たる節は、ハバナーの役人より早速渡すとのことなり。

○アフリカ国の先にカナリヤ（今カナリヤといふ島は元この島より来たりし由）といふ島あり。これまではイスパニヤルの支配内なりしが、彼の節右島の万人イスパニヤルを離れ独立となり、イギリス人に世話を致しくれ候よう頼みし由。

○ある横文字新聞に曰く。この節イギリスに於いてナポリヲンの書置きを役所へ出だせしを見るに、右ナポリヲンの残せし身代の金高十二万パウンド（一パウンドはドル四ッ半）あり。その身代は全て我が女房へ形見となし、しかして倅にはただ冠を遺せしとぞ。これ真ならば、今フランスの天下帝王方（ナポリヲンに随身の者）もあれば、容易ならぬ申し残しをせしものならんか。

○横浜ジヤッポン新聞の抜書き○当四月半ば頃、アジヤ州南の大島スマタラ［スマトラ］の西北の隅にあるアチーン［アチェ］国の土地の者とヲランダ人との間に争ひ事出来て、遂に戦ひとなり、ヲランダの歩兵アチーンの砦を攻め取り、その頭の住まひに進みしが、その後ヲランダ方敗軍致し、大将討ち死にしたる由。因ってヲランダの本国より急に加勢を送るなれば、遠からずアチーンの頭征伐せらるべしと言へり。

## 投書

○何れの国に於いてもその国を富まさんことを思はざるはなし。しかしてこれをするには人の力を省き、全ての物事手軽にするの外ならず。そもそも人の力を省くは、第一　鉄道、蒸気船、馬車等の運送便利を始め、その他機械類を工夫致し、これを用ふるに如くはなし。しかれども右らの道具を用ふるには大金の元手なくてはなし難し。これ一人の力よく及ぶべきにあらざるなり。故に西洋各国にては、斯様のことには必ず人々組合をなし、一ッ商社を建ててするなり。されば、日本に於いてもこの企てありたきものなり。且つ日本は元より鉱山多し。これまで空しく見出ださざるのみ。これらも組合商社を建て執り行ひ、その歩合を人々に売り、金銀を集め元手となし、その国の万民に行はせば、必ず行き届くべきなり。さて政府に於いて右様のことに関はるときは、手重くして入用多く費ゆる元なれば、政府に於いてはただそれぞれの国法を正し規則を設け、万民の難儀致さざるよう自由を任せ遣はさば、元より万民は金の儲けを見込み勘定を立てて取り掛かる故、仕事の運び方早くして且つは手堅く行き届くべきなり。近頃アメリカのニウヨーカとサンフランシスコの間に鉄道の続き、三千三百十里余(日本の千五六百里)の長きも、社仲間を結び政府より任せられ、僅か三年余にして成就せりと。ある人の話をここに託して広くご意見を問ふものなり。

## 雑説《いろいろのはなし》

○近頃の横浜新聞に、新たにテレガラフの機械を工夫したるクレーク氏はニウヨーカ電信局にありし時は、瞬きの間に千五百文字ずつの割合を以て便りなしたり。クレーグ氏の言ふことに、これまで電気（テレガラフを働かせるエレキトルといふ気）の力を借りて紙の表へ記すは難しきことなりしに、今の新機械にてはこのこと実に容易くして、僅かの間この技に立ち入りし者といへども、よくこのことをなす。しかしてその達者の者に至っては、大抵の書き役などが文を綴るよりは遥か優りて便利なり。ある学問所の娘なるが、容易くこの技を学び得たり。ここにニウヨーカ電信局の女の子既にこの術を覚え、瞬きの間に百四十文字ほどずつの便りをなせしに、十分について一分の過ちをせしが、今この電信の仕方は二十分についてただ一分の過

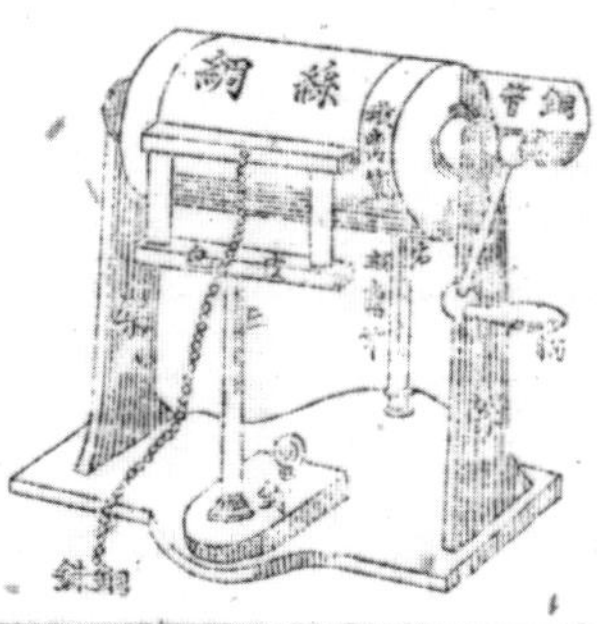

図のフラガレテ

ちのみ。これを以て以前に比ぶればその過ち半ばよりも少なしと言へり。

○これは外国新聞なれどもついが〈追加〉としてここに記す。

○東京新橋より横浜への蒸気車、四月二十八日より五月四日まで一七日の間

乗り人　　三万二千六百四十七人

運賃　　九千九百六十八円二十一銭

○同五日より十一日まで一七日の間

乗り人　　三万五千三百五十五人

運賃　　一万〇五百十円〇三十三銭

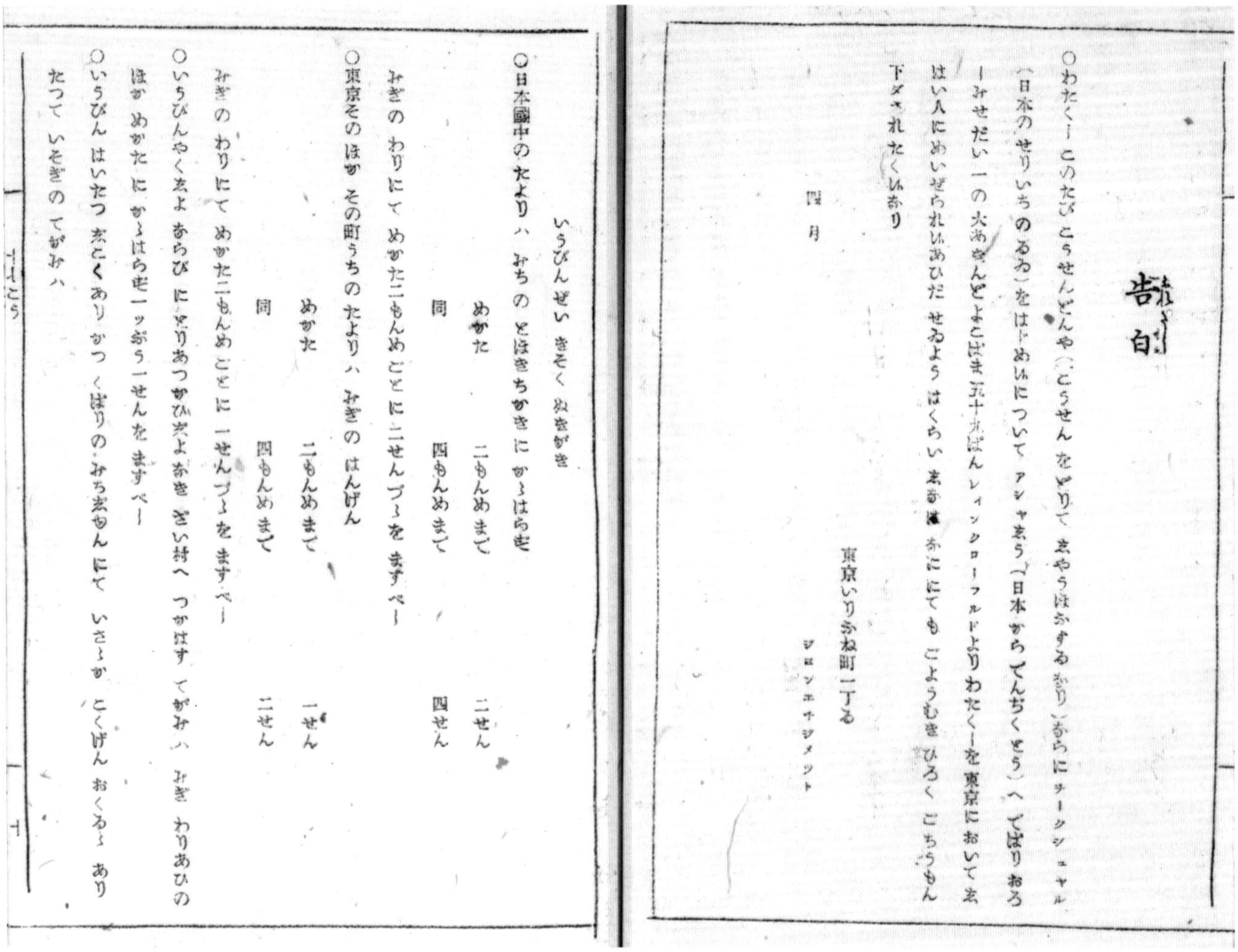

○わたくしこのたびこうせんどんや（こうせんをとりてしやうはふするなり）ならびにヲークシユヤルン（日本のせりいちのるゐ）をはじめ候について アジヤしう（日本からてんぢくとう）へでばりおろしみせだい一の大あきんどよこはま五十九ばんレインクローフルドよりわたくしを東京において支はい人にめいぜられ候あひだ せいやうはくらい しなは なににても ごようむき ひろく ごちうもん下ダされたく候なり

東京いりふね町一丁る

いうびんぜい きそく ぬきがき
○日本國中のたよりハ みちの とほきちかきに かゝはらず
めかた 二もんめまで 二せん
同 四もんめまで 四せん
みぎの わりにて めかた二もんめごとに二せんづゝを ますべし
○東京その ほか その町うちの たよりハ みぎの はんげん
めかた 二もんめまで 一せん
同 四もんめまで 二せん
みぎの わりにて めかた二もんめごとに 一せんづゝを ますべし
○いうびんやくしよならびに とりあつかひしよ なき ざい村へ つかはす てがみハ みぎ わりあひの ほか めかたに かゝはらず 一ッぷう一せんを ますべし
○いうびん はいたつ しこく あり かつ くばりの みちじゆんにて いさゝか こくげん おくるゝ あり
たつて いそぎの てがみハ

告白《ふれだし》

○私この度口銭問屋（口銭を取りて商法するなり）並びにヲークシニヤル［オークション］（日本の競り市の類）を始め候について、アジヤ州（日本から天竺等）へ出張り卸し店第一の大商人、横浜五十九番レインクローフルドより私を東京に於いて支配人に命ぜられ候間、西洋舶来品は何にても御用向き広く御注文下ダサれたく候なり。

東京入船町一丁る［目］

四月　ジヨンエチジメツト

郵便税規則抜き書き

○日本国中の便りは道の遠き近きに拘はらず

目方　二匁まで　二銭

同　四匁まで　四銭

右の割にて目方二匁ごとに二銭ずつを増すべし。

○東京その他その町内の便りは右の半減。

目方　二匁まで　一銭

同　四匁まで　二銭

右の割にて目方二匁ごとに一銭ずつを増すべし。

○郵便役所並びに取扱所なき在村へ遣はす手紙は右割合の他目方に拘はらず一ッ封一銭を増すべし。

○郵便配達時刻あり。且つ配りの道順にていささか刻限遅るるあり。至って急ぎの手紙は、

とうきやうは ゑやびきの うちそとに かゝはらゝ　十せん

さいきやうおゝさかは らくの うちそとに かゝはらゝ　八せん

一とう二とう いうびんやくしよある とち　五せん

三とう四とう まで ひらの とりあつかひしよ ある とち　二せん

みぎ わりの とほりを ます。たゞ てがみの おもてへ ゑるゝ にて。べつはいたつ。と三字を ゑるすべし。

○やくしよ ならびに あつかひしよ なきさい村へ つかはす いそぎの てがみは おもて へ ゑるゝ にて。なにの とち（みぎ やくしよよとう ある とち）より べつしたてと ゑるすべし。べつに ます ぜいにはおよばず。

○ぜいは かならず きつてを もちふべし。

○さきの ちうきよは もちろん わがぢうしよも くはしく ゑるすべし。

○わがなちうきよは うらへ ゑるすべし。ぜいの ふだを おもてへ はる かたやくしよの べんり

ゑれば なり。

---

告白

一 ゑやうきの きかい すゑつけ または もちはこび じざいに なる しな

一 こぶねに もちふる ゑやうき きかい

一 きものを ぬふ きかい

みぎの ほか きかい きやひあひ ありあひ ならびに おあつらへむき ごちうもん どほり せいぞう いだし さしあげ

四月　よこはま六十九ばん　ダウソン

○わたくし みせに おいて はくらい こまもの るゝ ならびに ごく上 せいようの さん 〈酒〉、イギリスの てついた また きかい せいさく だうぐ および 大小の ねぢがねもの るゝ、そのほか あぶらの るゝ ねだん やすく うり さばき いりようの おかたは おいで くださるべくい上

よこはま五十九ばん　シエンクラウホルド

---

東京は朱引きの内外に拘はらず　　　　　　十銭

西京大阪は洛の内外に拘はらず　　　　　　八銭

一等、二等郵便役所ある土地は　　　　　　五銭

三等、四等まで平の取扱所ある土地は　　　二銭

右割の通りを増す。但し、手紙の表へ朱にて別配達と三字を記すべし。

○役所並びに扱所なき在村へ遣はす急ぎの手紙は、表へ朱にて何の土地（右役所等ある土地）より別仕立てと記すべし。別に増し税には及ばず。

○税は必ず切手を用ふべし。

○先の住居は勿論、我が住所も詳しく記すべし。

○我が名住所は裏へ記すべし。税の札を表へ貼る方役所の便利なればなり。

---

一　蒸気の機械据付け又は持ち運び自在になる品

一　小舟に用ふる蒸気機械

一　着物類を縫ふ機械

右の他機械品々あり合ひ並びにお誂へ向き、御注文通り製造出だし差し上候。

四月　横浜六十九番　ダウソン

○私店に於いて舶来小間物類、並びに極上西洋のさん〈酒〉、イギリスの鉄板、又は機械製作道具、及び大小の螺子金物類、その他、油の類、値段安く売り捌き申候。入用のお方はお出でくださるべく候。以上

横浜五十九番　シエンクラウホルド

告白（ふれだし）

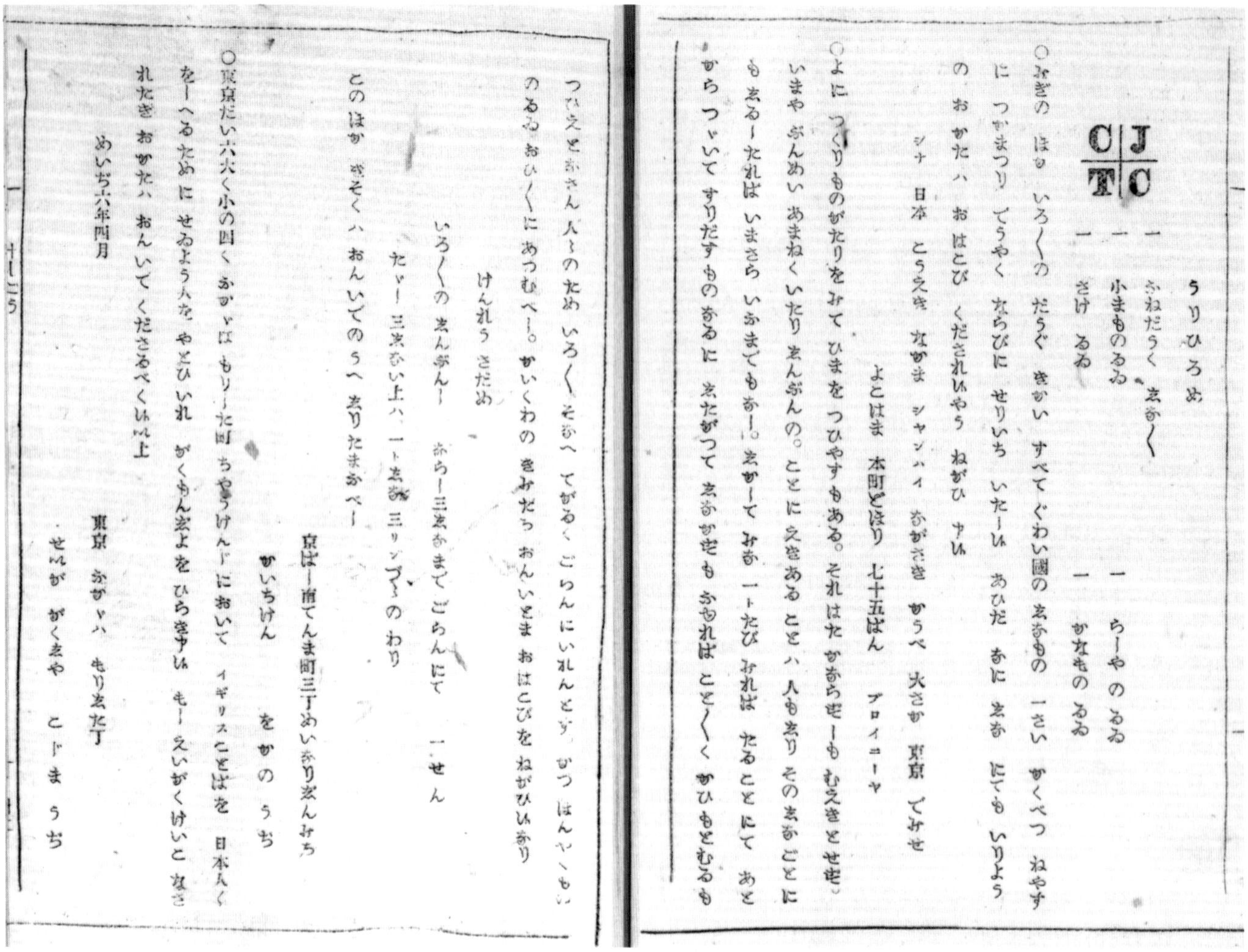

うりひろめ

C｜J
T｜C

一 ふねだうぐ しな〱
一 小まものるい
一 さけ るい
一 らしやの るい
一 かなもの るい

○みぎの ほか いろ〱の だうぐ きかい すべて ぐわい國の しなもの 一さい かくべつ ねやすに つかまつり でうやく ならびに せりいち いたし候 あひだ なに しな にても いりようの おかたハ おはこび くだされ候やう ねがひ 申候

シナ 日本 こうえき なかま シヤンハイ ながさき かうべ 大さか 東京 でみせ
よこはま 本町どほり 七十五ばん ブロイニーヤ

○よに つくりものがたりを みて ひまを つひやすもある。それはた かならずしも むえきと せず。いまや ぶんめい あまねく いたり しんぶんの。ことに えきある こと ハ 人も しり その しなごとにも しるしたれば いまさら いふまでもなし。しかして みな 一トたび みれば よきことにて あとから つゞいて すりだすものなるに したがつて しなかずも ふゆれば ことごとく かひもとむるも つひえと なさん 人〱の ため いろ〱 そなへ てがるく ごらんに いれんとす。かつ ほんやくものの るい おひ〱に あつむべし。かいくわの きみだち おんいとま おはこびを ねがひ候なり

けんれう さだめ
いろ〱の しんぶん〱 ならし三しな まで ごらんにて 一せん
たゞし 三しな以上ハ 一ト品 三りんづゝの わり
このほか きそくハ おんいでの うへ しりたまふべし
京ばし南てんま町三丁めいなり志んみち
かいちけん をかの うち

○東京だい六大く小の四く ふかゞは もりした町 ちやうけんじ において イギリスことばを 日本人へ をしへる ために せいよう人を やとひいれ がくもん志よを ひらき申候 もし えいがくけいこ なされたき おかたハ おんいで くださるべく候 以上

めいぢ六年四月 東京 ふかゞハ もりした丁
せいが がくしや こじま うち

売り広め

C｜J
T｜C

一　船道具品々
一　小間物類
一　酒類
一　羅紗の類
一　金物類

○右の他、色々の道具、機械、全て外国の品物一切格別値安に仕り、定約並びに競り市致し候間、何品にても入用のお方はお運びくだされ候様願ひ申候。

シナ日本交易仲間　上海　長崎　神戸　大阪　東京　出店
横浜本町通り　七十五番　ブロイニーヤ

○世に作り物語を見て暇を費やすもある。それはた必ずしも無益とせず。今や文明普く至り、新聞の殊に益あることは人も知り、その品毎にも記したれば、今更言ふまでもなし。しかして皆一ト度見れば良きことにて、後から続いて刷り出すものなるに従つて品数も増ゆれば、悉く買ひ求むるも費えとなさん人々のため、色々備へ手軽くご覧に入れんとす。且つ翻訳物の類追々に集むべし。開化の君たちおん暇お運びを願ひ候なり。

見料定め
色々の新聞紙　均し三品まで御覧にて　一銭
但し、三品以上は、一ト品三厘ずつの割り。
この他規則はおん出での上知り給ふべし。

京橋南伝馬町三丁目稲荷神道
かいち軒　岡野氏

○東京第六大区小の四区、深川森下町ちやうけん〈長慶〉寺に於いて、イギリス言葉を日本人へ教へるために西洋人を雇ひ入れ、学問所を開き申候。もし英学稽古なされたきお方はおん出でくださるべく候。以上

明治六年四月　東京深川森下丁
菁莪学舎　小島氏

ウキンナ博覧会

○世界に広く旅をして色々の国言葉や国風を知るは良き事なれども、これまで洋行せし日本人皆不案内故、十倍の高い物を買ひ、その外色々不都合あり。今ご案内致すについては、その所々の風俗より名高き面白き所のあらましを漏らさず見せ聞かせ申べく、来たる五月中横浜より蒸気船にてサンフランシスコに至りし、アメリカ中諸所、ニウヨルクより出帆、エウロツパに着し、ウキンナ博覧会よりフランス、ゼルマン［ジャーマニー］、ヲランダ、イギリス諸所にて講釈を致し、日々二時の間イギリス、フランス、ゼルマンの国言葉を学ばしむべし。荷物は二百斤まで運送随意。旅行についての道具は日記その外備はざるものなし。諸所逗留日割行き帰りとも凡そ一ヶ年にて帰ることを得べし。そのうち賄ひは勿論総入用メキシコ［メキシコ］ドル三千にて引き受け申べく候間、思し召しのお方は本局までおん申入れ下さるべく候。

四月

蒸気飛脚船入港出帆表

○三月七日　十四日　二十一日　二十八日　○四月五日　十二日　十九日　二十六日
○五月三日　十日　十七日　二十六日　○六月三日　十日　十八日　二十六日

右の船諸所より横浜へ着船の日付左の通り。

○三月七日　十三日　二十日　二十七日　○四月四日　十一日　二十日　二十五日
○五月四日　十日　二十日　二十八日　六月四日　十二日　二十日　二十七日
○七月四日　十日　二十日
○アメリカの飛脚船サンフランシスコ出入りの日付左の通り。横浜より。
○三月十日　二十三日　○四月二十三日　○五月七日　廿三日　○六月六日　二十日
○七月七日　二十二日　○八月五日　廿二日　○九月七日　廿三日　○十月　八日　廿二日
○十一月七日　二十三日　○十二月八日　二十四日なり。

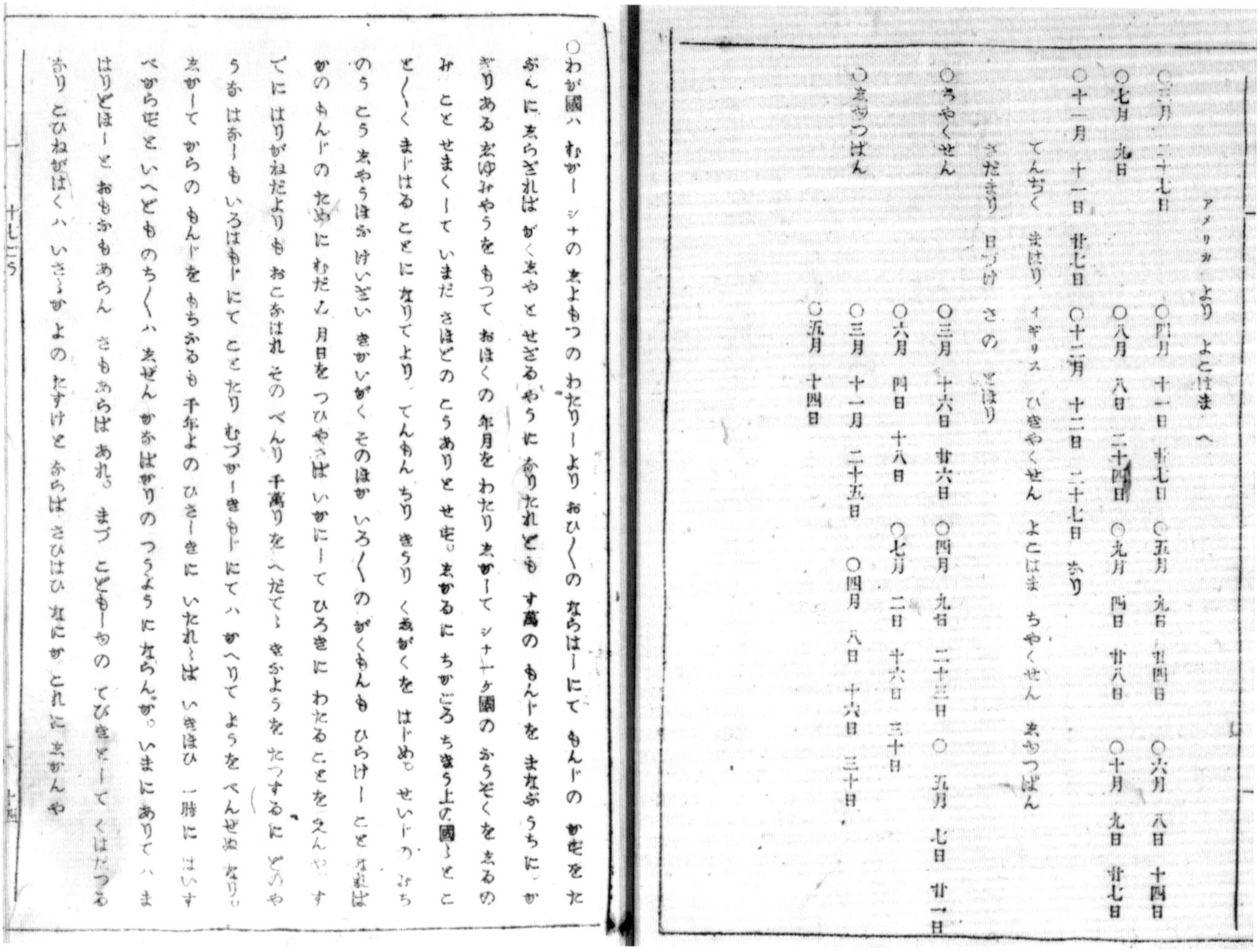
○わが國ハ むかし シナの しよもつの わたりしより おひ／＼の ならはしにて もんじの かずを たぶんに しらざれば がくしやと せざるやうに なりたれども すまんの もんじを まなぶうちに かぎりある じゆみやうを もつて おほくの 年月を わたり しかして シナ一ヶ國の ふうぞくを しるのみ ことせまくして いまだ さほどの こうありとせず。しかるに ちかごろ ちきう上の國々と ことごとく まじはる ことに なりてより てんもん ちり きうり くわがくを はじめ せいじの みち のう こう しやうほふ けいざい きかいがく そのほか いろ／＼の がくもんも ひらけし ことなれば かの もんじの ために むだな 月日を つひやさば いかにして ひろきに わたる ことを えんや すでに はりがねだよりも おこなはれ その べんり 千萬りを へだてゝ きふようを たつするに どのやうな はなしも いろはもじにて ことたり むづかしき もじにては かへりて ようを べんぜぬ なり。しかして からの もんじを もちふるも 千年よの ひさしきに いたれゝば いきほひ 一時に はいす べからずと いへども のちのちハ しぜん かなばかりの つうように ならんか。いまに ありてハ まはりどほしと おもふもあらん さもあらば あれ。まづ こどもしゆの てびきとして くはだつる なり こひねがはくハ いさゝか よの たすけと ならば さひはひ なにか これに しかんや

アメリカ より よこはま へ
○三月 二十七日 ○四月 十一日 廿七日 ○五月 九日 廿四日 ○六月 八日 十四日
○七月 九日 ○八月 八日 二十四日 ○九月 四日 廿八日 ○十月 九日 廿七日
○十一月 十一日 廿七日 ○十二月 十二日 二十七日 なり
てんぢく まはり イギリス ひきやくせん よこはま ちやくせん しゆつぱん
さだまり 日づけ さの とほり
○ちやくせん ○三月 十六日 廿六日 ○四月 九日 二十三日 ○五月 七日 廿一日
○六月 四日 十八日 ○七月 二日 十六日 三十日
○しゆつぱん ○三月 十一日 二十五日 ○四月 八日 十六日 三十日
○五月 十四日

アメリカより横浜へ。
○三月二十七日　○四月十一日　廿七日　○五月　九日　二十四日　○六月　八日　十四日
○七月九日　○八月八日　二十四日　○九月四日　廿八日　○十月九日　廿七日
○十一月十一日　廿七日　○十二月十二日　二十七日なり。
天竺回りイギリス飛脚船横浜着船出帆
定まり日付左の通り。
○着船　○三月十六日　廿六日　○四月九日　二十三日　○五月七日　廿一日
○六月四日　十八日　○七月二日　十六日　三十日
○出帆　○三月十一日　二十五日　○四月八日　十六日　三十日
○五月十四日

○我が国は昔シナの書物の渡りしより、追々の習はしにて文字の数を多分に知らざれば学者とせざるようになりたれども、数万の文字を学ぶうちに限りある寿命を以て多くの年月を渡り、しかしてシナ一ヶ国の風俗を知るのみこと狭くして、未だそれほどの功ありとせず。しかるに近頃地球上の国々と悉く交はることになりてより、天文、地理、究理、化学を始め、政治の道、農、工、商法、経済、機械学その他色々の学問も開けしことなれば、彼の文字のために無駄の月日を費やさば、如何にして広きにわたる事を得んや。既に針金便りも行はれ、その便利千万里を隔てて急用を達するに、どのような話もいろは文字にて事足り、難しき文字にてはかへりて用を便ぜぬなり。しかして唐の文字を用ふるも千年余の久しきに至れれば、勢ひ一時に廃すべからずといへども、後々は自然仮名ばかりの通用にならんか。今にありては回り遠しと思ふもあらん。さもあらばあれ、先ず子供衆の手引きとして企つるなり。冀はくはいささか世の助けとならば幸ひ何かこれにしかんや。

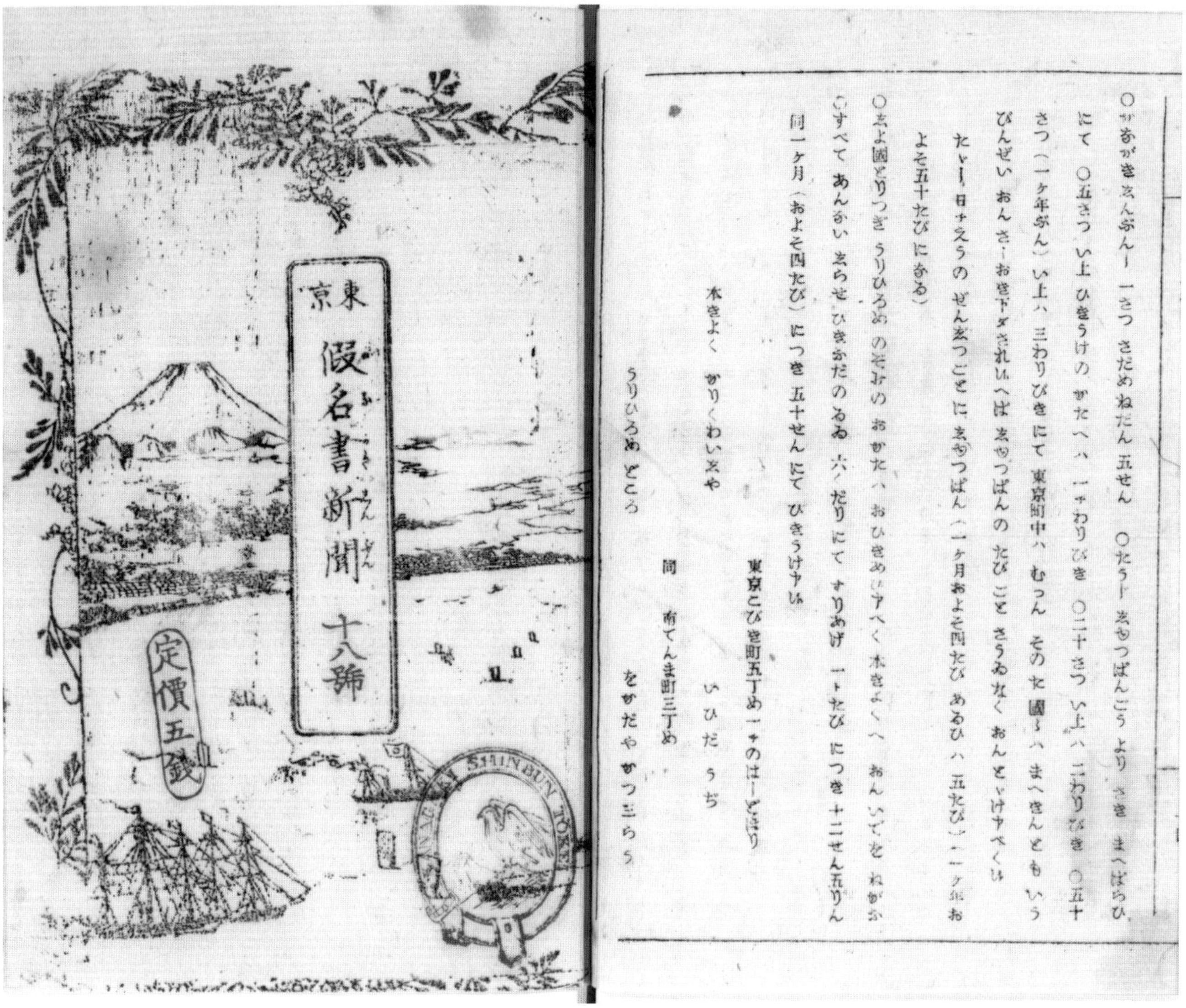


○仮名書き新聞誌一冊定め値段五銭。○当時出版号より先前払ひにて。○五冊以上引き受けの方へは一チ割引き。○二十冊以上は二割引き。○五十冊（一ヶ年分）以上は三割引きにて、東京府中は無賃、その他国々は前金とも郵便税おん差しおき下ざれ候へば、出版の度ごと相違なくおん届け申べく候。
　但し日チ曜の前日ごとに出版（一ヶ月凡そ四度或ひは五度）（一ヶ年凡そ五十度になる）。
○諸国取次ぎ売り広め望みのお方はお引き合ひ申べく、本局へおん出でを願ふ。
○全て案内知らせ引札の類、六くだりにて摺り上げ、一ト度につき十二銭五厘、同一ヶ月（凡そ四度）につき五十銭にて引き受け申候。

東京木挽町五丁目一チの橋通り
本局　仮会社　飯田氏
同南伝馬町三丁目
売り広め所　岡田屋勝三郎

十八号の内容　明治6・5・24

前文3　発行の趣旨3

**おふれおたつし**　○渡し船は客が一人でも運航すること。○右のことを掲示すること○証券印紙の交付

**国内新聞**　○孝行娘の死に下賜金○兎の売り買い衰え鶏やむじな高額○神奈川県令兵庫奉行に

**ぐわいこくしんぶん**　○百七十八歳の老人（リオデジャネイロ）○横浜入港のイギリス船より新聞を得る○イギリスの有名な学者死去○ロンドンの生糸相場○オランダがジャワへ派兵○アチェ、オランダとの和睦をトルコに期待○ナポレオン三世の従兄弟を討つ決議（フランス）○日本とシナが本条約○金の流通不振で商人法分散（ウィーン）○ソロモン諸島イサベル島の住居○アメリカの事柄の続き―コロンブス

**とうしよ**　○東京の地名改定によりお達しなど届かないことがないようにすること

**いろ〳〵のはなし**　○曲馬の興行（浅草）新橋横浜間蒸気車の乗客数と賃金

**しらせあんない**（広告）郵便税規則抜き書き　**蒸気飛脚船入港出帆表**　仮名書きの効用　社告

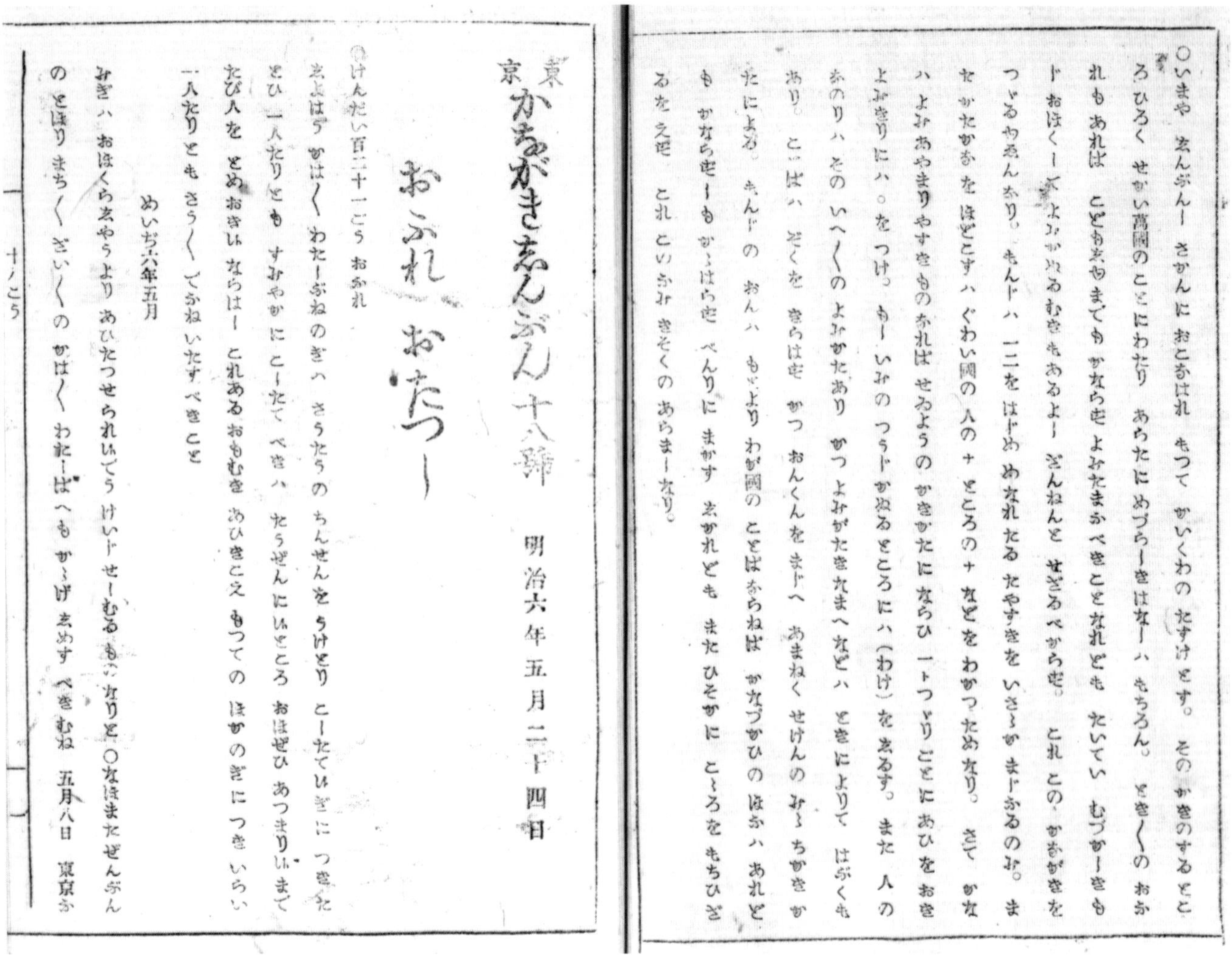

東京かながきしんぶん　十八號　明治六年五月二十四日

おふれ　おたつし

○けんだい百二十一ごう　おふれ
しよはう　かは〱　わたしぶねのぎハ　さうたうの　ちんせんを　うけとり　こしたていぎに　つきた
とひ　一人たりとも　すみやかに　こしたて　べきハ　たうぜんに　いところ　おほぜひ　あつまりいまで
たび人を　とめおきい　ならはし　これある　おもむき　あひきこえ　もつての　ほかの　ぎに　つき　いらい
一人たりとも　さう〱　でふね　いたすべき　こと
めいぢ六年五月
みぎハ　おほくらしやうより　あひたつせられいでう　けいじせしむるものなりと　○なほまた　ぜんぶん
の　とほり　まち〱　ざい〱の　かは〱　わたしばへも　かゝげ　しめす　べきむね　五月八日　東京ふ

十八ごう

○いまや　しんぶんし　さかんに　おこなはれ　もつて　かいくわの　たすけとす。そのかきのするとこ
ろひろく　せかい萬國のことにわたり　あらたに　めづらしきはなしハ　もちろん。とき〱の　おふ
れもあれは　こどもしゆまでも　かならず　よみたまふべきことなれども　たいてい　むづかしきも
じおほくして　よみかぬるむきもあるよし　ざんねんと　せざるべからず。これこの　かながきを
つゞるゆゑんなり。もんじハ　一二をはじめ　めなれたる　たやすきを　いさゝか　まじふるのみ。ま
たかたかなを　ほどこすハ　ぐわい國の人の＋　ところの＋　などを　わかつためなり。さて　かな
ハよみあやまりやすきものなれば　せいやうの　かきかたに　ならひ　一トつゞりごとに　あひをおき
よみきりにハ。をつけ。もし　いみのつうじかぬるところにハ（わけ）をしるす。また　人の
なのりハ　その　いへ〱のよみかたあり　かつ　よみがたきなまへなどハ　ときによりて　はぶくも
あり。ことばハ　ぞくを　きらはず　かつ　おんくんを　まじへ　あまねく　せけんの　みゝちかきか
たによる。もんじの　おんハ　もとより　わが國の　ことばならねば　かなづかひの　ほふハ　あれど
も　かならずしも　かゝはらず　べんりに　まかす　しかれども　また　ひそかに　こゝろを　もちひざ
るをえず　これ　このぶんきそくの　あらましなり。

○今や新聞紙盛んに行はれ、以て開化の助けとす。その書き載するところ広く世界万国の事にわたり、新たに珍しき話は勿論、時々のお触れもあれば、子供衆までも必ず読み給ふべきことなれども、大抵難しき文字多くして読みかぬる向きもある由残念とせざるべからず。これこの仮名書きを綴る所以なり。文字は一二を始め目慣れたる容易きをいささか交ふるのみ。又片仮名を施すは外国の人の名、所の名などを分かつためなり。さて仮名は読み誤り易きものなれば、西洋の書き方に倣ひ、一ト綴りごとに間を置き、読み切りには。を付け、もし意味の通じかぬる所には（訳）を記す。又人の名乗りはその家々の読み方あり。且つ読み難き名前などは時に因りて省くもあり。言葉は俗を嫌はず、且つ音訓を交へ、普く世間の耳近き方に因る。文字の音は元より我が国の言葉ならねば、仮名遣ひの法はあれども、必ずしも拘はらず便利に任す。しかれども又密かに心を用ひざるを得ず。これこの文規則のあらましなり。

東京かながきしんぶん　十八号　明治六年五月二十四日

おふれおたつし

○乾第百二十一号　お触れ
諸方川々渡し船の儀は相当の賃銭を請け取り越し立て候儀につき、たとひ一人たりとも速やかに越し立てべきは当然に候ところ、大勢集まり候まで旅人を留め置き候習はしこれある趣相聞こえ、以ての外の儀につき、以来一人たりとも早々出船致すべき事。
明治六年五月
右は大蔵省より相達せられ候条掲示せしむるものなりと○尚又前文の通り町々在々の川々渡し場へも掲げ示すべき旨。五月八日　東京府

よりおたつーあり
○けんだい百二十三ごう
大くらーやう だい七十九ごう ふたつ（ふれ たつー）
一 しようけん いんー（てがたにはるかみ）けいー（けいびきがみ）とも うりさばき人のほか四みん まつたくしよう（じぶん いりよう）の ため金だか十ゑん い上 そく金 上のふにて かひうけのぎ ナいでいハゞ ふけんちやう（やくーよ）において ねがひ人へ ぢきに うり下ゲナべきこと
たゞー東京ふ下 しちう六大く中のぎハ だい一大く十五小く かいうんばー だい一こくりふ ぎんかう（かはせりやうがへ）かまへうゝ そぜいれうでばり うり下ゲしよにおいて ぢきさばき いたーいこと
一 しようけん いんー けいー とも うりさばき人の ほか四みん まつたくしように いたーいぶん きんだか十ゑんい上 そくきん 上のふ かひさげ あひねがひたき ものハ ふけんちやうへ ぢきにナいで くるーからざるむね くわんない（しはいうち）へ ふたつ いだすべきこと
一 けいーのぎ ようーならびに てうこくすりたて とうの にうひきん（いりよう）たとへば 千まいにつき 五ゑん五十五せん六りんに あたる時ハ これに 一ナわり 五十五せん六り たゞー四ーや五にお をくはへ（はーたの四をすて五をくはへる）六ゑん十一せん一りんを たゞーりんどめ（ふんりんまでにてとめる）ていか（さだめねだん）とー 一まい うる時ハ 六りん一もう たゞーもうどめ をつて うりわたーナべきこと
一 けいーのぎ うりさばき人の うち そくきん 上のふのぶんハ もとだいか（もとねだん）へ くはへいー一わりの七ぶびき 一わり 五十五せん六りん なれば 三十八せん九りん二もうなり あときん 上のふのぶんハ きそくのとほり 四ぶびき 一わり五十五せん六りんなれば二十二せん二りん四もうなり をもつて うり下ケナべきこと
一 しようのため そくきん 上のふ かひうけ ねがひいでいものハ そくきん 上のふうりさばき人 どうやう しようけん いんーハ ていか 一わりびき けいーハ ぞうか（まーくはへ）一わりの七ぶびきを もつて うりさげナべきこと
一 しようの ため しようけん いんー けいーとう ぢきうり いたーいもの その一な 一せつ うりかひハ もちろん たへ ぶあひを とり ゆづりわたーいぎハ あひならずい もー ゐはん（そむき
十八ごう　二

よりお達しあり。
○乾第百二十三号
大蔵省第七十九号布達（触れ達し）
一　証券印紙（手形に貼る紙）、罫紙（罫引き紙）共売捌き人の外四民全く自用（自分入用）のため金高十円以上即金上納にて買受けの儀申出で候はば、府県庁（役所）に於て願ひ人へ直に売り下ゲ申べき事。
但し、東京府下市中六大区中の儀は、第一大区十五小区、開運橋第一国立銀行（為替両替）構へ内租税寮出張り売下げ所に於て直捌き致し候事。
一　証券印紙、罫紙とも売捌き人の外四民全く自用に致し候分金高十円以上即金上納買下げ相願ひたき者は府県庁へ直に申出で苦しからざる旨、管内（支配内）へ布達致すべき事。
一　罫紙の儀、用紙並びに彫刻摺立て等の入費金（入用）、例へば千枚に付き五円五十五銭百厘に当たる時は、これに一チ割五十五銭六厘、但し四捨五入を加へ（端の四を捨て五を加へる）六円十一銭一厘を但し厘止め（何厘までにて止める）定価（定め値段）とし、一枚売る時は六厘一毛但し毛止めを以て売り渡し申べき事。
一　罫紙の儀、売捌き人の内即金上納の分は元代価（元値段）へ加へ候一割の七分引き一割五十五銭六厘なれば三十八銭九厘二毛なり後金上納の分は規則の通り四分引き一割五十五銭六厘なれば二十二銭二厘四毛なりを以て売り下ケ　申べき事。
一　自用のため即金上納買受け願ひ出で候者は、即金上納売捌き人同様、証券印紙は定価一割引き、罫紙は増加（増し加え）一割の七分引きを以て売り下げ申べき事。
一　自用のため証券印紙罫紙等直売り致し候者、その品一切売り買ひは勿論他へ歩合を取り譲り渡し候儀は相ならず候。もし違反（背き

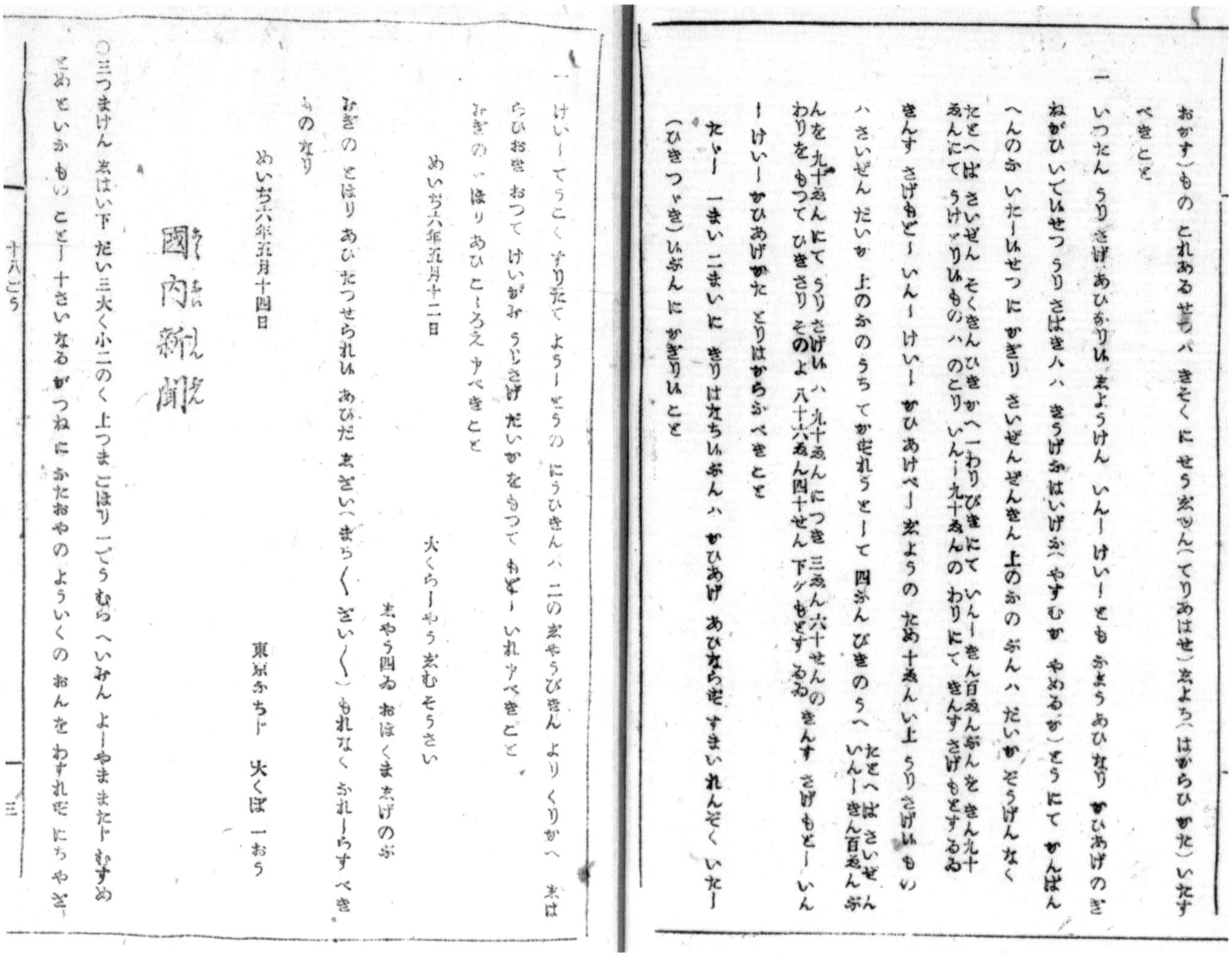
おかす）もの これある せつハ きそくに せうじゆん（てりあはせ）しよち（はからひかた）いたす
べきこと
一 いつたん うりさげ あひなり候 しようけん いんしけいしとも ふようあひなり かひあげのぎ
ねがひいで候せつ うりさばき人ハ きうげふはいげふ（やすむか やめるか）とうにて かんばん
へんのふいたし候せつに かぎり さいぜんぜんきん上のふの ぶんハ だいか ぞうげんなく
たとへば さいぜんそくきんひきかへ一わりびきにて いんしきん百ゑんぶんを きん九十ゑんにて うけとり候ものハ のこりいんし九十ゑんの わりにて きんす さげもどするゐ
きんす さげもどし いんしけいし かひあげべし じようの ため十ゑんい上 うりさげ候もの たとへば さいぜん いんしきん百ゑんぶん
ハ さいぜん だいか上のふのうち てかずれうとして 四ぶん びきのうへ
んを九十ゑんにて うりさげ候ハ 九十ゑんにつき 三ゑん六十せんの きんす さげもどし いん わりをもつて ひきさり そのよ八十六ゑん四十せん下ゲもどするゐ
しけいし かひあげかた とりはからふべきこと
たゞし 一まい 二まいに きりはなち候ぶんハ かひあげ あひならず すまいれんぞく いたし
（ひきつゞき）候ぶんに かぎり候こと

一 けいしてうこくすりたて ようしぞうの にうひきんハ 二のじやうびきん より くりかへ しは
らひおき おつて けいしうりさげ だいかをもつて もどしいれ申べきこと
みぎの とほり あひこゝろえ申べきこと
めいぢ六年五月十二日
大くらしやう じむそうさい
しやう四ゐ おほくましげのぶ
みぎの とほり あひたつせられ候 あひだ しざい（まち〳〵ざい〳〵）もれなく ふれしらすべき
ものなり
めいぢ六年五月十四日
東京ふちじ 大くぼ一おう
國《こく》内《ない》新《しん》聞《ぶん》
○三つまけん しはい下 だい三大く小二のく上つまごほり一でうむら へいみん よしやまたじ むすめ
とめといふもの ことし十さいなるが つねに ふたおやの よういくの おんを わすれず にちやぎ
十八ごう
三

犯す）者これある節は規則に照準（照り合はせ）処置（計らひ方）致すべき事。

一　一旦売り下げ相なり候証券印紙罫紙共不要相なり買揚げの儀願ひ出で候節、売捌き人は休業廃業（休むか止めるか）等にて看板返納致し候節に限り、最前前金上納の分は代価増減なく、例へば最前即金引き換へ一割引きにて印紙金百円分を金九十円にて受け取り候者は、残り印紙九十円の割にて金子下げ戻す類　金子下げ戻し印紙罫紙買ひ揚げべし。自用のため十円以上売り下げ候者は、最前代価上納の内手数料として四分引きの上、例へば最前印紙金百円分を九十円にて売り下げ候は、九十円につき三円六十銭の割を以て引き去り、その余八十六円四十銭下ゲ戻す類　金子下げ戻し印紙罫紙買揚げ方取り計らふべき事。

但し、一枚二枚に切り放ち候分は買上げ相ならず。数枚連続致し（引き続き）候分に限り候事。

一　罫紙彫刻摺立て用紙等の入費金は二の常備金より繰り替へ支払ひ置き、追って罫紙売下げ代価をも以て戻し入れ申べき事。

右の通り相心得申べき事。

明治六年五月十二日　大蔵省事務総裁
正四位　大隈重信

右の通り相達せられ候間、市在（町々在々）洩れなく触れ知らすべきものなり。

明治六年五月十四日　東京府知事　大久保一翁

国内新聞《こくないしんぶん》

○三妻県支配下第三大区小二の区上妻郡一条村平民よしやまたじ娘とめといふ者、今年十歳なるが、常に二親の養育の恩を忘れず、日夜

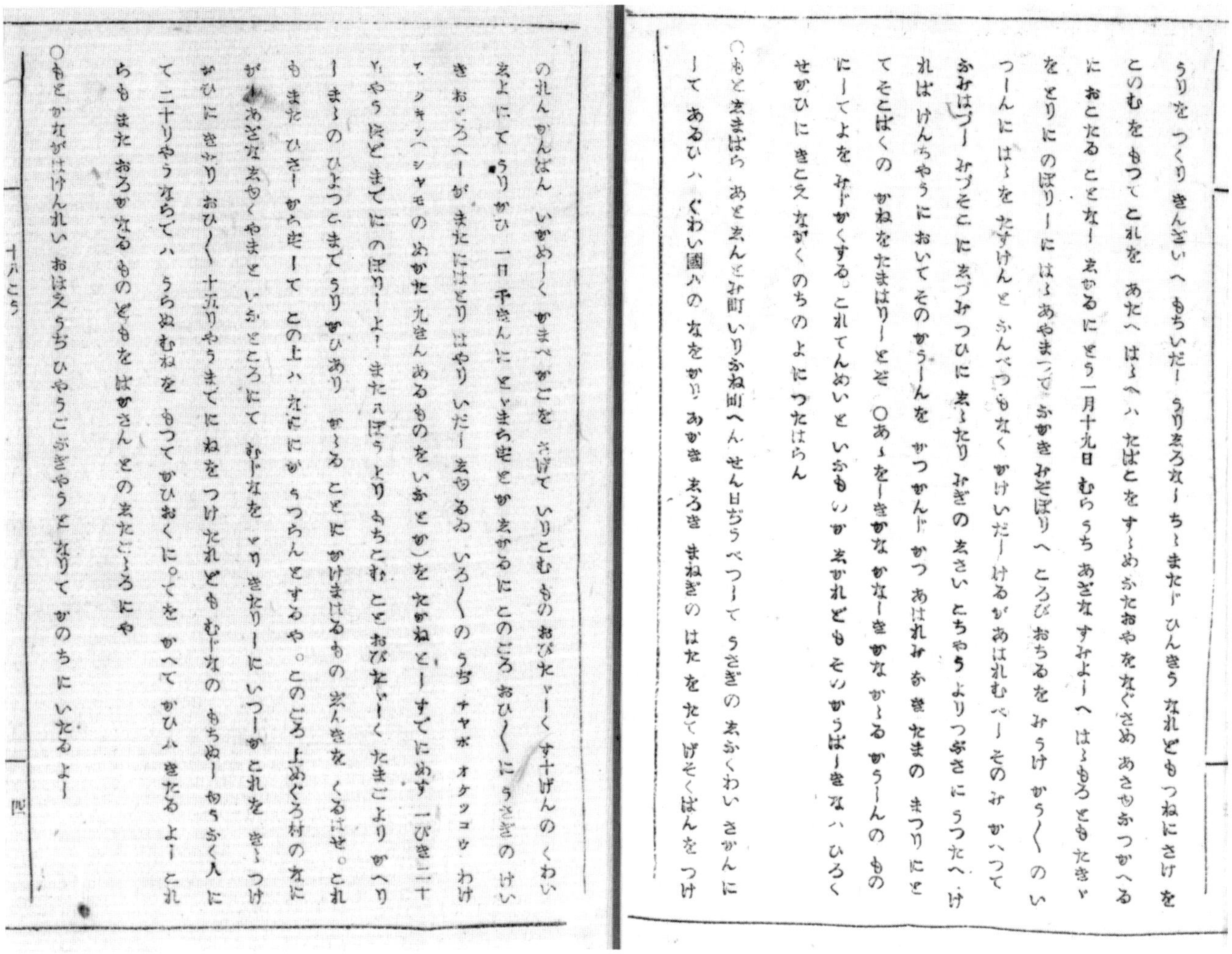
うりを つくり きんざいへ もちいだし うりしろなし ちゝまたど ひんきう なれども つねに さけを
このむを もつて これを あたへ はゝへハ たばこを すゝめ ふたおやを なぐさめ あさゆふ つかへる
に おこたる ことなし しかるに とう一月十九日 むらうち あざな すみよしへ はゝもろとも たきゞ
を とりに のぼりしに はゝ あやまつて ふかき みぞぼりへ ころび おちるを みうけ かう〳〵の い
つしんに はゝを たすけんと ふんべつもなく かけいだしけるが あはれむべし そのみ かへつて
ふみはづし みづそこに しづみ つひに しゝたり みぎの しさい こちやうより つぶさに うつたへけ
れば けんちやうに おいて そのかうしんを かつかんじ かつ あはれみ なきたまの まつりにと
て そこばくの かねを たまはりしとぞ ○あゝをしきかな かなしきかな かゝる かうしんの もの
にして よを みじかくする これてんめいと いふものか しかれども その かうばしき なハ ひろく
せかいに きこえ ながく のちのよに つたはらん
○もとしまばら あとしんとみ町 いりふね町へん せん日ぢうべつして うさぎの しふくわい さかんに
して あるひハ ぐわい國人の なをかり あかき しろき まねぎの はたを たて げそくばんを つけ
のれん かんばん いかめしく かまへ かごを さげて いりこむもの おびたゞしく すうじつけんの くわい
しよにて うりかひ 一日千きんに とゞまらざるとか しかるに このごろ おひ〳〵に うさぎの けい
きおとろへしが また にはとり はやりいだし しゆるゐ いろ〳〵の うち チヤボ オケツコウ わけ
てクキン（シヤモの めかた九きん あるものを いふとか）を たかねとし すでに めす一ぴき二十
りやうほどまでに のぼりしよし また八ぱうより もちこむこと おびたゞしく たまごより かへり
しまゝの ひよつこまで うりかひあり かゝることに かけまはるもの にんきを くるはせ これ
もまた ひさしからずして このうへハ なにに かうつらんと するや このごろ 上めぐろ村の なに
がし あざな しゆくやまと いふところにて むじなを とりきたりしに いつしか これを きゝつけ
かひに きたり おひ〳〵 十五りやうまでに ねを つけたれども むじなの もちぬし ゆうふく人に
て 二十りやうならでハ うらぬむねを もつて かひおくに てを かへて かひ人きたる よし これ
らも また おろかなる ものどもを ばかさんとの したごゝろにや
○もとかながはけんれい おほえうぢ ひやうごぶぎやうと なりて かのちに いたるよし

草履を作り近在へ持ち出だし売り代なし、父またじ貧窮なれども常に酒を好むを以てこれを与へ、母へは煙草を勧め、二親を慰め朝夕仕へるに怠ることなし。しかるに当一月十九日、村内字住吉へ母もろとも薪を取りに登りしに、母誤って深き溝堀へ転び落ちるを見受け、孝行の一心に母を助けんと分別もなく駆け出だしけるが、憐れむべし、その身却って踏み外し、水底に沈み、遂に死したり。右の仔細戸長よりつぶさに訴へければ、県庁に於いてその孝心を且つ感じ且つ憐み、亡き魂の祀りにとてそこばくの金を賜りしとぞ。○ああ、惜しきかな、悲しきかな。かかる孝心の者にして世を短くする。これ天命と言ふものか。しかれどもその芳しき名は広く世界に聞こえ、永く後の世に伝はらん。

○元島原跡新富町入船町辺、先日中別して兎の集会盛んにして、或ひは外国人の名を借り、赤き白き招きの旗を立て、下足番を付け、暖簾看板厳めしく構へ、籠を提げて入り込む者夥しく、数十軒の会所にて売り買ひ一日千斤に留まらずとか。しかるにこの頃追々に兎の景気衰へしが、又鶏流行り出だし、種類色々の内、チヤボ、オケツコウ、分けてクキン（シヤモの目方九斤あるものを言ふとか）を高値とし、既に雌一匹二十両ほどまでに上りし由。又八方より持ち込むこと夥しく、卵より孵りしままのひよっこまで売り買ひあり。かかることに駆け回る者人気を狂はせ、これも又久しからずして、この上は何にか移らんとするや。この頃上目黒村の何某、字宿山といふ所にてむじなを獲り来たりしに、いつしかこれを聞き付け買ひに来たり。追々十五両までに値を付けたれども、むじなの持ち主裕福人にて、二十両ならでは売らぬ旨を以て飼ひおくに、手を替へて買ひ人来たる由。これらも又愚かなる者共を化かさんとの下心にや。

○元神奈川県令大江氏、兵庫奉行となりて彼の地に至る由。

ぐわいこくしんぶん

○よこはましんぶんにいはくみなみアメリカにまれなるとしよりありリウジアネイロといふ國のうちケープフリヲといふところのらうじんそのなをコウテンホといふこのらうじんハかの國の一千八百九十四年五月二十日サクワレマにてうまれしものにてことし百七十八さいなりそのすこやかなることわかきものもおよばざるほどなりたゞひざののびちゞみにふじゆうあるのみ。わかきときへいたいとなりヘルナムブックといふところにおいてオランダとたゝかひしことあり。このおきなこれまでにつまを六たびめとり四十二人のなんによをうむ百二十三人のまご八十六人のひこ二十人のやしやごありいますこしぞんしやうならばきしやごもできんかいまのよにハまことにめづらしきながいきなるかな

○このせつイギリスひきやくせんよこはまへちやくしたるにつきよこもじしんぶんをえたりさにぬきがきす

○せかいになだかきイギリスのがくしやスチヲルトメールこのせつびやうしせしよし

○ロンドン五月九日ひづけのきいとさうば日本まへばしの上いとにて百二十めきん二十八シリング
（一シリングハ日本のおよそ二十せん）

○このごろオランダよりヂヤバ國へあまたのへいたいぐんかん十四そうじやうきせんにぶぐくさたうぐをつみいれきん日ヂヤバへしゆつぱんになるよし。これハまへのしんぶんにしるせしアチエン國をせめんがためなり

○このせつトルコのしろしたカンスタンテノボルヘアチエン國よりしせつきたりてトルコの國わうをたのみアチエンとヲランダのこんざつわぼくいたさせたきとのことなり

○フランスのぎゐんにてこのせつかの國のしろしたにをるナポリヲン（三だいめナポリヲンのいとこ）をうつべきにふさついたせしがいよいよそのろんにけつしたるよし

○日本とシナとまへかたかりでうやくありしがちかごろ日本よりかの國へわたりしそへじまぐわいむきやうとシナのぐわいむきやうとせん月三十日ほんでうやくをとりむすばれ日本よりいたりし人々にていねいなるちそうありしよし

十八こう　五

ぐわいこくしんぶん

○横浜新聞に曰く。南アメリカに稀なる年寄りあり。リウジアネイロといふ国の内ケープフリヲといふ所の老人、その名をコウテンホと言ふ。この老人は彼の国の一千八百九十四年五月二十日サクワレマにて生まれし者にて今年百七十八歳なり。その健やかなること若き者も及ばざるほどなり。ただ膝の伸び縮みに不自由あるのみ。若き時兵隊となり、ヘルナムブックといふ土地に於いてオランダと戦ひしことあり。この翁これまでに妻を六度娶り、四十二人の男女を産む。百二十三人の孫、八十六人のひこ、二十人のやしゃごあり。今少し存生ならばきしゃごも出来んか。今の世には誠に珍しき長生きなるかな。

○この節イギリス飛脚船横浜へ着したるにつき、横文字新聞を得たり。左に抜き書きす。

○世界に名高きイギリスの学者スチヲルトメール［スチュワート　ミル］この節病死せし由。

○ロンドン五月九日日付の生糸相場、日本前橋の上糸にて百二十目斤二十八シリング（一シリングは日本の凡そ二十銭）。

○この頃オランダよりヂヤバ［ジャワ］国へ数多の兵隊、軍艦十四艘、蒸気船に武器戦道具を積み入れ、近日ヂヤバへ出帆になる由。これは前の新聞に記せしアチエン［アチエ］国を攻めんがためなり。

○この節トルコの城下カンスタンテノボル［コンスタンチノープル］へアチエン国より使節来たりて、トルコの国王を恃み、アチエンとヲランダの混雑和睦させたきとのことなり。

○フランスの議院にて、この節彼の国の城下におるナポリヲン（三代目ナポリヲンの従兄弟）を討つべき入札致せしが、いよいよその論に決したる由。

○日本とシナと前方仮条約ありしが、近頃日本より彼の国へ渡りし副島外務卿とシナの外務卿と先月三十日本条約を取り結ばれ、日本より至りし人々に丁寧なる馳走ありし由。

○オーストリヤの　しやうか　ビーヤナハ　このせつ　きんの　大づかへにて　しやうほふ人　ぶんさん　する　もの　あまた　ありとぞ
○よこはま　しんぶんに　南たいへいよう　ソロモン　しまの　うち　イサベル　しまの　とちの　ものハ　たかき　きの　えだの　うちに　いへを　つくり　すまひを　なす　その　き　しげりたる　むらハ　いはやまの　ぜつちやうに　ありて　その　やまの　たかさ　うみづらより　およそ百二三十けん　ほど　あり。けんそにて　たやすく　のぼる　こと　あたハず　よるハ　どじん　えだの　うちの　いへに　ねふしを　なす。もし　すまひを　さまたげ　なす　もの　あれば　その　すまひの　人ゝ　たくはへ　おきたる　大いし　などを　なげうちて　よく　これを　ふせぐ　と　いふ

せんぜん　かきのせし　アメリカ　ことがらの　つゞき。ならびに　コロンビュスの　はなし

○アメリカハ　せいやうの　ことばに　して　あたらしき　せかい　と　いふ　ことゝなり
ホガルトうぢ　コロンビュスを　ほめたる　ある本に　いはく　コロンビュス　は　じめて　アメリカを　みいだし　大こうを　あらはせしを。その　ふるさと　なる　セニュアの　人　これを　ねたみ　そしる　もの

すくなからず　ある時　きやく人　きたり　さまぐの　はなしの　ついでに　コロンビュスに　あたりて　いふ。きさま　しんきに　国を　みいだしたるハ　まことに　まぐれあたりの　さいはひに　して　ふかく　ほむるに　たらずと。コロンビュス　これを　きいて　まことに　さやう　なりと　いひて　かたはらを　かへりみ　ゆでたまごを　とり　いだし　きやくに　むかひ　おまへ　こゝろみに　この　たまごを　もつて　つくゑの　上に　たてゝ　みたまへと　いへば　きやく　かしらを　ふりて　いかゞして　たまごを　たてる　ことを　えんや　と　いふ　ときに　コロンビュス　たまごを　とりて　とがりたる　ところの　さきを　かきとり　たひらかに　して　つくゑに　たてたり　きやく　これを　みて　さきを　たひらに　なせば　たれにても　これを　たて　ざらんや　コロンビュス　まことに　さやう　なり。たゞ　よの　なかの　ことハ　こゝに　こゝろを　つけべき　なり。人ゝ　この　ところに　こゝろを　もちひ　なば　なにごとも　なしがたき　わけ　あるべからず　わが　アメリカを　みい

十一ごう　六

○オーストリヤの城下ビーヤナ［ウィーン］はこの節金の大支へにて商法人分散する者数多ありとぞ。
○横浜新聞に、南太平洋ソロモン島の内イサベル島の土地の者は、高き木の枝の内に家を造り住まひをなす。その木茂りたる村は岩山の絶頂にありて、その山の高さ海面より凡そ百二三十間ほどあり。険阻にて容易く上ること能はず。夜は土人枝の内の家に寝伏しをなす。もし住まひを妨げなす者あれば、その住まひの人々貯へおきたる大石などを擲ちてよくこれを防ぐと言ふ。

先前書き載せしアメリカ事柄の続き、並びにコロンビユスの話

○アメリカは西洋の言葉にして新しき世界といふことなり。
ホガルト氏コロンビユスを褒めたるある本に曰く。コロンビユス初めてアメリカを見出だし大功を顕せしを、その故郷なるセニユア［ジェノヴァ］の人これを妬み誹る者

卵を立てて世の中の利を知らす

少なからず。ある時客人来たり、様々の話のついでにコロンビユスに当たりて言ふ。貴様新規に国を見出したるは誠にまぐれ当たりの幸ひにして深く褒むるに足らずと。コロンビユスこれを聞いて、誠に左様なりと言ひて傍らを顧み、茹で卵を取り出だし、客に向かひ、お前試みにこの卵を以て机の上に立てて見給へと言へば、客頭を振りて、如何して卵を立てることを得んやと言ふ。ときにコロンビユス卵を取りて尖りたる所の先を掻き取り平らかにして机に立てたり。客これを見て、先を平らになせば誰にてもこれを立てざらんや。コロンビユス、誠に左様なり。ただ世の中の事はここに心を付けべきなり。人々この所に心を用ひなば何事もなし難き訳あるべからず。我がアメリカを見出

271　東京假名書新聞　十八号（明6・5・24）

だしたるもなんぞこの理に異ならんやと。ここに於いて客も悟り、拝して引き取りしとぞ。

○前に記したる合衆国の都ワシントンの始めは、今より八十二三年前の頃にして、この国イギリスの支配を離れ独り立ちの国となりたれども、未だ宗国の都と定むる所なし。因って政を致す都となすべき土地を選むに、この時ニウヨーカ府は人別十三万、ボストン府は同八万、市町続いて繁盛の交易場なれども、大政の役所を置き、もし戦の大事件などある時は敵を引き受け手堅く防ぐの場所にあらずとて、遂に今の土地を選み、新たに縄張りしてこの都を建て、ワシントンと言ふ。しかれども、その始め二三年の間はただ一町も家の続きしはなく、ここかしこに散らばりて、互ひに用を足すに不都合なりしが、今より六十二三年前の頃に至りて、家数一千七百、人別九千二百余、その内エウロッパ人五千九百余、黒んぼ二千三百三十人余、又その後に至りホトマツ［ポトマック］川の岸にあるカルレストウン［チャールストン］府、並びにその周り大小の村々の人数を併せて二万人余となりしと言へるが、この節に至りては既に前に記せし如くになりたるなり。

○横浜新聞に曰く。近頃パリスに於いて、ドナルー氏金山の穴の内湿気などのため体を損じることのなきよう防ぎの道具を工夫し、その用ひ様を著したり。この道具は混じりのなき空気（人の飲み吐きする気）を蓄へる背負い袋に拵へ、二ッ管を付け、一ッは鼻の穴の塞がるよう、一ッは灯火を保つの仕掛けなり。金掘り人足穴の内にて仕事するときこの袋を背負ひ一ッの管を口に含み、道具の仕掛けにて鼻の穴を閉じ、息の出入りを助けしめ、一ッの管は胸に吊るしたる灯火に当てて火先を保ちて消ゆることなからしむ。金掘りの仕事をする必ず入用の道具なりとぞ。

○四月二十三日シナ国天津よりの知らせに、去んぬる二十日郵便船ミレット到着し、船中には日本公使副島氏並びに付き従ひの者上陸、外国人居留地の北部ミストルラーンの家を以て仮に公使の居間となし、その翌日、翌々日には在留の諸国領事来たって日本公使に面謁して、条約の礼儀は未だ幾日なるか知らざれども、シナ政府に於いては既にこれがためにその役人を申付け、副島公も又柳原書記官を命じてそのことの務めをなさしめんとす。この条約成りて後、副島氏付き添ひの人々も速やかに北京へ行かるる由。

○二十日、香港に於いて風聞あり。北京外務省の使ひ到着致し、その述ぶるところは、シナの帝外国人のまみゆることを許す。しかれども帝その前九拝の礼を行はしめんとす。外国公使らは元よりこれを諾はずして西洋各国の礼を以てせんとす。因って在留のイギリス公使ミストルワードは諸国公使を集めてこのことを談じ、大にシナ政府に張り合ひて論じ合はんとする由なり。

## とうしよ

○東京の町の名追々に改まりしあり。又近頃邸跡など町並みとなりて新たに名を付けたるあり。ついては町チ鑑といふ本などの売り物も出来たるか。なれどもなおこの上も新たの町の名出来べき模様と思はるれば、その筋に用なき者は買ひ求むるも無駄のようなり。しかるにこの頃手紙の表に記したる先の住居の町の名、地所の番号を以て既に郵便の差し支へなかりし後、自らの訪ぬる仔細ありて、或ひは下谷、或ひは神田など、先ずその総名の地に至り、最寄りにて尋ぬるに、問ふ人ごとに知らずして、遂に空しく帰るの類折々ありと聞く。これ郵便役所等にてはその時々のお達しを知れるなるべし。しかして一ッ帯へ行き渡らぬ故なり。些細のことの様なれどもお膝元の広き、不都合のことも多かるべし。なる事ならば、今より右様の事

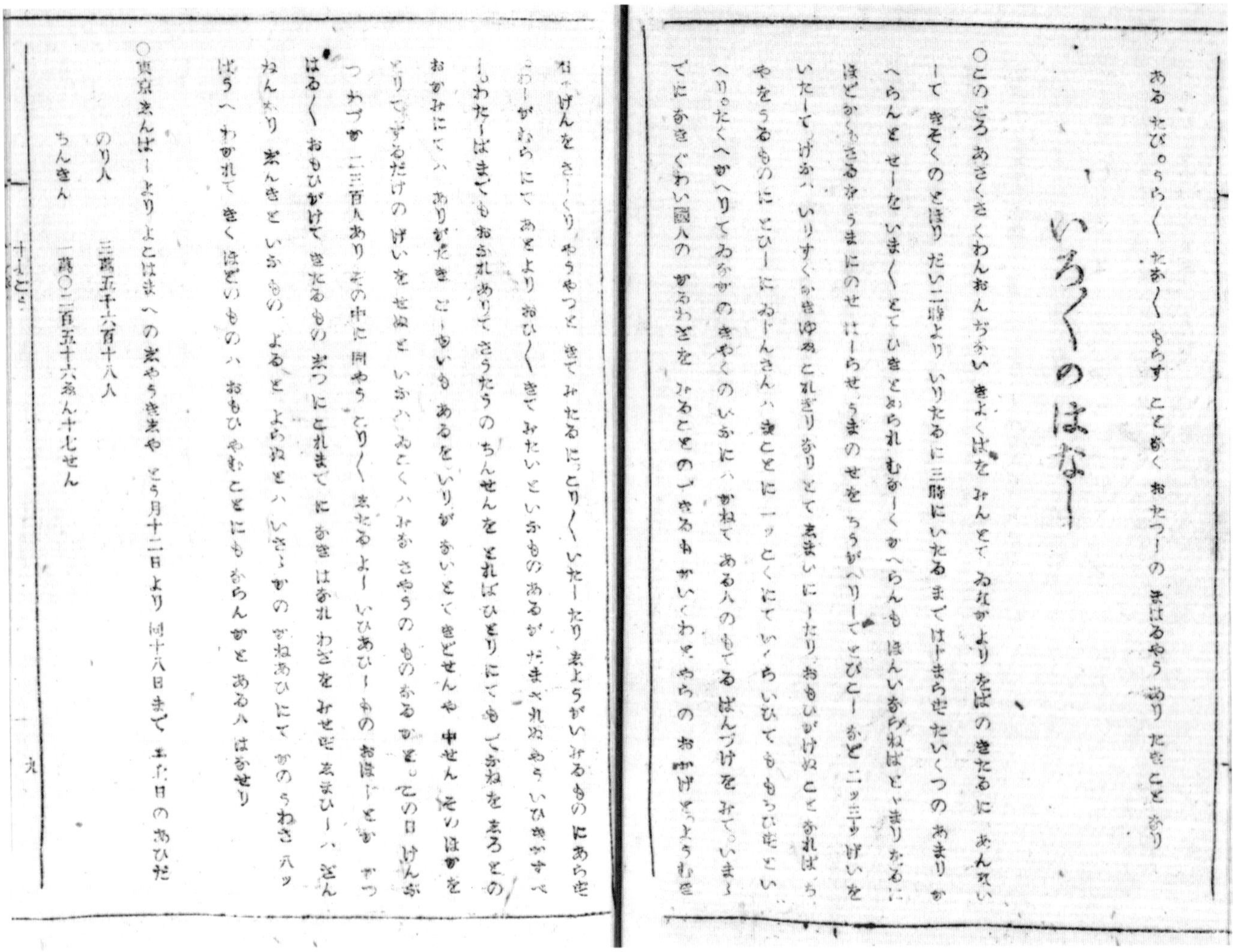

あるたび、うら／＼たな／＼もらすことなくおたつしのまはるやうありたきことなり

いろ／＼のはなし

○このごろあさくさくわんおんちないきよくばをみんとてゐなかよりおばのきたるにあんないして きそくのとほり だい二時より いりたるに三時にいたるまではじまらずたいくつのあまりかへらんとせしを いま／＼とてひきとめられむな／＼かへらんもほんいならねばとゞまりたるにほどなくさるをうまにのせはしらせうまのせをちうがへりしてとびこしなど二ッ三ッげいをいたして けふはいりすくなきゆゑこれぎりなりとてしまいにしたりおもひがけぬことなればちやをうるものにとひしにゐじんさんはまことに一ッこくにていくらいひてももちゐずといへりとて たくへかへりてゐなかのきやくのいふにはかねてあるひとのもてるばんづけをみていまゝでになきぐわい國人のかるわざをみることのできるもかいくわとやらのおかげにてようむきおゝけんをさしくりやうやつときてみたるにこり／＼いたしたり しようがいみるものにあらずわしがむらにてあとよりおひ／＼きてみたいといふものあるがだまされぬやういひきかすべしわたしばまでもおふれありてさうたうのちんせんをとればひとりにてもでふねをしろとのおかみにてはありがたきごしゆいもあるをいりがないとてきどせんやちうせんそのほかをとりてするだけのげいをせぬといふはゐこくはみなさやうのものなるかとこの日けんぶつわづか二三百人ありその中に同やうこり／＼したるよしいひあひしものおほしとか かつはる／＼おもひがけてきたるものじつにこれまでになきはなれわざをみせずしまひしはざんねんなりにんきといふものよるとよらぬとはいさゝかのかねあひにてかのうはさ八ッぱうへわかれてきくほどのものはおもひやむことにもならんかとあるひとはなせり

○東京しんばしよりよこはまへのじようきしやとう月十二日より同十八日まで七日のあひだ
のり人　三萬五千六百十八人
ちんきん　一萬〇二百五十六ゑん十七せん

ある度、裏々店々洩らすことなくお達しの回るようありたきことなり。

いろ／＼のはなし

○この頃浅草観音地内曲馬を見んとて田舎よりおばの来たるに、案内して規則の通り第二時より入りたるに、三時に至るまで始まらず、退屈のあまり帰らんとせしを、今、今とて引き止められ、空しく帰らんも本意ならねば留まりたるに、ほどなく猿を馬に乗せ走らせ、馬の背を宙返りして飛び越しなど、二ッ三ッ芸を致して、今日は入り少なき故これぎりなりとて仕舞いにしたり。思ひがけぬことなれば茶を売る者に問ひしに、異人さんは誠に一ッ刻にて、幾ら言ひても用ひずと言へり。宅へ帰りて田舎の客の言ふに、かねてある人の持てる番付を見て、今までになき外国人の軽業を見ることの出来るも開化とやらのお蔭と、用向き日チ限を差し繰り、ようやっと来てみたるに、懲り懲り致したり。生涯見るものにあらず。わしが村にて後より追々来て見たいと言ふ者あるが、騙されぬよう言ひ聞かすべし。渡し場までもお触れありて、相当の賃銭を取れば一人にても出船をしろとのお上にては有難きご趣意もあるを、入りがないとて木戸銭や中銭その他を取りて、するだけの芸をせぬと言ふは、異国は皆左様のものなるかと。この日見物僅かに二三百人あり。その中に同様懲り懲りしたる由言ひ合ひし者多しとか。且つはるばる思ひがけて来たる者、実にこれまでになき離れ業を見せず仕舞ひしは残念なり。人気といふもの依ると依らぬとはいささかの兼ね合ひにて、彼の噂八ッ方へ分かれ、聞くほどの者は思ひ止むことにもならんかとある人話せり。

○東京新橋より横浜への蒸気車、当月十二日より同十八日まで□七日の間
乗り人　　三万五千六百十八人
賃金　　　一万〇二百五十六円十七銭

しらせ　あんない

○私この度口銭問屋（口銭を取りて商法するなり）並びにヲークシニヤル［オークション］（日本の競り市の類）を始め候について、アジヤ州（日本から天竺等）へ出張り卸し店第一の大商人、横浜五十九番レインクローフルドより私を東京に於いて支配人に命ぜられ候間、西洋船来品は何にても御用向き広く御注文下ダサれたく候なり。

東京入船町一丁る〈目〉　ジヨンエチジメツト

四月

一　蒸気の機械据付け又は持ち運び自在になる品
一　小舟に用ふる蒸気機械
一　着物類を縫ふ機械

右の他機械品々あり合ひ並びにお誂へ向き、御注文通り製造出だし差し上候。

四月　横浜六十九番　ダウソン

○私店に於いて舶来小間物類、並びに極上西洋のさん〈酒〉、イギリスの鉄板、又は機械製作道具、及び大小の螺子金物類、その他、油の類、値段安く売り捌き申候。入用のお方はお出でくださるべく候。以上

横浜五十九番　シエンクラウホルド

売り広め

一　船道具品々　　一　羅紗の類
一　小間物類　　一　金物類
一　酒類

C｜J
T｜C

○右の他、色々の道具、機械、全て外国の品物一切格別値安に仕り、定約並びに競り市致し候間、何品にても入用のお方はお運びくだされ候様願ひ申候。

シナ日本交易仲間　上海　長崎　神戸　大阪　東京　出店
横浜本町通り　七十五番　ブロイニーヤ

○世に作り物語を見て暇を費やすもある。それはた必ずしも無益とせず。今や文明普く至り、新聞の殊に益あることは人も知り、その品毎にも記したれば、今更言ふまでもなし。しかして皆一ト度見れば良きことにて、後から続いて刷り出すものなるに従つて品数も増ゆれば、悉く買ひ求むるも費えとなさん人々のため、色々備へ手軽くご覧に入れんとす。且つ翻訳物の類追々に集むべし。開化の君たちおん暇お運びを願ひ候なり。

見料定め
色々の新聞紙　均し三品まで御覧にて　一銭
但し、三品以上は、一ト品三厘ずつの割り。
この他規則はおん出での上知り給ふべし。

京橋南伝馬町三丁目稲荷神道
かいち軒　岡野氏

○東京第六大区小の四区、深川森下町ちやうけん〈長慶〉寺に於いて、イギリス言葉を日本人へ教へるために西洋人を雇ひ入れ、学問所を開き申候。もし英学稽古なされたきお方はおん出でくださるべく候。以上

明治六年四月

東京深川森下丁
菁莪学舎　小島氏

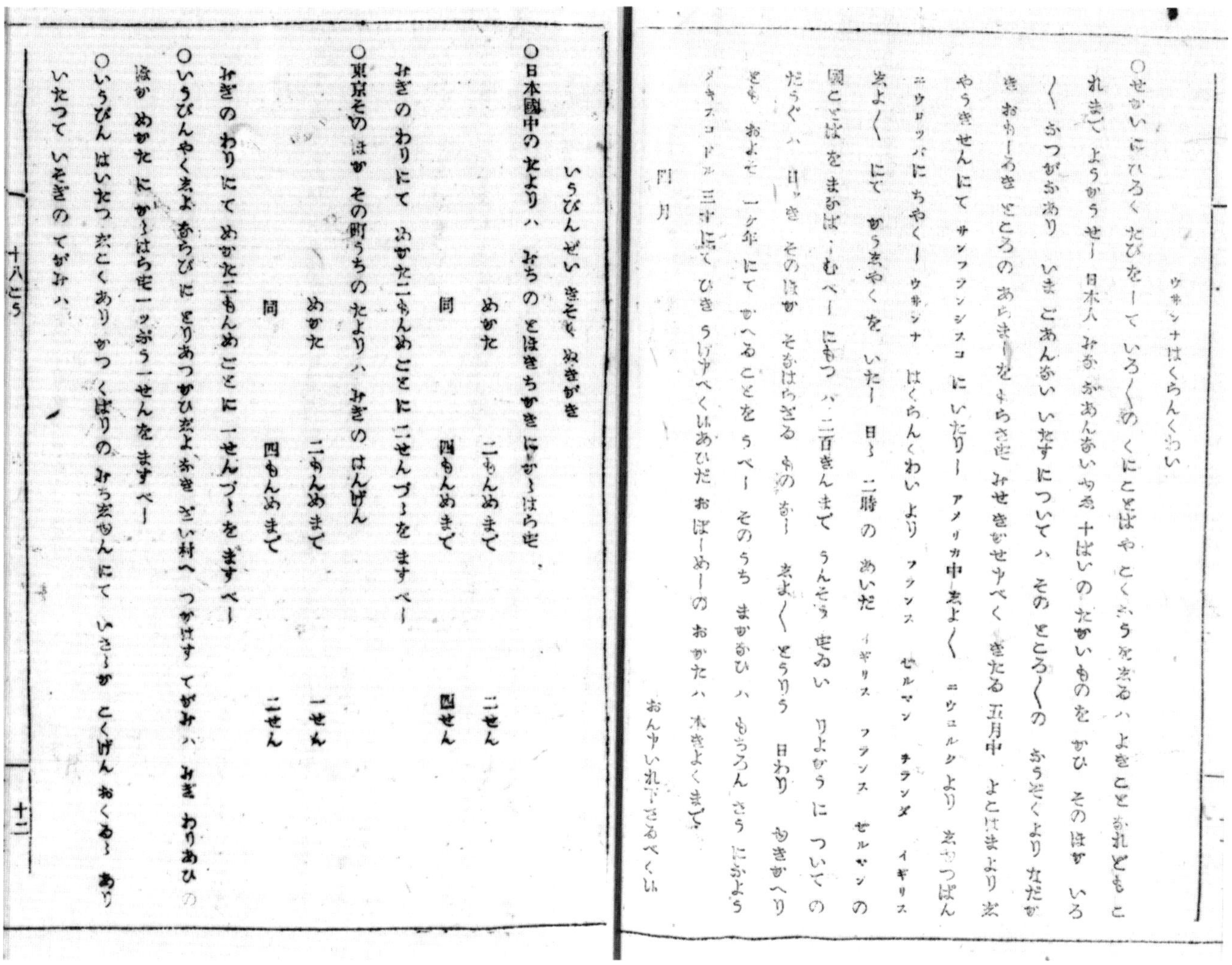
ウヰンナはくらんくわい
○せかいにひろくたびをして いろ〳〵のくにことばや ふうぞくをしるハ よきことなれども これまで ようかうせし日本人 みな ふあんないゆゑ 十ばいの たかいものを かひ そのほか いろ〳〵ふつがふあり いま ごあんない いたすについてハ その ところ〴〵の ふうぞくより なだかき おもしろき ところの あらましを もらさず みせきかせ申べく きたる 五月中 よこはまより じやうきせんにて サンフランシスコ に いたりし アメリカ中しよ〳〵 ニウヨルク より しゆつぱん ニウロッパにちやくし ウヰンナ はくらんくわい より フランス ゼルマン チランダ イギリス しよ〳〵 にて かうしやくを いたし 日〻 二時の あいだ イギリス フランス ゼルマンの 國ことばを まなばしむべし にもつハ二百きんまで うんそう ずゐい りよかうについての だうぐハ 日ッき そのほか そなはらざる ものなし しよ〳〵 とうりう 日わり ゆきかへり とも およそ 一ヶ年 にて かへることを うべし そのうち まかなひ ハ もちろん さう にふよう メキスコドル 三千にて ひきうけ申べく候あひだ おぼしめしの おかたハ 本きよくまで おん申いれ下さるべく候
四月

いうびんぜい きそく ぬきがき
○日本國中の たより ハ みちの とほきちかきに かゝはらず
めかた 二もんめまで 二せん
同 四もんめまで 四せん
みぎの わりにて めかた二もんめごとに 二せんづゝを ますべし
○東京その ほか その町うちの たより ハ みぎの はんげん
めかた 二もんめまで 一せん
同 四もんめまで 二せん
みぎの わりにて めかた二もんめごとに 一せんづゝを ますべし
○いうびんやくしよ ならびに とりあつかひしよ なき ざい村へ つかはす てがみハ みぎ わりあひの ほか めかたに かゝはらず 一ッぷう一せんを ますべし
○いうびん はいたつ じこくあり かつ くばりの みちじゆんにて いさゝか こくげん おくるゝ あり いたつて いそぎの てがみハ
十八ごう
十二

ウヰンナ博覧会

○世界に広く旅をして色々の国言葉や国風を知るは良き事なれども、これまで洋行せし日本人皆不案内故、十倍の高い物を買ひ、その外色々不都合あり。今ご案内致すについては、その所々の風俗より名高き面白き所のあらましを漏らさず見せ聞かせ申べく、来たる五月中横浜より蒸気船にてサンフランシスコに至りし、アメリカ中諸所、ニウヨルクより出帆、エウロツパに着し、ウヰンナ博覧会よりフランス、ゼルマン［ジャーマニー］、ヲランダ、イギリス諸所にて講釈を致し、日々二時の間イギリス、フランス、ゼルマンの国言葉を学ばしむべし。荷物は二百斤まで運送随意。旅行についての道具は日ッき［日記］その外備はざるものなし。諸所逗留日割行き帰りとも凡そ一ヶ年にて帰ることを得べし。そのうち賄ひは勿論総入用メキスコ［メキシコ］ドル三千にて引き受け申べく候間、思し召しのお方は本局までおん申入れ下さるべく候

四月

郵便税規則抜き書き

○日本国中の便りは道の遠き近きに拘はらず
目方　二匁まで　二銭
同　四匁まで　四銭
右の割にて目方二匁ごとに二銭ずつを増すべし。
○東京その他その町内の便りは右の半減。
目方　二匁まで　一銭
同　四匁まで　二銭
右の割にて目方二匁ごとに一銭ずつを増すべし。
○郵便役所並びに取扱所なき在村へ遣はす手紙は右割合の他目方に拘はらず一ッ封一銭を増すべし。
○郵便配達時刻あり。且つ配りの道順にていささか刻限遅るるあり。至って急ぎの手紙は、

東京は朱引きの内外に拘はらず　　十銭
西京大阪は洛の内外に拘はらず　　八銭
一等、二等郵便役所ある土地は　　五銭
三等、四等まで平の取扱所ある土地は　　二銭

右割の通りを増す。但し、手紙の表へ朱にて別配達と三字を記すべし。

○役所並びに扱所なき在村へ遣はす急ぎの手紙は、表へ朱にて何の土地（右役所等ある土地）より別仕立てと記すべし。別に増し税には及ばず。

○税は必ず切手を用ふべし。

○先の住居は勿論、我が住所も詳しく記すべし。

○我が名住所は裏へ記すべし。税の札を表へ貼る方役所の便利なればなり。

## 蒸気飛脚船入港出帆表

○三月七日　十四日　二十一日　二十八日　○四月五日　十二日　十九日　二十六日
○五月三日　十日　十七日　二十六日　○六月三日　十日　十八日　二十六日

右の船諸所より横浜へ着船の日付左の通り。

○三月七日　十三日　二十日　二十七日　○四月四日　十一日　二十日　二十五日
○五月四日　十日　二十日　二十八日　六月四日　十二日　二十日　二十七日
○七月四日　十日　二十日

○アメリカの飛脚船サンフランシスコ出入りの日付左の通り。横浜より。

○三月十日　二十三日　○四月二十三日　○五月七日　廿三日　○六月六日　二十日
○七月七日　二十二日　○八月五日　廿二日　○九月七日　廿三日　○十月　八日　廿二日
○十一月七日　二十三日　○十二月八日　二十四日なり。

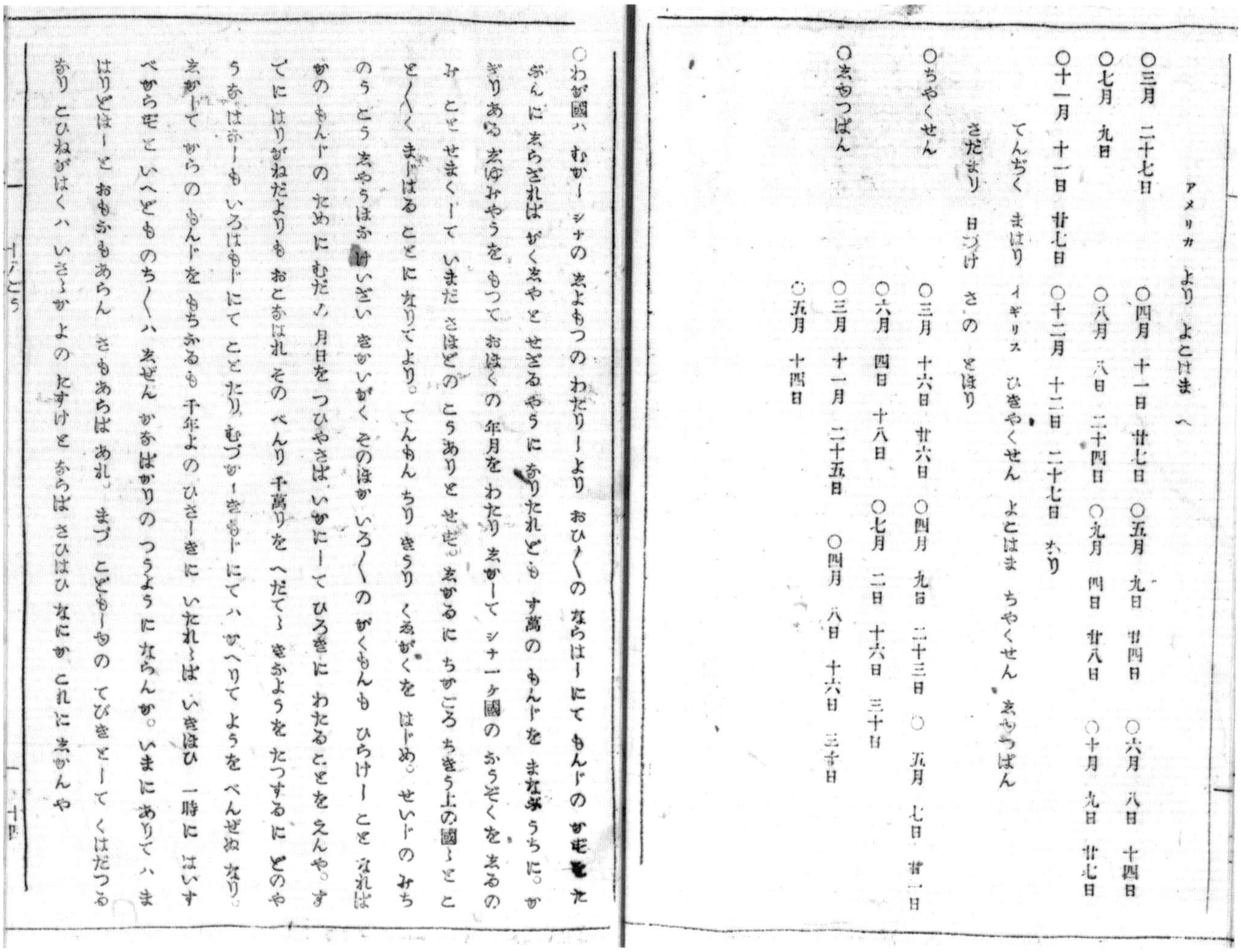

アメリカ より よこはま へ
○三月 二十七日 ○四月 十一日 廿七日 ○五月 九日 廿四日 ○六月 八日 十四日
○七月 九日 ○八月 八日 二十四日 ○九月 四日 廿八日 ○十月 九日 廿七日
○十一月 十一日 廿七日 ○十二月 十二日 二十七日 なり
てんぢく まはり イギリス ひきやくせん よこはま ちやくせん しゆつぱん
さだまり 日づけ さの とほり
○ちやくせん ○三月 十六日 廿六日 ○四月 九日 二十三日 ○ 五月 七日 廿一日
○六月 四日 十八日 ○七月 二日 十六日 三十日
○しゆつぱん ○三月 十一日 二十五日 ○四月 八日 十六日 三十日
○五月 十四日

○わが國ハ むかし シナの しよもつの わたりしより おひ〳〵の ならはしにて もんじの かずを たぶんに しらざれば がくしやと せざるやうに なりたれども すまんの もんじを まなぶうちに かぎりある じゆみやうを もつて おほくの 年月を わたり しかして シナ一ヶ國の ふうぞくを しるのみ ことせまくして いまだ さほどの こうありと せず。しかるに ちかごろ ちきう上の國〻と こと〴〵く まじはる ことに なりてより。てんもん ちり きうり くわがくを はじめ。せいじの みちのう こう しやうほふ けいざい きかいがく そのほか いろ〳〵の がくもんも ひらけし こと なれば かの もんじの ために むだの 月日を つひやさば いかにして ひろきに わたる ことを えんや。すでに はりがねだよりも おこなはれ その べんり 千萬りを へだて〻 きふようを たつするに どのやうな はなしも いろはもじにて ことたり むづかしき もじにて ハ かへりて ようを べんぜぬ なり。しかして からの もんじを もちふるも 千年よの ひさしきに いたれ〻ば いきほひ 一時に はいすべからずと いへども のち〳〵ハ しぜん かなばかりの つうように ならんか。いまに ありて ハ まはりどほしと おもふも あらん さもあらば あれ。まづ こどもしゆの てびきとして くはだつる なり こひねがはくハ いさゝか よの たすけと ならば さひはひ なにか これに しかんや

十八ごう

アメリカより横浜へ。

○三月二十七日 ○四月十一日 廿七日 ○五月 九日 二十四日 ○六月 八日 十四日
○七月九日 ○八月八日 二十四日 ○九月四日 廿八日 ○十月九日 廿七日
○十一月十一日 廿七日 ○十二月十二日 二十七日なり。

天竺回りイギリス飛脚船横浜着船出帆
定まり日付左の通り。

○着船 ○三月十六日 廿六日 ○四月九日 二十三日 ○五月七日 廿一日
○六月四日 十八日 ○七月二日 十六日 三十日
○出帆 ○三月十一日 二十五日 ○四月八日 十六日 三十日
○五月十四日

○我が国は昔シナの書物の渡りしより、追々の習はしにて文字の数を多分に知らざれば学者とせざるようになりたれども、数万の文字を学ぶうちに限りある寿命を以て多くの年月を渡り、しかしてシナ一ヶ国の風俗を知るのみこと狭くして、未だささほどの功ありとせず。しかるに近頃地球上の国々と悉く交はることになりてより、天文、地理、究理、化学を始め、政治の道、農、工、商法、経済、機械学その他色々の学問も開けしことなれば、彼の文字のために無駄の月日を費やさば、如何にして広きにわたる事を得んや。既に針金便りも行はれ、その便利千万里を隔てて急用を達するに、どのような話もいろは文字にて事足り、難しき文字にてはかへりて用を便ぜぬなり。しかして唐の文字を用ふるも千年余の久しきに至れれば、勢ひ一時に廃すべからずといへども、後々は自然仮名ばかりの通用にならんか。今にありては回り遠しと思ふもあらん。さもあらばあれ、先ず子供衆の手引きとして企つるなり。冀はくはいささか世の助けとならば幸ひ何かこれにしかんや。

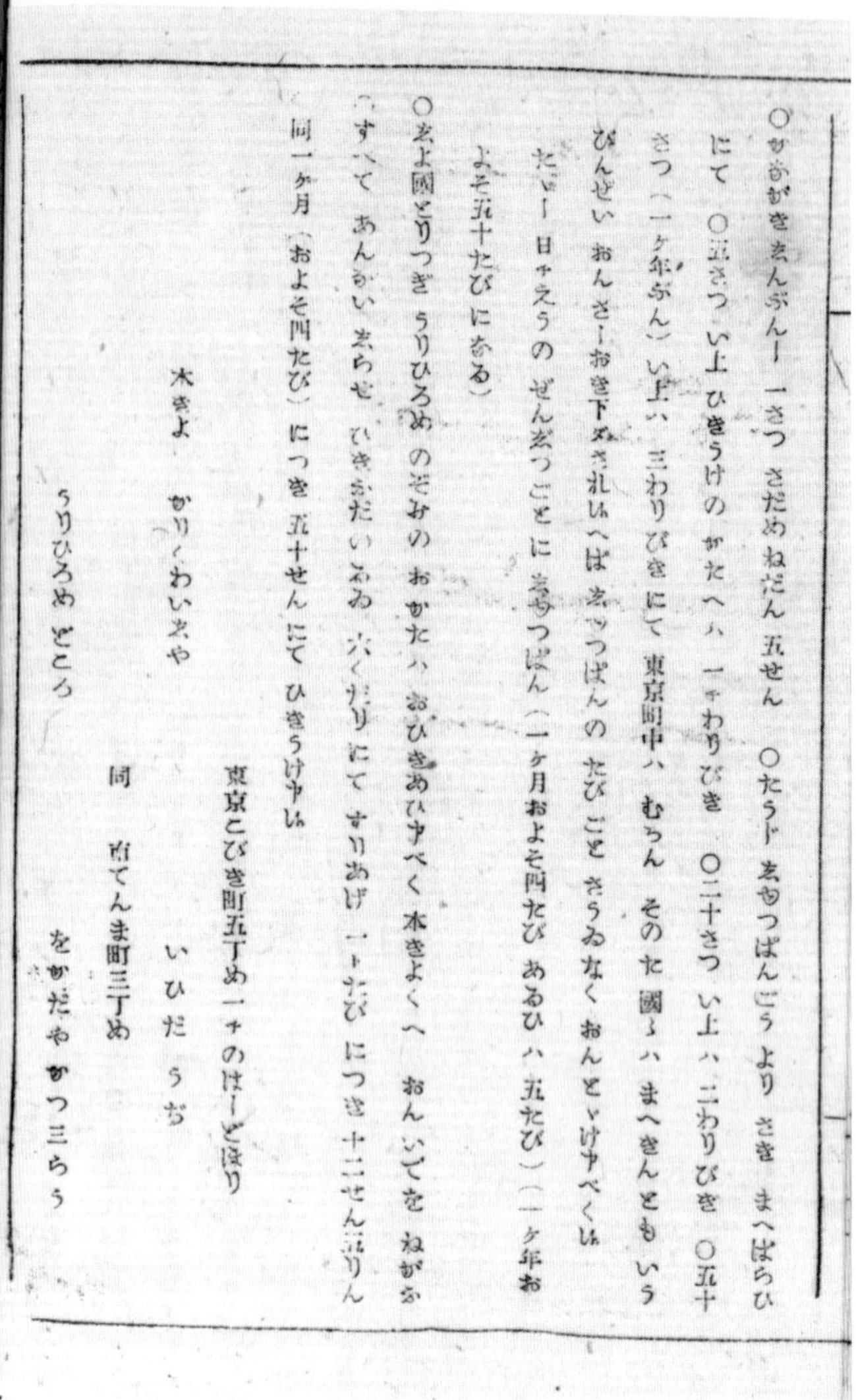
○かながきしんぶん一さつ さだめねだん 五せん ○たうじ しゆつぱんごうより さき まへばらひにて ○五さつ い上 ひきうけの かたへハ 一チわりびき ○二十さつ い上ハ 二わりびき ○五十さつ（一ヶ年ぶん）い上ハ 三わりびきにて 東京町中ハ むろん そのた國〻ハ まへきんとも いうびんぜい おんさしおき下ダされ候へば しゆつぱんの たびごと さうゐなく おんとゞけ申べく候
たゞし 日チえうの ぜんじつごとに しゆつぱん（一ヶ月およそ四たび あるひハ 五たび）（一ヶ年およそ五十たびになる）
○しよ國とりつぎ うりひろめ のぞみの おかたハ おひきあひ申べく 本きよくへ おんいでを ねがふ
○すべて あんない しらせ ひきふだ いるい 六くだりにて すりあげ 一トたび につき十二せん五りん
同一ヶ月（およそ四たび）につき 五十せんにて ひきうけ申候

東京こびき町五丁め一チのはしどほり
本きよく かりくわいしや　いひだうぢ
同 南てんま町三丁め
うりひろめ どころ　をかだや かつ三らう

○仮名書き新聞誌一冊定め値段五銭。○当時出版号より先前払ひにて。○五冊以上引き受けの方へは一チ割引き。○二十冊以上は二割引き。○五十冊（一ヶ年分）以上は三割引きにて、東京府中は無賃、その他国々は前金とも郵便税おん差しおき下ダされ候へば、出版の度ごと相違なくおん届け申べく候。
但し日チ曜の前日ごとに出版（一ヶ月凡そ四度或ひは五度）（一ヶ年凡そ五十度になる）。
○諸国取次ぎ売り広め望みのお方はお引き合ひ申べく、本局へおん出でを願ふ。
○全て案内知らせ引札の類、六くだりにて摺り上げ、一ト度につき十二銭五厘、同一ヶ月（凡そ四度）につき五十銭にて引き受け申候。

東京木挽町五丁目一チの橋通り
本局　仮会社　飯田氏
同南伝馬町三丁目
売り広め所　岡田屋勝三郎

十九号の内容　明治6・5・31

前文3　発行の趣旨3

**おふれおたつし**　○人家の多い所での牛・豚の飼育禁止○赤坂仮御所に有事のときは号砲で知らせる○諸願いの届け出方法の変更

**くにうちしんぶん**　○人相書きの者、咎めた邏卒を殺し身投げ（千住）○雷、大風、雹により作物被害（茨城県）○霜により、山梨県、信州、越前、越後、陸奥、出羽に桑と茶の被害○大蔵省井上と渋沢の免官遺留○大食漢の死○炭坑への浸水（長崎）

**ぐわいこくしんぶん**　○震災（米）○パナマ内乱○軍艦訓練中に弾丸破裂（英）○詐欺犯逮捕、裁判（ロンドン）○役者負傷（フランス）○フランス政府ドイツに賠償○ローマの天子病死。但し未確認○アメリカの事柄続き―メキシコ、ボルチモア

**とうしよ**　○首都としての東京の外観

**いろ〳〵のはなし**　○小学校の入用につき猿若町役所から献金○髪型・小刀など開化に反する風俗○新橋横浜の蒸気車の乗客数と賃銭

**しらせあんない**（広告）　郵便税規則抜き書き　**蒸気飛脚船入港出帆表**　仮名書きの効用　社告

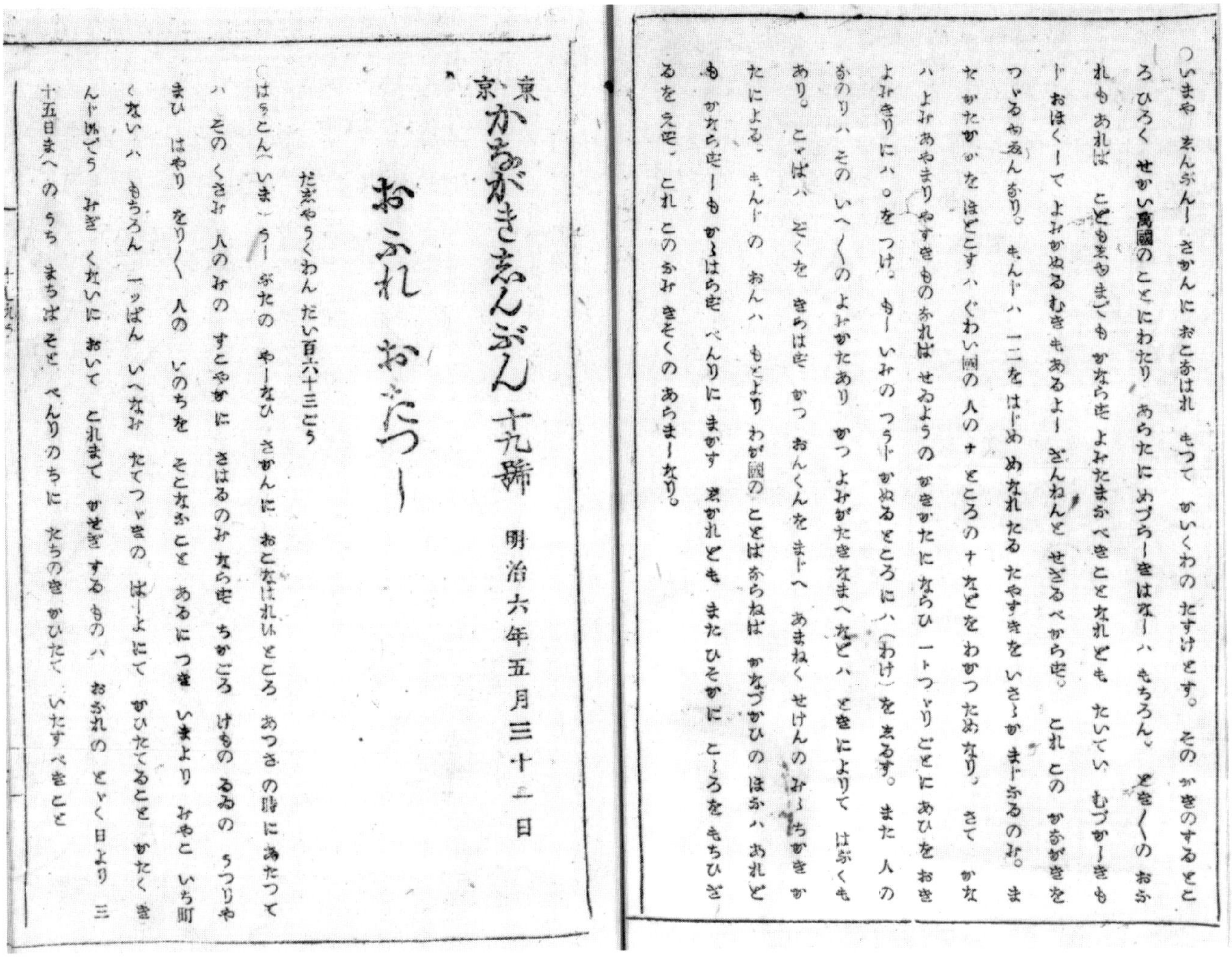
○いまや　しんぶんし　さかんに　おこなはれ　もつて　かいくわの　たすけとす。　その　かきのするところひろく　せかい萬國のことにわたり　あらたに　めづらしきはなしハ　もちろん。　ときどきの　おふれもあれば　こどもまでも　かならず　よみたまふべきことなれども　たいてい　むづかしき　もじおほくして　よみかぬるむきもあるよし　ざんねんと　せざるべからず。　これ　この　かながきをつゞるゆゑんなり。　もんじハ　一二をはじめ　めなれたる　たやすきを　いさゝか　まじふるのみ。　またかたかなを　ほどこすハ　ぐわい國の人のナ　ところのナ　などを　わかつためなり。　さて　かなハ　よみあやまりやすきものなれば　せいやうの　かきかたに　ならひ　一トつゞりごとに　あひを　おき　よみきりにハ　。を　つけ。　もし　いみの　つうじかぬるところにハ（わけ）をしるす。　また　人のなのりハ　その　いへいへの　よみかたあり　かつ　よみがたきなまへなどハ　ときによりて　はぶくもあり。　ことばハ　ぞくを　きらはず　かつ　おんくんをまじへ　あまねく　せけんの　みゝちかき　かたによる。　もんじの　おんハ　もとより　わが國の　ことばならねば　かなづかひの　ほふハ　あれども　かならずしも　かゝはらず　べんりに　まかす　しかれども　また　ひそかに　こゝろを　もちひざるをえず。　これ　このかき　きそくの　あらましなり。

東京かながきしんぶん　十九號　明治六年五月三十一日

おふれ　おたつし

だじやうくわん　だい百六十三ごう

○はうこん（いまいま）うし　ぶたの　やしなひ　さかんに　おこなはれ候ところ　あつさの時に　あたつてハ　その　くさみ　人のみの　すこやかに　さはるのみならず　ちかごろ　けもの　るゐの　うつりやまひ　はやり　をりをり　人の　いのちを　そこなふこと　あるにつき　いまより　みやこ　いち町くないハ　もちろん　一ッぱん　いへなみ　たてつゞきの　ばしよにて　かひたてること　かたくきんじ候でう　みぎ　くないに　おいて　これまで　かせぎ　するものハ　おふれの　とゞく日より　三十五日まへの　うち　まちば　そと　べんりのちに　たちのき　かひたて　いたすべきこと

○今や新聞紙盛んに行はれ、以て開化の助けとす。その書き載するところ広く世界万国の事にわたり、新たに珍しき話は勿論、時々のお触れもあれば、子供衆までも必ず読み給ふべきことなれども、大抵難しき文字多くして読みかぬる向きもある由残念とせざるべからず。これこの仮名書きを綴る所以なり。文字は一二を始め目慣れたる容易きをいささか交ふるのみ。又片仮名を施すは外国の人の名、所の名などを分かつためなり。さて仮名は読み誤り易きものなれば、西洋の書き方に倣ひ、一ト綴りごとに間を置き、読み切りには。を付け、もし意味の通じかぬる所には（訳）を記す。又人の名乗りはその家々の読み方あり。且つ読み難き名前などは時に因りて省くもあり。言葉は俗を嫌はず、且つ音訓を交へ、普く世間の耳近き方に因る。文字の音は元より我が国の言葉ならねば、仮名遣ひの法はあれども、必ずしも拘はらず便利に任す。しかれども又密かに心を用ひざるを得ず。これこの文規則のあらましなり。

東京かながきしんぶん　十九号　明治六年五月三十一日

おふれ　おたつし

太政官第百六十三号

○方今（今）牛豚の養ひ盛んに行はれ候ところ、暑さの時に当たってはその臭み人の身の健やかに障るのみならず、近頃獣類の移り病流行り、折々人の命を損なふことあるにつき、今より都市町区内は勿論一ッ般家並み建て続きの場所にて飼ひ立てること堅く禁じ候条、右区内に於いてこれまで稼ぎするものは、お触れの届く日より三十五日前のうち、町場外便利の地に立ち退き飼ひ立て致すべき事。

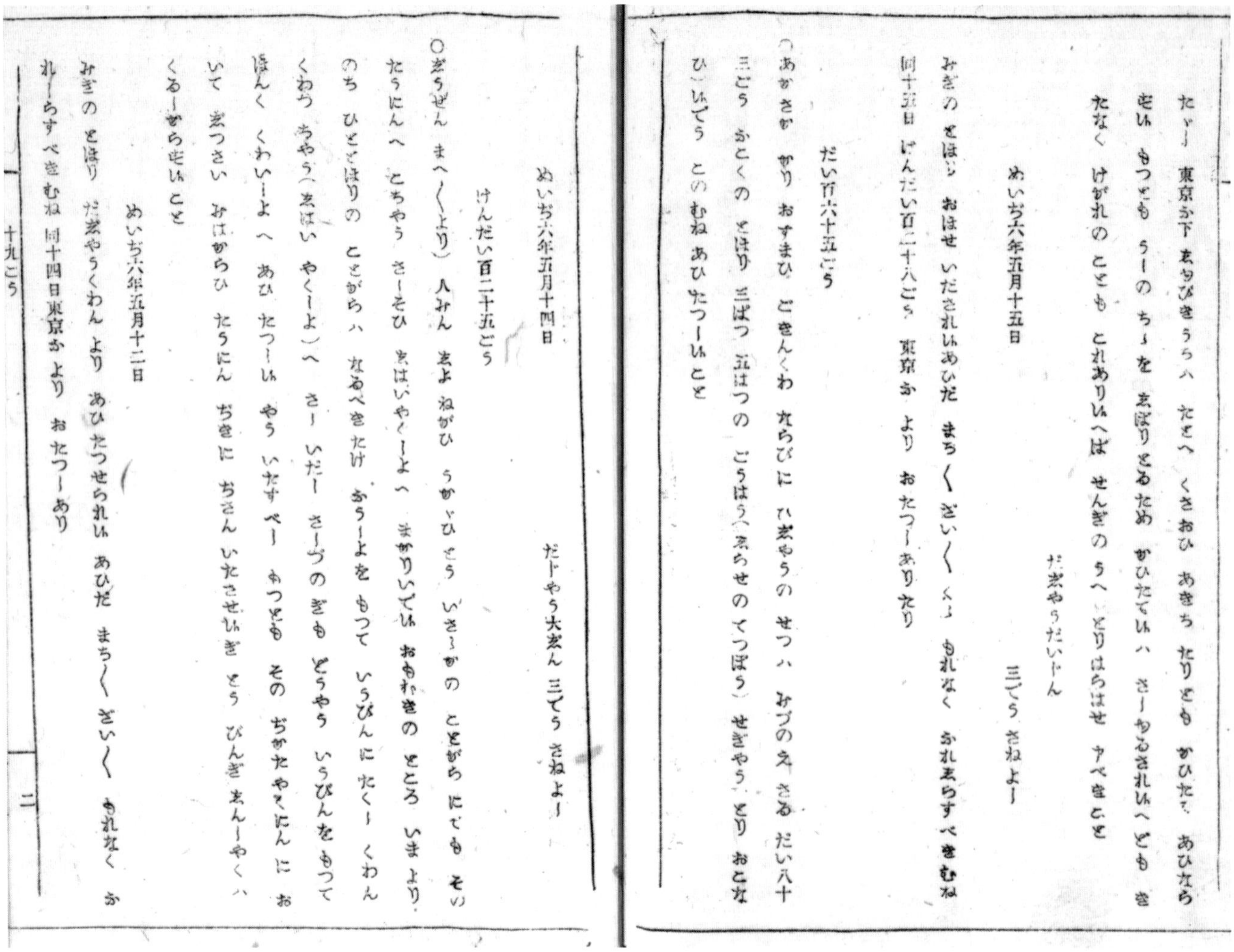
たゞし 東京ふ下 しゆびきうちハ たとへ くさおひ あきち たりとも かひたて あひなら
ず候 もつとも うしの ちゝを しぼりとるため かひたて候ハ さしゆるされ候へども きた
なく けがれの ことも これあり候へば せんぎの うへ とりはらはせ申べき事
だじやうだいじん
三でう さねよし
めいぢ六年五月十五日
みぎの とほり おほせ いだされ候あひだ まち／＼ ざい／＼ くゝ もれなく ふれしらすべき むね
同十五日 けんだい百二十八ごう 東京ふ より おたつし ありたり
だい百六十五ごう
○あかさか かり おすまひ ごきんくわ ならびに ひじやうの せつハ みづのえ さる だい八十
三ごう ふこくの とほり 三ぱつ 五はつの ごうはう（しらせの てつぱう） せぎやう とり おこな
ひ候でう このむね あひたつし候 こと
めいぢ六年五月十四日 だじやう大じん 三でう さねよし
けんだい百二十五ごう
○じうぜん まへ／＼より） 人みん しよ ねがひ うかゞひ とう いさゝかの ことがら にても その
たうにんへ こちやう さしそひ しはいやくしよへ まかりいで候 おもむきの ところ いまより
のち ひととほりの ことがらハ なるべきたけ ふうしよを もつて いうびんに たくし くわん
くわつ ちやう（しはい やくしよ）へ さし いだし さしづの ぎも どうやう いうびんを もつて
ほんく くわいしよ へ あひ たつし候 やう いたすべし もつとも その ちはうやくにん に お
いて じつさい みはからひ たうにん ぢきに ぢさん いたさせ候 ぎ とう びんぎ しんしやく ハ
くるしからず候 こと
めいぢ六年五月十二日
みぎの とほり だじやうくわん より あひたつせられ候 あひだ まち／＼ ざい／＼ もれなく ふ
れしらすべき むね 同十四日東京ふ より おたつし あり
二
十九ごう

但し、支配下朱引き内は、たとへ草生ひ空地たりとも飼ひ立て相ならず候。尤も牛の乳を搾り取るため飼ひ立て候は差し許され候へども、汚く汚れのこともこれあり候はば、詮議の上取り払はせ申べき事。

太政大臣　三条実美

明治六年五月十五日

右の通り仰せ出だされ候間、町々在々区々洩れなく触れ知らすべき旨同十五日、乾第百二十八号、東京府よりお達しありたり。

第百六十五号

○赤坂仮お住まひ、御近火並びに非常の節は、壬申第八十三号布告の通り、三発、五発の号砲（知らせの鉄砲）施業取り行ひ候条、この旨相達し候事。

明治六年五月十四日　太政大臣　三条実美

乾第百二十五号

○従前（前々より）人民諸願ひ伺ひ等いささかの事柄にてもその当人へ戸長差し添ひ支配役所へ罷り出で候趣のところ、今より後一通りの事柄はなるべきだけ封書を以て郵便に託し、管轄庁（支配役所）へ差し出だし、指図の儀も同様郵便を以て本区会所へ相達し候よう致すべし。尤もその地方役人に於いて実際見計らひ、当人直に持参致させ候儀等便宜斟酌は苦しからず候事。

明治六年五月十二日

右の通り太政官より相達せられ候間、町々在々洩れなく触れ知らすべき旨、同十四日、東京府よりお達しあり。

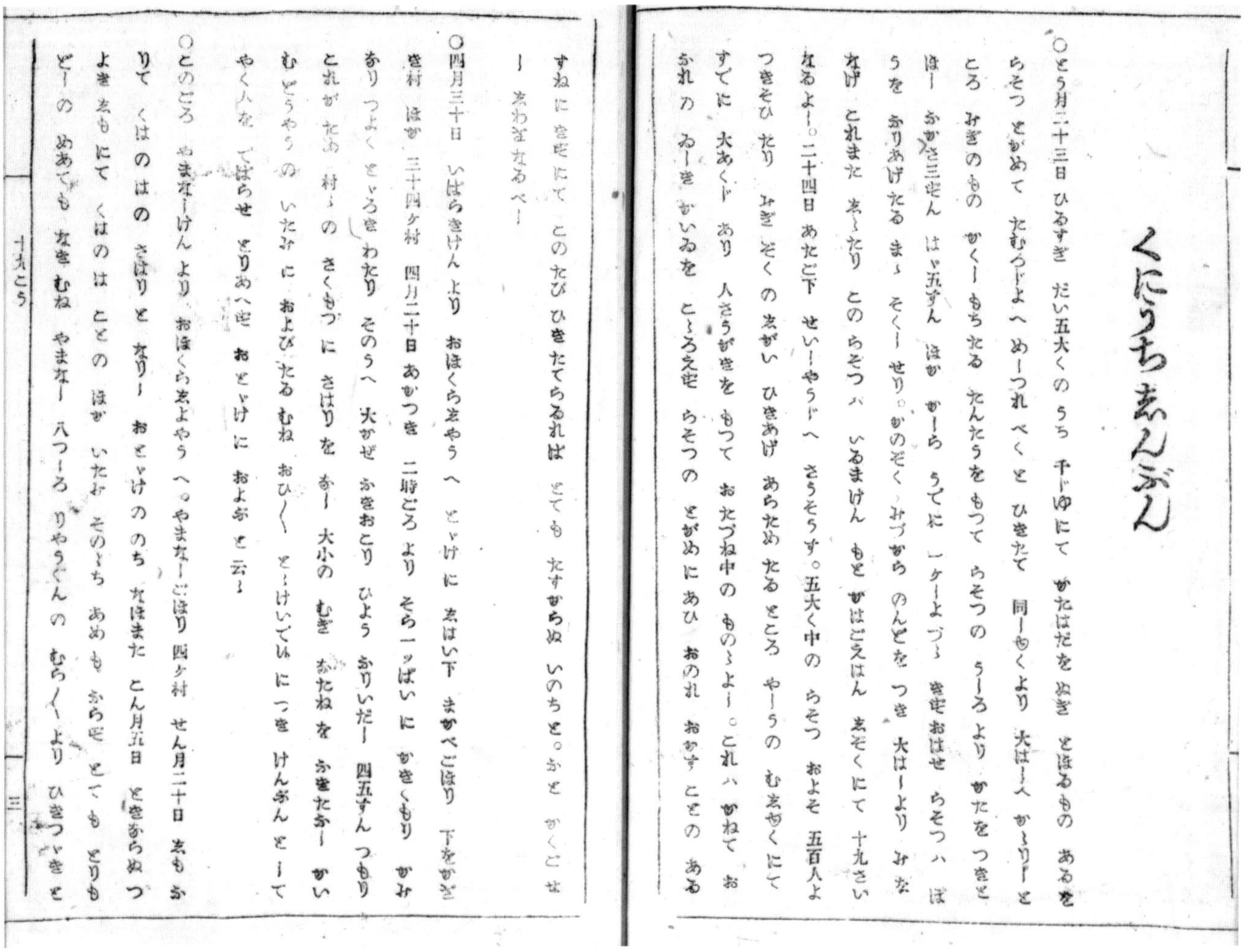
くにうちしんぶん

○とう月二十三日 ひるすぎ だい五大くの うち 千じゆにて かたはだを ぬぎ とほるもの あるを らそつ とがめて たむろじよへ めしつれ べくと ひきたて 同じゆくより 大はしへ かかりしところ みぎのもの かくしもちたる たんたうを もつて らそつの うしろより かたを つきとほし ふかさ三ぜん はば五すん ほか かしら うでに 一ケしよづつ きずおはせ らそつハ ぼうを ふりあげたる まま そくし せり。かのぞく みづから のんどを つき 大はしより みなげ これまた ししたり このらそつハ いるまけん もと かはごえはん しぞくにて 十九さい なるよし。二十四日 あたご下 せいしやうじへ さうそうす。五大く中の らそつ およそ 五百人よ つきそひ たり みぎ ぞくの しがい ひきあげ あらため たる ところ やしうの むしゆくにて すでに 大あくじ あり 人さうがきを もつて おたづね中の ものよし。これハ かねて おふれの ゐしき かいゐを こころえず らそつの とがめに あひ おのれ おかす ことの ある すねに きずにて このたび ひきたてらるれば とても たすからぬ いのちと。ふと かくごせし しわざなるべし

○四月三十日 いばらきけん より おほくらしやうへ とどけに しはい下 まかべごほり 下をかざき村 ほか 三十四ケ村 四月二十日 あかつき 二時ごろ より そら一ツぱいに かきくもり かみなり つよく とどろき わたり そのうへ 大かぜ ふきおこり ひよう ふりいだし 四五すん つもり これが ため 村々の さくもつに さはりを なし 大小の むぎ なたねを ふきたふし かいむ どうやうの いたみに およびたる むね おひおひ とどけいでに つき けんぶんとして やく人を でばらせ とりあへず おとどけに およぶと云々

○このごろ やまなしけん より おほくらしやうへ。やまなしごほり 四ケ村 せん月二十日 しもふりて くはのはの さはりと なりし おとどけの のち なほまた こん月五日 ときならぬ つよき しもにて くはのは ことの ほか いたみ そのうち あめも ふらず とても とりもどしの めあても なき むね やまなし 八つしろ りやうぐんの むらむら より ひきつづき と

十九こう

三

くにうちしんぶん

○当月二十三日昼過ぎ、第五大区の内千住にて、片肌を脱ぎ通る者あるを邏卒咎めて屯所へ召し連れべくと引き立て、同宿より大橋へかかりしところ、右の者隠し持ちたる短刀を以て邏卒の後ろより肩を突き通し、深さ三寸、幅五寸、外、頭、腕に一ヶ所ずつ傷負はせ、邏卒は棒を振り上げたるまま即死せり。彼の賊自ら喉を突き大橋より身を投げ、これ又死したり。この邏卒は入間県元川越藩士族にて、十九歳なる由。二十四日、愛宕下青松寺へ葬送す。五大区中の邏卒凡そ五百人余付き添ひたり。右賊の死骸引き上げ改めたるところ、野州の無宿にて既に大悪事あり、人相書きを以てお尋ね中の者の由。これはかねてお触れの位色階位を心得ず、邏卒の咎めに遭ひ、己犯すことのある脛に傷にて、この度引き立てらるればとても助からぬ命と、ふと覚悟せし仕業なるべし。

○四月三十日茨城県より大蔵省へ届けに、支配下真壁郡下岡崎村他三十四ヶ村、四月二十日暁二時頃より空一ッぱいにかき曇り、雷強く轟き渡り、その上大風吹き起こり、雹降り出だし、四五寸積もり、これがため村々の作物に障りをなし、大小の麦、菜種を吹き倒し、皆無同様の傷みに及びたる旨追々届け出で候につき、検分として役人を出張らせ、取り敢へずお届けに及ぶと云々。

○この頃山梨県より大蔵省へ。山梨郡四ヶ村、先月二十日、霜降りて桑の葉の障りとなりしお届けの後、なお又、今月五日時ならぬ強き霜にて、桑の葉殊の外傷み、その後雨も降らず。とても取り戻しの目当てもなき旨、山梨、八代の両郡の村々より引き続き届

け出で、既に霜の害を受けたる所五十ヶ村に及び、蚕を養ふの元建てを失ひ、困窮の次第を再び届けに及びたり。この頃諸所の知らせに因れば、ただ山梨県のみならず、信州、越前、越後、陸奥、出羽の諸県下、山沿ひの地は同様の霜の障りにて、桑、茶共に萎れ、恒産を破る少なからず。今年は蚕、製茶共に国内多分の不作なるべしと言ふ。

○大蔵省井上、渋沢の両公、今般願ひに依って本官を免ぜられ、位□う返上の儀は御沙汰に及ばれ難き旨にて、御用につき、逗留仰せつけられしとなり。

○茨城県下第十三大区一の小区高垣村の内、矢部彦助といふ者五十六歳、平生大食するを一つの芸と心得し痴れ者なりしが、その友達何某あるとき彦助に向かひて、以前我が知る人大食の者あり。相州大山へ参詣同道せし時、彼の男糯米五升を赤飯となし、即座に三升を食らひ、残り二升はもたらして行き帰りとも始終これを食らって外のものを食はず。如何貴様もこの者には及ばじと言ひければ、彦助この話を聞き残念とや思ひけん、当月四日氏神祭礼の夜宮に蕎麦切り三升を製して忽ちこれを食らひ尽くし、又翌日の朝糯米一ッ斗一升を搗かせて伸し餅十一枚となし、この内六枚を食らひて友達にこれを語り、凡そ大食の者天下に我が右に出でる者はあらじ。何ぞ赤飯三升を食らひし者の類ならんやと自慢せしが、その夜俄かに落命せり。因って近所辺りの者弔ひ来たりて死骸を見るに、臍腹あたかも河豚の如く色紫斑となり、その醜き体言葉に尽くし難し。ある人言ふ。蕎麦はその性冷えるものなり。餅は熱するものなり。これ寒熱を併せ食せし故ならんと。按ずるにこれ必ずしも寒熱のものを食ひ合はせし

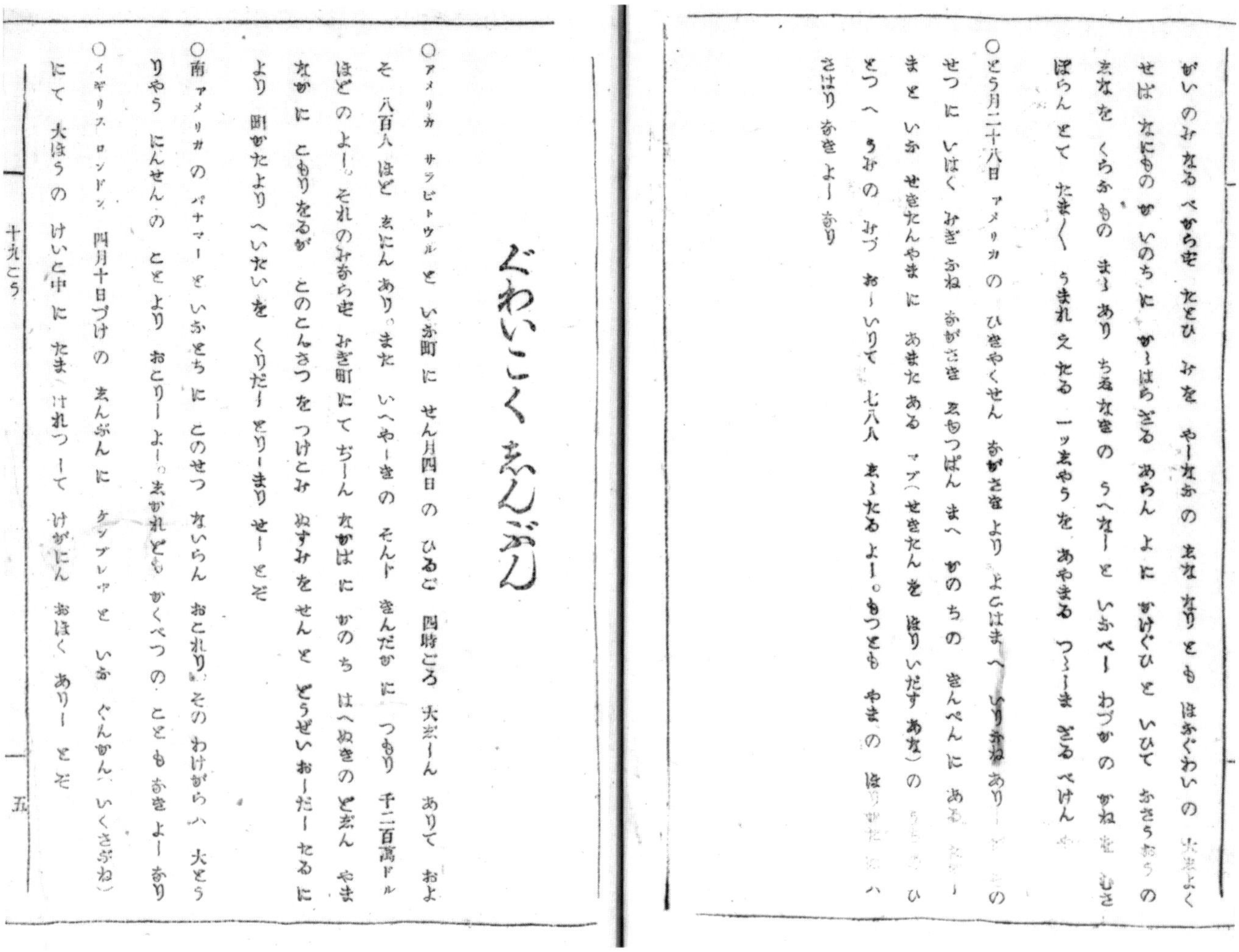
がいのみなるべからぜ たとひ みを やーなふの しな なりとも ほふぐわいの 大しよく
せば なにものが いのちに かゝはらざる あらん よに かけぐひと いひて ふさうおうの
しなを くらふもの まゝあり ちゑなきの うへなーと いふべー わづかの かねを むさ
ぼらんとて たまく うまれえたる 一ッしやうを あやまる つゝーまざる べけんや
○とう月二十八日 アメリカの ひきやくせん ながさきより よこはまへ いりふね ありーが その
せつに いはく みぎふね ながさき しゆつぱん まへ かのちの きんぺんに ある たかー
まと いふ せきたんやまに あまたある マブ（せきたんを ほりいだす あな）の うちの ひ
とつへ うみの みづ おーいりて 七八人 しゝたる よー。もつとも やまの ほりかたには
さはり なき よー なり

ぐわいこくしんぶん

○アメリカ サラビトウル と いふ町に せん月四日の ひるご 四時ごろ 大ぢしーん ありて およ
そ 八百人 ほど しにん あり。また いへやーきの そんド きんだかに つもり 千二百萬ドル
ほどの よー。それのみならぜ みぎ町にて ぢーん なかばに かのち はへぬきの どじん やま
なかに こもりをるが このこんざつを つけこみ ぬすみを せんと どうぜい おーだー たるに
より 町かたより へいたいを くりだー とりーまり せー とぞ
○南アメリカの パナマー と いふ とちに このせつ ないらん おこれり。その わけがらハ 大とう
りやう にんせんの ことより おこりー よー。しかれども かくべつの ことも なき よー なり
○イギリス ロンドン 四月十日づけの しんぶんに ケンブレヂ と いふ ぐんかん（いくさぶね）
にて 大ほうの けいこ中に たま はれつーて けがにん おほく ありー とぞ

十九ごう 五

害のみなるべからず。たとひ身を養ふの品なりとも法外の大食せば何者か命に係はらざるあらん。世に賭け食ひと言ひて不相応の品を食らふ者ままあり。知恵なきの上なしと言ふべし。僅かの金を貪らんとて、たまたま生まれ得たる一ッ生を誤る慎まざるべけんや。

○当月二十八日、アメリカの飛脚船長崎より横浜へ入船ありしが、その説に曰く。右船長崎出帆前、彼の地の近辺にある高島といふ石炭山に数多ある間歩（石炭を掘り出だす穴）の内の一つへ海の水押し入りて七八人死したる由。尤も山の掘り方には障りなき由なり。

## ぐわいこくしんぶん

○アメリカ　サラビトウル［サルバドル］といふ町に先月四日の昼後四時頃大地震ありて、凡そ八百人ほど死人あり。又家屋敷の損じ、金高に積もり千二百万ドルほどの由。それのみならず、右町にて地震半ばに彼の地生へ抜きの土人山中に籠り居るが、この混雑を付け込み盗みをせんと同勢押し出したるにより、町方より兵隊を繰り出し取り締まりせしとぞ。

○南アメリカのパナマーといふ土地にこの節内乱起これり。その訳柄は大統領人選のことより起こりし由。しかれども格別のこともなき由なり。

○イギリス　ロンドン四月十日付けの新聞に、ケンブレヂ［ケンブリッジ］といふ軍艦（戦船）にて大砲の稽古中に弾破裂して、怪我人多くありしとぞ。

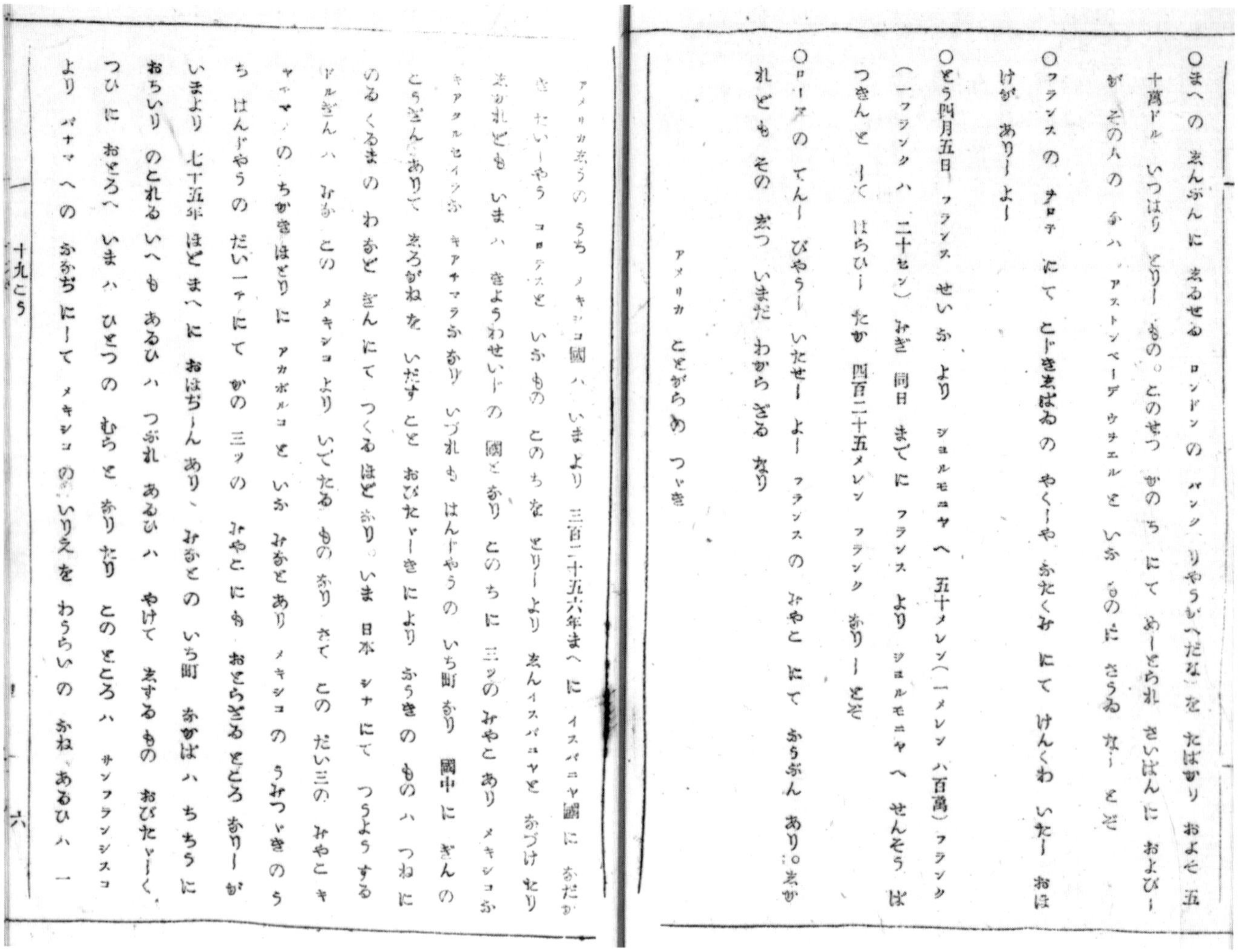

○まへの しんぶんに しるせる ロンドンの バンク、りやうがへだなを たばかり およそ 五十萬ドル いつはり とりし もの。このせつ かのちにて めしとられ さいばんに およびしが その人の なハ、アストンベーデ ウヲエルと いふ ものに さうゐ なしとぞ

○フランスの ヲロネにて こじきしばゐの やくしや ふたくみにて けんくわ いたし おほけが ありしよし

○とう四月五日 フランス せいふより ジョルモニヤへ 五十メレン（一メレン 八百萬） フランク（一フランクハ 二十セン） みぎ 同日までに フランスより ジョルモニヤへ せんそうばつきんとして はらひし たか 四百二十五メレン フランク なりしとぞ

○ローマの てんし びやうし いたせしよし フランスの みやこにて ふうぶん あり。しかれども その じつ いまだ わからざる なり

アメリカ ことがらの つゞき

アメリカしうの うち メキシコ國ハ いまより 三百二十五六年まへに イスパニヤ國に なだかき たいしやう コロテスと いふもの このちを とりしより しんイスパニヤと なづけたり しかれども いまハ きようわせいじの 國となり このちに 三ツの みやこあり メキシコふ キアタルセイラふ キアチマラふ なり いづれも はんじやうの いち町なり 國中に ぎんの こうざん ありて しろがねを いだすこと おびたゞしきにより ふうきの ものハ つねに のるくるまの わなど ぎんにて つくるほど なり。いま 日本 シナにて つうようする ドルぎんハ みな この メキシコより いでたる ものなり さて この だい三の みやこキヤチマラの ちかきほとりに アカボルコと いふ みなとあり メキシコの うみつゞきの うち はんじやうの だい一チにて かの 三ツの みやこにも おとらざる ところなりしが いまより 七十五年ほど まへに おほぢしん あり、みなとの いち町 なかばハ ちちうに おちいり のこれる いへも あるひハ つぶれ あるひハ やけて しする もの おびたゞしく、つひに おとろへ いまハ ひとつの むらと なりたり このところハ サンフランシスコより パナマへの ふなぢにして メキシコの いりえを わうらいの ふね あるひハ 一

十九ごう　六

○前の新聞に記せるロンドンのバンク、両替店を謀り、凡そ五十万ドル偽り取りし者、この節彼の地にて召し取られ裁判に及びしが、その人の名はアストンベーデ　ウヲエル［オースチン　ビッドウェル］といふ者に相違なしとぞ。

○フランスのヲロネにて乞食芝居の役者二組にて喧嘩致し大怪我ありし由。

○当四月五日、フランス政府よりジョルモニヤ［ジャーマニー］へ五十メレン［ミリオン］（一メレンンは百万）フランク（一フランクは二十銭）、右同日までにフランスよりジョルモニヤへ戦争罰金として払ひし高四百二十五メレン　フランクなりしとぞ。

○ローマの天子病死致せし由、フランスの都にて風聞あり。しかれどもその実未だ分からざるなり。

アメリカ事柄の続き

○アメリカ州の内メキシコ国は、今より三百二十五六年前にイスパニヤ国に名高き大将コロテスといふ者この地を取りしより新イスパニヤと名づけたり。しかれども今は共和政治の国となり、この地に三ッの都あり。メキシコ府、キアタルセイラ［グアダラハラ］府、キアチマラ［チェトゥマル］府なり。何れも繁盛の市町なり。国中に銀の鉱山ありて白金を出だすこと夥しきにより、富貴の者は常に乗る車の輪など銀にて造るほどなり。今日本シナにて通用するドル銀は皆このメキシコより出でたるものなり。さてこの第三の都キヤチマラの近き畔にアカボルコ［アカプルコ］といふ港あり。メキシコの海続きの内繁盛の第一チにて、彼の三ッの都にも劣らざる所なりしが、今より七十五年ほど前に大地震あり、港の市町半ばは地中に陥り、残れる家も或ひは潰れ或ひは焼けて、死する者夥しく、遂に衰へ、今は一つの村となりたり。この所はサンフランシスコよりパナマへの船路にして、メキシコの入江を往来の船或ひは一

日 あるひハ はんにち とまる みなとにて ワシントンふと うらうへに なりて しらぬ人
もあれは こゝに しるす もの なり
○かの國の うち バルチモールふハ きこう ワシントンふと ひとしくして 北の かたへ はな
るゝこと 十七八りの ところに あり いへかず 三百萬げん よ にんべつ 三十萬 いち町 井の
じの ごとく 東西へ 一り五六丁 南北へ 二十七八丁 あり とうしまハ むかしより の いち
町なれ ども いまより 百二三年 まへの ころ いへかず わづか 千げん ほど なりし と いひ
へり 町うちを ながるゝ 大かは みすぢ ありて 一トすぢハ 町を とほり 人の いへの の
きした まで ふねを じゆうに よせる なり このちハ さんぶつ おほく アメリカ中 より
いづる もの 一ツも あらず と いふもの なし ふの いりぐちに 二ぢうづくりの 大もん
あり 町の なかほどに たて二丁 よこ五十けん ほどの ひろば ありて まん中に しろき い
しを たかく つみあげ 上に しろき らふせきにて きざみたる 人ぶつの たちすがたを
すゑ さいうに いしにて つくりたる 大いなる わしの とりを おきたり これハ ワ
シントン イギリスと たゝかひ かちし のち こゝに つくりたて たる なりと ぞ すべての

もやう ワシントンふに よく にたり

を人本日てにカリメア
づすなても

○さきに ワシントンふを しゆつたつ したる 日本の人
ゝハ じようきしやにて ひるまへ 九時ごろ バルチモ
ールふに ちやくし かの 大もんにて くるまを おり
ばしやに のりうつれば へいたい 四百人ほど 小づゝ
を もち 大づゝを ひき きばむしや 百六十人 また おん
がくを そうする ひとむれ ありて おの〳〵 三たてに
ならび けいごす そのほか ひけしの そなへ 八くみ
ありて ポンプを ひかせ はしご とびぐち やうの もの
を もち げんぢうに かため たり
○この すゑ つぎの まきに しるす べし

十九ごう　七

日或ひは半日停まる港にて、ワシントン府と裏表になりて、知らぬ人もあればここに記すものなり。

○彼の国の内バルチモール［ボルチモア］府は気候ワシントン府と等しくして、北の方へ離るること十七八里の所にあり、家数三百万軒余、人別三十万、市町井の字の如く、東西へ一里五六丁、南北へ二十七八丁あり。当島は昔よりの市町なれども、今より百二三年前の頃家数僅か千軒ほどなりしと言へり。町内を流るる大川三筋ありて、一ト筋は町を通り人の家の軒下まで船を自由に寄せるなり。この地は産物多く、アメリカ中より出づる物一ッもあらずといふ物なし。府の入口に二重造りの大門あり。町の中ほどに縦二丁横五十間ほどの広場ありて、真ん中に白き石を高く積み上げ、上に白き臘石にて刻みたる人物の立ち姿を据え、左右に石にて造りたる大いなる鷲の鳥を置きたり。これはワシントン、イギリスと戦ひ勝ちし後ここに造り立てたるなりとぞ。全ての

模様ワシントン府によく似たり。

を人本日てにカリメア
図すなても

○先にワシントン府を出立したる日本の人々は、蒸気車にて昼前九時頃バルチモール府に着し、彼の大門にて車を降り馬車に乗り移れば、兵隊四百人ほど小銃を持ち大砲を曳き、騎馬武者百六十人、又音楽を奏する一群ありて、各々三縦に並び警護す。その他火消しの備へ八組ありてポンプを曳かせ、梯子鳶口様の物を持ち厳重に固めたり。

○この末次の巻に記すべし。

## とうしよ

○東京は我が国総括りの都なれば、町々目に遮る物見掛けよく綺麗にありたきものなり。その綺麗と言ふは、ただ外国の風を真似るにもあらず。たとひ日本これまで仕来たりの風なりとも綺麗に致されぬことはなきなり。この節町々の殊に見苦しきは、前々よりあり来たりし家は邸、お城の櫓、見附見附の見張りまで取り崩し、その跡大抵そのままにて、又あちこちにペンキなど塗り散らし、小さく粗末なる建家の出来るは、外国紛ひでさえあれば良きことと思ふ心得違ひなるべし。それも外国の如く金を惜しまず十分に建てなば格別。せめて横浜の異人邸位には致したく、今京橋銀座町の焼け跡へ赤瓦にてご普請あるは、これまで度々の大焼けにて人民の難儀せしを、以来この災ひなからしめんとの有難きご趣意にて、殊に先々の建て家より一際麗しく、東京中悉く赤瓦にて普請せば、非常のためにもなることなれども、大金の要ることにて、日本今の様子にては斯様なる家を建て商法する者は多かるまじきなり。尤も昔より江戸の大焼けといふは、柿葺きの屋根多き故、皆飛び火より佃島までも火難に遭ふなり。その故は、川一筋にても隔つれば、順に焼けるといふはあるまじきを、大風の節などは皆々慌てて屋根に構はず荷物を片付けることに気を取られ、店借りなどには心得違ひの者もある故、たまたま心付く者ありて我が屋根を防ぐとも、一ッ帯に気が合はねば甲斐なきなり。されば東京の如く家続きの町は、今よりもし出火に遭ふ者新たに普請するには、たとへその家小さくとも見苦しからぬよう外回りを塗り家に致し、屋根は必ず瓦の外ご禁制仰せ出だされなば、見掛けも宜しく、自然手過ちなどありとも一ッ軒焼けにて済むべきなれば、右のお触れありたきものなり。

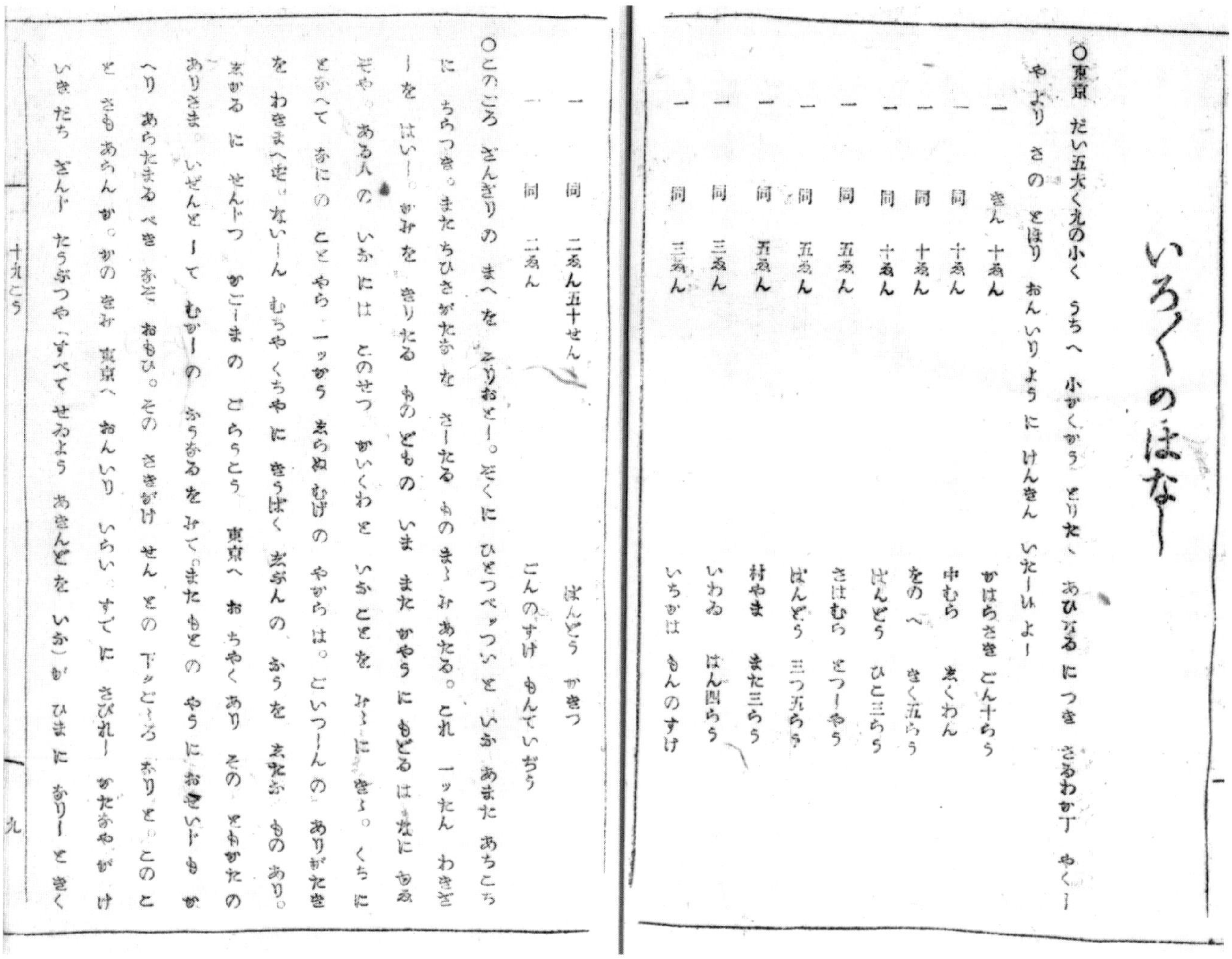
いろ〳〵のはなし

○東京 だい五大く九の小く うちへ 小がくかう とりたて あひなる につき さるわか丁 やくしや より さの とほり おんいりように けんきん いたしいよし

一 きん 十ゑん かはらさき ごん十らう
一 同 十ゑん 中むら しくわん
一 同 十ゑん をの へ きく五らう
一 同 十ゑん ばんどう ひこ三らう
一 同 五ゑん さはむら とつしやう
一 同 五ゑん ばんどう 三つ五らう
一 同 五ゑん 村やま また三らう
一 同 三ゑん いわゐ はん四らう
一 同 三ゑん いちかは もんのすけ
一 同 二ゑん五十せん ばんどう かきつ
一 同 二ゑん ごんのすけ もんていぢう

○このごろ ざんぎりの まへを そりおとし。ぞくに ひとつべッついと いふ あまた あちこちに ちらつき。また ちひさがたなを さしたる ものまゝ みあたる。これ 一ッたん わきざしを はいし。かみを きりたる ものどもの いま また かやうに もどるは なにゆゑぞや。ある人の いふには このせつ かいくわと いふことを みゝに きゝ。くちに となへて なにの ことやら 一ッかう しらぬ むげの やからは。ごいつしんの ありがたきを わきまへず。ないしん むちやくちやに きうばく じぶんの ふうを したふ もの あり。しかるに せんじつ かごしまの ごらうこう 東京へ おちやく あり その ともがたの ありさま。いぜんとして むかしの ふうなるを みて。また もとの やうに おせいじも かへり あらたまる べき なぞ おもひ。その さきがけ せんとの 下ごゝろ なりと。このこと さも あらんか。かの きみ 東京へ おんいり いらい。すでに さびれし かたなやが けいきだち ざんじ たうぶつや（すべて せいやう あきんどを いふ）が ひまに なりしと きく

十九こう
九

いろ〳〵のはなし

○東京第五大区九の小区内へ小学校取立て相なるにつき、猿若丁やくしや〈役所〉より左の通りおん入用に献金致し候由。

一 金 十円 河原崎権十郎
一 同 十円 中村芝翫
一 同 十円 尾上菊五郎
一 同 十円 坂東彦三郎
一 同 五円 澤村訥升
一 同 五円 坂東三津五郎
一 同 五円 村山又三郎
一 同 三円 岩井半四郎
一 同 三円 市川門之助
一 同 二円五十銭 坂東家橘
一 同 二円 権之助門弟中

○この頃散切りの前を剃り落とし、俗に一つ竃といふ数多あちこちに散らつき、又小刀を挿したる者まま見当たる。これ一ッ旦脇差を廃し髪を切りたる者共の今又斯様に戻るは何故ぞや。或る人の言ふには、この節開化といふことを耳に聞き、口に唱へて何のことやら一ッ向知らぬ無碍の輩は、御一新の有難きを弁へず、内心無茶苦茶に旧幕時分の風を慕ふ者あり。しかるに先日鹿児島の御老公東京へお着あり。その供方の有様依然として昔の風なるを見て、又元の様にお政治も返り改まるべきなぞ思ひ、その先駆けせんとの下タ心なりと。このことさもあらんか。彼の君東京へおん入り以来、既に寂れし刀屋が景気立ち、暫時唐物屋（全て西洋商人を言ふ）が暇になりしと聞く。

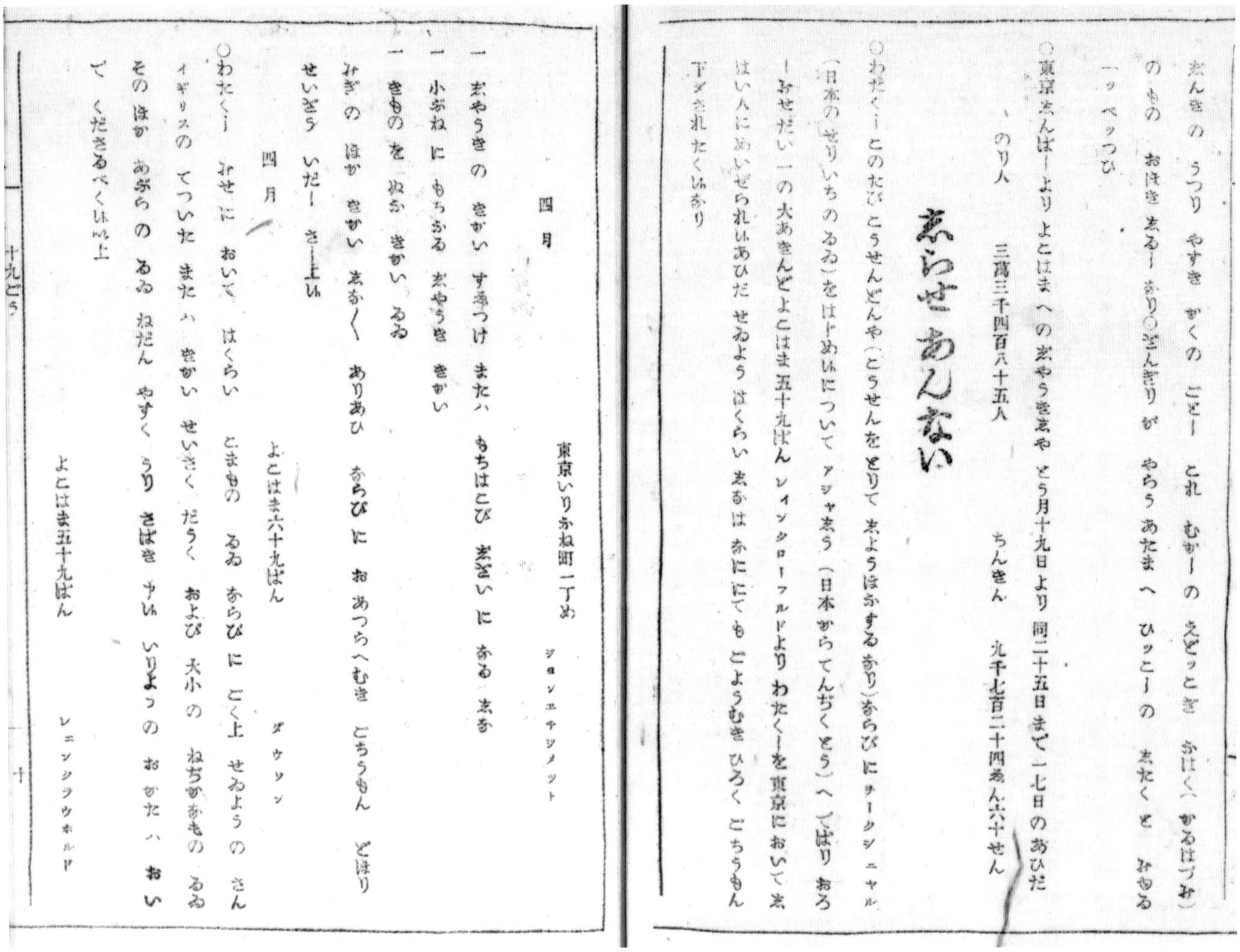
にんきの　うつり　やすき　かくの　ごとし　これ　むかしの　えどっこき　ふはく（かるはずみ）
のもの　おほき　なるし　あり○さんぎりが　やらうあたまへ　ひっこしの　したくと　みゆる
一ッべッつひ
○東京しんばしより　よこはまへの　じやうきしや　とう月十九日より　同二十五日まで　一七日のあひだ
ゝのり人　三萬三千四百八十五人　ちんぎん　九千七百二十四ゑん六十せん

しらせ　あんない

○わたくしこのたび　こうせんどんや（こうせんをとりて　しようばふするなり）ならびに　ヲークシニヤル
（日本の　せりいちの　るゐ）をはじめ候について　アジヤ州（日本から　てんぢくとう）へでばり　おろ
しみせだい一の大あきんど　よこはま五十九ばん　レインクローフルドより　わたくしを東京において　ち
はい人に　おほせられ候あひだ　せいやう　はくらい　しなは　なににても　ごようむき　ひろく　ごちうもん
下ダされたく候なり

四月　東京いりふね町一丁め　ジョンエチジメット

一　じやうきの　きかい　すゑつけ　またハ　もちはこび　じざいに　なる　しな
一　小ぶねに　もちふる　じやうき　きかい
一　きものを　ぬふ　きかい　るゐ
みぎの　ほか　きかい　しなじな　ありあひ　ならびに　おあつらへむき　ごちうもん　どほり
せいぞう　いだし　さし上候
四月　よこはま六十九ばん　ダウソン
○わたくし　みせに　おいて　はくらい　こまもの　るゐ　ならびに　ごく上　せいやうの　さん
イギリスの　てついた　またハ　きかい　せいさく　だうぐ　および　大小の　ねぢかなもの　るゐ
その　ほか　あぶらの　るゐ　ねだん　やすく　うり　さばき　申候　いりようの　おかたハ　おい
で　くださるべく候以上
よこはま五十九ばん　シエンクラウホルド

十九ごう

人気の移り易きかくの如し。これ昔の江戸ッ子気浮薄（軽はずみ）の者多き徴なり。散切りが野郎頭へ引ッ越しの支度と見ゆる一ッ竈。

○東京新橋より横浜への蒸気車、当月十九日より同二十五日まで一七日の間
乗り人　三万三千四百八十五人　賃銭　九千七百二十四円六十銭

しらせ　あんない

○私この度口銭問屋（口銭を取りて商法するなり）並びにヲークシニヤル［オークション］（日本の競り市の類）を始め候について、アジヤ州（日本から天竺等）へ出張り卸し店第一の大商人、横浜五十九番レインクローフルドより私を東京に於いて支配人に命ぜられ候間、西洋船来品は何にても御用向き広く御注文下ダサれたく候なり。

四月　東京入船町一丁目　ジヨンエチジメット

一　蒸気の機械据付け又は持ち運び自在になる品
一　小舟に用ふる蒸気機械
一　着物類を縫ふ機械
右の他機械品々あり合ひ並びにお誂へ向き、御注文通り製造出だし差し上候。
四月　横浜六十九番　ダウソン
○私店に於いて舶来小間物類、並びに極上西洋のさん〈酒〉、イギリスの鉄板、又は機械製作道具、及び大小の螺子金物類、その他、油の類、値段安く売り捌き申候。入用のお方はお出でくださるべく候。以上
横浜五十九番　シエンクラウホルド

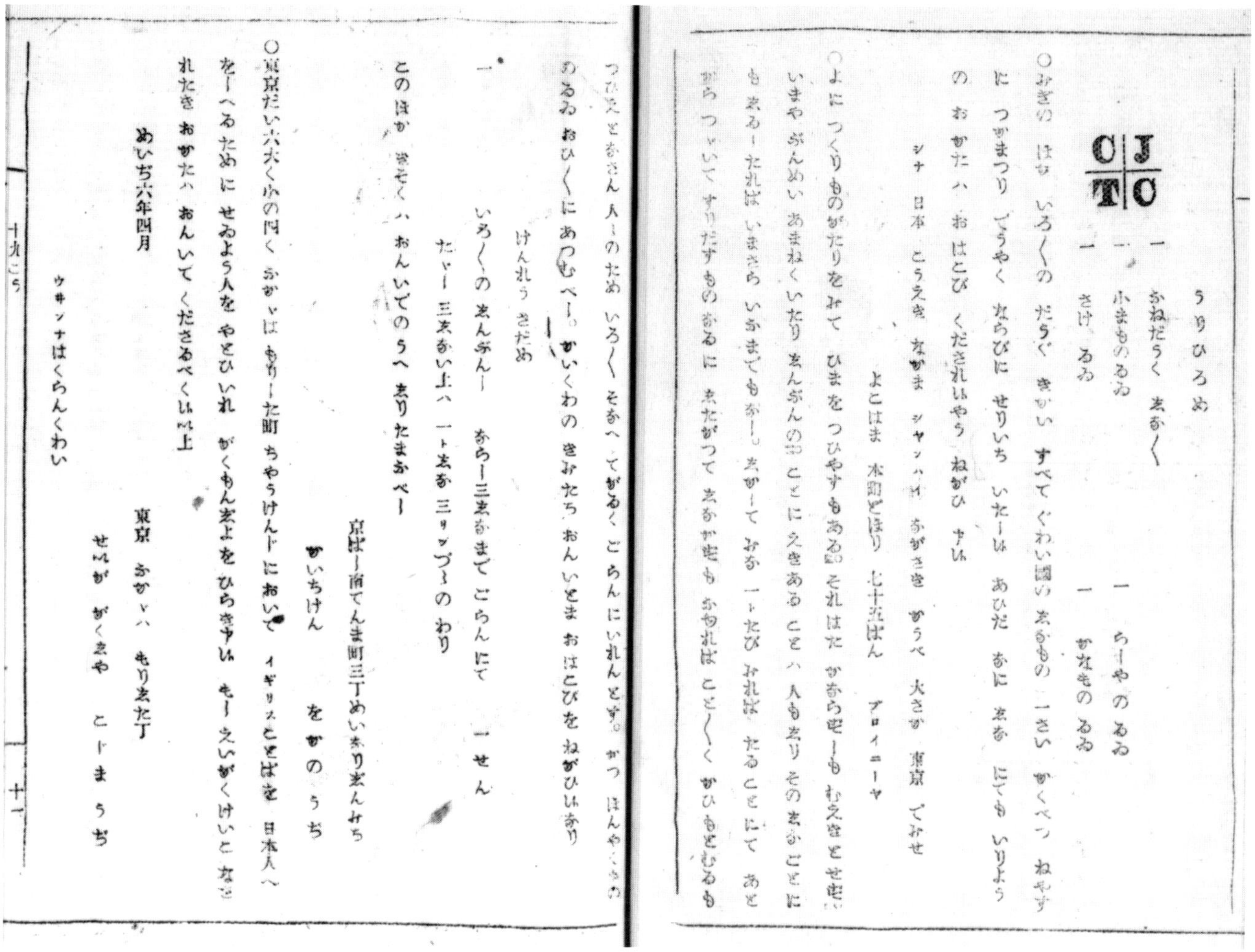

売り広め

一　船道具品々　　一　羅紗の類

一　小間物類

一　酒類　　一　金物類

C | J
T | C

○右の他、色々の道具、機械、全て外国の品物一切格別値安に仕り、定約並びに競り市致し候間、何品にても入用のお方はお運びくだされ候様願ひ申候。

シナ日本交易仲間　上海　長崎　神戸　大阪　東京　出店

横浜本町通り　七十五番　ブロイニーヤ

○世に作り物語を見て暇を費やすもある。それはた必ずしも無益とせず。今や文明普く至り、新聞の殊に益あることは人も知り、その品毎にも記したれば、今更言ふまでもなし。しかして皆一ト度見れば良きことにて、後から続いて刷り出すものなるに従つて品数も増ゆれば、悉く買ひ求むるも費えとなさん人々のため、色々備へ手軽くご覧に入れんとす。且つ翻訳物の類追々に集むべし。開化の君たちおん暇お運びを願ひ候なり。

見料定め

色々の新聞紙　均し三品まで御覧にて　一銭

但し、三品以上は、一ト品三厘ずつの割り。

この他規則はおん出での上知り給ふべし。

京橋南伝馬町三丁目稲荷神道

かいち軒　　岡野氏

○東京第六大区小の四区、深川森下町ちやうけん〈長慶〉寺に於いて、イギリス言葉を日本人へ教へるために西洋人を雇ひ入れ、学問所を開き申候。もし英学稽古なされたきお方はおん出でくださるべく候。以上

明治六年四月　　東京深川森下丁

菁莪学舎　小島氏

ウキンナ博覧会

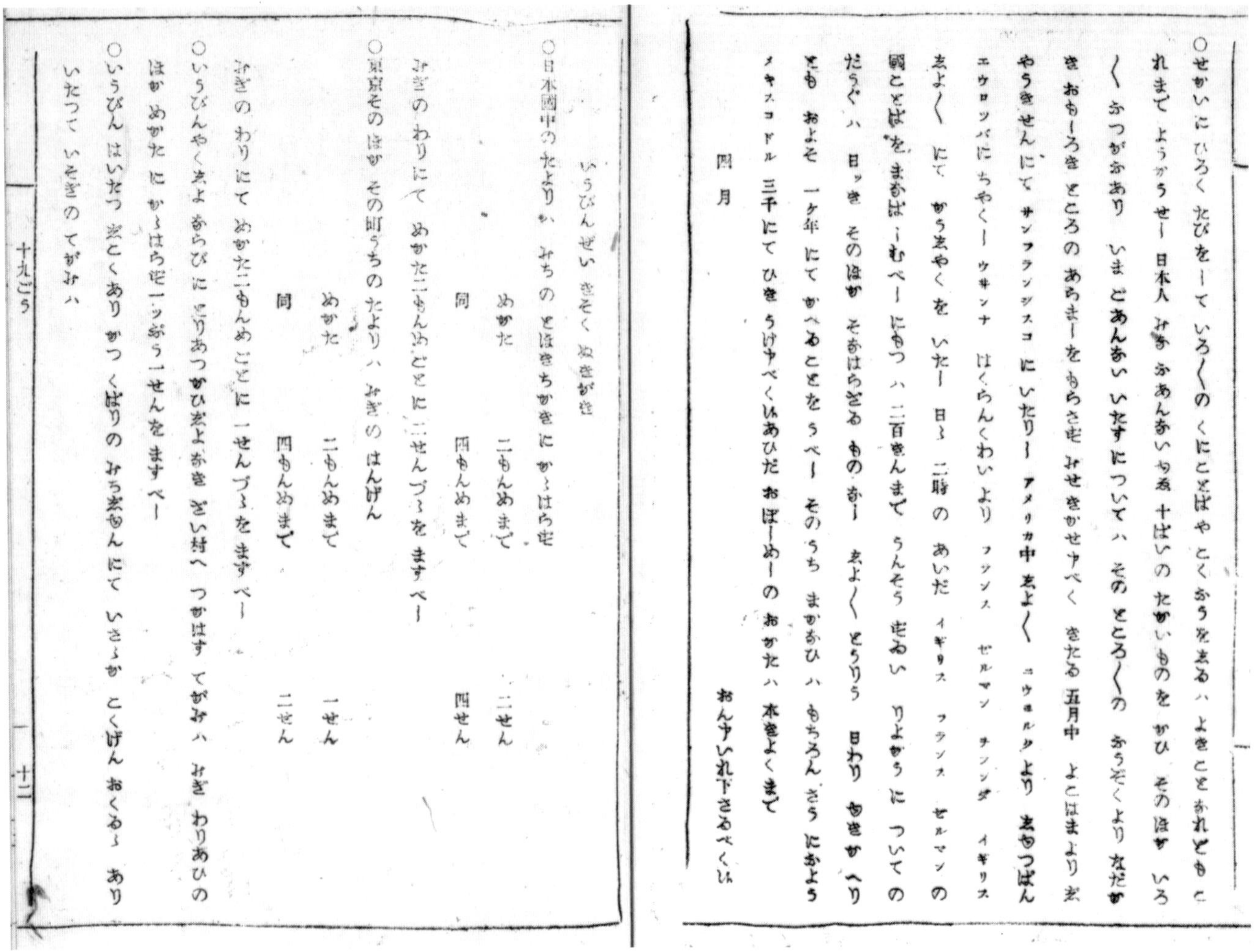

○世界に広く旅をして色々の国言葉や国風を知るは良き事なれども、これまで洋行せし日本人皆不案内故、十倍の高い物を買ひ、その外色々不都合あり。今ご案内致すについては、その所々の風俗より名高き面白き所のあらましを漏らさず見せ聞かせ申べく、来たる五月中横浜より蒸気船にてサンフランシスコに至りし、アメリカ中諸所、ニウヨルクより出帆、エウロッパに着し、ウヰンナ博覧会よりフランス、ゼルマン［ジャーマニー］、ヲランダ、イギリス諸所にて講釈を致し、日々二時の間イギリス、フランス、ゼルマンの国言葉を学ばしむべし。荷物は二百斤まで運送随意。旅行についての道具は日ッき［日記］その外備はざるものなし。諸所逗留日割行き帰りとも凡そ一ヶ年にて帰ることを得べし。そのうち賄ひは勿論総入用メキシコ［メキシコ］ドル三千にて引き受け申べく候間、思し召しのお方は本局まで

おん申入れ下さるべく候

四月

郵便税規則抜き書き

○日本国中の便りは道の遠き近きに拘はらず

目方　二匁まで　二銭

同　四匁まで　四銭

右の割にて目方二匁ごとに二銭ずつを増すべし。

○東京その他その町内の便りは右の半減。

目方　二匁まで　一銭

同　四匁まで　二銭

右の割にて目方二匁ごとに一銭ずつを増すべし。

○郵便役所並びに取扱所なき在村へ遣はす手紙は右割合の他目方に拘はらず一ッ封一銭を増すべし。

○郵便配達時刻あり。且つ配りの道順にていささか刻限遅るるあり。至って急ぎの手紙は、

東京は朱引きの内外に拘はらず　十銭
西京大阪は洛の内外に拘はらず　八銭
一等、二等郵便役所ある土地は　五銭
三等、四等まで平の取扱所ある土地は　二銭
右割の通りを増す。但し、手紙の表へ朱にて別配達と三字を記すべし。

○役所並びに扱所なき在村へ遣はす急ぎの手紙は、表へ朱にて何の土地（右役所等ある土地）より別仕立てと記すべし。別に増し税には及ばず。

○税は必ず切手を用ふべし。

○先の住居は勿論、我が住所も詳しく記すべし。

○我が名住所は裏へ記すべし。税の札を表へ貼る方役所の便利なればなり。

## 蒸気飛脚船入港出帆表

○三月七日　十四日　二十一日　二十八日　○四月五日　十二日　十九日　二十六日
○五月三日　十日　十七日　二十六日　○六月三日　十日　十八日　二十六日
右の船諸所より横浜へ着船の日付左の通り。
○三月七日　十三日　二十日　二十七日　○四月四日　十一日　二十日　二十五日
○五月四日　十日　二十日　二十八日　六月四日　十二日　二十日　二十七日
○七月四日　十日　二十日
○アメリカの飛脚船サンフランシスコ出入りの日付左の通り。横浜より。
○三月十日　二十三日　○四月二十三日　○五月七日　廿三日　○六月六日　二十日
○七月七日　二十二日　○八月五日　廿二日　○九月七日　廿三日　○十月　八日　廿二日
○十一月七日　二十三日　○十二月八日　二十四日なり。

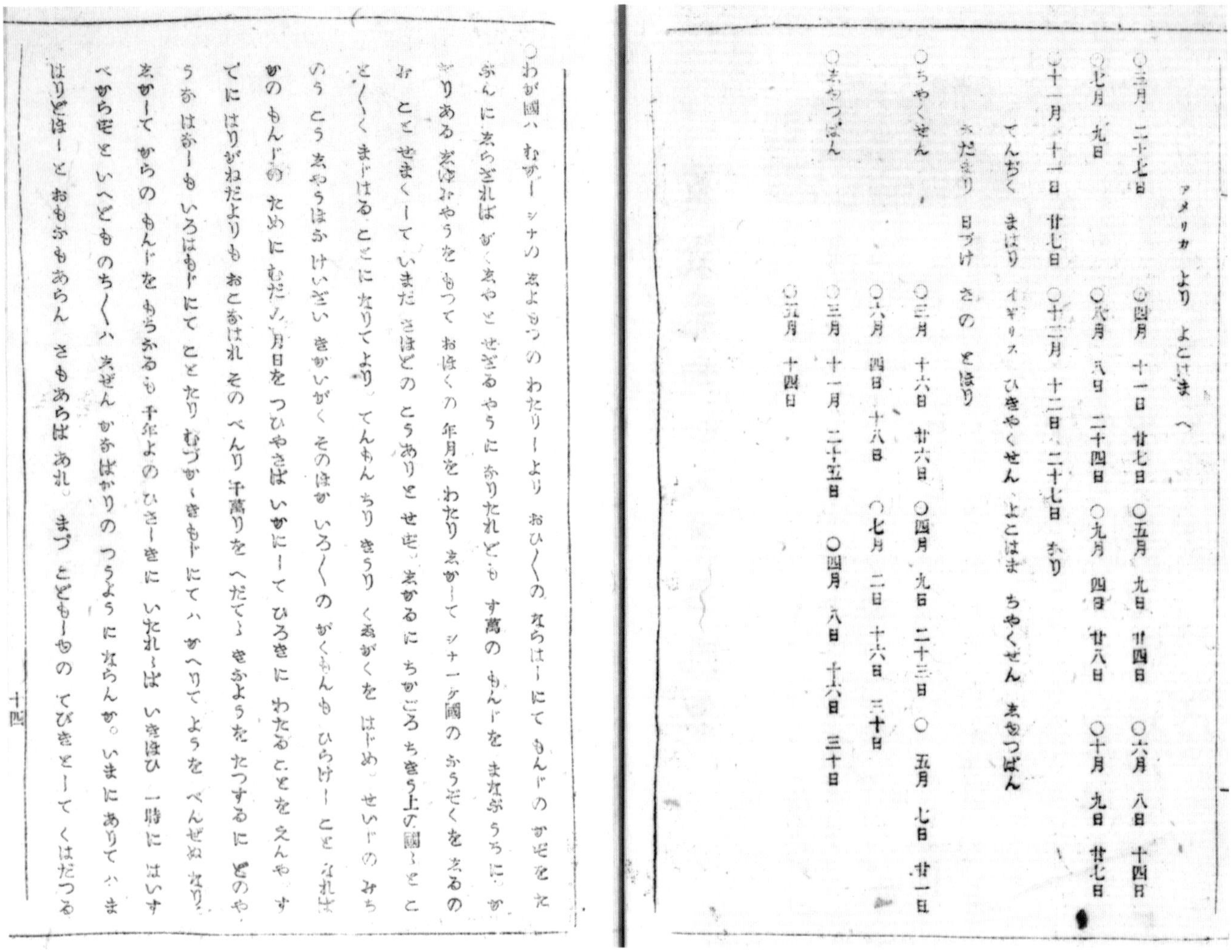

アメリカより横浜へ。

○三月二十七日　○四月十一日　廿七日　○五月　九日　二十四日　○六月　八日　十四日

○七月九日　○八月八日　二十四日　○九月四日　廿八日　○十月九日　廿七日

○十一月十一日　廿七日　○十二月十二日　二十七日なり。

天竺回りイギリス飛脚船横浜着船出帆定まり日付左の通り。

○着船　○三月十六日　廿六日　○四月九日　二十三日　○五月七日　廿一日

○六月四日　十八日　○七月二日　十六日　三十日

○出帆　○三月十一日　二十五日　○四月八日　十六日　三十日

○五月十四日

○我が国は昔シナの書物の渡りしより、追々の習はしにて文字の数を多分に知らざれば学者とせざるようになりたれども、数万の文字を学ぶうちに限りある寿命を以て多くの年月を渡り、しかしてシナ一ヶ国の風俗を知るのみこと狭くして、未ださほどの功ありとせず。しかるに近頃地球上の国々と悉く交はることになりてより、天文、地理、究理、化学を始め、政治の道、農、工、商法、経済、機械学その他色々の学問も開けしことなれば、彼の文字のために無駄の月日を費やさば、如何にして広きにわたる事を得んや。既に針金便りも行はれ、その便利千万里を隔てて急用を達するに、どのような話もいろは文字にて事足り、難しき文字にてはかへりて用を便ぜぬなり。しかして唐の文字を用ふるも千年余の久しきに至れれば、勢ひ一時に廃すべからずといへども、後々は自然仮名ばかりの通用にならんか。今にありては回り遠しと思ふもあらん。さもあらばあれ、先ず子供衆の手引きとして企つる

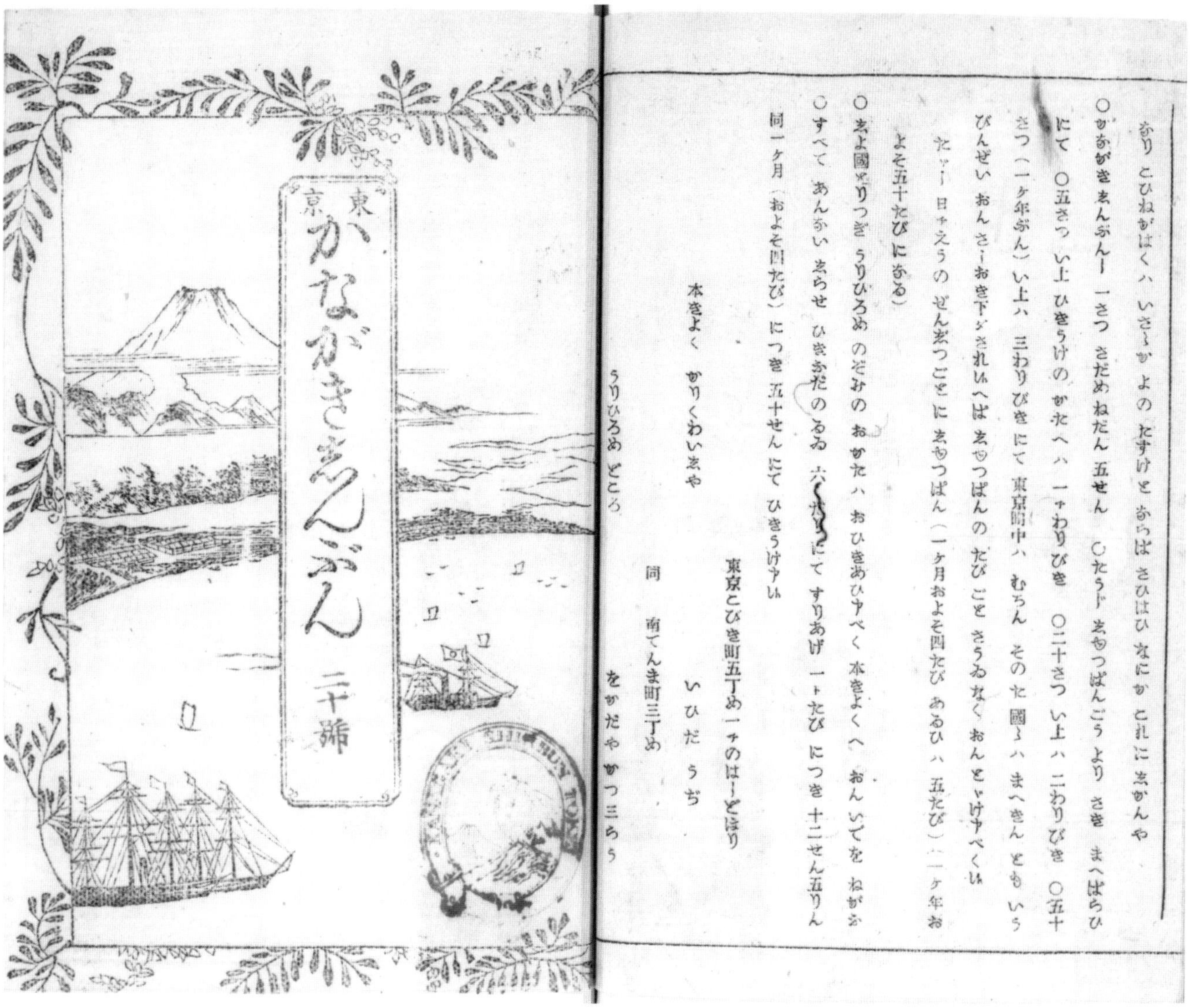


なり。冀はくはいささか世の助けとならば幸ひ何かこれにしかんや。
○仮名書き新聞誌一冊定め値段五銭。○当時出版号より先前払ひにて。○五冊以上引き受けの方へは一チ割引き。○二十冊以上は二割引き。○五十冊（一ヶ年分）以上は三割引きにて、東京府中は無賃、その他国々は前金とも郵便税おん差しおき下ダされ候へば、出版の度ごと相違なくおん届け申べく候。
但し日チ曜の前日ごとに出版（一ヶ月凡そ四度或ひは五度）（一ヶ年凡そ五十度になる）。
○諸国取次ぎ売り広め望みのお方はお引き合ひ申べく、本局へおん出でを願ふ。
○全て案内知らせ引札の類、六くだりにて摺り上げ、一ト度につき十二銭五厘、同一ヶ月（凡そ四度）につき五十銭にて引き受け申候。

東京木挽町五丁目一チの橋通り
本局　仮会社　飯田氏
同南伝馬町三丁目
売り広め所　岡田屋勝三郎

二十号の内容　明治6・6・7
前文3　発行の趣旨3
**くにうちしんぶん**　○弓・馬・槍・剣・刀等の試合公開（大阪）○遊女・芸者解放に反する者に刑罰（磐前県）○風雨・雷の被害（大阪）○雷・雹により麦畑・苗代被害（常陸下総）○豪雨旱魃、山崩れの被害（柏崎）○士族の死、妻が相続（加賀）○執心の戒め（東京）○国立銀行創立○島津公、諮詢役に
**ぐわいこくしんぶん**　○太陽、彗星、望遠鏡○手拭に薬を含ませる発明（カリフォルニア）○少年の冒険○日本との交易を希望してきたペルーの説明○ナポレオンの死による混乱（フランス）
**しらせあんない**（広告）　郵便税規則抜き書き　**蒸気飛脚舩入港出帆表**
**いろ〳〵のはなし**　○新橋横浜間蒸気車の乗客数と賃金
**告げ申す**　○前号ローマの天子死去は誤報。全快○布達を漢字で記すことの説明
**布達**　○文省○大蔵省
仮名書きの効用　社告

○今や新聞紙盛んに行はれ、以て開化の助けとす。その書き載するところ広く世界万国の事にわたり、新たに珍しき話は勿論、時々のお触れもあれば、子供衆までも必ず読み給ふべきことなれども、大抵難しき文字多くして読みかぬる向きもある由残念とせざるべからず。これこの仮名書きを綴る所以なり。文字は一二を始め目慣れたる容易きをいささか交ふるのみ。又片仮名を施すは外国の人の名、所の名などを分かつためなり。さて仮名は読み誤り易きものなれば、西洋の書き方に倣ひ、一ト綴りごとに間を置き、読み切りには。を付け、もし意味の通じかぬる所には（訳）を記す。又人の名乗りはその家々の読み方あり。且つ読み難き名前などは時に因りて省くもあり。言葉は俗を嫌はず、且つ音訓を交へ、普く世間の耳近き方に因る。文字の音は元より我が国の言葉ならねば、仮名遣ひの法はあれども、必ずしも拘はらず便利に任す。しかれども又密かに心を用ひざるを得ず。これこの文規則のあらましなり。

東京かながきしんぶん　二十号　明治六年六月七日

くにうちしんぶん

○大阪よりの知らせに、浪花新地にて、○弓○馬○槍○剣、その他試合の看板を掲げてその手練を尽くせり。○小太刀　加藤幸助○十ッ手　同藤九郎○薙刀　渡辺庄三郎○鎖鎌　根笹重助○棒　森治平○竹刀（竹の刀）浅野文四郎等の見世物ありと。この芸術、方今（今時）の人気に適ひ、又盛んに行はれなば、彼の野蛮（開けぬ国）風なる裸相撲は自然廃るに至るべし。

○磐前県にて遊女芸者解き放しのお触れを伝へ、遊女は悉く元へ返し、遊女屋は他商売に就かしめたるに、月日の経つに従ひ悪賢き者密かに女を雇ひ、色を売ることを謀る者

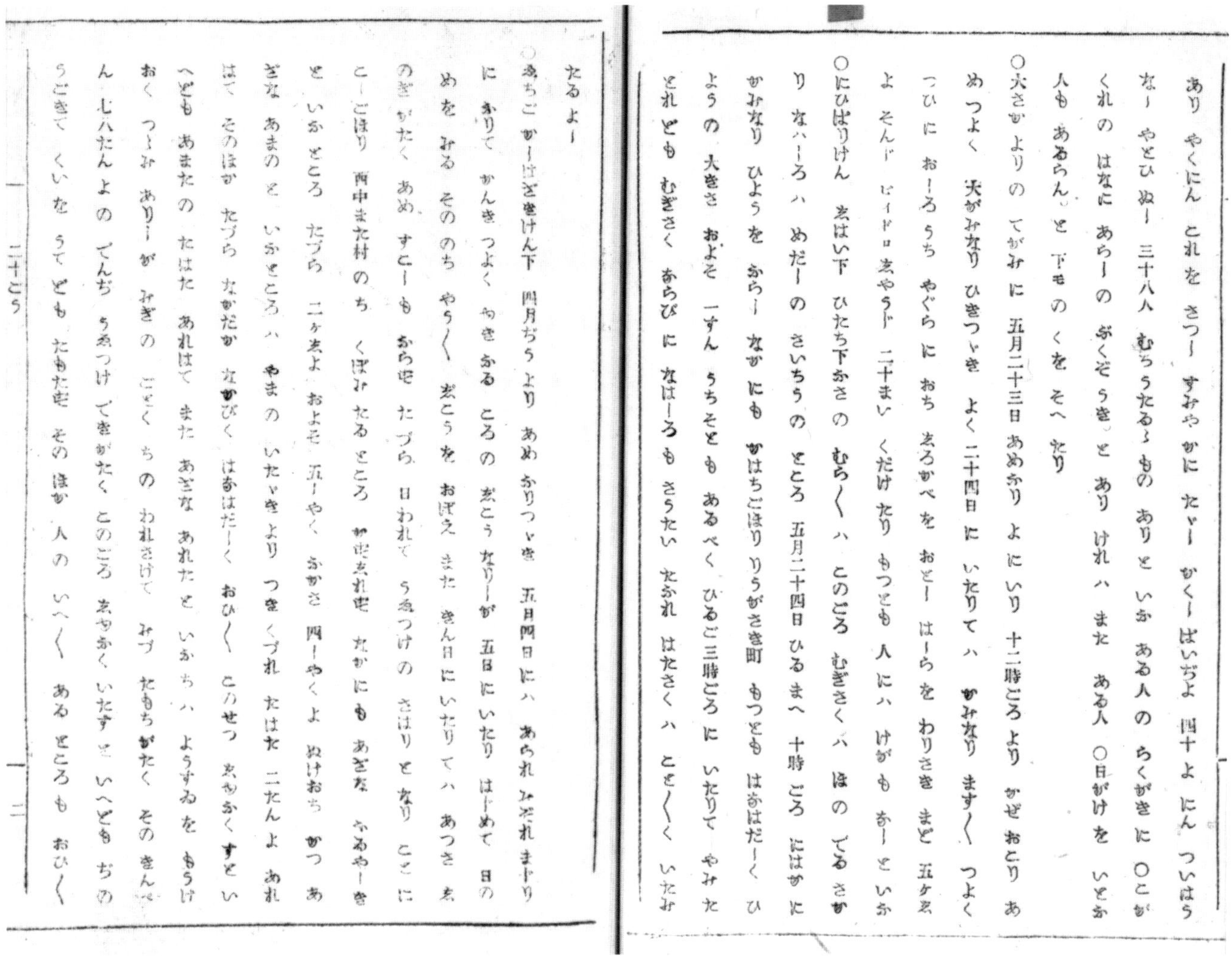

ありやくにんこれをさつしすみやかにたゞしかくしばいぢよ四十よにんついはう
なしやとひぬし三十八人むちうたるゝものありといふある人のらくがきに○こが
くれのはなにあらしのふくぞうき」とありけれハまたある人○日がけをいとふ
人もあるらん」と下モのくをそへたり
○大さかよりのてがみに五月二十三日あめふりよにいり十二時ごろよりかぜおこりあ
めつよく大がみなりひきつゞきよく二十四日にいたりてハかみなりますゝつよく
つひにおしろうちやぐらにおちしろかべをおとしはしらをわりさきまど五ケしよ
そんじビイドロしやうじ二十まいくだけたりもつとも人にハけがもなしといふ
○にひばりけんしはい下ひたち下ふさのむらゝハこのごろむぎさくハほのでるさか
りなハしろハめだしのさいちうのところ五月二十四日ひるまへ十時ごろにはかに
かみなりひようをふらしなかにもかはちごほりりうがさき町もつともはなはだしくひ
ようの大きさおよそ一すんうちそともあるべくひるご三時ごろにいたりてやみた
れどもむぎさくならびになはしろもさうたいたふれはたさくハことゞくいたみ
たるよし
○ゑちごかしはざきけん下四月ちうよりあめふりつゞき五月四日にハあられみぞれまじり
にふりてかんきつよくゆきふるころのじこうなりしが五日にいたりはじめて日の
めをみるそののちやうゝじこうをおぼえまたきん日にいたりてハあつさしの
ぎがたくあめすこしもふらずたぶら日われてうゑつけのさはりとなりことに
こしごほり西中また村のちくぼみたるところかずしれずなかにもあざなふるやしき
といふところたぶら二ケしよおよそ五しやくふかさ四しやくよぬけおちかつあ
ざなあまのといふところハやまのいたゞきよりつきくづれたはた二たんよあれ
はてそのほかたぶらなかだかなかびくはなはだしくおひゝこのせつしゆふくすとい
へどもあまたのたはたあれはてまたあざなあれたといふちハようすゐをまうけ
おくつゝみありしがみぎのごとくちのわれさけてみづたもちがたくそのきんぺ
ん七八たんよのでんちうゑつけできがたくこのごろしゆふくいたすといへどもちの
うごきてくいをうてどもたもたずそのほか人のいへゝあるところもおひゝ

あり。役人これを察し速やかに糺し、隠し売女四十余人追放なし、雇ひ主三十八人鞭打たるる者ありと言ふ。ある人の落書きに○木隠れの花に嵐の吹くぞ憂き、とありければ、又ある人○日陰を厭ふ人もあるらん、と下の句を添へたり。

○大阪よりの手紙に、五月二十三日雨降り、夜に入り十二時頃より風起こり、雨強く大雷引き続き、翌二十四日に至りては雷ますます強く、遂にお城内櫓に落ち、白壁を落とし、柱を割り裂き、窓五ヶ所損じ、ビードロ障子二十枚砕けたり。尤も人には怪我もなしと言ふ。

○新張県支配下常陸下総の村々は、この頃麦作は穂の出る盛り、苗代は芽出しの最中のところ、五月二十四日昼前十時頃、俄かに雷雹を降らし、中にも河内郡龍ケ崎町最も甚だしく、雹の大きさ凡そ一寸内外もあるべく、昼後三時頃に至りて止みたれども、麦作並びに苗代も総体倒れ、畑作は悉く傷みたる由。

○越後柏崎県下四月中より雨降り続き、五月四日には霰霙交じりになりて、寒気強く雪降る頃の時候なりしが、五日に至り初めて日の目を見る。その後ようよう時候を覚え、又近日に至りては暑さ凌ぎ難く、雨少しも降らず、田面日割れて植へ付けの障りとなり、殊に古志郡西中俣村の地窪みたる所数知れず。中にも字古屋敷といふ所、田面二ヶ所凡そ五尺深さ四尺余抜け落ち、且つ字天野といふ所は山の頂より突き崩れ、田畑二反余荒れ果て、その他田面中高中低甚だしく、追々この節修復すといへども、数多の田畑荒れ果て、又字荒田といふ地は用水を設けおく堤ありしが、右の如く地の割れ裂けて水保ち難く、その近辺七八反余の田地植付け出来難く、この頃修復致すといへども、地の動きて杭を打てども保たず。その他人の家々ある所も追々裂け崩れ、この上如何様の変事あるも測りがたき旨、その県より大蔵省へお届けになりたる由。

○石川県支配下加賀の国大十四区森山町三番丁住まい、同県士族古川まさちかなる者、病にて今年三月十日死しけり。しかるに未だ跡継ぎなきところ、四月五日同人ようぼ〈女房〉てつなる者県庁へ召され、家督元の如く蔵米二十俵を賜り、古川の家相続申付けられしとなり。女の身にて家を継ぐこと先に御布告ありし後この者を以て始めとす。旧幕府の法令は、継ぐ子なければその家断絶するなり。しかるに御一新の後このおん布告ある。その家を絶やさざるのみならず、元の禄まで下さる聖恩ここに至るは、古より類なき恩恵と言ふべし。

○東京第五大区六小区下谷加屋町一丁目五番地借りの坊主かいさんなる者三十年以前当地へ来たり、妻を迎へ、男女の子供を設けし後、妻は病死なし、かねて知る人神田佐久間町の長吉といふ者死してその妻いちなる者頼るべき方あらざるを、右かいさん引き取り差し置き、後の妻となすべき所存にて、折に触れてはそのことを言ひ出だすといへども、いちこれを承知せず。しかるにいちは高輪町料理屋次郎吉方へ雇ひ奉公に行き、昨年五月中暇を取り、又々かいさん方へ掛人におり。しかるに十一月中、西尾鉄五郎といふ者かいさんが元に来たり、やつがれはかねていちと密かに通じ懇ろの仲なるにつき、いちの身分貰ひ受けたき旨掛け合ひしに、かいさんの曰く、当人は久々手前へ同居致させ世話致し遣はし、その以来

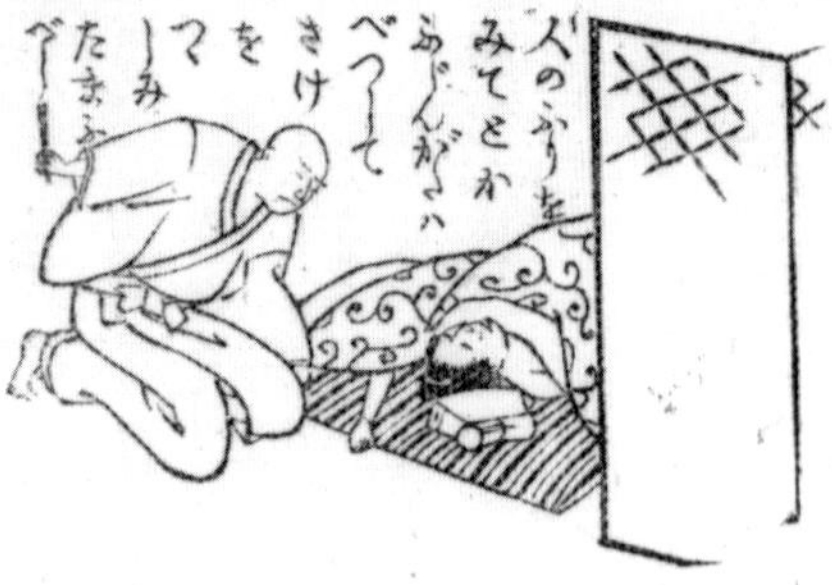

人の振りを見てとか婦人方は別して酒をつつしみ給ふべしとぞ

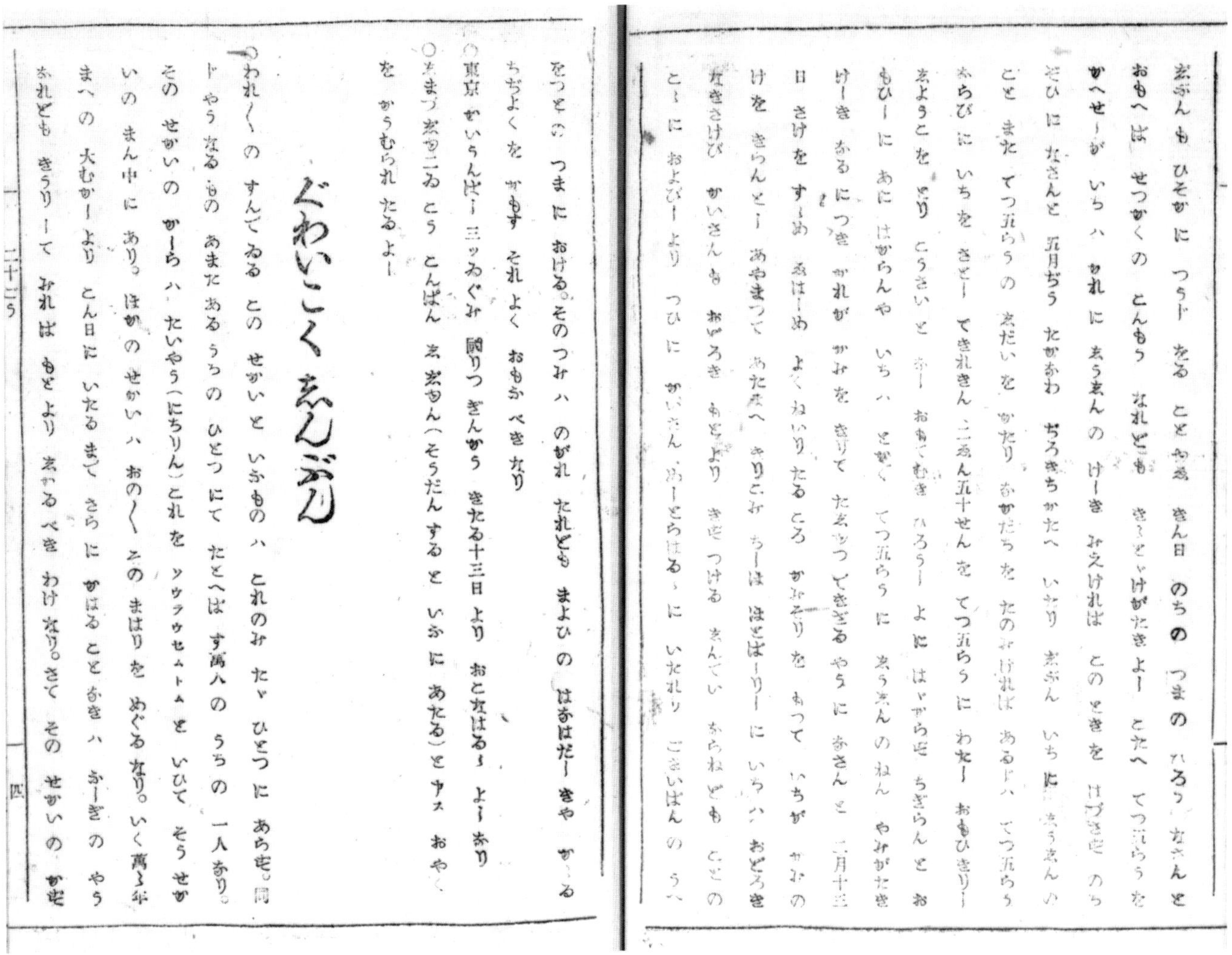

しぶんも ひそかに つうじ をる ことゆゑ きん日 のちの つまの ひろう なさんと
おもへば せつかくの こんもう なれども きゝとゞけがたきよし こたへ てつ次らうを
かへせしが いちハ かれに しうしんの けしき みえければ このときを はづさず のち
ぞひに なさんと 五月ぢう たかなわ ぢろきちかたへ いたり じぶん いちに しうしんの
こと また てつ五らうの しだいを かたり なかだちを たのみければ あるじハ てつ五らう
ならびに いちを さとし てきれきん 二ゑん五十せんを てつ五らうに わたし おもひきりし
しようこを とり こうさいと なし おもてむき ひろうし よに はゞからず ちぎらんと お
もひしに あにはからんや いちハ とかく てつ五らうに しうしんの ねん やみがたき
けしき なるにつき かれが かみを きりて たしゆつできざるやうに なさんと 二月十五
日 さけを すゝめ ゑはしめ よく ねいりたる ころ かみそりを もつて いちが かみの
けを きらんとし あやまつて あたまへ きりこみ ちしほ さかばしりしに いちハ おどろき
なきさけび かいさんも おどろき もとより きずつける しんてい ならねども ことの
こゝに およびしより つひに かいさん めしとらはるゝに いたれり ごさいばんの うへ

をつとの つまに おける。そのつみハ のがれ たれども まよひの はなはだしきや かゝる
ちぢよくを かもす それよく おもふべきなり
○東京 かいうんばし 三ッゐぐみ 國りつぎんかう きたる十三日より おこなはるゝ よし あり
○しまづ じゆ二ゐ こう こんぱん し じゆん(そうだんすると いふに あたる)と 申ス おやく
を かうむられ たる よし

ぐわいこく しんぶん

○われ〳〵の すんでゐる この せかいと いふものハ これのみ たゞ ひとつに あらず。同
じやうなるもの あまたあるうちの ひとつにて たとへば す萬人の うちの 一人なり。
その せかいの かしらハ たいやう(にちりん)これを ソウラウセムトム と いひて そうせか
いの まん中に あり。ほかの せかいハ おの〳〵 その まはりを めぐるなり。いく萬〳〵年
まへの 大むかしより こん日に いたるまで さらに かはる こと なきハ ふしぎの やう
なれども きうりして みれば もとより しかるべき わけなり。さて その せかいの かぞ

二十ごう　四

自分も密かに通じおること故、近日後の妻の披露なさんと思へば、折角の懇望なれども聞き届け難き由答へ、鉄次郎を帰せしが、いちは彼に執心の景色見えければ、この時を外さず後添ひになさんと、五月中高輪次郎吉方へ至り、自分いちに執心のこと、又鉄五郎の次第を語り、仲立ちを頼みければ、主は鉄五郎並びにいちを諭し、手切れ金二円五十銭を鉄五郎に渡し、思ひ切りし証拠を取り、後妻となし、表向き披露し世に憚らず契らんと思ひしに、あにはからんや、いちはとかく鉄五郎に執心の念止み難き景色なるにつき、彼が髪を切りて他出出来ざるようになさんと、二月十五日、酒を勧め酔はしめ、よく寝入りたる頃剃刀を以ていちが髪の毛を切らんとし、誤って頭へ切り込み、血潮逆りしに、いちは驚き泣き叫び、かいさんも驚き、元より傷付ける心底ならねども、事のここに及びしより遂にかいさん召し捕らはるるに至れり。御裁判の上夫の妻に於けるその罪は逃れたれども、迷ひの甚だしきやかかる恥辱を醸す。それよく思ふべきなり。

○東京開運橋三ッ井組国立銀行、来る十三日より行はるる由なり。

○島津従二位公、今般諮詢（相談するといふに当たる）と申スお役を被られたる由。

ぐわいこくしんぶん

○我々の住んでいる世界といふものは、これのみただ一つにあらず。同じ様なるもの数多ある内の一つにて、例へば数万人の内の一人なり。その世界の頭は太陽（日輪）、これをソウラウセムトム［ソーラーセンター］と言ひて、総世界の真ん中にあり。他の世界は各々その周りを巡るなり。幾万万年前の大昔より今日に至るまで、さらに変はることなきは不思議のようなれども、窮理してみれば元よりしかるべき訳なり。さてその世界の数

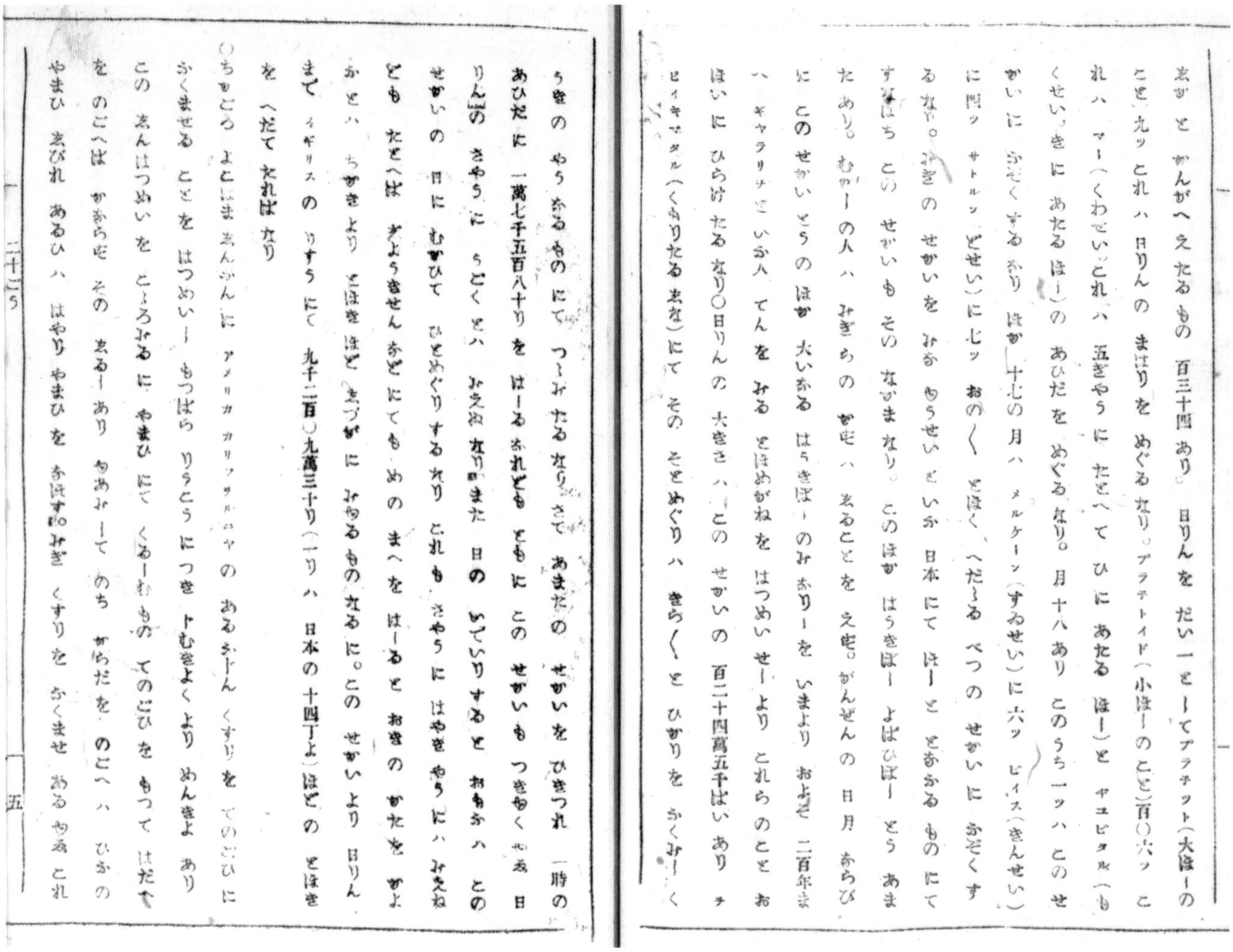

しかと考へ得たるもの百三十四あり。日輪を第一としてプラネット（大星のこと）九ッ。これは日輪の周りを巡るなり。プラネトイド（小星のこと）百〇六ッ。これはマー［マース］（火星。これは五行に例へて火に当たる星）とヂユピタル［ジュピテル］（木星。木に当たる星）の間を巡るなり。月十八あり。この内一ッはこの世界に付属するなり。他十七の月はメルケーン［メルクレウス］（水星）に六ッ、ビイス［ビーナス］（金星）に四ッ、サトルン［サターン］（土星）に七ツ、各々遠く隔たる別の世界に付属するなり。右の世界を皆遊星と言ふ。日本にて星と称ふるものにて、即ちこの世界もその仲間なり。この他箒星、夜這い星等数多あり。昔の人は右らの数は知ることを得ず。眼前の日月並びにこの世界等の他大いなる箒星のみなりしを、今より凡そ二百年前、ギヤラリオ［ガリレイ］といふ人天を見る遠眼鏡を発明せしより、これらの事大いに開けたるなり。〇日輪の大きさはこの世界の百二十四万五千倍あり。ヲピイキマタル［スピキュール］（曇りたる品）にて、その外巡りはきらきらと光を含みし空気の様なるものにて包みたるなり。さて数多の世界を引き連れ、一時の間に一万七千五百八十里を走るなれども、共にこの世界も付き行く故、日輪の左様に動くとは見えぬなり。又日の出で入りすると思ふは、この世界の日に向かひて一巡りするなり。これも左様に速き様には見えねども、例へば蒸気船などにても目の前を走ると沖の方を通ふとは、近きより遠きほど静かに見ゆるものなるに、この世界より日輪までイギリスの里数にして九千二百〇九万三十里（一里は日本の十四丁余）ほどの遠きを隔てたればなり。

〇近頃横浜新聞に、アメリカ　カリフヲルニヤのある婦人、薬を手拭ひに含ませることを発明し、専ら流行につき、事務局より免許あり。この新発明を試みるに、病にて苦しむ者、手拭ひを以て肌を拭へば必ずその徴あり。湯浴みして後体を拭へば皮膚の病、痺れ、或ひは流行り病を治す。右薬を含ませある故、これ

をもちふれハ みな すこやかに なり はだへを あたゝめ じようはつきを みちびき あし
き にほひを さり かつ この てのぐひを もちふるに 二ヶ月の あひだは その くすり
たもつと いふ
○よこはま がぜット しんぶんに いはく わかさの くにに たけべせいざうと いふ あきうど
ありて その でつち とうきち なるものハ とし なほ わかし あるひ 村ちうの もの四五人
よりあひ むかしがたりを はじめけるに とうきちも また このうちに ありて いつしんに
人の はなしを きゝゐたり あるらうじん はなしだすに むかし うしわかまろと いふ
ひとハ くらまやまに のぼりて てんぐの をしへを うけ しんぺん ふしぎの じゆつを へ
て つひに ゆうしやと なると とうきち これを きゝて おほきに しんじ われも また
てんぐの じんじゆつを へて うしわかまろの ごとく ゆうしやと ならんと つひに しゆ
じんの いへを ひそかに ぬけいで すぐに くらまやまに のぼり はいかい すこくに いた
れども てんぐに あふことなく つかれの あまり くさを まくらに して ねむりに つき
けり あくるあさ くさかりの もの きたり これを みて おほきに あやしみ とうきちを おこ
して その ゆえんを きゝ はじめて まことの ことを しりければ ていねいに これを さ
とし そくじに しうかに おくりかへしけりと この せう年の ごときハ がくもんを
なせしならば かゝる おろかなる しよゐ あるまじきなり ねがはくは よの ちゝはゝ た
るものは かならず そのこを がくかうに つかはすか または しんぶんし とうを かう
じ きかしむべし
○このごろ 日本へ かうえき でうやくを ねがひに きたる ペルウ といふ 國は 南アメリカ
にて せきだう (日りんの とほる まッ下) より 南二三どに おこり 三十三四どに いたる。
大へいかい (アメリカより ニウヲランダ までの あひだ いちめんに ひろき うみ) を まへ
に うけ ロンドン (イギリスの みやこ) より 西へ 八十一デギレイ 十一ミメット (八十一ど
十二ぶん) あり ながさ 千三百り (たゞし イギリスの りすうにて 一りは わが 十四丁よ)。
東西はゞ いちばん ひろきところ 七百五十り あり およそ 五十一萬〇九十一り 四はうの 國に
て 本國イギリスより 四そうばい ひろしとぞ。かの 千八百六十二年 (いまより 十二年まへ
わが ぶんきう 二年) かの せいふに おいて にんべつを あらためしに 二百五十萬 にて

二十ごう　六

を用ふれば、皆健やかになり、肌を温め蒸発気を導き、悪しき匂ひを去り、且つこの手拭ひを用ふるに二ヶ月の間はその薬保つと言ふ。

○横浜ガゼット新聞に曰く。若狭の国にたけべせいざうといふ商人ありて、その丁稚とうきちなる者は年なお若し。ある日村中の者四五人寄り合ひ昔語りを始めけるに、とうきちも又この内にありて、一心に人の話を聞きいたり。ある老人話し出すに、昔うしわかまろ〈牛若丸〉といふ人は鞍馬山に登りて天狗の教へを受け、身辺不思議の術を得て遂に勇者となると。とうきちこれを聞きて大きに信じ、我も又天狗の仁術を得て、うしわかまろの如く勇者とならんと、遂に主人の家を密かに抜け出で、すぐに鞍馬山に登り徘徊数刻に至れども天狗に会ふことなく、疲れのあまり草を枕にして眠りにつきけり。明くる朝草刈りの者来たり、これを見て大きに怪しみ、とうきちを起こしてその所以を聞き、初めて真のことを知りければ、丁寧にこれを諭し、即時に主家に送り返しけりと。この少年の如きは学問をなせしならば、かかる愚かなる所為あるまじきなり。願はくは世の父母たる者は必ずその子を学校に遣はすか、又は新聞紙等を講じ聞かしむべし。

○この頃日本へ交易条約を願ひに来たるピルウ［ペルー］といふ国は、南アメリカにて赤道（日輪の通る真ッ下）より南二三度に起こり三十三四度に至る。太平海（アメリカより新ヲランダまでの間一面に広き海）を前に受け、ロンドン（イギリスの都）より西へ八十一デギレイ［ディグリー］十一ニメツト［ミニッツ］（八十一度十二分）あり。長さ千三百里（但しイギリスの里数にて、一里は我が十四丁余）、東西幅一番広き所七百五十里あり。凡そ五十一万〇九十一里四方の国にて、本国イギリスより四層倍広しとぞ。彼の千八百六十二年（今より十二年前、我が文久二年）、彼の政府に於いて人別を改めしに、二百五十万にて、

その内土地にて生まれし者百六十万人、黒種（くろんぼ）四万人、メスタジ［メスティソ］（余国人と土人の間の子）三百万人、白種（白き種）二十四万人なり。彼の千八百四十五年（今より二十九年前。我が弘化二年）土地を十一州に割りたり。海岸に繁盛の地三ヶ所あり。産物は鉱山（金山）を第一とす。その内シロバースコ［セロデパスコ］といふ山よりは銀多く出で、ハウヲンカビリカ［ワンカベリカ］には水銀多し。金はクスコといふ山より出るなれども至って少なし。この他鉄、銅、ブレッキ、石炭、硫黄、硝石、岩の塩等の品々、アンデイ［アンデス］といふ大いなる山の中途より掘り出だすなり。この山の裾回りは全て作物あり。今まで取り上げし山口の数凡そ一千以上なり。しかるに右の内多くは鉱石（金、銀、銅等を含みし石）掘り尽くし、又外に仔細あって掘り方差し支へ、そのままに捨ておく由なり。領内にチンテイフ［チンチャ］といふ島あり。この島の産物ブワノ［グアノ］（雀糞といふ鳥の糞なり）は作物の肥やしに宜しく、西洋にては一番多く用ふる故、各国へ積み出だすこと夥しく大いに利を得る由。又亀の子の卵より脂を搾りて商法となす。この外色々珍しき獣ありて運送の便をなし、或ひは食物に用ふる由。政は所謂共和にて、その国体は大方北アメリカ合衆国に似たり。上下の議院あり。上院の議官三十六人と定め、下院の議官は万民の数二万について一人ずつを選み出だすなり。大総督の権は大統領にあり。大統領は人選にて五ヶ年務めの定めなり。且つミニストル（日本旧幕の頃御老中の類）は大統領一チ存を以て選み役に就かしむ。彼の千八百六十九年（五年以前。明治二）兵隊の数一万六千人、軍艦十二艘。これに積みし大砲百〇丁なり。一ヶ年の税金上がり高四百四十六万二千パウンド（一パウンドはドル四枚半）、諸雑費出高六百十五万六千ポンドなり。右国の借金高一百六十万〇四千パウンドなりとぞ。右は新たに条約

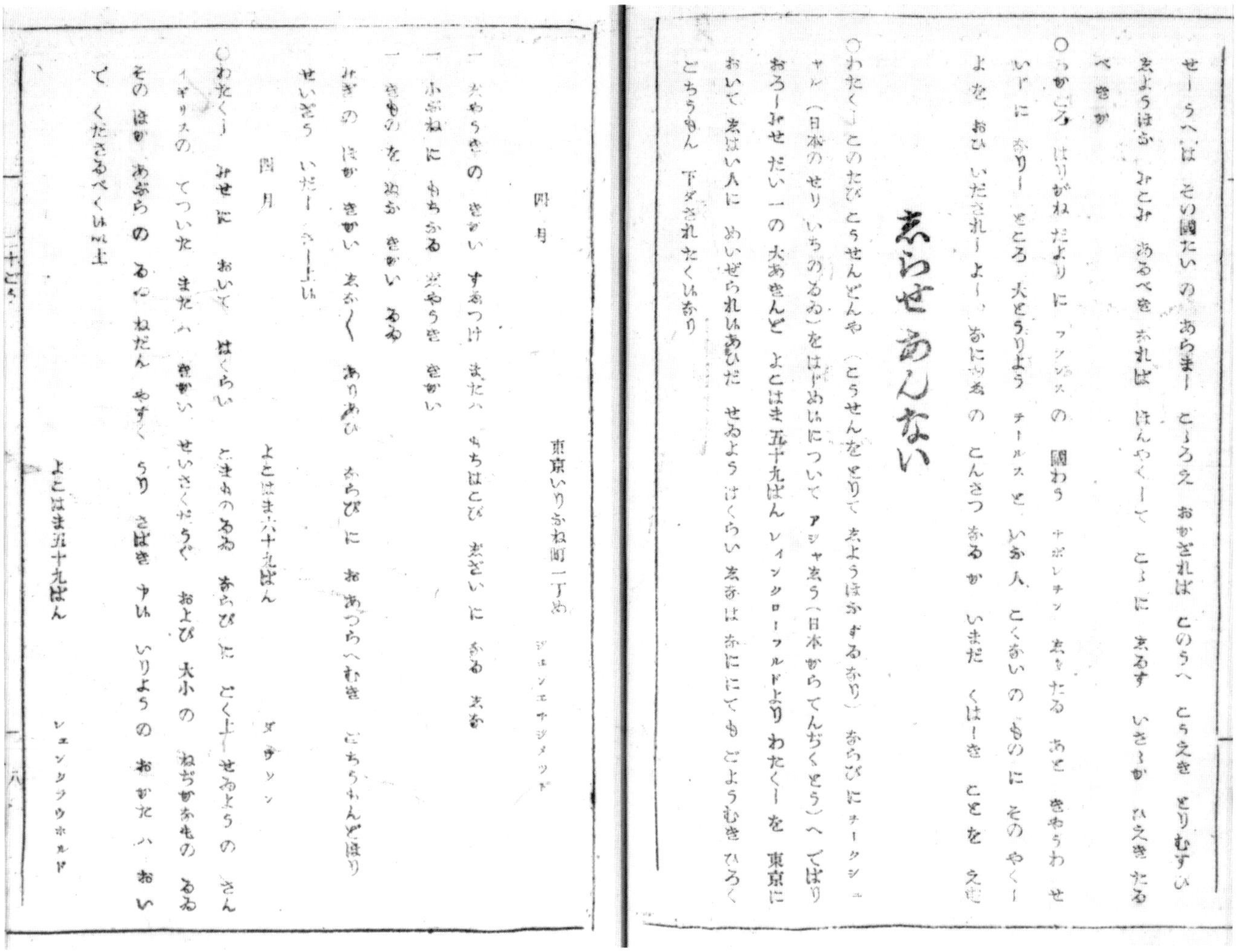

せーうへは その國たいの あらまし こゝろえ おかざれば このうへ こうえき とりむすび しようはふ みこみ あるべき なれば ほんやくして こゝに しるす いさゝか ひえき たるべきか

○ちかごろ はりがね たよりに フランスの 國わう ナポレヲン しゝたる あと きやうわ せいじに なりし ところ 大とうりよう チールスと いふ人 こくないの ものに そのやくしよを おひ いだされしよし なにゆゑの こんざつ なるか いまだ くはしき ことを えせ

しらせ あんない

○わたくし このたび こうせんどんや（こうせんを とりて しようはふ するなり） ならびに ヨークシユヤル（日本の せり いちの るゐ）を はじめ候について アジヤしう（日本から てんぢくとう）へ でばり おろしみせ だい一の 大あきんど よこはま五十九ばん レインクローフルドより わたくしを 東京に おいて しはい人に めいぜられ候あひだ せいやう はくらい しなは なににても ごようむき ひろく ごちうもん 下だされたく候なり

四月　東京いりふね町一丁め　ジヨンエチジメツド

一 じやうきの きかい すゑつけ または もちはこび じざいに なる しな
一 こぶねに もちふる じやうき きかい
一 きものを ぬふ きかい るゐ

みぎの ほか きかい しなじな ありあひ ならびに おあつらへむき ごちうもんどほり せいぞう いだし さし上候

四月　よこはま六十九ばん　ダウソン

○わたくし みせに おいて はくらい こまものるゐ ならびに ごく上せいやうの さん イギリスの てついた または きかい せいさくだうぐ および 大小の ねぢがねもの るゐ その ほか あぶらの るゐ ねだん やすく うり さばき 申候 いりようの おかたは おいでくださるべく候以上

よこはま五十九ばん　シエンクラウホルド

せし上は、その国体のあらまし心得おかざれば、この上交易取り結び商法見込みあるべきなれば、翻訳してここに記す。いささか裨益たるべきか。

○近頃針金便りに、フランスの国王ナポレヲン死したる後共和政治になりしところ、大統領テールス［ティエール］といふ人国内の者にその役所を追ひ出だされし由。何故の混雑なるか未だ詳しきことを得ず。

しらせ　あんない

○私この度口銭問屋（口銭を取りて商法するなり）並びにヲークシユヤル［オークション］（日本の競り市の類）を始め候について、アジヤ州（日本から天竺等）へ出張り卸し店第一の大商人。横浜五十九番レインクローフルドより私を東京に於いての支配人に命ぜられ候間、西洋船来品は何にても御用向き広く御注文下されたく候なり。

四月　　東京入船町一丁目　ジヨンエチジメツト

一　蒸気の機械据付け又は持ち運び自在になる品
一　小舟に用ふる蒸気機械
一　着物類を縫ふ機械類

右の他機械品々あり合ひ並びにお誂へ向き、ご注文通り製造出だし差し上候。

四月　　横浜六十九番　　ダウソン

○私店に於いて船来小間物類並びに極上西洋のさん［酒］イギリスの鉄板又は機械製作道具及び大小の螺子金物類その他油の類、値段安く売り捌き申候。入用のお方はお出でくださるべく候。以上

横浜五十九番　　シエンクラウホルド

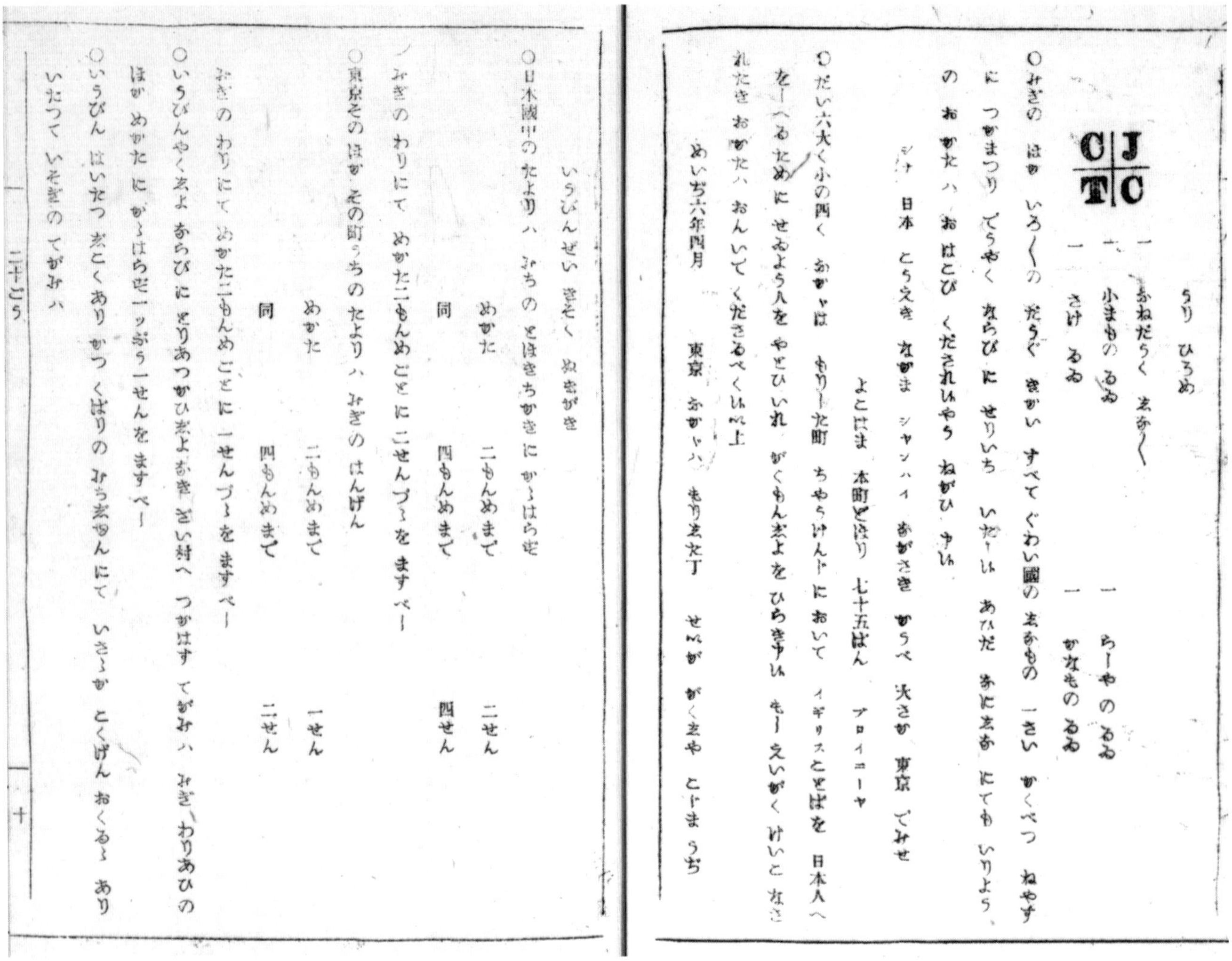
うりひろめ
C J
T C
一 ふねだうぐしな〳〵
一 小まものゝるゐ
一 さけるゐ
一 らーやのるゐ
一 かなものるゐ
○みぎのほかいろ〳〵のだうぐきかいすべてぐわい國のしなもの一さいかくべつねやすにつかまつりでうやくならびにせりいちいたしあひだなにしなにてもいりようのおかたハおはこびくだされ候やうねがひ申候
シナ日本こうえきなかま シヤンハイ ながさき かうべ 大さか 東京 でみせ
よこはま本町どほり 七十五ばん ブロイニーヤ
○だい六大く小の四く ふかゞは もり下町 ちやうけんじ において イギリスことばを日本人へをしへるためにせいよう人をやとひいれ がくもんじよをひらき申候 もしえいがくけいこなされたきおかたハおんいでくださるべく候以上
めいぢ六年四月 東京ふかゞハもり下丁 せんががくしや こじまうぢ
いうびんぜいきそくぬきがき
○日本國中のたよりハみちのとほきちかきにかゝはらず
めかた 二もんめまで 二せん
同 四もんめまで 四せん
みぎのわりにてめかた二もんめごとに二せんづゝをますべし
○東京そのほかその町うちのたよりハみぎのはんげん
めかた 二もんめまで 一せん
同 四もんめまで 二せん
みぎのわりにてめかた二もんめごとに一せんづゝをますべし
○いうびんやくしよならびにとりあつかひしよなきざい村へつかはすてがみハみぎわりあひのほかめかたにかゝはらず一ッぷう一せんをますべし
○いうびんはいたつじこくありかつくばりのみちじゆんにていさゝかこくげんおくるゝありいたつていそぎのてがみハ
二十ごう
十

売り広め

C｜J
T｜C

一 船道具品々　一 羅紗の類
一 小間物類
一 酒類　一 金物類

○右の他色々の道具機械全て外国の品物一切格別値安に仕り、定約並びに競り市致し候間、何品にても入用のお方はお運びくだされ候様願ひ申候。

シナ日本交易仲間　上海　長崎　神戸　大阪　東京　出店

横浜本町通り　七十五番　ブロイニーヤ

○第六大区小の四区、深川森下町ちやうけん〈長慶〉寺に於いて、イギリス言葉を日本人へ教へるために西洋人を雇い入れ、学問所を開き申候。もし英学稽古なされたきお方はおん出でくださるべく候。以上

明治六年四月　　東京深川森下丁　菁莪学舎小島氏

郵便税規則抜き書き

○日本国中の便りは道の遠き近きに拘はらず

目方　二匁まで　二銭

同　　四匁まで　四銭

右の割にて目方二匁ごとに二銭ずつを増すべし。

○東京その他その町内の便りは右の半減。

目方　二匁まで　一銭

同　　四匁まで　二銭

右の割にて目方二匁ごとに一銭ずつを増すべし。

○郵便役所並びに取扱所なき在村へ遣はす手紙は右割合の他目方に拘はらず一ッ封一銭を増すべし。

○郵便配達時刻あり。且つ配りの道順にていささか刻限遅るるあり。至って急ぎの手紙は、

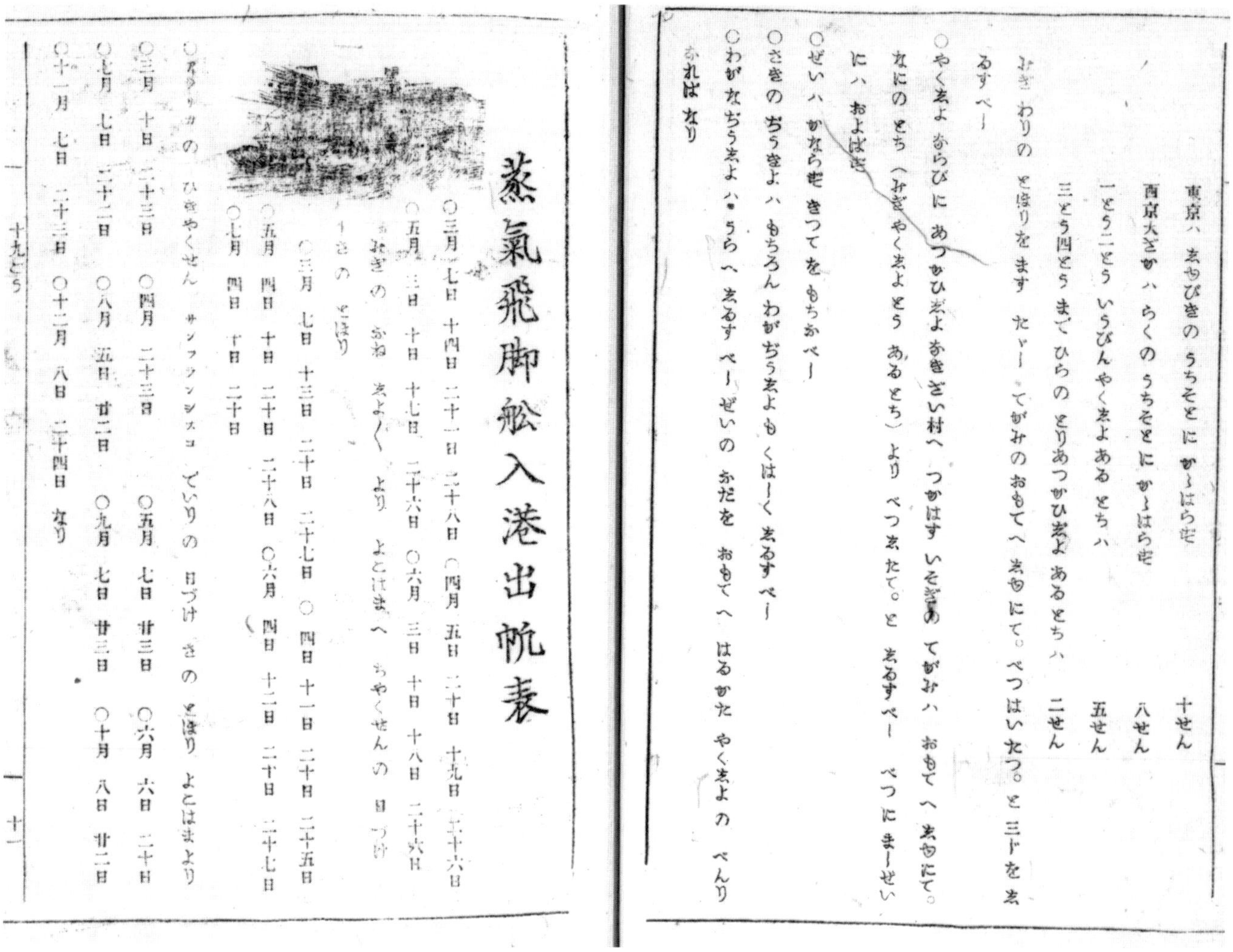
東京ハ しゆびきの うちそとに かゝはらぜ　十せん
西京大ざかハ らくの うちそとに かゝはらぜ　八せん
一とう二とう いうびんやくしよ ある とちハ　五せん
三とう四とう まで ひらの とりあつかひしよ あるとちハ　二せん
みぎ わりの とほりを ます たゞし てがみの おもて へ しゆにて。べつはいたつ。と 三ドを しるすべし
○やくしよ ならびに あつかひしよ なき ざい村へ つかはす いそぎの てがみハ おもて へ しゆにて。なにの とち（みぎやくしよとう あるとち）より べつしたて。と しるすべし　べつに ましぜいにハ およばず
○ぜいハ かならず きつてを もちふべし
○さきの ぢうきよハ もちろん わがぢうしよも くはしく しるすべし
○わがなぢうしよハ うら へ しるすべし ぜいの ふだを おもて へ はるかた やくしよの べんりなれば なり

蒸氣飛脚船入港出帆表
○三月 七日 十四日 二十一日 二十八日 ○四月 五日 十二日 十九日 二十六日
○五月 三日 十日 十七日 二十六日 ○六月 三日 十日 十八日 二十六日
みぎの ふね しよ〳〵 より よこはまへ ちやくせんの 日づけ さの とほり
○三月 七日 十三日 二十日 二十七日 ○ 四日 十一日 二十日 二十五日
○五月 四日 十日 二十日 二十八日 ○六月 四日 十二日 二十日 二十七日
○七月 四日 十日 二十日
○アメリカの ひきやくせん サンフランシスコ でいりの 日づけ さの とほり よこはまより
○三月 十日 二十三日 ○四月 二十三日 ○五月 七日 廿三日 ○六月 六日 二十日
○七月 七日 二十二日 ○八月 五日 廿二日 ○九月 七日 廿三日 ○十月 八日 廿二日
○十一月 七日 二十三日 ○十二月 八日 二十四日 なり
十九とう
十一

東京は朱引きの内外に拘はらず　十銭
西京大阪は洛の内外に拘はらず　八銭
一等、二等郵便役所ある土地は　五銭
三等、四等まで平の取扱所ある土地は　二銭
右割の通りを増す。但し、手紙の表へ朱にて別配達と三字を記すべし。
○役所並びに扱所なき在村へ遣はす急ぎの手紙は、表へ朱にて何の土地（右役所等ある土地）より別仕立てと記すべし。別に増し税には及ばず。
○税は必ず切手を用ふべし。
○先の住居は勿論、我が住所も詳しく記すべし。
○我が名住所は裏へ記すべし。税の札を表へ貼る方役所の便利なればなり。

蒸気飛脚船入港出帆表

○三月七日　十四日　二十一日　二十八日　○四月五日　十二日　十九日　二十六日
○五月三日　十日　十七日　二十六日　○六月三日　十日　十八日　二十六日
右の船諸所より横浜へ着船の日付左の通り。
○三月七日　十三日　二十日　二十七日　○四月四日　十一日　二十日　二十五日
○五月四日　十日　二十日　二十八日　六月四日　十二日　二十日　二十七日
○七月四日　十日　二十日
○アメリカの飛脚船サンフランシスコ出入りの日付左の通り。横浜より。
○三月十日　二十三日　○四月二十三日　○五月七日　廿三日　○六月六日　二十日
○七月七日　二十二日　○八月五日　廿二日　○九月七日　廿三日　○十月　八日　廿二日
○十一月七日　二十三日　○十二月八日　二十四日なり。

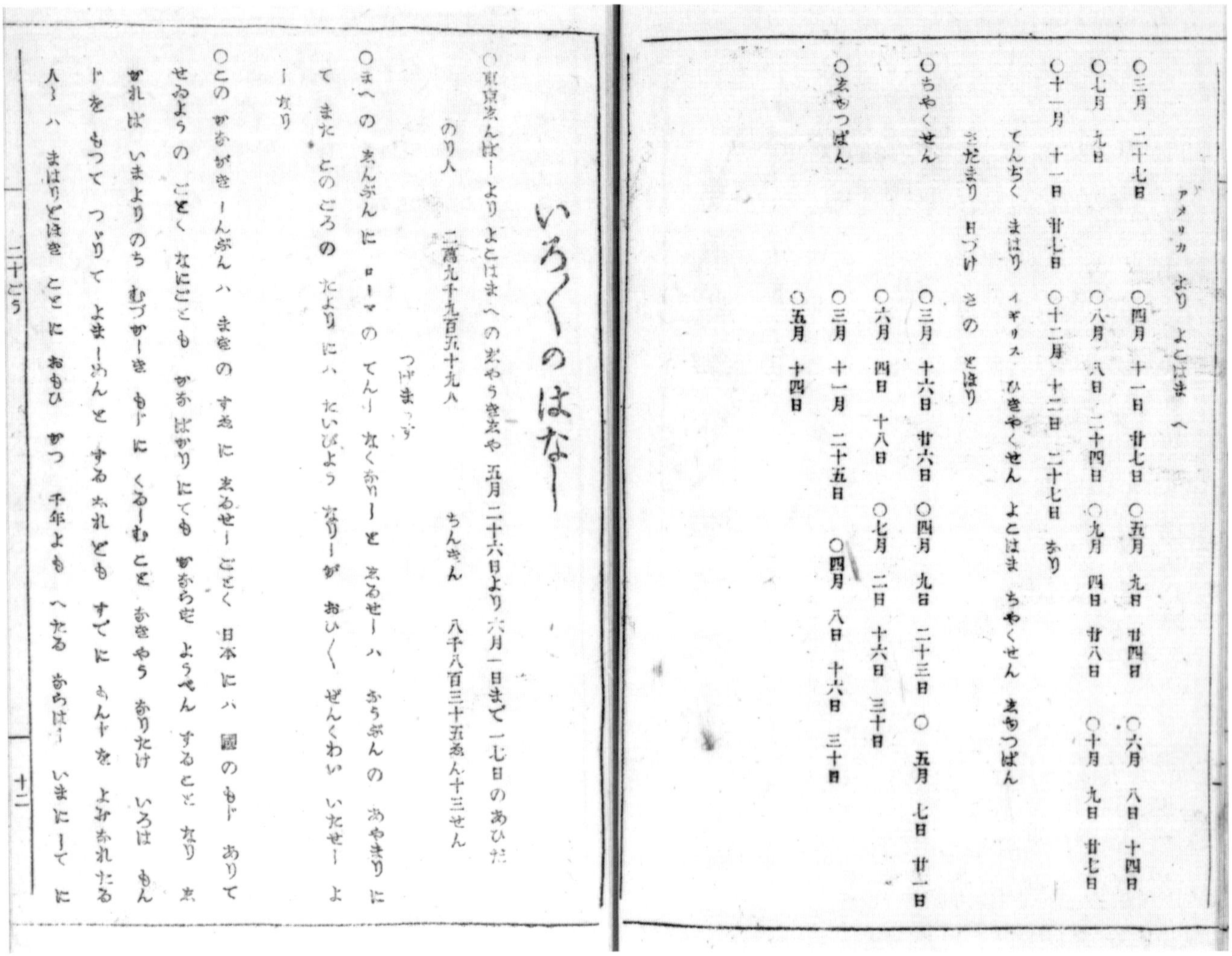
アメリカ　より　よこはま　へ
○三月　二十七日　○四月　十一日　廿七日　○五月　九日　廿四日　○六月　八日　十四日
○七月　九日　○八月　八日　二十四日　○九月　四日　廿八日　○十月　九日　廿七日
○十一月　十一日　廿七日　○十二月　十二日　二十七日　なり
てんぢく　まはり　イギリス　ひきやくせん　よこはま　ちやくせん　しゆつぱん
さだまり　日づけ　さの　とほり
○ちやくせん　○三月　十六日　廿六日　○四月　九日　二十三日　○　五月　七日　廿一日
○六月　四日　十八日　○七月　二日　十六日　三十日
○しゆつぱん　○三月　十一日　二十五日　○四月　八日　十六日　三十日
○五月　十四日

いろ〳〵のはなし
○東京しんばしより　よこはまへの　じやうきしや　五月二十六日より六月一日まで一七日のあひだ
のり人　二萬九千九百五十九人　ちんきん　八千八百三十五えん十三せん
つげまうす
○まへの　しんぶんに　ローマの　てんし　なくなりしと　しるせしハ　ふうぶんの　あやまりにて　また　このごろの　たよりにハ　たいびよう　なりしが　おひ〳〵　ぜんくわい　いたせし　よしなり
○この　かながきしんぶんハ　まきの　すゑに　しるせし　ごとく　日本にハ　國の　もじ　ありて　せいようの　ごとく　なにごとも　かなばかりにても　かならず　ようべん　することなり　しかれば　いまより　のち　むづかしき　もじに　くるしむ　ことなきやう　ありたけ　いろは　もじを　もつて　つゞりて　よましめんと　するなれども　すでに　もんじを　よみなれたる　人々ハ　まはりとほき　ことに　おもひ　かつ　千年よも　へたる　ならはし　いまにして　に
十二　二十ごう

アメリカより横浜へ。
○三月二十七日　○四月十一日　廿七日　○五月　九日　二十四日　○六月　八日
十四日
○七月九日　○八月八日　二十四日　○九月四日　廿八日　○十月九日　廿七日
○十一月十一日　廿七日　○十二月十二日　二十七日なり。
天竺回りイギリス飛脚船横浜着船出帆
定まり日付左の通り。
○着船　○三月十六日　廿六日　○四月九日　二十三日　○五月七日　廿一日
○六月四日　十八日　○七月二日　十六日　三十日
○出帆　○三月十一日　二十五日　○四月八日　十六日　三十日
○五月十四日

いろ〳〵のはなし

○東京新橋より横浜への蒸気車、五月二十六日より六月一日まで一七日の間
乗り人　二万九千九百五十九人　賃金　八千八百三十五円十三銭

告げ申す

○前の新聞にローマの天子亡くなりしと記せしは風聞の誤りにて、又この頃の便りには、大病なりしが追々全快致せし由なり。

○この仮名書き新聞は、巻の末に記せし如く、日本には国の文字ありて西洋の如く何事も仮名ばかりにても必ず用便することなり。しかれば今より後、難しき文字に苦しむことなきよう、なりたけいろは文字を以て綴りて読ましめんとするなれども、既に文字を読み慣れたる人々は回り遠きことに思ひ、且つ千年余も経たる習はし今にして

はかに一ッぱんにハおこなはるまじくおひ〳〵てびきのくはだてなり。しかるにさ
しむきおふれハ大せつのことにていち〳〵かなにうつしもしよみあやまりも
ありてハよろしからざるゆゑべつにかなつきにしてさにいだすものなり

文省第八十四號布達

當省直轄《チヨククワツ》《ぢきしはい》外國《グワイコク》語學《ゴガク》所獨乙《ドイツ》語學《ゴガク》生徒《セイト》二十名《にん》不足相成居候ニ付年齢十三歳ヨリ廿歳迄ノ者學業《ガクゲフ》試驗《シケン》之上入學可差許《サシユルスベク》候條當月二十日迄名刺《メイシ》《なふだ》ヲ以テ同校《ドウコウ》ヘ可罷出事

明治六年六月四日

大藏省第八十四號布達

六月一日ヨリ請取諸證文ヘ印紙《インシ》貼用《テウヨウ》《はりもちひ》可致儀《キ》ハ本年《ことし》二月十七日太政官第五十六號御布告ニ而管下《クワンカ》《しはいした》人民一般御布告並規則《キソク》面等詳細《シヤウサイ》《くはしく》疾クニ會得《ヱトク》《がてん》承知可有之候得共本月十日第百五拾五號御布告中規則第二十二條以下掲載《ケイサイ》《かきのせ》有之候帳簿《チヤウブ》《ちやうめん》上《シヤウ》ヘ證印之儀ハ未タ一般了解《レウゲ》《はつきりわかる》不致者モ可有之間管下各區戸長於テ再度《にどめ》之御布

俄かに一ッ般には行はるまじく、追々手引きの企てなり。しかるにさしむきお触れは大切のことにて、一々仮名に移し、もし読み誤りもありては宜しからざる故、別に仮名付きにして左に出だすものなり。

文省第八十四号布達

当省直轄（直支配）外国語学所独乙語学生徒二十名（人）不足相成り候に付き、年齢十三歳より廿歳迄の者学業試験の上入学差し許すべく候条、当月二十日迄名刺（名札）を以て同校へ罷り出づべき事。

明治六年六月四日

大蔵省第八十四号布達

六月一日より請取諸証文へ印紙貼用（貼り用ひ）致すべき儀は、本年（今年）二月十七日太政官第五十六号御布告にて管下（支配下）人民一般御布告並びに規則面等詳細（詳しく）疾くに会得（合点）承知これあるべく候えども、本月十日第百五十五号御布告中、規則第二十二条以下掲載（書き載せ）これあり候。帳簿（帳面）上へ証印の儀は未だ一般了解（はっきりわかる）致さぬ者もこれあるべく間、管下各区戸長に於て再度（二度目）の御布

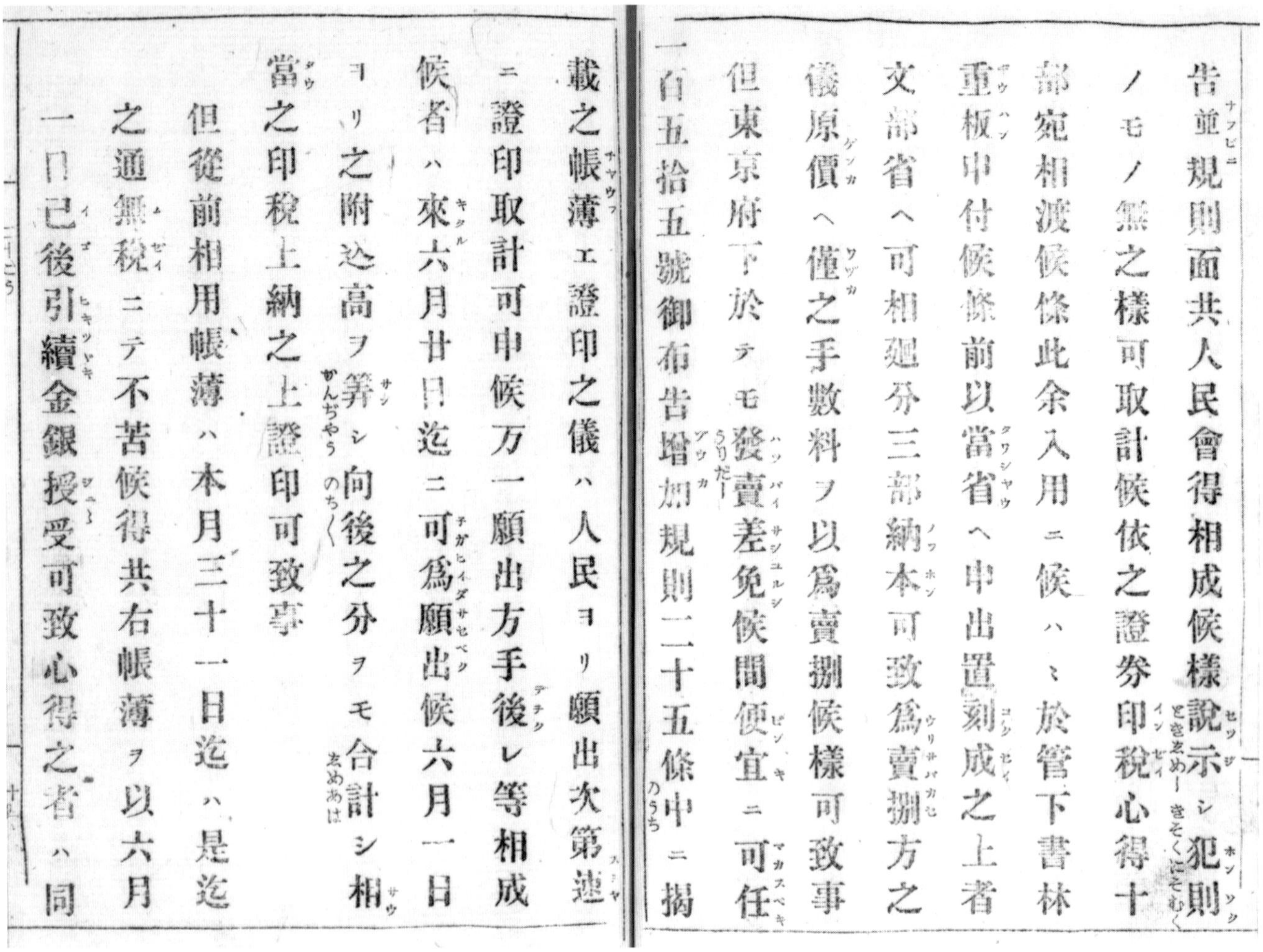
告並《ナラビニ》規則面共人民會得相成候樣說示《セツジ》シ犯則《ホンソク》
ノモノ無之樣可取計候依之證券印稅《インゼイ》心得十
部宛相渡候條此余入用ニ候ハヽ於管下書林
重板《ヂウハン》申付候條前以當省《クワシヤウ》へ申出置刻成《コクセイ》之上者
文部省へ可相廻分三部納本《ノフホン》可致爲賣捌《ウリサバカセ》方之
儀原價《ゲンカ》へ僅《ワヅカ》之手數料ヲ以爲賣捌候樣可致事
但東京府下於テモ發賣《ハツバイ》差免《サシユルシ》候間便宜《ベンギ》ニ可任《マカスベキ》
一百五拾五號御布告增加《ゾウカ》規則二十五條中ニ揭
載之帳簿《チヤウブ》エ證印之儀ハ人民ヨリ願出次第速《スミヤ》
ニ證印取計可申候万一願出方手後《テヂク》レ等相成
候者ハ來《キタル》六月廿日迄ニ可爲願出《ネガヒイダサセベク》候六月一日
ヨリ之附込高ヲ筭《サン》シ向後之分ヲモ合計シ相《サウ》
當《タウ》之印稅上納之上證印可致事
但從前相用帳簿ハ本月三十一日迄ハ是迄
之通無稅《ムゼイ》ニテ不苦候得共右帳簿ヲ以六月
一日已後《イゴ》引續《ヒキツヾキ》金銀授受《ジユヽ》可致心得之者ハ同

告並びに規則面共人民会得相なり候よう説示し（説き明かし）、犯則（規則に背く）
の者これなきよう取り計らふべく候。これに依て証券印税心得十
部宛て相渡し候条、この余入用に候はば管下書林に於て
重板申し付け候条、前以て当省へ申し出おき、刻成の上は
文部省へ相廻すべき分三部納本致すべし。売り捌かせ方の
儀、原価へ僅かの手数料を以て売り捌かせ候様致すべき事。
但し、東京府下に於ても発売（売り出し）差し許し候間便宜に任すべき。
一百五十五号御布告増加規則二十五条中（の内）に掲
載の帳簿へ証印の儀は、人民より願ひ出次第速やか
に証印取り計らうべく申し候。万一願ひ出方手後れ等相なり
候者は来る六月廿日迄に願ひ出ださせべく候。六月一日
よりの附込高を筭し（勘定）、向後（後々）の分をも合計（締め合は）し相
当の印税上納の上証印致すべき事。
但し、従前相用ひし帳簿は本月三十一日迄はこれ迄
の通り無税にて苦しからず候へども、右帳簿を以て六月
一日以後引き続き金銀授受致すべく心得の者は同

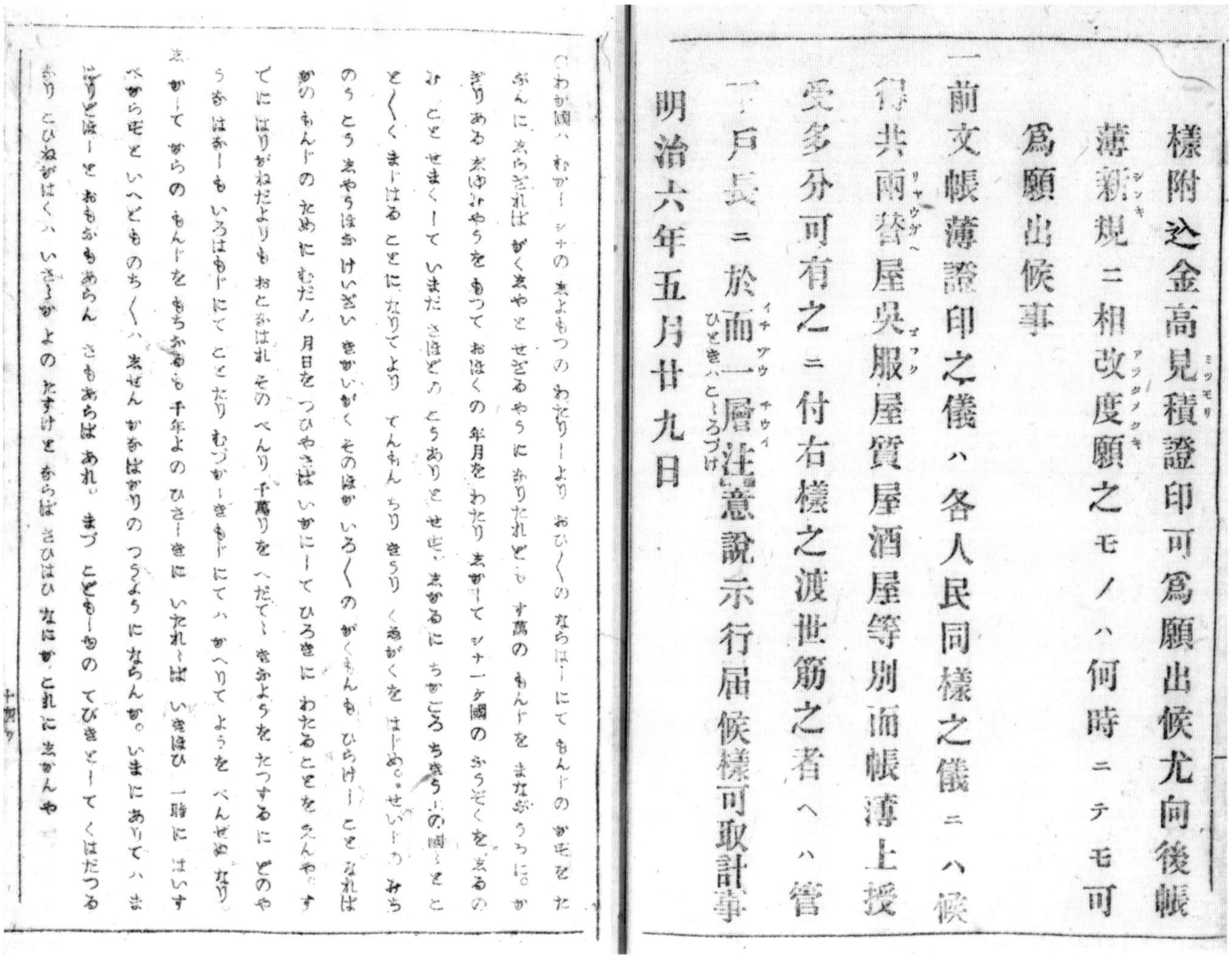

様附込金高見積《ミツモリ》證印可為願出候尤向後帳薄新《シン》規《キ》ニ相改《アラタメ》度《タキ》願之モノハ何時ニテモ可為願出候事

一前文帳薄證印之儀ハ各人民同様之儀ニハ候得共両替《リヤウガヘ》屋呉服《ゴフク》屋質屋酒屋等別而帳薄上授受多分可有之ニ付右様之渡世筋之者ヘハ管下戸長ニ於而一層《イチソウ》注意《チウイ》《ひときハこゝろづけ》説示行届候様可取計事

明治六年五月廿九日

○わが國ハ むかし シナの しよもつの わたりしより おひ〳〵の ならはしにて もんじの かずを たぶんに しらざれば がくしやと せざるやうに なりたれども すまんの もんじを まなぶうちに かぎりある じゆみやうを もつて おほくの 年月を わたり しかして シナ一ヶ國の ふうぞくを しるのみ ことせまくして いまだ さほどの こうありとせず しかるに ちかごろ ちきう上の國々と こと〴〵く まじはる ことに なりてより てんもん ちり きうり くわがくを はじめ。せいじの みち のう こう しやうほふ けいざい きかいがく そのほか いろ〳〵の がくもんも ひらけし ことなれば かの もんじの ために むだの月日を つひやさば いかにして ひろきに わたる ことを えんや。すでに はりがねだよりも おこなはれ その べんり千萬りを へだて きふようを たつするに どのやうな はなしも いろは もじにて ことたり むづかしき もじにては かへりて ようを べんぜぬ なり。しかして からの もんじを もちふるも 千年よの ひさしきに いたれば いきほひ 一時に はいす べからずと いへども のち〳〵は しぜん かなばかりの つうように ならんか。いまに ありては まはりどほしと おもふも あらん さも あらば あれ まづ こどもしゆの てびきとして くはだつる なり こひねがはくハ いさゝか よの たすけと ならば さひはひ なにか これに しかんや

様附込金高見積り証印願ひ出だすべく候。尤も向後帳簿新規に相改めたき者は何時にても願ひ出ださせべく候事。

一前文帳簿証印の儀は各人民同様の儀には候へども、両替屋、呉服屋、質屋、酒屋等別に帳簿上授受多分これあるべきについては、右様の渡世筋の者へは管下戸長に於て一層注意（ひと際心付け）説示行き届き候よう取り計らふべき事。

明治六年五月廿九日

○我が国は昔シナの書物の渡りしより、追々の習はしにて文字の数を多分に知らざれば学者とせざるようになりたれども、数万の文字を学ぶうちに限りある寿命を以て多くの年月を渡り、しかしてシナ一ッ国の風俗を知るのみこと狭くして、未ださほどの功ありとせず。しかるに近頃地球上の国々と悉く交はることになりてより、天文、地理、究理、化学を始め、政治の道、農、工、商法、経済、機械学その他色々の学問も開けしことなれば、彼の文字のために無駄の月日を費やさば、如何にして広きにわたる事を得んや。既に針金便りも行はれ、その便利千万里を隔てて急用を達するに、どのような話もいろは文字にて事足り、難しき文字にてはかへりて用を便ぜぬなり。しかして唐の文字を用ふるも千年余の久しきに至れば、勢ひ一時に廃すべからずといへども、後々は自然仮名ばかりの通用にならんか。今にありては回り遠しと思ふもあらん。さもあらばあれ、先ず子供衆の手引きとして企つるなり。冀はくはいささか世の助けとならば幸ひ何かこれにしかんや。

○仮名書き新聞誌一冊定め値段五銭。○当時出版号より先前払ひにて。○五冊以上引き受けの方へは一チ割引き。○二十冊以上は二割引き。○五十冊（一ヶ年分）以上は三割引きにて、東京府中は無賃、その他国々は前金とも郵便税おん差しおき下ダされ候へば、出版の度ごと相違なくおん届け申べく候。
但し日チ曜の前日ごとに出版（一ヶ月凡そ四度或ひは五度）（一ヶ年凡そ五十度になる）。
○諸国取次ぎ売り広め望みのお方はお引き合ひ申べく、本局へおん出でを願ふ。
○全て案内知らせ引札の類、六くだりにて摺り上げ、一ト度につき十二銭五厘、同一ヶ月（凡そ四度）につき五十銭にて引き受け申候。

東京木挽町五丁目一チの橋通り
本局　仮会社　飯田氏
同南伝馬町三丁目
売り広め所　岡田屋勝三郎

三十四号の内容　明治6・9・13

○白根山噴火○三つ子誕生（敦賀）○外国人の芝居見物（新富町）○相続のための疑似葬儀（多摩郡）○柿の古木（上野の国）○使用人の精勤に褒美（大阪）○婚約者への暴行（東京）

**ぐわいこくしんぶん**　○ロシア女性、医師を志してアメリカ留学○ロシアとイギリスの領土争い○南米の情勢不穏○疫病（シナ）○神戸港の外国船で転落事故○大火（ボルチモア）○イスパニア内乱○アジアコレラ（ロンドン）○ドイツのナント派兵撤退○調練（パリ）○大風（米）○風雨による鉄道事故（米）○大雨で崖崩れ（米）○大雨で鉄道延着（米）○大風で田畑被害（米）○国体改革奏上（フランス）○大火（メイン州）

**いろ〳〵のはなし**　○フランス兵東京で短歌を詠む○当節の模様を表した子供の言葉○銀座煉瓦街で初の料理屋開業○新橋横浜間鉄道の乗客数と売上高○三十二号の記事の訂正○洋銀の相場

**しらせあんない**（広告）　出版日、新聞社住所、新聞社名

東京かながきしんぶん　明治六年九月十三日　三十四号　定価三銭

○熊谷県より大蔵省へお達しの写しを得たり。左に記す。

本県支配上野国荒山、又の名白根山の儀、当年三月、山々焼け崩れし。その節お届け仕り候ところ、この節又時々鳴り動きしに、八月二十八日二十九日、大雨降り続きし折から、二十九日朝六時ごろ強く鳴り動き、麓の方三里を隔

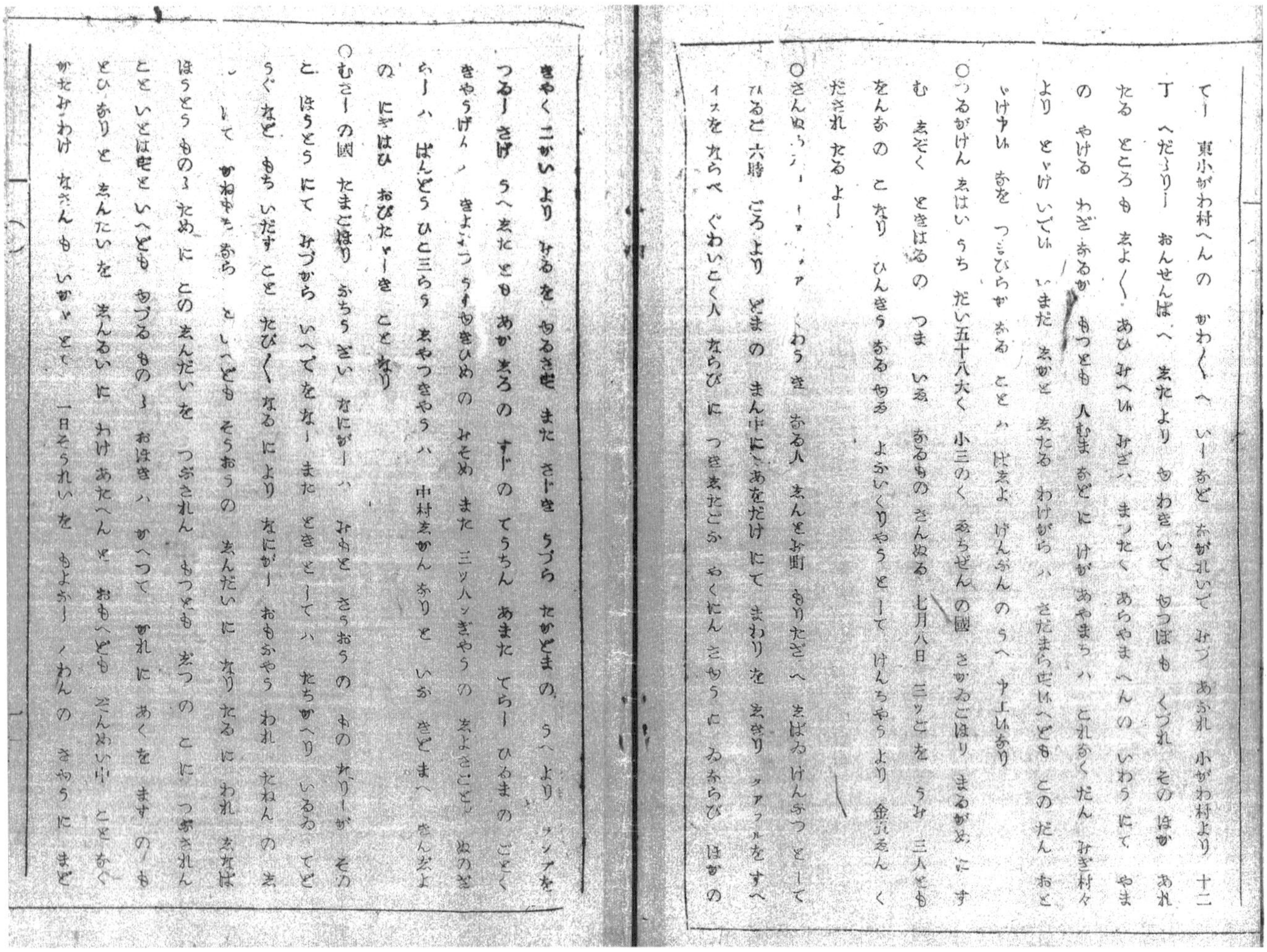

てし東小川村辺の川々へ石など流れ出で、水溢れ、小川村より十二丁隔たりし温泉場へ下より湯湧き出で、湯壺も崩れ、その外荒れたる所も諸所相見へ候。右は全く荒山辺の硫黄にて山の焼ける業なるか。尤も人馬などに怪我過ちはこれなく段、右村々より届け出で候。未だしかとしたる訳柄は定まらず候へども、この段お届け申候。なお詳らかなることは場所検分の上申上候なり。

○敦賀県支配内、第五十八大区小三の区、越前の国酒井郡丸亀に住む士族時春の妻いゑなる者、去んぬる七月八日三ッ子を産み、三人とも女の子なり。貧窮なる故養育料として県庁より金五円くだされたる由。

○去んぬる六月□□□□　高貴なる人新富町森田座へ芝居見物として昼後六時ごろより土間の真ん中に青竹にて周りを仕切り、テーブルを据へ、椅子を並べ、外国人並びに付き従ふ役人左右に居並び、外の客二階より見るを許さず。又桟敷鶉高土間の上よりランプを吊るし堤げ、上下とも赤白の筋の提灯数多照らし、昼間の如く狂言や清光、薄雪姫の見染、又三ッ人形の所作事。布晒しは坂東彦三郎、石橋は中村芝翫なりと言ふ。木戸前近所の賑はひ夥しきことなり。

○武蔵の国多摩郡府中在何某は、身元相応の者たりしが、その子放蕩にて自ら家出をなし、又時としては立ち帰り、衣類手道具など持ち出だすこと度々なるにより、何某思ふよう、我多年のし□□にて、金持ちなら□といへども相応の身代になりたるに、我死なば放蕩の者のためにこの身代を潰されん。尤も実の子に潰されんこと厭はずといへども、譲る物の多きは却って彼に悪を増すの基なりと、身代を親類に分け与へんと思へども、存命中事なく形見分けなさんも如何とて、一日葬礼を催し、棺の左右に窓

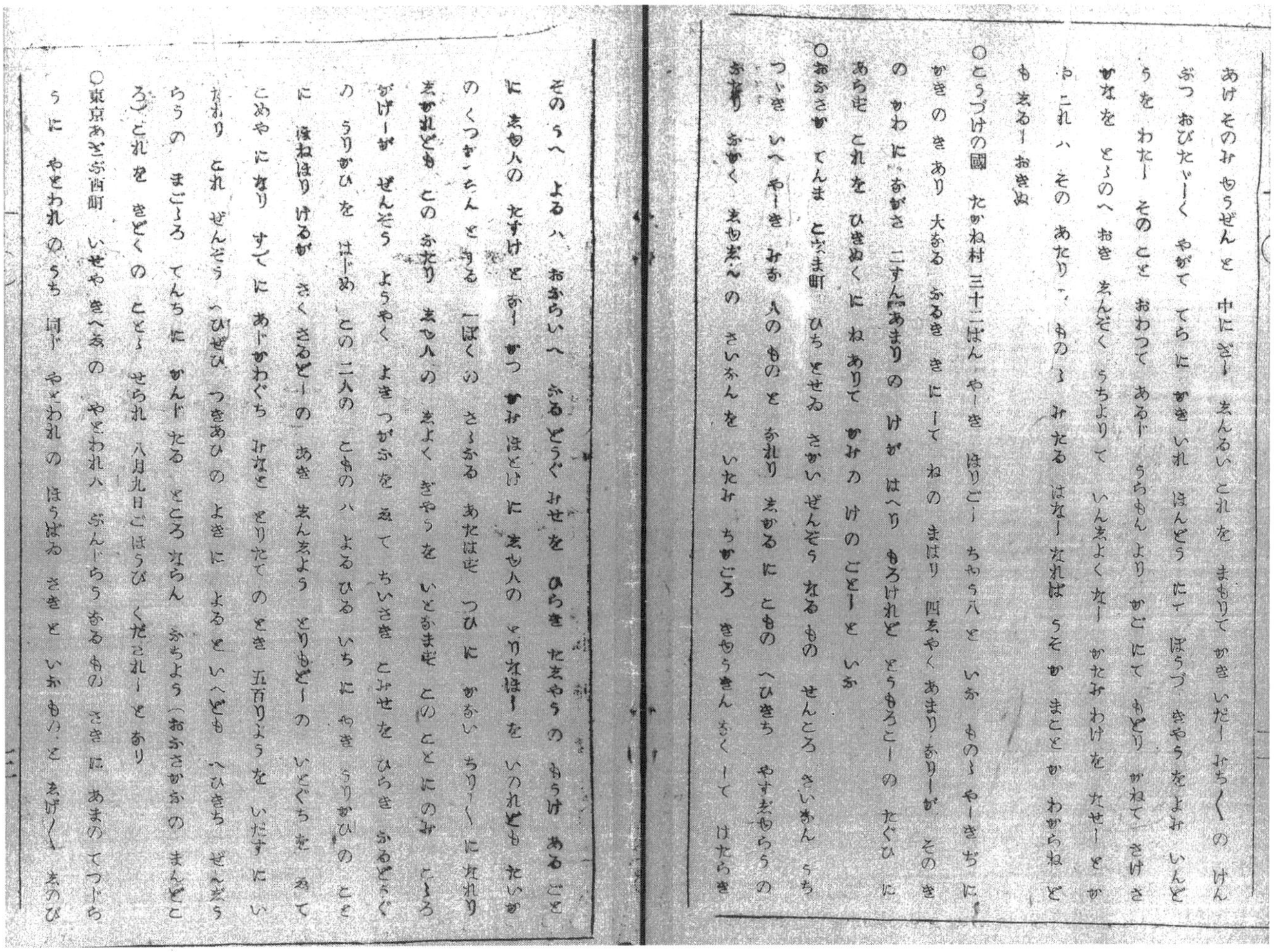
あけ そのみ ゆうぜんと 中にざし しんるい これを まもりて かきいだし みちみちの けん
ぶつ おびたゞしく やがて てらに かきいれ ほんどうにて ぼうづ きやうをよみ いんど
うを わたし その こと おわつて あるじ うらもん より かごにて もどり かねて さけさ
かなを とゝのへ おき しんぞく うちよりて いんしよく なし かたみわけを なせしとか
や これハ その あたりの ものゝ みたる はなし なれば うそか まことか わからねど
も しるし おきぬ
○かうづけの國 たかね村 三十二ばん やしき ほりごし ちやう八と いふ ものゝ やしきぢに
かきの き あり 大なる ふるき きにして ねの まはり 四しやく あまり なりしが その き
の かわに ながさ 二すんあまりの けが はへり もろけれど とうもろこしの たぐひに
あらず これを ひきぬくに ねありて かみの けの ごとしと いふ
○おふさか てんま 小じま町 しちとせい さかい ぜんざう なるもの せんころ さいなん うち
つゞき いへやしき みな 人のものと なれり しかるに こもの へいきち やすじらうの
ふたり ふかく しゆじんの さいなんを いたみ ちかごろ きやうきん なくして はたらき
そのうへ よるハ おうらいへ ふるどうぐ みせを ひらき たしやうの もうけ あるごと
に しゆじんの たすけと なし かつ かみ ほとけに しゆじんの とりなほしを いのれども たいか
の くつがへらんと する 一ぼくの さゝふる あたはず つひに かない ちりぢりに なれり
しかれども この ふたり しゆじんの しよくぎやうを いとなまず この ことにのみ こゝろ
がけしが ぜんざう ようやく よきつがふを えて ちいさき こみせを ひらき ふるどうぐ
の うりかひを はじめ この 二人の こものハ よるひる いちに ゆき うりかひの こと
に ほねはり けるが さく さるどしの あき しんしよう とりもどしの いとぐちを えて
こめや になり すでに あじかわぐち みなと とりたての とき 五百りようを いだすに いた
れり これ ぜんざう へいぜい つきあひの よきに よるといへども へいきち ぜんじう
らうの まごゝろ てんちに かんじたる ところ ならん ふちよう（おふさかふの まんどこ
ろ）これを きどくの ことゝ せられ 八月九日ごほうび くだされしと なり
○東京あざぶ西町 いせや きへゑの やとわれ人 ぶんじらう なる もの さきに あまの てつじら
うに やとわれの うち 同じ やとわれの ほうばい さきと いふもの と しげしげ しのび

開け、その身悠然と中に座し、親類これを守りて舁き出だし、道々の見物夥しく、やがて寺に舁き入れ、本堂にて坊主経を読み、引導を渡し、そのこと終わって主裏門より駕籠にて戻り、かねて酒肴を調へおき、親族打ち寄りて飲食なし、形見分けをなせしとかや。これはその辺りの者の見たる話なれば、嘘か真か分からねども記しおきぬ。

○上野の国高根村三十二番屋敷、堀越長八といふ者の屋敷地に柿の木あり。大なる古き木にして根の周り四尺余りなりしが、その木の皮に長さ二寸あまりの毛が生へり。脆けれど、とうもろこしの類にあらず。これを引き抜くに、根ありて、髪の毛の如しと言ふ。

○大阪天満小島町、質渡世酒井善三なる者、先ころ災難うち続き、家屋敷皆人の物となれり。しかるに小者平吉、安十郎の二人、深く主人の災難を悼み、近頃給金なくして働き、その上夜は往来へ古道具店を開き、多少の儲けあるごとに主人の助けとなし、かつ神仏に主人の取り直しを祈れども、大廈の覆らんとする一木の支ふる能はず。遂に家内散り散りになれり。しかれどもこの二人主人の職業を営まず、このことにのみ心掛けしが、善三ようやく良き都合を得て、小さき小店を開き、古道具の売り買ひを始め、この二人の小者は夜昼市に行き、売り買ひのことに骨ほ〈折〉りけるが、昨申年の秋、身上取り戻しの糸口を得て米屋になり、既に安治川口港取り立てのとき、五百両を出だすに至れり。これ善三平生付き合ひの良きに因るといへども、平吉、善十郎の真心天地に感じたるところならん。府庁（大阪府の政所）これを奇特のこととせられ、八月九日ご褒美くだされしとなり。

○東京麻布西町、伊勢屋喜兵衛の雇われ人文次郎なる者、先に天野鉄次郎に雇われのうち、同じ雇われの朋輩さきといふ者としげしげ忍び

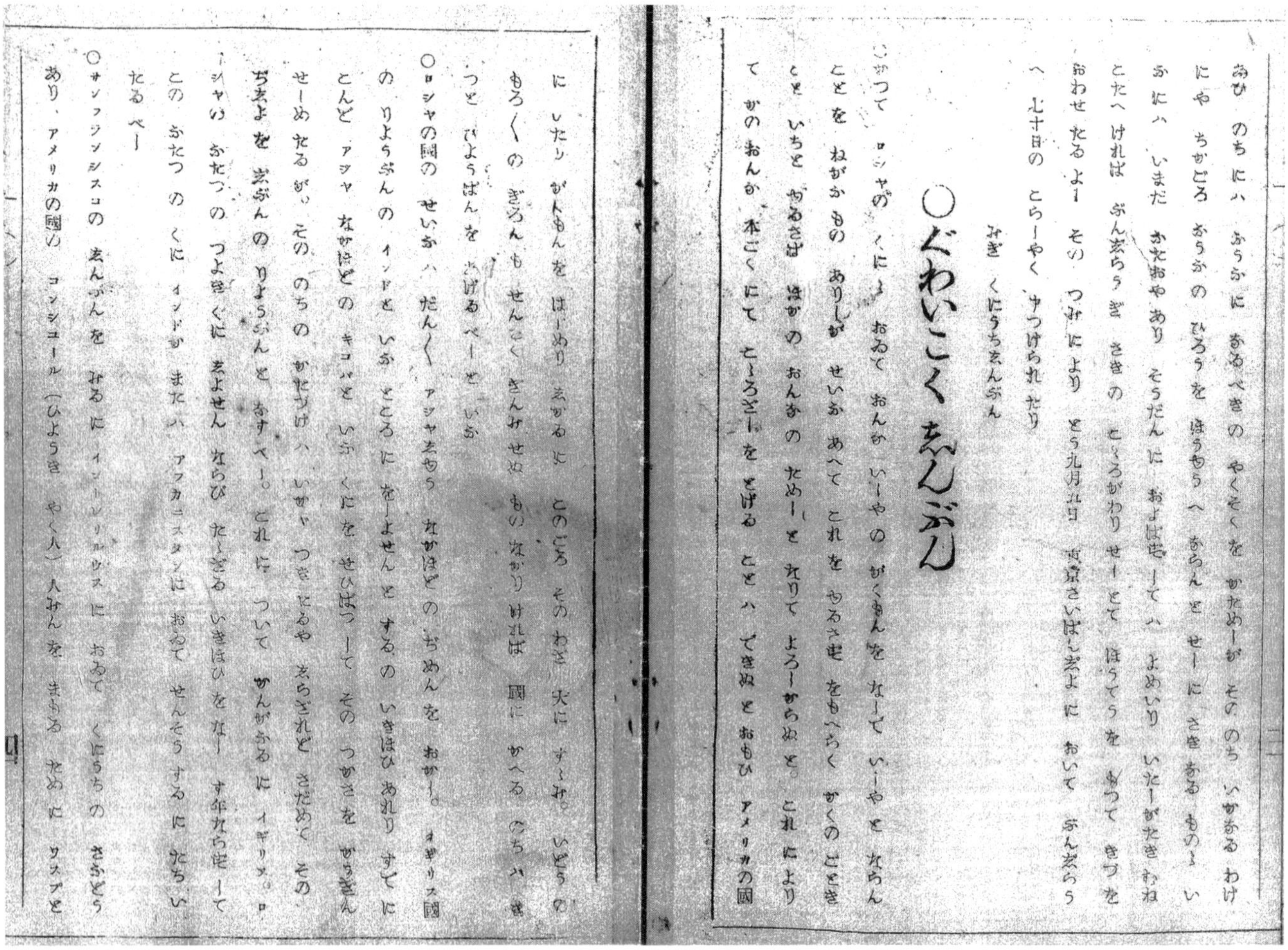

あひ のちにハ ふうふに なるべきの やくそくを かためしが そのゝち いかなる わけにや ちかごろ ふうふの ひろうを ほうゆうへ ならんと せしに さきなる ものゝ いふにハ いまだ かたおや あり そうだんに およばずしてハ よめいり いたしがたき むね こたへ ければ ぶん次らう ぎ さきの こゝろがわり せしとて ほうてうを もつて きずを おわせ たる よし その つみに より とう九月五日 東京さいばんしよに おいて ぶん次らう へ 七十日の こらしやく 申つけられ たり

みぎ くにうち しんぶん

○ぐわいこく しんぶん

○かつて ロシヤの くにゝ おゐて おんな いしやの がくもんを なして いしやと ならん ことを ねがふ もの ありしが せいふ あへて これを ゆるさず おもへらく かくの ごとき こと いちど ゆるさば ほかの おんなの ためしと なりて よろしからぬ と。これに より て かの おんな 本ごくに て こゝろざしを とげる ことハ できぬ と おもひ アメリカの國に いたり がくもんを はじめり しかるに このごろ その わざ 大に すゝみ いどうの もろ〳〵の ぎろんも せんさく ぎんみ せぬ もの なかりければ 國に かへる のちハ きつと ひようばんを あげる べしと いふ

○ロシヤの國の せいふハ だん〳〵 アジヤ州ちう ほどの ぢめんを おかし。イギリス國の りようぶんの インドと いふ ところに おしよせんと するの いきほひ あり すでに こんど アジヤ なかほどの キコバと いふ くにを せいばつして その つかさを かうさん せしめ たるが。その のちの かたづけハ いかゞ つきたるや しらざれど さだめて その ちしよを 自ぶんの りようぶんと なすべし。これに ついて かんがふるに イギリス。ロシヤの ふたつの つよき くに しよせん ならび たゝざる いきほひを なし すねん ならずして この ふたつの くに インドか また ハ アフカニスタンに おゐて せんそう するに たちいたる べし

○サンフランシスコの しんぶんを みるに インテレリウスに おゐて くにうちの さふどう あり。アメリカの國の コンシユール（ひようぎ やく人）人みんを まもる ために ワスプと

逢ひ、後には夫婦になるべきの約束を固めしが、その後如何なる訳にや、近頃夫婦の披露を朋友へならんとせしに、さきなる者の言ふには、未だ片親あり、相談に及ばずしては嫁入り致し難き旨答へければ、文次郎儀、さきの心変わりせしとて包丁を以て傷を負わせたる由。その罪により、当九月五日、東京裁判所に於いて文次郎へ七十日の懲らし役申付けられたり。

右くにうちしんぶん

○ぐわいこくしんぶん

○かつてロシヤの国に於いて、女、医者の学問をなして医者とならんことを願ふ者ありしが、政府あへてこれを許さず。思へらく、かくの如きこと一度許さば外の女の例となりて宜しからぬと。これによりて、彼の女本国にて志を遂げることはできぬと思ひ、アメリカの国に至り、学問を始めり。しかるにこの頃その技大に進み、医道の諸々の議論も詮索吟味せぬ者なかりければ、国に帰る後はきっと評判を上げるべしと言ふ。

○ロシヤの国の政府は、段々アジヤ州中ほどの地面を侵し、イギリス国の領分のインドといふ所に押し寄せんとするの勢ひあり。既に今度アジヤ中ほどのキコバ［ヒヴァ］といふ国を征伐して、その司を降参せしめたるが、その後の片付けは如何つきたるや知らざれど、定めてその地所を自分の領分となすべし。これについて考ふるに、イギリス、ロシヤの二つの強き国、所詮並び立たざる勢ひをなし、数年ならずしてこの二つの国、インドか又はアフガニスタンに於いて戦争するに立ち至るべし。

○サンフランシスコの新聞を見るに、イントレリルウス［エントレリオス］に於いて国内の騒動あり。アメリカの国のコンシユール（評議役人）人民を守るためにワスプと

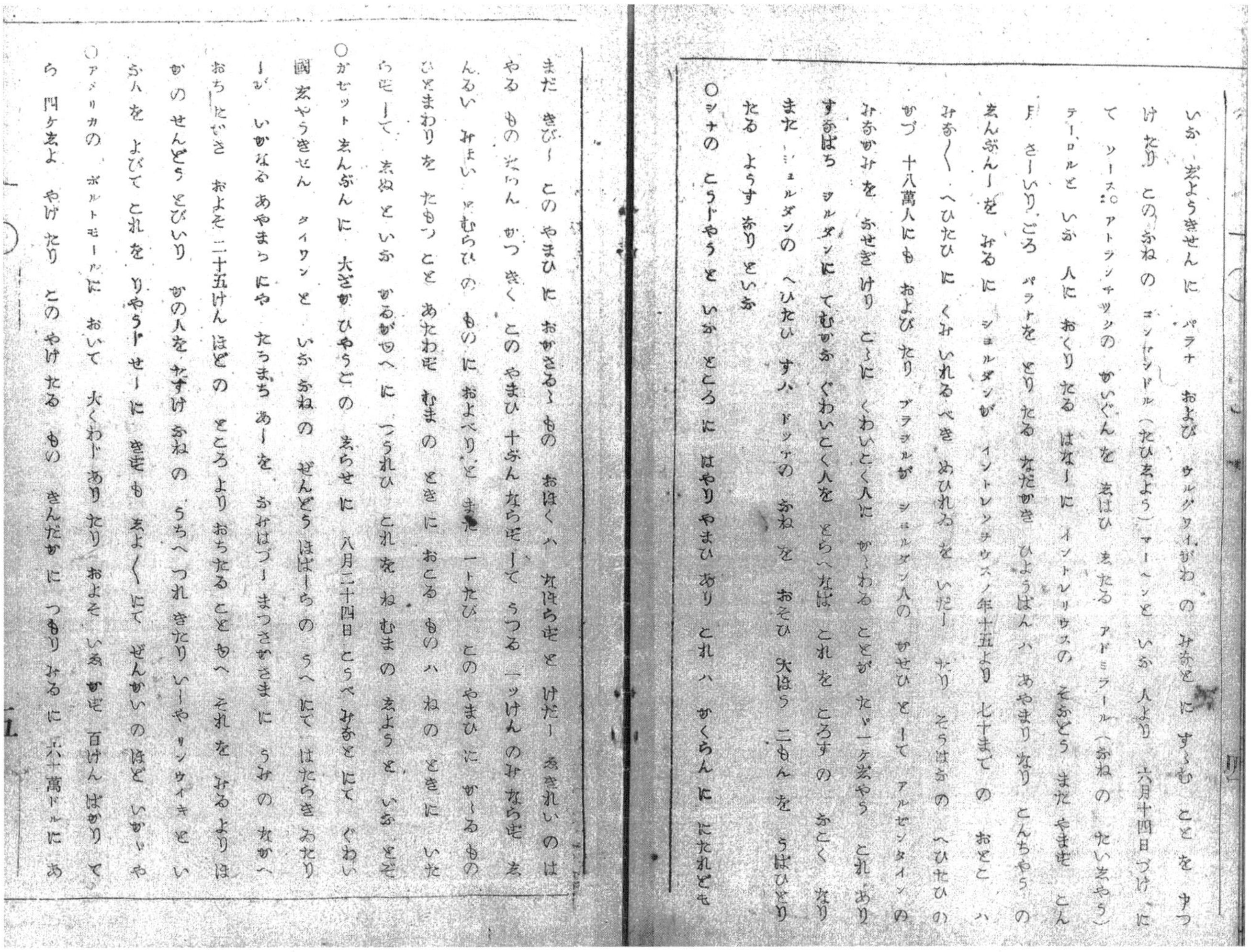

いふ じようきせんに パラナ および ウルグワイがわ の みなとに すゝむ ことを 申つけたり この ふねの コンマンドル（たいしやう）マーヘンと いふ 人より 六月十四日づけ にて ソース。アトランチックの かいぐんを しはい したる アドミラール（ふねの たいしやう）テーロルと いふ 人に おくりたる はなしに イントレリウスの そふどう まだ やまず こん月 さしいり ごろ パラナを とりたる なだかき ひやうばん ハ あやまりなり とんちやう の しんぶんを みるに ショルダンが イントレンチウスノ年十五より 七十までの おとこ ハ みな／＼ へいたいに くみいれるべき めいれいを いだしたり そうはうの へいたいの かず 十八萬人にも およびたり ブラジルが ショルダン人の かせいとして アルゼンタインの みなかみを ふせぎけり こゝに くわいこく人に かゝわる ことが たゞ一ケでう これ あり すなはち ジルダンに てむかふ ぐわいこく人を とらへなば これを ころすの ふこく なり また ショルダンの へいたい すう人 ドッチの ふねを おそひ 大ほう 二もん を うばひとりたる やうす なりと いふ

○シナの こうじやうと いふところに はやりやまひ あり これ ハ かくらん に にたれども まだ きびし この やまひ に おかさるゝ もの おほく ハ なほらずと けだし えきれいの はやる もの ならん かつ きく この やまひ 十ぶん ならずして うつる 一ッけんの み ならず しんるい みまい とむらひ の ものに およべりと また 一トたび この やまひ に かゝる もの ひとまわりを たもつ こと あたわず むまの ときに おこる ものハ ねの ときに いたらずして しぬ と いふ かるがゆへに つうれい これを ねむまの しやう と いふ とぞ

○ガゼット しんぶんに 大ざか ひやうごの しらせに 八月二十四日 こうべ みなとにて ぐわい國じやうきせん タイワン と いふ ふねの ぜんどう ほばしらの うへにて はたらき ゐたりしが いかなる あやまちにや たちまち あしを ふみはづし まつさかさまに うみの なかへ おちたり たかさ およそ 二十五けん ほどの ところより おちたる ことゆへ それを みるより ほかの せんどう とびいり かの人を たすけ ふねの うちへ つれきたり いしや リンウイキ と いふ人を よびて これを りやうぢせしに きずも しよ／＼にて ぜんかいの ほど いかゞや

○アメリカの ボルトモールに おいて 大くわじ ありたり およそ いゑかず 百けん ばかり てら 四ケしよ やけたり この やけたる もの きんだかに つもりみる に 六十萬ドルに あ

いふ蒸気船にパラナ及びウルグワイ側の港に進むことを申付けたり。この船のコンマンドル（大将）マーヘンといふ人より、六月十四日付けにて、ソース［サウス］アトランチックの海軍を支配したるアドミラール（船の大将）テーロルといふ人に送りたる話に、イントレリウスの騒動まだやまず、今月差し入り頃パラナを取りたる名高き評判は誤りなり。今朝の新聞紙を見るに、シヨルダンがイントレヲウスの年十五より七十までの男は皆々兵隊に組み入れるべき命令を出だしたり。双方の兵隊の数十八万人にも及びたり。ブラジルがシヨルダン人の加勢としてアルゼンタインの水上を防ぎけり。ここに外国人に関わることがただ一ヶ条これあり。即ちジルダンに手向かふ外国人を捕らへなばこれを殺すの布告なり。又シヨルダンの兵隊数人ドッチの船を襲ひ、大砲二門を奪ひ取りたる様子なりといふ。

○シナのこうじょうといふ所に流行り病あり。これは霍乱に似たれどもまだ厳し。この病に冒さるる者多くは治らずと。けだし疫癘の流行るものならん。かつ聞く。この病十分ならずして移る。一ッ軒のみならず親類見舞い弔ひの者に及べりと。又一ト度この病に罹る者一回りを保つこと能わず。午の時に起こるものは、子の時に至らずして死ぬと言ふ。かるが故に通例これを子午の瘴と言ふとぞ。

○ガゼット新聞に、大阪兵庫の知らせに、八月二十四日神戸港にて外国蒸気船、タイワンといふ船のぜんどう〈船頭〉帆柱の上にて働きいたりしが、如何なる過ちにや忽ち足を踏み外し、真っ逆さまに海の中へ落ち、高さ凡そ二十五間ほどの所より落ちたること故、それを見るより外の船頭飛び入り、彼の人を助け、船の内へ連れ来たり。医者リンウイキといふ人を呼びてこれを療治せしに、傷も諸所にて全快のほど如何や。

○アメリカのボルチモアに於いて大火事ありたり。凡そ家数百軒ばかり、寺四ヶ所焼けたり。この焼けたるもの金高に積もりみるに、六十万ドルに当

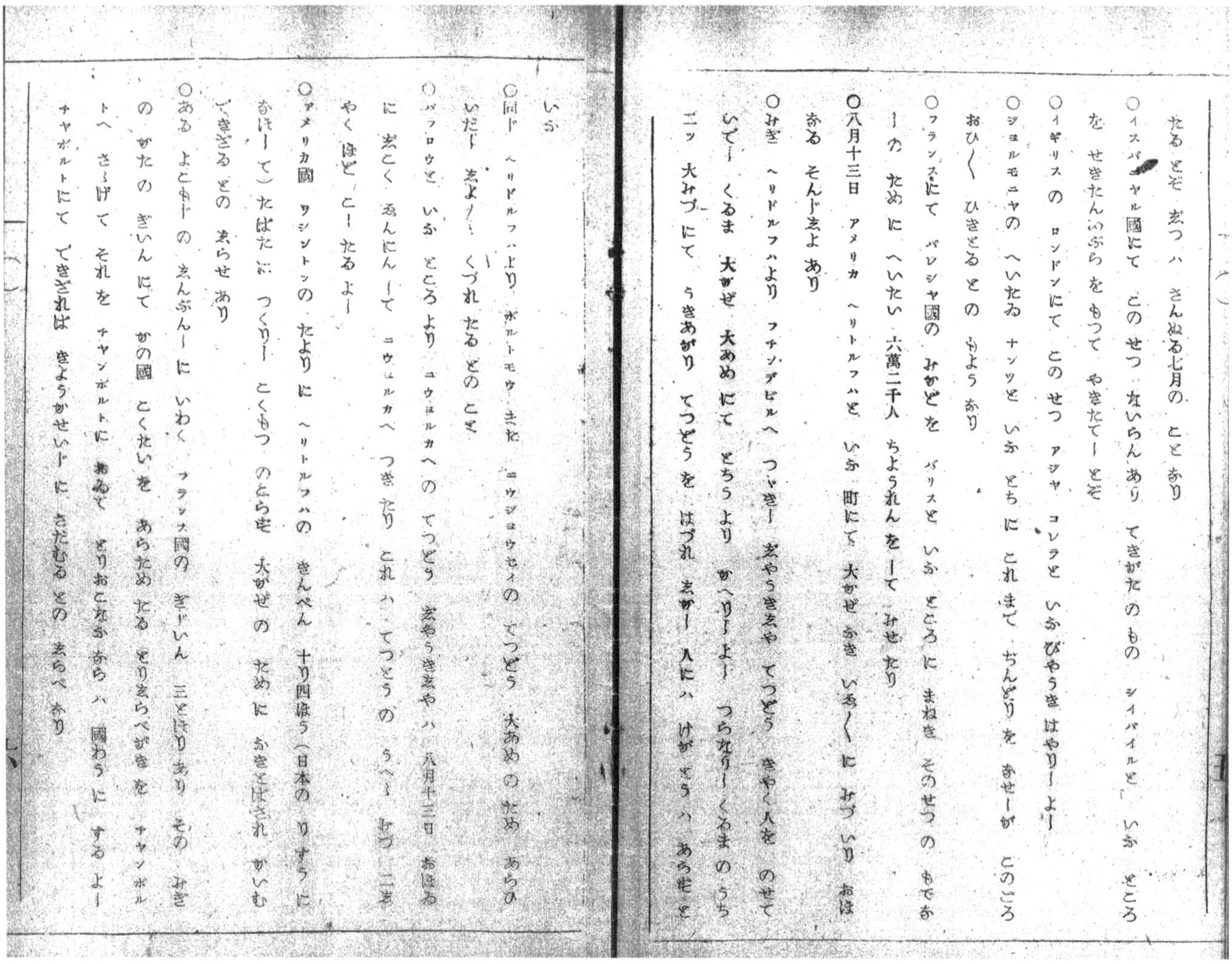

たるとぞ。実は去んぬる七月のことなり。
○イスパニヤル国にてこの節内乱あり。敵方の者、シイバイルといふ所を石炭油を以て焼き立てしとぞ。
○イギリスのロンドンにて、この節アジヤコレラといふ病気流行りし由。
○ジヨルモニア［ジャーマニー］の兵隊、ナンツといふ土地にこれまで陣取りなせしが、この頃追々引き取るとの模様なり。
○フランスにてペルシャ国の帝をパリスといふ所に招き、その節のもてなしのために、兵隊六万二千人調練をして見せたり。
○八月十三日、アメリカヘリトルフハ［フィラデルフィア］といふ町にて大風吹き、家々に水入り、大なる損じ所あり。
○右ヘリドルフハよりフチンデビルへ続きし蒸気車鉄道、客人を乗せて出でし車、大風大雨にて途中より返りし由。連なりし車のうち二ッ大水にて浮き上がり、鉄道を外れ、しかし人には怪我等はあらずといふ。
○同じヘリドルフハよりボルトモウ［ボルチモア］、またニウジヨウセイ［ニュージャージー］の鉄道、大雨のため洗ひ出だし、諸所崩れたるとの事。
○バフロウ［バッファロー］といふ所よりニウヨルカへの鉄道蒸気車は、八月十三日、大いに時刻延引してニウヨルカへ着きたり。これは鉄道の上へ水二尺ほど越したる由。
○アメリカ国ワシントンの便りに、ヘリトルフハの近辺十里四方（日本の里数に直して）、田畑に作りし穀物残らず大風のために吹き飛ばされ、回務できざるとの知らせあり。
○ある横文字の新聞紙に曰く。フランス国の議事院三通りあり。その右の方の議院にて彼の国国体を改めたる取り調べ書きをチヤンボルトへ捧げて、それをチヤンボルトにおいて執り行ふならば、国王にする由。チヤボルトにて出来ざれば、共和政治に定むるとの調べなり。

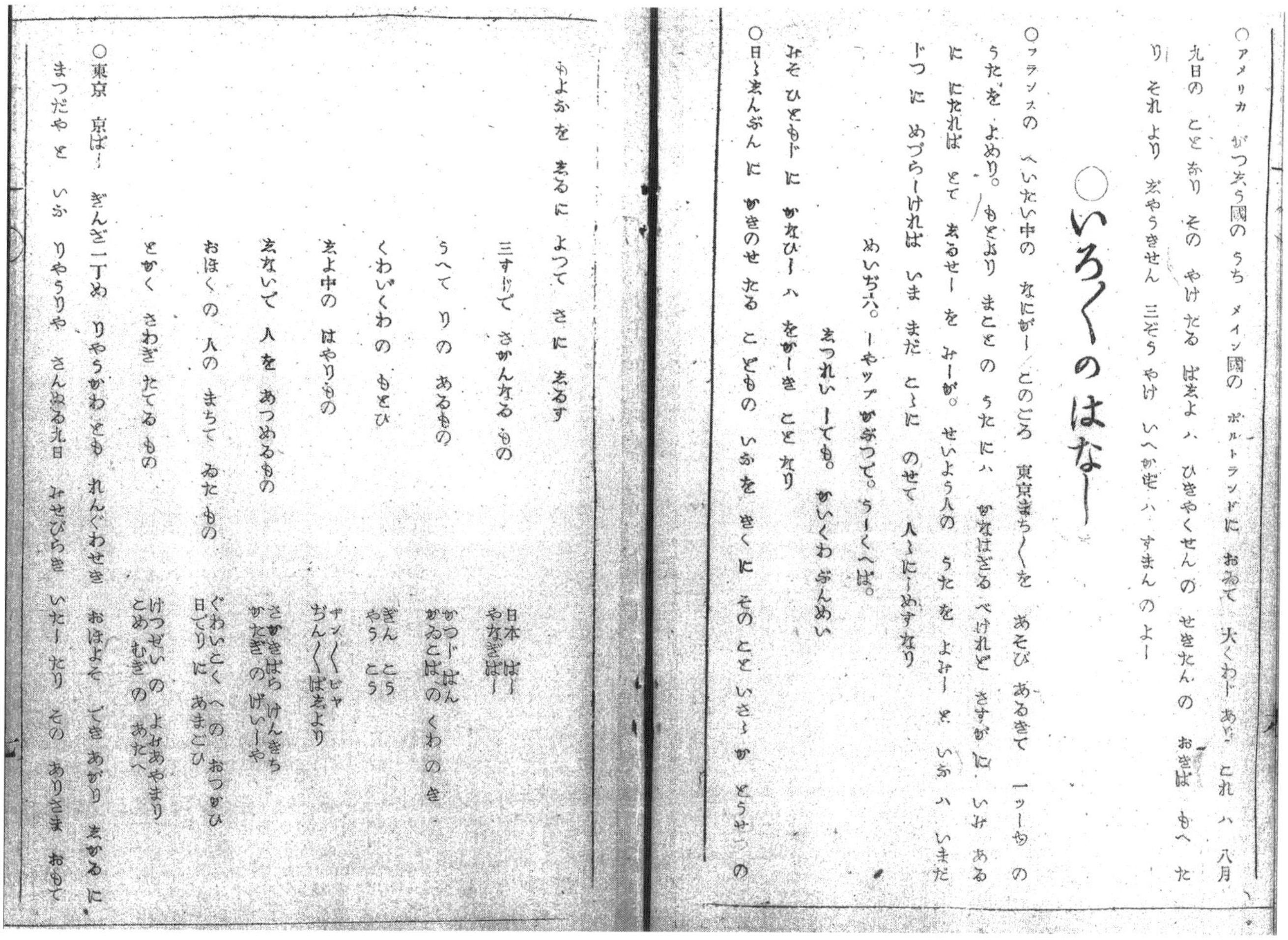

○アメリカ がつしう國の うち メイン國の ポルトランドに おいて 大くわじ あり これ ハ 八月九日の こと なり その やけたる ばしよ ハ ひきやくせんの せきたんの おきば もへたり それより じようきせん 三ぞう やけ いへかず ハ すまん の よし

○いろ〳〵のはなし

○フランスの へいたい中の なにがし このごろ 東京まち〳〵を あそび あるきて 一ッしゆ の うたを よめり。もとより まことの うたに ハ かなはざる べけれど さすがに いみ あるに にたれば とて しるせし を みしが。せいよう人の うたを よみし と いふ ハ いまだ じつ に めづらしければ いま まだ こゝに のせて 人〻に しめす なり

めいぢ六。しやツプ かぶつて。ぎう〳〵へば。

しつれい しても。かいくわ ぶんめい

みそ ひともじ に かなひし ハ をかしき こと なり

○日〻しんぶん に かきのせ たる こどもの いふを きく に その こと いさゝか とうせつ の もよう を しるに よつて さに しるす

三すぢで さかんなる もの　日本 ばし やなぎばし

うへて りの あるもの　かつじばん かうこばの くわの き

くわいくわの もとひ　ぎん こう やう こう

しよ中の はやりもの　ザン〳〵ビヤ ぢん〳〵ばしより

しないで 人を あつめるもの　さかきばら けんきち かたぎの げいしや

おほくの 人の まちて ゐたもの　ぐわいこくへの おつかひ 日てりに あまごひ

とかく さわぎ たてる もの　けつぜいの よみあやまり こめむぎの あたへ

○東京 京ばし ぎんざ一丁め りやうかわ とも れんぐわせき おほよそ できあがり しかる に まつだや と いふ りやうりや さんぬる九日 みせびらき いたし たり その ありさま おもて

---

○アメリカ合衆国の内、メイン国のポルトランドに於いて大火事あり。これは八月九日のことなり。その焼けたる場所は飛脚船の石炭の置き場燃へたり。それより蒸気船三艘焼け家数は数万の由。

いろ〳〵のはなし

○フランスの兵隊中の何某、この頃東京町々を遊び歩きて、一ッ首の歌を詠めり。元より真の歌には敵はざるべけれど、さすがに意味あるに似たればとて記せしを見しが、西洋人の歌を詠みしといふは未だ実に珍しければ、今まだここに載せて人々に示すなり。

明治六　しやツプ［シャッポ］かぶつて　牛食へば

失礼しても　開化文明

三十一文字に適ひしはおかしきことなり。

○日々新聞に書き載せたる子供の言ふを聞くに、その事いささか当節の模様を知るに因って左に記す。

三筋で盛んなるもの　日本橋　柳橋

植へて利のあるもの　活字版　蚕場の桑の木

開化の基　銀行　洋行

暑中の流行りもの　ヂンヂンビヤ　ぢんぢん端折り

竹刀で人を集めるもの　榊原健吉　堅気の芸者

多くの人の待ちていたもの　外国へのお遣ひ　日照りに雨乞ひ

とかく騒ぎ立てるもの　血税の読み誤り　米麦の値

○東京京橋銀座一丁目両側とも、煉瓦石おほよそ出来上がり、しかるに松田屋といふ料理屋去んぬる九日店開き致したり。その有様表

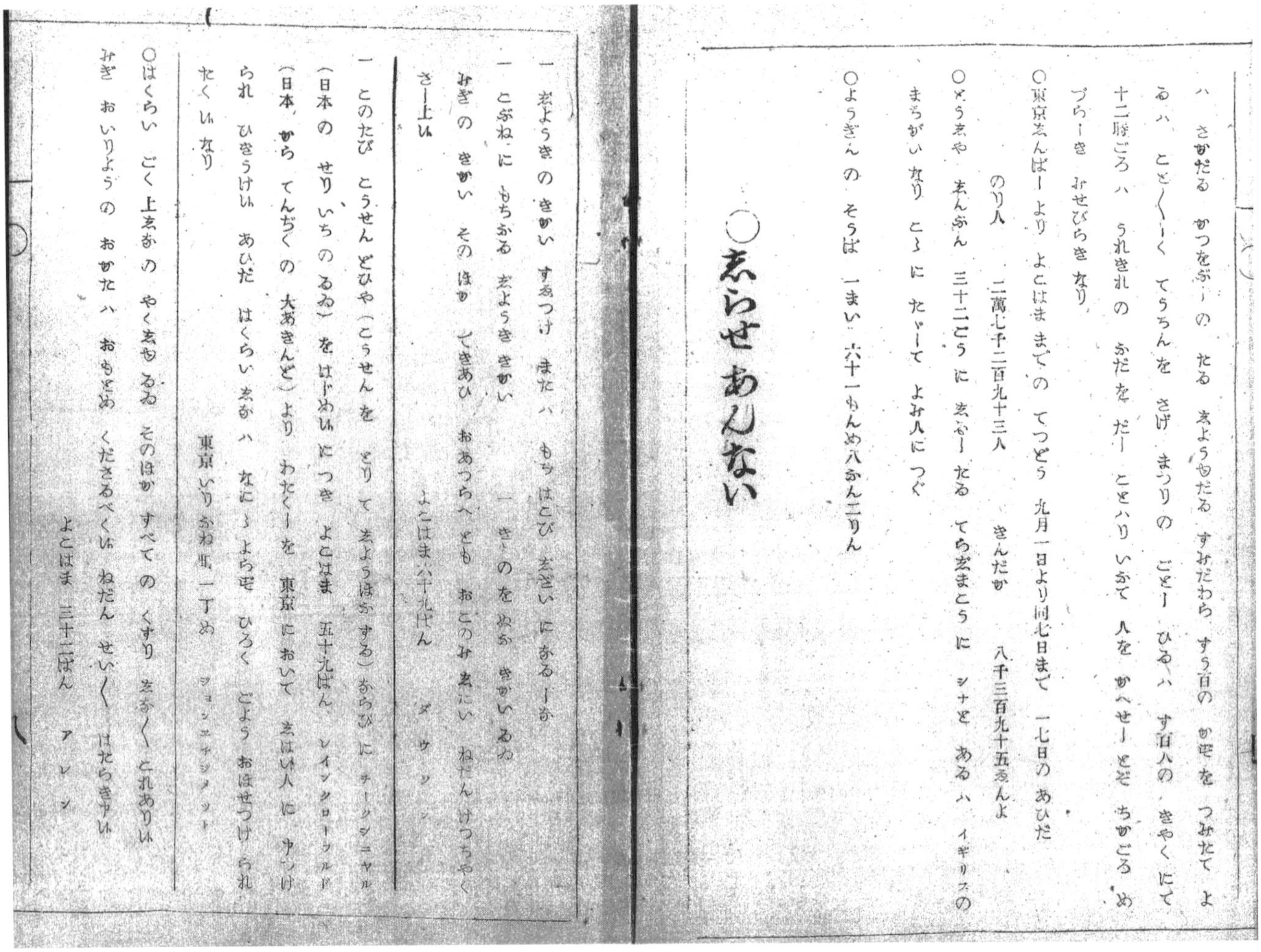

ハ　さかだる　かつをぶしの　たる　しようゆだる　すみだわら　すう百の　かずを　つみたて　よ
るハ　ことごとく　てうちんを　さげ　まつりの　ごとし　ひるハ　すう百人の　きやくにて
十二時ごろハ　うれきれの　ふだを　だし　ことハり　いふて　人を　かへしと　ぞ　ちかごろ　め
づらしき　みせびらき　なり
○東京しんばし　より　よこはま　までの　てつどう　九月一日より同七日まで　一七日の　あひだ
のり人　二萬七千二百九十三人　きんだか　八千三百九十五ゑんよ
○とうしや　しんぶん　三十二ごうに　しるし　たる　てらしまこうに　シナと　ある　ハ　イギリスの
まちがい　なり　こゝに　たゞして　よみ人に　つぐ
○ようぎんの　そうば　一まい　六十一もんめ八ぶん二りん

○しらせ　あんない

一　しようきの　きかい　すゑつけ　また　ハ　もち　はこび　しざいに　なる　しな
一　こぶねに　もちふる　しようき　きかい　一　きものを　ぬふ　きかい　るゐ
みぎの　きかい　その　ほか　できあひ　おあつらへ　とも　おこのみ　しだい　ねだん　けつちやく
さし上ル　よこはま六十九ばん　ダウソン

一　このたび　こうせん　どひや（こうせんを　とりて　しようほふ　する）ならびに　ヲークシニヤル
（日本の　せりいちの　るゐ）を　はじめ　ルに　つき　よこはま　五十九ばん　レインクローフルド
（日本から　てんぢくの　大あきんど）より　わたくしを　東京に　おいて　しはい人に　申つけ
られ　ひきうけ　ルあひだ　はくらい　しなハ　なに〳〵　よらず　ひろく　ごよう　おほせつけ　られ
たく　ルなり　東京いりふね町一丁め　ジヨンエチジメット

○はくらい　ごく上しなの　やくしゆ　るゐ　そのほか　すべての　くすり　しな〳〵　これあり　ル
みぎ　おいりようの　おかた　ハ　おもとめ　くださるべく　ル　ねだん　せい〳〵　はたらき　申ル
よこはま　三十二ばん　アレン

は酒樽、鰹節の樽、醤油樽、炭俵、数百の数を積み立て、夜はことごとしく提灯を提げ、祭りの如し。昼は数百人の客にて、十二時頃は売れ切れの札を出し、断はり言ふて人を返せしとぞ。近頃珍しき店開きなり。

○東京新橋より横浜までの鉄道、九月一日より同七日まで一七日の間、
乗り人　二万七千二百九十三人　金高　八千三百九十五円余

○当社新聞三十二号に記したる、寺島公にシナとあるはイギリスの間違ひなり。ここに正して読み人に告ぐ。

○洋銀の相場　一枚六十一匁八分二厘

○しらせあんない

一　蒸気の機械据付け又は持ち運び自在になる品
一　小舟に用ふる蒸気機械　一　着物を縫ふ機械類
右の機械その外出来合ひお誂へともお好み次第。値段決着差上候。
横浜六十九番　ダウソン

一　この度口銭問屋（口銭を取りて商法する）並びにヲークシニヤル［オークション］（日本の競り市の類）を始め候につき、横浜五十九番レインクローフルド（日本から天竺の大商人）より私を東京に於いて支配人に申付けられ引き受け候間、舶来品は何によらず広く御用仰せつけられたく候なり。
東京入舟町一丁目　ジョンエチジメット

○舶来極上品の薬種類その外全ての薬品々これあり候。右お入用のお方はお求めくださるべく候。値段せいぜい働き申候。
横浜三十二番　アレン

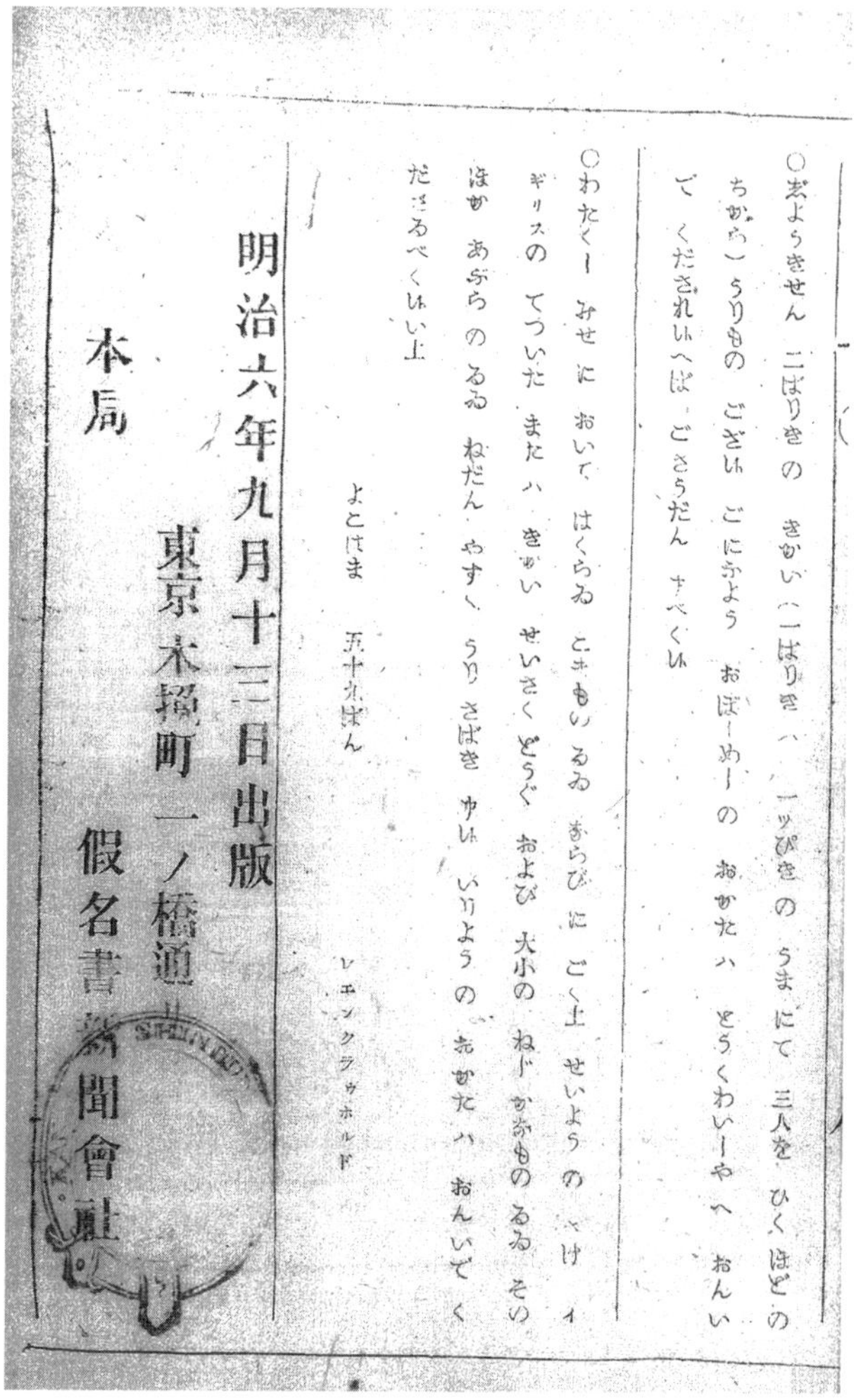
○じようきせん　二ばりきの　きかい（一ばりきハ　一ッぴきの　うまにて　三人を　ひく　ほどの　ちから）うりもの　ござい　ごにふよう　おぼしめしの　おかたハ　とうくわいしや　へ　おんいで　くだされ候へば　ごさうだん　申べく候

○わたくし　みせに　おいて　はくらい　こまもの　るゐ　ならびに　ごく上　せいようの　さけ　イギリスの　てついた　また　ハ　きかい　せいさく　どうぐ　および　大小の　ねじ　かなもの　るゐ　その　ほか　あぶらの　るゐ　ねだん　やすく　うりさばき　申候　いりようの　おかたハ　おんいで　くださるべく候以上

よこはま　五十九ばん　レエンクラウホルド

明治六年九月十三日出版

東京木挽町一ノ橋通

本局　假名書新聞會社

○蒸気船二馬力の機械（一馬力は一ッ匹の馬にて三人を引くほどの力）売り物ござ候。御入用思し召しのお方は当会社へおん出でくだされ候へばご相談申べく候。

○私店に於いて舶来小間物類並びに極上西洋の酒、イギリスの鉄板又は機械製作道具及び大小の螺子金物類、その外油の類、値段安く売りさばき申候。入用のお方はおん出でくださるべく候。以上

横浜五十九番　レヱンクラゥホルド

明治六年九月十三日出版

東京木挽町一ノ橋通り

本局　仮名書新聞会社

# 解題

## 一　『東京假名書新聞』の所在と本書の底本

本書では、『東京假名書新聞』の、所在がわかっている号すべての記事について、影印を掲げ、漢字はわずかでそのほとんどが仮名書きの文を、漢字仮名交じり文に書き換えたものを示した。

【所蔵者】

筆者らが把握している『東京假名書新聞』の所蔵者は次の通りである。

○初号～二十号の刊本及びデジタル資料　東京大学大学院法学政治学研究科附属近代日本法制史史料センター明治新聞雑誌文庫
○二号の刊本　東京都立多摩図書館
○五号・三十四号の刊本　京都大学経済学研究科・経済学部図書室　上野文庫
○十五号の刊本　国立国会図書館古典籍資料室
○八号の刊本　個人蔵

【底本】

本書では次の資料を底本とした。

○初号～二十号は、東京大学明治新聞雑誌文庫蔵の『東京假名書新聞』
○十五号の一部は、国立国会図書館蔵刊本の複写資料
○三十四号は、京都大学経済学研究科・経済学部図書室　上野文庫蔵刊本の複写資料

初号から二十号と、三十四号の刊本の影印は、『日本初期新聞全集』（文献16）に採録されている。またごく一部分ではあるが、文献20に鮮明な複製が見られる。

東京大学明治新聞雑誌文庫では、デジタル化した本新聞の初号から二十号を、次の名称によって公開している。

・国文学研究資料館構築「国書データベース」
・学術資産アーカイブ化推進室構築「東京大学デジタルアーカイブポータル」

当新聞の翻刻は、宮武外骨が、大正十四年出版の『文明開化　新聞編』（文献3）で試みている。しかし宮武は、初号と二号の一部ずつを翻刻したところで、「其煩はしい綴字を此処に転載しても読む人はあるまいと思って悉く削除する事にした」として後は続けず、上記翻刻は時代の産物として採録したということである。

本書でも当初翻刻を試みたが、宮武とはまた違う理由によって、翻刻は示さないことにした。それは、当新聞は活字で印刷されているので、ほとんどが平仮名の文を翻刻するよりも、変体仮名を含む文字遣い、ページの構成など当時の新聞の特徴をつかむことができる影印を示し、内容が汲み取りやすいように漢字仮名交じり文を付したものである。

## 二　『東京假名書新聞』発行の趣旨

当新聞を発行するに当たって、発行者はなぜ仮名書きにしたかの理由として、二つの前文を示している。

初号ほか多くの号に掲載された前文1では、昨今発行された多くの新聞は開化を助ける功が少なくない。ただ惜しいことに、それらは漢語交じりのため、「婦人《ふじん》小児《こども》及《およ》び愚民《ぐみん》」は、これを読み、理解することができない。そこでこの新聞では仮名文字を用い、日月、支干、数字など人々が慣れている字のほかは漢字を使わない、と書いている。この前文1は漢字平仮名交じり文で、漢字には振り仮名が付けてある。

それに続いて、初号と二号では、仮名書きの前文2を加えて次のように述べている。これまで前に書いたものが分かりにくい人もいるだろうから、再び仮名で書き記す。これまで外国と交わりをしなかったので我が国限りのことを学ぶだけだったが、今は外国と交わるようになって学ぶことも多くなった。それが、数千万の文字を覚えていては、外国の学問までは行き届かない。したがって文字数を少なくする必要がある。電信機で便りをする時代であるから、いろはの仮名を用いて、人と話すように書かなければ遠方に直接便りはできない。日本の読み書きに用いる文字は、のちのちはおのずから四十八字の仮名文字になるであろう。このたび発行する新聞では、仮名で平易に書き綴り、女子供にもよくわかるようにとの思い付きである。漢字文ではお上のご趣意も行き届かない。だれでも自ら読んで悟ることによって開化に進むことができるであろう、と書いている。

同時期に創刊された他の仮名書き新聞を見ると、仮名書きにした理由を次のように述べている。

同じ明治六年一月創刊の『官許四十八《いろは》新聞誌《しんぶんし》』では、「まへがき」で、新聞は難しい字で書いてあるが、西洋では二十六字で表すということを引いて、この新聞は、「おんな　こども　まで　これを　よまして　たのしみに　よむうち　われしらず　ものしりに　なる　ことを　こひねがふなり」と述べている。数字と月日は漢字を使っている。

ひと月後の明治六年二月創刊の『まいにちかなかきしんぶんし』では、一つには「あまねく　をんな　こども　に　も　みせて」、もう一つは、「かず　おほく　して　まなびがたき　からの　もじ　は　なくても　ひらがな　五十　じ　さへ　あれ　ば　よろづ　の　こと　に　すこし　も　さしつかへ　なき　こと　を　あまねく　ひとびと　に　しら　せ　この　のち　おほひ　に　わが　くにことば　の　がくもん

をおこす　ため」のように、日本語全体を仮名書きにすることを主張している。この新聞では、漢字は漢数字のみを使い、片仮名は使っていない。

一方、日本語が第一言語でないブラックは、『東京假名書新聞』の前年、明治五年に『日新真事誌』を発行した際に、むしろ漢字の効用を説いている。漢字は象形文字なので概念を伝えているが、カナだとずっと読んでいかないと意味が理解できないと述べている（文献10）。もっとも、新聞発行のために、最初は二百か三百の漢字を入手すればよいと聞いたが、実際は千二百字以下では始められないことがわかって、ついには一万二千以上になり、しかも毎日増えていったとも言っている。

『東京假名書新聞』の発行者が、数万の漢字を覚えるうちに世界について行けなくなると危惧したのは、こうした状況を見たことも影響していると思われる。

このように仮名書きの利点を説くと共に、発行者は、「国内は勿論外邦の浹く珍誌奇事を記載し、七日目毎に売出し、皆四方の諸児童需めんことを冀ふ」（十四号の告条）のように、買い求めて読んでもらいたい意向を強調している。この文言は、ジョセフ・ヒコ発行の『海外新聞』第1号の最後に、「各国の新聞誌を日本のこと葉になほし出す趣意ハ各国の珍ら敷噺をも知り」（文献13）という記述と共通している。

## 三　体裁

半紙二つ折りに縦書き一段組で和綴じである。一つの号は大体十四～十五丁からなっている。印刷された文字には、活字が二種類以上と木版が使われている。

表紙は、新聞名の下に号数。左の方に「定価二朱」（のち「壱朱」「五銭」「三銭」も）という印が押してある。表紙には、枠に藤の花と蔓、富士山、松林、入江、船などが描かれており、ジョセフ・ヒコが慶応元年から発行した『海外新聞』に酷似している。『海外新聞』の表紙は、近盛晴嘉によれば、岸田吟香と共に記事を筆記した本間清雄の手になるという（ジョセフ彦記念会誌『浄世夫彦』三号）。『東京假名書新聞』の表紙は、それを模したものと思われるが、だれが描いたかはわからない。

記事に使われている活字については、前文で、「いまだ　きかい　ならびに　もじも　そろわねば　もじの　うへかたに　ふつごう　なる　ところも　おうかるべし」「かたかなも　すこし　ちいさき　ゆへ　おつて　とり　かへる　なり」と断っている。

平仮名の活字は、『ゑんぎりしことば』（英語辞典）の刊行で知られる清水卯三郎が、一八七六年のパリ万国博覧会の帰りに同地で作らせた、いろは五十音字の「パンチ母型」を使って鋳造した五号大の活字であるという（文献12・17）。漢字、片仮名、新聞名、大見出し、覚、あとの方の号にある郵便規則などはそれぞれ別の活字を使い、表紙、前文1、「蒸気車の出る時刻幷里数賃金の大略」、最終ページの社告は木版と思われる。

## 四　新聞名

表紙の新聞名は、最初は漢字で、あとの方の号では平仮名表記となっている。いずれも「東京」の部分は右横書きである。振り仮名のうち、「假」の「か」、「名」の「な」、「書」の「か」、「新」の「し」を変体仮名で書いている。

初号から十八号まで—「東京假名書新聞《かなかきしんぶん》」

十九・二十号—「東京かながき志んぶん」

三十四号には表紙がない。

記事の一ページ目にも新聞名が出ている。「東京」「東京」は縦書きと右横書きの両方。

初号から十七号まで—「東京假名書新聞《かなかきしんぶん》」（うち初号・三号・四号は単に「假名書新聞《かなかきしんぶん》」）

十八号から二十号まで—「東京かながき志んぶん」（十八号の表紙の新聞名は漢字）

三十四号—「東京かながき志んぶん」

表紙に出ている「東京」と、記事に出ている「東京」の読み方は、「とうけい」なのか「とうきょう」なのか。当新聞ではほとんどが漢字であるが、平仮名表記のところもある。それらを見ると、「とうきやう」「とうきょう」がほとんどの中で、一つだけ、六号では「とうけい」となっていて、「東京」が「とうけい」から「とうきょう」に移る時期であったことをうかがわせる。「東京」と「東京」で読み方を変えていたかどうかは不明である。

## 五　発行日と号数

初号が明治六年一月二十五日、三十四号が明治六年九月十三日で、土曜日ごとの発行であった。

このうち、初号の発行日は、記事の一ページ目の新聞名の下に「明治六年一月十一日　二千五百三十三年」とあるが、最終ページでは「明治六年一月二十五日」である。これは、二十五日の方が正しい。一月十七日付の太政官布告が載っていること、一月十一日の『東京日日新聞』の記事を引用していること、週刊で二号が二月一日、三号が二月八日発行であることなどを見ると、一月十一日はあり得ない。この年から暦が新暦に変わったせいで混乱したのかどうか、理由は不明である。この新聞に言及した文献のほとんどは間違いの方の一月十一日を創刊日としている。

現在確認できる号は、初号から二十号と、飛んで三十四号である。では、果たして二十一号から三十三号まで発行されていたのか、そしてその続きが三十四号と言えるかという問いに対しては、所在不明の二十一号から三十三号、それと現存の三十四号まで、日を数えていくと、きちんと七日目ごとに発行したとわかること、三十四号は新聞名の書き方が二十号と同じであること、三十二号の訂正記事が出ていること、三十四号の最初のページと同じ丁の右側に、二号から十四号までと同じ社告（三十三号のものか）が出ていることなどによって、三十四号までも、同じ『東京假名書新聞』であったと同定してよい。

三十四号には、これが最終号であることを窺わせる記述は何もないので、その後も続いていた可能性もある。

この新聞は、「ソンデーの前日」発行である。日曜日が休日と定められたのは翌明治七年であることを考えると、欧米の一週間の概念をいち早く取り入れたと言ってよい。

発行期間について、小野秀雄は、最初は確証がないことから、「二、三号で廃刊した」（文献2）と書いておいたが、その後二十冊を読んで検証したと言っている（文献11）。いくつかの文献では、「二、三号で廃刊」をそのまま引用している。

## 六　発行所

この新聞の発行者はジョセフ・ヒコで間違いないと思われる。これについては、「十一　ジョセフ・ヒコとの関係」で述べることにする。

編集者の名前は当新聞ではどこにも書いていないが、『東京假名書新聞』四号の記事を非難されたとして *THE JAPAN WEEKLY MAIL* に送った書簡がまた掲載され（一八七三年三月十五日）、その書簡に、「Editors IDA HANHICHI, KUWA-MURA YO-SAKU」と書かれていることから、編集者は飯田半七と桑村ようさくの二名であることがわかった。IDA は左記の発行所の「飯田」と合致する（ただし、文献1では、「假名書新聞　木挽町八丁目三番地　飯田半七」である）。

石井研堂（文献5）がヒコ夫人銀子の談として述べている、「編輯の方は、他人を雇ひてやらせ、彦蔵は金主なり」の中の「他人」は右の両名であろう。

発行所については次のように記されている。①②③は掲載号を示す。

初号に「この新聞紙会社は、当分仮に、木挽町五丁目飯田に於いて製造摺立て致し候」とあり、以下、「木挽町飯田」②、「木挽町五町目飯田」③④、「木挽町五町目一の橋と二の橋の間　飯田」⑤〜⑫、「東京木挽町五丁目橋通り角　当時仮会社　飯田氏」⑬⑭、「本局　仮会社　東京木挽町五丁目一チの橋通り　飯田氏」⑮〜⑳のように、二十号までは仮会社としての「飯田」の名前であるが、三十四号になると、

「本局　東京木挽町一ノ橋通り　假名書新聞会社」

と正式に新聞社名が記されている。二十一号から三十三号の所在が不明なので、いつからこうなったのかはわからない。

この「木挽町五丁目一ノ橋と二の橋の間」の場所については、三号から八号の、馬車とレンガ製造機の広告に出ている、「木挽町五丁目橋通り、精養軒向かふの新聞社」という記述と、十三号のオークションの広告にある「元木挽町五丁目精養軒の向かふウオートルス部屋」という記述を見ると、本書巻頭の地図の「ヲートルス館」（現在の中央区銀座六丁目）の場所だと思われる。石井研堂（文献5）は、後年ヒコ夫人宅でこの新聞を見たという。夫人は、「ウオードルスは、木挽町精養軒の向かふ」に住んでいて、ヒコは一時そこに住んだことがあるということである。この「木挽町精養軒」は、銀座の大火の後仮営業をしたところだと思われる。

販売所は、「中橋和泉町黄金湯　片山徳造」（①〜⑫）のように、半ば過ぎまで銭湯であった。これはジョセフ・ヒコの使用人の父が経営していたところだという（文献5）。そのほかに「通り新石丁西側　伊勢屋」（①〜④）がある。どちらも京橋である。さらに、いっときではあるが「尾張名古屋本町一丁目　万屋善助」（③④）でも販売された。

あとのほうに、「東京南伝馬町三丁目　岡田屋勝三郎」（⑮〜⑳）が出てくるが、同じ十五号からの広告に、販売所とは別に、見料を払えば数紙の新聞を読むことのできる新聞縦覧所の「京橋南伝馬町三丁目稲荷新道　かいち軒　岡野氏」（⑮〜⑲）が現れる。岡田屋と岡野氏は、住所が同じか近い場所である。

読者について、この新聞を買う人はどのくらいいたか、定期購読者がいたか、多くは新聞閲覧所で済ませてしまったかなどは、石井（文献5）が銀子夫人の談として「損失ばかりなれば、遂に廃刊せり」と述べていることがわずかな手がかりになりそうである。先に述べた *THE JAPAN WEEKLY MAIL* のように、他の新聞社が入手した可能性はある。

## 七　新聞の構成と記事の内容

当新聞の構成と内容は次の通りである。順序は号によって異なるところもある。太字は当新聞の大見出し。①②③等は掲載号を示す。「海外新聞」という言葉は、ジョセフ・ヒコが慶応元年に横浜で発行した『海外新聞』と紛らわしいため、説明するときは「海外記事」と記すことにする。それに従って、「国内新聞」は「国内記事」と記す。

前文1　発行の趣旨1　漢字平仮名交じり文で振り仮名付き　①〜⑭
前文2　発行の趣旨2　ほとんど平仮名の文に書き換え、文言が異なる。　①②
前文3　発行の趣旨3　仮名書きの必要性を改めて強調。　⑮〜⑳
**御布告**《おんふれかき》　①〜⑰、おふれおたつし　⑱⑲、いうびんぜい　きそく　ぬきがき　⑮〜⑳、
文部省と大蔵省の布達　⑳
**国内新聞**《こくないしんぶん》　①〜⑱、くにうちしんぶん　⑲⑳。㉞は大見出しがなく、記事のみ。

**海外新聞《かいがいしんぶん》**　①〜⑰、ぐわいこくしんぶん　⑱⑲⑳㉞
**投書**　⑪⑭⑯⑰、とうしよ　⑱⑲
**覚**　③④
**横浜諸色相場**　③〜⑧
**告白《ふれだし》**　③〜⑰、**しらせあんない**　⑱⑲⑳㉞
**蒸気車《しょうきしゃ》の出《いづ》る時刻《じこく》拌里数賃金《りすうちんきん》の大略《たいりやく》**　②〜⑭、
**蒸気飛脚船入港出帆表**　⑨〜⑫、⑭〜⑳
**東京日用物価表**　⑨〜⑫
**雑説《いろいろのはなし》**　⑥⑫〜⑰、**いろ〳〵のはなし**　⑱⑲⑳㉞
当新聞の漢字一覧　⑭
仮名書きの効用　⑮〜⑳
社告　ソンデーの前日に売り出すこと、代金と購読の方法、広告の決まり、明治六年の元号・西暦・神武暦、月と季節の対照表。①〜⑭㉞と⑮〜⑳とでは表現が異なる。

布告・布達にはかなり重点を置いている。前文2に、漢字文だと「お上のご趣意、届きかぬる」とあるように、これは仮名書き新聞を発行した大きな理由の一つでもある。布告・布達の内容は、金穀の書入、狩猟規則、家督相続規則、雇用の規則、郵便や人力車ほか税制改革、徴兵令、休日の設定、敵討ちの禁止、刀剣所持の禁止、県・郡の統廃合、皇族の名の文字を使うこと許可、女性の相撲見物許可等、法律など公のものから個人の生活に関係あるものまで抜き出して載せている。なお、「郵便税規則抜き書き」（⑮〜⑳）と文部省布達・大蔵省布達（⑳）は、「御布告」の欄でなく、後の方のページに書かれている。

国内記事、海外記事、雑説では、事件・事故・天災、外交などのニュース、科学技術、アメリカの歴史、最近の流行、道徳の勧めなどを扱っている。一つの記事の長さは数行のものから、数ページにわたって詳細に書いているものまである。「国内新聞」「海外新聞」という呼び方をしているのは、ほとんどの記事や解説が、直接の取材によるものではなく、他の新聞の記事を仮名書きに書き換えたり、翻訳したりしたためであると思われる。

各号とも、挿絵が付いている記事がある。それぞれ内容に合わせて描かれたもののようであるが、八号の阿蘇山噴火と三十四号の白根山噴火では同じ絵が使われている。

貿易に関しては横浜諸色相場、経済では日用物価表がある。

横浜港の外国船の入港と出帆日、新橋横浜間の蒸気車の時刻表、その乗客数と収入など運輸関係の記事がある。

広告は外国人が出したものが多い。舶来の品（大きな機械、馬車、小間物）、競り売りなど。日本人が出したものには、ウィーン万国博覧会見学旅行、イソップ物語の原書と翻訳、日本人経営の英学塾等がある。レンガ製造機の広告もあり、これは銀座煉瓦街を造ったウォートルスが経営した工場（文献22）の製品であろう。

この新聞にはどんな記事を載せているかについては、先に発行所のところで引用したように、十四号で、「国内は勿論外邦の洨く珍誌奇事を記載し」と言い、興味を引くような新聞であることを強調している。

## 八　記事の出典

布告・布達は、原典から取ったのか、他の新聞に載ったものを引用したのかは不明である。凡例で示したものを見ると、原典を仮名書きにし、言い換えをしたようにも思われる。

記事の中には、出典名を記したものがあり、次のような新聞名が見られる。

国内記事―東京日日新聞　日新真事誌　大阪新聞　愛知新聞　静岡新聞　横浜新聞、横浜ガゼット新聞　ガゼット　横浜の新聞　長崎横文字新聞　日本語訳した本

海外記事―横浜新聞　横浜ジャパン新聞　ガゼット新聞　横浜ヘラルド新聞　ヘラルド新聞　ロンドンタイムス新聞　パナマヘラルド新聞　横浜の新聞　アメリカのメンフィスといふ所の新聞　ロンドンの新聞　アメリカの新聞　エコーといふ横文字新聞　ヨーロッパよりの新聞　サンフランシスコの新聞　サンフランシスコ・ブリテンの新聞　ある横文字の新聞　外国新聞　ヨーロッパよりのテレグラフ　イギリスよりのテレグラフ　イギリスロンドンの電信機

新聞名はないが、「ある新聞に言う」「ある横文字新聞に曰く」「イギリスロンドンの新聞に」「アメリカのメンフィスという所の新聞に言う」なども多い。また、テレグラフによると書いたものもある。

国内の記事では、『東京日日新聞』と『日新真事誌』の記事を書き換えたものが多い。初号を除いてほとんどは元の記事が出た週には記事にしている。

海外記事の多くは、元の記事と当新聞への掲載の日が近いことから、英字新聞から直に日本語訳がなされたことがわかる。「この節イギリス飛脚船横浜へ着したるにつき、横文字新聞を得たり。左に抜き書きす」（十八号）、「近頃のアメリカ新聞より抜き書きせしなり」と書かれているものもある。一方、日本語訳されたものから取ったと断っているものもある。断っていなくても、蒸気機関、アリストテレス、アメリカの説明など、科学技術や歴史の解説は翻訳書からの引用と思われる。コロンブスについては、『海外新聞』18・22・23・25号の記述と似ているが、同じではない。

英字新聞からの翻訳と思われる記事の一例を挙げてみる。これを見ると、地方新聞も手に入ったことがわかる。二月三日の記事が、三月二一日の新聞に訳出されている。

短時日に翻訳されたものには、アメリカの新聞に一月十日、当新聞に二月一日という記事もある（二号。アメリカ各州の馬の頭数）。

○ある横文字新聞に曰く。北アメリカ、ケベックといふ町の近辺にて、近頃、鉄道を木にて造れり。（中略）その走るを試しみるに、速きこと一時（日本これまでの半時）に凡そ三十五里（日本の二十里ほど）、常には一時に十六里を行くなり。鉄の代わりに車の歯を受ける二タ筋の木は、紅葉にて、（後略）（九号）

○ The wooden railroads near Quebec are attracting attention.（中略）Of these rails are of maple, and the cross-ties of the usual wood.（後略）(Wilmington daily gazette, February 03, 1873)

なお、引用の際に原典を読み誤ったり、写し間違えたりしているところもあるが、人名、数字などは概して正確である。

## 九　表記と表現

【文体】文語文で、「候」を用いている。

【記事の切れ目】記事の内容ごとに、「御布告」「国内新聞」のように大見出しを付けて分けているが、その内訳は、一つのニュースは行替えで○印で始まっている。一つずつの記事の見出しはない。本書の各号表紙の下に示したその号の内容では、著者らが適宜見出しを付けた。

【分かち書き】分かち書きをしている。名詞と助詞を離して書いているところも多い。前文1で、「仮名は読誤り易きもの故、西洋の書法に倣ひ、一と綴りことに欠字をなし、間を明」のように言っている。

【特殊な行替え】「帝」「天子」「天皇」の語は行替えして、行の最上部に置いている。

【句読点】前文以外では句読点を用いていない。初号で「読きりのところに至りては○印を施なり」のように言っているが、そのような表記は少ない。前文では、文節の切れ目で句点を入れているところもある。例「僅の間に。六七軒も。開けし程なり。」（前文1）、「から国の　もじを　もちひ。がくしやと　いへば」（前文2）

【仮名】仮名書き新聞と銘打ってある通り、当新聞はほとんどが平仮名で、漢字は少ない。

・平仮名には、今日と同じ字体と、少し字形が異なるものや変体仮名が見られる。

・仮名遣いは、当時の一般の書き方と思われるが、一定していない。「あるいは／あるひは」、「思う／思ふ」、「用いる／用ひる／用ゆる」。

・助詞「は」は、「ハ」「わ」が多い。

・「い」と「ゐ」を使い分けているところが多い。

・促音は「つ」のように大きく、拗音には小さな文字と大きな文字の両方がある。

・片仮名は、最初は、外来語や外国の地名・人名のほか、省庁の名や官名にも使い、漢語、日本の地名も片仮名で書いた語もあるが、四号からは、外来語と外国の地名・人名だけになった。

・片仮名表記を見ると、現在の一般的な書き方とは異なるものが多い。また、同じ語でも、「ウヰンナ」「ビーヤナ」（ウィーン）のように異なる表記も見られる。片仮名の標準的な表記法が定まっていなかったときで、この時期の書物や新聞、雑誌ではさまざまな書き方が見られるのと同様である。ヒコの『海外新聞』（文献23）と比べると、「ロシヤ」「ヲロシヤ」、「ギラリストン」（グラッドストーン）、「ニューヨルク」、「ジョルモネヤ」（ジャーマニー）など共通の表記もあり、「コロンボス」「カロンブス」に対して本紙では「コロンビス」「カランビス」、「ナポリヨン」対「ナポレヲン」と少し違う表記をしているものもある。

・初号では、活字の技術がなくて片仮名が小さいが、いずれ改善すると言い訳をしている。

・日本人の名前は、前文2で、日本人の名前は家によって読み方がまちまちなので、読みにくい名前は苗字だけ記すと断っているが、実際は氏名を平仮名で表記している。ただし漢数字を含む名前は、そこだけ漢字にしている。「とう九らう」。

【漢字】当新聞で用いる漢字については、前文1では、「日月支干数字などの普く人の耳目に慣し文字」のように言っているだけであるが、十四号では、「読み慣れし漢字は今しばらくのうち用ふる」として次の三十六字を示している。「申」と「候」は崩し字。

| | | | | | | | | | | | | | | | | | | |
|---|---|---|---|---|---|---|---|---|---|---|---|---|---|---|---|---|---|---|
| 京 | 一 | 二 | 三 | 四 | 五 | 六 | 七 | 八 | 九 | 十 | 百 | 千 | 万 | 億 | 年 | 月 | 日 | 時 |
| 東 | 西 | 南 | 北 | 人 | 国 | 村 | 町 | 丁 | 本 | 上 | 中 | 下 | 大 | 小 | 同 | 云 | 申 | 候 |

漢数字に関して、五号以降の記事、新橋横浜間蒸気車の乗客数と賃銭の記述にある、例えば「二月十日より同十六日まで一七日の間」は、日を数えると七日間であるが、これは間違いではなく、「十七日」と区別して、「一七日」は「七日間が一つ」、つまり「ひとなのか」の意味だと思われる。

【振り仮名】前文1、「蒸気車の出る時刻并里数賃金の大略」、社告等は漢字仮名交じり文で、初出の漢字に振り仮名を付けている。二十号の布達は、仮名書きだと分かりかねる人もいるので、と断って、振り仮名と、意味とを添え書きしている。

【繰り返し符号】一文字の繰り返しには「ゝ」「ヽ」「ゞ」を用い、二文字以上の場合は「〱」を用いている。漢字一文字で二音の場合も「国ゝ」。終わりの方の号では漢字の繰り返しに「々」も現れる。

【語彙】 当新聞には漢語も多いが、引用元の漢語を、和語や他の漢語に言い換えている場合も多い。次項の言い換えの例を参照されたい。また理解を助けるために、「仮名に直し意味の通じかぬるところは（ ）印を用ひ、その訳柄を書き加へるなり」のような配慮も見られる。しかし、今日から見ると、「生活」を「とせい」と言い直すなど、かえってわかりにくいものも多い。

外来語は、「ステーション」や、「ミニウト」「セコンド」（緯度と経度の単位）など、原語に近い表現が出ている。

前文1の冒頭の「方今」は、当時の新聞でよく使われていた語である。

今日と表現が異なる語が多い。それらは当然ながら当時の言い方を反映したものである。中には現在と順序が逆の語もある。例「制禁」（禁制）、「支干」（干支）

【言い換え】 当新聞では、婦女子にも読めるようにと仮名書きしただけでなく、単語を言い換える工夫もしている。一例として、太政官布告を見てみる。比較のために、同じ時期に発行され、当新聞のニュースソースと言える記事の多い『東京日日新聞』の書き方を併記した。

例　鳥獣狩猟規則の第一条

○太政官布告25号　明治六年一月二十日

　第一条　銃砲ヲ用テ鳥獣ヲ獲シ、以て生活トスル者ヲ職猟トシ、遊楽ノタメニスルヲ遊猟トス

○東京日日新聞　279号　明治六年二月一日附録

第一条　銃鉋《ジウハウ》ヲ用テ鳥獣ヲ猟シ以テ生活《セイカツ》トスル者ヲ 職猟《ショクレウ》トシ遊楽《ユウラク》ノタメニスルヲ 遊猟《ユウレウ》トス

○東京假名書新聞　三号　明治六年二月八日

　だい　一ヶじやう　てつぽうを　もちゐて　とりけだものを　りやうして　とせいと　する　ものを　しよく　りやうと　いふ　あそび　たのしむの　ために　するを　あそびりやうと　いふ（第一ヶ条　鉄砲を用いて鳥獣を猟して渡世とする者を職猟と言ふ。遊び楽しむのためにするを遊び猟と言ふ。）

『東京日日新聞』では、漢字や語が多少異なるが大体は原文と同じで、振り仮名を付けて読み易くしている。ただ句読点は省いている。『東京假名書新聞』では、片仮名の部分を平仮名にし、「遊楽」という漢語を「遊び楽しむ」と和語に言い換えたり、漢語でも、「銃砲」や「生活」よりも、馴染みのある「てつぽう」や「とせい」を用いている。

【表記に関する方針の調整】 当新聞では一貫して仮名書きの効用を説いているが、発行しているうちに多少調整したところがある。号を追って概観してみる。

・この新聞は、仮名書き新聞という新たな方針の下に発行されただけあって、初号と二号にある前文2では、この新聞は新たに工夫したものなので書きぶりや規則が定まっておらず、機械、文字も揃っていないので、「当分のところは見る人許し給ふべし」と断っている。

・初号から十四号まで掲載している前文1では、「日月、支干、数字などの普く人の耳目に慣し文字の外は、決て漢字を用ひざるなり」のように仮名書きにしたことを表明し、さらに、「官名、人名、地名幷西洋の言葉などは、皆片仮名を用ゆ」と言っている。

・片仮名表記については、四号から八号の冒頭で、「人の名、土地の名などは全て片仮名を用ひしところ、婦人衆には読みかぬる由なれば、この度より外国の言葉のほかは残らず片仮名を入れざるなり」のように変えている。

・十四号に掲載された投書は、仮名遣いについての意見であるが、それに対する発行者の回答では、そのことよりも、今後用いる漢字のリスト（324ページ）を掲げ、それ以外は仮名書きとすると表明している。

・十五号から二十号では、前文3として、仮名書きの効用をさらに強調している。

・同じ十五号から二十号では、別の欄で、「唐の文字を用ふるも千年余の久しきに至れば、勢ひ一事に廃すべからずと言へども、後々は自然仮名ばかりの通用にならんか」のように、少し譲りながらも仮名書きの未来を予想し、「回り遠しと思うもあらん。まず子供衆の手引きとして企つるものなり。希くはいささかの世の助けとならば幸い何かこれに如かんや」と言っている。

・このように仮名書きを貫く方針で来たのであるが、いっとき例外を認めている。二十号の布達では、「さしむきお触れは大切のことにて、色々仮名に移し、もし読み誤りもありては宜しからざる故、別に仮名付きにして左に出だすものなり」として、漢字仮名交じり文にし、漢語の中には、右側に片仮名で読み方、左側に意味を書いたものもある。したがって、『日本初期新聞全集』（文献16）の『東京假名書新聞』の解題にあるような、号が進むにつれて「次第に漢字が増えてくる」ということではない。

## 十　位置づけ

この新聞の位置づけについて記した文献を見ると、新聞の歴史から述べているものが主流である。宮武外骨は、「時代の産物」として一部を翻刻して紹介したと言い（文献3）、小野秀雄は、当新聞をヒコ第二の新聞と位置づけ、小新聞への発展の過渡期にあると述べている（文献11）。

筆者の力量では、そうした新聞の発達史における位置づけはできないが、この新聞

の存在を、社会が非常な速さで変化していく時に当たって、人々に少しでも多くのことを知らせようとするためには必要な存在であったと捉えている。

国内記事は、基本的に、日本の新聞に載った記事を仮名書きにしている。前述のように、何々新聞と明記したものも多いが、断ってなくても他の新聞記事を引用したと確認できるものも多い。国内記事でも、英字新聞から引用したものもある。これは元の記事との日数から言って、制作者が訳したものと思われる。日本の新聞に載らない事柄も知ってもらいたいという意図からであろう。

引用元では、明治五年二月創刊の『東京日日新聞』と、同じく明治五年三月創刊の『日新真事誌』から得たニュースが目立つ。当新聞は、それらの記事は一般の人にとって難解であるので、読みやすい仮名書きとしようと意識して発行したのではないかと思われる。布告・布達の類も、それらの新聞では振り仮名を施すなど読みやすくする工夫もされているが、それでもまだ難しいので、言葉を言い換え、仮名書きにしたのであろう。

海外記事には、ハンサードの *The Japan Herald*'「長崎の横文字新聞」（*The Nagasaki Express* か）など日本で発行された新聞のほか、海外、特にアメリカの新聞から、それも大新聞だけでなく、地方の小さな新聞の記事もある。政治や歴史を扱ったものも、小さなニュースもある。そのほか、テレグラフによると書いたものもある。科学技術の解説や歴史解説は、ほとんどが出典を書いていないが、書物からという記述も一か所あるところを見ると、何かの本からの抜き書きであると思われる。

こうしたことから見ると、『東京假名書新聞』は、新聞発行の潮流の中で、少しでも一般の人々に理解してもらおうという、時代の要請から発刊されたものと言うことができる。学制が布かれたのが前年の明治五年で、その後次第に教育制度が定着し、言文一致の方向が定まってからは、一般の人たちも漢字仮名交じり文の新聞が読めるようになり、仮名書き新聞はもう必要なくなっていったのではないかと思われる。そのような意味で、当新聞は、社会が大きく変わる時期の、過渡的な役割を持つものとして、貴重な存在である。

## 十一　ジョセフ・ヒコとの関係

最後に、『東京假名書新聞』とジョセフ・ヒコとの関わりについて整理しておきたい。次の諸点が、発行者はジョセフ・ヒコであることを示しているものと思われる。

(1)　発行日を「ソンデーの前日」としていることは、まだ日曜日が休日と定まる（明治七年）以前のことであり、アメリカの一週間という単位、日曜日は安息日であることを体験したことによるのではないか。

(2)　石井研堂はヒコの死後、銀子夫人の家で『東京假名新聞』を見た（文献4・5）。銀子夫人によれば、銀座木挽町五丁目のウォートルス家の構内に住んでいたという（同）。自伝にも、大蔵省の用意した家が整うまでウォートルス家に住んだと書かれている（文献9）。広告にある「精養軒の向かふの新聞社、ウオートルスの部屋」というのはここのことであろう（本書巻頭の地図参照）。ウォートルスとは長崎時代にグラバー商会で知り合っていた可能性が大きい。東京青山霊園にあるジョセフ・ヒコの墓の墓誌にも、当新聞を発行したと刻まれている。

(3)　ジョセフ・ヒコが以前発行した『海外新聞』の各号の最初に、「〇年〇月〇日イギリス国の飛脚船当港に入りしによりて左之新聞を得たり」とあるのと同じように、当新聞でも何か所かで、「〇月〇日、横浜へイギリスの飛脚船来たるにつき、左の新聞を得たり」という記述が見られる。

(4)　表紙の絵が『海外新聞』（本間清雄画。321ページ参照）に酷似している。作者はわからない。

(5)　多くの布告・布達の中で、一般の人にはあまり関係がないような「狩猟規則」を載せたのはなぜかと疑問に思ったが、明治五年十月一日に、ヒコは『狩猟規則草案』を井上馨大蔵卿に提出した（文献15）ことの続きではないかと推測できる。また、二号の国内記事には交通規則の必要性が書かれており、このうちの、人は道の左右を、馬車人力車は道の中央を通るという提言は、文献15に紹介されている「東京市街改革草案」と共通している。

(6)　アメリカほか、議会政治に関する解説が何か所にも見られる。慶応元年（1865年）にヒコによって作成された国体草案（文献15）に盛られた内容と一致するところが多い。アメリカの歴史で、コロンブスの話を詳しく書いている点は『海外新聞』と共通している。

(7)　自伝には、『東京假名新聞』を発行したことは書いていないのであるが、副島公の清国訪問、自伝の明治六年の記述の中には、マリア・ルース号事件、キリスト教禁止の高札撤廃、皇居の火事など、記事と重なる事柄が書かれている。

(8)　ペルーについての説明の記事で、「この上交易取り結び商法見込みあるべきなれば、翻訳してここに記す」（二十号）とある。これはヒコがマリア・ルース号事件の際に通訳として活躍した経験から出た言葉であると考えられる。

(9)　当新聞で何か所か、未来を予測する記述が見られるのは興味深い。例えば次のような例がある。

・前文2に、「日本の読み書きに用ひる文字、後々はおのずから四十八文字の仮名文字のみになるべし」とある。実際にはそのようにならなかったが、ヒコが仕事上で日本語の文書を読むのに苦労したであろうことを考えると、重要な情報を確実に多くの人に伝えるには仮名書きが最良であると強調したことが理解できる。

・ロシアとアフガニスタンの間に係争が起こるだろうと推測している（三号）。後年実際に起こった紛争を予告したわけではないが、ヒコが国際関係をよく観察し、分析していたことを示しており、これは南北戦争の最中に三度目の渡米をして見聞した経験を反映しているとも考えられる。

⑽「六　発行所」のところに記した *THE JAPAN WEEKLY MAIL* の記事に関して、英文の書簡を書いたのはヒコではないかと想像できる。編集者飯田と桑村がこれだけの英文を書く能力があったことが証明されれば別であるが、実際は、この書簡は、ヒコ自身が書いて編集者の名前で送ったか、両名が書いたものをヒコが英訳したかのどちらかであると思われる。

小野（文献11）は、石井（文献5）がヒコ夫人鋹子から聞いたような、ヒコは単に金主であったとは認めたくないと言い、「新聞内容の構成、記事の選択にもタッチしないわけにはゆかなかったであろう」と述べている。筆者らもそれには賛同する。ジョセフ・ヒコがどの程度関わったかということについて、、筆者らが見たところでは、トピックの選び方や英字新聞を訳した記事がいかにもヒコらしいものと、そうでないものとがある。小野（同文献）は、「アメリカ社会の現状描写の如きはジョセフ・ヒコならでは関知しないこと」と言っている。確かに選挙や議会制度の説明を見るとその通りである。他方、ヒコではなく編集者が独自に文献を探して書いたと思われるものもある。例えば、十九号にあるボルチモアの説明は、その地に暮らして馴染んでいたヒコが目を通したとは思えない。

結論として、ジョセフ・ヒコがどのくらい関わったかを推量してみると、すべての人が自分で読んで理解できる仮名書き新聞を発行しようと決め、前文を書き、記事の種類と内容を組み立てたのは、ヒコ自身であると思われる。布告・布達と、海外記事には特に主体的に関わったであろう。他の記事については、編集者に任せるところが大きかったと思われる。

この新聞が発行された明治六年には、ヒコは大蔵省に所属していた。先に書いた飯田と桑村が、記事の収集、取材、編集、さらに印刷、発行まで行っていたのであろう。英字新聞の記事を翻訳できたかどうかは不明であるが、両名が優秀な協力者であったことは間違いない。

## 十二　今後の課題

本書においては、『東京假名書新聞』の全体像を紹介することに努めた。その結果、今後究明すべきさまざまな課題があることが判明した。それを列挙してみたい。今後、これらのことが解明され、さらに新たな問題点についても研究が発展することを願っている。

(1) 二十一号から三十三号、さらに三十五号以降の号の発見
(2) 発行者の特定―ジョセフ・ヒコが主体的に関わったということに対する肯定的及び否定的見解
(3) 新聞作成の協力者―取材、翻訳、筆記、編集、発行に関わった人たちの確定
(4) 情報源の確定―当時の新聞の綿密な調査、文献の発見
(5) 販売状況―資料の発見。他の新聞の場合との比較
(6) 読者層と読者数―婦人・子供・一般の人がどのくらい読んだかの情報収集
(7) 当新聞の分析研究―表記・語彙・文体、時代背景と記事の関係、記事の特徴
(8) 当新聞の価値の追究―明治初年の社会における役割と意義

（稲垣滋子）


**【文献】**

1 『東京獨案内』v. 1-3 訓蒙舎、明治七年甲戌初秋
2 小野秀雄『日本新聞発達史』大阪毎日新聞社・東京日日新聞社、一九二二年八月。五月書房、一九八二年二月
3 宮武外骨『文明開化　第一篇　新聞篇』半狂堂、一九二五年　＊
4 石井研堂「東京かながき新聞解題」明治文化研究会編『明治文化』第七巻第一〇号、一九三四年
5 石井研堂　増補改訂『明治事物起原』下巻、春陽堂書店、一九四四年十二月。復刻版一九九六年一月（初版一九〇八年、増訂版一九二六年、ちくま学芸文庫『明治事物起原』4、一九九七年）
6 山本文雄『日本新聞史』国際出版、一九四八年九月　＊
7 西田長寿『明治時代の新聞と雑誌』日本歴史新書、至文堂、一九六一年八月

＊

8 近盛晴嘉　人物叢書『ジョセフ＝ヒコ』日本歴史学会編、吉川弘文館、一九六三年十二月　第一版、一九八六年五月　新装版
9 中川努・山口修訳『アメリカ彦蔵自伝』1・2（東洋文庫）、平凡社、一九六四年二月・七月。原典は *THE NARRATIVE OF A JAPANESE*, Vol. 1& 2. 1892.
10 J・R・ブラック著、ねず・まさし、小池晴子訳『ヤング・ジャパン』3、東

洋文庫、平凡社、一九七〇年十二月
11　小野秀雄「『東京假名書新聞』ジョセフ・ヒコ　第2の新聞—その分析と価値—」『新聞研究』通号248、日本新聞協会編、一九七二年三月
12　牧治三郎『京橋の印刷史』東京都印刷工業組合京橋支部五十周年記念事業委員会、一九七二年十一月（非売品）＊
13　ジョセフ彦記念会・早稲田大学編『ジョセフ彦　海外新聞』早稲田大学図書館資料叢刊2、早稲田大学出版部、一九七七年六月
14　宮武外骨『公私月報』第一～一〇九号の復刻・合本、巖南堂、一九八一年
15　佐藤孝【資料紹介】「ジョセフ・ヒコの日本改革建言草案」『横浜開港資料館紀要』第四号、一九八六年六月
16　『日本初期新聞全集』編年複製版　45～52巻・59巻・別巻、ぺりかん社、一九八六～一九九六年・二〇〇〇年。45巻に鈴木雄雅の解題
17　府川充男「初期平仮名活字　パリと東京で各々用いられた扁平格平仮名活字」西尾嘉章編『歴史の文字—記載・活字・活版』東京大学総合研究博物館、一九九六年九月
18　土屋礼子『大衆紙の源流—明治期小新聞の研究—』世界思想社、二〇〇二年十二月
19　春原昭彦『四訂版　日本新聞通史』新泉社、二〇〇三年五月
20　府川充男撰輯『聚珍録：圖説＝近世・近代日本〈文字・印刷〉文化史、第三篇（假名）』三省堂、二〇〇五年二月
21　播磨町郷土資料館・播磨町ふるさとの先覚者顕彰会『ジョセフ・ヒコ新聞発行150周年記念特別展　ヒコの生涯と新聞史』播磨町郷土資料館、二〇一四年十月
22　銀座文化史学会編『謎のお雇い外国人ウォートルスを追って—銀座煉瓦街以前・以後の足跡』、『銀座文化研究』別冊、銀座文化史学会、二〇一七年三月
23　山口豊『海外新聞総索引』武蔵野書院、二〇一七年八月
24　稲垣滋子「『東京假名書新聞』の記事一覧と記事の特徴」（1）（2）『東日本英学史研究』第二十号・二十一号、日本英学史学会東日本支部、二〇二一年三月・二〇二二年三月
25　ジョセフ彦記念会会誌『浄世夫彦』五十号、二〇二三年十二月

＊の付いた文献は、国立国会図書館のデジタルコレクションで閲覧可能

## あとがき

稲垣滋子先生とジョセフ彦墓前祭で初めてお会いしてから十二年、先生の長年にわたる漂流民研究のお話を伺いながら二〇二〇年にはジョセフ・ヒコ関連の文献目録を作りましょう、というご提案を頂き、それが、途絶えていたジョセフ彦記念会誌の復刊に発展、これを機に私はジョセフ彦記念会の会長を仰せつかり、ヒコに関心を持つ方々と共に歩んで今日がある。稲垣先生の『東京假名書新聞』への着目は六年前二〇一八年に遡り、論文や発表を通してその面白さを伝えて頂いてきたが、こんな形で一緒に本を出させて頂こうとは夢にも思っていなかった。毎日メールを交わし調査研究し、資料や写真を求めて一緒に色々な場所を巡った日々がこうして形となったことが、学者でもない私にとっては本当に有難く、稀有なこととしか思えない。

ジョセフ・ヒコが明治六年、共に大蔵省のお雇い外国人（ヒコは確かに日本人なのだが）であったウォートルスの館に、新しい官舎ができるまでの間寄寓していたこと、そしてそこで『東京假名書新聞』は編集されたことを後年石井研堂に語ったのは、ヒコの妻鋹子、私の曾祖父の姉である。青山墓地にある「浄世夫彦之墓」の左側面の墓誌には、「仮名書新聞ヲ発行ス」と確かに記されている。ウォートルスのことが詳しく知りたくて文献を探していたところ、入稿の直前に『謎のお雇い外国人ウォートルスを追って―銀座煉瓦街以前・以後の足跡』（銀座文化研究別冊）という本に出会えた。これによると、ヒコとウォートルスとは長崎の高島炭鉱で、また大阪の造幣局開設でも一緒であった可能性があることが判明した。銀座の煉瓦街を設計し、日本の文明開化に大活躍するウォートルスの傍らにいて、自分も何か文明開化に貢献できないかと始めたのが、横浜での『海外新聞』に続く再びの新聞『東京假名書新聞』発行ではなかっただろうか。しかも今度こそ、誰にでも読んでもらえる新聞を作ろうと、その熱意は並々ならぬものがあったと思われる。当時ヒコもウォートルスも三十代、大蔵省の新しい官舎でヒコと鋹子は一緒になったとのことなので、独身最後の僅かな時を、二人はすぐ近くの精養軒の洋食で英気を養いながら、日々、海外の話題と日本の開化について、熱く英語で語り合ったと想像する。

目覚ましい勢いで開け行くこの時期の東京にジョセフ・ヒコが身を置いたのはほんの僅かな期間だったが、井上馨、渋沢栄一、大隈重信ら当時の日本の中枢にいた人々と出会い、やがて横浜を経て神戸へと、仕事の場を移した。生涯アメリカ国籍だったために、日本に根付く居場所は持てなかったが、新聞の中に、流れ流れた場所で得た知見を紹介し、人々に読んでもらうことを喜びとした。ジョセフ・ヒコは晩年に一冊百八十頁余りのノート3冊にびっしり、英文で自伝の草稿を書いた（天理図書館蔵）。にもかかわらず、そのままでは日本人に読んでもらえない切なさ。少なくともヒコの主導した『東京假名書新聞』がこうして今、読みやすい形で世に出ることを、書きたがりだったヒコは喜んでいるに違いない。ヒコの作った日本初の邦字新聞『海外新聞』創刊一六〇年を前に、ヒコの命日、十二月十二日の青山墓地での墓前祭にこの本の上梓を報告できるありがたさを噛みしめ、稲垣先生、そして出版にご協力頂いた多くの皆さまに、心より感謝を申し上げる。

（堀千枝子）

# あとがき

さまざまな壁にぶつかりながらも、多くの方に励まされ助けていただいて、本書の刊行に漕ぎつけられたことは大きな喜びである。ちょうど一世代の年齢差がある編著者二人が、意見を交わしながら、補い合いながら同じ目的に向かって進むというのは、まことに楽しい作業であった。

その共著者、ジョセフ・ヒコ夫人の縁戚でもあり、現在「ジョセフ彦記念会」会長でもある堀千枝子さんとは、最初はヒコの墓前祭で知り合い、次第に親交を深めるようになった。それぞれの立場でヒコ研究を進める中で、小野秀雄の論文「『東京仮名書新聞』ジョセフ・ヒコ　第2の新聞―その分析と価値―」（文献11）に出会い、すぐに『日本初期新聞全集』に収められた『東京仮名書新聞』を複写して読み始めた。そして二人は、小野の示した根拠のほかにも気づいたことがあり、この新聞にはジョセフ・ヒコが、主導的に関わっていたと確信を持つようになった。その結果、『東京仮名書新聞』を多くの方に知っていただきたいと願うようになった。その共通の願いが高じて、少し無謀だと思われる本書の刊行を思い立ったのである。

それ以来三年間、刊本の閲覧とコピー入手、文の書き換えと確認、編集などの作業を続けてきた。当新聞の布告、布達、記事、広告などの内容や表記・表現の確認のため、国会図書館ほか各地の図書館や資料館、国立公文書館、東京都公文書館で資料を閲覧した。また当新聞に用いられた活字を知るために印刷博物館へ行き、学芸員の方にいろいろ教えていただいた。

仮名文字文を漢字仮名交じり文にする作業をしながら、この新聞の制作者が工夫を凝らして漢字文を仮名書きにした行程を、逆に遡っているのだと思い、感慨を覚えた。一方、平仮名で書かれた地名や人名の漢字を一つ一つ調べていく苦労もあり、今さらながら漢字の表意機能・視覚的利点の大きさを実感した。

こうしている間に、昨二〇二三年四月に、東京大学明治新聞雑誌文庫の『東京仮名書新聞』国書データベースが公開され、利用しやすくなった。文字の薄いところも拡大して見られるのがありがたかった。

記事に関する作業のほかに、この新聞の発行所が、「元木挽町五丁目、精養軒向かふの新聞社」とあるのを確かめに、古地図を頼りに元木挽町、現在中央区銀座六丁目を歩き、現在も「木挽町通り」という道路があることを知った。精養軒は、明治五年に馬場先門前で開業したその日に銀座の大火で焼失してしまい、木挽町五丁目の「精養軒向かふ」の精養軒は仮店舗であり、その後采女町に再建した。筆者らは、本書の巻頭にその仮店舗の写真を載せたいと思い、上野精養軒へ行って古写真を探していただいたが、残念ながら仮店舗の写真はなかった。代わりに、明治六年のうちにすぐ近くに建設された「采女町精養軒」の写真（精養軒蔵。『精養軒150年史』所載）のデータを使わせていただいた。「采女橋と精養軒」の写真は、井桜直美著『―古写真に見る明治の東京―「京橋区編」』（ＪＣＩＩフォトサロン）所載写真のデータをいただいた。現地に出向いたとき、それと同じアングルから写真を撮った。銀座煉瓦街の写真は、ギンザのサヱグサから『銀座文化研究　別冊』所載写真のデータをいただいた。

著者らはできる限り努力したつもりであるが、まだ調査の行き届かないところも多い。また、解題の最後に記したように、多くの課題を残している。識者のお教えをいただければ幸いである。さらに、さまざまな課題について研究をする方が出て来ることを願っている。

東京大学明治新聞雑誌文庫、京都大学経済学研究科・経済学部図書室、国会図書館古典籍資料室には、『東京仮名書新聞』の閲覧と複写の送付、データの使用及び出版に必要な手続きについて、多くのご教示をいただき、転載を快諾いただいたことに感謝申し上げたい。巻頭の写真を提供してくださった精養軒、日本カメラ博物館、ギンザのサヱグサの皆様にもお礼を申し上げたい。

英学史研究家の三好彰氏の検索力とご指導によって、布告・布達の原典、国内外の記事の引用元と、人名・地名・出来事について書かれた文献や新聞記事を見ることができた。友人の幕末・明治の研究家河元由美子さんには物心両面で助けていただいた。日本語学者の山口豊先生には、原稿内容のチェックの上、校正でもお世話になった。堀千枝子さんのご主人堀誠先生には貴重な助言をいただいた。友人たちにも励まされ、助けられた。皆様に心から感謝申し上げたい。武蔵野書院の本橋典丈さんには、影印所蔵の機関への連絡と申請、ページ設定、影印の加工を始め刊行まで全般にわたってお世話になった。記して感謝を申し上げたい。

（稲垣滋子）

## 執筆者紹介

### 稲垣滋子（いながきしげこ）

1935年東京都生まれ
東京都立大学大学院人文科学研究科博士後期課程単位取得退学
元国際基督教大学教授
専門は日本語学、方言学、日本語教育
現在の研究対象は江戸期漂流民の事績
世界遺産検定マイスター
著書:『日本語の書きかたハンドブック』(くろしお出版)、『100さいのゲスセス・ドン』(文芸社ビジュアルアート)、『一針の想い』（文芸社）他

### 堀 千枝子（ほりちえこ）

1958年東京都生まれ
早稲田大学教育学部国語国文学科卒業
高校の国語科教師を経て書塾の指導者
読売書法会幹事、書芸白羊会常任理事
ジョセフ・ヒコの妻銀子の弟松本銀三郎の曾孫。2021（令和3）年より、ジョセフ彦記念会の会長を務める
資料紹介:「国立歴史民俗博物館蔵 「漂流記ほか浜田彦蔵自伝関係史料」 について」（ジョセフ彦記念会誌『浄世夫彦』第50号 2023年12月）

**東京假名書新聞**《かながきしんぶん》

2024年12月12日 初版第1刷発行

編 著 者：稲垣滋子
堀千枝子

発 行 者：前田智彦
装　　幀：武蔵野書院装幀室

発 行 所：武蔵野書院
〒101-0054
東京都千代田区神田錦町3-11 電話 03-3291-4859 FAX 03-3291-4839

印　　刷：三美印刷㈱
製　　本：東和製本㈱



ISBN 978-4-8386-0800-3 Printed in Japan